Studien zum Öffentlichen Recht,
Völker- und Europarecht

Herausgegeben von Prof. Dr. Eckart Klein

Band 21

PL ACADEMIC RESEARCH

Beendigungstatbestände als notwend
der Mitgliedschaft in internatic
unter besonderer Berücksichti

Manuela Ludewig

Beendigungstatbestände als notwendige und dynamische Elemente der Mitgliedschaft in internationalen Organisationen unter besonderer Berücksichtigung von Art. 50 EUV

PL ACADEMIC RESEARCH

Bibliografische Information der Deutschen Nationalbibliothek
Die Deutsche Nationalbibliothek verzeichnet diese Publikation in der Deutschen Nationalbibliografie; detaillierte bibliografische Daten sind im Internet über http://dnb.d-nb.de abrufbar.

Zugl.: Potsdam, Univ., Diss., 2014

517
ISSN 1437-2037
ISBN 978-3-631-65841-3 (Print)
E-ISBN 978-3-653-05062-2 (E-Book)
DOI 10.3726/ 978-3-653-05062-2

PL Academic Research ist ein Imprint der Peter Lang GmbH.

Peter Lang – Frankfurt am Main · Bern · Bruxelles · New York · Oxford · Warszawa · Wien

Diese Publikation wurde begutachtet.

www.peterlang.com

Meinen Eltern

Vorwort

Die vorliegende Arbeit wurde im August 2013 von der Juristischen Fakultät der Universität Potsdam als Dissertation angenommen. Rechtsprechung und Literatur befinden sich auf dem Stand von August 2013.

Sehr herzlich danke ich meinem verehrten Doktorvater, Herrn Prof. Dr. Eckart Klein, für seine fachliche und persönliche Unterstützung und Betreuung. Herrn Prof. Dr. Norman Weiß danke ich für das Zweitgutachten.

Bedanken möchte ich mich bei der FAZIT-Stiftung für die großzügige finanzielle Unterstützung und bei der Potsdam Graduate School, die ebenfalls einen wichtigen Teil der Druckkosten trug.

Mein besonderer Dank gilt meinen Freunden für die große Hilfe. Von Herzen danke ich meinen Eltern und meinem Bruder für ihre uneingeschränkte Unterstützung.

Berlin, im Dezember 2014 — Manuela Ludewig

Inhaltsverzeichnis

Abkürzungsverzeichnis XVII

A. Einleitung 1

I. Ausgangspunkt 1
II. Problemstellung 1
III. Gang der Untersuchung 3

B. Grundlagen 5

I. Das mitgliedschaftliche Rechtsverhältnis 5
II. Der Begriff des Beendigungstatbestandes 6
III. Die Arten von Beendigungstatbeständen 7
1. Der Austritt 8
a) Der Begriff des Austritts 8
b) Die Abgrenzung zu anderen Erscheinungsformen 9
i. Der Ausschluss 9
ii. Die Nichtannahme einer Änderung des Gründungsvertrages 10
iii. Die partielle Bindung 12
2. Der Ausschluss 12
a) Der Begriff des Ausschlusses 12
b) Die Abgrenzungen zu anderen Erscheinungsformen 12
i. Die Sanktionen 12
ii. Die Suspendierung 13
3. Der Untergang eines Mitglieds 15
4. Die Auflösung der Organisation 18
IV. Das Funktionspotential von Beendigungstatbeständen 18

C. Die völkerrechtlichen Beendigungstatbestände als notwendige und dynamische Elemente der Mitgliedschaft in internationalen Organisationen 25

I. Der normative Rahmen völkerrechtlicher Beendigungstatbestände 25
1. Die Beendigungstatbestände des partikulären Völkerrechts 25
a) Die Austrittsklauseln in Gründungsverträgen 26

i. Die Häufigkeit von Austrittsklauseln und Austritten ... 26
ii. Die Voraussetzungen der Austrittsklauseln ... 28
(1) Die Austrittserklärung ... 29
(2) Der Fristablauf vor Abgabe der Austrittserklärung ... 30
(3) Der Fristablauf nach Abgabe der Austrittserklärung ... 30
(4) Die Erfüllung von Verpflichtungen ... 32
b) Die Ausschlussklauseln in Gründungsverträgen ... 33
i. Die Voraussetzungen der Ausschlussklauseln ... 34
ii. Das Ausschlussverfahren ... 36
2. Die Beendigungstatbestände des allgemeinen Völkerrechts ... 37
a) Das Völkervertragsrecht: Die Wiener Vertragsrechtskonventionen ... 37
i. Die Anwendbarkeit der WVK auf Gründungsverträge internationaler Organisationen ... 38
ii. Die Regelungssystematik der WVK bezüglich des Fortfalls der Vertragsbindung ... 39
b) Der Austritt aus dem Gründungsvertrag ... 41
i. Art. 56 WVK ... 41
(1) Anwendbarkeit ... 42
(2) Voraussetzungen ... 42
(3) Verfahren ... 51
ii. Art. 62 WVK ... 52
(1) Anwendbarkeit ... 55
(2) Voraussetzungen ... 61
(3) Verfahren ... 63
c) Der Ausschluss eines Mitglieds gem. Art. 60 Abs. 2 lit. a WVK ... 64
i. Anwendbarkeit ... 68
(1) Der Anwendungsausschluss von Gegenmaßnahmen ... 68
(2) Die spezielle Subsidiaritätsklausel des Art. 60 Abs. 4 WVK ... 70
(3) Art. 60 Abs. 5 WVK und *ius cogens* ... 70
ii. Die Voraussetzung der „erheblichen Vertragsverletzung“ ... 72
iii. Die Beschränkungen der Rechtsausübung ... 80
(1) Das Verhalten der vertragstreuen Partei ... 80
(2) Der Verlust des Rechts ... 81
(3) Die Verhältnismäßigkeit ... 81
iv. Verfahren ... 82
d) Völkergewohnheitsrecht ... 87
e) Allgemeine Rechtsgrundsätze ... 88
3. Zusammenfassung ... 89
II. Die Beendigungstatbestände als notwendige Elemente der Mitgliedschaft ... 89

1. Die Notwendigkeit des Austrittstatbestandes ... 90
2. Die Notwendigkeit des Ausschlusstatbestandes ... 93
3. Die normative Umsetzung der notwendigen Wirkung ... 96
a) Austrittstatbestände ... 97
i. Institutionalisierung der Austrittsmöglichkeit ... 97
ii. Beschränkung der Austrittsmöglichkeit ... 98
iii. Prozeduralisierung des Austrittsverfahrens ... 99
b) Ausschlusstatbestände ... 102
i. Institutionalisierung der Ausschlussmöglichkeit ... 102
ii. Beschränkung der Ausschlussmöglichkeit ... 102
iii. Prozeduralisierung des Ausschlussverfahrens ... 104
III. Die Beendigungstatbestände als dynamische Elemente der Mitgliedschaft? ... 105
1. Dynamik aufgrund der Möglichkeit der Mitgliedschaftsbeendigung ... 105
a) Instrumentalisierung des Austrittsrechts ... 105
b) Instrumentalisierung des Ausschlussrechts ... 107
2. Dynamik aufgrund der Verwirklichung des Beendigungstatbestandes ... 107
a) Beendigung der Mitgliedschaft des unfähigen Mitglieds ... 108
b) Beendigung der Mitgliedschaft des dem Organisationszweck widersprechenden Mitglieds ... 109
3. Die normative Umsetzung der dynamischen Wirkung ... 112
IV. Zusammenfassung ... 114

D. Der Austrittstatbestand als notwendiges und dynamisches Element der Mitgliedschaft in der Europäischen Union? ... 117

I. Die Frage nach der Mitgliedschaftsbeendigung im Spiegel verfassungsrechtlicher Krisen der Union ... 118
1. Frankreichs „Politik des leeren Stuhls" ... 118
2. Referendum in Großbritannien ... 129
3. Das Ausscheiden Grönlands als bisher einzige Verkleinerung der Union ... 134
4. Referenda in Dänemark ... 143
5. Würdigung ... 151
II. Funktionspotential im integrationspolitischen Kontext? ... 151
1. Potentielle Notwendigkeit im integrationspolitischen Kontext ... 152

a) Notwendigkeit des Austrittstatbestands aufgrund der Unsicherheit über das Bestehen eines Austrittsrechts im EG/EU-Recht ... 152
i. Auf Grundlage von Europarecht ... 153
ii. Auf Grundlage von Völkerrecht ... 156
(1) Art. 56 WVK ... 157
(2) Art. 60 WVK ... 158
(3) Art. 61 WVK ... 159
(4) Art. 62 WVK ... 160
(5) Bestehen einer Rückgriffsmöglichkeit auf das Völkerrecht? ... 163
(6) Streitentscheid ... 167
b) Notwendigkeit des Austrittstatbestands aufgrund einer „Waffengleichheit" i.V.m. Sanktionen gem. Art. 7 EUV? ... 171
c) Würdigung ... 172
2. Potentielle Dynamik im integrationspolitischen Kontext? ... 173
a) Potentielle Dynamik aufgrund der Existenz von Art. 50 EUV ... 174
b) Potentielle Dynamik durch die (Teil-)Verwirklichung von Art. 50 EUV ... 175
III. Der normative Rahmen für den Austritt eines Mitgliedstaates aus der Europäischen Union ... 184
1. Entstehungsgeschichte: Art. 50 EUV als Novität im europäischen Vertragsrecht ... 184
a) Das Austrittsrecht und der Verfassungskonvent ... 185
i. Art. 46 des Vorentwurfs und die Austrittsdebatte im Konvent ... 189
(1) Änderungsvorschläge in Bezug auf materiell-rechtliche Voraussetzungen des Austritts ... 194
(2) Änderungsvorschläge in Bezug auf verfahrensrechtliche Voraussetzungen des Austritts ... 195
(3) Änderungsvorschläge in Bezug auf die Rechtsfolgen des Austritts ... 197
ii. Das Ergebnis des Konvents: Art. 59 VVE ... 198
iii. Zusammenfassung: Entwicklung des Austrittsrechts im Konvent ... 202
b) Die Regierungskonferenz und Art. I-60 EVV ... 203
c) Das Scheitern des Verfassungsvertrages und der Lissabonner Reformprozess ... 206
d) Würdigung ... 208
i) Erleichterung des Beitritts für die neuen Mitgliedstaaten ... 209
ii) Anwendung der Konventsmethode ... 210
iii) Einfluss der Bewerberländer im Rahmen der Konventsdebatte ... 211
2. Der Austrittstatbestand des Art. 50 EUV ... 212
a) Systematische Stellung ... 213

b) Materiell-rechtliche Voraussetzungen? 214
i. Die Einhaltung von Verfassungsvorschriften 214
ii. Der Abschluss eines Austrittsabkommens 219
c) Einschränkungen der Rechtsausübung 221
i. Verfahrenspflichten gem. Art. 50 EUV 222
(1) Mitteilungspflicht 222
(2) Verhandlungspflicht 222
ii. Verfahrenspflichten aufgrund unionsrechtlicher Solidaritäts- und Loyalitätspflichten 227
(1) Konsultationspflicht 230
(2) Begründungspflicht 230
(3) Abschlusspflicht 232
iii. Integrativer Charakter der Union und unbegrenzte Vertragsdauer 234
iv. Zwischenergebnis 234
d) Der Ablauf des Austrittsverfahrens 235
i. Der Austritt mit Austrittsabkommen 235
(1) Beschluss des Mitgliedstaates, aus der Union auszutreten 236
(2) Austrittserklärung 236
(3) Leitlinien des Europäischen Rates 238
(4) Verhandlungen über das Austrittsabkommen 239
(5) Rechtsnatur und Inhalt des Austrittsabkommens 240
(6) Annahme des Austrittsabkommens 254
(7) Rechtskontrolle durch den EuGH 254
ii. Der Austritt ohne Austrittsabkommen 255
iii. Wirksamwerden des Austritts 256
iv. Rechtsfolgen des Austritts 257
v. Wiedereintritt nach Austritt 260
3. Partieller Austritt aus der Europäischen Währungsunion? 261
a) Partieller Austritt aus der Währungsunion auf europarechtlicher Grundlage 261
i. Die Verwirklichung der Wirtschafts- und Währungsunion 263
ii. Art. 50 EUV als Rechtsgrundlage für einen partiellen Austritt 265
iii. Gegenargumentation 268
(1) Einheitlichkeit der Mitgliedschaft 269
(2) Unterschiedlichkeit der Beitrittsvoraussetzungen 269
(3) Verstoß gegen den Grundsatz von der Unumkehrbarkeit der WWU 270
(4) Keine vertragliche Notwendigkeit eines partiellen Austrittsrechts 272
iv. Streitentscheid 275

b) Partieller Austritt aus der Währungsunion aufgrund völkerrechtlicher Kündigungsgründe 279
i. Anwendbarkeit völkerrechtlicher Kündigungsgründe 279
ii. Der völkerrechtliche Austrittstatbestand 280
iii. Teilungspotential i.S.v. Art. 44 WVK 284
c) Zwischenergebnis 289
IV. Art. 50 EUV als notwendiges Element der Unionsmitgliedschaft 289
1. Institutionalisierungsfunktion 289
2. Beschränkungsfunktion 293
3. Prozeduralisierungsfunktion 295
a) Der Austritt ohne Austrittsabkommen und der Sunset-clause 295
b) Der Austritt mit Austrittsabkommen 298
i. Die inhaltliche Determinierung des Austrittsabkommens durch Art. 50 EUV 298
ii. Der Abschluss und das Zustandekommen des Austrittsabkommens 300
iii. Der Zeitplan zur Verwirklichung des Austritts 303
iv. Die Aufnahme weiterer prozeduralisierender Bestimmungen? 305
(1) Die rechtliche Verantwortung des Austrittsstaates 305
(2) Die Einführung einer Wartezeit vor Wiedereintritt 305
(3) Vorkehrungen für die Änderung der primärrechtlichen Verträge 307
(4) Der Austritt von Eurostaaten 308
c) Zwischenergebnis 309
V. Art. 50 EUV als dynamisches Element der Unionsmitgliedschaft 311
1. Die dynamische Instrumentalisierung von Art. 50 EUV 311
a) Die rechtspolitische Diskussion 311
i. Legitimationssteigerung 311
ii. Beitrittswilligkeit 314
iii. Abschreckung 315
iv. Integrationsschub 316
b) Die konstitutionenökonomische Diskussion 317
i. Gegendruck zu Zentralisierung 317
ii. Symmetrie 322
2. Dynamik durch die Verwirklichung des Art. 50 EUV? 322
a) Der Austritt des integrationsunwilligen Mitglieds 323
b) Der Austritt des (partiell) unfähigen Mitglieds 325
VI. Das Gefahrenpotential eines unionsrechtlichen Austrittstatbestands 326

1. Die Gefahren in Bezug auf die Verwirklichung des Austritts 326
2. Die Gefahren infolge der Instrumentalisierung des Austrittsrechts 329
3. Die Gefahren infolge des Bestehens eines Austrittsrechts 330
a) Identitätsverlust? 330
b) Integrationsrechtlicher Paradigmenwechsel? 331
VII. Abschließende Bewertung 332
1. Bewertung der Verwirklichung des Austrittstatbestands des Art. 50 EUV 332
2. Bewertung der Existenz des Rechts zum Austritt gem. Art. 50 EUV 335

E. Die Implikationen des Art. 50 EUV für das Funktionspotential einer Ausschlussklausel 345

F. Schluss 351

Literaturverzeichnis 353

Abkürzungsverzeichnis

a.A.	andere Ansicht
a.F.	alte Fassung
ABl.	Amtsblatt
Abs.	Absatz
ADB	Asian Development Bank
AEUV	Vertrag über die Arbeitsweise der Europäischen Union
AIES	Austria Institut für Europa- und Sicherheitspolitik
AILJ	Australian International Law Journal
AJIL	American Journal of International Law
AJPIL	Austrian Journal of Public and International Law
AöR	Anstalt des öffentlichen Rechts
Art.	Artikel
AU	Afrikanische Union
Aufl.	Auflage
ÄV	Änderungsvorschlag
AVR	Archiv des Völkerrechts
Bd.	Band
BerGesVR	Berichte der Deutschen Gesellschaft für Völkerrecht
BGBl.	Bundesgesetzblatt
bspw.	beispielsweise
Bull.	Bulletin
BVerfGE	Entscheidungen des Bundesverfassungsgerichts
BYIL	British Yearbook of International Law
bzgl.	bezüglich
CILJ	Cornell International Law Journal
CLQ	Cornell Law Quaterly
CMLRev	Common Market Law Review
CoE	Council of Europe
COMECON	Council for Mutual Economic Assistance
CONV	Convention
COTIF	Convention concerning International Carriage by Rail
CWC	Chemical Weapons Convention
d.h.	das heißt
DJIL	Dickinson Journal Of International Law
doc.	Document
DÖV	Die Öffentliche Verwaltung
DVBl.	Deutsches Verwaltungsblatt
EA	Europa-Archiv
EAG	Europäische Atomgemeinschaft
EAGV	Vertrag zur Gründung der Europäischen Atomgemeinschaft

EBLR	European Business Law Report
ECOFIN	Economic and Financial Affairs Council
ECOSOC	Economic and Social Council
ECOWAS	Economic Community of West African States
EEA	Einheitliche Europäische Akte
EFSF	Europäische Finanzstabilisierungsfazilität
EFSM	Europäischer Finanzstabilisierungsmechanismus
EFTA	Europäische Freihandelszone
EG	Europäische Gemeinschaften
EGKS	Europäische Gemeinschaft für Kohle und Stahl
EGMR	Europäischer Gerichtshof für Menschenrechte
EGV	Vertrag über die Europäische Gemeinschaft
EJIL	European Journal of International Law
ELJ	European Law Journal
ELRev	European Law Review
EMBL	European Molecular Biology Laboratory
EMRK	Europäische Menschenrechtskonvention
ESA	European Space Agency
ESM	Europäischer Stabilitätsmechanismus
ESZB	Europäisches System der Zentralbanken
EU	Europäische Union
EuG	Gericht der Europäischen Union
EuGH	Gerichtshof der Europäischen Union
EuGRZ	Europäische Grundrechte-Zeitschrift
EuR	Zeitschrift Europarecht
EURATOM	Europäische Atomgemeinschaft
Eutelsat	European Telecommunications Satellite Organization
EUV	Vertrag über die Europäische Union
EuZW	Europäische Zeitschrift für Wirtschaftsrecht
EVV	Europäischer Verfassungsvertrag
EWG	siehe EG
EWGV	siehe EGV
EWR	Europäischer Wirtschaftsraum
EWS	Europäisches Währungssystem
EWU	Europäische Währungsunion
EZB	Europäische Zentralbank
f./ff.	folgende
FAO	Food and Agriculture Organization of the United Nations
FAZ	Frankfurter Allgemeine Zeitung
FCE	Forum Constitutionis Europae
FLJ	Fordham Law Journal
FS	Festschrift
GA	General Assembly of the United Nations
GAOR	General Assembly Official Records

GASP	Gemeinsame Außen- und Sicherheitspolitik
gem.	gemäß
GG	Grundgesetz
ggf.	gegebenenfalls
GJICL	Georgia Journal of International and Comparative Law
GLJ	German Law Journal
GRCh	Grundrechte-Charta
GS	Gedächtnisschrift
GTE	von der Groeben/Thiesing/Ehlermann (Hrsg.), EU/EGV Kommentar
GYIL	German Yearbook of International Law
Harv ILJ	Harvard International Law Journal
HarvLRev	Harvard Law Review
HdK	Handkommentar zum Vertrag über die Europäische Union (EUV/EGV)
Hrsg.	Herausgeber
i.S.d.	im Sinne des
i.S.v.	im Sinne von
i.V.m.	in Verbindung mit
IAEA	International Atomic Energy Agency
IBRD	International Bank for Reconstruction and Development
ICAO	International Civil Aviation Organization
ICJ	International Court of Justice
ICLQ	International and Comparative Law Quaterly
ICSID	International Centre for Settlement of Investment Disputes
IDA	International Development Association
IDB	Inter-American Development Bank
IFAD	International Fund for Agricultural Development
IFC	International Finance Corporation
IGH	Internationaler Gerichtshof
IJIL	Indian Journal of International Law
ILC	International Law Commission
ILM	International Legal Materials
ILO	International Labour Organisation
ILR	Israel Law Review
IMF	International Monetary Fond
IMO	International Maritime Organization
IPbpR	Internationaler Pakt über bürgerliche und politische Rechte
ITU	International Telecommunication Union
JURA	Juristische Ausbildung
JuS	Juristische Schulung
JZ	JuristenZeitung
KOM	Kommission
KSZE	Konferenz über Sicherheit und Zusammenarbeit in Europa

LAIA	Latin American Integration Association
lit.	Buchstabe
Maastricht JEur.&Comp.L.	Maastricht Journal of European and Comparative Law
MdB	Mitglied des Bundestages
MIGA	Multilateral Investment Guarantee Agency
NATO	North Atlantic Treaty Organisation
NGO	Non-governmental Organization(s)
NJ	Neue Justiz
NJW	Neue Juristische Wochenschrift
NVwZ	Neue Zeitschrift für Verwaltungsrecht
nzz	Neue Züricher Zeitung
OAS	Organisation Amerikanischer Staaten
OECD	Organisation for Economic Co-operation and Development
OIC	Organization of the Islamic Conference
OPCW	Organisation for the Prohibition of Chemical Weapons
OPEC	Organization of the Petroleum Exporting Countries
OSZE	Organisation für Sicherheit und Zusammenarbeit in Europa
ÖZöR	Österreichische Zeitschrift für öffentliches Recht
PCIJ	Permanent Court of International Justice
PJZS	Polizeiliche und justizielle Zusammenarbeit in Strafsachen
PLO	Palästinensische Befreiungsorganisation
Res.	Resolution
Rev	Review
Rn.	Randnummer
Rs.	Rechtssache
S.	Seite
Sec.	Section
Ser.	Series
Slg.	Sammlung
StIGH	Ständiger Internationaler Gerichtshof
u.U.	unter Umständen
ÜLG	Überseeische Länder und Gebiete
UN	Vereinte Nationen
UNCIO	United Nations Conference on International Organization
UNESCO	United Nations Educational, Scientific and Cultural Organization
UNIDO	United Nations Industrial Development Organization
UNJY	United Nations Juridical Yearbook
UNTS	United Nations Treaty Collection
UPU	Universal Postal Union
Urt.	Urteil
VaJIL	Virginia Journal of International Law
verb.	verbunden(e)

vgl.	vergleiche
VN	Vereinte Nationen
Vol.	Volume
VVDStRL	Veröffentlichungen der Vereinigung der Deutschen Staatsrechtslehrer
VVE	Entwurf zum Vertrag über eine Verfassung für Europa
VwVfG	Verwaltungsverfahrensgesetz
WD	Wissenschaftlicher Dienst
WFStG	Währungsunion-Finanzstabilitätsgesetz
WIPO	World Intellectual Property Organization
WMO	World Meteorological Organization
WTO	World Trade Organisation
WÜSV	Wiener Übereinkommen über die Staatennachfolge in Verträge
WVK	Wiener Vertragsrechtskonvention
WVKIO	Wiener Konvention über das Recht der Verträge zwischen Staaten und internationalen Organisationen oder zwischen internationalen Organisationen
WWU	Wirtschafts- und Währungsunion
YaleLJournal	The Yale Law Journal
YBILC	Yearbook of the International Law Commission
YUN	Yearbook of the United Nations
ZaöRV	Zeitschrift für ausländisches öffentliches Recht und Völkerrecht
ZEI	Zentrum für Europäische Integrationsforschung
ZEuS	Zeitschrift für europarechtliche Studien
zit.	zitiert
ZRP	Zeitschrift für Rechtspolitik
ZVglRWiss	Zeitschrift für Vergleichende Rechtswissenschaften

A. Einleitung

I. Ausgangspunkt

Internationale Organisationen sind aufgrund ihrer fundamentalen Bedeutung für die internationale Zusammenarbeit aus dem gegenwärtigen völkerrechtlichen Verkehr nicht mehr wegzudenken.[1] Der Erfolg der internationalen Organisationen ist zu einem großen Teil darauf zurückzuführen, dass sie „dynamische“ Völkerrechtssubjekte sind.[2] Dies bedeutet einerseits, dass sie von den hinter ihnen stehenden Rechtspersonen nach Belieben zu den verschiedensten Zwecken gegründet werden können und ihre Tätigkeitsfelder daher so vielseitig sind, dass sie sich auf alle Gebiete menschlichen Wirkens erstrecken.

Andererseits können internationale Organisationen wieder aufgelöst werden und ihr Mitgliederbestand kann sich verändern, weil es jederzeit zu einem Mitgliederzuwachs oder zu einem Mitgliederschwund kommen kann.

Im Gegensatz zum Mitgliederzuwachs durch die Aufnahme neuer Mitglieder ist die Notwendigkeit von Mitgliedschaftsbeendigungen für die Existenz und den Fortschritt der Organisation nicht evident. Vielmehr wird darin eine immanente Gefahr für die Verwirklichung des Organisationszwecks gesehen. Trifft der entsprechende Gründungsvertrag in Bezug auf Mitgliedschaftsbeendigungen keine präzisen Aussagen, wird meist auch die Frage ihrer Rechtmäßigkeit hoch umstritten und von einem Spannungsverhältnis zwischen staatlichem Souveränitätskonzept und Internationalisierung der Rechtsordnung geprägt sein.[3] Dies traf bis vor Kurzem auch auf die EG/EU zu.

II. Problemstellung

Der Lissabonner Reformprozess brachte eine Neuerung mit sich, die – obwohl sie einen jahrzehntelang geführten Meinungsstreit beendete – in der Öffentlichkeit weitgehend unbeachtet blieb.[4] Mit Einführung des Art. 50 EUV in der Fassung des Vertrages von Lissabon[5] haben Mitgliedstaaten zum ersten Mal in der Geschichte der europäischen Integration ein Recht zum einseitigen Austritt aus der Union.

Das Austrittsrecht war bereits im 2004 gescheiterten Verfassungsvertrag enthalten, dessen Vertragstext erstmals im Wege der sogenannten Konventsmethode

---

1 Vgl. Weiß, Kompetenzlehre internationaler Organisationen, S. 2.

2 Hout, Die völkerrechtliche Stellung der Internationalen Organisationen, S. 186.

3 Vgl. Klabbers, International institutional law, S. 114.

4 So auch Zeh, ZEuS 2004, S. 173 (S. 174).

5 Vertrag von Lissabon zur Änderung des Vertrags über die Europäische Union und des Vertrags zur Gründung der Europäischen Gemeinschaft v. 13.12.2007, ABl. 2007 C 306/1ff.

entstand. Die Einfügung der Austrittsregelung war im Konvent heftig umstritten gewesen. In einigen der zwölf neuen Mitgliedstaaten, die in den Jahren 2004 und 2007 der Europäischen Union beigetreten sind, wurde mit innenpolitischen Schwierigkeiten gerechnet, sollte der parallel zu den Beitrittsverhandlungen erarbeitete Verfassungsvertrag keine Austrittsklausel enthalten.[6] Nach Scheitern des Verfassungsvertrages durch die ablehnenden Referenden in Frankreich und den Niederlanden, entschied man sich im Lissabonner Reformprozess zur Erhöhung der Akzeptanz europäischer Verträge und Institutionen für die Vermeidung jedweder staatlicher Elemente. Die Europäische Union sollte eine „normale" internationale Organisation sein, jedenfalls soweit, als die Mitgliedschaft auf Freiwilligkeit beruht.[7] Auch die Austrittsklausel des Verfassungsvertrages wurde in den Vertrag von Lissabon übernommen.

Es verwundert nicht, dass in der bisherigen Erfolgsgeschichte der europäischen Integration die Normierung eines Austrittsrechts keine Priorität hatte. Die Europäische Union unterscheidet sich von normalen internationalen Organisationen der völkerrechtlichen Praxis erheblich. Sie ist eine Integrationsgemeinschaft, deren entscheidendes Merkmal der weitgehende staatliche Souveränitätsverlust ihrer Mitglieder ist.[8] Daraus resultierten über ein halbes Jahrhundert Frieden und Wohlstand für Europa.

Art. 50 EUV unterstreicht indessen die staatliche Souveränität und bestärkt eine neue Finalitätsdebatte. Das Bundesverfassungsgericht sah sich aufgrund von Art. 50 EUV dazu veranlasst, das Rechtsverhältnis zwischen Union und Mitgliedstaaten kontraktuell zu deuten.[9] Der Staatenverbund sei nunmehr eine „Vertragsunion souveräner Staaten"[10]. Die Norm des Art. 50 EUV und ein damit einhergehendes kontraktuelles Verständnis der Europäischen Union weichen aus Sicht des Europarechts eklatant von den in der Präambel und in Art. 1 EUV enthaltenen Vertragszielen ab, aus denen sich ein integrativer Charakter des Europarechts ergibt. Die Beendigung der Unionsmitgliedschaft scheint somit in einem immanenten Widerspruch zur Integration als Quasi-Geschäftsgrundlage der Europäischen Union zu stehen.

Von einer Norm wie Art. 50 EUV geht ferner ein erhöhtes Gefahrenpotential für die Stabilität der Gemeinschaft aus. Dabei ist es insbesondere der Erfolg der EU, welcher dieser Gefahr zugrunde liegt. Die Organisation befindet sich in einem Prozess sich erweiternder Integration, der durch eine zunehmende Übertragung von Hoheitsrechten gekennzeichnet ist. Durch den Vertrag von Lissabon vermehren sich diejenigen Politikfelder, in denen Entscheidungen nach dem Prinzip der

6 So Hololei, Statement by Alternate Member of the Convention Government of Estonia on articles 43–46 and the Final Provisions of the draft Constitutional Treaty, S. 1f.

7 *Kumin/Hummer/Obwexer*, in: Der Vertrag von Lissabon 2009, S. 315f.

8 Vgl. Klein, Welttrends 1995, S. 135 (S. 135ff.).

9 So auch Terhechte, EuR – Beiheft 1 2010, S. 135 (S. 140).

10 BVerfGE 123, 267 (357).

qualifizierten Mehrheit getroffen werden. Auch die politischen und wirtschaftlichen Verbindungen der Mitgliedstaaten werden dadurch immer enger. Unter diesen Bedingungen erhöht die erklärte Zielsetzung der Union, neue Mitgliedstaaten aufzunehmen, nicht nur bereits bestehende Spannungen.[11] Auch der gegenwärtige wirtschaftliche Kontext wird von Europakritikern genutzt, um die Frage der Mitgliedschaftsbeendigung für sich zu instrumentalisieren.

Im Gegensatz zum Europarecht stellt das Völkerrecht im Rahmen der Mitgliedschaft in internationalen Organisationen die Notwendigkeit von Beendigungstatbeständen wie Austritt und Ausschluss nicht grundsätzlich in Frage, sondern erkennt sie als Rechte souveräner Staaten in den meisten Fällen an. Obwohl durch Mitgliedschaftsbeendigungen mannigfaltige praktische, finanzielle und rechtliche Probleme entstehen, können sowohl die Realisierung als auch die bloße Existenz von Beendigungstatbeständen dazu beitragen, dass die Organisation ihren *status quo* aufrecht erhält oder sogar ihre durch den Gründungsvertrag gesetzten Ziele effektiver verwirklicht. Diese unter Umständen zweckdienlichen Eigenschaften von Beendigungstatbeständen werden im Rahmen der Untersuchung als „notwendige" und „dynamische" Elemente bezeichnet.

Es stellt sich die Frage, inwiefern derartige für normale internationale Organisationen geltende Überlegungen in Bezug auf die Notwendigkeit und Dynamik von Beendigungstatbeständen auch für eine supranationale Organisation wie die Europäische Union zutreffen.

Welche Bedeutung haben die letztlich doch unauffällige Norm des Art. 50 EUV im Besonderen sowie Beendigungstatbestände im Allgemeinen für den europäischen Integrationsprozess? Stellen sie insbesondere im gegenwärtigen politischen und wirtschaftlichen Kontext eine grundlegende Gefährdung oder aber eine Chance für das europäische Projekt dar? Sind sie notwendige oder sogar dynamische Elemente der Mitgliedschaft?

III. Gang der Untersuchung

In einem ersten grundlegenden Teil wird beschrieben, was im Rahmen der Untersuchung unter den Begriffen „Mitgliedschaft" und „Beendigungstatbestände" sowie „notwendiger" und „dynamischer" Wirkung zu verstehen ist.

Der zweite Teil der Arbeit untersucht, inwiefern völkerrechtliche Beendigungstatbestände notwendige und dynamische Elemente der Mitgliedschaft in internationalen Organisationen sind. Dies setzt zunächst eine Erörterung ihres normativen Rahmens voraus, welche eine Beschreibung der Voraussetzungen und des Verfahren von verschiedenen Beendigungstatbeständen des partikulären und allgemeinen Völkerrechts umfasst.

---

11 Athanassiou, European Central Bank 2009, S. 1 (S. 5); am 9.12.2011 unterzeichnete Kroatien den Beitrittsvertrag in Brüssel und wurde nach Ratifizierung durch alle Mitgliedstaaten am 1.7.2013 28. Mitgliedstaat der Europäischen Union.

Anschließend wird die Frage beleuchtet, inwiefern Art. 50 EUV ein notwendiges und dynamisches Element der Mitgliedschaft in der Europäischen Union ist. Die Untersuchung der These erfordert eine Bestandsaufnahme der vorhandenen europa- und völkerrechtlichen Austrittstatbestände für die Mitgliedschaft in der Europäischen Union. Dies umfasst eine Analyse der Voraussetzungen, des Verfahrens und des Umfangs von Art. 50 EUV. Hier ist insbesondere die Frage, ob Art. 50 EUV auch einen partiellen Austritt aus der Währungsunion erfasst, von Interesse.

Auf Grundlage des Erarbeiteten erfolgt eine abschließende Beurteilung darüber, ob Art. 50 EUV trotz der von ihm ausgehenden Gefahren für den europäischen Integrationsprozess derart integrationsfördernd instrumentalisiert werden kann, dass seine Aufnahme in den Vertragstext gerechtfertigt ist. Ferner wird beleuchtet, welche Implikationen von Art. 50 EUV für das Funktionspotential einer vertraglichen Ausschlussklausel im Unionsrecht ausgehen. Die Ambivalenz dieser Tatbestände gilt es zu verstehen.

B. Grundlagen

I. Das mitgliedschaftliche Rechtsverhältnis

Der Begriff der Mitgliedschaft bezeichnet das Rechtsverhältnis zwischen dem einzelnen Mitglied[12] einer internationalen Organisation[13] und dieser. Das sich aus der Mitgliedschaft ergebende Bündel an Rechten und Pflichten[14] gegenüber der Organisation sowie die jeweiligen Regelungen über den Beginn[15] und das Ende der Mitgliedschaft sind zentrale Elemente dieses Rechtsverhältnisses.[16] Neben der

12 Die Mitglieder von internationalen Organisationen können Staaten und andere Völkerrechtssubjekte wie bspw. andere internationale Organisationen sein, vgl. *Klein/Schmahl*, in: Völkerrecht 2013, S. 248 Rn. 13; Ruffert/Walter, Institutionalisiertes Völkerrecht, S. 3. Die Gründungsmitglieder unterscheiden sich von den übrigen Mitgliedern dadurch, dass sie als Vertragsparteien an den Verhandlungen über den Gründungsvertrag teilgenommen und diesen anschließend ratifiziert haben, z.B. Art. 3 UN-Charta, Art. XI WTO, vgl. Parry/Grant/Barker, Encyclopaedic dictionary, S. 446; Ruffert/Walter, Institutionalisiertes Völkerrecht, S. 86.

13 Unter einer internationalen Organisation ist trotz unterschiedlicher Umschreibungen in der Literatur ein auf völkerrechtlichem Vertrag beruhender mitgliedschaftlich strukturierter Zusammenschluss von zwei oder mehreren Völkerrechtssubjekten, der mit eigenen Organen Angelegenheiten von gemeinsamen Interessen besorgt, zu verstehen, vgl. Herdegen, Völkerrecht 2011, S. 90; *Klein/Schmahl*, in: Völkerrecht 2013, S. 248 Rn. 12; Schermers/Blokker, Unity within diversity, S. 32ff.; ausführlich dazu Weiß, Kompetenzlehre internationaler Organisationen, S. 330ff. Internationale Organisationen sind abzugrenzen von anderen Formen vertraglicher Zusammenarbeit wie die KSZE und NGOs. Letztere werden von Individuen und Verbänden errichtet, üben keine Hoheitsgewalt aus und unterstehen nicht dem Völkerrecht, sondern der staatlichen Rechtsordnung, vgl. *Klein/Schmahl*, in: Völkerrecht 2013, S. 249f. Rn. 18.

14 Zu den sich aus der Mitgliedschaft ergebenden Rechten gehören Rechte auf Teilnahme an der Willensbildung der Organisation wie das Recht auf Anwesenheit in der Mitgliederversammlung, das Stimmrecht und das passive Wahlrecht sowie Genussrechte auf die Inanspruchnahme satzungsgemäß von der Organisation für die Mitglieder gewährter Dienste. Zu den Pflichten der Mitglieder gehören bspw. Loyalitäts-, Leistungs- und Informationspflichten, vgl. Tilch, Deutsches Rechts-Lexikon, S. 1043.

15 Die Mitgliedschaft wird durch die Beteiligung an dem der Gründung der Organisation zugrundeliegenden Gründungsvertrag oder durch vertraglichen Beitritt erworben, vgl. Creifelds/Weber/Cassardt, Rechtswörterbuch, S. 1273; Tilch, Deutsches Rechts-Lexikon, S. 1043.

16 Vgl. Creifelds/Weber/Cassardt, Rechtswörterbuch, S. 1273; Tilch, Deutsches Rechts-Lexikon, S. 1043.

vollen und partiellen[17] Mitgliedschaft gibt es die Form der abgestuften[18] sowie der assoziierten Mitgliedschaft[19]. Abzugrenzen ist die Mitgliedschaft vom bloßen Beobachterstatus[20].

II. Der Begriff des Beendigungstatbestandes

Als Beendigungstatbestand bezeichnet man denjenigen konkreten Lebenssachverhalt, für den das Recht der Organisation oder das allgemeine Völkerrecht als Rechtsfolge die Beendigung der Mitgliedschaft in einer internationalen Organisation vorsieht. Mitgliedschaftsbeendigungen können durch die Verwirklichung verschiedener Beendigungstatbestände erfolgen. Dazu zählen sowohl Tatbestände, die die Auflösung der einzelnen Mitgliedschaft betreffen als auch Tatbestände, die die Auflösung der Organisation betreffen. Werden die Voraussetzungen der Beendigungstatbestände erfüllt, handelt es sich um eine rechtskonforme Beendigung der Mitgliedschaft.

Erfolgt die Beendigung der Mitgliedschaft hingegen durch einen revolutionären Akt, weil entweder der Verband oder das Mitglied ohne Einhaltung rechtlicher Regeln und gegen den Willen des jeweils anderen handelt, stellt dies ein faktisches Ausscheiden dar.[21] Im vergleichsweise durchsetzungsarmen internationalen Rechtsverkehr besteht die faktische Austrittsmöglichkeit für die Mehrzahl derjenigen Staaten, die Mitglieder internationaler Organisationen sind. Dies ergibt sich aus ihrer staatlichen Souveränität. Darüber hinaus kann es Staaten aber auch faktisch unmöglich sein, ihre Mitgliedschaft in bestimmten internationalen Organisationen zu beenden. Fraglich ist, ob die faktisch bestehende oder gerade nicht

---

17 Die Staaten partizipieren lediglich in einzelnen Organen, ohne der internationalen Organisation selbst anzugehören, vgl. Bernhardt (Hrsg.), EPIL Vol. 2, S. 1321f., Schermers/Blokker, Unity within diversity, S. 126ff. oder die Staaten nehmen an einzelnen Politiken nicht teil, sind aber Mitglieder der internationalen Organisation.

18 Im Gründungsvertrag vorgenommene unterschiedliche Behandlung in Bezug auf Rechte und/oder Pflichten, z.B. Art. XI:2 WTO-Übereinkommen, vgl. Ruffert/Walter, Institutionalisiertes Völkerrecht, S. 93.

19 Mitgliedschaft ohne aktive und passive Wahlrechte, vgl. Bernhardt (Hrsg.), EPIL Vol. 2, S. 1321; Schermers/Blokker, Unity within diversity, S. 124.

20 Es werden lediglich einzelne Rechte gewährt, nicht aber die volle Mitgliedschaft, vgl. der Beobachterstatus von NGOs gem. Art. 71 UN-Charta, Ruffert/Walter, Institutionalisiertes Völkerrecht, S. 95.

21 Vgl. Bieber/Epiney/Haag, Die Europäische Union 2013, S. 114; vom faktischen Ausscheiden eines Staates ist jedoch der Untergang eines Staates oder der Verlust von für die Mitgliedschaft wesentlichen Eigenschaften zu unterscheiden. Diese Situationen führen zwar zur faktischen Auflösung der Mitgliedschaft, verstoßen dabei aber nicht gegen bestehendes Recht und werden daher im Rahmen der Untersuchung den Beendigungstatbeständen, d.h. der rechtskonformen Mitgliedschaftsbeendigung, zugeordnet.

bestehende Beendigungsmöglichkeit eine Bedeutung für die rechtliche Möglichkeit hat, die Mitgliedschaft in einer internationalen Organisation zu beenden.[22]

In Bezug auf die faktisch bestehende Beendigungsmöglichkeit müsse berücksichtigt werden, dass im überstaatlichen und vergleichsweise sanktionsfreien Rechtsraum ein rechtsbrüchiges Verhalten der Mitgliedstaaten mit dem Ziel der Auflösung der eingegangenen Bindungen jederzeit möglich sei.[23] Die Frage der Mitgliedschaftsbeendigung sei nur in Grenzen regelbar und es sei wenig sinnvoll, ein Mitglied gegen seinen Willen in der Organisation festzuhalten.[24]

Im Bereich der Europäischen Union wird teilweise eine faktisch bestehende Unmöglichkeit, auszutreten, angenommen. Hier seien die Mitgliedstaaten und ihre Volkswirtschaften so sehr verklammert, dass ein Ausscheiden unmöglich sei.[25]

Eine Verbindung zwischen der faktisch bestehenden Möglichkeit oder der faktisch bestehenden Unmöglichkeit einer Mitgliedschaftsbeendigung mit der rechtskonformen Mitgliedschaftsbeendigung muss jedoch verneint werden. Eine solche Betrachtungsweise ist, weil sie Recht und Macht verwechsele[26] und die Institution des internationalen Rechts in Gänze in Frage stellt, abzulehnen.[27] Weder die faktische Möglichkeit der Mitgliedschaftsbeendigung noch die faktische Unmöglichkeit der Mitgliedschaftsbeendigung haben einen Einfluss auf die rechtliche Betrachtungsweise.

III. Die Arten von Beendigungstatbeständen

Die Mitgliedschaft in einer internationalen Organisation kann auf verschiedenen Wegen beendet werden: das Mitglied tritt aus der Organisation aus, die Organisation beendet die Mitgliedschaft des Mitglieds durch Ausschluss oder das Mitglied oder die Organisation hören auf zu existieren.[28] Teilweise wird als eigenständiger Beendigungstatbestand noch die vom ausscheidenden Mitglied nicht getragene Änderung des Gründungsvertrages gezählt.[29]

---

22 So auch Walthemathe, Austritt aus der EU, S. 188.

23 Zeh, ZEuS 2004, S. 173 (S. 181).

24 Ruffert/Walter, Institutionalisiertes Völkerrecht, S. 279.

25 Schwarze, NJ (48) 1994, S. 1 (S. 4).

26 *Everling*, in: FS Mosler, S. 184.

27 Vgl. das Aussortieren „faktischer" Argumente bei Zeh, ZEuS 2004, S. 173 (S. 180, 201).

28 So auch Schermers/Blokker, Unity within diversity, S. 91.

29 Amerasinghe, Institutional Law, S. 125; Klabbers, International institutional law, S. 112; Sands/Klein/Bowett, Bowett's law, S. 555ff.

1. Der Austritt

a) Der Begriff des Austritts

Im rechtlichen Sinne[30] versteht man unter einem Austritt die freiwillige Aufgabe der Mitgliedschaft durch ein Mitglied der Organisation.[31] Während im nationalen Recht Kündigung und Rücktritt voneinander zu unterscheidende Gestaltungsrechte mit unterschiedlichen Rechtsfolgen verkörpern, unterscheiden sie sich im Völkerrecht nicht.[32] Der Austritt ist die einheitliche Rechtsfolge der wirksamen Kündigung des oder des wirksamen Rücktritts vom Gründungsvertrag der Organisation. Zwar werden z.T. anstelle des Begriffs „Austritt" auch die Begriffe „Kündigung" oder „Rücktritt" verwendet.[33] Jedoch hat sich der Begriff des Austritts in der Praxis und Literatur durchgesetzt, wenn es um die Beendigung der Mitgliedschaft in einer internationalen Organisation geht.[34] Betrifft der Austritt lediglich einzelne Politikbereiche oder Verträge der internationalen Organisationen und nicht die vollständige Mitgliedschaft, kann man von einem partiellen Austritt sprechen.[35]

Das Verhalten der übrigen Mitglieder bestimmt, ob ein Austritt einseitig oder einvernehmlich ist. Ein Austritt ist einseitig, wenn er gegen den Willen der anderen Mitglieder erfolgt und einvernehmlich, wenn es im Einvernehmen mit den anderen Mitgliedern der Organisation geschieht. Weil in diesem Falle zugleich eine konsensuale Vertragsänderung vorliegt, wird teilweise angenommen, dass es sich nur bei einem nichteinvernehmlichen Vorgehen um einen Austritt *per definitionem* handelt.[36] Dieser Ansicht ist im vertragsrechtlichen Bereich zu folgen. Hier ist das Merkmal der Einseitigkeit konstitutiv für das Vorliegen eines Austritts.[37] In seiner tatsächlichen und umgangssprachlichen Verwendung erfasst der Begriff des Austritts hingegen beide Formen. Der einvernehmliche Austritt ist danach lediglich ein Unterfall des Austritts. Für den Gegenstand der Untersuchung beziehen sich der vertragsrechtliche Austritt mithin lediglich auf den einseitigen Austritt und der tatsächliche Austritt auf den einseitigen und einvernehmlichen Austritt aus einer

---

30 Nach Götting umschreibt der Begriff umgangssprachlich ein faktisches Ausscheiden oder ein Ausscheiden, dessen rechtliche Zulässigkeit noch in Frage steht, Götting, Die Beendigung der Mitgliedschaft, S. 4.

31 Vgl. Amerasinghe, Institutional Law, S. 117; Götting, Die Beendigung der Mitgliedschaft, S. 4; Zeidler, Austritt und Ausschluß, S. 9.

32 Vgl. Feist, Kündigung, Rücktritt und Suspendierung, S. 132.

33 Vgl. die Regelungssystematik der WVK bezüglich des Fortfalls der Vertragsbindung, S. 40.

34 Zeidler, Austritt und Ausschluß, S. 9 Fn. 2.

35 So auch Götting, Die Beendigung der Mitgliedschaft, S. 35ff.; Schermers/Blokker, Unity within diversity, S. 136.

36 Götting, Die Beendigung der Mitgliedschaft, S. 4.

37 So auch Klein/Schmahl: „Vertragsrechtlich bedeutet Austritt die einseitige Beendigung der Vertragsparteistellung durch Kündigung des Gründungsvertrags", *Klein/Schmahl*, in: Völkerrecht 2013, S. 269 Rn. 77.

internationalen Organisation. Konstitutives Merkmal des Austritts, sowohl im vertragsrechtlichen als auch im tatsächlichen Sinne, ist die Freiwilligkeit seitens des austretenden Staates.

b) Die Abgrenzung zu anderen Erscheinungsformen

i. Der Ausschluss

Im Gegensatz zum Austritt ist der Ausschluss die zwangsweise Beendigung der Mitgliedschaft.[38] Die Abgrenzung zum Austritt erfolgt anhand subjektiver Kriterien. Während ein Austritt immer freiwillig ist, erfolgt die Auflösung der Mitgliedschaft durch Ausschluss grundsätzlich gegen den Willen des Ausscheidenden.

Allerdings gibt es Konstellationen, die am Vorliegen von Freiwilligkeit zweifeln lassen. Insbesondere, wenn sich der Austritt wegen eines drohenden Ausschlusses ereignet.[39] Die Frage ist, was unter Freiwilligkeit zu verstehen ist. *Götting* geht richtigerweise davon aus, dass Freiwilligkeit sich darin äußert, dass der betreffende Mitgliedstaat, die Mitgliedschaft von sich aus beendet und seine Motivation dabei keine Rolle spielt.[40] Der Austritt kann folglich intrinsisch motiviert sein, wenn er dem Bestreben zugrunde liegt, etwas um seiner selbst willen zu tun. Die Motivation kann aber auch extrinsisch sein, weil der Wunsch besteht, bestimmte Leistungen zu erbringen, von denen man sich einen Vorteil verspricht oder Nachteile vermeiden möchte. Für die Freiwilligkeit des Austritts ist dies ohne Bedeutung.

Indessen bedarf der Konkretisierung, ob der formal vom Staat ausgehende Austritt grundsätzlich freiwillig ist. Dies muss verneint werden, wenn die Organisation Druck oder Zwang auf den betreffenden Staat ausübt und diese Maßnahmen kausal für den Austritt des Mitglieds sind. Der formale Austritt seitens des Staates ist demnach nur dann freiwillig, wenn er allein auf Wunsch des Austretenden ohne Druck oder Zwang der Organisation erfolgt. Entsprechend soll ein Austritt nicht vorliegen, wenn die Organisation den Austritt erzwingt, weil keine Ausschlussklausel existiert oder weil ein langwieriges Ausschlussverfahren vermieden werden soll.[41]

Zwischen Austritt und Ausschluss verläuft demzufolge ein schmaler Grat.[42] Auch völkervertragliche Bestimmungen nehmen nicht immer eine eindeutige Differenzierung zwischen beiden Beendigungstatbeständen vor. Gem. Art. 8 Europaratsatzung kann jedes Mitglied des Europarats, das sich eines schweren Verstoßes gegen die Bestimmungen des Art. 3 schuldig macht, vom Minister-Komitee aufgefordert werden, auszutreten. Wird dieser Aufforderung nicht Folge geleistet, kann das Minister-Komitee beschließen, dass das betreffende Mitglied, von einem durch

38 Sands/Klein/Bowett, Bowett's law, S. 553.
39 Vgl. Oppermann, BerGesVR (17) 1975, S. 53 (S. 83ff.).
40 Götting, Die Beendigung der Mitgliedschaft, S. 4.
41 Götting, Die Beendigung der Mitgliedschaft, S. 4.
42 So auch Schermers/Blokker, Unity within diversity, S. 105.

das Komitee selbst bestimmten Zeitpunkt ab, dem Europarat nicht mehr angehört. In Art. XXVI (2) der IMF-Satzung verschwindet der Unterschied zwischen Austritt und Ausschluss sogar vollständig. Nach dem Wortlaut dieser Vorschrift kann ein IMF-Mitglied zwar nicht formal ausgeschlossen, jedoch dazu gezwungen werden, auszutreten. Mangels Freiwilligkeit stellen weder Art. 8 Europaratssatzung noch Art. XXVI (2) der IMF-Satzung vertragliche Austrittstatbestände dar, wenn ihre Verwirklichung aufgrund der Aufforderung der Organisation erfolgt. Obwohl diese als obligatorische Austritte bezeichnet werden, handelt es sich dabei tatsächlich um Ausschlusstatbestände.[43]

ii. Die Nichtannahme einer Änderung des Gründungsvertrages

Auch die Änderung des Gründungsvertrages kann zu einer Beendigung der Mitgliedschaft eines Staates führen. Zu unterscheiden sind zwei Arten von Änderungsverfahren. Änderungen des Gründungsvertrages können durch Mehrheitsentscheidungen erfolgen. Die Mitglieder derjenigen Organisation, welche ein solches Verfahren vorsehen, haben im Voraus zugestimmt, dass sie den Willen der Mehrheit akzeptieren, selbst wenn sie ihn nicht teilen.[44] Verlangt das Vertragsänderungsverfahren jedoch ein einstimmiges Vorgehen der Mitglieder der internationalen Organisation, haben die Vertragsparteien nicht zugestimmt, an Änderungen des ursprünglichen Gründungsvertrages ohne Konsens aller gebunden zu sein.[45] Es kann jedoch vorkommen, dass ein Mitglied auf „technische[m] Weg“[46] aus der Organisation ausscheidet, sollte es eine Vertragsänderung nicht annehmen, etwa dann, wenn für dieses Mitglied zwar die Vorschriften des alten Gründungsvertrages weiter gelten, für die Mehrheit der Mitglieder jedoch ein neuer, veränderter Vertrag Anwendung findet.

Z. T. findet man auch Vorschriften in Gründungsverträgen internationaler Organisationen, die ein Ausscheiden aus der Organisation bei Nichtannahme einer Änderung des Gründungsvertrages ausdrücklich vorsehen. So sah die Satzung des Völkerbundes, welche durch Mehrheitsentscheidungen verändert werden konnte, in Art. 26 Abs. 2 vor:[47] *„No such amendments shall bind any Member of the League which signifies its dissent therefrom, but in that case it shall cease to be a Member of the League.“*

Gem. Art. 94 lit. b des ICAO-Gründungsvertrages und dem früheren Art. 62 des IMO-Gründungsvertrages kann und konnte die Mitgliederversammlung bei Beschlussfassung über eine Änderung des Gründungsvertrages mit 2/3 Mehrheit

---

43 So auch Klabbers, International institutional law, S. 109; Sands/Klein/Bowett, Bowett's law, S. 554.
44 Sands/Klein/Bowett, Bowett's law, S. 555.
45 Sands/Klein/Bowett, Bowett's law, S. 555.
46 Klabbers, International institutional law, S. 112.
47 Vgl. dazu Klabbers, International institutional law, S. 112; Sands/Klein/Bowett, Bowett's law, S. 555; Zeidler, Austritt und Ausschluß, S. 145.

vorsehen, dass ein Mitglied, welches die Änderung nicht innerhalb einer bestimmten Frist nach ihrem Inkrafttreten annimmt, aus der Organisation ausscheidet.[48]

Es ist umstritten, welchem Beendigungstatbestand das Ausscheiden aus der Organisation infolge einer Vertragsänderung zuzuordnen ist.[49] Z.T. wird darin ein eigenständiger Beendigungstatbestand neben Austritt und Ausschluss gesehen.[50] Andere ordnen derartige Situationen dem Austritt zu, weil das betreffende Mitglied die Wahl zwischen der Annahme der Satzungsänderung oder dem Ausscheiden aus der Organisation habe.[51] Für diese Ansicht spricht die in Bezug auf die Vereinten Nationen auf der Konferenz von San Francisco verabschiedete Interpretationserklärung, wonach ein „Austritt" für den Fall der nicht konsentierten Charta-Änderung zulässig ist.[52] Wieder andere sehen darin einen Ausschluss, weil letztlich der Wille der Mehrheit der Mitglieder, welche die Satzungsänderung beschließen, entscheidend sei und nicht der Wille des ausscheidenden Mitglieds.[53]

Freiwillig aus Sicht des ausscheidenden Mitglieds ist die Nichtannahme der Satzungsänderung. Das bedeutet jedoch nicht begriffsnotwendig, dass die daraus folgende Konsequenz – das Ausscheiden aus der Organisation – in Übereinstimmung mit dem Willen des Mitglieds erfolgt. Davon kann nur ausgegangen werden, wenn das Mitglied infolge der nicht akzeptierten Vertragsänderung freiwillig aus der Organisation ausscheidet.

Scheidet das Mitglied jedoch „technisch" aus der Organisation im Rahmen eines einstimmigen Vertragsänderungsverfahren aus, handelt es sich um einen Ausschluss, wenn das Mitglied diese Folge bei seinem ursprünglichen Beitritt nicht akzeptiert hat. Anders zu beurteilen ist wiederum die Beendigung der Mitgliedschaft infolge von Bestimmungen, die ein Ausscheiden aus der Organisation bei Nichtannahme einer Änderung des Gründungsvertrages ausdrücklich vorsehen. Eine solche Situation muss letztlich als Austritt gewertet werden, denn diese Konsequenz hat das Mitglied bei seinem ursprünglichen Beitritt akzeptiert.

---

48 Vgl. dazu Sands/Klein/Bowett, Bowett's law, S. 555; Zeidler, Austritt und Ausschluß, S. 145.

49 Eine davon zu unterscheidende Fragestellung ist, ob die Organisation bei Nichtannahme der Satzungsänderung durch ein Mitglied die Kompetenz hat, dieses Mitglieder auszuschließen oder ob dieses Mitglied das Recht hat, auszutreten, sollte der Gründungsvertrag dies nicht ausdrücklich vorsehen, vgl. dazu Amerasinghe, Institutional Law, S. 453.

50 So Sands/Klein/Bowett, Bowett's law, S. 550; Singh, Termination of Membership, S. 70ff.

51 So in Bezug auf Art. 26 Abs. 2 der Satzung des Völkerbundes Ohse, VN (20) 1972, S. 16 (S. 16ff.).

52 Siehe dazu unten, S. 42.

53 Zeidler, Austritt und Ausschluß, S. 145.

iii. Die partielle Bindung

Entscheidet das Mitglied zu Beginn und nicht erst im Verlauf der Mitgliedschaft, dass es sich lediglich partiell binden möchte, ist dies vom (partiellen) Austritt zu unterscheiden. Dies kann durch Erhebung eines Vorbehaltes zum Zeitpunkt des Beitritts zur Organisation erfolgen. Dazu gibt der Mitgliedstaat eine einseitige Erklärung zum Gründungsvertrag ab, die bezweckt, die Rechtswirkung einzelner Vertragsbestimmungen in der Anwendung auf sich selbst auszuschließen oder abzuändern.[54] Innerhalb der Europäischen Union hat sich die Verwendung von *Opting-out*-Klauseln durchgesetzt, welche es einem Staat ermöglichen, sich der Kooperation auf einem bestehenden Gebiet nicht anzuschließen.[55]

2. Der Ausschluss

a) Der Begriff des Ausschlusses

Ein Ausschluss ist die zwangsweise, d.h. im Gegensatz zum Austritt unfreiwillige Beendigung der Mitgliedschaft als ein Ergebnis der Entscheidung der Organisation.[56]

b) Die Abgrenzungen zu anderen Erscheinungsformen

i. Die Sanktionen

Der Begriff der Sanktion ist weder in der UN-Charta noch im Völkerrecht eindeutig definiert.[57] Dem ungeachtet kann in einer Sanktion eine Maßnahme gesehen werden, die zu dem Zweck erfolgt, eine Person des Völkerrechts, die dieses schuldhaft verletzt hat, zu veranlassen, ihr völkerrechtswidriges Verhalten aufzugeben und an den durch dieses Verhalten Geschädigten ggf. die vom Völkerrecht gebotene Wiedergutmachung zu leisten.[58]

---

54 Vgl. Art. 2 Abs. 1 lit. d, Art. 20 WVK.

55 Dänemark und das Vereinigte Königreich haben sich im Vertrag von Maastricht eine *Opting-out*-Klausel ausbedungen, die es ihnen erlaubt, auch bei Erfüllung der Konvergenz-Kriterien selbst zu entscheiden, ob sie der Währungsunion beitreten wollen, siehe dazu unten, S. 146f., 182. Davon zu unterscheiden ist die partielle Teilnahme von Drittstaaten am Binnenmarkt oder anderen bedeutenden Teilen des unionsrechtlichen Besitzstands, welche vor allem im Rahmen des Europäischen Wirtschaftsraums relevant geworden sind, vgl. *Epiney*, in: FS Klein, S. 542.

56 Sands/Klein/Bowett, Bowett's law, S. 553; Zeidler, Austritt und Ausschluß, S. 134.

57 So ist fraglich, ob der Begriff der Sanktion ein Oberbegriff für militärische und nicht-militärische Zwangsmaßnahmen ist oder ob er in Abgrenzung zu Repressalien oder Gegenmaßnahmen, welche grundsätzlich im bilateralen Verhältnis erfolgen, eine kollektive Maßnahme beschreibt, Meerpohl, Individualsanktionen des Sicherheitsrates, S. 50f.; *Schröder*, in: Völkerrecht 2013, S. 566 Rn. 107ff.

58 Seidl-Hohenveldern, Lexikon des Rechts, S. 335; vgl. *Schröder*, in: Völkerrecht 2013, S. 568 Rn. 113f.

Obwohl der Ausschluss oft als letzte und gravierendste Sanktion gilt, wird im Recht der internationalen Organisationen unter dem Oberbegriff der Sanktion eine Vielzahl von Druck- und Zwangsmitteln unterhalb der Ebene des Ausschlusses erörtert. Am bekanntesten sind Sanktionsmechanismen der Vereinten Nationen gegen Mitglieder bei Bedrohung oder Bruch des Friedens. Weniger intensive Sanktionsformen sind Suspendierungsmaßnahmen oder die Auferlegung finanzieller Nachteile.[59] In ihren Gründungsverträgen beschreiben die internationalen Organisationen ihre Sanktionsmechanismen. Innerhalb der OPCW, welche den Ausschluss gar verbietet,[60] ist die schwerwiegendste Sanktion bspw. die Benachrichtigung des Sicherheitsrates in der Hoffnung auf Zwangsmaßnahmen.[61] Zu derartigen Druckmitteln gehören ebenfalls die Verurteilung der Politik des Mitglieds als unvereinbar mit den Zielen der Organisation, die Aufforderung an das Mitglied, etwas Bestimmtes zu tun oder zu unterlassen oder das Verlassen des Sitzungssaales bei Redebeginn des Delegierten des Mitglieds.[62] Auch die Mobilisierung der öffentlichen Meinung ist ein Druckmittel gegenüber den vertragsbrüchigen Staaten.[63]

ii. Die Suspendierung

Suspendierungsmaßnahmen können die Aussetzung einzelner oder aller Mitgliedschaftsrechte und –privilegien wie Teilnahme-, Stimm- und Wahlrechte sowie Leistungs- und Unterstützungsansprüche zum Gegenstand haben.[64]

Die Suspendierung von Rechten kann als Sanktion für die Nichtleistung von Beiträgen erfolgen.[65] Demgemäß entfällt nach Art. 19 der UN-Charta das Stimmrecht eines Mitglieds in der Generalversammlung, wenn es mit seinen Beiträgen mehr als zwei Jahre im Rückstand ist. Die Generalversammlung kann dem Mitglied das Stimmrecht unter bestimmten Umständen jedoch belassen.[66] Gem. Art. 5 UN-Charta können sämtliche sich aus der UN-Mitgliedschaft ergebenden Rechte durch die Generalversammlung auf Empfehlung des Sicherheitsrates auch dann suspendiert werden, wenn der Sicherheitsrat gegen ein Mitglied vorläufige

59 Schermers/Blokker, Unity within diversity, S. 919f.

60 Art. VIII.2 CWC.

61 Vgl. Klabbers, International institutional law, S. 110.

62 Zeidler, Austritt und Ausschluß, S. 134f.

63 Art. 32 Abs. 3 EMRK sah die Möglichkeit vor, dass das Ministerkomitee des Europarates den Bericht der Europäischen Menschenrechtskonvention über ein Menschenrechtsbeschwerde veröffentlicht, vgl. Seidl-Hohenveldern/Loibl, Das Recht der internationalen Organisationen einschließlich der supranationalen Gemeinschaften, S. 297 Rn. 2009.

64 Zeidler, Austritt und Ausschluß, S. 135.

65 Seidl-Hohenveldern/Loibl, Das Recht der internationalen Organisationen einschließlich der supranationalen Gemeinschaften, S. 79 Rn. 1814f.

66 Ruffert/Walter, Institutionalisiertes Völkerrecht, S. 95; Seidl-Hohenveldern/Loibl, Das Recht der internationalen Organisationen einschließlich der supranationalen Gemeinschaften, S. 278 Rn. 1815.

Maßnahmen nach Art. 40 UN-Charta oder Zwangsmaßnahmen nach Art. 41, 42 und 94 Abs. 2 UN-Charta erlassen hat.[67]

Art. 7 EUV und Art. 354 AEUV regeln die Suspendierungsmaßnahmen innerhalb der Europäischen Union. Danach können die Stimmrechte im Rat sowie weitere Mitgliedschaftsrechte eines Mitgliedstaates suspendiert werden, wenn dieser beharrlich und schwerwiegend die Grundsätze des Art. 2 EUV (Freiheit, Demokratie, Rechtsstaatlichkeit sowie Grund- und Menschenrechte) verletzt.

Wird der Situation nicht Abhilfe geschaffen, fungiert die Suspendierung von Rechten und Privilegien als Vorstufe zum Ausschluss. Einem Mitglied des Europarats, das sich eines schweren Verstoßes schuldig macht, kann gem. Art. 8 der Satzung des Europarates sein Recht auf Vertretung vorläufig abgesprochen werden. Diesen Maßnahmen können die Aufforderung zum Austritt und der Ausschluss des Mitglieds folgen.[68]

Einer Suspendierung von Mitgliedschaftsrechten, insbesondere von Teilnahmerechten kann der Ausschluss einer Regierung gleichbedeutend sein. Dieser erfolgt, wenn sich Maßnahmen nicht gegen einen Mitgliedstaat, sondern gegen die Regierung, die ihn vertritt, richten.[69] Der Suspendierung von Teilnahmerechten entsprach ebenfalls die Nichtanerkennung der Beglaubigungsschreiben der Regierung Südafrikas zwischen 1974 und 1994 durch die Generalversammlung mit der Begründung, sie sei nicht zur Vertretung befugt.[70]

In Abgrenzung zu einem Ausschluss kann auf die Dauer oder Endgültigkeit der Maßnahme abgestellt werden. Eine Suspendierung von Rechten und Privilegien dauert in der Regel nur so lange an, bis sich eine bestimmte Situation geändert hat oder bestimmte Bedingungen erfüllt werden.[71] Für einen Ausschluss ist hingegen die Endgültigkeit der Mitgliedschaftsbeendigung charakteristisch. Auch bestehen im Falle der Suspendierung die Verpflichtungen der Mitglieder fort, während sie im Falle des Ausschlusses beendet werden.[72] Z.T. wird die Unterscheidung zwischen Suspendierung und Ausschluss als praktisch irrelevant bewertet, weil

---

67 Vgl. Klabbers, International institutional law, S. 109; *Klein/Schmahl*, in: Völkerrecht 2013, S. 272 Rn. 85; Ruffert/Walter, Institutionalisiertes Völkerrecht, S. 96; Seidl-Hohenveldern/Loibl, Das Recht der internationalen Organisationen einschließlich der supranationalen Gemeinschaften, S. 297 Rn. 2010.

68 Siehe dazu oben, S. 9.

69 Zeidler, Austritt und Ausschluß, S. 135.

70 *Klein/Schmahl*, in: Völkerrecht 2013, S. 272 Rn. 86; Zeidler, Austritt und Ausschluß, S. 135.

71 Schermers/Blokker, Unity within diversity, S. 106.

72 Schermers/Blokker, Unity within diversity, S. 106; so kann ein Mitglied gem. Art. 19 UN-Charta, wenn es bspw. mit Beitragszahlungen in Rückstand ist, in seinen Stimmrechten in der Generalversammlung beschränkt werden (Dominikanische Republik 1968, Haiti 1963). Dies betrifft jedoch nicht eine Suspendierung von Verpflichtungen des Staates oder der Mitgliedschaft selbst, vgl. Klabbers, International institutional law, S. 110.

eine Suspendierung zu beenden für gewöhnlich nicht viel einfacher sein werde als die Wiederaufnahme nach einem Ausschluss.[73]

3. Der Untergang eines Mitglieds

Ein Beendigungstatbestand, der nicht oft erwähnt wird, ist der Untergang eines Mitgliedstaates oder der Verlust von für die Mitgliedschaft wesentlichen Eigenschaften. Die Mitgliedschaft eines Staates muss als beendet gelten, wenn dieser nicht mehr die Voraussetzungen für die Existenz seiner Mitgliedschaft erfüllt, d.h. sich derart verändert, dass er essentielle Qualifikationen für seine Mitgliedschaft verliert.[74] Obwohl diese Voraussetzungen nicht mit den Beitrittsvoraussetzungen identisch sein müssen, – in den meisten internationalen Organisationen ist die einzige Voraussetzung für die Mitgliedschaft ohnehin lediglich, dass das jeweilige Mitglied ein Staat ist – endet die Mitgliedschaft *ipso iure*, wenn das Mitglied als Staat untergeht.[75] Mit Verlust der Staatlichkeit geht nämlich ein Wegfall der Völkerrechtssubjektivität einher. Alle mitgliedschaftlichen Rechte und Pflichten erlöschen zum Zeitpunkt des Untergangs.[76]

Jedoch endet Staatlichkeit nicht ohne Weiteres. Eine Beurteilung der Situation kann ergeben, dass es sich nicht um den Untergang eines Staates und um eine Frage der Staatensukzession in Mitgliedschaftsrechten handelt, sondern um Staatenidentität.[77] Im Völkerrecht besteht eine starke Vermutung für die Kontinuität der Staatlichkeit, selbst wenn bestimmte Merkmale von Staatlichkeit nicht mehr erfüllt sind.[78] Obwohl es offensichtlich ist, dass dieser Beendigungstatbestand nicht die häufigste Ursache für eine Mitgliedschaftsbeendigung ist, gab es in der Geschichte der internationalen Organisation eine beachtliche Anzahl von Fällen des Untergangs eines Mitgliedstaates.[79]

Nach der Gründung der Vereinten Nationen ereigneten sich mehrere Staatenfusionen, was dazu führte, dass die ursprünglichen Staaten untergingen und an ihrer Stelle, der neu entstandene Staat Mitglied der internationalen Organisation wurde. Syrien und Ägypten vereinigten sich 1958 zur Arabischen Republik. Beide Staaten verloren ihre Mitgliedschaften in internationalen Organisationen und wurden in

---

73 Schermers/Blokker, Unity within diversity, S. 106; a.A. Makarczyk, GYIL (25) 1982, S. 476 (S. 482f.).

74 Amerasinghe, Institutional Law, S. 124f.

75 Schermers/Blokker, Unity within diversity, S. 115ff.

76 Ruffert/Walter, Institutionalisiertes Völkerrecht, S. 100.

77 Vgl. *Zimmermann*, Continuity of States, in: MPEPIL 2012, Rn. 1ff.

78 Vgl. Klabbers, International institutional law, S. 113; Schermers/Blokker, Unity within diversity, S. 115; *Zimmermann*, Continuity of States, in: MPEPIL 2012, Rn. 1ff.; *Zimmermann*, State succession in other matters, in: MPEPIL 2012, Rn. 2.

79 Vgl. Amerasinghe, Institutional Law, S. 125; Klabbers, International institutional law, S. 113.

diesen durch die Vereinte Arabische Republik ersetzt.[80] Entsprechendes ereignete sich 1964 durch den Zusammenschluss Tanganyikas und Zanzibars zur Vereinigten Republik Tansania und 1990 durch die Vereinigung von Nord- und Südjemen.[81]

Inkorporationen können ebenfalls zum Verlust der Mitgliedschaft in internationalen Organisationen führen. Durch den Anschluss an das Deutsche Reich im Jahr 1938 verlor Österreich seine eigenständige Rechtspersönlichkeit als Staat und wurde aus der Liste der Völkerbundsmitglieder gestrichen.[82] Weil der Völkerbund 1946 ohne spätere Neugründung aufgelöst wurde, stellte sich die Frage der Wiederaufnahme Österreichs nach Kriegsende nicht. Mit der deutschen Wiedervereinigung am 3.10.1990 ging die Deutsche Demokratische Republik als Staat unter. Mit dem Beitritt zum Grundgesetz gem. Art. 23 GG a.F. endete ihre Mitgliedschaft in den Vereinten Nationen und ihren Sonderorganisationen automatisch.[83]

In den 1990er Jahren führten Dismembrationen auf dem europäischen Kontinent zum Untergang mehrerer Staaten. 1993 zerfiel die Tschechoslowakei in die Staaten Tschechei und Slowakei und ging als Staat unter. Die beiden neu entstandenen Staaten mussten jeweils Anträge auf Aufnahme in die Vereinten Nationen stellen.[84] Entsprechendes gilt für den Zerfall Jugoslawiens in mehrere Staaten im Jahr 1991.[85] Serbien-Montenegros Behauptung, dass es die Rechtspersönlichkeit Jugoslawiens weiterführe, setzte sich nicht durch.[86] Trotz unklarer Praxis der Vereinten Nationen[87] sprach die Neuaufnahme Serbiens in die Vereinten Nationen

80 Nach dem Austritt Syriens am 13.10.1961 aus der Vereinigten Arabischen Republik, setzte es seine Einzelmitgliedschaft ohne Neuaufnahme fort. Die Vereinigte Arabische Republik wurde am 2.9.1971 in „Arabische Republik Ägypten“ umbenannt, vgl. dazu Amerasinghe, Institutional Law, S. 125; Klabbers, International institutional law, S. 113; *Klein/Schmahl*, in: Völkerrecht 2013, S. 267 Rn. 72; Schermers/Blokker, Unity within diversity, S. 116.

81 Vgl. dazu Amerasinghe, Institutional Law, S. 125; Schermers/Blokker, Unity within diversity, S. 116.

82 Vgl. *Klein/Schmahl*, in: Völkerrecht 2013, S. 269 Rn. 76; Schermers/Blokker, Unity within diversity, S. 116.

83 Vgl. *Klein/Schmahl*, in: Völkerrecht 2013, S. 269 Rn. 76; Schermers/Blokker, Unity within diversity, S. 116; Ruffert/Walter, Institutionalisiertes Völkerrecht, S. 100.

84 Vgl. Amerasinghe, Institutional Law, S. 125; *Klein/Schmahl*, in: Völkerrecht 2013, S. 269 Rn. 76; Ruffert/Walter, Institutionalisiertes Völkerrecht, S. 100.

85 Vgl. *Zimmermann*, Yugoslavia, Cases and Proceedings, in: MPEPIL 2012, Rn. 1f.

86 Vgl. Amerasinghe, Institutional Law, S. 125; Klabbers, International institutional law, S. 113; *Klein/Schmahl*, in: Völkerrecht 2013, S. 269 Rn. 76, Schermers/Blokker, Unity within diversity, S. 116; Ruffert/Walter, Institutionalisiertes Völkerrecht, S. 100; Zimmermann, Staatennachfolge in völkerrechtliche Verträge, S. 303ff.

87 Der UN-Sicherheitsrat stellte 1992 und 1993 fest, dass „[...] the state formerly known as the Socialist Federal Republic of Yugoslavia has ceased to exist“, UN SC Res. 777 (1992); UN SC Res. 821 (1993). Jedoch hatte dies keine Mitgliedschaftsbeendigung zur Folge, sondern lediglich den Ausschluss von der Teilnahme in der Generalversammlung und ECOSOC, vgl. Schermers/Blokker, Unity within diversity, S. 116.

gegen eine solche Annahme.[88] Auch in den übrigen Organisationen, in denen Jugoslawien Mitglied war, inklusive den Finanzorganisationen (IMF und Weltbank), endete die Mitgliedschaft Jugoslawiens und die Nachfolgerstaaten mussten die Aufnahme neu beantragen.[89]

Mit Zerfall der UDSSR im Jahr 1992 verlor auch diese alle Mitgliedschaftsrechte in internationalen Organisationen. Russland, welches sich als „Fortsetzerstaat" der UDSSR bezeichnete, konnte jedoch in die Vereinten Nationen ohne Aufnahmeantrag einrücken. [90]

Der Verlust von für die Mitgliedschaft wesentlichen Eigenschaften kann ebenfalls zur Beendigung der vollen Mitgliedschaft führen, obwohl der Staat als solcher noch fortbesteht.[91] Das ist insbesondere bei Organisationen der Fall, deren Zusammenschluss auf einer Kooperation bestimmter Dienste basiert. Kann das entsprechende Mitglied diesen Dienst nicht mehr ausüben, entfällt eine wesentliche Voraussetzung für die Mitgliedschaft. Die Mitgliedschaft eines Staates der WMO ist daher begriffsnotwendig an dessen Fähigkeit geknüpft, meteorologische und hydrologische Dienste ausüben zu können.[92] Teilweise beschränken internationale Organisationen ihre Mitgliedschaft auf Staaten, die Mitglieder bestimmter anderer internationaler Organisationen sind. Wird die Mitgliedschaft in diesen Organisationen beendet, erfolgt automatisch der Verlust der Mitgliedschaft.[93] So führt bspw. der Verlust der IBRD Mitgliedschaft zum automatischen Verlust der Mitgliedschaft in der IDA und der IFC.[94] Die Mitgliedschaft im IMF ist eine Voraussetzung für die Mitgliedschaft in der IBRD. Jedoch kann die Weltbank entscheiden, die Mitgliedschaft eines Staates beizubehalten, dessen IMF Mitgliedschaft beendet ist.[95]

Die völkerrechtswidrige Annexion oder Aggression unter Verletzung der UN-Charta führt nicht zur Beendigung der Mitgliedschaft in internationalen Organisationen.[96] Selbst wenn hierdurch eine faktische Beseitigung des Staates erfolgt, wirken sich die *Stimson*-Doktrin und das Selbstbestimmungsrecht der

---

88 Ruffert/Walter, Institutionalisiertes Völkerrecht, S. 100; siehe GA Res. 55/12 v. 10.11.2000, UN Doc A/Res/55/12.

89 Amerasinghe, Institutional Law, S. 125; Schermers/Blokker, Unity within diversity, S. 116.

90 Klabbers, International institutional law, S. 113.

91 Vgl. Amerasinghe, Institutional Law, S. 125; Schermers/Blokker, Unity within diversity, S. 117.

92 So auch Ölexportierende Staaten der OPEC oder Bauxitexportierende Staaten der International Bauxite Organization, vgl. Schermers/Blokker, Unity within diversity, S. 117.

93 Vgl. Schermers/Blokker, Unity within diversity, S. 117.

94 Art. V.3 IFC; Art. VII.3 IDA.

95 Art. VI.3 IBRD.

96 Vgl. Amerasinghe, Institutional Law, S. 125; *Klein/Schmahl*, in: Völkerrecht 2013, S. 269 Rn. 76.

Völker staatserhaltend aus.[97] So seien weder die Völkerbundsmitgliedschaften von Äthiopien noch die der Tschechoslowakei oder der baltischen Staaten nach ihrer Annexion beendet worden.[98] Die Okkupation Kuweits durch den Irak im Jahr 1990 führte ebenso wenig zum Verlust der Staatlichkeit. Obwohl Kuweit seine Regierungsfähigkeit verlor und für eine bestimmte Zeit nicht in der Lage war, seine Privilegien und Mitgliedschaftsrechte auszuüben, war dies kein Grund für internationale Organisationen, die Mitgliedschaft Kuweits zu beenden.[99]

Auch der Verlust der effektiven Staatsmacht durch andere Ursachen führt nicht *per se* zum Verlust der Staatlichkeit und damit zur Beendigung der Mitgliedschaft in internationalen Organisationen. So bestanden in den 1990ern trotz Fehlens einer effektiven Regierungsmacht Somalias Mitgliedschaften in internationalen Organisationen uneingeschränkt weiter.[100]

4. Die Auflösung der Organisation

Von der Auflösung der einzelnen Mitgliedschaft in einer internationalen Organisation ist die Auflösung der Organisation als solcher zu unterscheiden. Mit Auflösung des Gründungsvertrages geht die internationale Organisation unter.[101] Das prominenteste Beispiel ist der Völkerbund. Obwohl dieser praktisch nicht mehr bestand und von den Vereinten Nationen abgelöst und nicht nachgefolgt wurde, löste die Völkerbundsversammlung die Organisation formal auf einer Sitzung im April 1946 auf.[102]

IV. Das Funktionspotential von Beendigungstatbeständen

Fraglich ist zunächst, ob Beendigungstatbestände überhaupt eine funktionelle Bedeutung für die internationale Organisation haben können oder ob ihre Existenz und Verwirklichung in einem immanenten Widerspruch zur Umsetzung des Organisationszwecks steht.

---

97 *Klein/Schmahl*, in: Völkerrecht 2013, S. 269 Rn. 76.

98 *Klein/Schmahl*, in: Völkerrecht 2013, S. 269 Rn. 76.

99 Amerasinghe, Institutional Law, S. 125; *Klein/Schmahl*, in: Völkerrecht 2013, S. 269 Rn. 76.

100 Klabbers, International institutional law, S. 113.

101 Vgl. Ruffert/Walter, Institutionalisiertes Völkerrecht, S. 97f.; jedoch ist umstritten, ob die Auflösung der Organisation auch die Auflösung der ihr zugrunde liegenden Verträge bedeutet, vgl. Klabbers, International institutional law, S. 111. Andere Organisationen, die aufgelöst wurden, waren die International Refugee Organization (1952), die Central Treaty Organization (1979), der Internationale Zinnrat (1990) und der Warschauer Pakt (1991), siehe dazu Schermers/Blokker, Unity within diversity, S. 118.

102 Klabbers, International institutional law, S. 111.

Für die Feststellung einer potentiellen Zweckdienlichkeit von Beendigungstatbeständen ist es erforderlich herauszuarbeiten, welcher Zweck von der Organisation verfolgt wird. Der Zweck und das Ziel eines Vertrages sind anhand der in Art. 31 WVK kodifizierten Auslegungsregeln zu ermitteln.[103] Die Zwecke, zu denen internationale Organisationen gegründet werden, sind äußerst unterschiedlich und werden in den jeweiligen Gründungsverträgen beschrieben.[104]

Die Organisationszwecke bestimmen den Wirkungskreis der internationalen Organisation. So verlangen die von den Vereinten Nationen gem. Art. 1 UN-Charta erklärten Gründungszwecke, den Weltfrieden und die internationale Sicherheit zu wahren, einen universellen Wirkungskreis. Andere Organisationen werden hingegen zu Zwecken gegründet, deren Umsetzung einen regional begrenzten Wirkungskreis voraussetzen. Dementsprechend beschränkt sich der Wirkungskreis des Europarates, weil er zu dem Zweck gegründet wurde, einen engeren Zusammenschluss aller gleichgesinnten Völker Europas zu verwirklichen und den wirtschaftlichen und sozialen Fortschritt in Europa zu begünstigen, auf den europäischen Kontinent.[105]

Sowohl der Organisationszweck als auch der Wirkungskreis bestimmen die mitgliedschaftlichen Zielsetzungen der Organisationen. Universelle Organisationen wie die Vereinten Nationen und ihnen verbundene Organisationen,[106] welche einen weltweiten Wirkungskreis haben, sind offen für die die Mitgliedschaft aller Staaten. Geschlossene und beschränkt offene Organisationen bezwecken dagegen nur die Aufnahme einer begrenzten Anzahl von Mitgliedern. Dies können

---

103 Dafür kann jedes Ziel und Zweck des Vertrages berücksichtigt werden, *Villiger*, in: Villiger, Art. 60 WVK, Rn. 15; zur teleologischen Auslegungsmethode Ipsen/Menzel/Epping, Völkerrecht 2004, S. 143f.; vgl. auch Hout, Die völkerrechtliche Stellung der Internationalen Organisationen, S. 40f.; *Klein*, in: Auslegung und Anwendung von Integrationsverträgen, S. 5f.

104 Verteidigung (NATO, Westeuropäische Union), Welthandel (WTO), Finanzorganisationen (IMF), Entwicklungshilfe (IBRD, IFC, IDA), Wirtschaftliche Zusammenarbeit (EU, EAG), Internationales Arbeitsrecht (ILO), Kultur (UNESCO), Gesundheit (WHO).

105 Präambel, Art. 1 lit. a Satzung des Europarates; andere regionale Organisationen sind EU, OAS, AU, Arabische Liga, vgl. dazu Herdegen, Völkerrecht 2011, S. 95; *Klein/Schmahl*, in: Völkerrecht 2013, S. 263 Rn. 63.

106 Die UN-Sonderorganisationen sind diejenigen Organisationen, die innerhalb der UN durch einen Vertrag näher verbunden sind, Art. 57, 63 UN-Charta: z.B. ILO, UNESCO, Weltbank, IMF, WHO, WIPO.

Mitglieder einer bestimmten Region,[107] einer gemeinsamen politischen Wertvorstellung[108] oder solcher Mitglieder, die einen bestimmten Dienst anbieten, sein.[109]

In den meisten Fällen ist der Organisationszweck besser mit einem größeren als mit einem kleineren Mitgliederkreis zu erreichen.[110] Die Tätigkeit vieler Organisationen wie bspw. die der WHO ist nur dann erfolgreich, wenn möglichst alle Staaten der Welt an der Arbeit der Organisation teilhaben.[111] Veränderungen des Mitgliederbestandes, die einen Zuwachs an Mitgliedern betreffen, sind daher – weil sie in der Regel die Erfüllung des Organisationszwecks erleichtern – für die Organisation positiv.

Zwischen einer Veränderung des Mitgliederbestandes durch Mitgliedschaftsbeendigungen und der Verwirklichung des Organisationszwecks wird hingegen eine grundsätzliche und immanente Widersprüchlichkeit gesehen.[112] Einerseits erklärt sich dies vor dem Hintergrund der vielfältigen praktischen, finanziellen und rechtlichen Probleme, die durch eine Mitgliedschaftsbeendigung entstehen können. Andererseits beeinträchtigen Mitgliedschaftsbeendigungen grundsätzlich die Verwirklichung der mitgliedschaftlichen Zielsetzungen der Organisationen. Auf dem Weg zu universeller Mitgliedschaft bedeuteten sie grundsätzlich einen Rückschritt für die Organisation.[113] Auch die Beendigung der Mitgliedschaft in einer geschlossenen Organisation wird deren mitgliedschaftliche Zielsetzungen beeinträchtigen,

107 Gem. Art. 4 Europaratssatzung, Art. 49 EUV beschränken der Europarat und die EU die Mitgliedschaft auf europäische Staaten, wobei sich dieser Begriff nicht nur auf geographische, sondern auch auf historische und kulturelle Aspekte bezieht; so auch OAS (Art. 2), AU (Art. 29 Abs. 1), Arabische Liga (Art. 1), vgl. *Klein/Schmahl*, in: Völkerrecht 2013, S. 265 Rn. 67.

108 Gem. Art. 3 Europarat-Satzung erkennt jedes Mitglied die Vorherrschaft des Rechts sowie die Bindung an Grundfreiheiten und Menschenrechte an. Gem. Art. 2 EUV sind die Achtung der Menschenwürde, Freiheit, Demokratie, Gleichheit, Rechtsstaatlichkeit und die Wahrung der Menschenrechte einschließlich der Rechte der Personen, die Minderheiten angehören, Werte, die allen Mitgliedstaaten gemein sind.

109 Die WMO-Mitgliedschaft ist an die Fähigkeit geknüpft, meteorologische und hydrologische Dienste ausüben zu können; die Mitgliedschaft in der OPEC kann nur durch Ölexportierende Staaten und die Mitgliedschaft in der Internationalen Bauxit Organisation nur durch Bauxitexportierende Staaten erworben werden, vgl. Schermers/Blokker, Unity within diversity, S. 117.

110 So auch *Klein/Schmahl*, in: Völkerrecht 2013, S. 263 Rn. 63.

111 Vgl. Seidl-Hohenveldern/Loibl, Das Recht der internationalen Organisationen einschließlich der supranationalen Gemeinschaften, S. 66 Rn. 501.

112 In Bezug auf Austritt, vgl. Bernhardt (Hrsg.), EPIL Vol. 2, S. 1291; in Bezug auf Ausschluss, vgl. Oppermann, BerGesVR (17) 1975, S. 53 (S. 86ff.).

113 Vgl. *Klein/Schmahl*, in: Völkerrecht 2013, S. 270 Rn. 81; Oppermann, BerGesVR (17) 1975, S. 53 (S. 86ff., 94); Ruffert/Walter, Institutionalisiertes Völkerrecht, S. 99.

weil das ausscheidende Mitglied zu dem geographisch oder politisch begrenzten Kreis der potentiellen Mitglieder gehörte.[114]

Das Streben nach universeller oder geschlossener Mitgliedschaft ist indessen nicht Zweck an sich, sondern ein Mittel, um bestimmte durch den Gründungsvertrag beschriebene inhaltliche Zwecke zu erreichen. Während einige erklärte Zwecke eine universelle Mitgliedschaft verlangen,[115] setzen andere Zwecke eine regional und/oder funktional beschränkte, also geschlossene Mitgliedschaft für deren effektive Verwirklichung voraus.[116] Dass die Verwirklichung dieser inhaltlichen Organisationszwecke durch Mitgliedschaftsbeendigungen erschwert wird, ist kein zwangsläufiges Ergebnis, das eine grundsätzliche Widersprüchlichkeit begründen würde.

Jedoch kann eine funktionelle Bedeutung für die Organisation bei bestimmten Beendigungstatbeständen kategorisch ausgeschlossen werden. Die vorangegangenen Betrachtungen haben ergeben, dass sowohl der Austritt und der Ausschluss als auch der Untergang eines Mitglieds sowie die Auflösung der Organisation Tatbestände darstellen, deren Verwirklichung die Beendigung der Mitgliedschaft in einer internationalen Organisation zur Folge haben. Die Auflösung einer Organisation wird unter keinen Umständen einen Beitrag zur Verwirklichung des Organisationszwecks leisten. Geht die Organisation unter, kann diese ihre satzungsmäßigen Zwecke überhaupt nicht mehr erfüllen. Hier besteht ein immanenter Widerspruch zwischen der Umsetzung des Organisationszwecks und der Existenz oder Verwirklichung des Beendigungstatbestandes.

Ähnliches gilt für die Beendigung der Mitgliedschaft durch den Untergang eines Mitgliedstaates aufgrund von Staatenfusion, Inkorporation oder Dismembration oder den Verlust von für die Mitgliedschaft wesentlichen Eigenschaften. Obwohl dies nicht zwangsläufig der Organisation schaden muss, besteht keine intendierte Verbindung zwischen der Existenz oder Verwirklichung des Beendigungstatbestandes und der Umsetzung des Organisationszwecks. Die Beendigung der Mitgliedschaft erfolgt weder durch die Entscheidung des untergehenden Staates noch durch die Entscheidung der Organisation selbst. Sie ist vielmehr die automatische Folge politischer oder rein tatsächlicher Veränderungen. Eine funktionelle Wirkung wäre lediglich Zufall und soll daher nicht Gegenstand der Untersuchung sein.

Die Beendigungstatbestände des Austritts und des Ausschlusses erfüllen hingegen nicht nur Funktionen für die sie in Anspruch nehmenden Staaten, sondern auch für die Organisation und bedürfen daher einer differenzierteren Betrachtung.

---

114 Vgl. Schermers/Blokker, Unity within diversity, S. 91.

115 So bspw. die Wahrung des Weltfriedens und der internationalen Sicherheit gem. Art. 1 UN-Charta.

116 So bspw. ein engerer Zusammenschluss aller gleichgesinnten Völker Europas gem. der Präambel der Satzung des Europarats.

Im Allgemeinen kann man die Ordnungs-[117], die Reaktions-[118], die Planungs-[119], die Verfassungs-[120] und die Überwachungsfunktion[121] als Systemfunktionen des Rechts unterscheiden. Die Funktionen einer Norm weisen demnach unterschiedliche Bezugspunkte auf. Sie können sich mehrfunktional oder singulär auf die vom Recht adressierten oder betroffenen Personen, das sie konstituierende System und die dahinterstehende Ideologie beziehen.[122] So sind auch die Funktionen des Völkerrechts inhaltlich[123] und instrumental[124] determiniert.

Die Beendigungstatbestände institutionalisieren Voraussetzungen und Verfahren für Mitgliedschaftsbeendigungen. Wird durch ihre Existenz oder Verwirklichung eine Beeinträchtigung der Umsetzung des Organisationszwecks vermieden oder sogar der Fortbestand der Organisation gewährleistet, erfüllen sie für die Organisation eine existenzerhaltende Funktion und sind notwendige Elemente der Mitgliedschaft.

Fraglich ist, ob und unter welchen Umständen die Existenz oder Verwirklichung von Beendigungstatbeständen darüber hinaus eine dynamische Funktion für die internationale Organisation haben können. Im allgemeinen Sprachgebrauch versteht man unter dem Begriff der „Dynamik“ die Fähigkeit, sich nach eigenen Gesetzen zu verändern und weiterzuentwickeln. Der Begriff bildet daher nicht lediglich ein Antonym zu „Statik“ sondern impliziert, dass es sich bei der entsprechenden Veränderung um eine positive Entwicklung handelt. Ist die Veränderung ein dynamischer Prozess, muss es also zu einer Fortentwicklung kommen.

---

117 Das Recht ge- und verbietet Verhaltensweisen, verteilt und schützt Sachgüter, legt soziale Rollen fest und weist sie zu, Fastenrath, Lücken im Völkerrecht, S. 262.

118 Das Recht trifft Vorkehrungen für Normverletzungen, Fastenrath, Lücken im Völkerrecht, S. 263.

119 Das Recht schafft Vergünstigungen, stellt Ressourcen bereit und trifft richtungsgebende Pläne und Programme, die die Absichten über die zukünftige Gestaltung der Lebensverhältnisse erkennen lassen, Fastenrath, Lücken im Völkerrecht, S. 264.

120 Das Recht regelt die Machtorganisation in einer Gesellschaft, in dem es Regeln über Zuständigkeiten und Verfahren aufstellt, die die Machtausübung legitimieren und dazu führen, dass sie als bindend anerkannt werden, Fastenrath, Lücken im Völkerrecht, S. 264.

121 Fastenrath, Lücken im Völkerrecht, S. 265.

122 Fastenrath, Lücken im Völkerrecht, S. 253.

123 Sicherung des Friedens, Ausgleich zwischen Regionen unterschiedlichen sozialen und ökonomischen Standards, der internationale Schutz der Umwelt, der internationale Individualschutz, Ipsen/Menzel/Epping, Völkerrecht 2004, S. 50.

124 Verfahren zur Rechtserzeugung, Verfahren für die Kooperation zwischen Völkerrechtssubjekten, Institutionalisierung der Kooperation durch die Errichtung internationaler Organisationen, Setzung von Verhaltensnormen im Rahmen internationaler Beziehungen, Sicherung der Beachtung von Völkerrecht, Ipsen/Menzel/Epping, Völkerrecht 2004, S. 52f.

Das Recht ist dynamisch, wenn es sich verändert und so die verschiedensten neuen Entwicklungen berücksichtigt.[125] Rechtsprechung und Rechtsauslegung sind dynamisch, wenn sie gesellschaftliche Veränderungen in einer konstruktiven Weise umsetzen.[126] An der grundsätzlichen Rechtmäßigkeit solcher Prozesse besteht kein Zweifel. Die Maßgeblichkeit der nachfolgenden Praxis stellt auch im Völkerrecht einen anerkannten und zu beachtenden Auslegungsgrundsatz dar.[127]

---

125 Das Allgemeine Persönlichkeitsrecht ist wegen seiner Rückbindung an die jeweiligen sich vielfach ändernden, vor allem wirtschaftlichen, aber auch kulturellen und politischen, Rahmenbedingungen ein dynamisches Recht, vgl. BVerfGE 54, 148, BVerfGE 65, 1 – Volkszählungsurteil; BVerfGE 120, 274 – Online-Durchsuchung; Hoffmann-Riem, NJW 2009, S. 3292 (S. 3292). Das Völkerrecht zeichne sich durch ein hohes und weiter steigendes Maß an inhaltlicher Dynamik aus, weil sich sowohl der Kreis der Normgeber als auch derjenige der Normunterworfenen erweitere, *Zimmermann*, in: FS Bothe, S. 1078. Das Europarecht ist ebenfalls kein statisches Gebilde, sowohl die Gründungsverträge als auch das europäische Sekundärrecht unterliegen durch formelle Vertragsänderung und eine enge Verknüpfung mit den staatlichen Rechtsordnungen einer Dynamik, Bieber (Hrsg.), Die Dynamik des Europäischen Gemeinschaftsrechts, S. 11. Auch das BVerfG hat den evolutiven Charakter des Gemeinschaftsrechts ausdrücklich anerkannt, vgl. BVerfGE 37, 271.

126 Die dynamische Auslegung der EMRK durch den EGMR gewährleistet den Charakter der Konvention als *living instrument*, vgl. Kober, Der Grundrechtsschutz in der Europäischen Union, S. 211. Ebenso ist anerkannt, dass die Rechtsprechung des EuGH im Zusammenspiel mit den Akten von Rat, Kommission und Parlament einen dynamischen Prozess bildet, Bieber (Hrsg.), Die Dynamik des Europäischen Gemeinschaftsrechts, S. 11. Die vom IGH angewandte Methode, Vertragsbestimmungen in Übereinstimmung mit dem zur Zeit der Auslegung geltenden Völkerrecht und der ihnen entsprechenden Begriffsinhalte zu interpretieren, wird als dynamische Interpretationsmethode bezeichnet, Ipsen/Menzel/Epping, Völkerrecht 2004, S. 146f.; IGH, Gutachten v. 21.6.1971, Legal Consequences for States of the Continued Presence of South Africa in Namibia (South West Africa) notwithstanding Security Council Resolution 276 (1970), ICJ Reports (1971), S. 16, S. 31f.

127 Art. 31 Abs. 3 WVK; vgl. *Karl*, in: Die Dynamik des Europäischen Gemeinschaftsrechts, S. 81ff.; in Bezug auf Gründungsverträge internationaler Organisationen *Klein*, in: Die Dynamik des Europäischen Gemeinschaftsrechts, S. 101ff.

C. Die völkerrechtlichen Beendigungstatbestände als notwendige und dynamische Elemente der Mitgliedschaft in internationalen Organisationen

Den unionsspezifischen Aspekten wird die Erörterung der Frage vorangestellt, inwiefern Beendigungstatbestände des partikulären und allgemeinen Völkerrechts eine existenzerhaltende Funktion erfüllen und für die Organisation notwendige Elemente der Mitgliedschaft sind. Daraufhin wird untersucht, ob völkerrechtliche Beendigungstatbestände eine darüber hinaus gehende positive Wirkung für die Organisation haben können und dynamische Elemente der Mitgliedschaft darstellen.

I. Der normative Rahmen völkerrechtlicher Beendigungstatbestände

Für die Beantwortung der Frage, inwiefern Austritts- und Ausschlusstatbestände notwendige und dynamische Elemente der Mitgliedschaft darstellen, ist in erster Linie ausschlaggebend, ob derartige Normen bestehen. Im Folgenden wird daher zunächst der normative Rahmen der Mitgliedschaft in internationalen Organisationen erörtert. Dies umfasst eine Analyse von den nach partikulären und allgemeinen Völkerrecht bestehenden Austritts- und Ausschlusstatbeständen.

1. Die Beendigungstatbestände des partikulären Völkerrechts

Als partikuläres Völkerrecht bezeichnet man die Rechtsordnung einer internationalen Organisation. Dabei handelt es sich um Rechtsnormen, die von den Mitgliedern der Organisation und der internationalen Organisation selbst erzeugt werden. Die Grundlage einer internationalen Organisation ist ein völkerrechtlicher Vertrag, durch den die Vertragsparteien die Organisation gründen.[128] Der Gründungsvertrag wird zumeist als „Satzung" oder „Verfassung" der internationalen Organisation bezeichnet und bildet das primäre Organisationsrecht, welches die grundlegenden Fragen der Organisation regelt. Er enthält die gegenseitige Verpflichtung der Vertragsparteien, die internationale Organisation zu schaffen. Er regelt die Rechtsbeziehungen zwischen der Organisation und ihren Mitgliedern sowie zwischen den Mitgliedstaaten als solchen und den Organen der Organisation.[129] Gegenüber anderen völkerrechtlichen Verträgen weist er verschiedene Besonderheiten auf,

128 *Klein/Schmahl*, in: Völkerrecht 2013, S. 254 Rn. 32.
129 *Klein/Schmahl*, in: Völkerrecht 2013, S. 255 Rn. 37.

insbesondere ermöglicht er die erleichterte Anpassung an sich ändernde Gegebenheiten durch Mehrheitsbeschlüsse der Mitglieder und durch das von der Organisation erzeugte Recht.[130] Nach ihrer Gründung schafft sich die Organisation selbst ein Recht, das über den Gründungsvertrag hinaus geht und als sekundäres Organisationsrecht bezeichnet wird. Dazu gehören sowohl die von den internationalen Organisationen abgeschlossenen Verträge als auch das einseitig von der Organisation gesetzte Recht.[131] Die Bestimmungen über Beginn und Ende der Mitgliedschaft in internationalen Organisationen sind jedoch klassische Regelungsmaterien des primären Organisationsrechts.

a) Die Austrittsklauseln in Gründungsverträgen

In sogenannten Austritts- oder Kündigungsklauseln schreibt der Gründungsvertrag vor, wann und in welcher Form ein Austritt möglich ist und ab welchem Zeitpunkt er wirksam werden soll.

i. Die Häufigkeit von Austrittsklauseln und Austritten

Das Vorhandensein von Austritts- oder Kündigungsklauseln stellt den Normalfall dar. Mehr als Vierfünftel aller Satzungen enthalten ein ausdrückliches Recht zum Austritt.[132] Bereits die Satzung des Völkerbundes enthielt eine ausdrückliche Austrittsklausel in ihrem Art. 1 Abs. 3. Alle Gründungsverträge der Sonderorganisationen der Vereinten Nationen[133] mit Ausnahme der WHO gestatten ihren Mitgliedern den Austritt. In die Satzung der UNESCO wurde 1954 ein solches Recht nachträglich eingefügt.[134] Die meisten regionalen Organisationen wie der Europarat, die OAS oder die AU enthalten ebenfalls ein Kündigungsrecht.[135] Entsprechendes gilt für Wirtschaftsorganisationen wie die WTO, die OECD oder ECOWAS.[136] Kein ausdrückliches Recht zum Austritt enthält die Charta der Vereinten Nationen. Weitaus seltener findet man Austrittsklauseln in bundesstaatlichen Verfassungen.

---

130 Seidl-Hohenveldern/Loibl, Das Recht der internationalen Organisationen einschließlich der supranationalen Gemeinschaften, S. 219 Rn. 1501.

131 Meng, Recht der internationalen Organisationen, S. 53.

132 So Widdows, BYIL (53) 1982, S. 83 (S. 95); vgl. Sands/Klein/Bowett, Bowett's law, S. 551.

133 IMF Art. XXVI.1; IBRD Art. VI.1; MIGA Art. 51; ILO Art. 1.5; UNESCO Art. II.6; WIPO Art. 18; FAO Art. XIX; IFAD Art. 9.1; UNIDO Art. 6; IMO Art. 73; WMO Art. 30; ITU Art. 57.

134 Vgl. dazu Amerasinghe, Institutional Law, S. 117; *Klein/Schmahl*, in: Völkerrecht 2013, S. 269 Rn. 77; Sands/Klein/Bowett, Bowett's law, S. 551; Zeidler, Austritt und Ausschluß, S. 48ff., 107ff.

135 Europarat Art. 7, OAS Art. 143, AU Art. 31, vgl. dazu *Klein/Schmahl*, in: Völkerrecht 2013, S. 269 Rn. 77.

136 WTO Art. XV, OECD Art. 17, ECOWAS Art. 91.

Eine Ausnahme fand sich in der Verfassung der alten Sowjetunion und in der jugoslawischen Bundesverfassung von 1974.[137]

Dass in vertraglichen Austrittsklauseln ein dynamisches Potential normativ berücksichtigt ist, müsste von Vornherein verneint werden, wenn vertragliche Austrittsklauseln ihre Mitglieder nachweisbar zum Austritt anregen. In der Geschichte der internationalen Organisationen ereigneten sich tatsächlich zahlreiche Austritte aus Organisationen, deren Gründungsverträge Austrittsklauseln enthielten.[138] Insbesondere in der Praxis der UN-Sonderorganisationen war die Austrittsfrage relevant. Eine Untersuchung von *Zeidler* ergab, dass in einem Zeitraum von rund 40 Jahren seit Ende des Zweiten Weltkrieges 24 Mitglieder in 46 Fällen ihren Austritt aus 17 Sonderorganisationen erklärt haben.[139] Prominente Beispiele sind die Austritte der USA aus der ILO im Jahr 1975,[140] aus der UNESCO im Jahr 1984[141] und der UNIDO im Jahr 1996 sowie die Austritte Südafrikas 1955 aus der UNESCO und 1964 aus der ILO.[142]

Jedoch erfolgten Austritte auch in beträchtlicher Zahl aus internationalen Organisationen, deren Gründungsverträge keine Austrittklauseln enthalten. Im Falle der 16 UN-Sonderorganisationen ereigneten sich sogar mehr Austritte

---

137 Vgl. dazu *Stein*, in: Der Konventsentwurf für eine EU-Verfassung, S. 117.

138 Zwischen 1928 und 1944 traten gem. Art. 1 Abs. 3, Art. 26 Abs. 2 der Völkerbundsatzung 17 Staaten aus dem Völkerbund aus (Costa Rica, Brasilien, Japan, Deutschland, Paraguay, Guatemala, Nicaragua, Honduras, Österreich, El Salvador, Italien, Chile, Venezuela, Peru, Ungarn, Haiti, Frankreich), also mehr als ein Viertel der insgesamt 63 Mitglieder, Zeidler, Austritt und Ausschluß, S. 11, 67f.; vgl. auch *Klein/Schmahl*, in: Völkerrecht 2013, S. 269 Rn. 77; Weiß, Kompetenzlehre internationaler Organisationen, S. 106. Im Jahr 1969 trat Frankreich aus dem militärischen Teil der NATO aus, obwohl Art. 13 des Nordatlantikvertrages ein Austritt erst nach zwanzigjährigem Bestehen der NATO erlaubt, vgl. dazu Klabbers, International institutional law, S. 112. Nordkorea machte 1994 von der Kündigungsklausel des Gründungsvertrages der IAEA Gebrauch, siehe dazu die diplomatische Note Nordkoreas an den Außenminister der USA v. 13.6.1994 unter www.iaea.org/Publications/Documents/Infcircs/Others/inf447.shtml (letzter Zugriff: 2.1.2015); vgl. dazu auch Amerasinghe, Institutional Law, S. 116; Ruffert/Walter, Institutionalisiertes Völkerrecht, S. 98. Bolivien kündigte im Mai 2007 die ICSID-Mitgliedschaft gem. Art. 71 des Vertrages, vgl. dazu Sands/Klein/Bowett, Bowett's law, S. 552.

139 Polen, die CSSR, China, Südafrika, Ungarn, Albanien, Kuba und die USA gaben die meisten Austrittserklärungen in diesem Zeitraum ab, Zeidler, Austritt und Ausschluß, S. 128.

140 Vgl. dazu insgesamt Alford, Harv ILJ (17) 1976, S. 623 (S. 623ff.); Zeidler, Austritt und Ausschluß, S. 75f.

141 Vgl. Amerasinghe, Institutional Law, S. 118; Kirgis, International Organizations in their Legal Setting, S. 264ff.

142 Vgl. Amerasinghe, Institutional Law, S. 118; Klabbers, International institutional law, S. 112; Sands/Klein/Bowett, Bowett's law, S. 552.

aus Organisationen, in denen kein Austrittsrecht besteht. So erfolgten die meisten Austritte aus der WHO und der UNESCO.[143] Bei der Gründung der UNESCO wurde ursprünglich ein Austrittsrecht angedacht. Dieses wurde jedoch 1954 erst nachträglich in den Gründungsvertrag eingeführt.[144] Bis dahin waren bereits drei Staaten – Polen, Ungarn und die Tschechoslowakei – zwischen 1952 und 1954 aus der UNESCO ausgetreten.[145] Aus der WHO ereignete sich die größte Austrittswelle bereits zwischen 1949 und 1955. Mehrere Staaten des Sowjetblocks (Sowjetunion, Polen, Ungarn, Tschechoslowakei) und China entschieden sich in diesem Zeitraum für einen Austritt aus der WHO.[146] Das Ausscheiden Indonesiens aus den Vereinten Nationen im Jahr 1965 ist das bekannteste Beispiel für das Ausscheiden eines Staates aus einer internationalen Organisation, deren Gründungsvertrag keine Austrittsklausel vorsieht.[147] Indonesien ist bisher der einzige Mitgliedstaat der Vereinten Nationen, welcher seinen Austritt erklärte. Der Grund dafür war die von Indonesien aus politischen Gründen abgelehnte Wahl Malaysias als nichtständiges Mitglied in den Sicherheitsrat.[148]

Die Praxis der internationalen Organisationen zeigt demnach, dass das Fehlen eines Austrittsrechts die Mitglieder nicht vom Austritt abhält.

ii. Die Voraussetzungen der Austrittsklauseln

Um das Interesse der jeweils anderen Vertragspartei an der Verlässlichkeit der vertraglichen Bindung zu schützen, ist es in Vertragsbeziehungen üblich, das Wirksamwerden einer Kündigung an das Vorhandensein formeller und/oder materiell-rechtlicher Voraussetzungen zu knüpfen. Solche Voraussetzungen können darin bestehen, gegenüber einem zuständigen Erklärungsempfänger unter Einhaltung bestimmter Formvorschriften und Fristen eine Erklärung abzugeben. Darüber hinaus ist es denkbar, die Wirksamkeit der Kündigung vom Vorliegen bestimmter Kündigungsgründe abhängig zu machen oder den Erklärenden einen Begründungszwang aufzuerlegen. Ebenso könnten obligatorische Reflexions- und Schlichtungsphasen die Interessen der anderen Vertragspartei schützen.[149]

---

143 Von den 46 Austrittserklärungen entfielen 13 auf die UNESCO (bis 1954) und die WHO, siehe Zeidler, Austritt und Ausschluß, S. 131.

144 Art. II.6 UNESCO.

145 Vgl. dazu Sands/Klein/Bowett, Bowett's law, S. 552; Schermers/Blokker, Unity within diversity, S. 96ff.

146 Schermers/Blokker, Unity within diversity, S. 97.

147 Vgl. dazu Köck, Das Recht der Internationalen Organisationen, S. 210; Ruffert/Walter, Institutionalisiertes Völkerrecht, S. 99; Schermers/Blokker, Unity within diversity, S. 100f.; Sands/Klein/Bowett, Bowett's law, S. 552; die auf der Konferenz von San Francisco verabschiedete Interpretationserklärung enthält jedoch ein Austrittsrecht für den Fall der nicht konsentierten Charta-Änderung und ist gem. Art. 31 Abs. 2 WVK Teil des Gründungsvertrages, siehe dazu unten, S. 42.

148 Siehe zu den Folgen und der rechtlichen Bewertung der Austrittserklärung S. 91f.

149 Vgl. Terhechte, EuR 2008, S. 143 (S. 151).

In der Praxis der internationalen Organisationen sind die Anforderungen an die Voraussetzungen für einen Austritt verschieden. Während ein großer Teil der Finanzorganisationen einen Austritt allein aufgrund einer schriftlichen Mitteilung erlaubt und dieser Austritt dann sofort in Kraft tritt,[150] beschränken andere Organisationen ein bestehendes Austrittsrecht deutlicher.

Gründungsverträge verlangen grundsätzlich nicht das Vorliegen bestimmter Austrittsgründe. In der Regel müssen lediglich nachfolgende verfahrensrechtliche Voraussetzungen erfüllt sein: das Abgeben einer Austrittserklärung, der Fristablauf vor Abgabe der Erklärung, der Fristablauf nach Abgabe der Erklärung sowie die Erfüllung bereits begründeter vertraglicher Pflichten.[151] Dass eine Klausel alle vier Voraussetzungen kumulativ verlangt, ist jedoch die absolute Ausnahme.[152]

(1) Die Austrittserklärung

Eine ausdrückliche und vorherige Erklärung, dahingehend, dass ein Mitglied seinen Austritt wünscht, ist grundsätzlich erforderlich. In Ausnahmefällen kann ein Austritt jedoch implizit erfolgen. So wird in einigen Organisationen die mehrmalige Nichtzahlung des Beitrags als stillschweigender Austritt angesehen.[153] Ein Austritt vollzieht sich auch dann ohne ausdrückliche Erklärung, wenn er automatisch infolge eines Austritts aus einer anderen Organisation erfolgt, deren Mitgliedschaft Voraussetzung für die Aufnahme war.[154] Wird eine ausdrückliche Erklärung verlangt, muss diese in schriftlicher Form abgegeben werden. Der richtige Erklärungsempfänger ist der von der Organisation bestellte Depositar des Gründungsvertrages oder der Generalsekretär der Organisation.[155]

---

150 Der Austritt wird sofort wirksam im Falle des IMF Art. XXVI.1 und der Weltbank-Gruppe (IBRD, Art. VI.1; IFC Art. V.1; IDA Art. VII.1). Dies wurde als notwendig erachtet, um die ökonomische Unabhängigkeit der beteiligten Staaten zu schützen, vgl. Amerasinghe, Institutional Law, S. 118; Sands/Klein/Bowett, Bowett's law, S. 551; Schermers/Blokker, Unity within diversity, S. 94.

151 Vgl. die Darstellungen bei Amerasinghe, Institutional Law, S. 117; Klabbers, International institutional law, S. 111; Sands/Klein/Bowett, Bowett's law, S. 550ff.; Schermers/Blokker, Unity within diversity, S. 92ff.; Ruffert/Walter, Institutionalisiertes Völkerrecht, S. 98; Zeidler, Austritt und Ausschluß, S. 17ff.

152 Bis 1954 verlangte die Austrittsklausel der FAO alle vier Voraussetzungen, Zeidler, Austritt und Ausschluß, S. 17.

153 Bei der Intergovernmental Organization for International Railway Transport ist gem. Art. 11.2 COTIF vorgesehen, dass nach vier Jahren ohne Beitragszahlung die Generalversammlung feststellt, ob das Verhalten des betreffenden Staates als stillschweigende Kündigung zu bewerten ist; siehe auch International Organization of Legal Metrology, Art. 29.

154 Schermers/Blokker, Unity within diversity, S. 94.

155 Götting, Die Beendigung der Mitgliedschaft, S. 6 Fn. 18; Schermers/Blokker, Unity within diversity, S. 94.

(2) Der Fristablauf vor Abgabe der Austrittserklärung

In der Regel können Mitglieder internationaler Organisationen jederzeit eine Austrittserklärung abgeben. Um vor Beginn ihrer Arbeit von Mitgliederverlusten bewahrt zu bleiben, muss die Organisation in einigen Fällen jedoch eine gewisse Zeit mit ihrem Gründungsmitgliederbestand existiert haben, bevor ein Mitglied austreten darf. Das Verbot bezweckt, zu verhindern, dass Mitglieder in der Anfangszeit der Organisation austreten, bevor sich die Organisation etabliert hat und in der Lage ist, effektiv zu arbeiten.[156] Die Dauer dieses Austrittsverbots ist vertraglich vorgegeben und kann zwischen einem und 20 Jahren betragen.[157]

(3) Der Fristablauf nach Abgabe der Austrittserklärung

Der Austritt kann mit Zugang der Erklärung wirksam werden. In der Regel verlangen Gründungsverträge internationaler Organisationen jedoch, dass zwischen Abgabe der Austrittserklärung und Wirksamwerden derselben eine gewisse Zeit vergehen muss.[158]

Einerseits kann diese sogenannte „cooling-off"-Periode dazu dienen, dem austrittswilligen Mitglied und der internationalen Organisation die Möglichkeit einzuräumen, den Austritt doch noch abzuwenden, indem womöglich ein Regierungswechsel abgewartet oder finanzielle Neuanpassungen vorgenommen werden.[159] Andererseits ist die Einhaltung einer solchen Kündigungsfrist notwendig, um den Austritt vorzubereiten. Die Organisation muss sich mit dem Mitgliederverlust arrangieren und benötigt dafür Zeit.[160] Die übrigen Mitglieder der Organisation

---

156 Vgl. Schermers/Blokker, Unity within diversity, S. 94; Sands/Klein/Bowett, Bowett's law, S. 551.

157 ESA Art. 24 (6 Jahre); IAEA Art. 18D (5 Jahre); FAO Art. 19 (4 Jahre); ICAO Art. 95 (3 Jahre); IEA Art. 69 (2) (3 Jahre); IMO Art. 73 (a) (1 Jahr); NATO Art. 13 (20 Jahre); MIGA Art. 51 (3 Jahre); EMBL Art. 16 (6 Jahre); vgl. Amerasinghe, Institutional Law, S. 118; Götting, Die Beendigung der Mitgliedschaft, S. 6 Fn. 13, 14; Klabbers, International institutional law, S. 111; Sands/Klein/Bowett, Bowett's law, S. 551; Schermers/Blokker, Unity within diversity, S. 93.

158 Vgl. *Klein/Schmahl*, in: Völkerrecht 2013, S. 269 Rn. 77; Schermers/Blokker, Unity within diversity, S. 93.

159 So wird beim Europarat der Austritt erst am Ende des Finanzjahres wirksam, wenn die Anzeige der Austrittsabsicht innerhalb der ersten neun Monate dieses Jahres erfolgt ist, und bei Ablauf des folgenden Rechnungsjahres, wenn sie während der letzten drei Monate erfolgt ist, Art. 7 Europarat-Satzung. Spanien entschied 1928 – kurz bevor seine Austrittserklärung wirksam geworden wäre -, dass es nicht aus dem Völkerbund austreten wolle, vgl. dazu Klabbers, International institutional law, S. 111.

160 Das Budget muss ggf. modifiziert werden, bestimmte Projekte der Organisation müssen beendet oder verändert werden, Bedienstete müssen die Organisation verlassen und ersetzt werden, Schermers/Blokker, Unity within diversity, S. 93. Viele Probleme können dabei auftreten, vgl. Carreau/Stein, AJIL (62) 1968, S. 577 (S. 580ff.).

müssen ihr Verhältnis zu dem austretenden Staat neu gestalten. Jedoch ist zu bedenken, dass das austretende Mitglied nach Ablauf einer längeren Zeitspanne möglicherweise nicht mehr gewillt ist, mit der Organisation zu kooperieren.[161] Die Dauer der Kündigungsfristen variieren in der Regel zwischen sechs Monaten[162] und ein[163] oder zwei Jahren.[164] Insbesondere bei Wirtschaftsorganisationen können indes kürzere Fristen gelten.[165]

Die Gründungsverträge lassen offen, inwiefern ein Mitglied seine Austrittserklärung durch Widerruf aufheben kann. Gegen einen jederzeit möglichen Widerruf spricht die dadurch erzeugte Rechtsunsicherheit. Die USA erklärten 1975 ihren Austritt aus der ILO und äußerten die Hoffnung, dass sich die Situation innerhalb der ILO ausreichend verändern würde, sodass sie ihre Austrittserklärung zurückziehen könnten. Weil ein solcher Schritt von vielen Mitgliedern erwartet wurde, war die Organisation nicht ausreichend vorbereitet, als der Austritt am 5.11.1977 tatsächlich wirksam wurde.[166] Geboten ist dennoch, den Widerruf zwischen Erklärung des Austritts und Wirksamwerden des Austritts zuzulassen[167] und dies nicht von einer Zustimmung der übrigen Mitglieder abhängig zu machen.[168] Wie gezeigt, hat die Kündigungsfrist nicht nur die Funktion, den Austritt vorzubereiten, sondern kann auch dazu genutzt werden, den Austritt abzuwenden, indem die Organisation Druck auf das Mitglied ausübt, die Austrittserklärung wieder

---

161 Schermers/Blokker, Unity within diversity, S. 93.

162 EBRD Art. 37.2, WTO Art. XV.1, vgl. dazu Amerasinghe, Institutional Law, S. 118; Sands/Klein/Bowett, Bowett's law, S. 551; Schermers/Blokker, Unity within diversity, S. 93.

163 FAO Art. 19, ICAO Art. 95, WMO Art. 30 (a), ITU Art. 57.2, UPU Art. 12, IMO Art. 73 (a), World Tourism Organization Art. 35, NATO Art. 13, OECD Art. 17, EFTA Art. 42, AU Art. 31.1, LAIA Art. 63, ECOWAS Art. 64; bei der Liga der arabischen Staaten ist eine Kündigungsfrist von einem Jahr vorgesehen, außer es handelt sich um Änderungen der Vertragsverfassungen. Hier ist sofortiger Austritt erlaubt (Art. 18, 19), vgl. Sands/Klein/Bowett, Bowett's law, S. 551; Schermers/Blokker, Unity within diversity, S. 93.

164 ILO Art. 1.5, OAS Art. 148, UNIDO Art. 6.2., vgl. Amerasinghe, Institutional Law, S. 118; Sands/Klein/Bowett, Bowett's law, S. 551; Schermers/Blokker, Unity within diversity, S. 93.

165 90 Tage: Olive Oil 1986 (Art. 57.2), Jute 1989 (Art. 43.2), Cocoa 2001 (Art. 60.2), Coffee 2001 (Art. 49), Tropical Timber 1994 (Art. 43.2), OPCW (Art. XVI.2); 30 Tage: Sugar 1992 (Art. 42.2); Eutelsat: drei Monate nach Eingang der Austrittserklärung Art. XVIII (a), vgl. Schermers/Blokker, Unity within diversity, S. 93.

166 Vgl. Alford, Harv ILJ (17) 1976, S. 623 (S. 623ff.); Zeidler, Austritt und Ausschluß, S. 75f.; die USA kehrten 1980 zur ILO zurück, vgl. Schermers/Blokker, Unity within diversity, S. 94.

167 Vgl. Schermers/Blokker, Unity within diversity, S. 93; Nordkorea zog seine Austrittserklärung aus der IAEA 1993 zurück.

168 A.A. Amerasinghe, Institutional Law, S. 118.

zurückzunehmen.[169] Bestände diese Möglichkeit nicht, könnte die Kündigungsfrist eine zentrale Funktion – die des *cooling off* – nicht mehr erfüllen.

Es ist jedoch zu beachten, dass ein Widerruf der Austrittserklärung nach Ablauf der Kündigungsfrist den Sinn und Zweck der Kündigungsfrist unterlaufen kann.[170] Polen erklärte am 17.11.1984 seinen Austritt aus der ILO und nahm diese Erklärung 1987 zurück. Zuvor hatte es sich am 13.11.1986 dazu entschieden, die Kündigungsfrist bis zum 17.11.1987 zu verlängern. Wäre dieses Vorgehen nicht von der Organisation akzeptiert worden, wäre es wegen Verstoßes gegen Art. 1 Abs. 5 der ILO-Satzung völkerrechtswidrig gewesen.[171]

(4) Die Erfüllung von Verpflichtungen

Eine weitere Voraussetzung für einen wirksamen Austritt kann in der vollen Erfüllung der bereits entstandenen Vertragspflichten bestehen. In der Regel sind dies finanzielle Verpflichtungen als Teil der Beitragspflicht.[172] Als Grund für die Einführung einer dahingehenden Bestimmung wird angeführt, sie diene dem Schutz der finanziellen Interessen der Organisation.[173] Jedenfalls könne davon ausgegangen werden, dass ein Staat größere Bereitschaft zeige, seine Schulden bei der Organisation zu begleichen, wenn der tatsächliche Austritt von der Zahlung offener Beträge abhänge.[174] Selbst Deutschland hat seine finanziellen Verpflichtungen gem. Art. 1 Abs. 3 der Völkerbundsatzung erfüllt, bevor es aus dem Völkerbund ausgetreten ist.[175] Derartige Vorschriften können indessen auch negative Auswirkungen auf die Erfüllung nicht finanzieller Verpflichtungen haben. Entsprechendes ereignete sich im Völkerbund: Die austretenden Mitglieder beglichen für gewöhnlich ihre Schulden, fühlten sich jedoch nicht dazu veranlasst, Wiedergutmachungsangebote für erfolgte Rechtsverstöße während ihrer Mitgliedschaft zu machen, obwohl auch die Erfüllung von völkerrechtlichen Verpflichtungen gem. Art. 1 Abs. 3 der Völkerbundsatzung Voraussetzung für den Austritt war.[176]

---

169 Vgl. Schermers/Blokker, Unity within diversity, S. 93.

170 So auch Schermers/Blokker, Unity within diversity, S. 94.

171 Vgl. Schermers/Blokker, Unity within diversity, S. 94.

172 Folgende Vorschriften heben die Wirksamkeit des Austritts auf, solange die finanziellen Verpflichtungen nicht erfüllt sind: Art. 9 FAO, Art. 1.5 ILO, Art. 1 Abs. 3 Völkerbundsatzung.

173 So etwa Singh, Termination of Membership, S. 34; anders Zeidler, der dies als „gut gemeinte, aber unrealistische Auffassung" ansieht, Zeidler, Austritt und Ausschluß, S. 21 Fn. 4.

174 Amerasinghe, Institutional Law, S. 118.

175 Vgl. Singh, Termination of Membership, S. 34; Klabbers, International institutional law, S. 111.

176 "Any Member of the League may, after two years' notice of its intention so to do, withdraw from the League, provided that all its international obligations and all its obligations under this Covenant shall have been fulfilled at the time of its

Von den UN-Sonderorganisationen verfügt lediglich die ILO über eine dahingehende Bestimmung.[177] Nach Art. 1 Abs. 5 der ILO-Satzung wird der Austritt nur dann wirksam, wenn das austrittswillige Mitglied zu diesem Zeitpunkt alle seine sich aus der Mitgliedschaft ergebenden finanziellen Verpflichtungen erfüllt hat. Ebenfalls wird auf Verpflichtungen, die nicht finanzieller Art sind, hingewiesen. So darf gem. Art. 1 Abs. 5 der ILO-Satzung der Austritt nicht die Wirksamkeit von Verpflichtungen aus anderen internationalen Arbeiterverträgen beeinträchtigen, bei denen das Mitglied Vertragspartei ist. Dies berücksichtige den zentralen Unterschied zwischen sekundären Rechtsakten der Organisation und Verträgen, die lediglich unter Federführung der Organisation geschlossen wurden. Letztere bleiben bindend, außer sie werden gekündigt oder beendet.[178]

Die Lage bei Finanzorganisation ist deutlich komplizierter. Im Gegensatz zu einem bloßen Budget verfügen diese Organisationen über Kapital und es müssen Vereinbarungen über die bestehenden Konten der austretenden Mitglieder getroffen werden.[179]

b) Die Ausschlussklauseln in Gründungsverträgen

Die Gründungsverträge sehen Ausschlussrechte in vielen Fällen vor, in denen ein Mitglied seine vertraglichen Pflichten grob verletzt.[180] Wie die Völkerbundsatzung, enthalten auch die Charta der Vereinten Nationen in Art. 6 UN-Charta und der Europarat in Art. 8 seiner Satzung Ausschlussrechte.[181] Insbesondere sind Ausschlussklauseln in Gründungsverträgen von Finanzinstitutionen wie IMF, IBRD, IFC, IDA, IDB, ADB zu finden.[182] Auch der überwiegende Teil der übrigen UN-Sonderorganisationen enthält Ausschlussklauseln in ihren Gründungsverträgen.[183]

---

withdrawal", vgl. dazu Klabbers, International institutional law, S. 111; Zeidler, Austritt und Ausschluß, S. 11.

177 Bis 1950 sah Art. XVIII der FAO-Satzung ebenfalls die Erfüllung finanzieller Verpflichtungen als eine Voraussetzung des Austritts an, vgl. die Ausführungen zur Praxis der FAO bei Zeidler, Austritt und Ausschluß, S. 48ff.

178 Sands/Klein/Bowett, Bowett's law, S. 551.

179 Vgl. z.B. Art. VI Abs. 4 IBRD; vgl. Amerasinghe, Institutional Law, S. 118; Sands/Klein/Bowett, Bowett's law, S. 551.

180 Vgl. die Darstellungen über die Häufigkeit von Ausschlussklauseln bei Amerasinghe, Institutional Law, S. 122; Klabbers, International institutional law, S. 110; *Klein/Schmahl*, in: Völkerrecht 2013, S. 270 Rn. 81; Sands/Klein/Bowett, Bowett's law, S. 553; Schermers/Blokker, Unity within diversity, S. 109; Zeidler, Austritt und Ausschluß, S. 142ff.

181 Vgl. Klabbers, International institutional law, S. 109; Sands/Klein/Bowett, Bowett's law, S. 553.

182 IMF Art. XXVI.2; IBRD Art. VI.2; IFC Art. V.2; IDA Art. VII.2; IDB Art. 44.2; ADB Art. 42.2.

183 UNESCO Art. II.4 und 5; IMO Art. 10; ICAO Art. 93 bis; IFAD Art. 9.2 (a).

Mitglieder der Arabischen Liga und Eutelsat[184] können ebenso wie die Mitglieder der meisten internationalen Warenübereinkommen von der jeweiligen Organisation ausgeschlossen werden.[185]

i. Die Voraussetzungen der Ausschlussklauseln

Zeidler differenziert fünf Kategorien von Ausschlussvorschriften in Gründungsverträgen der UN-Sonderorganisationen:[186]

1. Klauseln, nach denen der Ausschluss eines Mitglieds Folge der Beendigung der Mitgliedschaft in oder des Ausschlusses aus einer anderen internationalen Organisation sein kann,
2. Klauseln, die einen Ausschluss aufgrund der Entscheidung der Vereinten Nationen vorsehen,[187]
3. Klauseln, aufgrund derer ein Mitglied nur nach Zustimmung einer anderen internationalen Organisation ausgeschlossen werden kann,[188]
4. Klauseln, die einen Ausschluss bei Nichtannahme einer Änderung des Gründungsvertrages vorsehen,
5. Klauseln, nach denen der Ausschluss wegen der Nichterfüllung von Verpflichtungen erfolgen kann.

Die Kategorien zwei und drei stellen eine Besonderheit der UN-Sonderorganisationen dar, sind in der Praxis nie relevant geworden und eignen sich daher nicht als allgemeine Kategorisierungskriterien. Die Einordnung von Klauseln der vierten Kategorie ist umstritten. Während einige diese Klauseln dem Austritt zuordnen, sehen andere sie als Ausschlussklauseln an. Nach der hier vertretenden Ansicht sind Klauseln dieser Kategorie Ausschlussklauseln.[189] Für die Zwecke der Untersuchung eignen sich ebenfalls die Kategorien eins und fünf über die UN-Sonderorganisationen hinaus zum Zwecke der Kategorisierung.

Nur in seltenen Fällen ist der Ausschluss zwingende Folge eines bestimmten Ereignisses.[190] Dennoch finden sich Klauseln, nach denen der Ausschluss eines Mitglieds Folge der Beendigung der Mitgliedschaft in einer anderen internationalen

184 Arabische Liga Art. 18; Eutelsat Art. XVIII.

185 Zucker 1984, Olivenöl, Jute 1989, Kakao 2001, Kaffee 2001, Tropenholz 1994, Zucker 1992, siehe Schermers/Blokker, Unity within diversity, S. 109.

186 Zeidler, Austritt und Ausschluß, S. 143–146.

187 IMO Art. 10; ICAO Art. 93 bis (a) Abs. 1.

188 Diese Kategorie galt nur für die nicht mehr existente Internationale Flüchtlingsorganisation (IRO). Ein Mitglied, welches nicht Mitglied der UN war und die Grundsätze der UN-Charta oder der IRO verletzte, konnte gem. Art. 4 Abs. 7, 8 der Satzung nach einer Ermessensentscheidung des Generalrates der IRO und nach Zustimmung der UN-Generalversammlung aus der IRO ausgeschlossen werden, vgl. Zeidler, Austritt und Ausschluß, S. 144.

189 Zur Diskussion um die Einordnung siehe S. 11.

190 So auch *Klein/Schmahl*, in: Völkerrecht 2013, S. 270 Rn. 81.

Organisation ist (Kategorie 1, Alt. 1) in den Gründungsverträgen von IBRD, IFC und IDA.[191] Während für den Ausschluss aus der IBRD die Beendigung der Mitgliedschaft im IMF und der Ablauf einer dreimonatigen Frist seit diesem Zeitpunkt vorausgesetzt werden, erfordert der Ausschluss aus IFC und IDA die Beendigung der IBRD-Mitgliedschaft.[192]

Klauseln, nach denen der Ausschluss eines Mitglieds Folge des Ausschlusses aus einer anderen internationalen Organisation ist (Kategorie 1, Alt. 2), finden sich in den Gründungsverträgen von UNESCO und ICAO.[193] Der Ausschluss aus diesen Organisationen setzt einen Ausschluss aus den Vereinten Nationen voraus.[194]

Den Regelfall stellen jedoch diejenigen Ausschlussklauseln dar, die vorsehen, dass der Ausschluss eines Mitglieds erfolgen kann, wenn dieses seine vertraglichen Verpflichtungen nicht erfüllt (Kategorie 5).[195] So sieht Art. 6 UN-Charta den Ausschluss eines Mitglieds vor, wenn dieses die Grundsätze der Organisation nachhaltig verletzt. Ebenso soll gem. Art. 8 Europarat-Satzung bei „serious violations" von Grundsätzen der Art. 1 und 3 verfahren werden. Materiell-rechtlich wird in solchen Fällen in der Regel ein Fristablauf nach Nichterfüllung der vertraglichen Verpflichtung vorausgesetzt. So erfordert der Ausschluss aus dem IMF, dass das betreffende Mitglied wegen der Nichterfüllung von der Inanspruchnahme der allgemeinen Fondmittel ausgeschlossen wird und die Nichterfüllung eine angemessene Zeit andauert.[196] Eine Suspendierung der Mitgliedschaft kann dem Ausschluss vorangestellt werden. Dementsprechend kann die Mitgliedschaft in IBRD, IDA IFC, IFAD und MIGA aufgrund der Nichterfüllung einer Verpflichtung gegenüber der Organisation suspendiert werden. Wird die Suspendierung nicht aufgehoben, verliert das betreffende Mitglied nach Ablauf eines Jahres automatisch seine Mitgliedschaft.[197]

---

191 IBRD Art. VI.3; IFC Art. V.3 und IDA Art. VII.3.

192 Als Ausschluss muss deswegen die Beendigung der IFC-Mitgliedschaft Kubas und der Dominikanischen Republik 1960 gewertet werden. Gem. Art. V.3 der IFC-Satzung verloren diese aufgrund ihres Austritts aus der IBRD am 14.11.1960 bzw. am 1.12.1960 automatisch ihre Mitgliedschaft in der IFC, Zeidler, Austritt und Ausschluß, S. 143, 207.

193 UNESCO Art. II.5; ICAO Art. 93 bis (a) Abs. 2.

194 Im Falle der ICAO ist außerdem vorausgesetzt, dass die UN-Generalversammlung sich nicht für den Fortbestand der Mitgliedschaft in der ICAO ausgesprochen hat, Art. 93 bis (a) Abs. 2.

195 Völkerbund Art. 16.4; IMF Art. XXVI.2; IBRD Art. VI.2; IFC Art. V.2 (a); IDA Art. VII.2 (a); IFAD Art. 9.2 (a).

196 Im Falle des IMF und der IBRD führten 1954 die entsprechenden Ausschlussvorschriften wegen Nichterfüllung vertraglicher Leistungs-, Auskunfts- und Beratungspflichten zum Ausschluss der Tschechoslowakei; vgl. Klabbers, International institutional law, S. 109; Sands/Klein/Bowett, Bowett's law, S. 554; Zeidler, Austritt und Ausschluß, S. 187, 221. Die Tschechoslowakei wurde 1990 wieder aufgenommen.

197 IBRD Art. VI.2; IFC Art. V.2; IDA Art. VII.2 (a); MIGA Art. 52 (d); IFAD Art. 9.2 (a).

ii. Das Ausschlussverfahren

Das Ausschlussverfahren erfährt eine nähere Ausgestaltung in den Gründungsverträgen der Organisationen. Je nach Kategorie ist zwischen einem automatischen Ausschluss und einem Ausschluss infolge einer Ermessensentscheidung zu unterscheiden. Ausschlüsse, die der ersten Kategorie zuzuordnen sind, erfolgen in der Regel automatisch.[198]

Klauseln, die der fünften Kategorie zuzuordnen sind, setzen eine Ermessenentscheidung eines zuständigen Organs der Organisation und die Erfüllung bestimmter Mehrheitserfordernisse voraus.[199] Bestehende Ausschlussvorschriften zeigen, dass der Ausschluss von einer dem jeweiligen Organ obliegenden Einschätzung abhängt, die grundsätzlich nicht justitiabel ist.[200]

Außerdem ist zu beobachten, dass die Abstimmungsvoraussetzungen für Ausschlussentscheidungen in der Regel die gleichen sind wie für andere wichtige Entscheidungen.[201] So wird der Ausschlussbeschluss nach Art. 6 UN-Charta als wichtige Entscheidung i.S.v. Art. 18 UN-Charta angesehen. Analog zur Aufnahme eines neuen Mitglieds setzt die Entscheidung daher eine 2/3 Mehrheit durch die Generalversammlung voraus, wobei die Generalversammlung nur auf eine – dem Vetorecht unterliegende – Empfehlung des Sicherheitsrates handeln kann.[202] Im Falle von IBRD, IDA und IFC entscheidet der Gouverneursrat mit Mehrheit der Mitglieder, die zugleich auch die Mehrheit der Gesamtstimmzahl repräsentieren muss. Beim IFAD entscheidet ebenfalls der Gouverneursrat. Hier wird jedoch eine 3/4 Mehrheit der Gesamtstimmenzahl vorausgesetzt.[203] Der Gouverneursrat des IMF kann mit Mehrheit seiner Mitglieder, die 85% der Gesamtstimmzahl repräsentieren, das Mitglied zum Austritt auffordern, was einem Ausschluss gleichzusetzen ist.[204] Besteht wie im Fall der Arabischen Liga ein Einstimmigkeitserfordernis für die Ausschlussentscheidung, darf der betreffende Staat nicht abstimmen.[205] Im Falle des Europarates entscheidet das Ministerkomitee mit 2/3 Mehrheit der abgegebenen Stimmen und einfacher Mehrheit derjenigen Vertreter, die Anspruch auf einen Sitz im Komitee haben.[206]

---

198 Bei der IBRD besteht gem. Art. VI.3 der Satzung die Besonderheit, dass der Gouverneursrat vor Ablauf einer Drei-Monats-Frist mit 3/4 der gesamten Stimmenzahl die Fortsetzung der Mitgliedschaft beschließen kann, vgl. Zeidler, Austritt und Ausschluß, S. 143.

199 Vgl. Sands/Klein/Bowett, Bowett's law, S. 554.

200 Anders Art. 258, 259 AEUV, *Klein/Schmahl*, in: Völkerrecht 2013, S. 271 Rn. 81.

201 Schermers/Blokker, Unity within diversity, S. 109.

202 Vgl. Klabbers, International institutional law, S. 109, der die Anforderungen des Art. 6 UN-Charta als sehr hoch qualifiziert; vgl. auch *Klein/Schmahl*, in: Völkerrecht 2013, S. 271 Rn. 82.

203 Art. 9. 2 (a) IFAD.

204 Art. XXVI. 2 IMF.

205 Art. 18 Abs. 2, vgl. *Klein/Schmahl*, in: Völkerrecht 2013, S. 271 Rn. 82.

206 Art. 20 lit. d Europarat-Satzung, ggf. sogar Einstimmigkeit gem. Art. 20 lit. a (vi).

Einige Organisationen verlangen außerdem, dass das betreffende Mitglied angehört wird. Vergleichsweise ausführliche Regelungen diesbezüglich trifft die Satzung des IMF in Art. XXVI: Sec. 2 (d). Hierin ist vorgesehen, dass der Mitgliedstaat umgehend über die ihm gegenüber vorgebrachten Vorwürfe informiert wird und er die Möglichkeit zur mündlichen und schriftlichen Stellungnahme erhält, bevor Ausschlussmaßnahmen ergriffen werden.[207]

2. Die Beendigungstatbestände des allgemeinen Völkerrechts

Nachfolgend werden die Voraussetzungen und das Verfahren von Austritts- und Ausschlusstatbeständen des allgemeinen Völkerrechts erörtert. Zu den in Art. 38 IGH-Statut aufgelisteten Quellen des allgemeinen Völkerrechts gehören die internationalen Übereinkünfte, das internationale Gewohnheitsrecht sowie die von den Kulturvölkern anerkannten allgemeinen Rechtsgrundsätze.[208] Für die Beendigung der Mitgliedschaft in internationalen Organisationen sind die Bestimmungen des allgemeinen Völkervertragsrechts sowie der im Völkergewohnheitsrecht Ausdruck gefundenen Staatenpraxis vorrangig maßgeblich. Die Untersuchung beschränkt sich daher auf diese Rechtsquellen.

a) Das Völkervertragsrecht: Die Wiener Vertragsrechtskonventionen

Das Wiener Übereinkommen über das Recht der Verträge von 1969[209] ist ein völkerrechtlicher Vertrag, der von der *International Law Commission* (ILC) der Vereinten Nationen ausgearbeitet wurde und 1980 in Kraft trat. Die WVK gibt überwiegend bereits gewohnheitsrechtlich geltende Regeln des Vertragsrechts wieder, ermöglicht dadurch ein besseres Arbeiten mit kodifizierten Texten und hatte großen Einfluss auf die Staatenpraxis.[210] Sie regelt nicht alle für das Völkervertragsrecht relevanten Materien,[211] enthält aber ausführliche – und für die Beendigungen der Mitgliedschaft in internationalen Organisationen u.U. maßgeblich werdende – Bestimmungen über die Beendigung und Suspendierung von völkerrechtlichen Verträgen.

207 Vgl. auch Sec. 22 IMF By-Laws vom 16.3.1946, ergänzt am 13.6.1978.

208 Vgl. dazu *Pellet*, in: Zimmermann, Art. 38 IGH-Statut, Rn. 177ff.

209 Wiener Vertragsrechtskonvention – WVK, BGBl. 1985 II, S. 926ff.

210 Vgl. Herdegen, Völkerrecht 2011, S. 110 Rn. 4, 5; Ipsen/Menzel/Epping, Völkerrecht 2004, S. 114f.; *Vitzthum*, in: Völkerrecht 2013, S. 43ff. Rn. 114ff.

211 Gem. Art. 73 WVK lässt das Übereinkommen Fragen unberührt, die sich hinsichtlich eines Vertrages aus der Nachfolge von Staaten, aus der völkerrechtlichen Verantwortlichkeit eines Staates oder aus dem Ausbruch von Feindseligkeiten zwischen Staaten ergeben können. Fragen zur Staatennachfolge sind im Wiener Übereinkommen über die Staatennachfolge in Verträge von 1978 (WÜSV) geregelt, welches 1996 in Kraft trat, ILM 17 (1978), S. 1488.

Die Wiener Konvention über das Recht der Verträge zwischen Staaten und internationalen Organisationen oder zwischen internationalen Organisationen von 1986 (WVKIO)[212] hat zu großen Teilen den Text der WVK übernommen. Die Konvention gilt für Verträge von und mit internationalen Organisationen und berücksichtigt die strukturellen Unterschiede zwischen Staaten und internationalen Organisationen. Sie ist indessen für die Beurteilung von Mitgliedschaftsbeendigungen innerhalb internationaler Organisationen, die durch einen Gründungsvertrag errichtet wurden, dessen Vertragsparteien lediglich Staaten sind, irrelevant. Im Folgenden wird daher nur auf die Wiener Vertragsrechtskonvention von 1969 Bezug genommen.

i. Die Anwendbarkeit der WVK auf Gründungsverträge internationaler Organisationen

Soweit Staaten die Gründer der internationalen Organisation sind, ergibt sich der sachliche Anwendungsbereich der WVK auf Gründungsverträge internationaler Organisationen aus Art. 5 WVK. Danach findet das Übereinkommen auf jeden Vertrag Anwendung, der die Gründungsurkunde einer internationalen Organisation bildet, sowie auf jeden im Rahmen einer internationalen Organisation angenommenen Vertrag, unbeschadet aller einschlägigen Vorschriften der Organisation.

Zu Beginn hatte die ILC Bedenken, die Gründungsverträge internationaler Organisationen in ihren Entwurf aufzunehmen. Jedoch ging die überwiegende Ansicht davon aus, dass Gründungsverträge internationaler Organisationen normale völkerrechtliche Verträge und keine Verträge *sui generis* sind. Bestehende Besonderheiten, die in Gründungsverträgen enthalten sind, wie darin vorgesehene Vertragsänderungsverfahren oder der spezifische Organisationszweck, verändern nicht die Natur des Vertrages.[213] Die finale Fassung des Art. 5 WVK unterstreicht diese Ansicht.[214]

Aus Art. 5 WVK folgt jedoch auch, dass die einschlägigen Vorschriften der Organisation in Übereinstimmung mit dem allgemeinen Prinzip des *lex specialis derogat legi generali* Vorrang genießen.[215] Die Bestimmungen der WVK sollen nur dann Anwendung finden, wenn der Gründungsvertrag der Organisation zur betreffenden Frage keine Bestimmung enthält.[216] Art. 54 lit. a WVK bestätigt den in Art. 5 WVK beschriebenen Subsidiaritätsgrundsatz für diejenigen Vorschriften betreffend die Beendigung des Gründungsvertrages einer internationalen Organisation. Gem. Art. 54 lit. a WVK kann die Beendigung eines Vertrages oder der Rücktritt einer Vertragspartei nach Maßgabe der Vertragsbestimmungen erfolgen. Aus Art. 54 lit. a WVK i.V.m. Art. 5 WVK folgt demnach, dass die in der WVK beschriebenen

212 BGBl. 1990 II, S. 1414ff.; die WVKIO ist jedoch noch nicht in Kraft getreten.
213 So auch Magliveras, Exclusion from participation, S. 232.
214 Simma, ÖZöR (20) 1970, S. 5 (S. 66).
215 Klabbers, International institutional law, S. 111.
216 Klabbers, International institutional law, S. 111.

Beendigungstatbestände nur anwendbar sind, wenn der Gründungsvertrag keine dahingehenden abschließenden Regelungen trifft.

Einschränkungen des personellen Anwendungsbereichs ergeben sich aus der Vertragsnatur der WVK. Als völkerrechtlicher Vertrag i.S.v. Art. 2 Abs. 1 lit. a WVK entfaltet die WVK grundsätzlich nur eine *inter partes* Bindung zwischen den an ihr beteiligten Vertragsparteien.[217] Ferner kann der zeitliche Anwendungsbereich der WVK wegen ihrer Nichtrückwirkung Einschränkungen erfahren. Gem. Art. 4 WVK findet diese nur auf Verträge Anwendung, die von Staaten geschlossen wurden, nachdem die WVK für sie in Kraft getreten ist. Die Beschränkungen der Anwendbarkeit in personeller und zeitlicher Hinsicht relativieren sich indessen in Anbetracht der Tatsache, dass die in der WVK kodifizierten Bestimmungen nur partiell über das allgemein geltende Völkergewohnheitsrecht hinausgehen.[218] Die für die Beendigung von Gründungsverträgen internationaler Organisationen u.U. maßgeblich werdenden Rechtsnormen sind im Teil V Abschnitt 3 der WVK enthalten. Obwohl dieser Teil die weitestgehenden Fortbildungen des Vertragsrechts enthält, gilt dies in erster Linie nur für die Regelungen über das Verfahren und die Rechtsfolgen.[219]

ii. Die Regelungssystematik der WVK bezüglich des Fortfalls der Vertragsbindung

Internationale Verträge stellen die Hauptrechtsquelle des Völkerrechts dar. Für ihre Fortentwicklung und die Gewährleistung von Rechtssicherheit im internationalen Rechtsraum hat das *Pacta-sunt-servanda*-Prinzip grundlegende Bedeutung.[220] Demgemäß stehe es nicht zur freien Disposition der Vertragsparteien, ob und mit welchen Rechtswirkungen sie die Ungültigkeit eines Vertrages geltend machen oder sich einseitig von ihm lösen. Die vom Völkerrecht vorgesehenen Ungültigkeits- und Beendigungsgründe dürfen daher nur unter engen Voraussetzungen zur Anwendung kommen.[221]

Der fünfte Teil der WVK behandelt die Bestimmungen über die Ungültigkeit, Beendigung und Suspendierung von Verträgen. Die für die Untersuchung maßgeblichen Vorschriften finden sich in den Art. 54 bis 64 WVK, welche Gründe für die Beendigung und die Suspendierung von völkerrechtlichen Verträgen beschreiben.

---

217 Derzeit haben 111 Staaten die WVK ratifiziert (Stand 1.8.2011), siehe die Auflistung der Unterzeichnungen und Ratifikationen in *Dörr/Schmalenbach*, in: Dörr/Schmalenbach, Annex WVK, S. 1370–1373.

218 Vgl. Simma, ÖZöR (20) 1970, S. 5 (S. 66f.).

219 So Ipsen/Menzel/Epping, Völkerrecht 2004, S. 175, der darauf hinweist, dass gegen Art. 66 WVK die meisten Vorbehalte eingelegt wurden. Jedoch halten nur noch zwölf Vertragsparteien ihre Vorbehalte gegen Art. 66 WVK aufrecht, *Fabri*, in: Corten/Klein, Art. 66 WVK, Rn. 42; vgl. *Krieger*, in: Dörr/Schmalenbach, Art. 66 WVK Annex, Rn. 9.

220 Delbrück/Wolfrum/Dahm, Völkerrecht, S. 717.

221 Ipsen/Menzel/Epping, Völkerrecht 2004, S. 175.

Die Art. 65 bis 68 WVK enthalten diesbezügliche Verfahrensvorschriften und die Art. 69 bis 72 WVK beschreiben die Rechtsfolgen der Ungültigkeit, Beendigung und Suspendierung eines völkerrechtlichen Vertrages.

Die Suspendierung eines Vertrages kann unter den in Art. 57 bis 62 WVK beschriebenen Voraussetzungen erfolgen und hat gem. Art. 72 WVK die Befreiung der Vertragsparteien von der Pflicht zu Vertragserfüllung während der Dauer der Aussetzung seiner Wirksamkeit zur Folge.

In Bezug auf die endgültige Aufhebung der Vertragsbindung verwenden die Art. 54 bis 64 WVK die Begriffe Beendigung, Rücktritt und Kündigung nebeneinander. Obwohl der Begriff der Beendigung in der Überschrift des Abschnitts genannt und durch die Beendigungsgründe des Art. 54 WVK sowie der Art. 59 bis 62 WVK konkretisiert wird, kann er nicht der Oberbegriff für Kündigung und Rücktritt sein, weil Art. 54 WVK ihn gleichrangig neben dem Rücktritt nennt.[222] Die Differenzierungsversuche gehen dahin, eine Kündigung für die Fälle anzunehmen, in denen sich das Recht dazu aus dem Vertrag selbst ergibt. Die Beendigung eines Vertrages soll hingegen dann erfolgen, wenn sie auf einen völkergewohnheitsrechtlichen Aufhebungsgrund zurückgeht.[223] Diese Unterscheidung wird jedoch bereits in Art. 54 lit. a WVK nicht eingehalten, wonach die „Beendigung" eines Vertrages „nach Maßgabe der Vertragsbestimmungen" erfolgen kann.[224] Eine echte Erweiterung der Begriffe Kündigung und Rücktritt besteht indessen darin, dass der Begriff der Beendigung eine konsensuale Vertragsbeendigung erfassen soll. Während gem. Art. 54 lit. b WVK eine Beendigung jederzeit durch Einvernehmen aller Vertragsparteien erfolgen kann, sind Rücktritt und Kündigung grundsätzlich einseitig.[225]

Darüber hinaus verwendet die WVK auch die Begriffe „Rücktritt" und „Kündigung", ohne dass sich der Unterschied zwischen ihnen aus dem Vertragstext ergibt. Während ein Rücktrittsrecht gem. Art. 54 lit. a WVK aus den Vertragsbestimmungen folgen kann, schweigt die Vorschrift in Bezug auf ein Kündigungsrecht. Versteht man die Kündigung als Unterfall der Beendigung,[226] ergeben sich hingegen keine Unterschiede, weil Art. 54 lit. a WVK *expressis verbis* auch die Beendigung erfasst. Entsprechendes gilt für Art. 56 WVK, welcher identische Voraussetzungen für Rücktritts- und Kündigungsrechte regelt. Zusätzlich ist der Rücktritt nach

---

222 So auch Ipsen/Menzel/Epping, Völkerrecht 2004, S. 195.

223 So Ipsen/Menzel/Epping, Völkerrecht 2004, S. 195 mit Verweis auf die Auskunft des „Expert Consultant" der Wiener Vertragsrechtskonferenz, UN Conference on the Law of Treaties, 2nd Session, Vienna, 9 April – 22 May 1969, Official Records of the United Nations Conference on the Law of Treaties (first and second sessions), Documents of the Conference, UN Doc. A/CONF.39/11/Add. 2, S. 275.

224 So auch *Vitzthum*, in: Völkerrecht 2013, S. 49 Rn. 127.

225 So auch Hofmann, Beendigung menschenrechtlicher Verträge, S. 34.

226 So Hofmann mit der Begründung, es folge aus der Formulierung von Art. 56 Abs. 1 und Art. 65 Abs. 1 WVK, Hofmann, Beendigung menschenrechtlicher Verträge, S. 32.

Art. 61 und 62 WVK möglich, ohne dass diese von Kündigung sprechen. Wegen der Formulierung „Beendigung oder Rücktritt" vom Vertrag in Art. 54 WVK wird z.T. angenommen, der Rücktritt beziehe sich auf multilaterale und die Kündigung auf bilaterale Verträge.[227] Zwar ist es zutreffend, dass der Rücktritt von einem multilateralen Vertrag eben nicht zu dessen Beendigung führt, jedoch steht dem Art. 70 Abs. 2 WVK entgegen. Dieser regelt sowohl die Rechtsfolgen des Rücktritts als auch der Kündigung eines multilateralen Vertrages. Die unklare Unterscheidung derjenigen Instrumente, welche die Wirksamkeit des Vertrages endgültig aufheben, bleibt jedoch anders als im deutschen Zivilrecht ohne Konsequenz.[228] Während die Kündigung als Beendigung eines Dauerschuldverhältnisses *ex nunc* erfolgt, entfaltet der Rücktritt gem. § 346 BGB eine *ex tunc* Wirkung und begründet ein Rückgewährschuldverhältnis. Die in Art. 70 WVK vorgesehenen Rechtsfolgen sind für Beendigung, Rücktritt und Kündigung indessen identisch.

Die Verwendung der verschiedenen Begriffe im Rahmen der WVK ist wohl darauf zurückzuführen, dass alle Bezeichnungen erfasst werden sollten. Dies spiegelt die Vertragspraxis am besten wider. Während manche Verträge von „withdrawal" sprechen, verwenden andere den Begriff „denunciation", ohne dass daran unterschiedliche Rechtsfolgen geknüpft sind.

Gegenstand der folgenden Untersuchung ist, inwiefern sich aus den in der WVK beschriebenen Beendigungsgründen für völkerrechtliche Verträge konkrete Beendigungstatbestände für die Mitgliedschaft in internationalen Organisationen ergeben.

b) Der Austritt aus dem Gründungsvertrag

Die WVK beschreibt in verschiedenen Regelungen Bedingungen für die einseitige Beendigung eines Vertrages. Ein einseitiges Recht zum Austritt aus dem Gründungsvertrag einer internationalen Organisation kann sich folglich aus der Absicht der Vertragsparteien oder der Natur des Vertrages (Art. 56 WVK) sowie aus einer grundlegende Änderung der Umstände (Art. 62 WVK) ergeben.[229]

i. Art. 56 WVK

Art. 56 WVK sieht vor, dass ein Vertrag, der keine Bestimmung über seine Beendigung enthält und eine Kündigung oder einen Rücktritt nicht vorsieht, weder der Kündigung noch dem Rücktritt unterliegt, sofern nicht feststeht, dass die

227 Delbrück/Wolfrum/Dahm, Völkerrecht, S. 721.

228 Vgl. *Vitzthum*, in: Völkerrecht 2013, S. 49 Rn. 127.

229 Zur Frage, warum eine schwerwiegende Verletzung eines multilateralen Vertrages durch eine andere Vertragspartei gem. Art. 60 WVK keinen Austrittstatbestand im Rahmen der Mitgliedschaft in einer internationalen Organisation konstituiert, siehe S. 65. Ein einseitiges Recht zum Austritt kann sich darüber hinaus gem. Art. 61 WVK wegen der nachträglichen Unmöglichkeit der Vertragserfüllung ergeben.

Vertragsparteien die Möglichkeit einer Kündigung oder eines Rücktritts zuzulassen beabsichtigten (lit. a) oder ein Kündigungs- oder Rücktrittsrecht sich nicht aus der Natur des Vertrages herleiten lässt (lit. b).

(1) Anwendbarkeit

Sowohl aus Art. 5 WVK i.V.m. Art. 54 lit. a WVK als auch aus Art. 56 WVK selbst folgen, dass Art. 56 WVK nur dann anwendbar ist, wenn der entsprechende Gründungsvertrag keine ausdrückliche Austrittsklausel enthält.

(2) Voraussetzungen

Art. 56 Abs. 1 WVK geht von der grundsätzlichen Nichtkündbarkeit derjenigen völkerrechtlichen Verträge aus, die keine Beendigungsklauseln enthalten. Weil Art. 56 Abs. 1 lit. a und b WVK zwei Ausnahmen von der zuvor beschriebenen Regel formulieren, lässt das bloße Schweigen eines Vertrages zur Frage der Beendigung jedoch nicht den Schluss zu, eine Beendigung des Vertrages sei unmöglich.[230]

(a) Die Absicht der Vertragsparteien, Art. 56 Abs. 1 lit. a WVK

Gem. Art. 56 Abs. 1 lit. a WVK wird eine erste Ausnahme von der grundsätzlichen Nichtkündbarkeit des Vertrages ohne Austrittsklausel gemacht, wenn die Vertragsparteien, die Absicht hatten, eine Kündigung oder einen Rücktritt zuzulassen.

Was die Vertragsparteien in Bezug auf die Möglichkeit einer Beendigung des Vertrages beabsichtigten, ist nicht zu vermuten, sondern positiv festzustellen. Interpretationsmaßstab sind Art. 31 und 32 WVK, wonach nicht nur der Gründungsvertrag, sondern auch alle zugehörigen *travaux préparatoires*, die nachfolgende Praxis der Organisationsmitglieder sowie die partikulären Rechtsnormen zu berücksichtigen sind.[231]

Die Absicht der Vertragsparteien eindeutig zu identifizieren, fällt leicht, wenn entsprechende Interpretationserklärungen wie im Falle der Vereinten Nationen oder der WHO verabschiedet wurden. Bei der Gründung der Vereinten Nationen diskutierten die Delegierten die Austrittsmöglichkeit ausführlich. Die überwiegende Ansicht ging davon aus, ein ausdrückliches Austrittsrecht schwäche die Organisation und gefährde die erhoffte Universalität, weil es zum Austritt anrege.[232] Die Geschichte des Völkerbundes sei dafür exemplarisch gewesen. Andere Delegierte behaupteten, es sei schwierig oder sogar unmöglich, Ratifikationen der Charta in ihren Mitgliedstaaten zu erreichen, wenn die Mitgliedschaft als permanent gelte. Insbesondere wurde angeführt, es sei aus verfassungsrechtlichen Gründen nicht

230 So auch Sands/Klein/Bowett, Bowett's law, S. 553.

231 So auch Zeidler, Austritt und Ausschluß, S. 37f.

232 Ohse, VN (20) 1972, S. 16 (S. 16ff.); Ruffert/Walter, Institutionalisiertes Völkerrecht, S. 99; vgl. *Klein/Schmahl*, in: Völkerrecht 2013, S. 269 Rn. 79; Schermers/Blokker, Unity within diversity, S. 95.

möglich, eine solche Mitgliedschaft zu akzeptieren.[233] Art. 108 und 109 UN-Charta eröffnen die Möglichkeit, dass Mitglieder an Erweiterungen der Charta gegen ihren Willen gebunden werden, ohne dass ein effektiver Rechtsschutz gegen Kompetenzüberschreitungen der Organe bestehe. Der Austritt müsse schließlich möglich sein, damit die Staaten der Organisation und den dort herrschenden Mehrheiten nicht hilflos ausgeliefert seien. Dass der Universalitätsgedanke zur Abwehr des Austritts Grenzen habe, sei ebenfalls an dem gem. Art. 6 UN-Charta bestehenden Ausschlussrecht sowie der nicht bestehenden Beitrittspflicht zu erkennen.[234] Das Ergebnis der Diskussion war die Verabschiedung einer Interpretationserklärung auf der Konferenz von San Francisco, die den Austritt zwar missbilligt, aber „in exceptional circumstances“ und insbesondere für den Fall der nicht konsentierten Charta-Änderung zulässt.[235]

Entsprechend wurde auf der Gründungskonferenz der WHO verfahren. Die Mitglieder verabschiedeten eine Erklärung, die ein Austrittsrecht im Falle der Vertragsänderung vorsieht:[236]

> *„A member is not bound to remain in the Organization if its rights and obligations as such are changed by an amendment of the Constitution in which it has not concurred and which it finds itself unable to accept.“*

Indessen besteht in Übereinstimmung mit Art. 56 Abs. 1 lit. a WVK kein ordentliches Austrittsrecht für diejenige Zeit, die der Gründungsvertrag als konkrete Zeitspanne für die Existenz der Organisation nennt.[237] Eine eindeutige Regelung dahingehend, dass ein Vertrag – wie ein Verteidigungsbündnis – für eine begrenzte Zeit gegründet sei, impliziere nämlich den Verzicht auf ein Austrittsrecht während dieser Zeit.[238] Dementsprechend müsse Art. 13 des Nordatlantikvertrages so gelesen werden, dass er einen Austritt in den ersten zwanzig Jahren des Bestehens

---

233 Vgl. Schermers/Blokker, Unity within diversity, S. 95.

234 *Klein/Schmahl*, in: Völkerrecht 2013, S. 269 Rn. 79; Ruffert/Walter, Institutionalisiertes Völkerrecht, S. 99.

235 Text der am 17.6.1945 beschlossenen Erklärung bei Kirgis, International Organizations in their Legal Setting, S. 240; vgl. dazu *Klein/Schmahl*, in: Völkerrecht 2013, S. 269 Rn. 79; Schermers/Blokker, Unity within diversity, S. 95; der Austritt ist unter drei Voraussetzungen erlaubt (1) Die Organisation kann ihre Ziele nicht verwirklichen, (2) eine Satzungsänderung wurde ohne Zustimmung des Mitglieds durchgeführt, (3) eine Satzungsänderung, für die das Mitglied eingetreten ist, scheiterte an der mangelnden Ratifikation eines oder mehrerer ständiger Sicherheitsratsmitglieder, vgl. Köck, Das Recht der Internationalen Organisationen, S. 210.

236 Official Records WHO, No. 2, S. 26, 74; siehe auch Schermers/Blokker, Unity within diversity, S. 96; Zeidler, Austritt und Ausschluß, S. 107.

237 Vgl. Götting, Die Beendigung der Mitgliedschaft, S. 9.

238 Sands/Klein/Bowett, Bowett's law, S. 552.

nicht gestatte.[239] Um Austritte zu vermeiden, wurde 1952 angedacht, die Europäische Verteidigungsgemeinschaft wie bereits zuvor die Montanunion vorerst befristet auf 50 Jahre zu erschaffen.[240]

(b) Die Natur des Vertrages, Art. 56 Abs. 1 lit. b WVK

Gem. Art. 56 Abs. 2 lit. b WVK besteht eine zweite Ausnahme von der grundsätzlichen Unkündbarkeit des zum Austritt schweigenden Vertrages, wenn sich ein solches Recht aus der Natur des Vertrages herleiten lässt.

Diese Ausnahme vom Grundsatz des Art. 56 Abs. 1 WVK hinterlässt mehr Raum für Spekulationen.[241] Ihre Akzeptanz in der Staatenpraxis war geringer als Art. 56 Abs. 1 lit. a WVK, was sich bereits bei den vorbereitenden Arbeiten zur WVK zeigte.[242] Die von der ILC ausgearbeiteten Entwürfe für den späteren Art. 56 WVK stellten lediglich auf die Absichten der Vertragsparteien, nicht jedoch auf die Natur des Vertrages ab.[243] Erst bei den anschließenden Beratungen und Beschlussfassungen auf der Wiener Vertragsrechtskonferenz nahm der Redaktionsausschuss einen britischen Änderungsvorschlag, der zur Ausnahme des Art. 56 Abs. 1 lit. b WVK wurde, mit knapper Mehrheit von 26 gegen 25 Stimmen bei 37 Enthaltungen an.[244] Obwohl der so geänderte Entwurf beim *Committee of the Whole* am Ende eine klare Zustimmung von 95 Stimmen bei 6 Enthaltungen fand,[245] gibt es andauernde Bedenken gegen die Bestimmung. Die Natur des Vertrages sei kein glücklich

239 Amerasinghe, Institutional Law, S. 121; Sands/Klein/Bowett, Bowett's law, S. 552.

240 Vgl. Sands/Klein/Bowett, Bowett's law, S. 552.

241 Siehe dazu bereits die Diskussionen auf der Wiener Vertragsrechtskonferenz UN Conference on the Law of Treaties, 1st Session, Vienna, 26 March – 24 May 1968, Official Records, Summary records of the plenary meetings and of the meetings of the Committee of the Whole, UN Doc. A/CONF.39/11, S. 336–343, 477; UN Conference on the Law of Treaties, 2nd Session, Vienna, 9 April – 22 May 1969, Official Records, Summary records of the plenary meetings and of the meetings of the Committee of the Whole, UN Doc. A/CONF.39/11/Add.1, S. 108–110; vgl. Sands/Klein/Bowett, Bowett's law, S. 552; Schermers/Blokker, Unity within diversity, S. 101f.

242 Vgl. zur Entstehungsgeschichte des Art. 56 WVK die Darstellungen bei Feist, Kündigung, Rücktritt und Suspendierung, S. 200–202; Fulda, Demokratie und pacta sunt servanda, S. 116–121; Hofmann, Beendigung menschenrechtlicher Verträge, S. 162–166; Zeidler, Austritt und Ausschluß, S. 31–36.

243 Report of the International Law Commission on the Work of its Eighteenth Session, YBILC 1966, Vol. 2, S. 250.

244 UN Conference on the Law of Treaties, 1st Session, Vienna, 26 March – 24 May 1968, Official Records, Summary records of the plenary meetings and of the meetings of the Committee of the Whole, UN Doc. A/CONF.39/11, S. 343.

245 UN Conference on the Law of Treaties, 2nd Session, Vienna, 9 April – 22 May 1969, Official Records, Summary records of the plenary meetings and of the meetings of the Committee of the Whole, UN Doc. A/CONF.39/11/Add.1, S. 110.

gewählter Ausdruck und erzeuge Rechtsunsicherheit.[246] Insbesondere gehe damit eine Gefährdung der Stabilität völkerrechtlicher Verträge einher.[247] Die Regelung sei überflüssig, weil eine Einigung der Vertragspartner darüber, was die Natur des Vertrages ausmache, einer einvernehmlichen Vertragsbeendigung gleichkomme.[248]

Tatsächlich lässt die Formulierung des Art. 56 Abs. 1 lit. b WVK offen, ob sich ein Austrittsrecht unabhängig vom Willen der Vertragsparteien lediglich aus dem Charakter des Vertrages ergibt, oder ob vielmehr bei bestimmten Verträgen aufgrund ihres Charakters die Vermutung besteht, die Vertragsparteien hatten den Willen, ein einseitiges Austrittsrecht zuzulassen. Für Ersteres spricht die in Art. 56 Abs. 1 WVK vorgenommene alternative Verknüpfung von dem Inhalt des Vertrages und dem Willen der Vertragsparteien durch ein „oder".[249] Unter Berücksichtigung der Ausarbeitungen der ILC ist jedoch von Letzterem auszugehen. Zwar gingen die Regelungsentwürfe der Sonderberichterstatter *Fitzmaurice* und *Waldock* zunächst davon aus, dass es eine Kategorie von Abkommen gebe, bei denen von ihrer Natur auf eine Kündigungsmöglichkeit zu schließen sei.[250] Nach Diskussionen und Änderungsvorschlägen innerhalb der Kommission nahm *Waldock* in einem 1966 neu vorgeschlagenen Regelungsentwurf jedoch davon ausdrücklich Abstand:[251]

> *"When a treaty contains no provision regarding its termination and does not provide for denunciation or withdrawal or for suspension of its operation, a party may denounce, withdraw from or suspend the operation of the treaty only if it appears from the treaty, from its preparatory work or from the circumstances of its conclusion that the parties intended to admit the possibility of such denunciation, withdrawal or suspension of the treaty's operation."*

Der von der ILC auf Grundlage von *Waldocks* Report verfasste Regelungsentwurf übernahm diese Bestimmung inhaltlich. Ein Vertrag, der keine Bestimmung über seine Beendigung enthält, sei nur dann einseitig kündbar, wenn die Parteien

246 Vgl. Neuhold, Österreichisches Handbuch des Völkerrechts, S. 78f.; Widdows, BYIL (53) 1982, S. 83 (S. 113).

247 So die Bedenken des italienischen Delegierten bei der Wiener Vertragsrechtskonferenz, UN Conference on the Law of Treaties, 2nd Session, Vienna, 9 April – 22 May 1969, Official Records, Summary records of the plenary meetings and of the meetings of the Committee of the Whole, UN Doc. A/CONF.39/11/Add.1, S. 110 Rn. 5.

248 Götting, Die Beendigung der Mitgliedschaft, S. 121; Neuhold, Österreichisches Handbuch des Völkerrechts, Rn. 398.

249 Fulda, Demokratie und pacta sunt servanda, S. 120; "It would seem that the implication can arise even if the parties did not so intend", Jennings/Watts, Oppenheim's international law, S. 1299; *Villiger*, in: Villiger, Art. 56 WVK, Rn. 8.

250 Fitzmaurice, Second Report, YBILC 1957, Vol. II, S. 38; Waldock, Second Report, YBILC 1963 Vol. II, S. 63f.

251 Waldock, Fifth Report, YBILC 1966, Vol. II, S. 28.

beabsichtigten, die Möglichkeit der Kündigung oder des Rücktritts zuzulassen.[252] Der Charakter des Vertrages sei neben allen weiteren Vertragsumständen nur ein Element unter vielen für die Ermittlung des Parteiwillens, aber nicht ausschlaggebend für das Bestehen eines Austrittsrechts.[253]

Wie bereits erwähnt, entstand die endgültige Fassung des Art. 56 Abs. 1 lit. b WVK erst bei den anschließenden Beratungen und Beschlussfassungen auf der Wiener Vertragsrechtskonferenz. Weil er jedoch auf den Regelungsentwürfen der ILC und *Waldocks* basiert, ist Art. 56 Abs. 1 lit. b WVK nicht so zu verstehen ist, dass bestimmte Vertragskategorien *per se* ein einseitiges Austrittsrecht bereitstellen. Vielmehr ist sein Tatbestand erfüllt, wenn ein entsprechender Wille der Parteien zwar nicht festgestellt werden kann, aber aufgrund des Charakters des Vertrages zu vermuten ist.[254]

Bei welchen Abkommen die Natur des Vertrages einen solchen Willen der Staaten impliziert, erzeugt in der Praxis erhebliche Schwierigkeiten.[255] Einigkeit besteht lediglich über die Notwendigkeit der restriktiven Anwendung der Ausnahmen im Hinblick auf den *Pacta-sunt-servanda*-Grundsatz.[256] Die Differenzierungsansätze bestehen darin, auf die Dauer der Verträge, die durch die Verträge tangierten Interessen oder ihre Funktion im Hinblick auf die Struktur des Völkerrechts abzustellen.[257]

Dient die Dauer des jeweiligen Vertragswerkes als Differenzierungskriterium, sollen nur vorübergehende Verträge wie Handelsverträge, Bündnisverträge und

---

252 Report of the International Law Commission on the Work of its Eighteenth Session, YBILC 1966, Vol. 2, S. 250.

253 Report of the International Law Commission on the Work of its Eighteenth Session, YBILC 1966, Vol. 2, S. 251.

254 So auch *Christakis*, in: Corten/Klein, Art. 56 WVK, Rn. 49; Zeidler, Austritt und Ausschluß, S. 36.

255 Vgl. Neuhold, Österreichisches Handbuch des Völkerrechts, S. 78f.; Widdows, BYIL (53) 1982, S. 83 (S. 113).

256 So auch Feist, Kündigung, Rücktritt und Suspendierung, S. 208.

257 Anlehnend an den Regelungsentwurf des Art. 17 in Waldock, Second Report, YBILC 1963 Vol. II, S. 64 spricht nach Christakis die Natur des Vertrages bei folgenden sechs Vertragskategorien für eine Kündbarkeit: "modi vivendi; trade arrangements; treaties of alliance or military cooperation; treaties of cooperation; treaties of arbitration; conciliation; or judicial settlement; and finally, constituent intruments of international organizations", *Christakis*, in: Corten/Klein, Art. 56 WVK, Rn. 54–65; ebenso Aust für „treaties of alliance, commercial or trading agreements, and cultural relations agreements", "constitutions of international organisations", „general treaty for the settlement of disputes between the parties", Aust, Modern treaty law and practice, S. 234f.

militärische Allianzen kündbar sein.[258] Bilden die in Frage stehenden Verträge hingegen permanente Rechtsregime, seien sie unkündbar.[259]

Ein weiterer Differenzierungsansatz stellt auf die mit den Verträgen verbundenen Interessenkonstellationen ab. An Art. 60 Abs. 5 WVK und Art. 31 WVK sei erkennbar, dass die Gemeinschaftsinteressen einen erhöhten völkerrechtlichen Schutz genießen. Dies beschränke die Dispositionsbefugnis des einzelnen Staates unter bestimmten Voraussetzungen.[260] Einschränkungen der Kündbarkeit von Verträgen aufgrund ihrer Vertragsnatur ergeben sich gem. Art. 60 Abs. 5 WVK bei Bestimmungen über den Schutz der menschlichen Person in Verträgen humanitärer Art. Dagegen bestehen Kündigungsmöglichkeiten für Handelsverträge und militärische Allianzen, weil diese Verträge nur Partikularinteressen der jeweiligen Staaten betreffen. Über den Kreis der Beteiligten hinaus haben sie keine Auswirkungen.[261]

Demgegenüber will *Fulda* die Natur des Vertrages nach der Struktur des Völkerrechts beurteilen. Verträge, die die Verfasstheit der internationalen Gemeinschaft betreffen, seien lediglich reformierbar, jedoch nicht kündbar. Dies soll sowohl Grenzverträge, weil sie die Abgrenzung von Staaten untereinander regeln, als auch Verträge über den Umgang miteinander wie Diplomatenkonventionen und Vertragsrechtskonventionen erfassen. Verträge von gemeinsamen Belangen wie die Seerechtskonvention und internationale Menschenrechtsschutzverträge gelten in diesem Zusammenhang ebenfalls als „Verfassungsverträge".[262]

Eine abschließende systematische Kategorisierung dahingehend, welche „Vertragsnaturen" implizieren, dass die an ihnen beteiligten Parteien eine Kündigungsmöglichkeit beabsichtigt oder gerade nicht beabsichtigt haben, ist nicht erfolgt. Dennoch ist die Frage, ob die Vertragsnatur von Gründungsverträgen internationaler Organisationen auf den Willen der Staaten schließen lässt, einen Austritt

258 Feist, Kündigung, Rücktritt und Suspendierung, S. 207; Jennings/Watts, Oppenheim's international law, S. 1298f.; kritisch dazu Fulda, der das Abstellen auf die Dauer des Regelungsgegenstandes als *petition principii* bezeichnet, weil es gerade auf die Frage nach der beschränkbaren Dauer der vertraglichen Regelung ankomme, Fulda, Demokratie und pacta sunt servanda, S. 208.

259 Aust nennt als Beispiel für einen Vertrag, der ein permanentes Rechtsregime konstituiert den Vertrag über den Suez-Kanal, ILM (21) 1982, S. 1261; Aust, Modern treaty law and practice, S. 234.

260 Feist, Kündigung, Rücktritt und Suspendierung, S. 208.

261 Feist, Kündigung, Rücktritt und Suspendierung, S. 208 mit Verweis auf MacNair, The law of treaties, S. 505, wonach sich ein freies Kündigungsrecht aus der Natur des Vertrages ergibt, wenn sich der Vertrag nicht in Austauschbeziehungen erschöpft. Im Gegensatz dazu ist der Internationale Pakt über bürgerliche und politische Rechte (IPbpR) ein multilateraler Vertrag, für den aufgrund seiner materiell-rechtlichen Verpflichtungen keine Kündigungsmöglichkeit besteht, *Nowak*, in: Nowak, ICCPR Einführung, Rn. 25.

262 Fulda, Demokratie und pacta sunt servanda, S. 209.

zuzulassen und daher in Übereinstimmung mit Art. 56 Abs. 1 lit. b WVK kündbar sind, in besonderem Maße umstritten. Zunächst ist unklar, nach welchen Methode zu differenzieren ist. Sodann ergibt die Anwendung der verschiedenen in der Literatur diskutierten Differenzierungsmethoden auf Gründungsverträge internationaler Organisationen kein eindeutiges Bild. Weder die Dauer noch die Interessenlage oder die Auswirkung auf die Völkerrechtsordnung sind geeignete Bestimmungsmerkmale für die Natur des Gründungsvertrages einer internationalen Organisation. Während Gründungsverträge einiger internationaler Organisationen das Bestehen der Organisation auf eine begrenzte Zeit beschränken (EGKS), regeln andere Gründungsverträge ausdrücklich die Unbestimmtheit der Vertragsdauer (EUV, AEUV). In Bezug auf die durch den Gründungsvertrag tangierten Interessen bleibt festzustellen, dass universelle Organisationen wie die Vereinten Nationen die Interessen der gesamten Weltgemeinschaft betreffen während andere internationale Organisationen wie die ICO (Internationale Kaffeeorganisation) nur Partikularinteressen tangieren. Dass Gründungsverträge internationaler Organisationen die Verfasstheit der internationalen Gemeinschaft betreffen, trifft maximal auf die Vereinten Nationen zu.

Ein Teil der Lehre geht von dem Bestehen eines inhärenten einseitigen Austrittsrechts aus, auch wenn der Gründungsvertrag dazu schweigt. Ein Staat müsse *prima facie* als fähig erachtet werden, aus einer internationalen Organisation auszutreten, außer er habe auf dieses Recht ausdrücklich oder implizit[263] verzichtet.[264] Die diese Ansicht befürwortenden Argumentationsmuster, welche auf die staatliche Souveränität, das Gebot der *Equity*, zweckdienliche Erwägungen und allgemeine Rechtsprinzipien verweisen, sehen sich schwer zu widerlegenden Gegenargumenten ausgesetzt.[265]

Für ein inhärentes Recht des Staates, darüber zu entscheiden, ob und wie lange er an einer internationalen Organisation beteiligt sein will, spreche zunächst seine

---

263 Die der internationalen Organisation ausdrücklich durch den Gründungsvertrag übertragenen Kompetenzen werden durch die sogenannten *implied-powers* ergänzt. Darunter sind diejenigen Kompetenzen, die zur Erreichung des mit der Errichtung der internationalen Organisation und ihrer Organe angestrebten Zweckes unbedingt notwendig sind, aber weder im Gründungsvertrag erwähnt noch durch ihre bisherige Praxis gestützt werden, zu verstehen, Weiß, Kompetenzlehre internationaler Organisationen, S. 329, 363ff.

264 „Thus the question of unilateral withdrawal in treaties which establish international organisations depends upon the basic organisational or constitutional principle of residuary jurisdiction which is always with the sovereign member-State", Singh, Termination of Membership, S. 85, vgl. auch ders. S. 80f., 86; vgl. Amerasinghe, Institutional Law, S. 120; Aust, Modern treaty law and practice, S. 234f.; Feist, Kündigung, Rücktritt und Suspendierung, S. 207; Sands/Klein/Bowett, Bowett's law, S. 522.

265 Vgl. dazu Feinberg, BYIL (39) 1963, S. 189 (S. 215); Widdows, BYIL (53) 1982, S. 83 (S. 212); differenzierter *Christakis*, in: Corten/Klein, Art. 56 WVK, Rn. 64–66; Schermers/Blokker, Unity within diversity, S. 87ff.

Souveränität.[266] Aufgrund dieser habe nur er die Kompetenz, über seine Mitgliedschaft zu disponieren. Die Ursprünge dieses Ansatzes finden sich in der Lehre von der absoluten Staatensouveränität aus dem 19. Jahrhundert.[267] Der StIGH setzte sich 1927 in seiner *Lotus*-Entscheidung grundlegend mit Fragen staatlicher Souveränität auseinander und prägte dazu folgende Formulierung:[268]

> *„International law governs relations between independent States. The rules of law binding upon States therefore emanate from their own free will [...]. Restrictions upon the independence of States cannot therefore be presumed."*

Eine uneingeschränkte Übernahme dieses Konzeptes würde indessen bedeuten, das Institut des Völkerrechts gänzlich in Frage zu stellen. Die Einhaltung völkerrechtlicher Regeln durch Staaten darf nicht unter Hinweis auf staatliche Souveränität jederzeit zur Disposition stehen.[269] Ein derartiges Souveränitätsdenken erscheint überkommen und wird durch kooperations- und integrationsorientierte Modelle überwunden.[270] Beschließen Staaten die Teilnahme an Gründungsverträgen internationaler Organisationen, begrenzen sie ihre Souveränität und Selbstbestimmung.[271] Der Austritt von Staaten aus Organisationen, die keine Austrittsregel vorsehen, stellt eine Verletzung dieses völkerrechtlichen Abkommens dar.[272] Zudem zeigt die internationale Praxis, dass sich austrittswillige Staaten auf Rechte, wie sie in Art. 60 bis 62 WVK beschrieben sind, berufen und nicht auf ein aufgrund ihrer Souveränität bestehendes inhärentes Austrittsrecht.[273]

Für ein inhärentes Austrittsrechte spreche ferner das Prinzip der Staatengleichheit. Gegen dieses werde durch die Unterscheidung zwischen dem freiwilligen Beitritt eines Staates, der nicht Mitglied der internationalen Organisation ist und dem unfreiwilligen Verbleib eines Mitgliedstaates in der internationalen Organisation, verstoßen.[274] Jedoch vernachlässigt diese Argumentation, dass alle Mitglieder unterschiedslos behandelt werden, wenn das Schweigen eines Vertrages als Austrittsverbot angesehen wird.[275]

Überdies sei ein Austrittsverbot ein Verstoß gegen das Gebot der *Equity*. Die meisten internationalen Organisationen haben keinen universellen Wirkungskreis, nur eine begrenzte Anzahl der Staaten partizipieren in ihnen und den anderen

---

266 Vgl. Feinberg, BYIL (39) 1963, S. 189 (S. 212); Schermers/Blokker, Unity within diversity, S. 101.
267 Schermers/Blokker, Unity within diversity, S. 102.
268 PCIJ, Entsch. v. 7.9.1927 Lotus-Entscheidung, PCIJ Reports Ser. A No 10 (1927), S. 18.
269 Schermers/Blokker, Unity within diversity, S. 102.
270 Ruffert/Walter, Institutionalisiertes Völkerrecht, S. 73.
271 Amerasinghe, Institutional Law, S. 120.
272 Schermers/Blokker, Unity within diversity, S. 102.
273 *Christakis*, in: Corten/Klein, Art. 56 WVK, Rn. 31.
274 Vgl. Singh, Termination of Membership, S. 30.
275 Vgl. Widdows, BYIL (53) 1982, S. 83 (S. 213).

Staaten stehe es frei, nicht beizutreten.[276] Es sei daher unbillig, dass Mitglieder nicht frei darüber entscheiden können, die internationale Organisation zu verlassen, während Nicht-Mitglieder nicht verpflichtet sind, der internationalen Organisation beizutreten.[277] Richtigerweise kann das Prinzip der *Equity* daher lediglich als ein Argument dafür angesehen werden, ein Austrittsrecht in den Gründungsvertrag einzufügen, es stellt jedoch keine rechtliche Grundlage für das Bestehen eines Austrittsrechts dar.[278]

Ein weiteres Argument verweist auf die Zweckdienlichkeit eines Austritts. Ein widerwilliges Mitglied könne nicht dazu gezwungen werden, weiter zu kooperieren. Ein Verbot, auszutreten, könne nicht durchgesetzt werden und mache demnach keinen Sinn.[279] Das Argument der Zweckdienlichkeit eines Austritts ist ein rechtspolitisches Argument für die Einführung eines Austrittsrechts. Dessen naturgegebene Existenz wird dadurch jedenfalls nicht begründet.[280]

Waldock zählt Gründungsverträge internationaler Organisationen in seinem Regelungsentwurf des Art. 17 Abs. 3 lit. b als solche Verträge auf, bei denen sich ein Kündigungsrecht aus ihrer Natur herleiten lasse:[281]

> *"In the case of a treaty which is the constituent instrument of an international organization, unless the usage of the organization otherwise prescribes, a party shall have the right to withdraw from the treaty and from the organization [...]."*

Diese Einordnung sei deswegen gerechtfertigt, weil fast alle Gründungsverträge internationaler Organisationen – nicht zuletzt, um die Ausübung dieses Rechts zu regulieren – ausdrücklich Austrittsrechte enthielten. Gründungsverträge ohne Austrittsklauseln, wie die Charta der Vereinten Nationen und die Satzung der WHO, bestätigten diese Rechtsauffassung. Das Recht zum Austritt bestehe grundsätzlich, weil die in diesen Fällen abgegebenen Interpretationserklärungen lediglich die Ausübung auf bestimmte Fälle beschränken.[282] Ein Austritt aus der WHO ist nur im Falle einer nicht konsentierten Vertragserweiterung möglich. Aus den Vereinten Nationen kann ein Mitglied nur in „exceptional circumstances" austreten.[283]

---

276 Vgl. Amerasinghe, Institutional Law, S. 120; Schermers/Blokker, Unity within diversity, S. 103.

277 Vgl. Amerasinghe, Institutional Law, S. 120; Schermers/Blokker, Unity within diversity, S. 103.

278 So auch Amerasinghe, Institutional Law, S. 120; Schermers/Blokker, Unity within diversity, S. 103.

279 Vgl. Amerasinghe, Institutional Law, S. 120; Klabbers, International institutional law, S. 111; Schermers/Blokker, Unity within diversity, S. 103.

280 So auch Schermers/Blokker, Unity within diversity, S. 103.

281 Waldock, Second Report, YBILC 1963 Vol. II, S. 64.

282 Waldock, Second Report, YBILC 1963 Vol. II, S. 69 Rn. 20.

283 Siehe zu den Interpretationserklärungen der UN und WHO, S. 42.

Gegen *Waldocks* Ausführungen spricht jedoch die internationale Praxis. Sowohl Indonesiens Austritt aus den Vereinten Nation im Jahr 1965 als auch die Austritte mehrerer Staaten des Sowjetblocks aus der WHO und der UNESCO zwischen 1949 und 1953 wurden im Nachhinein nicht als Austritte angesehen. Grund dafür war, dass keine Wiederaufnahmen der Mitglieder durch formale Beitritte sondern durch *Sui-generis*-Abkommen der jeweiligen Staaten mit der Organisation erfolgten.[284] Die Einführung einer Austrittsklausel in die Satzung der UNESCO im Jahr 1954 spricht ebenfalls gegen ein inhärentes Austrittsrecht.[285]

Der Annahme, aus der Natur eines Gründungsvertrages folge seine Kündbarkeit, ist auch nach der hier vertretenden Ansicht nicht zu folgen. Die Lehre und die internationale Praxis sehen den Tatbestand des Art. 56 Abs. 1 lit. b WVK nur bei einer begrenzten Zahl von Vertragsarten erfüllt (Handelsverträge, Bündnisverträge und militärische Allianzen). Vielmehr zeigt der Streit um das Bestehen eines inhärenten Austrittsrechts gerade, dass sich aus der Natur eines Gründungsvertrages, unabhängig davon wie man diese bestimmt, kein Kündigungsrecht herleiten lässt. Aufgrund der verschiedenen Organisationszwecke sind Gründungsverträge internationaler Organisationen so mannigfaltig wie die durch sie erschaffenen Organisationen. Auch besteht im Vergleich zu Handels- und Bündnisverträgen eine höhere Komplexität, die keine – wenn auch normativ durch Art. 56 Abs. 1 lit. b WVK vorgesehenen – Pauschalisierungen zulässt. Es erscheint sachgerechter, individuell für jede internationale Organisation zu ermitteln, ob die Vertragsparteien einen entsprechenden Willen hatten. Für die Ermittlung eines derartigen Willens ist dann wieder der Art. 56 Abs. 1 lit. a WVK maßgeblich.

Die lit. a und b des Art. 56 Abs. 1 WVK kodifizieren ordentliche Kündigungsrechte. Jedoch können sich lediglich aus Art. 56 Abs. 1 lit. a WVK unter den oben erläuterten Umständen Austrittstatbestände für internationale Organisationen ergeben, deren Gründungsverträge keine dahingehenden Bestimmungen treffen.

(3) Verfahren[286]

Nach Art. 65 Abs. 1 WVK muss eine Vertragspartei, die einen Grund zu der Beendigung oder zum Rücktritt vom Vertrag geltend macht, den anderen Vertragsparteien ihren Anspruch notifizieren und ihre Gründe dafür angeben. Art. 56 Abs. 2 WVK, der vorsieht, dass eine Vertragspartei ihre Austrittsabsicht mindestens zwölf Monate im Voraus zu notifizieren hat, stellt insofern eine Sonderregel dar.[287] Aus Art. 67 Abs. 1 WVK geht hervor, dass diese Notifikation der Schriftform bedarf.

---

284 Vgl. *Christakis*, in: Corten/Klein, Art. 56 WVK, Rn. 65; so auch *Giegerich*, in: Dörr/Schmalenbach, Art. 56 WVK, Rn. 41.

285 So auch *Christakis*, in: Corten/Klein, Art. 56 WVK, Rn. 65.

286 Zum Umfang der völkergewohnheitsrechtlichen Geltung der verfahrensrechtlichen Bestimmungen der WVK siehe S. 88.

287 Vgl. Delbrück/Wolfrum/Dahm, Völkerrecht, S. 728; Schermers/Blokker, Unity within diversity, S. 93.

Erhebt innerhalb einer Frist, die – außer in besonders dringenden Fällen – nicht weniger als drei Monate nach Empfang der Notifikation betragen darf, keine Vertragspartei Einspruch, so kann die notifizierende Vertragspartei die angekündigte Maßnahme durchführen. Dabei ist die in Art. 67 Abs. 2 WVK vorgeschriebene Form zu beachten. Gem. Art. 68 WVK können sowohl die Notifikation als auch die spätere Erklärung jederzeit zurückgenommen werden, bevor sie wirksam werden.

Hat jedoch eine andere Vertragspartei Einspruch erhoben, so schreibt Art. 65 Abs. 3 WVK vor, dass sich die Vertragsparteien um eine Lösung durch die in Art. 33 UN-Charta genannten Mittel bemühen. Ist innerhalb von zwölf Monaten nach Erhebung dieses Einspruchs keine Lösung erzielt worden, sind die in Art. 66 WVK genannten Verfahren anzuwenden. Nach Art. 66 lit. a WVK kann die Streitigkeit durch eine Klageschrift dem IGH zur Entscheidung unterbreitet werden. Des Weiteren kann in Übereinstimmung mit Art. 66 lit. b WVK ein Vergleichsverfahren in Anwendung des Anhangs zur WVK beim Generalsekretär der Vereinten Nationen beantragt werden.

ii. Art. 62 WVK

Art. 62 WVK enthält ein Kündigungsrecht wegen einer grundlegenden Änderung der beim Vertragsschluss gegebenen Umstände, die von den Vertragsparteien nicht vorausgesehen wurden. Obwohl das Rechtsinstitut der *omnis conventio intellegitur clausula rebus sic stantibus* zu den umstrittensten Problemen im Recht der Verträge gehört,[288] gilt es dennoch als ein in der Staatenpraxis häufig geltend gemachter Beendigungsgrund,[289] der auch in nationalen Privatrechtsordnungen existiert.[290]

---

288 Verdross/Simma, Universelles Völkerrecht, S. 526 § 828.

289 Ipsen/Menzel/Epping, Völkerrecht 2004, S. 203 Rn. 92; Verdross/Simma, Universelles Völkerrecht, S. 530 § 836; anders Schweisfurth, der diese Aussage als „übertrieben" ansieht, Schweisfurth, Völkerrecht 2006, S. 186 Rn. 130. In der Tat handelt es sich bei der in diesem Zusammenhang regelmäßig zitierten Staatenpraxis in der Regel um einseitige Aktionen von Staaten, welche von der Gegenpartei nicht anerkannt wurden. Der Auslöser für den Streit um das *Rebus-sic-stantibus*-Prinzip war der am 31.10.1870 erfolgte Rücktritt Russlands vom Pariser Friedensvertrag vom 30.3.1856 über die Neutralisierung des Schwarzen Meeres und die Beschränkungen der russischen Streitkräfte an dessen Küsten, Verdross/Simma, Universelles Völkerrecht, S. 530 § 836; vgl. auch die Darstellungen bei Delbrück/Wolfrum/Dahm, Völkerrecht, S. 746; Feist, Kündigung, Rücktritt und Suspendierung, S. 170. Ein weiteres Beispiel ist die Berufung der Niederlande in einer Note vom 16.12.1982 gegenüber Surinam auf das *Rebus-sic-stantibus*-Prinzip. Der Vertrag über die Entwicklungszusammenarbeit sollte ausgesetzt werden wegen fortdauernder Missachtung der Menschenrechte in Surinam, Lindemann, ZaöRV (44) 1984, S. 64 (S. 72ff.).

290 Während das Rechtsprinzip im deutschen Zivilrecht als „Wegfall der Geschäftsgrundlage" bezeichnet wird und gem. § 60 VwVfG auch für öffentlich-rechtliche Verträge gilt, wird es in England mit dem Begriff der „frustration" und in Frankreich mit dem Begriff der „imprévision" beschrieben, vgl. Athanassiou, European

Aus dem Vergleich des Völkerrechts zum statischen Charakter des bürgerlichen Rechts wird sogar eine besondere Relevanz des Rechtsinstituts für das Völkerrecht geschlussfolgert.[291] Die historischen Wurzeln des *Rebus-sic-stantibus*-Prinzips reichen bis in das römische Recht zurück und erfuhren erst im Mittelalter eine differenziertere Ausformung. Wegen der Möglichkeit einer missbräuchlichen Geltendmachung stellte man seine grundsätzliche Anerkennung in der klassischen Völkerrechtslehre häufig in Frage.[292] Ebenso waren die konkreten Voraussetzungen und Konsequenzen sowie die dogmatische Einordnung und die Rechtsnatur im völkerrechtlichen Schrifttum lange Zeit umstritten. In Bezug auf die dogmatische Einordnung war bis zur Verabschiedung der WVK die sogenannte subjektive Theorie vorherrschend. Danach sei das *Rebus-sic-stantibus*-Prinzip eine konkludente Vertragsbedingung oder ein Sonderfall der Vertragsauslegung.[293] Ein völkerrechtlicher Vertrag sei unter der stillschweigenden Bedingung geschlossen, keine grundlegende Änderung der Umstände, welche die Vertragsparteien zum Vertragsschluss veranlasst haben, trete ein. Für den Fall, dass ein solcher unvorhergesehener Wandel der Umstände dennoch eintrete, sei der Wille der Vertragsparteien zu ermitteln.[294] Dieser Ansatz scheitert jedoch, wenn sich die Vertragsparteien keine Gedanken über die Änderung der beim Vertragsschluss bestehenden Umstände gemacht haben und der Vertragsinhalt darüber keine Auskunft gibt.[295]

Sowohl die Sonderberichterstatter *Fitzmaurice* und *Waldock* als auch die ILC lehnten die subjektive Theorie jedoch entschieden ab.[296] Letztendlich dürfe es nicht auf den tatsächlichen oder mutmaßlichen Willen der Vertragsparteien bei Vertragsschluss ankommen. Das *Rebus-sic-stantibus*-Prinzip sei keine stillschweigende Bedingung des Vertragsschlusses, sondern ein außervertragliches Recht, welches

---

Central Bank 2009, S. 1 (S. 13); Köbler, Die clausula rebus sic stantibus, S. 135ff., Feist, Kündigung, Rücktritt und Suspendierung, S. 165ff. Dahm/Delbrück/Wolfrum beschreiben das *Rebus-sic-stantibus*-Prinzip als einen in der Kulturwelt anerkannten Grundsatz des Rechts, Delbrück/Wolfrum/Dahm, Völkerrecht, S. 743.

291 Delbrück/Wolfrum/Dahm, Völkerrecht, S. 743.

292 Siehe die Darstellung der Ursprünge und der Einführung in das Völkerrecht bei Feist, Kündigung, Rücktritt und Suspendierung, S. 165ff.; vgl. auch Delbrück/Wolfrum/Dahm, Völkerrecht, S. 744.

293 Vgl. Ipsen/Menzel/Epping, Völkerrecht 2004, S. 206 Rn. 101; Verdross/Simma, Universelles Völkerrecht, S. 526ff. § 829f.

294 Siehe die Nachweise zur subjektiven Theorie bei Delbrück/Wolfrum/Dahm, Völkerrecht, S. 744; Feist, Kündigung, Rücktritt und Suspendierung, S. 167.

295 Delbrück/Wolfrum/Dahm, Völkerrecht, S. 745; Verdross/Simma, Universelles Völkerrecht, S. 527 § 829; dies soll durch die Erforschung des hypothetischen Parteiwillens umgangen werden. Danach ist entscheidend, welche Erwartungen die Vertragsparteien vernünftigerweise und nach Treu und Glauben unter Berücksichtigung von Sinn und Zweck des Vertrages mit dem Vertragsabschluss verbinden durften, Delbrück/Wolfrum/Dahm, Völkerrecht, S. 745.

296 Fitzmaurice, Second Report, YBILC 1957, Vol. II, S. 58f.; Waldock, Second Report, YBILC 1963 Vol. II, S. 83; YBILC 1966, Vol. II, S. 258.

geltend gemacht werden müsse. Das Gebot der Rechtssicherheit verlange dies, damit es zu keiner automatischen Beendigung des Vertrages komme.[297] Art. 62 WVK folgt daher der sogenannten objektiven Theorie. Maßgeblich ist, ob sich die zur Zeit des Vertragsschlusses bestehenden Umstände derart verändert haben, dass es den Parteien nach Treu und Glauben nicht mehr zugemutet werden kann, den Vertrag zu erfüllen.[298]

Streit herrschte ferner in Bezug auf die Rechtsnatur des Prinzips. Z.T. sah man in ihm eine Ausprägung des Selbsterhaltungsrechts der Staaten, deren Anwendung auf solche Fälle beschränkt sei, in denen es um die Bewahrung dieses Rechts gehe.[299] Wegen der Entwicklung im nationalen Recht wurde z.T. davon ausgegangen, es sei ein allgemeines Rechtsprinzip i.S.v. Art. 38 Abs. 1 lit. c IGH-Statut.[300] In Übereinstimmung mit der objektiven Theorie handelt es sich indessen weder um ein allgemeines Rechtsprinzip[301] noch um ein Element der ergänzenden Vertragsauslegung.[302] Die Bezeichnung als *clausula rebus sic stantibus* ist – weil sie zu der unzutreffenden Annahme verleitet, es handele sich um eine Vertragsklausel – abzulehnen und wurde daher auch von der ILC in ihrem Entwurf vermieden.[303]

297 Waldock, Second Report, YBILC 1963 Vol. II, S. 83 Rn. 8.

298 Delbrück/Wolfrum/Dahm, Völkerrecht, S. 746; Ipsen/Menzel/Epping, Völkerrecht 2004, S. 206 Rn. 101; Verdross/Simma, Universelles Völkerrecht, S. 528 § 832.

299 So noch Kaufmann, Das Wesen des Völkerrechts und die Clausula Rebus Sic Stantibus, S. 204; vgl. Feist, Kündigung, Rücktritt und Suspendierung, S. 167.

300 Delbrück/Wolfrum/Dahm, Völkerrecht, S. 752.

301 Ipsen begründet dies aufgrund des Widerspruchs des Prinzips *rebus sic stantibus* mit der *Pacta-sunt-servanda*-Regel. Ordne man die *Rebus-sic-stantibus*-Regel den allgemeinen Rechtsgrundsätzen zu, wäre ihre Anwendung wegen des *Pacta-sunt-servanda*-Grundsatzes ausgeschlossen, weil letztere in der Normenhierarchie höher angesiedelt sei. Diese Auffassung lasse sich jedoch ebenso wenig vertreten, wie die Ansicht, die *Rebus-sic-stantibus*-Regel sei eine Ausnahme zum *Pacta-sunt-servanda*-Grundsatz, weil sie eine Regel des Völkergewohnheitsrechts darstelle. Die Prinzipien entfalten ihre Rechtswirkungen unabhängig voneinander. Der Anwendungsbereich der *Pacta-sunt-servanda*-Regel sei auf den Zeitraum zwischen dem Inkrafttreten und demjenigen Zeitpunkt beschränkt, in dem ein Rechtsgrund – wie die *Rebus-sic-stantibus*-Regel – die Beendigung bewirke, Ipsen/Menzel/Epping, Völkerrecht 2004, S. 207 Rn. 102 und 103; vgl. auch Delbrück/Wolfrum/Dahm, Völkerrecht, S. 742.

302 So Feist, Kündigung, Rücktritt und Suspendierung, S. 167.

303 YBILC 1966, Vol. II, S. 256ff.; so auch Klein, Statusverträge im Völkerrecht, S. 285ff.; siehe auch Schweisfurth, Völkerrecht 2006, S. 185 Rn. 129.

Vielmehr stellt sie eine objektive Regel des Völkerrechts[304] und Art. 62 WVK eine Kodifikation von Völkergewohnheitsrecht dar.[305]

Obwohl derartige Meinungsverschiedenheiten durch Art. 62 WVK im Wesentlichen ausgeräumt wurden,[306] wird in der Anwendung des Prinzips *rebus sic stantibus* auch heute noch eine Gefährdung für die Rechtssicherheit gesehen. Der völkerrechtliche Vertrag als eine Grundlage der internationalen Beziehungen werde durch die Anwendung eines Rechtsinstituts, welches sich einer objektiven Nachprüfung entziehe, entwertet.[307] Bedenken wie diese hätten auch die ILC zur Formulierung eines engen Anwendungsbereiches bei der Aufnahme des Prinzips in den Vertragstext der WVK veranlasst.[308]

(1) Anwendbarkeit

Die Voraussetzungen des *Rebus-sic-stantibus*-Prinzips werden auch durch andere Beendigungsgründe wie Vertragsbruch (Art. 60 WVK) oder Unmöglichkeit (Art. 61 WVK) verlangt. Im Verhältnis zu diesen erfülle das *Rebus-sic-stantibus*-Prinzip lediglich eine Ergänzungsfunktion, was ihren Anwendungsbereich einschränke.[309]

Weitere Einschränkungen des Anwendungsbereiches formuliert Art. 62 Abs. 2 lit. a WVK, wonach der Grundsatz nicht bei Grenzverträgen Anwendung findet. Es bestehe ein besonderes Bedürfnis nach Rechtssicherheit bzgl. des Umfangs eines

---

304 Fitzmaurice, Second Report, YBILC 1957, Vol. II, S. 16, 32f. Art. 21 Abs. 4 S. 1; Waldock, Second Report, YBILC 1963 Vol. II, S. 80 Rn. 2; Report of the International Law Commission on the Work of its Eighteenth Session, YBILC 1966, Vol. 2, S. 169, 184, 258 Entwurf Art. 59; Verdross/Simma, Universelles Völkerrecht, S. 528; so auch Feist, Kündigung, Rücktritt und Suspendierung, S. 168.

305 Der IGH hat im Fischereistreitigkeiten-Fall das *Rebus-sic-stantibus*-Prinzip als Rechtsinstitut und die Vorschrift des Art. 62 WVK als Regel des Völkergewohnheitsrechts anerkannt und diese Rechtsprechung im Gabcikovo-Nagymaros-Fall bestätigt, siehe IGH, Urt. v. 2.2.1973, Fisheries Jurisdiction (Federal Republic of Germany v. Iceland), Jurisdiction of the Court, Judgment, ICJ Reports (1973), S. 49, S. 63 Rn. 36; IGH, Urt. v. 25.9.1997 Gabcikovo-Nagymaros Projekt (Ungarn/Slovakei), ICJ Reports (1997), S. 7, S. 64 Rn. 104; so auch Delbrück/Wolfrum/Dahm, Völkerrecht, S. 752; Feist, Kündigung, Rücktritt und Suspendierung, S. 169; anders Schwarzenberger, der Art. 62 WVK mit der Begründung, das *Rebus-sic-stantibus*-Prinzip habe vor der WVK weder als Völkergewohnheitsrecht noch als allgemeiner Rechtsgrundsatz Eingang in das Völkerrecht gefunden, nur als vertragsrechtliche Norm ansieht, *Schwarzenberger*, in: EPIL Vol. 2, S. 613ff.

306 So Delbrück/Wolfrum/Dahm, Völkerrecht, S. 744.

307 Denn anders als bei dem Beendigungsgrund der Unmöglichkeit sei eine objektive Überprüfung dahingehend, ob die Voraussetzungen des Prinzips vorliegen, nicht möglich, Delbrück/Wolfrum/Dahm, Völkerrecht, S. 743; mit ähnlichen Bedenken in Bezug auf die Rechtssicherheit auch Ipsen/Menzel/Epping, Völkerrecht 2004, S. 203 Rn. 92.

308 Ipsen/Menzel/Epping, Völkerrecht 2004, S. 203 Rn. 92.

309 Vgl. Ipsen/Menzel/Epping, Völkerrecht 2004, S. 207 Rn. 104.

Territoriums. Vertraglich geregelte Grenzstreitigkeiten sollten nicht durch die missbräuchliche Geltendmachung des *Rebus-sic-stantibus*-Prinzips aufgelebt werden.[310] Die zweite Ausnahme wird in Art. 62 Abs. 2 lit. b WVK beschrieben. Danach kann das Prinzips nicht geltend gemacht werden, wenn diejenige Vertragspartei, die sich darauf beruft, den grundlegenden Wandel der Umstände durch einen Bruch des Vertrages oder einer sonstigen gegenüber der anderen Vertragspartei bestehenden internationalen Verpflichtung selbst herbeigeführt hat. Dies entspricht dem in der völkerrechtlichen Judikatur anerkannten allgemeinen Grundsatz, dass kein Völkerrechtssubjekt Vorteile aus eigenem Unrecht ziehen darf[311] und ergibt sich ebenfalls aus dem Grundsatz von Treu und Glauben.[312]

Die ILC hat sich dagegen entschieden, kündbare Verträge aus dem Anwendungsbereich des Art. 62 WVK auszuschließen. Zwar spricht das Bestehen einer Kündigungsklausel dafür, dass die Vertragsparteien den Willen hatten, das *Rebus-sic-stantibus*-Prinzip auszuschließen. Indem die Vertragsparteien Bedingungen, Befristungen oder Kündigungs- und Revisionsklauseln einfügen, treffen sie schließlich selbst für einen künftigen Wandel der Umstände Vorsorge. Es sind jedoch auch Fälle denkbar, in denen das Prinzip trotz Kündigungsklausel notwendig wird, bspw. wenn eine Vertragskündigung erst nach Ablauf einer Frist gestattet ist.[313]

Bei der Anwendung des *Rebus-sic-stantibus*-Prinzips auf multilaterale Verträge stellt sich die Frage, zwischen welchen Vertragsparteien eines mehrseitigen Abkommens sich die Umstände ändern müssen, damit die Rechtsfolgen des Art. 62 WVK eintreten.[314]

Der ILC Sonderberichterstatter *Fitzmaurice* beschrieb 1957 in seinen Regelungsentwürfen der Art. 21 bis 23 das Rechtsinstitut der *clausula rebus sic stantibus*.[315] Gem. Art. 22 Abs. 1 (i) seines Regelungsentwurfes findet dieses hauptsächlich bei bilateralen Verträgen Anwendung. Für multilaterale Verträge verweist *Fitzmaurice* indessen in Art. 22 Abs. 1 (ii) bis (iv) seines Entwurfes auf diejenigen Grundsätze, welche bei einer Kündigung wegen Vertragsverletzung Anwendung finden und entwirft damit ein differenziertes Rechtsfolgenregime für multilaterale Verträge.[316]

310 So Delbrück/Wolfrum/Dahm, Völkerrecht, S. 750; vgl. Ipsen/Menzel/Epping, Völkerrecht 2004, S. 205 Rn. 95.

311 Ipsen/Menzel/Epping, Völkerrecht 2004, S. 205 Rn. 96.

312 Delbrück/Wolfrum/Dahm, Völkerrecht, S. 752.

313 Feist, Kündigung, Rücktritt und Suspendierung, S. 170f.; Ipsen/Menzel/Epping, Völkerrecht 2004, S. 205 Rn. 97.

314 Feist, Kündigung, Rücktritt und Suspendierung, S. 178.

315 Fitzmaurice, Second Report, YBILC 1957, Vol. II, S. 32f.

316 Der Beitrag von Feist nimmt Bezug auf den Sonderbericht von Fitzmaurice und kommt zu einer nahezu identischen Einschränkung des Anwendungsbereiches des *Rebus-sic-stantibus*-Prinzips bei multilateralen Verträgen. Dies sei wegen der Negativformulierung des Art. 62 WVK geboten, welche demonstriere, dass ein Bedürfnis nach einer restriktiven Anwendung bestehe. Feist sieht wie Fitzmaurice im *Rebus-sic-stantibus*-Prinzip die mögliche Rechtsfolge eines gestörten

In seinem Regelungsentwurf zum Kündigungsrecht wegen Vertragsverletzung beschreibt *Fitzmaurice* drei verschiedene Kategorien multilateraler Verträge: bilateralistische, integrale und objektive Verträge.[317]

Bilateralistische Verträge erschöpfen sich darin, eine Bündelung bilateraler Rechtsbeziehungen zu sein. Sie enthalten ausschließlich vertragliche Verpflichtungen, die das Ergebnis eines reziproken Austausches von Rechten, Vorteilen oder Leistungen sind.[318] Weisen multilaterale Verträge indessen eine Verpflichtungsstruktur auf, nach der die Erfüllung des Vertrages von der gleichzeitigen Erfüllung seitens aller anderen Vertragsparteien abhängig ist, werden sie aufgrund ihrer interdependenten Struktur als integrale Verträge bezeichnet.[319] Im Rahmen der Erfüllung von objektiven Verträgen kommt es überhaupt nicht auf die Interaktion der Vertragsparteien an. Jede Partei erfüllt ihre Vertragspflichten unabhängig vom Verhalten der anderen Vertragsparteien.[320]

Diese Einteilung der Vertragstypen bestimme ebenfalls die Rechtsfolgen der Anwendung des *Rebus-sic-stantibus*-Prinzips auf multilaterale Verträge. Der Wandel der Umstände bei bilateralistischen Verträgen wirke sich grundsätzlich nur im Verhältnis zwischen denjenigen Staaten aus, zwischen denen sich die Umstände gewandelt haben. Im Verhältnis zu den übrigen Vertragsparteien bleibe der Staat an den Vertrag gebunden.[321] Im Rahmen eines integralen Vertrages müssten alle

---

Synallagmas. Die Analogie zum Kündigungsrecht wegen Vertragsverletzung sei deswegen konsequent, Feist, Kündigung, Rücktritt und Suspendierung, S. 179.

317 Art. 19 (ii) (a), (b), (iii), Fitzmaurice, Second Report, YBILC 1957, Vol. II, S. 31; Kommentierung Fitzmaurice, Second Report, YBILC 1957, Vol. II, S. 54; vgl. Feist, Kündigung, Rücktritt und Suspendierung, S. 49f., 146f., 172f.

318 Art. 19 (ii) (a) („reciprocal grant or interchange between the parties"), Fitzmaurice, Second Report, YBILC 1957, Vol. II, S. 31; Kommentierung Fitzmaurice, Second Report, YBILC 1957, Vol. II, S. 54 Rn. 124; vgl. Feist, Kündigung, Rücktritt und Suspendierung, S. 49.

319 Art. 19 (ii) (b) („interdependent type"), Fitzmaurice, Second Report, YBILC 1957, Vol. II, S. 31; als Beispiel nennt Fitzmaurice Abrüstungsverträge, vgl. Kommentierung Fitzmaurice, Second Report, YBILC 1957, Vol. II, S. 54 Rn. 126; vgl. Feist, Kündigung, Rücktritt und Suspendierung, S. 49f.

320 Art. 19 (iv) („law-making treaties" oder „traits-lois"), Fitzmaurice, Second Report, YBILC 1957, Vol. II, S. 31; als Beispiele werden Menschenrechtsverträge, Verträge, die ein gebietsbezogenes Regime errichten, Verträge, in denen sich Staaten verpflichten, bestimmte Standards bspw. in Bezug auf Arbeitnehmerrechte einzuhalten oder Seerechtskonventionen genannt, Kommentierung Fitzmaurice, Second Report, YBILC 1957, Vol. II, S. 54 Rn. 125; vgl. Feist, Kündigung, Rücktritt und Suspendierung, S. 50.

321 Art. 22 (iii), Fitzmaurice, Second Report, YBILC 1957, Vol. II, S. 32; Kommentierung Fitzmaurice, Second Report, YBILC 1957, Vol. II, S. 62 Rn. 167; vgl. Feist, Kündigung, Rücktritt und Suspendierung, S. 49, 178; Feist zufolge kann bei solchen Verträgen jedoch nicht von vornherein ausgeschlossen werden, dass sich die Umstände zwischen allen Vertragsparteien ändern. In diesem Fall soll das

Staaten ein Kündigungs- und Suspendierungsrecht gegenüber allen anderen Vertragsparteien bei einer grundlegenden Änderung der Umstände haben. Die Rechtsbeziehungen der Parteien seien untrennbar miteinander verbunden, sodass sich der Wandel der Umstände auf alle Parteien auswirke.[322] Bei objektiven Verträgen, zu denen auch rechtsetzende Verträge zählen, sei die Berufung auf das *Rebus-sic-stantibus*-Prinzip hingegen ausgeschlossen.[323] Eine Störung von Leistung und Gegenleistung infolge des Wandels der Umstände sei hier kaum denkbar, weil der Wandel von objektiven Umständen für die Erfüllung von Vertragspflichten keine Bedeutung habe und die Veränderung des inneren Zustandes nicht zur Anwendung des Prinzips berechtige.[324]

Als nachfolgender Sonderberichterstatter lehnte *Waldock* diese Einteilung indessen ab, sodass darüber nicht einmal in der ILC diskutiert wurde. Er beschrieb das Rechtsinstitut der *clausula rebus sic stantibus* in Art. 22 seines Regelungsentwurfes aus dem Jahr 1963.[325] Für die verschiedenen Arten multilateraler Verträge traf er keine differenzierten Regelungen.[326] Vom Anwendungsbereich der Vorschrift schloss *Waldock* jedoch solche Verträge aus, welche Grenzen festlegen, Gebietssezessionen regeln oder sonstige territoriale Rechte einräumen.[327] Explizit wurde

---

Rebus-sic-stantibus-Prinzip sodann uneingeschränkte Anwendung finden, Feist, Kündigung, Rücktritt und Suspendierung, S. 180.

322 Art. 22 (iv), Fitzmaurice, Second Report, YBILC 1957, Vol. II, S. 32; Kommentierung Fitzmaurice, Second Report, YBILC 1957, Vol. II, S. 63 Rn. 168; vgl. Feist, Kündigung, Rücktritt und Suspendierung, S. 173, 179.

323 Art. 22 (ii), Fitzmaurice, Second Report, YBILC 1957, Vol. II, S. 32; Kommentierung Fitzmaurice, Second Report, YBILC 1957, Vol. II, S. 62 Rn. 166; vgl. Feist, Kündigung, Rücktritt und Suspendierung, S. 173f.

324 Die Anwendung des *Rebus-sic-stantibus*-Prinzips auf objektive Verträge sieht Feist als faktisch ausgeschlossen an. Darin bestehe indessen keine objektive Rechtsregel, weil in solchen Fällen schon der Tatbestand nicht erfüllt sei, vgl. Feist, Kündigung, Rücktritt und Suspendierung, S. 181f.

325 Waldock, Second Report, YBILC 1963 Vol. II, S. 79ff.

326 Dafür spreche auch die Staatenpraxis im *Loadline-Convention*-Fall. Der Vertrag regelte eine Begrenzung der Beladung für Handelsschiffe. Die USA suspendierten das Abkommen am 9.8.1941 unter Berufung auf die durch den Ausbruch des zweiten Weltkrieges veränderten Umstände. Nach Ansicht der USA war die Geltung des Abkommens auf Friedenszeiten beschränkt, weil diese die Grundlage des Vertrages darstellen. In Kriegszeiten hingegen sei es angemessener, weniger Schiffe mit jeweils mehr Beladung einzusetzen. Das Risiko für Handelsschiffe auf Hoher See, von feindlichen Kriegsschiffen aufgebracht zu werden, sei größer als eine unzulässig große Beladung. Nach Ende des zweiten Weltkrieges hoben die USA die Suspendierung wieder auf. In der Zwischenzeit hatte keine andere Vertragspartei gegen dieses Vorgehen protestiert, vgl. Lissitzyn, AJIL (61) 1967, S. 895 (S. 908f.); Feist, Kündigung, Rücktritt und Suspendierung, S. 170f., 178; Delbrück/Wolfrum/Dahm, Völkerrecht, S. 747.

327 Art. 22 Abs. 5 (a) und (b), Waldock, Second Report, YBILC 1963 Vol. II, S. 80.

auch die Anwendung des *Rebus-sic-stantibus*-Prinzips bei einem Vertrag, der die Gründungsurkunde einer zwischenstaatlichen Organisation darstellt, ausgeschlossen.[328] *Waldock* begründete diese Ausnahme damit, dass sowohl die Auflösung der Organisation als auch der Austritt aus der Organisation durch die Organisation selbst geregelt werden sollten.[329] Nachdem die Staatenvertreter ihre Stellungnahmen zu seinem Regelungsentwurf abgegeben hatten, änderte er die Vorschrift dahingehend, dass die Anwendung des Grundsatzes auf Gründungsverträge internationaler Organisationen nicht mehr explizit ausgeschlossen ist.[330] Dies ist jedoch nicht als Folge der Reaktionen der Staatenvertreter zu sehen. Denn die Frage nach der Aufnahme von Gründungsverträgen internationaler Organisationen in den Anwendungsbereich des jeweiligen Artikels stellte sich bei mehreren Bestimmung des Gesamtentwurfs. Es erschien daher sinnvoller, eine allgemeine Vorschrift in Form des späteren Art. 5 WVK zu entwerfen, welche die Anwendbarkeit von Gründungsverträgen internationaler Organisationen für die gesamte Konvention regelt.[331] Aus Art. 5 WVK geht nunmehr hervor, dass die Bestimmungen der WVK auf Gründungsverträge internationaler Organisationen mit der Beschränkung anzuwenden sind, dass diese zur betreffenden Frage keine Bestimmung enthalten.

Weder bei den Beratungen im Plenum der Völkerrechtskommission[332] noch auf der Wiener Vertragsrechtskonferenz[333] wurde die Anwendung des *Rebus-sic-stantibus*-Prinzips auf multilaterale Verträge diskutiert. Hauptstreitpunkt war die Anwendung in Bezug auf territorial bezogene Verträge.[334] Unmittelbar aus Art. 62

---

328 Art. 22 Abs. 5 (c), Waldock, Second Report, YBILC 1963 Vol. II, S. 80.

329 Waldock, Second Report, YBILC 1963 Vol. II, S. 85.

330 Waldock, Fifth Report, YBILC 1966, Vol. II, S. 44; Feist, Kündigung, Rücktritt und Suspendierung, S. 176.

331 Waldock, Summary Records of the Fifteenth Session, YBILC 1963 Vol. I, S. 122 Rn. 2; Yassen, Summary Records of the Fifteenth Session, YBILC 1963 Vol. I, S. 125 Rn. 43; Bartos, Summary Records of the Fifteenth Session, YBILC 1963 Vol. I, S. 124 Rn. 34; Verdross, Summary Records of the Fifteenth Session, YBILC 1963 Vol. I, S. 125 Rn. 46; Aréchaga, Summary Records of the Fifteenth Session, YBILC 1963 Vol. I, S. 127 Rn. 75; vgl. Zeidler, Austritt und Ausschluß, S. 158.

332 Report of the International Law Commission on the work of the second part of its seventeeth session, YBILC 1966, Vol. 2, S. 257–260.

333 Obwohl der betreffende Entwurf Gegenstand umfangreicher Beratungen sowohl im Committee of the Whole als auch in den Plenary Meetings war, vgl. UN Conference on the Law of Treaties, 1st Session, Vienna, 26 March – 24 May 1968, Official Records, Summary records of the plenary meetings and of the meetings of the Committee of the Whole, UN Doc. A/CONF.39/11, S. 365ff.; UN Conference on the Law of Treaties, 2nd Session, Vienna, 9 April – 22 May 1969, Official Records, Summary records of the plenary meetings and of the meetings of the Committee of the Whole, UN Doc. A/CONF.39/11/Add.1, S. 116ff.

334 In einigen wenigen Beiträgen äußerten sich Delegierte außerdem zur Rechtsnatur des *Rebus-sic-stantibus*-Prinzips, vgl. UN Conference on the Law of Treaties, 1st Session, Vienna, 26 March – 24 May 1968, Official Records, Summary records

WVK ergibt sich folglich keine Beschränkung der Anwendbarkeit des Grundsatzes in Bezug auf multilaterale Verträge, was auch die moderne Völkerrechtsliteratur dazu veranlasst habe, sich diese Frage nicht mehr zu stellen.[335] Eine Vertragspartei eines multilateralen Vertrages, welche sich rechtmäßigerweise auf das *Rebus-sic-stantibus*-Prinzip beruft, kann somit die Vertragsbindung zwischen sich und allen anderen Vertragsparteien aufheben oder aussetzen.[336] Im Rahmen der Anwendung auf multilaterale Verträge bedarf es daher keiner besonderen verfahrens- oder materiell-rechtlichen Regeln und in Bezug auf die hier relevanten Gründungsverträge internationaler Organisationen bedeutet dies, dass Art. 62 WVK grundsätzlich anwendbar ist. Weil durch Art. 62 WVK die Vertragsbindung gegenüber allen anderen Vertragsparteien aufgehoben wird, kann ihre Rechtsfolge den Austritt eines Mitglieds aus einer internationalen Organisation bewirken.[337] Denkbar ist, dass enttäuschte Mitglieder Art. 62 WVK anwenden, wenn die Ziele der internationalen Organisation nicht erreicht wurden oder wenn diese gegen den Willen eines Mitglieds Änderungen entscheidet, die im Gründungsvertrag nicht vorgesehen waren.[338] Jedoch gewährt Art. 62 WVK nur den Mitgliedstaaten der Organisation als Vertragsparteien des Gründungsvertrages ein Austrittsrecht. Zur Begründung eines Ausschluss- oder Suspendierungsrechts können sich die Organe der Organisation nicht auf Art. 62 WVK berufen. Weder die Entstehungsgeschichte noch der Wortlaut von Art. 62 WVK geben dafür Anlass. Zur Wahrung der Rechtssicherheit gilt für Gründungsverträge internationaler Organisationen umso mehr, dass die Vorschrift des Art. 62 WVK restriktiv interpretiert werden muss.[339]

---

of the plenary meetings and of the meetings of the Committee of the Whole, UN Doc. A/CONF.39/11, S. 366f., 373.

335 Feist, Kündigung, Rücktritt und Suspendierung, S. 178 mit Verweis auf Pott, Clausula rebus sic stantibus, S. 118f.; Reuter, Introduction to the law, S. 188ff.; Verdross/Simma, Universelles Völkerrecht, S. 526.

336 So auch Feist, Kündigung, Rücktritt und Suspendierung, S. 178, 181.

337 So auch Seidl-Hohenveldern/Loibl, Das Recht der internationalen Organisationen einschließlich der supranationalen Gemeinschaften, S. 80 Rn. 529; ebenso könnte eine Auflösung der Organisation unter Rückgriff auf Art. 62 WVK erfolgen. Auf der Belgrader Donaukonferenz von 1948 wurde eine neue Donaukommission gegründet. Die Sowjetunion war der Ansicht, die alte Donaukommission habe infolge grundlegender Änderungen der zum Vertragsschluss führenden Umstände aufgehört zu existieren. Diese Ansicht wurde von den westlichen Mächten nicht geteilt, Schermers/Blokker, Unity within diversity, S. 1046. Die Auflösung der ostafrikanischen Gemeinschaft wird teilweise als Folge der Änderung wesentlicher politischer und wirtschaftlicher Umstände gesehen, vgl. Schermers/Blokker, Unity within diversity, S. 1046.

338 Schermers/Blokker, Unity within diversity, S. 104.

339 So auch Schermers/Blokker, Unity within diversity, S. 104; anders *Magliveras*, der die 1980 erfolgte Suspendierung Afghanistans aus der OIC durch Art. 62 WVK als gerechtfertigt ansieht. Die OIC-Charta von 1972 nennt in Art. 2 lit. a (6) als wichtigste Ziele, die Anstrengungen der muslimischen Völker, ihre

(2) Voraussetzungen
Einigkeit besteht darüber, dass die vorsichtige Negativformulierung des Art. 62 WVK („[...] kann nicht [...] geltend gemacht werden, es sei denn [...]") die Umstrittenheit seiner grundsätzlichen Geltung belegt und den Ausnahmecharakter des Tatbestands erkennen lässt.[340] Die in diesem Zusammenhang zurückhaltende Rechtsprechung hat nicht zur Ausformung der Tatbestandsvoraussetzungen beigetragen, bestätigt aber die restriktive Anwendung des Rechtsinstituts.[341] Die Pflicht zum Nachweis, dass die Voraussetzungen des Art. 62 WVK vorliegen, liegt bei demjenigen, der sie geltend macht.[342] Art. 62 WVK enthält fünf Voraussetzungen:[343]

1. Eine Änderung solcher Umstände, die zur Zeit des Vertragsschlusses gegeben waren;
2. die Änderung muss grundlegend sein;
3. das Bestehen der Umstände bildete eine wesentliche Grundlage für die Zustimmung der Parteien zum Vertrag;
4. die Änderung gestaltet das Ausmaß der aufgrund des Vertrages noch zu erfüllenden Verpflichtungen tiefgreifend um und
5. die Änderung wurde von den Vertragsparteien nicht vorausgesehen.

Würde, Unabhängigkeit und nationalen Rechte zu fördern. Durch die militärische Intervention der Sowjetunion in Afghanistan zwischen 1979 und 1989 wurde das kommunistisch gesinnte *Karmal*-Regime unterstützt. Dies habe zu einer wesentlichen Umstandsänderung geführt, welche die Umsetzung der Ziele des OIC-Gründungsvertrages mit Afghanistan als Mitglied unmöglich gemacht habe, Magliveras, Exclusion from participation, S. 238.

340 IGH, Urt. v. 25.9.1997 Gabcikovo-Nagymaros Projekt (Ungarn/Slovakei), ICJ Reports (1997), S. 7, S. 64 Rn. 104; vgl. Feist, Kündigung, Rücktritt und Suspendierung, S. 165; Ipsen/Menzel/Epping, Völkerrecht 2004, S. 203 Rn. 93; Schweisfurth, Völkerrecht 2006, S. 186f.

341 Im *Fischereistreitigkeiten-Fall* argumentierte Island, in Bezug auf die isländische Unterwerfung unter die Jurisdiktion des IGH haben sich die rechtlichen Umstände grundlegend geändert. Der IGH verneinte indessen das Vorliegen einer Umstandsänderung im konkreten Fall, IGH, Urt. v. 2.2.1973, Fisheries Jurisdiction (Federal Republic of Germany v. Iceland), Jurisdiction of the Court, Judgment, ICJ Reports (1973), S. 49, S. 64 Rn. 40; vgl. dazu Delbrück/Wolfrum/Dahm, Völkerrecht, S. 748. Auch im Gabcikovo-Nagymaros-Fall hat der IGH die Voraussetzungen des Art. 62 WVK als nicht erfüllt angesehen, IGH, Urt. v. 25.9.1997 Gabcikovo-Nagymaros Projekt (Ungarn/Slovakei), ICJ Reports (1997), S. 7, S. 64f. Rn. 104; vgl. weitere Belege bei Delbrück/Wolfrum/Dahm, Völkerrecht, S. 747ff.; Ipsen/Menzel/Epping, Völkerrecht 2004, S. 203 Rn. 92; *Giegerich*, in: Dörr/Schmalenbach, Art. 62 WVK, Rn. 30; Feist, Kündigung, Rücktritt und Suspendierung, S. 168.

342 Vgl. Delbrück/Wolfrum/Dahm, Völkerrecht, S. 749.

343 Vgl. YBILC 1966, Vol. II, S. 259 Rn. 9.

Zunächst muss es sich gem. Art. 62 Abs. 1 WVK um eine Änderung solcher Umstände handeln, die zur Zeit des Vertragsschlusses gegeben waren. Art. 62 WVK nimmt keine Einschränkung in Bezug auf die Art der sich ändernden Umstände vor, sodass eine Änderung aller denkbaren Umstände – wirtschaftliche und soziale, rechtliche oder tatsächliche – den Tatbestand des Art. 62 WVK erfüllen könnten.[344] Auf der Wiener Vertragsrechtskonferenz wurde die Frage diskutiert, ob auch die Änderung politischer Umstände geltend gemacht werden könnte. Damit nahm man auf solche Umstände Bezug, die nicht in unmittelbarer Beziehung zu dem jeweiligen Vertrag stehen, sondern lediglich im politischen Bereich einer Vertragspartei gegeben sind wie die Änderung der Regierungspolitik einer Vertragspartei. Einige Mitglieder favorisierten eine Änderung des Wortlauts dahingehend, dass subjektive Änderungen in Bezug auf die Regierungspolitik einer Vertragspartei nie als Grund für die Beendigung oder Suspendierung des Vertrages angeführt werden dürften, weil ansonsten die Rechtssicherheit in den Vertragsbeziehungen beeinträchtigt werde.[345] Die ILC entschied sich jedoch ausdrücklich gegen diesen Vorschlag. Es ginge zu weit, die Änderung politischer Umstände generell aus dem Anwendungsbereich der Vorschrift zu nehmen. Insbesondere für Verteidigungsbündnisse könne ein auf der Änderung von politischen Umständen basierender Beendigungsgrund bedeutsam sein. Die radikale Änderung der Regierungspolitik einer Vertragspartei könne die weitere Vertragsdurchführung für beide Vertragsparteien unzumutbar machen. Außerdem reichen die weiteren Voraussetzungen des Art. 62 Abs. 1 WVK[346] aus, um eine missbräuchliche Anwendung der Vorschrift zu vermeiden.[347] Dementsprechend ist davon auszugehen, dass auch die Änderung politischer Umstände im Rahmen des Art. 62 WVK geltend gemacht werden kann.

Ob sich die Umstände geändert haben, beurteilt sich ausschließlich nach objektiven Kriterien. Unabhängig von den Auffassungen der Vertragsparteien müssen die Umstände zur Zeit des Vertragsabschlusses im Vergleich zu einem späteren Zeitpunkt differieren.[348]

Außerdem muss die Änderung der Umstände grundlegend sein, was das kumulative Vorliegen von zwei Voraussetzungen erfordert. Das Vorhandensein jener Umstände bildete eine wesentliche Grundlage für die Zustimmung der Vertragsparteien, durch den Vertrag gebunden zu sein (Art. 62 Abs. 1 lit. a WVK) und die Änderung der Umstände gestaltet das Ausmaß der aufgrund des Vertrages noch zu erfüllenden Verpflichtungen tiefgreifend um (Art. 62 Abs. 1 lit. b WVK).[349]

---

344 Ipsen/Menzel/Epping, Völkerrecht 2004, S. 204 Rn. 93; Delbrück/Wolfrum/Dahm, Völkerrecht, S. 751.

345 Vgl. YBILC 1966, Vol. II, S. 259 Rn. 10.

346 Der damalige Entwurf des Art. 59.

347 YBILC 1966, Vol. II, S. 259 Rn. 10; vgl. auch Delbrück/Wolfrum/Dahm, Völkerrecht, S. 751; Ipsen/Menzel/Epping, Völkerrecht 2004, S. 204 Rn. 94.

348 Vgl. Ipsen/Menzel/Epping, Völkerrecht 2004, S. 204 Rn. 93.

349 So auch Schweisfurth, Völkerrecht 2006, S. 186 Rn. 130; Ipsen/Menzel/Epping, Völkerrecht 2004, S. 204 Rn. 93; unzutreffend Delbrück, der aus dem Wortlaut des

In Bezug auf Art. 62 Abs. 1 lit. a WVK muss geprüft werden, wie sich die Umstandsänderung zu dem ursprünglichen Ziel und Zweck des Vertrages verhält.[350] Entscheidend ist, ob der Vertrag ohne das Vorliegen der nunmehr geänderten Umstände in dieser Form geschlossen worden wäre.[351] Nicht ausreichend in diesem Zusammenhang ist der Nichteintritt bestimmter Erwartungen oder *Expektanzen*, weil diese nicht mit Umständen gleichzusetzen sind, die objektiv bei Vertragsschluss gegeben waren.[352] Die veränderten Umstände müssen durch die Vertragsparteien bei Vertragsschluss zur „Geschäftsgrundlage" des Vertrages gemacht worden sein.[353]

Die Erheblichkeit der Umstandsänderung ergibt sich zudem daraus, dass das Ausmaß der noch zu erfüllenden vertraglichen Pflichten tiefgreifend umgestaltet wird, Art. 62 Abs. 1 lit. b WVK. Dies sei Ausdruck des Grundsatzes der Billigkeit und verdeutliche, dass die Voraussetzungen des Art. 62 WVK insbesondere bei signifikanten Äquivalenzstörungen vorliegen.[354] Wesentliche Interessen des überforderten Staates müssten derart gefährdet sein, dass die Erfüllung unter Berücksichtigung der konkreten Situation nicht mehr zumutbar sei.[355] Im Gegensatz zur nachträglichen Unmöglichkeit der Vertragserfüllung i.S.v. Art. 61 WVK führt die Änderung der Umstände jedoch nicht dazu, dass die Durchführung des Vertrages unmöglich ist. Das Vorliegen einer Notstandssituation ist nicht erforderlich. Vielmehr wird die Vertragserfüllung durch die Umstandsänderung lediglich grundlegend in Frage gestellt.[356] Schließlich dürfen die Vertragsparteien die Änderung der Umstände nicht vorausgesehen haben. Dabei ist nicht notwendig, dass die Änderung generell nicht vorhersehbar ist. Es kommt lediglich auf den objektivierbaren Kenntnisstand der Vertragsparteien bei Vertragsschluss an.[357]

(3) Verfahren

Bezüglich des durchzuführenden Verfahrens bestehen keine Unterschiede im Vergleich zu anderen Beendigungsgründen. Es finden die Art. 65 – 68 WVK

Art. 62 Abs. 1 lit. a und lit. b WVK folgert, dass es sich um Alternativen handelt, Delbrück/Wolfrum/Dahm, Völkerrecht, S. 751, Fn. 82.

350 Fitzmaurice, Second Report, YBILC 1957, Vol. II, S. 60 Rn. 150; Waldock, Second Report, YBILC 1963 Vol. II, S. 84 Rn. 12; vgl. Delbrück/Wolfrum/Dahm, Völkerrecht, S. 751.

351 Delbrück/Wolfrum/Dahm, Völkerrecht, S. 751 mit Verweis auf PCIJ, Urt. v. 7.6.1932, Case of the Free Zones of Upper Savoy and the District of Gex, PCIJ Reports Ser. A/B No. 46 , S. 96, S. 157f.

352 Delbrück/Wolfrum/Dahm, Völkerrecht, S. 750f. mit Verweis auf Fitzmaurice, Second Report, YBILC 1957, Vol. II, S. 63.

353 Vgl. Ipsen/Menzel/Epping, Völkerrecht 2004, S. 204 Rn. 93.

354 So Delbrück/Wolfrum/Dahm, Völkerrecht, S. 751.

355 Vgl. Delbrück/Wolfrum/Dahm, Völkerrecht, S. 751.

356 Delbrück/Wolfrum/Dahm, Völkerrecht, S. 751.

357 Delbrück/Wolfrum/Dahm, Völkerrecht, S. 751.

Anwendung. Insbesondere hat sich die ILC explizit gegen das Erfordernis der obligatorischen Entscheidung einer unabhängigen Streitschlichtungsinstanz entschieden.[358] Jedoch ergibt sich aus Sinn und Zweck der Vorschrift, dass die Vertragsbeendigung oder die Vertragsmodifikation im Wege der Einigung zwischen den Vertragsparteien erfolgen muss. Aus Art. 65 WVK lässt sich eine Verhandlungspflicht derjenigen Vertragspartei herleiten, die sich auf das *Rebus-sic-stantibus*-Prinzip beruft. Die Verhandlungspflicht der Gegenseite ergibt sich bereits aus der vertraglichen Beziehung zwischen den Vertragsparteien.[359]

c) Der Ausschluss eines Mitglieds gem. Art. 60 Abs. 2 lit. a WVK

Die WVK beschreibt in Art. 60 Abs. 2 lit. a WVK die Beendigung eines mehrseitigen Vertrages im Verhältnis zwischen der Gesamtheit der Vertragsparteien und einem einzelnen Vertragsstaat und konstituiert damit einen Ausschlusstatbestand im Rahmen der Mitgliedschaft in internationalen Organisationen.

Die Regelungssystematik des Art. 60 WVK ist charakterisiert durch das differenzierte Rechtsfolgenregime, welches die Norm für bilaterale und multilaterale Verträge infolge der Vertragsverletzung einer Vertragspartei entwirft.[360] Art. 60 WVK bezweckt dabei den Ausgleich von zwei Interessen. Grundsätzlich besteht im Rechtsverkehr der Völkerrechtssubjekte wie in allen anderen nationalen oder internationalen vertraglichen Beziehungen das Bedürfnis nach einer Stabilität dieser Beziehungen. Diesem Bedürfnis kann das Interesse des einzelnen Staates entgegenstehen, sich von seinen Vertragsbeziehungen als Folge eines Vertragsbruches des anderen Teils zu befreien.[361] Die vertraglichen Beziehungen sind gekennzeichnet durch die Gegenseitigkeit von Rechten und Pflichten. Der eine Teil erfüllt seine vertraglichen Pflichten im Hinblick auf die Erfüllung der vertraglichen Pflichten durch den anderen Teil. Bei Nichterfüllung dieser Pflichten muss es der vertragstreuen Partei daher möglich sein, einseitig vom Vertrag Abstand zu nehmen. Dahinter steht das Prinzip *inadimplenti non est adimplendum* – wer nicht erfüllt, dem ist nicht zu erfüllen.[362] Die Idee einer negativen Reziprozität stelle eine

---

358 YBILC 1966, Vol. II, S. 260.

359 Delbrück/Wolfrum/Dahm, Völkerrecht, S. 752f.

360 Zu Darstellungen der legislativen Entstehungsgeschichte des Art. 60 WVK im Allgemeinen *Simma/Tams*, in: Corten/Klein, Art. 60 WVK, Rn. 1–4; Simma, ÖZöR (20) 1970, S. 5 (S. 50–52); zu Art. 60 Abs. 2 lit. a (i) WVK im Besonderen Zeidler, Austritt und Ausschluß, S. 156–158.

361 So auch der venezuelanische Delegierte auf der Wiener Konferenz, UN Conference on the Law of Treaties, 1st Session, Vienna, 26 March – 24 May 1968, Official Records, Summary records of the plenary meetings and of the meetings of the Committee of the Whole, UN Doc. A/CONF.39/11, S. 353 Rn. 64.

362 Waldock, Second Report, YBILC 1963 Vol. II, S. 73; *Simma/Tams*, in: Corten/Klein, Art. 60 WVK, Rn. 3.

Modifikation des *Pacta-sunt-servanda*-Grundsatzes dar, wonach Verträge einzuhalten seien.[363]

Art. 60 Abs. 1 und Abs. 2 WVK beschreiben die möglichen Rechtsfolgen einer erheblichen Vertragsverletzung i.S.v. Art. 60 Abs. 3 WVK. Im Rahmen der ILC Debatte erwies es sich als kontroverser Punkt, in welchem Umfang die Positionen von Vertragsparteien multilateraler Verträge denen von bilateralen Verträgen angepasst werden sollten. Während in bilateralen Verträgen klar definierte reziproke Rechtsbeziehungen die Regel darstellen und die jeweils andere Vertragspartei grundsätzlich von einem Vertragsbruch ihres Vertragspartners betroffen ist, betreffen in multilateralen Verträgen Vertragsverletzungen nicht alle Vertragsparteien zwangsläufig und gleich. Nur der durch die Vertragsverletzung betroffenen Partei eines bilateralen Vertrages ein Recht auf Gegenmaßnahmen zuzugestehen, berücksichtigt indessen nicht, dass innerhalb eines multilateralen Vertrages alle Vertragsparteien ein Interesse an der Einhaltung des Vertrages haben.[364]

Art. 60 Abs. 1 und Abs. 2 WVK beschreiben differenzierte Lösungsansätze für die jeweiligen Interessenlagen, indem sie ein komplexes Regelungssystem der Rechtsfolgen entwerfen.[365] Es erfolgt eine unterschiedliche Behandlung von bilateralen (Abs. 1) und multilateralen (Abs. 2) Verträgen. Art. 60 Abs. 2 WVK unterscheidet ferner zwischen individuellen (lit. b und lit. c) und kollektiven (lit. a) Maßnahmen. Gegenstand der Maßnahmen können sowohl die gänzliche oder teilweise Suspendierung des Vertrages (Abs. 2 lit. a – c), die Beendigung des Vertrages im Verhältnis zum vertragsbrüchigen Staat (Abs. 2 lit. a (i)) als auch die Auflösung des Vertrages (Abs. 2 lit. a (ii)) sein.

Obwohl die in Art. 60 Abs. 1 und Abs. 2 WVK beschriebenen Tatbestände unter verschiedenen Umständen die Beendigung des Vertrages durch die nicht vertragsbrüchige Partei vorsehen, ergeben sich daraus keine Austrittsrechte für Mitglieder internationaler Organisationen. Art. 60 Abs. 1 WVK berechtigt zur Kündigung eines zweiseitigen Vertrages infolge einer erheblichen Vertragsverletzung. Da es sich bei Gründungsverträgen internationaler Organisationen um mehrseitige Verträge handelt, ist Art. 60 Abs. 1 WVK auf diese nicht anwendbar. Art. 60 Abs. 2 lit. b WVK berechtigt zwar eine durch die Vertragsverletzung besonders betroffene Vertragspartei, die Verletzung als Grund für die gänzliche oder teilweise Suspendierung des Vertrages im Verhältnis zwischen ihr und dem vertragsbrüchigen Staat geltend zu machen. Jedoch geht dies nicht soweit, dass die besonders betroffene Partei ein einseitiges Beendigungs- oder Kündigungsrecht hat.[366] Art. 60 Abs. 2 lit. c WVK berechtigt jede Vertragspartei außer dem vertragsbrüchigen Staat, die Vertragsverletzung als Grund für die gänzliche oder teilweise Suspendierung des Vertrages in Bezug auf sich selbst geltend zu machen. Dafür muss der multilaterale

363 *Simma/Tams*, in: Corten/Klein, Art. 60 WVK, Rn. 3.
364 Vgl. *Simma/Tams*, in: Corten/Klein, Art. 60 WVK, Rn. 26.
365 *Simma/Tams*, in: Corten/Klein, Art. 60 WVK, Rn. 3.
366 So auch *Villiger*, in: Villiger, Art. 60 WVK, Rn. 20.

Vertrag so beschaffen sein, dass der Vertragsbruch die Lage jeder Vertragspartei hinsichtlich der weiteren Erfüllung ihrer Vertragsverpflichtungen grundlegend ändert. Ansonsten wäre im Rahmen solcher integralen Verträge wie bspw. Abrüstungsverträge[367] eine Suspendierung von Vertragspflichten gegenüber der vertragsbrüchigen Partei gleichzeitig eine Vertragsverletzung gegenüber den anderen Parteien. Außerdem müsse die Vertragspartei das Recht haben, sich durch die Suspendierung vor einer etwaigen Bedrohung durch die vertragsbrüchige Partei zu schützen.[368] Wie lit. b spricht lit. c lediglich von Suspendierung der Vertragspflichten und nicht von Beendigung, sodass sich daraus ebenfalls kein Austrittsrecht ergibt.

Einzig Art. 60 Abs. 2 lit. a WVK beschreibt im Rahmen des Art. 60 WVK einen Beendigungstatbestand für die Mitgliedschaft in internationalen Organisationen.[369] Er berechtigt im Falle einer erheblichen Verletzung eines mehrseitigen Vertrages zur Beendigung des Vertrages im Verhältnis zum vertragsbrüchigen Staat. Mehrseitige oder multilaterale Verträge sind alle Verträge, welche durch mehr als zwei Staaten geschlossen werden und somit auch Gründungsverträge internationaler Organisationen. Es handelt sich um eine kollektive und dauerhafte Maßnahme, die im Einvernehmen mit allen Mitgliedstaaten erfolgt.

Art. 60 Abs. 2 lit. a (i) WVK ist das auf den Regelungsentwürfen von *Fitzmaurice*[370] und *Waldock*[371] sowie den Reaktionen der Staatenvertreter in der ILC aufbauende Ergebnis, welcher von der Wiener Konferenz verabschiedet wurde.[372] *Waldocks* Regelungsentwurf des Art. 20 Abs. 5 nahm sogar ausdrücklich Bezug auf Gründungsverträge internationaler Organisationen:[373]

> *"In the case of a material breach of a treaty which is the constituent instrument of an international organization, or which has been concluded within an international organization, any question of the termination or suspension of the rights or obligations of any party to the treaty shall be determined by decision of the component organ of the organization concerned, in accordance with its applicable voting rules."*

Innerhalb der ILC setzte sich jedoch die Auffassung durch, Gründungsverträge internationaler Organisationen nicht ausdrücklich in Art. 20 Abs. 5 des Entwurfs

---

367 YBILC 1966, Vol. II, S. 255.

368 *Ipsen*, in: Verfassungsrecht im Wandel, S. 201.

369 Als kollektive Maßnahme ist gem. Art. 60 Abs. 2 lit. a Alt. 1 WVK ebenfalls die gänzliche oder teilweise Suspendierung des Vertrages vorgesehen. Da die Suspendierung kein Beendigungsgegenstand i.S.d. Untersuchung ist, wird sie hier nicht gesondert als Rechtsfolge untersucht.

370 Fitzmaurice, Second Report, YBILC 1957, Vol. II, S. 29ff.; Fitzmaurice, Third Report, YBILC 1959, Vol. II, S. 49ff.

371 Waldock, Second Report, YBILC 1963 Vol. II, S. 72ff.

372 Vgl. die Darstellung der Entstehungsgeschichte bei Simma, ÖZöR (20) 1970, S. 5 (S. 50ff.).

373 Waldock, Second Report, YBILC 1963 Vol. II, S. 73.

aufzunehmen. Da sich die Frage nach der Aufnahme von Gründungsverträgen internationaler Organisationen in den Anwendungsbereich des jeweiligen Artikels bei mehreren Bestimmungen des Gesamtentwurfs stellte, erschien es sinnvoller, den Abs. 5 des Art. 20 in eine allgemeine Vorschrift zu übertragen, welche die Anwendbarkeit von Gründungsverträgen für die gesamte Konvention regelt.[374] Dementsprechend enthielt der Text des Entwurfs von Art. 20, nachdem er dem Redaktionsausschuss zugeleitet und von diesem verändert wurde, keinen Abs. 5 mehr.[375] Die Anwendbarkeit der WVK auf Gründungsverträge internationaler Organisationen wurde sodann allgemein in Art. 5 WVK geregelt.[376]

Nach mehreren Diskussionen und kleineren Veränderungen wurde die Bestimmung als Art. 42 von der ILC angenommen.[377] Art. 42 wurde daraufhin von den Regierungen Australiens, Kanadas, Israels, Luxemburgs, der Niederlanden, Portugals, Großbritanniens, Schwedens und der USA kommentiert[378] und in der Generalversammlung diskutiert.[379] *Waldock* berücksichtigte die Kommentare in seinem fünften Bericht und veränderte den Wortlaut des Art. 42 dahingehend, dass erstmals die Vertragsparteien – und nicht das zuständige Organ der Organisation – das Recht haben sollten, im Falle eines wesentlichen Vertragsbruches des multilateralen Vertrages, diesen durch eine übereinstimmende Vereinbarung im Verhältnis zur vertragsbrüchigen Partei zu beenden.[380] Nachdem dieser Wortlaut abermals innerhalb der ILC diskutiert, dann wieder dem Redaktionsausschuss vorgelegt und leicht abgeändert wurde, wurde er einstimmig als Art. 57 angenommen.[381]

---

374 Waldock, Summary Records of the Fifteenth Session, YBILC 1963 Vol. I, S. 122 Rn. 2; Yassen, Summary Records of the Fifteenth Session, YBILC 1963 Vol. I, S. 125 Rn. 43; Bartos, Summary Records of the Fifteenth Session, YBILC 1963 Vol. I, S. 124 Rn. 34; Verdross, Summary Records of the Fifteenth Session, YBILC 1963 Vol. I, S. 125 Rn. 46; Aréchaga, Summary Records of the Fifteenth Session, YBILC 1963 Vol. I, S. 127 Rn. 75; vgl. Zeidler, Austritt und Ausschluß, S. 158.

375 Summary Records of the Fifteenth Session, YBILC 1963, Vol. I, S. 245.

376 Siehe S. 38.

377 Summary Records of the Fifteenth Session, YBILC 1963, Vol. I, S. 318 Rn. 65.

378 Report of the International Law Commission on the Work of its Eighteenth Session, YBILC 1966, Vol. 2, S. 279–361; Australien (Nr. 2), Kanada (Nr. 6), Israel (Nr. 12), Luxemburgs (Nr. 15), Niederlande (Nr. 17), Portugal (Nr. 20), Schweden (Nr. 21), Großbritannien (Nr. 25), USA (Nr. 26); vgl. Simma, ÖZöR (20) 1970, S. 5 (S. 51).

379 Report of the Sixth Committee, UN Doc. A/5601, UNJY 1963, S. 61, 63f. Rn. 13, 22; Report of the Sixth Committee, UN Doc. A/6090, UNJY 1965, S. 81f. Rn. 39; vgl. Simma, ÖZöR (20) 1970, S. 5 (S. 51).

380 Waldock, Fifth Report, YBILC 1966, Vol. II, S. Rn. 16.

381 YBILC 1966, Vol. I, Part I, S. 332 Rn. 83–91; Report of the International Law Commission on the Work of its Eighteenth Session, YBILC 1966, Vol. 2, S. 253–256.

Der spätere Art. 60 WVK wurde sodann von der Wiener Konferenz einstimmig angenommen, ohne die Vorschrift des Art. 60 Abs. 2 lit. a WVK zu verändern.[382]

Als die WVK geschrieben wurde, stellte Art. 60 Abs. 2 lit. a WVK eine Weiterentwicklung des Rechts dar. Bis dahin war kein einziger Fall einer kollektiven Maßnahme gegen einen Vertragsbrecher im Rahmen eines multilateralen Vertrages bekannt.[383] Es war heftig umstritten, inwiefern Parteien eines multilateralen Vertrages berechtigt sind, die Vertragsbindung gegenüber dem Verletzterstaat auszusetzen oder endgültig zu beenden.[384] Art. 60 WVK knüpft zwar ein differenzierteres Rechtsfolgeregime an die Reaktionen der Vertragsparteien im Kollektiv und an die eines einzelnen Staates, schafft damit aber Klarheit bezüglich der Frage des Ausschlusses einen Mitglieds aus einer internationalen Organisation. Die Mitglieder einer internationalen Organisation sind in ihrer Gesamtheit als „Herren der Verträge" frei darin, ein Mitglied infolge einer Vertragsverletzung auszuschließen. Dieses Recht findet jedoch seine Beschränkung in der Maßgabe, dass die Vertragsparteien einvernehmlich entscheiden müssen. *Simma*, der die Vorschrift des Art. 60 Abs. 2 lit. a (i) WVK als "a case of pure-bred progressive development" beschrieb, war der Ansicht, dass der Vorschrift im Falle „normaler" multilateraler Verträge keine wesentliche praktische Bedeutung zukommen werde. Allerdings könnten die Maßnahmen nach Abs. 2 lit. a WVK trotzdem eine Lösung rechtlicher Probleme für bestimmte internationale Organisationen sein.[385] Auch *Hutchinson* würdigte die Bedeutung des Art. 60 Abs. 2 lit. a (i) WVK. Er sah sie als Ausdruck der gegenüber der Organisation und der Mitglieder untereinander bestehenden Solidarität.[386]

i. Anwendbarkeit

Die Anwendbarkeit des Art. 60 WVK kann durch den Vorrang von bestimmten Regelungen sowie durch die Rechtsnatur des Vertrages, der infolge des Vertragsbruches beendet oder suspendiert werden soll, beschränkt werden.

(1) Der Anwendungsausschluss von Gegenmaßnahmen

Gem. Art. 73 WVK schließt die Konvention ausdrücklich das Recht der Staatenverantwortlichkeit aus ihren Anwendungsbereich aus.[387]

---

382 UN Conference on the Law of Treaties, 2nd Session, Vienna, 9 April – 22 May 1969, Official Records, Summary records of the plenary meetings and of the meetings of the Committee of the Whole, UN Doc. A/CONF.39/11/Add.1, S. 167f.; vgl. Zeidler, Austritt und Ausschluß, S. 158; Simma, ÖZöR (20) 1970, S. 5 (S. 52).

383 *Simma/Tams*, in: Corten/Klein, Art. 60 WVK, Rn. 29.

384 Siehe die Darstellung bei Feist, Kündigung, Rücktritt und Suspendierung, S. 140f., 152f.

385 Simma, ÖZöR (20) 1970, S. 5 (S. 65f.).

386 Hutchinson, BYIL (59) 1988, S. 151 (S. 189).

387 Vgl. dazu *Simma/Tams*, in: Corten/Klein, Art. 60 WVK, Rn. 72; Simma, ÖZöR (20) 1970, S. 5 (S. 67).

Der Begriff der Gegenmaßnahme ist enger als der Begriff der Sanktion. Er hat insbesondere eine ausführliche Ausprägung durch Art. 49 ff. ILC-Entwurf erfahren. Damit werden Maßnahmen bezeichnet, durch die ein Völkerrechtssubjekt auf die vorangegangene Verletzung seiner Rechte reagiert und deren Schutz und Durchsetzung selbst in die Hand nimmt.[388] Es sind nur einseitige Maßnahmen eines Völkerrechtssubjektes erfasst und eine Gegenmaßnahme ist grundsätzlich selbst völkerrechtswidrig.[389] Der Begriff der Gegenmaßnahme ist dabei eine neue Bezeichnung für ein altes Institut der Rechtsdurchsetzung – die Repressalie.[390] Als klassische Form der Rechtsdurchsetzung versteht man unter einer Repressalie eine Zwangsmaßnahme eines in seinen völkerrechtlichen Rechten verletzten Völkerrechtssubjektes, die ihrerseits in einzelne Rechtsgüter des das Völkerrecht verletzenden Völkerrechtssubjektes eingreift, um dieses zur Rückgängigmachung des von ihm verantwortenden völkerrechtlichen Unrechts zu veranlassen.[391] Seit dem ILC-Entwurf besteht indessen die Tendenz, den Begriff der Repressalie auf das Kriegsrecht zu beschränken und bei Repressalien in Friedenszeiten von Gegenmaßnahmen zu sprechen. Der Form nach stellt eine Gegenmaßnahme jedoch meist eine Repressalie dar.[392] Die vorausgehende Völkerrechtsverletzung eines anderen Staates rechtfertigt die Repressalie als rechtmäßige Gegenmaßnahme.[393]

Der Adressat einer solchen Maßnahme hat gegen internationales Recht verstoßen und soll durch die Maßnahme zum rechtmäßigen Verhalten bewegt werden.[394] Obwohl dies ebenfalls die Aussetzung der Vertragsbindung zur Folge haben kann, wird nicht die Wiederherstellung des Interessengleichgewichts im Rahmen gegenseitiger Vertragsbeziehungen nach einem Vertragsbruch bezweckt.[395] Während der Anwendungsbereich des Art. 60 WVK sich dementsprechend auf die synallagmatischen Vertragspflichten beschränkt, können Gegenmaßnahmen und Repressalien alle Verpflichtungen betreffen, jedoch keine Beendigung der vertraglichen Beziehung bewirken.[396]

---

388 Zum Begriff der Gegenmaßnahme Klein, BerGesVR (37) 1997, S. 39 (S. 42ff.).

389 *Schröder*, in: Völkerrecht 2013, S. 536 Rn. 30.

390 Neben der Repressalie ist auch die Retorsion eine Sanktion, jedoch keine Gegenmaßnahme. Darunter versteht man das rechtmäßige Verhalten eines Staates, mit dem er auf die Verletzung eigener Rechte oder Interessen reagiert. Anders als die Retorsion berührt eine Gegenmaßnahme nicht bloß die Interessen, sondern greift in die Rechte eines anderen Staates ein, Seidl-Hohenveldern, Lexikon des Rechts, S. 339.

391 Seidl-Hohenveldern, Lexikon des Rechts, S. 335.

392 *Schröder*, in: Völkerrecht 2013, S. 537 Rn. 31.

393 Herdegen, Völkerrecht 2011, S. 411 Rn. 6.

394 Simma, ÖZöR (20) 1970, S. 5 (S. 8).

395 Vgl. Annacker, GYIL (37) 1994, S. 206 (S. 236–239); Feist, Kündigung, Rücktritt und Suspendierung, S. 134f. m.w.N.

396 *Simma/Tams*, in: Corten/Klein, Art. 60 WVK, Rn. 4; zur Frage, inwiefern das Recht zu Gegenmaßnahmen aufgrund spezieller, vertragsinterner Regeln

(2) Die spezielle Subsidiaritätsklausel des Art. 60 Abs. 4 WVK

Die spezielle Subsidiaritätsklausel des Art. 60 Abs. 4 WVK sieht vor, dass die Abs. 1 bis 3 diejenigen Vertragsbestimmungen unberührt lassen, welche bei einer Verletzung des Vertrages anwendbar sind. Die Bestimmung muss i.V.m. Art. 5 WVK gelesen werden. Enthalten Bestimmungen in Gründungsverträgen internationaler Organisationen also materiell-rechtliche Voraussetzungen i.S.v. Art. 60 WVK oder prozessuale Voraussetzungen i.S.v. Art. 65 bis 68 WVK, genießen sie entsprechend des allgemeinen Prinzips *lex specialis derogat legi generali* Vorrang.[397] Das gilt insbesondere auch dann, wenn es der Gründungsvertrag der internationalen Organisation selbst ist, der wegen des Vertragsbruches beendet oder suspendiert wird.[398] Die in Art. 60 WVK beschriebenen *leges generales* sollen indes auch dann wieder zur Anwendung kommen, wenn die prozessualen *leges speciales* von Anfang an missachtet werden oder wenn die vertragsbrüchige Partei sich weigert, die prozessualen Bestimmungen anzuwenden.[399] Dieser Vorrang wurde auch durch die Rechtsprechung des IGH anerkannt:[400]

> *The State which is in breach of those of its obligations or duties which derive from this constitution, towards another member State of the organization, is not in breach of a single bilateral treaty between them, it is in breach of the constitution of the organization. The effects of such a breach are governed by that constitution. It is only in a supplementary way that the general rules of international law, those enshrined in the Vienna Convention, may be applied.*

(3) Art. 60 Abs. 5 WVK und ius cogens

Gem. Art. 60 Abs. 5 WVK finden die Abs. 1 bis 3 keine Anwendung auf Bestimmungen über den Schutz der menschlichen Person in Verträgen humanitärer Art, insbesondere auf Bestimmungen zum Verbot von Repressalien jeder Art gegen die durch derartige Verträge geschützten Personen.[401] Es sollten solche Verträge aus

---

ausgeschlossen werden kann, vgl. *Simma/Tams*, in: Corten/Klein, Art. 60 WVK, Rn. 69ff.; Feist, Kündigung, Rücktritt und Suspendierung, S. 216f.; Klein, BerGesVR (37) 1997, S. 39 (S. 49f.).

397 Vgl. *Simma/Tams*, in: Corten/Klein, Art. 60 WVK, Rn. 12; Simma, ÖZöR (20) 1970, S. 5 (S. 67, 82f.); *Villiger*, in: Villiger, Art. 60 WVK, Rn. 22; Waldock, Second Report, YBILC 1963 Vol. II, S. 75 Rn. 10; IGH, Urt. v. 25.9.1997 Gabcikovo-Nagymaros Projekt (Ungarn/Slovakei), ICJ Reports (1997), S. 7, S. 62f., Rn. 100.

398 *Villiger*, in: Villiger, Art. 60 WVK, Rn. 22.

399 Simma, ÖZöR (20) 1970, S. 5 (S. 82).

400 De Castro, Diss. Opinion zu IGH, Urt. v. 18.8.1972, Appeal Relating to the Jurisdiction of the ICA0 Council, ICJ Reports (1972), S. 46, S. 130.

401 Vgl. das Verhältnis der Regelung zu Art. 43 WVK, wonach Pflichten, die das Völkerrecht unabhängig von einem Vertrag auferlegt, im Rahmen von Beendigungs- und Kündigungsgründen unberührt bleiben. Der Schutz durch humanitäre Verträge i.S.v. Art. 60 Abs. 5 WVK geht indes weiter als der völkergewohnheitsrechtliche Schutz; vgl. *Simma/Tams*, in: Corten/Klein, Art. 60 WVK, Rn. 44.

dem Anwendungsbereich des Art. 60 WVK genommen werden, deren Erfüllungsstruktur und Interessenlage, es als unangemessen erscheinen lassen, sie infolge eines Vertragsbruches zu beenden.[402] Die Erfüllung humanitärer Verträge steht nicht im Gegenseitigkeitsverhältnis. Eine Beendigung humanitärer Verträge kann Menschenleben gefährden[403] und muss anderen Regelungen unterliegen, wobei insbesondere Rechtsbehelfe für Individuen gewährt werden sollten.[404] Weil der Wortlaut lediglich von Verträgen humanitärer Art spricht, ist fraglich, ob Art. 60 Abs. 5 WVK auch menschenrechtliche Verträge erfasst. Aufgrund der Bedeutung menschenrechtlicher Verträge und der Entstehungsgeschichte des Abs. 5 wird dies jedoch vom überwiegenden Teil der völkerrechtlichen Lehre und Judikatur angenommen.[405]

Beschränkungen der Anwendbarkeit des Art. 60 WVK werden teilweise mit der analogen Anwendung des Art. 60 Abs. 5 WVK auf vertragliche Verpflichtungen mit *ius cogens*-Charakter begründet.[406] Eine derartige Beschränkung der Anwendbarkeit kann jedoch bereits als in der Konvention angelegt angesehen werden. Art. 53 WVK definiert *ius cogens* als von der internationalen Staatengemeinschaft in ihrer Gesamtheit angenommene und anerkannte Normen, von denen nicht abgewichen werden darf und die nur durch eine spätere Norm des allgemeinen Völkerrechts derselben Rechtsnatur geändert werden können. Art. 64 WVK sieht vor, dass jeder Vertrag, der im Widerspruch zu einer neu entstandenen zwingenden Norm des allgemeinen Völkerrechts steht, nichtig wird und erlischt. Diesem Regelungsregime kann ohne Rückgriff auf Art. 60 Abs. 5 WVK entnommen werden,

---

402 Vgl. Aust, Modern treaty law and practice, S. 238; Feist, Kündigung, Rücktritt und Suspendierung, S. 161.

403 UN Conference on the Law of Treaties, 1st Session, Vienna, 26 March – 24 May 1968, Official Records, Summary records of the plenary meetings and of the meetings of the Committee of the Whole, UN Doc. A/CONF.39/11, S. 354.

404 Verdross/Simma, Universelles Völkerrecht, S. 518f.

405 Vgl. UN Conference on the Law of Treaties, 1st Session, Vienna, 26 March – 24 May 1968, Official Records, Summary records of the plenary meetings and of the meetings of the Committee of the Whole, UN Doc. A/CONF.39/11, S. 354 Rn. 12; IGH, Gutachten v. 21.6.1971, Legal Consequences for States of the Continued Presence of South Africa in Namibia (South West Africa) notwithstanding Security Council Resolution 276 (1970), ICJ Reports (1971), S. 16, S. 47 Rn. 96; Aust, Modern treaty law and practice, S. 238; *Simma/Tams*, in: Corten/Klein, Art. 60 WVK, Rn. 42ff.; Feist, Kündigung, Rücktritt und Suspendierung, S. 156–161; Hofmann, Beendigung menschenrechtlicher Verträge, S. 190–194; Simma, ÖZöR (20) 1970, S. 5 (S. 74f.); *Villiger*, in: Villiger, Art. 60 WVK, Rn. 24.

406 So Verdross/Simma, Universelles Völkerrecht, S. 519; die ILC war der Meinung, aus Art. 43 WVK folge die Weitergeltung von allgemeinen Völkerrecht, wenn Maßnahmen nach Art. 60 WVK Normen mit *ius cogens* Charakter betreffen, vgl. Report of the International Law Commission Covering the Work of its Fifteenth Session, YBILC 1963, Vol. 2, S. 94 Rn. 5.

dass von zwingendem Recht auch dann nicht abgewichen werden darf, wenn die Voraussetzungen des Art. 60 WVK erfüllt sind.[407]

ii. Die Voraussetzung der „erheblichen Vertragsverletzung"

Art. 60 Abs. 1 und Abs. 2 WVK setzen eine erhebliche Vertragsverletzung voraus. Der ausdrückliche Hinweis auf die Erheblichkeit der Vertragsverletzung wahre den *Pacta-sunt-servanda*-Grundsatz und die Stabilität der Vertragsbeziehungen. Die Missbrauchsgefahr wäre zu groß, würde jede Vertragsverletzung einen Beendigungs- oder Suspendierungsgrund darstellen.[408] Art. 60 WVK impliziere ferner, dass Maßnahmen nach dieser Vorschrift lediglich aufgrund einer konkreten Verletzung des Vertrages, nicht jedoch aufgrund der bloßen Behauptung des Vertragsbruches erfolgen dürfen.[409]

Die Legaldefinition für eine erhebliche Verletzung erfolgt durch Art. 60 Abs. 3 WVK. Danach besteht eine erhebliche Vertragsverletzung in einer nach der WVK nicht zulässigen Ablehnung des Vertrages (lit. a)[410] oder in der Verletzung einer für die Erreichung des Vertragsziels oder des Vertragszwecks wesentlichen Bestimmung (lit. b). Beide Tatbestandsalternativen können gleichzeitig vorliegen.[411]

Gem. lit. a ist die Ablehnung des Vertrages grundsätzlich eine erhebliche Vertragsverletzung, außer sie wird durch die Konvention gebilligt. Demnach stellen Ungültigkeitsgründe i.S.v. Art. 42 bis 53 WVK sowie Suspendierungs- und Beendigungsgründe gem. Art. 54 bis 64 keine erheblichen Vertragsverletzungen dar.[412] Aus Art. 73 WVK ergibt sich, dass Ablehnungen des Vertrages, welche nach dem Recht der Staatenverantwortlichkeit oder Kapitel VII der Charta der Vereinten Nationen gerechtfertigt sind, ebenso wenig erhebliche Vertragsverletzungen sind.[413]

Der Fall des Art. 60 Abs. 3 lit. a WVK ist nur in sehr wenigen Fällen relevant geworden.[414] Der IGH sah seinen Tatbestand im Namibia-Fall durch Südafrika erfüllt. Richter *de Castro* und die Mehrheit des Gerichts sahen in der Erklärung Südafrikas, nicht an die sich aus dem Mandat ergebenden Pflichten gebunden zu sein, eine

---

407 So auch Simma/Tams, die Art. 26, 40–1 und 50 des ILC Entwurfs zur Staatenverantwortlichkeit anführen und darauf hinweisen, dass die zwingende Geltung von *ius cogens* im Bereich der Staatenverantwortlichkeit allgemein anerkannt ist, *Simma/Tams*, in: Corten/Klein, Art. 60 WVK, Rn. 49.

408 Vgl. Feist, Kündigung, Rücktritt und Suspendierung, S. 138; Ipsen/Menzel/Epping, Völkerrecht 2004, S. 199 Rn. 79.

409 *Simma/Tams*, in: Corten/Klein, Art. 60 WVK, Rn. 14.

410 Im englischen Vertragstext: "(a) a repudiation of the treaty not sanctioned by the present articles".

411 *Villiger*, in: Villiger, Art. 60 WVK, Rn. 13.

412 *Villiger*, in: Villiger, Art. 60 WVK, Rn. 14; *Simma/Tams*, in: Corten/Klein, Art. 60 WVK, Rn. 16.

413 So auch *Simma/Tams*, in: Corten/Klein, Art. 60 WVK, Rn. 16; Simma, ÖZöR (20) 1970, S. 5 (S. 60f.).

414 Vgl. *Simma/Tams*, in: Corten/Klein, Art. 60 WVK, Rn. 17.

Ablehnung ihrer vertraglichen Pflichten als Mandathalter.[415] Der dissertierende Richter *Fitzmaurice* kritisierte die uneindeutige Differenzierung zwischen lit. a und lit. b. Südafrika habe die Existenz der es verpflichtenden Norm bestritten, was von der Ablehnung des Vertrages zu unterscheiden sei.[416]

Die allgemeiner gefasste Bestimmung des Art. 60 Abs. 3 lit. b WVK verursachte nicht nur mehr Diskussionen innerhalb der ILC, auch ihre Interpretation erwies sich schwieriger als die des lit. a.[417] Danach ist eine Vertragsverletzung wesentlich, wenn dadurch eine für die Erreichung des Vertragsziels oder des Vertragszwecks wesentliche Bestimmung verletzt wird. Der Tatbestand ist nicht bereits dann erfüllt, wenn bestimmte Vertragspflichten nicht oder nicht vertragsgemäß erfüllt werden. Vielmehr werden im Rahmen der Vertragsverletzung qualifizierte Anforderungen in Bezug auf zwei zu unterscheidende Elemente gestellt: Der Charakter der Vorschrift, die verletzt wird, sowie die Intensität der Vertragsverletzung.[418]

Während der Wortlaut des Art. 60 Abs. 3 lit. b WVK ausdrücklich auf den Charakter der Bestimmung hinweist, indem er verlangt, dass diese „wesentlich" sein soll, ergeben sich aus dem Wortlaut der Norm keine erhöhten Anforderungen an die Intensität der Vertragsverletzung. Daraus ergebe sich, dass auch kleine und triviale Vertragsverletzungen den Tatbestand des Art. 60 Abs. 3 lit. b WVK erfüllen, wenn sie die Verletzung einer wesentlichen Bestimmung bewirken.[419] In Anbetracht der schwerwiegenden und weitreichenden Rechtsfolgen des Art. 60 WVK war dieser Gegenstand häufiger Kritik.[420] Bereits *Waldock* kombinierte in seinem Vorentwurf des Art. 20, der später zu Art. 60 WVK wurde, beide Elemente, indem er die substantielle Verletzung einer wesentlichen Bestimmung des Vertrages zur Tatbestandsvoraussetzung machte.[421] Tatsächlich lassen auch Äußerungen

---

415 IGH, Gutachten v. 21.6.1971, Legal Consequences for States of the Continued Presence of South Africa in Namibia (South West Africa) notwithstanding Security Council Resolution 276 (1970), ICJ Reports (1971), S. 16, S. 47 Rn. 95; de Castro, Diss. Opinion zu IGH, Gutachten v. 21.6.1971, Legal Consequences for States of the Continued Presence of South Africa in Namibia (South West Africa) notwithstanding Security Council Resolution 276 (1970), ICJ Reports (1971), S. 16, S. 218.

416 Fitzmaurice, Diss. Opinion zu IGH, Gutachten v. 21.6.1971, Legal Consequences for States of the Continued Presence of South Africa in Namibia (South West Africa) notwithstanding Security Council Resolution 276 (1970), ICJ Reports (1971), S. 16, S. 300 Rn. 6.

417 Vgl. *Simma/Tams*, in: Corten/Klein, Art. 60 WVK, Rn. 19; *Villiger*, in: Villiger, Art. 60 WVK, Rn. 15f.

418 Vgl. Simma, ÖZöR (20) 1970, S. 5 (S. 61).

419 *Villiger*, in: Villiger, Art. 60 WVK, Rn. 16.

420 Vgl. Simma, ÖZöR (20) 1970, S. 5 (S. 61); Hutchinson, BYIL (59) 1988, S. 151 (S. 196).

421 Waldock, Second Report, YBILC 1963 Vol. II, S. 73; so auch Simma, ÖZöR (20) 1970, S. 5 (S. 61).

von Delegierten der Wiener Konferenz[422] den Schluss zu, dass die am Wortlaut des Art. 60 Abs. 3 lit. b WVK orientierte Interpretation zwar korrekt, aber „unconvincing" sei.[423]

Entscheidend ist demnach, was unter einer wesentlichen Bestimmung zu verstehen ist. Weder Art. 60 WVK noch die ILC Kommentierungen geben nähere Auskunft darüber. Entsprechend dem Wortlaut von Art. 60 Abs. 3 lit. b WVK muss die Bestimmung wesentlich für die Erreichung des Vertragsziels oder des Vertragszecks sein. Abzustellen ist auf die Funktion der Vertragspflicht und der sie beschreibenden Regelung innerhalb des Vertragsregimes. Ist die Bestimmung wesentlich für die Erfüllung des Vertragszwecks und –ziels, ist sie wesentlich i.S.v. Art. 60 Abs. 3 lit. b WVK. Der Zweck und das Ziel des Vertrages sind anhand der in Art. 31 WVK kodifizierten Auslegungsregeln zu ermitteln.[424] Diese streng am Wortlaut orientierte Auslegungsmethode, lasse darauf schließen, dass es sich um eine Vorschrift aus dem „Herzen" des Vertrages handelt, ohne die die Vertragsparteien von einer zukünftigen Vertragserfüllung absehen.[425] Obwohl diese Ansicht eine starke Stütze im Wortlaut findet, spricht gegen ihre Anwendung, dass sie lediglich bei Verträgen mit einem begrenzten Anwendungsbereich wie bspw. Auslieferungsabkommen zu eindeutigen Ergebnissen führt.[426] Bei komplexen und umfangreichen Verträgen wie Gründungsverträgen von internationalen Organisationen ist es indes schwierig, festzustellen, welche Bestimmungen diesen Kriterien genügen und dadurch den Vertragsbruch im Sinne der Vorschrift qualifizieren.

Eine Untersuchung der *travaux préparatoires* ergibt, dass die betreffende Bestimmung nicht zwangsläufig den zentralen Zweck des Vertrages regeln muss. Die ILC ersetzte den Begriff „fundamental"[427] durch den Begriff „material". Dieser Textänderung habe die Absicht zugrunde gelegen, den Anwendungsbereich des Art. 60 Abs. 2 lit. b WVK zu erweitern. Nicht nur Bestimmungen, die den zentralen Zweck des Vertrages tangieren, sondern auch nebensächliche Bestimmungen seien wesentlich, wenn sie die Vertragspartei dazu veranlasst haben, Partei des Vertrages

---

422 Vgl. die Aussage des ukrainischen Delegierten auf der Wiener Konferenz: "In the case of bilateral treaties, the right to terminate a treaty or to suspend its operation existed only when the treaty had been violated gravely, maliciously and deliberately", UN Conference on the Law of Treaties, 1st Session, Vienna, 26 March – 24 May 1968, Official Records, Summary records of the plenary meetings and of the meetings of the Committee of the Whole, UN Doc. A/CONF.39/11, S. 355 Rn. 20.

423 *Simma/Tams*, in: Corten/Klein, Art. 60 WVK, Rn. 19; vgl. dazu auch Gomaa, Suspension or termination of treaties, S. 33.

424 *Villiger*, in: Villiger, Art. 60 WVK, Rn. 15.

425 Gomaa, Suspension or termination of treaties, S. 31; *Simma/Tams*, in: Corten/Klein, Art. 60 WVK, Rn. 21.

426 So auch *Simma/Tams*, in: Corten/Klein, Art. 60 WVK, Rn. 21.

427 So noch Fitzmaurice, Second Report, YBILC 1957, Vol. II, S. 31 Rn. 2.

zu werden.[428] Als einziges Beispiel in diesem Zusammenhang werden regelmäßig vertragliche Regelungen über die Streitbeilegung genannt. Eine Verletzung solcher Regelungen stelle zwar keine Verletzung des zentralen Vertragszwecks dar, erfülle dennoch den Tatbestand des Art. 60 Abs. 2 lit. b WVK.[429] In erster Linie sei nämlich nicht nur auf die objektive Stellung der Vorschrift im Vertrag abzustellen sondern auf die subjektive Sicht der vertragstreuen Parteien. Ob eine Bestimmung wesentlich i.S.v. Art. 60 Abs. 3 lit. b WVK sei, richte sich danach, wie wesentlich die betreffende Bestimmung für die Vertragspartei bei Vertragsschluss gewesen sei.[430]

Im Namibia-Gutachten sah der IGH die Beendigung des Mandats gegenüber Südafrika als eine Ausübung des Rechts aus Art. 60 Abs. 2 lit. a WVK. Dabei verstand das Gericht unter einer Vertragsverletzung in diesem Sinne, eine Verletzung von Vertragspflichten, welche den Sinn und Zweck des Vertrages zerstören.[431] Eine solche Vertragsverletzung war nach Ansicht des Gerichts "[t]he failure of South Africa to comply with the obligation to submit to supervision and to render reports". Diese Verpflichtung sah das Gericht als "an essential part of the Mandate" an.[432]

Im Nicaragua-Fall beschäftigte sich der IGH im Zusammenhang mit mutmaßlichen US-amerikanischen Vertragsverletzungen differenzierter mit der Bestimmung des Art. 60 Abs. 3 lit. b WVK. Zunächst bestimmte das Gericht Ziel und Zweck des zwischen beiden Staaten bestehenden Friendship, Commerce and Navigation Treaty (FCN):[433]

---

428 Vgl. YBILC 1966, Vol. II, S. 255 Rn. 9; Waldock, Second Report, YBILC 1963 Vol. II, S. 75 Rn. 11; Simma, ÖZöR (20) 1970, S. 5 (S. 62); Aust, Modern treaty law and practice, S. 239.

429 Waldocks Entwurf des Art. 20 Abs. 2 lit. c in Waldock, Second Report, YBILC 1963 Vol. II, S. 73 Rn. 1 sowie S. 75 Rn. 11; Simma, ÖZöR (20) 1970, S. 5 (S. 62); *Simma/Tams*, in: Corten/Klein, Art. 60 WVK, Rn. 21; *Villiger*, in: Villiger, Art. 60 WVK, Rn. 16; a.A. UN Conference on the Law of Treaties, 1st Session, Vienna, 26 March – 24 May 1968, Official Records, Summary records of the plenary meetings and of the meetings of the Committee of the Whole, UN Doc. A/CONF.39/11, S. 356 Rn. 39.

430 *Villiger*, in: Villiger, Art. 60 WVK, Rn. 16.

431 Vgl. Hutchinson, BYIL (59) 1988, S. 151 (S. 196).

432 IGH, Gutachten v. 21.6.1971, Legal Consequences for States of the Continued Presence of South Africa in Namibia (South West Africa) notwithstanding Security Council Resolution 276 (1970), ICJ Reports (1971), S. 16, S. 50 Rn. 104; kritisch dazu *Simma/Tams*, in: Corten/Klein, Art. 60 WVK, Rn. 29; vgl. in Bezug auf die Interpretation der „erheblichen Verletzung" i.S.v. Art. 60 Abs. 3 WVK auch IGH, Gutachten v. 21.6.1971, Legal Consequences for States of the Continued Presence of South Africa in Namibia (South West Africa) notwithstanding Security Council Resolution 276 (1970), ICJ Reports (1971), S. 16, S. 48 Rn. 100 („gross violation"), S. 49 Rn. 102 ("fundamental violation").

433 IGH, Urt. v. 27.6.1986 Nicaragua Fall (Nicaragua/USA), ICJ Reports (1986), S. 14, S. 137 Rn. 273.

"There must be a distinction, even in the case of a treaty of friendship, between the broad category of unfriendly acts and the narrower category of acts tending to defeat the object and purpose of the Treaty. That object and purpose is the effective implementation of friendship in the specific fields provided for in the Treaty, not friendship in a vague general sense."

Sodann qualifizierte das Gericht die von Nicaragua beanstandeten Aktivitäten der USA im Hinblick auf das Vertragsziel und den Vertragszweck des FCN als wesentliche und unwesentliche Vertragsverletzungen i.S.v. Art. 60 Abs. 3 lit. b WVK:[434]

"[...] there are certain activities of the United States which are such as to undermine the whole spirit of a bilateral agreement directed to sponsoring friendship between the two States parties to it. These are: the direct attacks on ports, oil installations, etc. [...]; and the mining of Nicaraguan ports, [...]. Any action less calculated to serve the purpose of 'strengthening the bonds of peace and friendship traditionally existing between' the Parties, stated in the Preamble of the Treaty, could hardly be imagined."

Zudem stellte Richter *Oda* fest, dass der Tatbestand nur bei einer tatsächlichen Vertragsverletzung erfüllt sei und nicht, wenn lediglich der Vertragszweck von einer Vertragspartei untergraben werde.[435]

Im *Gabcikovo-Nagymaros*-Fall wies das Gericht ebenfalls auf die Notwendigkeit einer konkreten Vertragsverletzung hin, indem es postulierte, dass eine Verletzung von allgemeinen Regeln des Völkerrechts nicht ausreiche:[436]

"[...] only a material breach of the treaty itself [...] entitles the other party to rely on it as a ground for terminating the treaty. The violation of other treaty rules or of rules of general international law may justify the taking of certain measures, including countermeasures, by the injured State, but it does not constitute a ground for termination under the law of treaties."

Ebenso wenig sei eine bevorstehende Vertragsverletzung tatbestandsmäßig:[437]

"In the Court's view, therefore, the notification of termination by Hungary on 19 May 1992 was premature. No breach of the Treaty by Czechoslovakia had yet taken place and consequently Hungary was not entitled to invoke any such breach of the Treaty as a ground for terminating it when it did."

---

434 IGH, Urt. v. 27.6.1986 Nicaragua Fall (Nicaragua/USA), ICJ Reports (1986), S. 14, S. 138 Rn. 275f.

435 „There is no suggestion that the undermining of the object and/or purpose, independently of any breach of a provision, would be tantamount in itself to a violation of the Treaty", IGH, Urt. v. 27.6.1986 Nicaragua Fall (Nicaragua/USA), ICJ Reports (1986), S. 14, S. 250 Rn. 80f.

436 IGH, Urt. v. 25.9.1997 Gabcikovo-Nagymaros Projekt (Ungarn/Slovakei), ICJ Reports (1997), S. 7, S. 65 Rn. 106.

437 IGH, Urt. v. 25.9.1997 Gabcikovo-Nagymaros Projekt (Ungarn/Slovakei), ICJ Reports (1997), S. 7, S. 108 Rn. 108.

Die Rechtsprechung nationaler Gerichte zu Art. 60 Abs. 3 lit. b WVK beschränkt sich zum großen Teil auf den Hinweis, dass eine Notwendigkeit besteht, zwischen normalen und wesentlichen Vertragsverletzungen zu unterscheiden.[438] Der österreichische Verfassungsgerichtshof beschäftigte sich mit der Beendigung und Suspendierung von völkerrechtlichen Verträgen im Rahmen eines österreichisch-schweizerischen Rechtsstreits.[439] In diesem Zusammenhang wurde vertreten, dass sich eine für den Vertragsschluss zunächst unwesentliche Bestimmung zu einer wesentlichen Bestimmung i.S.v. Art. 60 Abs. 3 lit. b WVK entwickeln kann, wenn andere Bestimmungen durch nachfolgende Entwicklungen obsolet geworden sind. Im Jahre 1875 schlossen die österreichisch-ungarische Monarchie und die Schweiz einen Vertrag, der u.a. die Niederlassungsverhältnisse regelte. Art. 2 dieses Vertrages sah vor, dass in Bezug auf Erwerb, Besitz und Veräußerung von Grundstücken die Angehörigen jedes Vertragspartners in dem Gebiete des anderen die Rechte der Inländer genießen.[440] Wegen der nicht vertragskonformen Anwendung des Art. 2 des Niederlassungsvertrages kündigte die Republik Österreich 1973 der Schweiz an, sie sehe sich gezwungen, den Vertrag zu suspendieren.[441] Eine wesentliche Vertragsverletzung i.S.v. Art. 60 Abs. 3 lit. b WVK liege vor, weil die Bestimmungen des Vertrages von 1875 mit Ausnahme der Bestimmungen über Liegenschaften, durch den Abschluss anderer Verträge obsolet geworden seien und Art. 2 nunmehr zum wesentlichen Bestandteil des Vertrages aufgerückt sei.[442]

Obwohl aus der internationalen und nationalen Rechtsprechung nicht weitergehende Schlüsse für die Interpretation des Art. 60 Abs. 3 lit. b WVK gezogen werden können als aus den ILC Kommentierungen, ist insbesondere mit Blick auf den Nicaragua-Fall festzustellen, dass besonders offenkundige Vertragsverletzungen tendenziell als wesentlich qualifiziert werden.[443]

Da Gründungsverträge internationaler Organisationen internationale Verträge wie alle anderen Verträge sind, können sie auch „erheblich" i.S.v. Art. 60 Abs. 3 WVK verletzt werden.[444] Die Verletzung interner „rules of procedure", welche

438 So Oberster Gerichtshof von Zypern, Malachtou v Armefti and Armefti, ILR (1987), S. 199, S. 210; vgl. dazu *Simma/Tams*, in: Corten/Klein, Art. 60 WVK, Rn. 22.

439 Invest Grundstücksgesellschaft m.b.H. v. Land Tirol, Offizielle Sammlung 1965, S. 1239; Entscheidung v. 24.6.1970, Offizielle Sammlung 1970, S. 1199, zitiert in Simma, GYIL (21) 1978, S. 74 (S. 77 Fn. 9).

440 RGBl. Nr. 70/1876 zitiert in Fischer/Hafner, ÖZöR (27) 1976, S. 301 (S. 344).

441 Vgl. dazu Fischer/Hafner, ÖZöR (27) 1976, S. 301 (S. 348).

442 Fischer/Hafner, ÖZöR (27) 1976, S. 301 (S. 347); vgl. Simma, GYIL (21) 1978, S. 74 (S. 80).

443 So auch *Simma/Tams*, in: Corten/Klein, Art. 60 WVK, Rn. 22.

444 Vgl. Gomaa, Suspension or termination of treaties, S. 55; zur allgemeinen Anwendbarkeit der WVK auf Gründungsverträge internationaler Organisationen und zur vorrangigen Anwendbarkeit organisationseigener Vorschriften siehe S. 38.

gewöhnlich durch Resolutionen verabschiedet werden wie bspw. prozessuale Bestimmungen über die Wahl innerhalb der Organisation, können indessen keine erhebliche Vertragsverletzung i.S.v. Art. 60 Abs. 3 WVK begründen.[445] Setzt die Resolution, gegen die der betreffende Mitgliedstaat verstößt, jedoch materielles Recht um, verletzt er zugleich und ggf. erheblich den gesamten Vertrag.[446]

Die Anwendung des Art. 60 Abs. 3 WVK auf Gründungsverträge internationaler Organisationen wird ebenfalls durch *Kirgis* im Rahmen seiner Untersuchung, ob die USA gegen geltendes Völkerrecht verstoßen haben, indem sie als Antwort auf die Aufnahme Palästinas in die UN-Sonderorganisationen ihre Beitragszahlungen zurückhielten, erörtert. Für die Beantwortung der Frage sei entscheidend, ob die Aufnahme von einem durch die PLO vertretenen Palästina eine Verletzung einer wesentlichen Bestimmung des Gründungsvertrages der ILO i.S.v. Art. 60 Abs. 3 WVK darstelle:[447]

> *"A provision in a constituent instrument limiting eligibility for full membership to 'states', 'nations' or 'countries' would be essential to the accomplishment of the organization's purposes, if the purposes require members to exercise national governmental functions. In the case of the ILO, for example, a political entity lacking effective control over a population and a territory would not be able to enact effective labor legislation. Admission of an entity lacking these attributes of a state would thus be inconsistent with an essential provision of the ILO Constitution [...]."*

Kirgis sieht in der Verletzung dieser wesentlichen Bestimmung der ILO-Satzung jedoch keine erhebliche Verletzung i.S.v. Art. 60 Abs. 3 WVK. Im Falle Palästinas handele es sich um die Aufnahme eines nichtstaatlichen Regimes, welches letztendlich einen plausiblen Anspruch auf die Anerkennung von Staatsqualität habe. Die Vertragsverletzung habe wenig Bedeutung für die Fähigkeit der Organisation, ihren Zweck – die Annahme und Durchsetzung von Recht zum Schutze der Arbeitnehmer durch die Mitglieder der ILO – zu verwirklichen. Daher sei die Vertragsverletzung eine unerhebliche Verletzung einer wesentlichen Bestimmung und nicht tatbestandsmäßig.[448] Mit dieser Schlussfolgerung vertritt *Kirgis* die Ansicht, dass Verletzungen von wesentlichen Bestimmungen keine erheblichen Vertragsverletzungen i.S.v. Art. 60 Abs. 3 WVK sind, wenn sie nicht die Durchführung des Vertragszwecks bedrohen.[449] Auf die subjektive Sicht der Vertragsparteien, ob die Bestimmung gegen die verstoßen wurde, sie dazu veranlasst hat, Mitglied der Organisation zu werden, stellt *Kirgis* nicht ab. Eine dahingehende Betrachtung käme indessen zu einem anderen Ergebnis. Es ist durchaus wahrscheinlich, dass Staaten

445 Vgl. Gomaa, Suspension or termination of treaties, S. 55.
446 Z.B. Art. 41 UN-Charta; Gomaa, Suspension or termination of treaties, S. 55.
447 Kirgis/ JR., AJIL (84) 1990, S. 218 (S. 224).
448 Vgl. Kirgis/ JR., AJIL (84) 1990, S. 218 (S. 224).
449 Kirgis/ JR., AJIL (84) 1990, S. 218 (S. 225); so auch Hutchinson, BYIL (59) 1988, S. 151 (S. 196).

ihren Beitritt überdacht hätten, hätten sie von der Aufnahme eines unerwünschten Mitglieds gewusst. Jedoch zeigt dies auch die Schwäche der subjektiven Betrachtungsweise bei der Anwendung des Art. 60 WVK auf Gründungsverträge internationaler Organisationen. Die Wesentlichkeit einer Vertragsbestimmung muss im Hinblick auf die folgenschwere Bedeutung eines Ausschlusses grundsätzlich objektiv beurteilt werden und darf nicht von den politischen Standpunkten einzelner Mitgliedstaaten abhängen. Derartige erhebliche Verletzungen objektiv wesentlicher Bestimmungen von Gründungsverträgen internationaler Organisationen i.S.v. Art. 60 Abs. 3 lit. b WVK sind indessen die Nichtzahlung von finanziellen Verpflichtungen, insbesondere wenn es sich um einen bedeutenden Beitragszahler handelt, sowie die Nichtbefolgung von Entscheidungen der Justiz- oder Exekutivorgane der Organisation.[450]

In der diplomatischen und internationalen Praxis sind wenige Fälle bekannt, in denen Staaten eines multilateralen Vertrages auf die Maßnahmen des Art. 60 Abs. 2 lit. a WVK zurückgegriffen haben.[451] Die Suspendierung von Ägyptens Mitgliedschaft in der Konferenz islamischer Staaten (OIC) sei ein Beispiel für die Anwendung von Art. 60 Abs. 3 lit. b WVK.[452] Die 1972 verabschiedete OIC-Charta nennt als wichtigste Ziele, die Anstrengungen der muslimischen Völker, die Würde, Unabhängigkeit und nationalen Rechte zu fördern sowie die Palästinenser bei der Erlangung ihrer Rechte und der Beendung ihrer Gebietsbesetzungen zu unterstützen.[453] Ägypten habe gegen diese wesentliche Bestimmung verstoßen, indem es einen einseitigen Friedensvertrag mit Israel schloss.[454]

Dagegen war Albaniens Nicht-Teilnahme im COMECON seit 1961 infolge seiner ideologischen Differenzen mit dem kommunistischen Sowjetregime für sich genommen keine erhebliche Verletzung des Gründungsvertrages. Gemäß Art. I (1) der COMECON-Charta können die Ziele zwar nur erreicht werden „by uniting and co-ordinating the efforts of member countries". Die inaktive Mitgliedschaft stelle jedoch nur dann eine erhebliche Verletzung i.S.v. Art. 60 Abs. 3 WVK dar, wenn sich die Passivität auf Entscheidungen bezieht, die nicht durch eine Mehrheitsentscheidung getroffen werden können.[455]

Ein Verschulden des vertragsbrüchigen Mitglieds der internationalen Organisation ist keine Voraussetzung des Art. 60 WVK.[456] Dies entspricht dem Sinn und Zweck der Maßnahmen. Anders als Repressalien und Gegenmaßnahmen im

---

450 So auch Magliveras, Exclusion from participation, S. 234.

451 Vgl. Simma, ÖZöR (20) 1970, S. 5 (S. 65–67).

452 Magliveras, Exclusion from participation, S. 237; so auch *Simma/Tams*, in: Corten/Klein, Art. 60 WVK, Rn. 29.

453 Art. 1 OIC-Charta.

454 Magliveras, Exclusion from participation, S. 237; *Simma/Tams*, in: Corten/Klein, Art. 60 WVK, Rn. 29.

455 *Simma/Tams*, in: Corten/Klein, Art. 60 WVK, Rn. 30; Magliveras, Exclusion from participation, S. 236.

456 *Villiger*, in: Villiger, Art. 60 WVK, Rn. 13.

Rahmen der Staatenverantwortlichkeit bezwecken Maßnahmen nach Art. 60 WVK nicht, den Adressaten zu sanktionieren sondern das durch die Vertragsverletzung gestörte Gleichgewicht von Rechten und Pflichten wiederherzustellen.[457]

iii. Die Beschränkungen der Rechtsausübung

Obwohl der Wortlaut des Art. 60 WVK keine dahingehenden Regelungen trifft, kann die Ausübung der Rechte aus Art. 60 WVK aufgrund allgemeinen Völkerrechts und allgemeiner Rechtsgrundsätze beschränkt sein.

(1) Das Verhalten der vertragstreuen Partei

Sowohl Art. 60 WVK als auch die ILC Kommentierung schweigen zur Frage, inwiefern ein zum Vertragsbruch beitragendes Verhalten oder eine Provokation des Vertragsbruches durch die vertragstreue Partei bei der Feststellung einer erheblichen Vertragsverletzung berücksichtigt werden muss.[458] Kann eine Vertragsverletzung als „erheblich" i.S.v. Art. 60 Abs. 3 WVK qualifiziert werden, wenn das Verhalten derjenigen Vertragspartei, die sich auf das Recht aus Art. 60 WVK beruft, dazu beigetragen hat? Einige Mitglieder der ILC äußerten sich dahingehend, dass ein solches Verhalten die Vertragsverletzung abschwäche, und sprachen sich dafür aus, das Recht aus Art. 60 WVK auszuschließen oder zu beschränken.[459] Während derartige Vorschläge keinen Eingang in den Vertragstext gefunden haben, wurden sie an anderer Stelle der Konvention (Art. 48 Abs. 2, 61 Abs. 2, 62 Abs. 2 WVK) ausdrücklich als negative Tatbestandsmerkmale kodifiziert. Es ist daher fraglich, ob sie unter diesen Umständen im Wege ergänzender Vertragsauslegung in die Bestimmung hineingelesen werden können.

Es kann als allgemeines Rechtsprinzip angesehen werden, dass Vertragsparteien sich nicht auf eine erhebliche Vertragsverletzung des anderen Teils für die Vornahme von Maßnahmen nach Art. 60 WVK berufen können, wenn diese selbst die Vertragsverletzung veranlasst haben. Davon ging der IGH bereits im *Chorzow-Factory*-Fall im Jahr 1927 aus:[460]

> "*It is, moreover, a principle generally accepted in the jurisprudence of international arbitration, as well as by municipal courts, that one Party cannot avail himself of the fact that the other has not fulfilled some obligation or has not had recourse to some means of redress, if the former Party has, by some illegal act, prevented the latter from fulfilling the obligation in question, or from having recourse to the tribunal which would have been open to him.*"

---

457 Vgl. Annacker, GYIL (37) 1994, S. 206 (S. 236f.); Feist, Kündigung, Rücktritt und Suspendierung, S. 135.

458 Simma, ÖZöR (20) 1970, S. 5 (S. 63).

459 Waldlock in YBILC 1966, Vol. I, Part I, S. 65 Rn. 6.

460 PCIJ, Urt. v. 26.7.1927, Chorzow Jurisdiction, Judgement No. 8, PCIJ Reports Series A No. 9, S. 1, S. 31.

Im *Gabcikovo*-Fall zitierte und bestätigte das Gericht diese Rechtsprechung. Ungarn könne keine Rechte aus Art. 60 WVK gegen die Tschechoslowakei vornehmen, weil es selbst zuvor das 1977 unterzeichnete Abkommen mit der Tschechoslowakei zum Bau des Staustufensystems Gabčíkovo–Nagymaros erheblich verletzt habe.[461]

(2) Der Verlust des Rechts
Gem. Art. 45 WVK kann ein Staat Gründe nach Art. 60 WVK nicht länger geltend machen, um einen Vertrag zu beenden, von ihm zurückzutreten oder ihn zu suspendieren, wenn, nachdem dem Staat der Sachverhalt bekannt geworden ist, dieser ausdrücklich zugestimmt hat, dass der Vertrag gültig ist, in Kraft bleibt oder weiterhin angewendet wird. Entsprechendes gilt, wenn aufgrund seines Verhaltens angenommen werden muss, er habe der Weiteranwendung des Vertrages stillschweigend zugestimmt. Aufgrund allgemeiner Rechtsgrundsätze soll der betreffende Staat ferner das Recht verlieren, wenn er es mit unangemessener Verzögerung ausübt oder wenn die Streitigkeit zuvor beigelegt wurde.[462]

(3) Die Verhältnismäßigkeit
Der Wortlaut des Art. 60 WVK enthält keinen Hinweis auf die Verhältnismäßigkeit der Maßnahme infolge einer erheblichen Vertragsverletzung. Das Prinzip der Verhältnismäßigkeit verlangt in quantitativer Hinsicht, dass die Intensität der Maßnahme im Verhältnis zur Intensität der Vertragsverletzung steht.[463] Im Fall von Gegenmaßnahmen ist allgemein anerkannt, dass das Verhältnismäßigkeitsprinzip die Reaktionsmöglichkeiten des handelnden Staates einschränkt.[464] Z.T. wird behauptet, das Verhältnismäßigkeitsprinzip müsse im Fall des Art. 60 WVK nicht berücksichtigt werden, weil es Tatbestandsvoraussetzung sei. Bei der Feststellung einer erheblichen Vertragsverletzung i.S.v. Art. 60 Abs. 3 WVK werde bereits die Intensität der Vertragsverletzung berücksichtigt. Nur wenn diese den Anforderungen des Art. 60 Abs. 3 WVK genüge, werden Rechtsfolgen gem. Art. 60 Abs. 1 und 2 WVK ausgelöst. Die Voraussetzungen des Abs. 3 WVK seien so gewichtig, dass unverhältnismäßige Maßnahmen infolge des Vertragsbruches ausgeschlossen seien.[465]

Dem muss indes entgegengehalten werden, dass erhebliche Vertragsverletzungen auch triviale Verletzungen wesentlicher Bestimmungen sein können, weil

461 IGH, Urt. v. 25.9.1997 Gabcikovo-Nagymaros Projekt (Ungarn/Slovakei), ICJ Reports (1997), S. 7, S. 67 Rn. 110.
462 Vgl. *Simma/Tams*, in: Corten/Klein, Art. 60 WVK, Rn. 61.
463 *Simma/Tams*, in: Corten/Klein, Art. 60 WVK, Rn. 63–66.
464 IGH, Urt. v. 25.9.1997 Gabcikovo-Nagymaros Projekt (Ungarn/Slovakei), ICJ Reports (1997), S. 7, S. 56 Rn. 84; *Simma/Tams*, in: Corten/Klein, Art. 60 WVK, Rn. 64; Gomaa, Suspension or termination of treaties, S. 120; siehe auch Art. 51 ILC-Entwurf.
465 Gomaa, Suspension or termination of treaties, S. 120f.

Art. 60 Abs. 3 WVK nicht auf die Intensität der Vertragsverletzung sondern die Bedeutung und Funktion der verletzten Bestimmung für den Vertragsschluss- und das Vertragsregime abstellt.[466] Die völkerrechtliche Judikatur und Praxis haben insbesondere im Zusammenhang mit Gegenmaßnahmen das Verhältnismäßigkeitsprinzip als einen die Freiheiten der Staaten einschränkenden allgemeinen Rechtsgrundsatz bekräftigt.[467] Zumindest in quantitativer Hinsicht müssen Maßnahmen nach Art. 60 WVK den Anforderungen des Verhältnismäßigkeitsprinzips entsprechen.[468]

Andererseits können die Anforderungen des Verhältnismäßigkeitsprinzips auch inhaltlich oder qualitativ sein. Maßnahmen nach Art. 60 WVK wären demzufolge nur dann verhältnismäßig, wenn sie sich ausschließlich auf diejenigen Verpflichtungen beziehen, gegen welche die vertragsbrüchige Partei verstoßen habe.[469] Eine derartige Beschränkung der Rechtsausübung wäre zwar Ausdruck vertraglicher Reziprozität, findet aber keine Grundlage in der Konvention.[470] Ein dahingehender Vorschlag der US-amerikanischen Delegation, wonach der Wortlaut des Entwurfs von Art. 57 um folgenden Absatz ergänzt werden sollte, wurde auf der ersten Sitzung der Wiener Konferenz zurückgewiesen:[471]

> *"[...] as may be appropriate considering the nature and extent of the breach and the extent to which the treaty obligations have been performed by itself and the defaulting State."*

Die ILC hat sich somit ausdrücklich gegen die inhaltliche Einschränkung der Rechtsausübung aufgrund des Verhältnismäßigkeitsprinzips entschieden. Es ist davon auszugehen, dass die Vertragsparteien bei der Anwendung ihrer Rechte aus Art. 60 WVK zwar quantitativen Beschränkungen aus allgemeinen Rechtsgrundsätzen jedoch keinen inhaltlichen Beschränkungen aufgrund des Verhältnismäßigkeitsgrundsatzes unterliegen. Es müssen lediglich Verpflichtungen aus demselben Vertrag betroffen sein.

iv. Verfahren

Die Konvention verzichtet in Art. 60 Abs. 2 lit. a WVK bewusst auf den Hinweis, dass die ihre Rechte ausübenden Vertragsparteien, diese „geltend machen“ müssen.

---

466 Siehe dazu oben, S. 73; so auch *Simma/Tams*, in: Corten/Klein, Art. 60 WVK, Rn. 64.

467 Riphagen, Preliminary Report on State Responsibility, YBILC 1980, Vol. II, S. 112 Rn. 27; *Simma/Tams*, in: Corten/Klein, Art. 60 WVK, Rn. 65.

468 *Simma/Tams*, in: Corten/Klein, Art. 60 WVK, Rn. 65.

469 Simma, ÖZöR (20) 1970, S. 5 (S. 21f., 78).

470 So auch *Simma/Tams*, in: Corten/Klein, Art. 60 WVK, Rn. 66.

471 UN Conference on the Law of Treaties, 1st Session, Vienna, 26 March – 24 May 1968, Official Records, Summary records of the plenary meetings and of the meetings of the Committee of the Whole, UN Doc. A/CONF.39/11, S. 354; siehe dazu Gomaa, Suspension or termination of treaties, S. 23.

Die Maßnahmen nach Abs. 2 lit. a können demnach im Gegensatz zu Maßnahmen nach Abs. 2 lit. b und lit. c ohne Rückgriff auf das in den Art. 65 bis 67 WVK beschriebene Verfahren erfolgen.[472]

Art. 60 Abs. 2 lit. a WVK sieht keine einzuhaltende Form für die von den Vertragsparteien einvernehmlich zu treffende Vereinbarung vor. Die Vereinbarung kann zwar als ein Vertrag i.S.v. Art. 2 Abs. 1 lit. a WVK angesehen werden. Wie in Art. 31 Abs. 2 WVK ist der Begriff jedoch weiter gefasst und umfasst alle vertraglichen Instrumente, also auch Vereinbarungen, die nicht in schriftlicher Form getroffen werden.[473] Die Entscheidung, ein Mitglied auszuschließen, kann demnach durch eine informelle Vereinbarung erfolgen.[474] Des Weiteren geben weder die *travaux préparatoires* noch der Kommentar der ILC eine Antwort darauf, ob die Nichtbeteiligung einer Vertragspartei die Anwendung von Art. 60 Abs. 2 lit. a WVK ausschließt. In Anbetracht der Bedeutung erscheint das Erfordernis einer einstimmigen Entscheidung unter Anwesenheit aller Vertragsparteien indes richtig. Ferner wird in diesem Zusammenhang angeführt, dass es keine vergleichbare Praxis wie bei Art. 27 Abs. 3 UN-Charta gibt, wo anerkannt ist, dass Einstimmigkeit als Fehlen von Einwänden verstanden wird.[475] Unumstritten ist, dass das Erfordernis der Einstimmigkeit sich nicht auf den vertragsbrüchigen Staat erstreckt.[476]

Art. 60 Abs. 2 lit. a WVK setzt voraus, dass die Vertragsparteien einvernehmlich den Vertrag im Verhältnis zwischen ihnen und dem Vertragsbrecher beenden.[477] So soll die Stabilität der Vertragsbeziehungen geschützt werden. Bedenkt man, welche Schwierigkeiten sich in der Praxis internationaler Organisationen ergeben, eine einvernehmliche Entscheidung aller Mitglieder zu erreichen, wird deutlich, welche eingrenzende Funktion das Einstimmigkeitserfordernis des Abs. 2 lit. a WVK auszuüben vermag.[478] Obwohl in allen Fällen, in denen Gründungsverträge Änderungen durch Mehrheitsentscheidungen vorsehen, es wegen

---

472 Vgl. Simma, ÖZöR (20) 1970, S. 5 (S. 65); *Villiger*, in: Villiger, Art. 60 WVK, Rn. 18; Zeidler, Austritt und Ausschluß, S. 159.

473 *Villiger*, in: Villiger, Art. 60 WVK, Rn. 18.

474 *Simma/Tams*, in: Corten/Klein, Art. 60 WVK, Rn. 28; Zeidler, Austritt und Ausschluß, S. 159.

475 *Simma/Tams*, in: Corten/Klein, Art. 60 WVK, Rn. 28.

476 So auch *Villiger*, in: Villiger, Art. 60 WVK, Rn. 18.

477 Problematisch ist deswegen die Interpretation des IGH im Namibia Gutachten, die Beendigung des südafrikanischen Mandats sei eine Ausübung des Rechts aus Art. 60 Abs. 2 lit. a WVK, IGH, Gutachten v. 21.6.1971, Legal Consequences for States of the Continued Presence of South Africa in Namibia (South West Africa) notwithstanding Security Council Resolution 276 (1970), ICJ Reports (1971), S. 16, S. 47 Rn. 94f.; vgl. dazu *Klein*, in: EPIL Vol. 4, S. 497f. Die dahingehende Entscheidung der UN-Generalversammlung war nicht einstimmig. Die Resolution wurde mit 114 zu zwei Stimmen und drei Enthaltungen angenommen, *Simma/Tams*, in: Corten/Klein, Art. 60 WVK, Rn. 29.

478 So auch *Villiger*, in: Villiger, Art. 60 WVK, Rn. 18.

des Einstimmigkeitserfordernisses in Art. 60 Abs. 2 lit. a (i) WVK sogar einfacher ist, eine vertragliche Ausschlussklausel in die Organisationssatzung einzufügen als Art. 60 WVK anzuwenden, sah man die Gefahr einer ungerechtfertigten Aufhebung des Vertrages nicht als ausgeschlossen an. Auf der zweiten Sitzung der Wiener Konferenz schlug die britische Delegation vor, eine verfahrensrechtliche Voraussetzung in den Wortlaut einzufügen. Entsprechend Abs. 2 lit. b und lit. c sollte die Vertragsverletzung „als Grund geltend gemacht" werden. Der britische Delegierte war der Auffassung, die Erfahrung habe gezeigt, dass alle Vertragsparteien eines multilateralen Vertrages zwar anderer Auffassung sein können als eine einzige Vertragspartei, dies schließe aber nicht aus, dass die anderen Vertragsparteien falsch lägen. Es gäbe keinen Grund, diesen die Kompetenz zu geben, willkürlich zu handeln. Die Tatsache, dass sie zu einem Einvernehmen kommen, sei kein Garant für die Rechtmäßigkeit der Maßnahme. Dies gelte insbesondere für internationale Organisationen mit wenigen Vertragsparteien. Der britische Vorschlag erhielt nicht die erforderliche Zweidrittelmehrheit und fand keinen Eingang in den Vertragstext.[479]

Art. 60 Abs. 2 lit. a WVK erwähnt lediglich die „anderen Vertragsparteien" und nicht die von ihnen durch den Gründungsvertrag errichtete Organisation. Hat die Vertragspartei, gegen die sich die Maßnahme nach Art. 60 Abs. 2 lit. a (i) WVK richten soll, den Gründungsvertrag einer internationalen Organisation verletzt, ist also fraglich, wer die Entscheidung über derartige Maßnahmen trifft – die Gesamtheit der Vertragsparteien oder die davon zu unterscheidende Organisation. Denkbar ist, dass der Gründungsvertrag gerichtliche Organe errichtet, welche nach dem jeweiligen Organisationsrecht die ausschließliche Kompetenz innehaben, eine Entscheidung gem. Art. 60 Abs. 2 lit. a (i) WVK zu treffen. Ist dies der Fall, ergibt sich die Zuständigkeit des Organs jedoch bereits aus Art. 60 Abs. 4 WVK, wonach Bestimmungen des Gründungsvertrages unbeschadet gelten. Die Frage stellt sich also nur in denjenigen Fällen, in denen Gründungsverträge keine dahingehenden Aussagen treffen. *Zeidler* entnimmt der Formulierung des Art. 60 Abs. 2 lit. a (i) WVK – "the other parties by unanimous agreement" – , dass die Entscheidung nicht durch einen Beschluss der Organisation selbst, sondern von den einzelnen Vertragsparteien zu treffen sei.[480] Dafür spricht, dass die Staaten Vertragsparteien des Gründungsvertrages sind und nicht die Organisation an sich. *Magliveras* geht indessen davon aus, dass sobald die internationale Organisation errichtet worden sei, sich die traditionelle Beziehung zwischen den unterzeichnenden Staaten verändere, weil der Gründungvertrag die bis dahin bestandene rechtliche Struktur dahingehend beeinflusse, dass die Erfüllung vertraglicher Pflichten nicht länger lediglich im Verhältnis zu den Vertragsparteien geschuldet sei, sondern im Verhältnis zu den Staaten als den Mitgliedern der Organisation und letztendlich der

479 Siehe Simma, ÖZöR (20) 1970, S. 5 (S. 66) mit Verweis auf UN Doc. A.39/L.29 und Provisional Summary Record of the 21st plenary meeting, S. 8, 13.

480 Zeidler, Austritt und Ausschluß, S. 159.

Organisation selbst.[481] Die unterzeichnenden Vertragsparteien hätten zugestimmt, ihre Kompetenz, Maßnahmen als Antwort auf Vertragsverletzungen zu veranlassen, auf die Organisation zu übertragen. Daher dürfe nur das zuständige Organ der internationalen Organisation derartige Entscheidungen treffen.[482]

Jedoch ist fraglich, ob – wie *Magliveras* es annimmt – die unterzeichnenden Vertragsparteien diese Kompetenz auf die Organisation übertragen haben, wenn sie gerade nicht eine derartige Regelung in Form einer vertraglichen Ausschlussklausel getroffen haben. Ferner hat sich die ILC ausdrücklich gegen eine Formulierung entschieden, nach der ausschließlich das entscheidungsbefugte Organ der Organisation zuständig ist. *Waldock* ging zunächst in Art. 20 Abs. 5 seines Regelungsentwurfes nicht davon aus, dass die Vertragsparteien des multilateralen Vertrages diese Entscheidung durch eine einstimmige Vereinbarung treffen. Er regelte ausdrücklich, dass das zuständige Organ der Organisation entsprechend seiner einschlägigen Abstimmungsregeln, ggf. also mit einfacher Mehrheit, darüber beschließt.[483] *Waldock* sah in der Kategorisierung multilateraler Verträge keinen praktischen Wert und wollte deswegen keinen Unterschied zwischen den verschiedenen Vertragstypen im Hinblick auf die Rechtsfolgen bei deren Verletzung machen. Es sei jedoch wünschenswert, die Gründungsverträge internationaler Organisationen einem erhöhten Bestandsschutz zu unterstellen. Diesen Schutz sah er darin, nur dem zuständigen Organ der Organisation die Kompetenz zuzuerkennen, Rechtsverletzungen verbindlich feststellen und daran eine Rechtsfolge knüpfen zu können.[484] Dies wurde jedoch nicht nur unter dem Aspekt kritisiert, dass es besser wäre, eine allgemeine Bestimmung über die Anwendbarkeit von Gründungsverträgen internationaler Organisationen in den Vertragsentwurf einzufügen, anstatt dies für jeden Artikel einzeln zu regeln. Vielmehr nahm *Bartos* auch zu der

---

481 Magliveras, Exclusion from participation, S. 235; in Bezug auf die Vereinten Nationen vgl. Arangio-Ruiz: "It is, in other words, a question of determining whether – and possibly to what extent – the Charter brings about any 'verticalization' in the relations of the member States *inter se* and with the UN that may justify the federal analogies assumed by the constitutional theories", Arangio-Ruiz, EJIL (8) 1997, S. 1 (S. 5).

482 Magliveras, Exclusion from participation, S. 235 mit Verweis auf de Castro: "From the moment of its creation, an international organization is a new juridical reality. It is an entity having its own rights and obligations, its own purposes and functions, and thus a certain legal personality [...]. It has the tie of legal personality, which excludes the autonomy of its several members", De Castro, Sep. Opinion zu IGH, Urt. v. 18.8.1972, Appeal Relating to the Jurisdiction of the ICA0 Council, ICJ Reports (1972), S. 46, S. 130.

483 Waldock, Second Report, YBILC 1963 Vol. II, S. 77 Rn. 19; vgl. Zeidler, Austritt und Ausschluß, S. 158.

484 Waldock, Second Report, YBILC 1963 Vol. II, S. 77 Rn. 19.

Regelung des Art. 20 Abs. 5 WVK unter dem Aspekt der Entscheidungskompetenz Stellung:[485]

> *"It would be difficult to grant, so explicitly, to an organ of an international organization which has no judicial organ, the right to determine whether or not a treaty had been violated and whether the rights or obligations of one of the parties were terminated. There, the Commission was moving from law into politics. [...] The Commission could hardly grant to organs which were not judicial, rights that vested solely in the court."*

Die Kritik an Art. 20 Abs. 5 WVK wurde berücksichtigt und dementsprechend enthielt der Text des Entwurfs von Art. 20, nachdem er dem Redaktionsausschuss zugeleitet und von diesem verändert wurde, keinen Abs. 5 mehr.[486] Die ILC hat sich also ausdrücklich dagegen entschieden, die Entscheidungsbefugnis gem. Art. 60 Abs. 2 lit. a (i) WVK ausschließlich der Organisation zu übertragen. Diese Entscheidung kann substantiell mit den dadurch verbundenen Gefahren begründet werden. Zum einen ist – wie auch *Bartos* es anmerkte – nicht gewährleistet, dass die Organisation über gerichtliche Organe verfügt. Die Entscheidung könnte dann lediglich politisch motiviert sein. Ferner ist es möglich, dass der Gründungsvertrag der internationalen Organisationen nicht voraussetzt, dass das entscheidungsbefugte Organ einstimmig entscheidet. Ist dies der Fall, würde die durch das Einvernehmlichkeitserfordernis bezweckte Einschränkung des Rechts zum Schutz der Stabilität der Vertragsbeziehungen umgangen.

Darüber hinaus gibt es Tendenzen, die Entscheidung über den Ausschluss der Disposition der Vertragsparteien aus Gründen der gegenüber der internationalen Organisation bestehenden Solidarität zu entziehen. Sonderberichterstatter *Riphagen* geht in seinem Bericht über Inhalt, Form und Umfang internationaler Verantwortlichkeit von Folgendem aus:[487]

> *"[...] in a treaty establishing an international organization, the substantive rights and obligations of the parties are so closely connected with the object and purpose of the organization as a whole that the right of one member State to suspend the operation of the treaty in whole or in part on the ground that another member failed to fulfil its obligation disappears altogether and is replaced by the power of the organization to take the measures it considers necessary in the situation created by the alleged breach [...]".*

Jedoch verliert der Streit an Brisanz, bedenkt man, dass die entscheidungsbefugten Organe der internationalen Organisationen sich in der Regel aus allen oder einem Großteil der Mitglieder der Organisation zusammensetzen. Lässt man diese Organe zwar formal entscheiden, sind am Ende trotzdem die Mitglieder diejenigen,

---

485 Bartos, Summary Records of the Fifteenth Session, YBILC 1963 Vol. I, S. 124 Rn. 34.

486 Summary Records of the Fifteenth Session, YBILC 1963, Vol. I, S. 245.

487 Riphagen, Preliminary Report on State Responsibility, YBILC 1980, Vol. II, S. 126 Rn. 89; vgl. Magliveras, Exclusion from participation, S. 236.

die Maßnahmen kontrollieren, weil die entscheidungsbefugten Organe aus ihnen bestehen. Selbst wenn eine Vertragspartei den Gründungsvertrag verletzt, kann die internationale Organisation diese nicht ausschließen, wenn die anderen Mitgliedstaaten nicht zugestimmt haben. Dieser Umstand wurde in der Literatur als „Dichotomie internationaler Organisationen" bezeichnet.[488] Internationale Organisationen sind zwar von ihren Mitgliedstaaten unabhängige Institutionen mit „objective international personality",[489] sie können jedoch nur durch Organe handeln, die sich aus den an der Organisation beteiligten Staaten zusammensetzen und in den Grenzen, die ihnen durch den jeweiligen Verfassungsvertrag gesetzt sind.[490]

d) *Völkergewohnheitsrecht*

Neben den in der WVK beschriebenen Kündigungsgründen könnten sich aus völkergewohnheitsrechtlichen Beendigungsgründen für völkerrechtliche Verträge Austritts- und Ausschlusstatbestände für die Mitgliedschaft in internationalen Organisationen ergeben.

Das internationale Völkergewohnheitsrecht als Ausdruck einer allgemeinen, als Recht anerkannten Übung zählt gem. Art. 38 Abs. 1 lit. b IGH-Statut zu den Rechtsquellen des allgemeinen Völkerrechts.[491] Die gewohnheitsrechtliche Geltung der WVK im Allgemeinen sowie der dort kodifizierten Beendigungsgründe im Besonderen wurde vom IGH mehrfach festgestellt,[492] von der Lehre und durch Stellungnahmen der Staaten bekräftigt.[493] Die Beendigungsgründe des

---

488 Magliveras, Exclusion from participation, S. 236.

489 IGH, Gutachten v. 11.4.1949, Reparation for injuries suffered in the service of the United Nations, ICJ Reports (1949), S. 174, S. 175; vgl. dazu *Klein*, in: EPIL Vol. 4, S. 174ff.

490 Magliveras, Exclusion from participation, S. 236.

491 Vgl. dazu *Pellet*, in: Zimmermann, Art. 38 IGH-Statut, Rn. 209ff.

492 In Bezug auf Art. 62 WVK IGH, Urt. v. 2.2.1973, Fisheries Jurisdiction (Federal Republic of Germany v. Iceland), Jurisdiction of the Court, Judgment, ICJ Reports (1973), S. 49, S. 63 Rn. 36; IGH, Urt. v. 25.9.1997 Gabcikovo-Nagymaros Projekt (Ungarn/Slovakei), ICJ Reports (1997), S. 7, S. 64 Rn. 104; in Bezug auf Art. 56 WVK IGH, Gutachten v. 20.12.1980, Interpretation of the Agreement of 25 March 1951 between the WHO and Egypt, Advisory Opinion, ICJ Reports (1980), S. 73, S. 95f.; in Bezug auf Art. 60 WVK IGH, Gutachten v. 21.6.1971, Legal Consequences for States of the Continued Presence of South Africa in Namibia (South West Africa) notwithstanding Security Council Resolution 276 (1970), ICJ Reports (1971), S. 16, S. 47 Rn. 94f.; IGH, Urt. v. 25.9.1997 Gabcikovo-Nagymaros Projekt (Ungarn/Slovakei), ICJ Reports (1997), S. 7, S. 38.

493 Vgl. *Christakis*, in: Corten/Klein, Art. 56 WVK, Rn. 10–16; *Simma/Tams*, in: Corten/Klein, Art. 60 WVK, Rn. 6–10; *Shaw/Forunet*, in: Corten/Klein, Art. 62 WVK, Rn. 6–15; Delbrück/Wolfrum/Dahm, Völkerrecht, S. 721; Feist, Kündigung, Rücktritt und Suspendierung, S. 144; Ipsen/Menzel/Epping, Völkerrecht 2004, S. 198; *Vitzthum*, in: Völkerrecht 2013, S. 43 Rn. 114.

Völkergewohnheitsrechts sind also zugleich die in der WVK geregelten Bestimmungen des Teils V, Abschnitt 3, d.h. der Art. 54 bis 64 WVK. Eine dahingehende Rechtsüberzeugung der Staaten kann außerdem aus der wortgleichen Übernahme dieser Bestimmungen in die Wiener Konvention über das Recht der Verträge zwischen Staaten und internationalen Organisationen oder zwischen internationalen Organisationen von 1986 (WVKIO) abgeleitet werden.[494] Der konkrete Umfang der völkergewohnheitsrechtlichen Geltung, und insbesondere die Frage, inwiefern auch die verfahrensrechtlichen Bestimmungen der WVK völkergewohnheitsrechtliche Geltung erlangt haben, sind indessen umstritten.[495]

e) Allgemeine Rechtsgrundsätze

Als Quellen des Völkerrechts könnten darüber hinaus die von den Kulturvölkern anerkannten allgemeinen Rechtsgrundsätze für Beendigungstatbestände maßgeblich sein.[496] In Bezug auf ein Austrittsrecht aus internationalen Organisationen wird teilweise ein allgemeines Rechtsprinzip angenommen, nach dem ein Sezessionsrecht für Mitgliedstaaten internationaler Organisationen bestehe. In innerstaatlichen Rechtsordnungen sei es allgemein anerkannt, dass die Mitgliedschaft in privaten Organisationen einseitig beendet werden könne.[497] Sogar in bundesstaatlichen Verfassungen gebe es Sezessionsrechte.[498] Die Analogie zu privaten Vereinigungen und bundesstaatlichen Verfassungen überzeugen nicht. Aufgrund des eigenen Wesenscharakters internationaler Organisationen ist ein Analogieschluss

494 So auch Delbrück/Wolfrum/Dahm, Völkerrecht, S. 721.

495 Z.T. wird eine völkergewohnheitsrechtliche Geltung der Kündigungsfrist des Art. 56 Abs. 2 WVK abgelehnt, *Simma/Tams*, in: Corten/Klein, Art. 60 WVK, Rn. 16; für die Einhaltung einer angemessenen Kündigungsfrist wegen einer allgemeinen Loyalitätspflicht im Falle der UN *Klein/Schmahl*, in: Völkerrecht 2013, S. 270 Rn. 79; Ruffert/Walter, Institutionalisiertes Völkerrecht, S. 99. Die völkergewohnheitsrechtliche Geltung der Verfahrensvorschriften der Art. 65–68 WVK wird insbesondere im Falle des Art. 66 WVK, der eine obligatorische Streitbeilegung vorsieht, bezweifelt, *Fabri*, in: Corten/Klein, Art. 66 WVK, Rn. 4. Die Frage war nicht nur auf der Vertragskonferenz besonders umstritten. Es wurden insbesondere gegen die gem. Art. 66 WVK bestehende Möglichkeit der Einschaltung des IGH durch eine Partei ohne Zustimmung der anderen Vertragsparteien verschiedene Vorbehalte eingelegt, vgl. die Darstellung über die Häufigkeit und den Umfang der Vorbehalte zu Art. 66 WVK bei *Fabri*, in: Corten/Klein, Art. 66 WVK, Rn. 42f.; siehe dazu oben, S. 39.

496 Vgl. dazu *Pellet*, in: Zimmermann, Art. 38 IGH-Statut, Rn. 250ff.

497 Vgl. Schermers/Blokker, Unity within diversity, S. 103; auch innerhalb der deutschen Rechtsordnung besteht ein Recht zum fristlosen Austritt aus Dauerschuldverhältnissen bei Vorliegen eines wichtigen Grundes, Zeidler, Austritt und Ausschluß, S. 24.

498 Art. 72 der UDSSR Verfassung von 1977.

zu privaten Vereinigungen nicht angebracht.[499] Ein Sezessionsrecht von föderalen Staaten eines Bundesstaates existiert äußerst selten und ist kaum zu realisieren.[500] Aufgrund des eigenen Wesenscharakters internationaler Organisationen ermöglicht ein allgemeiner Rechtsgrundsatz ebenso wenig den Ausschluss eines Mitglieds aus einer internationalen Organisation.

3. Zusammenfassung

Die überwiegende Anzahl von Gründungsverträgen internationaler Organisationen enthält eine Austrittsklausel. Weniger, aber dennoch häufig und insbesondere bei Finanzorganisationen, finden sich Ausschlussklauseln in den Organisationssatzungen. Schweigt der Gründungsvertrag einer internationalen Organisation zu den Fragen des Austritts und des Ausschlusses, finden die Bestimmungen des allgemeinen Völkerrechts, insbesondere die der WVK subsidiär Anwendung. Ein einseitiges Recht zum Austritt aus dem Gründungsvertrag einer internationalen Organisation kann sich u.a. aus der Absicht der Vertragsparteien oder der Natur des Vertrages (Art. 56 WVK) sowie einer grundlegende Änderung der Umstände (Art. 62 WVK) ergeben. Ein Recht zum Ausschluss eines Mitgliedstaates kann aus einer erheblichen Verletzung des Gründungsvertrages folgen (Art. 60 WVK). Durch die Regeln des Völkergewohnheitsrechts oder der allgemeinen Rechtsgrundsätze werden keine darüber hinaus gehenden oder abweichenden Tatbestände für die Beendigung der Mitgliedschaft in internationalen Organisationen geschaffen.

II. Die Beendigungstatbestände als notwendige Elemente der Mitgliedschaft

Die Funktionen einer bestimmten Rechtsordnung eignen sich nicht nur als Differenzierungs- sondern auch als Bewertungskriterium im Hinblick auf die Effektivität ihrer Wirkung.[501] Es ist jedoch zu beachten, dass die Existenz einer Norm keine Aussage darüber erlaubt, ob für den geregelten Handlungsbereich die der Normenordnung gesetzten Ziele erreicht sind.[502] So wird in Bezug auf die Ordnungsfunktion des Völkerrechts von jeher ein Mangel an Effektivität beklagt und die Frage erörtert, ob das Völkerrecht ein funktional zur Regelung internationaler Beziehungen und zur Schaffung von Rechtssicherheit geeignetes Mittel sei.[503] Es ist fraglich, ob die beschriebenen völkerrechtlichen Beendigungstatbestände notwendige Elemente der Mitgliedschaft in einer internationalen Organisation sind. Dies ist anzunehmen, wenn sie zur Aufrechterhaltung des *status quo,* also zur

499 So auch Amerasinghe, Institutional Law, S. 120.
500 So auch Schermers/Blokker, Unity within diversity, S. 103.
501 So auch Fastenrath, Lücken im Völkerrecht, S. 252.
502 Vgl. Fastenrath, Lücken im Völkerrecht, S. 253.
503 Ipsen/Menzel/Epping, Völkerrecht 2004, S. 50.

Existenzerhaltung der Organisation beitragen und dadurch eine Beeinträchtigung der Umsetzung des Organisationszwecks vermeiden.

1. Die Notwendigkeit des Austrittstatbestandes

Obschon die völkerrechtliche Lehre die evidenten Nachteile, die sich für die Organisation aufgrund der Verwirklichung von Austrittstatbeständen ergeben können, diskutiert,[504] kommt sie nicht umhin ein zweckdienliches Element des verwirklichten Austritts anzuerkennen. Im Zusammenhang mit der Frage, ob Mitglieder internationaler Organisationen ein inhärentes Austrittsrecht haben, wenn dies nicht ausdrücklich aus dem Gründungsvertrag hervorgeht, wird regelmäßig argumentiert, dass weder ein Austrittsverbot durchgesetzt noch ein widerwilliges Mitglied dazu gezwungen werden könne, teilzunehmen. Es sei nicht an der Organisation es zu überreden, weiter zu kooperieren. Bedrohe in Extremsituationen das Verhalten des widerwilligen Mitglieds die Existenz der Organisation, sei der Austritt dieses Mitglieds notwendig für die Organisation.[505]

Ohne dass die Existenz der Organisation bedroht ist, kann sich die Notwendigkeit von Austrittsrechten ergeben, wenn durch ihre Verwirklichung zugunsten der Organisation bestimmte faktische Zustände vermieden werden.

Erfolgt das Ausscheiden des Mitglieds durch einen revolutionären Akt, weil es ohne Einhaltung rechtlicher Regeln und gegen den Willen des Verbandes handelt, stellt dies ein faktisches Ausscheiden dar.[506] Im Vergleich zu einer faktischen Mitgliedschaftsbeendigung ist die Verwirklichung eines Austritttatbestandes durch Erfüllung seiner Voraussetzungen grundsätzlich positiver zu beurteilen. Eine rechtskonforme Mitgliedschaftsbeendigung ist rechtlich legitimiert, schafft Rechtsklarheit und -sicherheit und folgt einem institutionalisierten Verfahren.

Durch das Bestehen einer Austrittsmöglichkeit kann es darüber hinaus zu einer Vermeidung von inaktiven Mitgliedschaften kommen. Die inaktive Mitgliedschaft ist kein Beendigungstatbestand oder ein sonstiges besonderes Rechtsverhältnis, sondern ein praktischer Zustand zugunsten einer förmlichen aber grundsätzlich bestehenden Aufrechterhaltung des einmal erreichten Mitgliederstandes.[507] Das Mitglied beteiligt sich weder an der Organisationsarbeit noch bezahlt es seinen Beitrag oder übt Rechte aus, die es aufgrund seiner Mitgliedschaft erworben hat. Im

504 In Bezug auf einen Austritt der USA aus der ILO Alford, Harv ILJ (17) 1976, S. 623 (S. 637f.); in Bezug auf den Austritt Frankreichs aus der NATO Carreau/Stein, AJIL (62) 1968, S. 577 (S. 625ff.).

505 Vgl. Amerasinghe, Institutional Law, S. 120; Klabbers, International institutional law, S. 111; a.A. Feinberg, BYIL (39) 1963, S. 189 (S. 217f.).

506 Siehe dazu oben, S. 6.

507 Ginther, BerGesVR (17) 1975, S. 7 (S. 44); fungiert die Inaktivität der Mitgliedschaft als Alternative zum Austritt, weil das Mitglied nicht austreten will (und nicht, weil es nicht austreten kann), wird dies auch als freiwillige Suspendierung der Mitgliedschaft bezeichnet, vgl. Sands/Klein/Bowett, Bowett's law, S. 552.

Unterschied zur Beendigung der Mitgliedschaft kann der einmal erreichte inaktive Mitgliederstatus jedoch ohne ein besonders (Beitritts-) Verfahren wieder aktiviert werden. In der Praxis der internationalen Organisationen ereignete sich die Mehrzahl der Fälle von inaktiven Mitgliedschaften, wenn die Organisationen den Austritt des austrittswilligen Mitglieds nicht anerkannten. Die Nichtanerkennung der Austrittserklärungen zeigte sich insbesondere darin, dass Beitragszahlungen für die Zeit der inaktiven Mitgliedschaft nach Wiedereintritt eingefordert wurden.[508] Die Organisationen betrachten das Verhalten des austrittswilligen Mitglieds als lediglich vorübergehende Unterbrechung der Zusammenarbeit. Entsprechendes ereignete sich beim Ausscheiden Indonesiens aus den Vereinten Nationen sowie beim Ausscheiden Polens, Ungarns und der Tschechoslowakei aus der UNESCO und mehrerer Staaten des Sowjetblocks sowie Chinas aus der WHO. Die jeweiligen Organisationssatzungen sahen keine Austrittsrechte vor[509] und das Ausscheiden der Staaten war lediglich von vorübergehender Natur. Im Mai 1952 äußerte China den Wunsch, wieder der WHO beizutreten[510] und 1955 teilte die Sowjetunion der WHO ihre Beitrittsabsicht mit. Diesem Beispiel schlossen sich in der Folgezeit die meisten osteuropäischen Staaten an.[511] Bevor die Austrittsklausel der UNESCO am 8.12.1954 in Kraft trat, erklärten Polen, Ungarn und die Tschechoslowakei den Widerruf ihrer Austrittserklärung.[512] Indonesien erklärte im September 1966 seine Bereitschaft zur Wiederaufnahme der Zusammenarbeit mit den Vereinten Nationen.[513] Nachdem die Staaten zur Organisation zurückgekehrt sind, wurde die Zeit der Abwesenheit als inaktive Mitgliedschaft gewertet, sodass eine Neuaufnahme nicht erforderlich war.

Die inaktive Mitgliedschaft hat zur Folge, dass die austrittswilligen Staaten in Passivität verfallen und die Organisationen keine Möglichkeiten haben, die Mitglieder zur Kooperation zu zwingen. Insbesondere leiden sie darunter, dass die inaktiven

---

508 Siehe UNJY (1966), S. 269; vgl. dazu Schermers/Blokker, Unity within diversity, S. 98; Sands/Klein/Bowett, Bowett's law, S. 552.

509 Im Falle der UN enthält die auf der Konferenz von San Francisco verabschiedete Interpretationserklärung zwar ein Austrittsrecht für den Fall der nicht konsentierten Charta-Änderung, die gem. Art. 31 Abs. 2 WVK Teil des Gründungsvertrages ist, siehe dazu oben, S. 42. Jedoch war das Ausscheiden Indonesiens nicht Folge einer nicht konsentierten Änderung der Satzung der Vereinten Nationen; so auch *Giegerich*, in: Dörr/Schmalenbach, Art. 56 WVK, Rn. 41.

510 Official Records WHO, No. 42 Annex 7; siehe Schermers/Blokker, Unity within diversity, S. 98.

511 Außer Weißrussland und die Ukraine, Ungarn trat erst 1963 wieder bei, Official Records WHO, No. 76, S. 25; siehe auch Schermers/Blokker, Unity within diversity, S. 99.

512 Ungarn am 1.6.1954, Polen am 18.6.1954 und die Tschechoslowakei am 9.9.1954; vgl. Schermers/Blokker, Unity within diversity, S. 98.

513 Siehe UNJY (1966), S. 222f.; vgl. Sands/Klein/Bowett, Bowett's law, S. 391; Köck, Das Recht der Internationalen Organisationen, S. 210; Ruffert/Walter, Institutionalisiertes Völkerrecht, S. 99.

Mitglieder ihre Beitragszahlungen nicht leisten.[514] Das Ausbleiben der Beiträge führte innerhalb der WHO zu Schwierigkeiten, sodass für 1952 und die folgenden Jahre jeweils zwei Budgets aufgestellt wurden, von denen eins die Beiträge der aktiven Mitglieder und eins die ausbleibenden Beitragszahlungen der inaktiven Staaten umfasste.[515] Nachdem die inaktiven Mitglieder ihre Bereitschaft zur Wiederaufnahme der Beteiligung geäußert haben, wurden Konditionen mit der Organisation ausgehandelt. Die Weltgesundheitskonferenz beschloss 1956 eine Resolution über die Bedingungen, unter denen inaktive Mitglieder ihre Beteiligung wieder aufnehmen können. U.a. wurde der Beitrag für diese Mitglieder für die Jahre der inaktiven Mitgliedschaft auf 5 % gesenkt.[516] Auch im Falle der Wiedereintritte in die UNESCO machten beide Seiten Zugeständnisse.[517] Die Organisation forderte nicht die Beitragszahlungen in voller Höhe für die Jahre der inaktiven Mitgliedschaft und die Staaten widerriefen ihren Austritt anstatt ihre Mitgliedschaft neu zu beantragen.[518]

Indonesien wurde ebenfalls verpflichtet, 10% des Beitrags für die Zeit der inaktiven Mitgliedschaft zu zahlen.[519] Für das Jahr 1965 listete das UN Jahrbuch Indonesien nicht als Mitglied und es wurde in verschiedenen Kommissionen und Gremien ersetzt.[520] Die rechtliche Bewertung der Situation blieb daher unklar.[521]

Im Vergleich zu einer inaktiven Mitgliedschaft hätte der Austritt eines austrittswilligen Staates eine Beeinträchtigung der Arbeitsfähigkeit der Organisation vermieden und zur Rechtsklarheit beigetragen. Aufgrund der bestehenden Unklarheit der rechtlichen Situation stellt die Wiederaufnahme der Zusammenarbeit infolge der inaktiven Mitgliedschaft im Vergleich zum Wiedereintritt nach Austritt nicht immer die praktikablere Lösung dar. Zwar ergibt sich im Falle der Wiederaufnahme der Zusammenarbeit die Möglichkeit für die Organisation, die nicht gezahlten Beiträge zumindest teilweise nachträglich einzufordern. Andererseits könnte gerade dieser Umstand ehemalige Mitglieder davon abhalten, die Zusammenarbeit wieder aufzunehmen.[522]

---

514 Vgl. Schermers/Blokker, Unity within diversity, S. 98.

515 Vgl. Feinberg, BYIL (39) 1963, S. 189 (S. 205); Zeidler, Austritt und Ausschluß, S. 116.

516 WHO Res. 9.9 v. 11.5.1956, Official Records WHO, No. 71, S. 19; vgl. Schermers/Blokker, Unity within diversity, S. 98.

517 Die UNESCO erhielt nachträglich die ausstehenden Beitragszahlungen auf Grundlage der UNESCO Res. V.1.5 v. 24.11.1954; vgl. Schermers/Blokker, Unity within diversity, S. 98.

518 Schermers/Blokker, Unity within diversity, S. 99f.

519 UNJY (1966), S. 223; vgl. Klabbers, International institutional law, S. 112.

520 UNJY (1966), S. 223; vgl. dazu Klabbers, International institutional law, S. 112.

521 Vgl. Kirgis, International Organizations in their Legal Setting, S. 245ff.; *Klein/Schmahl*, in: Völkerrecht 2013, S. 270 Rn. 79.

522 So auch Feinberg, BYIL (39) 1963, S. 189 (S. 211) mit Verweis auf UNESCO, Records of the General Conference, 2nd Extraordinary Session, Paris, 1953, Resolutions and Proceedings, S. 67.

2. Die Notwendigkeit des Ausschlusstatbestandes

Im Gegensatz zum Austritt ist der Ausschluss eine Maßnahme der Organisation und nicht des einzelnen Mitglieds. Er erfolgt begriffsnotwendig gegen den Willen des Mitglieds, welches grundsätzlich noch teilnehmen will. Das Bestehen und die Verwirklichung von Ausschlusstatbeständen können in verschiedenen Fallkonstellationen eine für die Organisation existenzerhaltende Wirkung entfalten.

Ähnlich wie beim Austritt ist es fraglich, ob die Verwirklichung des Ausschlusses für die Organisation notwendig sein kann, wenn dadurch negative faktische Zustände vermieden werden. Vielfach wird dem Ausschluss eine funktionelle Wirkung abgesprochen. *Schermers* sieht ein Symbol der Ohnmacht darin, dasjenige Mitglied, welches von der Organisation nicht kontrolliert werden könne, aus der Gemeinschaft auszuschließen. Je primitiver ein Rechtssystem sei, desto mehr werde dieses Unvermögen evident. Ein Ausschluss verletze die Organisation ggf. genauso schwer wie das betreffende Mitglied.[523] *Jenks* weist darauf hin, dass die Verwirklichung eines Ausschlusses zumindest bei politischen Organisationen einen zweifelhaften Wert habe, weil der Ausschluss den Druck der allgemeinen Meinung vom ausscheidenden Mitglied nehme. Internationale Organisationen sollten keine Clubs sein, aus denen unerwünschte und unbeliebte Mitglieder zum Wohle aller ausgeschlossen werden. Vielmehr seien sie ein Versuch, eine Regierungsmaschinerie für eine Welt zu schaffen, in der unliebsame und widersprechende Mitglieder nicht als unexistent angesehen werden. Genauso wenig wie die Aberkennung der Staatsangehörigkeit ein geeignetes Rechtsmittel gegen ein Individuum sei, welches seine Steuern nicht zahle, sei der Ausschluss kein angemessenes Rechtsmittel gegen eines seine Verpflichtungen nicht erfüllendes Mitglied einer internationalen Organisation.[524]

Es ist zutreffend, dass der Ausschluss für die Organisation nicht zweckdienlich ist, wenn er als Sanktion erfolgt. Das Mitglied wird durch das Wirksamwerden des Ausschlusses *ex nunc* von seinen vertraglichen Pflichten, gegen die es verstoßen hat, entbunden.[525] Die Organisation verliert durch den Ausschluss die Kontrolle über den vertragsbrüchigen Staat.[526] Der Einfluss auf den betreffenden Staat ist indessen größer, wenn die Repräsentanten des Mitglieds auf Organisationstreffen unter Druck gesetzt werden können.[527] Die Apartheidsdebatte im Jahr 1965 im *Special Political Committee* der UN-Generalversammlung ohne Teilnahme Südafrikas

---

523 Schermers/Blokker, Unity within diversity, S. 107.

524 Jenks, Transactions of the Grotius Society (28) 1942, S. 87 (S. 111).

525 So auch *Klein/Schmahl*, in: Völkerrecht 2013, S. 270 Rn. 81; Ruffert/Walter, Institutionalisiertes Völkerrecht, S. 99.

526 Vgl. Klabbers, International institutional law, S. 109.

527 So auch Schermers/Blokker, Unity within diversity, S. 106f.; „The objective in the handling of acute political problems should therefore be to compel rather than to expel [...]", Jenks, International Organization (19) 1965, S. 163 (S. 171).

verdeutlichte, dass Anschuldigungen in Abwesenheit der Delegation, an die sie adressiert sind, bedeutungslos sind.[528]

Es muss berücksichtigt werden, dass internationalen Organisationen Sanktions- und insbesondere Suspendierungsmaßnahmen als Alternativen zum Ausschluss zur Verfügung stehen. Das Ziel dieser Maßnahmen ist es, den betroffenen Staat zu einem vertragskonformen Verhalten zu bewegen. Weil es grundsätzlich besser ist, den Staat in der Organisation zu belassen und ihn zum rechtskonformen Verhalten zu veranlassen als ihn auszuschließen, stellen sie gegenüber dem Ausschluss grundsätzlich die effektiveren Alternativen dar.[529] Widerwillige Mitglieder können von ihrem Fehlverhalten überzeugt werden, ohne die schwerwiegenden Auswirkungen eines Ausschlusses hinnehmen zu müssen.[530] Jedoch sind solche Maßnahmen nicht nur Alternativen, sondern auch Vorstufen des Ausschlusses. Eine Notwendigkeit des Ausschlusses eines Mitglieds kann also nur und muss aber auch dann angenommen werden, wenn Sanktions- und Suspendierungsmaßnahmen erfolglos bleiben.[531] Dementsprechend gehen *Klein/Schmahl* davon aus, dass ein Punkt erreicht werden kann, an dem die Trennung von einem Mitglied die Organisation weniger belastet als seine weitere Zugehörigkeit. Andererseits würde die Organisation den Austritt vertragstreuer Mitglieder in Kauf nehmen müssen, die eine weitere eigene Mitwirkung unter diesen Umständen als nicht mehr zumutbar ansehen.[532] Auch *Ruffert* geht davon aus, dass die Organisationen durch die Realisierung eines Ausschlusses die Beeinträchtigung interner Entscheidungsprozesse verhindern können.[533] Der Völkerbund sah in seiner Satzung zunächst kein Ausschlussrecht vor. Ein solches wurde in Art. 16 Abs. 4 der Satzung des Völkerbundes nachträglich aufgenommen.[534] Jedoch sei dies nicht geschehen, weil die Mitglieder den Ausschluss eines Staates als angemessene Methode ansahen, um mit Vertragsbrechern umzugehen, sondern weil sie es für das

528 Das Komitee schickte sogar einen Brief, in dem es um Anwesenheit bat, YUN 1965, S. 109; vgl. dazu Schermers/Blokker, Unity within diversity, S. 107.

529 So auch Klabbers, International institutional law, S. 109; Makarczyk, GYIL (25) 1982, S. 476 (S. 476ff.).

530 So auch Klabbers in Bezug auf die Suspendierung von Rechten und Privilegien gem. Art. 5 UN-Charta im Vergleich zum Ausschluss gem. Art. 6 UN-Charta, Klabbers, International institutional law, S. 109.

531 Ein davon zu unterscheidender Aspekt ist, dass die Effektivität von Sanktions- und Suspendierungsmaßnahmen geringer sein kann, wenn nicht die letzte Konsequenz, die endgültige Beendigung der Mitgliedschaft durch Ausschluss ist. Eine derartige Wirkung ergibt sich jedoch nicht aus der Verwirklichung des Ausschlusstatbestandes sondern aus der Instrumentalisierung der Ausschlussmöglichkeit.

532 *Klein/Schmahl*, in: Völkerrecht 2013, S. 270f. Rn. 81.

533 Ruffert/Walter, Institutionalisiertes Völkerrecht, S. 99f.

534 Davon wurde ein einziges Mal 1940 im Fall der Sowjetunion wegen ihres Überfalls auf Finnland Gebrauch gemacht, *Klein/Schmahl*, in: Völkerrecht 2013, S. 271 Rn. 82.

Funktionieren der Organisation als notwendig erachteten. Ein vertragsbrüchiger Staat hätte gegen jeden Vorschlag in der Völkerbundsversammlung stimmen können. Weil die Mehrheit der Entscheidungen im Völkerbund nur einstimmig getroffen werden konnten, hätten die Entscheidungen des Bundes dadurch systematisch blockiert werden können.[535] Obwohl dies nicht ausdrücklich aus dem Wortlaut hervorging, habe sich der Anwendungsbereich des Art. 16 auf diese Fälle beschränkt.[536]

Fraglich ist, ob der Ausschluss eines Mitgliedstaates für die Organisation notwendig ist, wenn dadurch die inaktive Mitgliedschaft eines Staates vermieden wird. Während man teilweise annimmt, eine inaktive Mitgliedschaft sei dem Ausschluss grundsätzlich vorzuziehen,[537] sehen andere die Situation ähnlich wie beim Austritt und wollen eine inaktive Mitgliedschaft zum Wohl der Organisation grundsätzlich vermeiden. Der Ausschluss sei die klarere Lösung und Fragen, wie etwa nach der Verbindlichkeit von Beschlüssen, an denen das Mitglied nicht mitwirkte, werden vermieden.[538]

Jedoch besteht ein qualitativer Unterschied zwischen der inaktiven Mitgliedschaft als Alternative zum Austritt und der inaktiven Mitgliedschaft als Alternative zum Ausschluss. Der Ausschluss erfolgt gegen den Willen des Mitglieds, d.h. der betreffende Staat will grundsätzlich noch Mitglied der Organisation sein. Der Ausschluss eines inaktiven Mitglieds durch die Organisation ist als *Ultima-Ratio*-Maßnahme erst dann notwendig, wenn die Existenz der Organisation bedroht ist, weil das entsprechende Mitglied bspw. alle Entscheidungen blockiert, die Einstimmigkeit erfordern.[539] Entsprechendes ereignete sich im Fall der COMECON-Mitgliedschaft Albaniens. Infolge ideologischer Differenzen mit der Organisation nahm es seit 1961 nicht mehr an Treffen teil und leistete keine Beitragszahlungen, ohne jedoch formal auszutreten.[540] Weil die Satzung kein Ausschlussrecht enthält, blieb Albanien formal Mitglied, was die Frage aufwarf, ob erfolgte Satzungsänderungen, die Einstimmigkeit verlangten, rechtskräftig seien. Dies betraf Entscheidungen wie die Aufnahme Kubas, der Mongolei oder Vietnams. Ginge man von der Erforderlichkeit der Zustimmung Albaniens aus, hätte dies zur kompletten Lähmung der Organisation geführt. Ein Ausschluss wäre dem vorzuziehen gewesen.[541]

---

535 Vgl. Jenks, BYIL (16) 1935, S. 155 (S. 156); Schermers/Blokker, Unity within diversity, S. 108.

536 Jenks, BYIL (16) 1935, S. 155 (S. 155).

537 „Inaktive Mitgliedschaft ist einem Ausschluss jedenfalls dort vorzuziehen, wo dadurch wie in den Vereinten Nationen eine weitgehende Desintegration oder Erschütterung des Organisationsgefüges aufgefangen werden könnte.", Ginther, BerGesVR (17) 1975, S. 7 (S. 44).

538 Vgl. Zeidler, Austritt und Ausschluß, S. 292.

539 So auch Schermers/Blokker, Unity within diversity, S. 108.

540 Vgl. Schermers/Blokker, Unity within diversity, S. 108.

541 Magliveras, Exclusion from participation, S. 239f.

Ausschlusstatbestände könnten auch dann notwendig für die Organisation werden, wenn sie eine rechtswidrige Praxis unterhalb der Ausschlussebene vermeiden.[542] In der Praxis der internationalen Organisationen ist der Ausschluss eines Mitglieds deutlich seltener erfolgt als der Austritt eines Mitglieds.[543] Die Zahlen über tatsächlich erfolgte Ausschlüsse sind jedoch wenig aussagekräftig. In zahlreichen Fällen haben die Organisationen Druck auf ihre Mitglieder ausgeübt mit dem Ziel, deren Austritt zu bewirken.[544]

Zwar erfolgte kein formaler Ausschluss Israels aus einer der UN-Sonderorganisationen, jedoch wurde es aus mehreren Regionalgruppen der Vereinten Nationen ausgeschlossen.[545] 1974 wurde Israel nicht in die Europäische Gruppe der UNESCO aufgenommen. Eine Aufnahme erfolgte erst wieder 1977, nachdem Frankreich und die USA ihre Beitragszahlungen aus Protest darüber reduziert hatten.[546]

Trotz des Fehlens einer satzungsmäßigen Ausschlussklausel hat der Kongress der UPU am 18.9.1979 beschlossen, Südafrika wegen dessen Apartheidpolitik aus der UPU auszuschließen und 1984 diese getroffene Entscheidung bestätigt. Zuvor hatte der Kongress bereits 1969 die südafrikanische Delegation von ihrem 16. Treffen ausgeschlossen.[547] Dies wurde insbesondere von vielen europäischen Staaten als unrechtmäßig erachtet.[548]

Im Hinblick auf Rechtsklarheit und Rechtssicherheit ist der rechtmäßige Ausschluss einer rechtswidrigen Praxis unterhalb der Ausschlussebene vorzuziehen.

3. Die normative Umsetzung der notwendigen Wirkung

Die Beendigungstatbestände sind nur dann notwendige Elemente der Mitgliedschaft, wenn sie die Austritts- und Ausschlussmöglichkeit hinreichend institutionalisieren, beschränken und prozeduralisieren.

---

542 Ein Beispiel einer solchen rechtswidrigen Praxis war Frankreichs Politik des „leeren Stuhls" in der EWG, siehe dazu ausführlich S. 118ff.

543 Während es vor 1987 zu nur vier Fällen eines Ausschlusses bei den UN-Sonderorganisationen kam, gab es in dieser Zeit 46 Austritte aus diesen Organisationen, vgl. Schermers/Blokker, Unity within diversity, S. 105; Zeidler, Austritt und Ausschluß, S. 128, 290.

544 Vgl. Amerasinghe, Institutional Law, S. 122; dementsprechend trat Südafrika 1966 aus der ILO aus, bevor ein Beschluss zur Erweiterung des Gründungsvertrages in Kraft trat, der ein Ausschlussrecht einführte, Schermers/Blokker, Unity within diversity, S. 105; Klabbers, International institutional law, S. 109.

545 Vgl. Sands/Klein/Bowett, Bowett's law, S. 554.

546 Sands/Klein/Bowett, Bowett's law, S. 554.

547 UNJY (1969), S. 118f.; UNJY (1979), S. 90f.; vgl. dazu Zeidler, Austritt und Ausschluß, S. 255–268.

548 Vgl. dazu Sands/Klein/Bowett, Bowett's law, S. 554.

a) *Austrittstatbestände*

i. Institutionalisierung der Austrittsmöglichkeit

Enthalten Gründungsverträge Austrittsklauseln, schreiben diese eindeutig vor, unter welchen Voraussetzungen ein Austritt möglich ist. Derartige vertragliche Bestimmungen stellen den Normalfall dar. Mehr als Vierfünftel aller Satzungen enthalten ein ausdrückliches Recht zum Austritt.[549] Die Institutionalisierung der Austrittsmöglichkeit durch die Kodifizierung von Austrittsklauseln in den Gründungsverträgen internationaler Organisationen bewirkt eine für die internationale Organisation notwendige Rechtsklarheit und -sicherheit.

Enthalten Gründungsverträge keine Austrittsklauseln, erfolgt der Rückgriff auf das allgemeine in der WVK kodifizierte Völkerrecht.

Art. 56 Abs. 1 WVK sieht vor, dass ein Vertrag, der keine Bestimmung über seine Beendigung enthält und eine Kündigung oder einen Rücktritt nicht vorsieht, weder der Kündigung noch dem Rücktritt unterliegt, sofern nicht feststeht, dass die Vertragsparteien die Möglichkeit einer Kündigung oder eines Rücktritts zuzulassen beabsichtigten (lit. a) oder ein Kündigungs- oder Rücktrittsrecht sich nicht aus der Natur des Vertrages herleiten lässt (lit. b).[550]

Der sachliche Anwendungsbereich der WVK auf Gründungsverträge internationaler Organisationen ergibt sich aus Art. 5 WVK. Danach findet das Übereinkommen auf jeden Vertrag Anwendung, der die Gründungsurkunde einer internationalen Organisation bildet, soweit Staaten die Gründer dieser Organisation sind.[551]

Damit konstituiert Art. 56 WVK zwar einen Austrittstatbestand, jedoch schafft er keine Rechtsklarheit darüber, ob der Austritt aus einer internationalen Organisation möglich ist.

Ob die Vertragsparteien gem. Art. 56 Abs. 1 lit. a WVK die Absicht hatten, eine Kündigung oder einen Rücktritt zuzulassen, ist lediglich eindeutig zu identifizieren, wenn entsprechende Interpretationserklärungen wie im Falle der Vereinten Nationen oder der WHO verabschiedet wurden oder wenn der Gründungsvertrag eine konkrete Zeitspanne für die Existenz der Organisation nennt.[552]

Ob sich gem. Art. 56 Abs. 2 lit. b WVK ein Austrittsrecht aufgrund der Natur des Vertrages als Gründungsvertrag einer internationalen Organisation herleiten lässt, ist seit jeher strittig. Zum einen erzeugt der Ausdruck „Natur des Vertrages" Rechtsunsicherheit. Zum anderen ist in der Lehre und internationalen Praxis hoch umstritten, ob Gründungsverträge internationaler Organisationen aufgrund ihrer Vertragsnatur kündbar sind. Art. 56 Abs. 2 lit. b WVK erlaubt nach der hier vertretenen Ansicht keine normative Pauschalisierung oder allgemein gültige Lösung.

---

549 Siehe dazu oben, S. 26.

550 Zu den Voraussetzungen von Art. 56 Abs. 1 lit. a und lit. b WVK siehe oben, S. 42ff.

551 Siehe dazu oben, S. 38f.

552 Siehe dazu oben, S. 42f.

Ob ein Austrittsrecht besteht, muss demnach für jeden Gründungsvertrag individuell ermittelt werden.[553]

Art. 62 WVK enthält ein Kündigungsrecht wegen einer grundlegenden Änderung der beim Vertragsschluss gegebenen Umstände, die von den Vertragsparteien nicht vorausgesehen wurden. Es bedarf keiner besonderen Regeln im Rahmen der Anwendung des Art. 62 WVK auf multilaterale Verträge. Weil durch Art. 62 WVK die Vertragsbindung gegenüber allen anderen Vertragsparteien aufgehoben wird, kann die Rechtsfolge also der Austritt eines Mitglieds aus einer internationalen Organisation sein.[554] Das Rechtsinstitut gehört jedoch zu den umstrittensten Problemen im Recht der Verträge. Es besteht sowohl Streit über die dogmatische Einordnung und Rechtsnatur als auch über die völkergewohnheitsrechtliche Geltung dieses allgemeinen Rechtsprinzips. Zudem entzieht es sich jeglicher objektiver Nachprüfung, ob die Voraussetzungen im konkreten Fall vorliegen.[555]

Im Gegensatz zu Austrittsklauseln in Gründungsverträgen vermögen es die untersuchten Austrittstatbestände des allgemeinen Völkerrechts also nicht, Rechtssicherheit und Rechtsklarheit dahingehend zu schaffen, ob eine Austrittsmöglichkeit besteht. Im Streitfall über das Bestehen und den Umfang von Austrittstatbeständen des allgemeinen Völkerrechts wird in der Regel die Entscheidung eines entscheidungsbefugten Organs notwendig werden. Dies liegt zum einen daran, dass die WVK Regelungen für Verträge jeglicher Art und nicht nur für Gründungsverträge internationaler Organisationen trifft. Zum anderen liegt es an dem daraus resultierenden Subsidiaritätscharakter der Vorschriften.

ii. Beschränkung der Austrittsmöglichkeit

Austrittsrechte sind Gestaltungsrechte der Mitgliedstaaten. Gestaltungsrechte normieren formelle und materiell-rechtliche Voraussetzungen unter denen sie angewendet werden können. Insbesondere wenn Austrittstatbestände die Voraussetzungen ihrer Verwirklichung auf eine qualifizierte Art und Weise normieren, erfolgt eine Kontrolle und Beschränkung ihrer Anwendung. Dadurch könnte der leichtfertige Umgang mit diesem Instrument und die Ausübung des Rechts reguliert werden. Führt dies wiederum dazu, dass ein Mitgliederschwund vermieden wird, würde sich dies existenzerhaltend für die Organisation auswirken.

Die Untersuchung vertraglicher Austrittsklauseln hat ergeben, dass diese nicht in den Gründungsvertrag eingefügt werden, um eine Mitgliedschaftsbeendigung anzuregen. Jedoch sind an ihre Verwirklichung in der Regel keine hohen Anforderungen geknüpft. Materiell-rechtliche Voraussetzungen wie das Vorliegen eines Kündigungsgrundes oder die Zustimmung der anderen Mitglieder werden durch vertragliche Austrittsklauseln grundsätzlich nicht verlangt. Vielmehr beschränken sie sich auf die Formulierung verfahrensrechtlicher Voraussetzungen und

---

553 Siehe dazu oben, S. 51.

554 Zu den Voraussetzungen von Art. 62 WVK siehe oben, S. 61ff.

555 Siehe dazu oben, S. 55.

konstituieren damit einseitige und voraussetzungslose Austrittsrechte für die Mitglieder der Organisation.[556]

Der Regelungszweck des Art. 56 WVK ist ebenfalls darauf begrenzt festzulegen, ob das Recht zum Austritt grundsätzlich besteht. Dabei geht Art. 56 WVK zwar von der grundsätzlichen Nichtkündbarkeit aus und erläutert bestehende Ausnahmen, vermag es aber nicht, die Ausübung des Rechts regulierend zu beschränken, sollte es denn bestehen.[557]

Ein echter Kündigungsgrund wird lediglich in Art. 62 WVK kodifiziert. Das Vorliegen einer grundlegenden Umstandsänderung erfordert gemäß Art. 62 WVK das kumulative Vorliegen von zwei Voraussetzungen. Jene Umstände bildeten „eine wesentliche Grundlage für die Zustimmung der Vertragsparteien, durch den Vertrag gebunden zu sein“ (Art. 62 Abs. 1 lit. a WVK), und die Änderung der Umstände gestaltet das Ausmaß der aufgrund des Vertrages noch zu erfüllenden Verpflichtungen tiefgreifend um (Art. 62 Abs. 1 lit. a WVK).[558] Indem Art. 62 WVK die objektive Überforderung oder Unzumutbarkeit des austretenden Mitglieds, den Organisationszweck zu erfüllen, zur Tatbestandsvoraussetzung macht, beschränkt er seine Anwendung auf diese Fälle.

iii. Prozeduralisierung des Austrittsverfahrens

Austrittstatbestände beschreiben nicht nur, wann ein Austritt möglich ist, sondern auch, auf welche Art und Weise er zu erfolgen hat, indem sie Verfahren, Fristen und Formen für ihre Anwendung normieren. Infolge der Mitgliedschaftsbeendigung kann es zu mannigfaltigen finanziellen und rechtlichen Problemen für die Organisation und das austretende Mitglied kommen.[559] Es kann Streit darüber entstehen, inwiefern der ausscheidende Staat seine sich aus der Mitgliedschaft ergebenden finanziellen Verpflichtungen erfüllt hat.[560] Der rechtliche Status des Ausscheidenden und sein Verhältnis zur internationalen Organisation müssen bestimmt werden. Alle Vorteile, die das Mitglied und seine Staatsangehörigen durch die Mitgliedschaft in der internationalen Organisation genossen haben, werden beendet. Es muss geklärt werden, was mit der ständigen Vertretung des austretenden Staates, mit den Arbeitnehmern der Organisation, die Staatsangehörige des austretenden Staates sind, sowie mit den Organisationsbehörden auf dem

---

556 Zu den Voraussetzungen vertraglicher Austrittsklauseln siehe oben, S. 28ff.

557 Zu den Voraussetzungen von Art. 56 Abs. 1 lit. a und lit. b WVK siehe oben, S. 41ff.

558 Zu den Voraussetzungen von Art. 62 WVK siehe oben, S. 61ff.

559 Vgl. in Bezug auf einen Austritt der USA aus der ILO, Alford, Harv ILJ (17) 1976, S. 623 (S. 637f.); in Bezug auf den Austritt Frankreichs aus der NATO, Carreau/Stein, AJIL (62) 1968, S. 577 (S. 625ff.); Klabbers, International institutional law, S. 112; Zeidler, Austritt und Ausschluß, S. 131.

560 Wie bspw. beim Austritt Südafrikas aus der ILO im Jahr 1964, vgl. Zeidler, Austritt und Ausschluß, S. 72f.

Territorium des austretenden Staates passiert.[561] Ferner muss vereinbart werden, wann entsprechende Veränderungen in Kraft treten werden. Es hängt vom Institutionalisierungsgrad der jeweiligen Austrittstatbestände ab, inwiefern derartige die Umsetzung des Organisationszwecks beeinträchtigende Probleme vermieden werden können.

Die vertraglichen Austrittsklauseln normieren in der Regel formelle Voraussetzungen, durch deren Einhaltung die Verwirklichung des Organisationszwecks trotz der Mitgliedschaftsbeendigung nicht beeinträchtigt werden soll.[562] Enthält die Austrittsklausel ein Fristerfordernis vor der Abgabe einer Austrittserklärung, werden bis zum Ablauf einer bestimmten Zeitspanne Austritte von Mitgliedern aus der Organisation vermieden. Dies verhindert, dass Mitglieder in der Anfangszeit aus der Organisation austreten.[563] Dadurch wird die Verwirklichung des Organisationszwecks insbesondere in der Zeit, bevor sich die Organisation etabliert hat und in der Lage ist, effektiv zu arbeiten, unterstützt.[564]

Setzt die Austrittsklausel voraus, dass nach Abgabe der Austrittserklärung eine gewisse Zeit verstreichen muss, erzeugt sie für die Organisation und das austrittswillige Mitglied eine „cooling-off"-Periode.[565] Die Einhaltung dieses Fristerfordernisses kann für die Organisation eine notwendige Wirkung entfalten, wenn der Austritt innerhalb dieser Zeit abgewendet wird oder, wenn diese Zeit dafür genutzt wird, den Austritt vorzubereiten. Aus Sicht der Organisation bereitet es nämlich große Schwierigkeiten, sich auf einen fristlosen und sofort wirksamen Austritt vorzubereiten. Dies kann insbesondere im Hinblick auf ausbleibende Beitragszahlungen die Organisationsarbeit lähmen.[566]

Macht der Gründungsvertrag die Wirksamkeit des Austritts abhängig von der vollen Erfüllung bereits entstandener materiell-rechtlicher oder finanzieller Verpflichtungen, kann dies ebenfalls zur Verwirklichung des durch den Gründungsvertrag konstituierten Organisationszwecks beitragen.[567]

Bestehende Austrittklauseln verlangen jedoch in der Regel nicht das kumulative Vorliegen aller vier Voraussetzungen. Die beschriebenen rechtlichen

---

561 Vgl. Klabbers, International institutional law, S. 113.

562 Zu den Voraussetzungen vertraglicher Austrittsklauseln siehe oben, S. 28ff.

563 Siehe dazu oben, S. 30.

564 So auch Schermers/Blokker, Unity within diversity, S. 94; Sands/Klein/Bowett, Bowett's law, S. 551.

565 Siehe dazu oben, S. 30.

566 Zeidler, Austritt und Ausschluß, S. 131; Klabbers, International institutional law, S. 112; die aus der WHO erfolgten Austritte zwischen 1949 und 1955 waren aus der Sicht der austretenden Mitglieder sofort wirksam, weil keine Austrittsklausel in dem Gründungsvertrag enthalten war, die eine Kündigungsfrist vorsah. Art. 56 Abs. 2 WVK, der eine Kündigungsfrist von zwölf Monaten vorsieht, trat erst am 27.1.1980 in Kraft, vgl. dazu Schermers/Blokker, Unity within diversity, S. 98.

567 Siehe dazu oben, S. 32.

Nachfolgeprobleme können am besten durch die Verabschiedung eines Austrittsabkommens vermieden werden, was jedoch ebenfalls von nur sehr wenigen Organisationen als konstitutive Voraussetzung für einen erfolgreichen Austritt vorgesehen wird. Deswegen ist von einer generell unzureichenden Prozeduralisierung des Austrittverfahrens durch vertragliche Austrittsklauseln auszugehen.

Wie die meisten vertraglichen Austrittsklauseln schreibt auch Art. 56 WVK eine Kündigungsfrist vor. Diese zwölf-monatige Frist wirkt sich für die Organisation ebenso wie vertragliche Kündigungsfristen funktionell aus, wenn der Austritt in dieser Zeit abgewendet wird, aber auch dann, wenn diese Zeit dafür genutzt wird, den Austritt vorzubereiten. Im Gegensatz zu vertraglichen Austrittsklauseln verlangt Art. 56 WVK weder den Fristablauf vor Abgabe der Austrittserklärung noch die Erfüllung vertraglicher Verpflichtungen für die Wirksamkeit des Austritts. Jedoch gehen die institutionalisierenden Vorschriften aufgrund der hohen Regelungsdichte des gem. Abschnitt 4 der WVK anzuwendenden Verfahrens bei Beendigung eines Vertrages weit über die Regelungen vertraglicher Austrittsklauseln hinaus.[568] Diese in Abschnitt 4 der WVK beschriebenen Verfahren institutionalisieren ebenfalls den Austritt gem. Art. 62 WVK.[569] Aus Art. 67 Abs. 1 WVK geht hervor, dass die Austrittserklärung der Schriftform bedarf. Gem. Art. 65 Abs. 1 WVK muss ein Mitglied den anderen Vertragsparteien seine Gründe für den beabsichtigten Austritt angeben. Hat keine andere Vertragspartei innerhalb von drei Monaten Einspruch erhoben, müssen sich die Vertragsparteien gem. Art. 65 Abs. 3 WVK um eine Lösung durch die in Art. 33 UN-Charta genannten Mittel bemühen. Ist innerhalb von zwölf Monaten nach Erhebung dieses Einspruchs keine Lösung erzielt worden, so sind die in Art. 66 WVK genannten Verfahren anzuwenden. Die Anwendung der durch Art. 66 WVK vorgesehenen Verfahren zur gerichtlichen oder schiedsgerichtlichen Beilegung würden im Falle von Streitigkeiten infolge des Austritts eines Mitglieds aus einer internationalen Organisation zu Rechtsklarheit und Rechtssicherheit beitragen. Dies könnte Austritte vermeiden, welche die Verwirklichung des Organisationszwecks beeinträchtigen.

Obschon die Regelungsdichte formeller Voraussetzungen in den Art. 56 und 65ff. WVK höher als die der meisten vertraglichen Austrittsklauseln ist, sind die Verfahrensvorschriften der vertraglichen Tatbestände eher geeignet, eine Beeinträchtigung der Verwirklichung des Organisationszwecks zu vermeiden. Denn während die völkergewohnheitsrechtliche Geltung der in der WVK kodifizierten Beendigungsgründe mehrfach vom IGH festgestellt, von der Lehre bekräftigt und durch Stellungsnahmen der Staaten bestätigt wurde, ist der konkrete Umfang der völkergewohnheitsrechtlichen Geltung der verfahrensrechtlichen Bestimmungen der WVK hoch umstritten.[570]

---

568 Siehe dazu oben, S. 51f.

569 Es gilt nicht das Erfordernis einer zwölf-monatigen Kündigungsfrist gem. Art. 56 Abs. 2 WVK.

570 Siehe dazu oben, S. 88.

b) *Ausschlusstatbestände*

i. Institutionalisierung der Ausschlussmöglichkeit

Vertragliche Ausschlusstatbestände stellen im Gegensatz zu Austrittstatbeständen zwar nicht den Normalfall dar. Enthalten Gründungsverträge indessen Ausschlussklauseln, schreiben diese eindeutig vor, unter welchen Voraussetzungen ein Ausschluss möglich ist und schaffen dadurch Rechtsklarheit und -sicherheit.

Wie die Verwirklichung vertraglicher Ausschlusstatbestände ermöglicht die Ausübung des Ausschlussrechts gem. Art. 60 Abs. 2 lit. a (i) WVK ebenfalls, den Vertrag durch Ausschluss eines Mitglieds, dessen Vertragsbruch indiziert, dass es die zukünftige Existenz der Organisation bedroht, aufrechtzuerhalten und wird daher als Ausdruck von Solidarität der Vertragsparteien gegenüber der Organisation angesehen.[571] Die spezielle Subsidiaritätsklausel des Art. 60 Abs. 4 WVK sieht jedoch vor, dass die Vertragsbestimmungen, die bei einer Verletzung des Vertrages anwendbar sind, entsprechend des allgemeinen Prinzips *lex specialis derogat legi generali* Vorrang genießen.[572] Die Frage, ob eine Organisation dahingehend ein *self-contained-regime* ist, kann – wie im Falle der Europäischen Union – grundsätzlich nicht zweifelsfrei beantwortet werden und erzeugt Rechtsunsicherheit.

ii. Beschränkung der Ausschlussmöglichkeit

Normieren Ausschlusstatbestände die Voraussetzungen ihrer Verwirklichung auf eine qualifizierte Art und Weise, kann der leichtfertige Umgang mit diesem Instrument vermieden werden und eine Beschränkung ihrer Anwendung auf Situationen erfolgen, in denen ein Ausschluss unbedingt notwendig für die Existenz der Organisation ist.

Im Gegensatz zu vertraglichen Austrittklauseln formulieren vertragliche Ausschlussklauseln keine einseitigen und voraussetzungslosen Rechte, sondern stellen qualifizierte Voraussetzungen an ihre Verwirklichung.[573] Der Hinweis auf die Erheblichkeit der Vertragsverletzung sowie qualifizierte Mehrheitserfordernisse wahren dabei nicht nur den *Pacta-sunt-servanda*-Grundsatz sowie die Stabilität der Rechtsbeziehungen sondern verringern auch die Missbrauchsgefahr bei Ausübung des Ausschlussrechts.

---

571 Hutchinson, BYIL (59) 1988, S. 151 (S. 189); ein Ausdruck von Solidarität der Vertragsparteien untereinander könne darin gesehen werden, dass Art. 60 Abs. 2 lit. a (i) WVK die anderen Vertragsparteien zu einer gemeinschaftlichen Hilfe für eine Vertragspartei ermächtige, die besonders durch den Vertragsbruch betroffen sei. Durch die Unterstützung der anderen Vertragsparteien könne sie ihre Rechte gegen den Vertragsbrecher durchsetzen, Hutchinson, BYIL (59) 1988, S. 151 (S. 190); zu den Voraussetzungen von Art. 60 Abs. 2 lit. a (i) siehe oben, S. 72ff.

572 Siehe dazu oben, S. 70f.

573 Zu den Voraussetzungen von vertraglichen Ausschlussklauseln siehe oben, S. 34ff.

In der völkerrechtlichen Vertragspraxis sind Ausschlussklauseln, die dem Ausschlusstatbestand des Art. 60 Abs. 2 lit. a (i) WVK entsprechen, der Regelfall.[574] Sie enthalten als konstitutive Voraussetzung grundsätzlich die Verletzung des Gründungsvertrages durch das Mitglied, welches ausgeschlossen werden soll. Art. 60 Abs. 3 WVK stellt darüber hinaus qualifizierte Anforderungen an die Erheblichkeit der Vertragsverletzung. Es muss sich um die Verletzung einer für die Erreichung des Vertragsziels oder des Vertragszwecks wesentlichen Bestimmung handeln.[575] Art. 60 Abs. 2 lit. a WVK beschränkt also seine Anwendung auf Fälle, in denen für die Umsetzung des Vertrages wesentliche Bestimmungen durch das auszuschließende Mitglied verletzt wurden.

Die von den Ausschlussklauseln für die Anwendung des Ausschlusses erforderlichen Mehrheiten beschränken ebenfalls die Ausübung des Ausschlussrechts. Die Versuche, Mitglieder aus offenen Organisationen auszuschließen, sind daher meist erfolglos geblieben.[576] Alle Versuche, einen Staat unter Anwendung von Art. 6 UN-Charta aus den Vereinten Nationen auszuschließen, sind gescheitert.[577] Die Verwirklichung des Ausschlusses erwies sich in diesen Fällen wegen des Veto-Rechts der ständigen Sicherheitsratsmitglieder als unwahrscheinlich. Ein Resolutionsentwurf des Sicherheitsrates, der die Empfehlung enthielt, Südafrika wegen ständiger Verstöße gegen die Grundsätze der UN-Charta und die Allgemeine Erklärung der Menschenrechte im Zusammenhang mit dessen Apartheidpolitik auszuschließen, scheiterte 1974 am Veto der USA, Frankreichs und Großbritanniens.[578]

Jedoch zeigte sich in solchen Fällen mehrmals, dass es in Folge von gescheiterten Ausschlüssen zu einer rechtswidrigen Praxis kommen kann. Missglückte ein Ausschluss, weil nicht die erforderliche Mehrheit erreicht wurde, versuchte man, Mitglieder indirekt oder faktisch auszuschließen, indem ihnen das Recht auf Teilnahme, Mitberatung und Abstimmung abgesprochen wurde. Die Adressaten der Maßnahmen waren Belgien, Israel, Portugal und Südafrika, wobei die Ausschlussbemühungen im Falle Südafrikas am Weitesten gingen.[579] Südafrikas

---

574 IBRD Art. VI.2, IFC Art. V.2, IDA Art. VII. 2 (a), MIGA Art. 52 (d), IFAD Art. 9.2 (a).

575 Siehe dazu oben, S. 72ff.

576 Amerasinghe, Institutional Law, S. 122.

577 Ruffert/Walter, Institutionalisiertes Völkerrecht, S. 99f.; im Fall von Taiwan handelte es sich 1971 nicht um einen Ausschluss, es setzte sich vielmehr die Auffassung durch, das Gründungsmitglied China werde durch die Regierung in Peking und nicht mehr durch die in Taipeh vertreten, vgl. A/RES/2758 (XXVI). Auch im Fall von Jugoslawien kam es nicht zu einem Ausschluss von Serbien/Montenegro, weil Jugoslawien untergegangen war, vgl. Schermers/Blokker, Unity within diversity, S. 85.

578 UN SC Draft Res. S/11543 v. 24.10.1974; vgl. Klein, VN (23) 1975, S. 51 (S. 51); Ruffert/Walter, Institutionalisiertes Völkerrecht, S. 99f.; Zeidler, Austritt und Ausschluß, S. 139.

579 Vgl. Zeidler, Austritt und Ausschluß, S. 138ff.

Mitwirkungsrechte in der Generalversammlung wurden faktisch unterbunden. Die südafrikanische Delegation wurde durch den Beschluss der Generalversammlung vom 12.11.1974 von der Teilnahme an den Sitzungen der Generalversammlung und ihrer Ausschüsse ausgeschlossen.[580] Grund dafür war die am 27.9.1974 durch Beschluss des Beglaubigungsausschusses erfolgte Zurückweisung der Beglaubigungen der Vertreter Südafrikas mit der Begründung, die südafrikanische Regierung vertrete nicht die Mehrheit des südafrikanischen Volkes.[581] Diese Praxis wurde überwiegend als rechtswidrig angesehen.[582]

iii. Prozeduralisierung des Ausschlussverfahrens

Die Prozeduralisierung vertraglicher Ausschlussklauseln ist im Hinblick auf das Ausschlussverfahren höher. Hier sind Fristen nach Nichterfüllung der Verpflichtung und dem Ausschluss vorangestellte Suspendierungen vorgesehen.[583] Dadurch wird dem rechtsbrüchigen Mitglied die Möglichkeit gegeben, zum vertragskonformen Verhalten zurückzukehren. Ferner bestimmen sie grundsätzlich das entscheidungsbefugte Organ und die bei der Ausschlussentscheidung einzuhaltenden Mehrheits- oder Einstimmigkeitserfordernisse. Die rechtlichen Nachfolgeprobleme der Mitgliedschaftsbeendigung können – wie bei einem Austritt – am besten durch die Verabschiedung eines Abkommens zwischen der Organisation und dem auszuschließenden Staat getroffen werden, was jedoch von vertraglichen Ausschlussklauseln in der Regel nicht verlangt wird. Ferner beschreibt von den bedeutenden internationalen Organisationen, die einen Ausschluss vorsehen, lediglich die IMF-Satzung ein Ausschlussverfahren, im Rahmen dessen der vertragsbrüchige Staat in angemessener Zeit über die Ausschlussabsicht der Organisation und die dahinterstehenden Gründe informiert wird und die Möglichkeit zur Stellungnahme hat, bevor der Ausschluss vollzogen wird.[584]

Die Maßnahmen nach Art. 60 Abs. 2 lit. a WVK können ohne Rückgriff auf das in den Art. 65 bis 67 WVK beschriebene Verfahren erfolgen. Art. 60 Abs. 2 lit. a WVK sieht keine einzuhaltende Frist oder Form für die zu treffende Vereinbarung vor. Er setzt in formeller Hinsicht lediglich voraus, dass die „anderen Vertragsparteien" und nicht die von ihnen durch den Gründungsvertrag errichtete Organisation oder ein bestimmtes Organ dieser Organisation eine einvernehmliche

580 Vgl. die Darstellung bei Zeidler, Austritt und Ausschluß, S. 138ff.

581 Vgl. UN-Doc. A/9779; UN-Monthly Chronicle, Bd. 11 (1974) Nr. 9, S. 8ff.; die Staaten der Europäischen Gemeinschaft lehnten die Haltung des Beglaubigungsausschusses geschlossen ab, UN-Doc. A/Res/3206 (XXIX).

582 Zur rechtlichen Analyse des Vorgangs vgl. die Stellungnahme des Rechtsberaters der UN in UN-Doc. A/8160; Klein, VN (23) 1975, S. 51 (S. 52ff.); Ruffert/Walter, Institutionalisiertes Völkerrecht, S. 99f.; Schermers/Blokker, Unity within diversity, S. 107.

583 Siehe dazu oben, S. 36f.

584 Vgl. Singh, Termination of Membership, S. 63.

Entscheidung treffen.[585] Das Einvernehmlichkeitserfordernis schützt zwar die Stabilität der Vertragsbeziehungen und beugt einem unkontrollierbaren Umgang mit dem Ausschlussrecht vor, institutionalisiert jedoch kein Ausschlussverfahren. Aufgrund der fehlenden Normierung von verfahrensrechtlichen Voraussetzungen kann nicht gewährleistet werden, dass die Verwirklichung des Vertragszwecks durch den Ausschluss eines Mitglieds gem. Art. 60 Abs. 2 lit. a WVK nicht beeinträchtigt wird. Außerdem ist der Formulierung des Art. 60 Abs. 2 lit. a WVK nicht eindeutig zu entnehmen, wer die Entscheidung über den Ausschluss eines Mitgliedstaates trifft – die „anderen Vertragsparteien" oder die davon zu unterscheidende Organisation.

III. Die Beendigungstatbestände als dynamische Elemente der Mitgliedschaft?

Es ist fraglich, ob Beendigungstatbestände über ihre notwendige Wirkung hinaus auch eine dynamische Wirkung entfalten können, indem sie zur Verbesserung der Umsetzung des Organisationszwecks beitragen. Im Rahmen der Untersuchung ist zwischen einer verwirklichten Mitgliedschaftsbeendigung und der rechtlichen Möglichkeit zur Beendigung der Mitgliedschaft in internationalen Organisationen zu differenzieren.

1. Dynamik aufgrund der Möglichkeit der Mitgliedschaftsbeendigung

Beendigungstatbestände schaffen Rechte für die Organisationen oder ihre Mitglieder. Bei entsprechender Instrumentalisierung dieser Rechte, kann sich eine dynamische Wirkung für die Organisation entfalten, ohne dass es zu einer Verwirklichung des Tatbestandes kommt.

a) Instrumentalisierung des Austrittsrechts

Die rechtliche Möglichkeit, aus einer internationalen Organisation austreten zu können, ergibt sich aus der Existenz von Austrittstatbeständen. Die Instrumentalisierung der Austrittsmöglichkeit kann unter verschiedenen Aspekten dynamisch wirken. Eine austrittsfreundliche Mitgliedschaftspolitik könnte dem Schutz von Minderheitspositionen dienen, wenn einer Minderheit die Ausübung ihrer Mitgliedschaftsrechte erschwert oder unmöglich gemacht wird.[586] Die rechtliche Möglichkeit, eine Mitgliedschaft in internationalen Organisationen durch Austritt zu beenden, könnte Staaten zum Beitritt ermutigen und dadurch den Ratifikationsprozess vorantreiben. Ebenfalls könnte die Legitimation von Entscheidungen der

585 Siehe dazu oben, S. 82ff.

586 Zeidler, Austritt und Ausschluß, S. 133.

Organisation oder der Mehrheit der Mitglieder gestärkt werden. Dissentierende Mitglieder können sich nicht auf die Alternativlosigkeit ihres Handels berufen, wenn sie die Entscheidung auf Dauer nicht akzeptieren, weil sie sich dem Vorwurf aussetzen, sie hätten austreten können. Die Austrittsdrohung vertragstreuer Mitglieder könnte ferner die Organisation oder vertragsbrüchige Mitglieder dazu veranlassen, zu einer Organisationspolitik zurückzukehren, welche die effektive Verwirklichung des Vertragszwecks ermöglicht.

Die internationale Praxis zeigt, dass Mitglieder aus internationalen Organisationen nicht nur dann austreten, wenn sie sich mit Ziel- und Zwecksetzung der Organisation nicht mehr identifizieren können oder unfähig sind, die sich aus dem Vertrag ergebenden Verpflichtungen zu erfüllen. Vielmehr scheint ein Austritt auch dann zu erfolgen, wenn die Mitglieder der Meinung sind, dass die Organisation von ihrer satzungsmäßigen Zielsetzung abweicht. In seiner Untersuchung der Austrittspraxis im Rahmen der UN-Sonderorganisationen zählt *Zeidler* Gründe für die erfolgten Austrittserklärungen der Mitgliedstaaten auf. Danach sind Unzufriedenheit und Kritik mit der Entwicklung der Organisationen, z.B. Politisierung, mangelnde Effektivität sowie fehlende Reformbereitschaft, satzungswidriges Verhalten oder das Unvermögen, die sich aus der Mitgliedschaft ergebenden finanziellen Verpflichtungen zu erfüllen, Anlass für Mitglieder der Organisationen gewesen, aus diesen auszutreten.[587] Eine Austrittsdrohung aufgrund dieser Motivation könnte eine dynamische Wirkung entfalten, wenn die übrigen Mitglieder oder die Organisation deswegen ihr satzungswidriges Verhalten überdenken und dadurch der Verwirklichung ihrer ursprünglichen Zielsetzung wieder näher kommen.

Entsprechendes kann sich auch dann ereignen, wenn ein aus diesen Gründen austretendes Mitglied in Aussicht stellt, bei Veränderung der Politik der Organisation wieder beizutreten. Die USA erklärten 1975 ihren Austritt aus der ILO. Die Austrittserklärung wurde u.a. mit der zunehmenden Politisierung der ILO, der Aushöhlung des Tripartismus-Prinzips und der Missachtung der Satzung begründet. Gleichzeitig äußerten die USA jedoch die Hoffnung, dass sich die Situation innerhalb der ILO ausreichend verändern würde, sodass sie ihre Austrittserklärung zurückziehen könnten.[588] 1980 kehrten sie dann zur ILO zurück. *George Pratt Shultz*, der ehemalige US-amerikanische Arbeits-, Finanz- und Außenminister begründete diesen Schritt folgendermaßen:[589]

> *„The United States returned to the organization in 1980 because we believed there had been substantial improvement in these areas during our absence. We rejoined because the ILO showed greater determination to adhere to its original principles. We have seen continued improvements in the ILO over the past 5 years and are encouraged by them."*

---

587 Zeidler, Austritt und Ausschluß, S. 130.

588 Siehe ILM (14) 1975, S. 1582ff.; vgl. Alford, Harv ILJ (17) 1976, S. 623 (S. 623ff); Schermers/Blokker, Unity within diversity, S. 94; Zeidler, Austritt und Ausschluß, S. 75f.

589 Shultz, US Department of State Bulletin 1985.

b) *Instrumentalisierung des Ausschlussrechts*

Ohne Verwirklichung des Ausschlusstatbestandes kann dieser eine dynamische Wirkung entfalten, wenn infolge der nicht realisierten Drohung die Mitglieder zur Beachtung der Satzung angeregt werden.[590] Haben Mitglieder die Satzung bereits verletzt, kann sie die Existenz von Ausschlusstatbeständen dazu veranlassen, zum rechtskonformen Verhalten zurückkehren. Die Effektivität bestehender Suspendierungs- und Sanktionsmechanismen kann davon abhängig sein, ob ein Ausschlussrecht besteht, das als letzte Sanktion fungiert. Vertragliche Ausschlussklauseln entwerfen entsprechende mehrstufige Verfahren. So verlangen einige Klauseln einen Fristablauf nach Nichterfüllung der vertraglichen Verpflichtung und schalten eine Suspendierung der Mitgliedschaft oder einzelner Mitgliedschaftsrechte dem Ausschluss voraus.[591]

2. Dynamik aufgrund der Verwirklichung des Beendigungstatbestandes

Die negativen Auswirkungen von Mitgliedschaftsbeendigungen sind evident. So stellt *Schermers* fest, dass die Austritte der USA und Großbritanniens aus der UNESCO die Organisation schwächten und zu jahrelanger Kritik und dreißigprozentiger Kürzung des Organisationsbudgets führten.[592] Allein durch den Austritt der USA aus der ILO in der Zeit von 1977 bis 1980 verlor die Organisation ein Viertel ihres Budgets.[593]

Insbesondere im Zusammenhang mit Ausschlusstatbeständen wird eine positive Wirkung in der Regel auf die von ihnen ausgehende, nicht realisierte Drohung

590 So auch Ruffert/Walter, Institutionalisiertes Völkerrecht, S. 99f.; Zeidler, Austritt und Ausschluß, S. 293.

591 IBRD Art. VI.2, IFC Art. V.2, IDA Art. VII.2 (a), MIGA Art. 52 (d), IFAD Art. 9.2 (a).

592 Schermers/Blokker, Unity within diversity, S. 91ff.; dass die Einstellung von Beitragszahlungen die Organisationen vor erhebliche finanzielle Probleme stellt, zeigt auch das Beispiel der UNESCO. Zwar blieb die USA ein aktives Mitglied der UNESCO, jedoch stellte sie als Reaktion auf die Entscheidung der Generalversammlung vom 31.10.2011, Palästina als Vollmitglied aufzunehmen, ihre Beitragszahlungen ein. Die USA hatten 22% des Gesamtbudgets der Organisation übernommen. Sie stoppten nicht nur die Zahlung der Mitgliedsbeiträge für 2012, sondern behielten auch die noch ausstehenden Beiträge aus 2011 ein. Aufgrund der vorzunehmenden Kürzungen mussten Aktivitäten der Organisation unterbrochen werden. Die übrigen 195 Mitgliedstaaten wurden dazu aufgefordert, ihre Beiträge wenn möglich zu erhöhen, siehe Welt-online, Unesco bittet nach US-Zahlungsstopp um Spenden, Die Welt (11. November 2011), http://www.welt.de/politik/ausland/article13711272/Unesco-bittet-nach-US-Zahlungsstopp-um-Spenden.html (letzter Zugriff: 2.1.2015).

593 ILO, Origins and history, http://www.ilo.org/global/about-the-ilo/history/lang--en/index.htm (letzter Zugriff: 2.1.2015).

beschränkt. So geht *Ruffert* davon aus, dass Vorschriften wie Art. 6 UN-Charta ihre Wirkung ausschließlich im Vorfeld der Anwendung entfalten. Verfehle die Ausschlussdrohung ihre Wirkung, könne der Ausschluss selbst nur noch symbolisch wirken.[594]

Angesichts der vielen praktischen, finanziellen und rechtlichen Probleme, die die Beendigung der Mitgliedschaft durch das Mitglied oder die Organisation verursachen kann, ist fraglich, ob eine Mitgliedschaftsbeendigung generell im Widerspruch zur Zielsetzung internationaler Organisationen steht[595] oder ob auch der verwirklichte Austritt und Ausschluss eines Mitgliedstaates – und nicht nur die rechtliche Möglichkeit zur Vornahme – eine dynamische Wirkung für die Organisation entfalten können.

a) Beendigung der Mitgliedschaft des unfähigen Mitglieds

Denkbar ist zunächst, dass der Organisationszweck besser ohne das austretende Mitglied erfüllt werden kann, wenn dieses seine sich aus der Mitgliedschaft ergebenden Pflichten nicht erfüllt und dadurch die Verwirklichung des Organisationszwecks erschwert. Geht die Nichterfüllung der Verpflichtungen jedoch so weit, dass die Organisation in ihrer Existenz bedroht ist, ist die Mitgliedschaftsbeendigung notwendig und nicht dynamisch.

So sind Mitglieder aus internationalen Organisationen insbesondere dann ausgetreten, wenn sie die sich aus der Mitgliedschaft ergebenden finanziellen Verpflichtungen nicht erfüllen konnten. Der Generaldirektor der ILO erhielt 1969 die Austritterklärung Lesothos. Als Grund wurde das Unvermögen, den sich aus der Mitgliedschaft ergebenden finanziellen Verpflichtungen nachzukommen, genannt.[596] Kuba trat 1964 aus dem IMF aus, um drohenden Zwangsmaßnahmen aufgrund der Nichterfüllung finanzieller Verpflichtungen zuvorzukommen.[597]

Der Austritt oder Ausschluss eines Mitglieds, welches unfähig, aber willens ist, Pflichten in Abhängigkeit von den verschiedenen Sachgebieten der Organisationen zu erfüllen, begründet hingegen keine Dynamik. Ziel dieser Organisation ist es ja gerade, die universelle oder regionale Durchsetzung bestimmter Zustände (Friedenssicherung, Menschenrechte, Wirtschaft und Entwicklung, Umwelt) zu erreichen. Der Austritt oder Ausschluss von Mitgliedern, die trotz entsprechender Überzeugung (noch) nicht in der Lage sind, dazu beizutragen, ist dann grundsätzlich ein Rückschritt für die entsprechende Organisation, weil der Organisationszweck die Teilnahme des Staates umfasst.

---

594 Ruffert/Walter, Institutionalisiertes Völkerrecht, S. 99f.

595 So Bernhardt: „The right of withdrawal is in general a contradiction of the purposes of the organization", Bernhardt (Hrsg.), EPIL Vol. 2, S. 1291.

596 ILO, Bulletin Officiel Vol. LV (1972), Série A, S. 80; siehe auch Zeidler, Austritt und Ausschluß, S. 75.

597 Vgl. Zeidler, Austritt und Ausschluß, S. 79.

Dass der Verlust des Mitglieds die Organisation deutlich weniger belastet als die Nichterbringung der finanziellen Leistungen, kann nur für Finanzorganisationen gelten. Denn lediglich hier kann angenommen werden, dass Austritte oder Ausschlüsse allein aufgrund der Unfähigkeit des Mitglieds bewirken, dass die Organisation trotz Verlust eines Mitgliedes ihre Zwecke effektiver umsetzen kann.

b) Beendigung der Mitgliedschaft des dem Organisationszweck widersprechenden Mitglieds

Es ist fraglich, ob die Mitgliedschaftsbeendigung eine dynamische Wirkung für die Organisation haben kann, wenn die Beteiligung des ausscheidenden Staates im Widerspruch zur Zielsetzung der Organisation steht.

Internationale Organisationen versuchten insbesondere dann Staaten auszuschließen, wenn ihr Verhalten im Widerspruch zur Zielsetzung der Organisation stand, ohne dass dadurch zwangsläufig die Existenz der Organisation gefährdet war. Trotz des Fehlens einer satzungsmäßigen Ausschlussklausel hat der Kongress der UPU am 18.9.1979 beschlossen, Südafrika wegen dessen Apartheidpolitik aus der UPU auszuschließen und 1984 diese Entscheidung bestätigt. Zuvor hatte der Kongress bereits 1969 die südafrikanische Delegation von ihrem 16. Treffen ausgeschlossen.[598] Dies wurde insbesondere von vielen europäischen Staaten als unrechtmäßig erachtet.[599]

Ähnlich einzuordnen ist auch der Umgang mit Israel im Zusammenhang mit dessen Mitgliedschaft in den UN-Sonderorganisationen. Zwar erfolgte kein formaler Ausschluss Israels, jedoch wurde es aus mehreren Regionalgruppen der Vereinten Nationen ausgeschlossen.[600] Die Generalkonferenz der UNESCO verabschiedete am 20.11.1974 eine Resolution, in der die Kulturpolitik Israels im besetzten Teil Jerusalems als im Widerspruch mit den in der Satzung niedergelegten Zielen der UNESCO verurteilt wurde.[601] Als Folge wurde Israel 1974 nicht in die Europäische Gruppe der UNESCO aufgenommen. Eine Aufnahme erfolgte erst wieder 1977, nachdem Frankreich und die USA ihre Beitragszahlungen aus Protest darüber reduziert hatten.[602] Entsprechendes ereignete sich im Rahmen der ITU-Mitgliedschaft Israels. Ein Resolutionsentwurf auf der Regierungsbevollmächtigtenkonferenz der ITU sah 1982 vor:

> „*[...] that Israel shall be excluded from the Plenipotentiary Conference and from all other conferences and meetings of the Union as long as it does not comply with its international obligations*“.[603]

---

598 Siehe UNJY (1969), S. 118f.; UNJY (1979), S. 90f.; vgl. dazu Zeidler, Austritt und Ausschluß, S. 255–268.

599 Vgl. dazu Sands/Klein/Bowett, Bowett's law, S. 554.

600 Vgl. dazu Sands/Klein/Bowett, Bowett's law, S. 554.

601 UNESCO 18C/ Res. 3.427 v. 20.11.1974, S. 59f.

602 Vgl. dazu Sands/Klein/Bowett, Bowett's law, S. 554.

603 ITU, Conf., Nairobi (1982), Doc. No. 120-E und 120 (rev. 2) –E, Text bei Zeidler, Austritt und Ausschluß, S. 237.

Zur Annahme dieser Resolution kam es nicht, weil die USA damit drohten, die Konferenz zu verlassen und ihre Beitragszahlungen einzustellen, sollte die Resolution angenommen werden.[604]

Diese Versuche, Staaten aus den UN-Sonderorganisationen oder von Entscheidungen ihrer Organe auszuschließen, sind nicht nur im Hinblick auf ihre Rechtsmäßigkeit fragwürdig. Eine dynamische Wirkung des Ausschlusses eines Mitglieds aus einer universellen Organisation mit der Begründung, sein Verhalten stehe im Widerspruch zu den Zielen der Organisation, kann nicht angenommen werden, wenn die Organisation Ziele verfolgt, die eine universelle Mitgliedschaft für ihre Verwirklichung verlangen. Aufgabe der Organisation sollte es sodann sein, dass Mitglied von der Richtigkeit der Zielsetzung zu überzeugen, weil sie es für die Umsetzung des Organisationszwecks benötigt. Kommt es zu einem Ausschluss, kann dieser nicht zur Zweckverwirklichung beitragen und bedeutet automatisch einen Rückschritt der Organisation auf ihrem Weg zu universeller Mitgliedschaft und der Verwirklichung ihrer Zielsetzungen.

Entsprechendes gilt auch für den Austritt eines Staates aufgrund bestehender Divergenzen zur Organisationspolitik. Die Ziele der UNESCO werden in Art. 1 ihrer Satzung beschrieben. Danach bezweckt sie, durch die Förderung der Zusammenarbeit zwischen den Völkern auf den Gebieten der Erziehung, Wissenschaft und Kultur zur Wahrung des Friedens und der Sicherheit beizutragen. Südafrika trat 1956 aus der UNESCO aus und nannte als Grund u.a. die Einmischung der Organisation in südafrikanische Rassenprobleme.[605] Es ist davon auszugehen, dass der Austritt des südafrikanischen Apartheidregimes die Verwirklichung des Organisationszwecks nicht beeinträchtigte, weil die Beteiligung eines sein Volk diskriminierenden Staates im Widerspruch zu den Zielen der UNESCO steht. Jedoch trägt eine derartige Mitgliedschaftsbeendigung aufgrund der universellen Ausrichtung der UNESCO auch nicht zur Zweckverwirklichung der Organisation bei.

Dies ist bei regionalen oder geschlossenen Organisationen ähnlich zu beurteilen. Organisationen wie die Europäische Union, die Afrikanische Union, die OAS, die OIC oder die Arabische Liga sowie der Europarat oder die OECD bezwecken eine Kooperation zwischen Staaten, deren Zusammenschluss auf einer allen Mitgliedern gemeinsamen politischen Identität beruht. Mitgliedschaftsbeendigungen können bei regionalen Organisationen insbesondere dann notwendig werden, wenn sich ein fundamentaler Wechsel im politischen System eines Mitglieds ereignet, der eklatant von der politischen Identität der Organisation abweicht. Jedoch tragen die Mitgliedschaftsbeendigungen in der Regel nicht zur Zweckverwirklichung dieser Organisationen bei.

---

604 Zeidler, Austritt und Ausschluß, S. 237 mit Verweis auf ITU, Conf. Nairobi (1982), Doc. No. 456-E, 2 und Doc. No. 204-E.

605 Vgl. UNESCO, Report of the Director-General on the activities of the Organization (1955), S. 19; vgl. auch Zeidler, Austritt und Ausschluß, S. 99.

Als Reaktion auf Ägyptens Friedensvertrag mit Israel suspendierten sowohl der Rat der Arabischen Liga im März 1979[606] als auch die OIC im Mai 1979[607] die ägyptische Mitgliedschaft. Die Organisationen sahen Ägyptens einseitigen Friedensvertrag im Widerspruch mit ihrer politischen Identität und Zielsetzung. So nennt die OIC-Charta von 1972 als wichtigste Ziele, die Anstrengungen der muslimischen Völker, ihre Würde, Unabhängigkeit und nationalen Rechte zu fördern sowie Palästina dabei zu unterstützen, seine Rechte zu erlangen und die Besetzung der Gebiete zu beenden.[608]

Griechenland wurde 1969 aus dem Europarat „ausgeschlossen". Dies wurde zumeist mit der Begründung, die Beteiligung eines totalitären Staates stehe im Widerspruch zu den Zielen einer Organisation demokratischer Staaten wie sie der Europarat ist, gerechtfertigt.[609] Seit der Machtergreifung durch die Oberisten im April 1967 herrschte in Griechenland eine Militärregierung. Die inneren Entwicklungen wurden im Europarat mit zunehmender Besorgnis verfolgt. Mehrere Mitgliedstaaten erhoben Klage bei der Europäischen Kommission für Menschenrechte gegen Griechenland wegen Verstoßes gegen Bestimmungen der EMRK.[610] Im Januar 1969 wurde dem Regime von der Beratenden Versammlung des Europarates nahegelegt, aus dem Europarat auszutreten. Die inzwischen verkündete neue griechische Verfassung wurde als undemokratisch bezeichnet und der Ministerausschuss sollte innerhalb eines noch zu bestimmenden Zeitraums entsprechende Maßnahmen ergreifen. Bei den Beratungen des Ministerausschusses am 12.12.1969 beantragten sodann elf Mitglieder die Suspendierung Griechenlands. Bevor es jedoch dazu kam, gab der griechische Außenminister, *Panayotis Pipinelis*, den Austritt Griechenlands aus dem Europarat[611] und die Kündigung der EMRK bekannt.[612]

Ähnlich erfolgte auch die Aberkennung der kubanischen OAS-Mitgliedschaft am 31.1.1962 auf einem Treffen der Außenminister in Punta del Este. Begründet

---

606 ILM (18) 1979, S. 362; vgl. Magliveras, Exclusion from participation, S. 100.

607 OIC Res. 18/10-P v. 12.5.1979; vgl. Magliveras, Exclusion from participation, S. 237f.; *Simma/Tams*, in: Corten/Klein, Art. 60 WVK, Rn. 29.

608 Art. 2 (a) (6) OIC-Charta von 1972, siehe UNTS (914), 103; vgl. auch OIC Res. 18/10-P v. 12.5.1979.

609 Schermers/Blokker, Unity within diversity, S. 91ff.

610 Deutsche Gesellschaft für Auswärtige Politik, EA Dokumente 1970, S. 225 (S. 225).

611 Die Verbalnoten Griechenlands vom 12.12.1969, die Res. (69) 51 des Ministerkomitees und die Verbalnote des Generalsekretärs des Europarats vom 17.12.1969 sind abgedruckt bei Petzold, ZaöRV (30) 1970, S. 400 (S. 417ff.). Jedoch ist der „Austritt" aufgrund des Beendigungstatbestandes des Art. 8 Europarat-Satzung als Ausschluss anzusehen. Dieser sieht vor, dass die Mitgliedschaft aberkannt werden kann, wenn das Mitglied nach Aufforderung nicht aus der Organisation ausgetreten ist, siehe dazu oben S. 9.

612 Zum Ablauf Giegerich, Europäische Verfassung und deutsche Verfassung, S. 83f.; Winkler, AJPIL (47) 1995, S. 147 (S. 149ff.); Deutsche Gesellschaft für Auswärtige Politik, EA Dokumente 1970, S. 225 (S. 225); vgl. Klabbers, International institutional law, S. 109; Magliveras, Exclusion from participation, S. 80–83.

wurde der auf Druck der USA erfolgte Ausschluss damit, dass die revolutionäre Regierung Kubas nicht mit den demokratischen Zielen der OAS übereinstimme.[613]

3. Die normative Umsetzung der dynamischen Wirkung

Es ist fraglich, wie eine u.U. dynamische Wirkung des Beendigungstatbestandes normativ umgesetzt wird. Zunächst bedarf es aufgrund der dem allgemeinen Völkerrecht immanenten Schwäche, Rechtsklarheit und -sicherheit zu schaffen, auch dafür einer Kodifizierung des Rechts im Gründungsvertrag der Organisation. Droht die Organisation den Ausschluss oder ein Mitglied seinen Austritt an, müssen sie sich nicht dem Vorwurf der rechtlichen Unmöglichkeit aussetzen, wenn der Gründungsvertrag die entsprechenden Beendigungstatbestände normiert. Nur bei Rechtssicherheit darüber, ob und in welchem Umfang ein vertragliches Recht besteht, kann die Möglichkeit zu seiner Verwirklichung dynamisch instrumentalisiert werden.

Beendigungstatbestände schließen nicht aus, dass ihre Verwirklichung dynamisch sein kann. Indirekt wird eine von ihnen ausgehende dynamische Wirkung sogar in den in der WVK enthaltenden Grundsätzen über die Vertragsbeendigung berücksichtigt. So kann davon ausgegangen werden, dass der Tatbestand des Art. 56 WVK einen Austritt als Ausnahme von der grundsätzlichen Nichtkündbarkeit in den Fällen zulässt, in denen seine Verwirklichung dynamisch für die Organisation ist. Gem. Art. 56 Abs. 1 WVK wird eine Ausnahme von der grundsätzlichen Nichtkündbarkeit des Vertrages ohne Austrittsklausel gemacht, wenn die Vertragsparteien die Absicht hatten, eine Kündigung oder einen Rücktritt zuzulassen (lit. a) oder wenn sich ein solches Recht aus der Natur des Vertrages herleiten lässt (lit. b). Die Untersuchungen haben ergeben, dass gem. lit. a ein solcher Wille positiv festgestellt werden muss. In Bezug auf lit. b ist davon auszugehen, dass nicht bestimmten Vertragskategorien *per se* ein einseitiges Austrittsrecht zugebilligt werden sollte. Vielmehr ist sein Tatbestand erfüllt, wenn ein entsprechender Wille der Parteien zwar nicht festgestellt werden kann, aber aufgrund des Charakters des Vertrages zu vermuten ist.[614] Dabei ist der Vertragszweck neben allen weiteren Vertragsumständen ein Element für die positive Feststellung des Willens der

---

613 Die entsprechende Resolution OEA/Ser.F/11.8 Doc. 68 vom 31.1.1962 ist abgedruckt in Organization of American States, AJIL (56) 1962, S. 601 (S. 610–612). Weil keine spezifische Kompetenz zum Ausschluss aus dem Gründungsvertrag hervorgeht, sprachen sich neben Kuba mehrere Staaten gegen die Rechtmäßigkeit dieser Entscheidung aus, vgl. Magliveras, Exclusion from participation, S. 167–171; Sands/Klein/Bowett, Bowett's law, S. 554; Sohn, HarvLRev (77) 1964, S. 1381 (S. 1417–1420). Die entsprechende Resolution wurde erst 47 Jahre später auf der 39. Tagung der OAS vom 2.-4.6.2009 in San Pedro Sula (Honduras) aufgehoben. Kuba ist bisher jedoch nicht wieder eingetreten.

614 So auch *Christakis*, in: Corten/Klein, Art. 56 WVK, Rn. 49; Zeidler, Austritt und Ausschluß, S. 36; siehe dazu oben, S. 51.

Vertragsparteien gem. lit. a oder die Vermutung eines solchen Willens gem. lit. b.[615] Zwar lässt sich nach der hier vertretenen Ansicht aus der Vertragsnatur von Gründungsverträgen internationaler Organisationen kein Austrittsrecht gem. Art. 56 Abs. 1 lit. b WVK herleiten.[616] Jedoch kann eine normative Berücksichtigung der dynamischen Wirkung eines Austritts im Rahmen der Ermittlung des Willens gem. Art. 56 Abs. 1 lit. a WVK erfolgen. Ist der Austritt dienlich für die Umsetzung des Vertragszwecks, kann auf die Absicht der Vertragsparteien geschlossen werden, den Austritt zulassen zu wollen, d.h. die u.U. dynamische Wirkung des Austritts, kann diesen nicht nur legitimieren sondern auch legalisieren, falls der Gründungsvertrag keine Austrittsklausel enthält.

Art. 62 WVK verknüpft ebenfalls die Verwirklichung des Austrittstatbestandes mit dem im Gründungsvertrag beschriebenen Zweck. Im Rahmen des Art. 62 Abs. 1 lit. a WVK muss geprüft werden, wie sich die Umstandsänderung zu dem ursprünglichen Zweck des Vertrages verhält. Entscheidend ist dabei, ob wesentliche Interessen des überforderten Mitgliedstaates derart gefährdet sind, dass ihm die Erfüllung des Vertrages unter Berücksichtigung der konkreten Situation nicht mehr zumutbar ist.[617] Hierdurch wird eine zweckdienliche Wirkung des Austritts für die Organisation normativ berücksichtigt. Im Gegensatz zur nachträglichen Unmöglichkeit der Vertragserfüllung nach Maßgabe von Art. 61 WVK muss die Änderung der Umstände nicht dazu geführt haben, dass die Durchführung des Vertrages unmöglich ist. Nur der überforderte Staat ist außerstande, den Vertrag zu erfüllen. Andere Mitgliedstaaten sind indessen noch dazu in der Lage. Ist aufgrund der geänderten Umstände, eine Verwirklichung des ursprünglichen Vertragszwecks für das austretende Mitglied nicht mehr möglich, wird es der Organisation erleichtert, ohne dieses Mitglied die Zwecke des Gründungsvertrages zu erfüllen. Das *Rebus-sic-stantibus*-Prinzip kann also nicht nur aus Sicht der Staaten genutzt werden, um sich unzeitgemäßen und unzumutbaren vertraglichen Bindungen zu entledigen. Es wird auch angenommen, dass die internationalen Organisationen durch die Anwendung des Prinzips eine aktive Rolle einnehmen können, indem sie es als Mittel nutzen, um die ursprünglichen Organisationszwecke ohne das austretende Mitglied leichter umzusetzen oder um das Organisationsrecht den veränderten Bedingungen anzupassen und dadurch zu stabilisieren.[618] Dies berücksichtige, dass Organisationssatzungen, welche nicht durchgesetzt werden können, aus Gründen der Rechtssicherheit zu vermeiden seien und erhöhe die Akzeptanz der durch sie Verpflichteten.[619] Bei der Anwendung des Art. 62 WVK auf Gründungsverträge internationaler Organisationen ist jedoch zu berücksichtigten, dass

615 Vgl. Report of the International Law Commission on the Work of its Eighteenth Session, YBILC 1966, Vol. 2, S. 251.
616 Siehe dazu oben, S. 51.
617 Siehe dazu oben, S. 63f.
618 Feist, Kündigung, Rücktritt und Suspendierung, S. 184.
619 Delbrück/Wolfrum/Dahm, Völkerrecht, S. 743.

diese im Gegensatz zu anderen Verträgen Organe erschaffen, die es der Organisation ermöglichen, effektiv auf praktische Notwendigkeiten und rechtliche oder politische Entwicklungen reagieren zu können. Derartige Mechanismen sind – so verlangt es Art. 5 WVK – vorrangig und schränken die Anwendung des *Rebus-sic-stantibus*-Prinzips ein. Gründungsverträge sind also *per definitionem* „dynamic instruments“[620], die einen Mechanismus wie das *Rebus-sic-stantibus*-Prinzip weniger als herkömmliche völkerrechtliche Verträge benötigen.

Auch der Ausschlusstatbestand des Art. 60 Abs. 2 lit. a WVK schließt nicht aus, dass der Ausschluss eines Mitglieds dynamisch für die Organisation sein kann, indem er die Umsetzung des Vertragszwecks mit der Verwirklichung des Ausschlusstatbestandes verknüpft. Gem. Art. 60 Abs. 3 WVK liegt eine erhebliche Vertragsverletzung in der Verletzung einer für die Erreichung des Vertragsziels oder des Vertragszwecks wesentlichen Bestimmung. Die Intensität der Verletzung ist nicht ausschlaggebend, sondern die Bedeutung der verletzten Vorschrift für den Vertragszweck.[621] Art. 60 Abs. 2 lit. a WVK erlaubt also seine Anwendung auf Fälle, in denen der Ausschluss für die Umsetzung des Vertragszwecks dynamisch ist.

Beendigungstatbestände setzen grundsätzlich keine dynamische Wirkung von Mitgliedschaftsbeendigungen als Bedingung für ihre Anwendung voraus. Eine derartige Beschränkung ihrer Anwendung wäre auch im Hinblick auf ihre Funktionen zu eng. Beendigungstatbestände müssen bereits zur Anwendung kommen können, wenn die Arbeitsfähigkeit der Organisation beeinträchtigt oder ihre Existenz bedroht ist und nicht erst dann, wenn ihre Verwirklichung eine Verbesserung der Arbeitsfähigkeit der Organisation darstellt.

IV. Zusammenfassung

Die Untersuchung hat ergeben, dass Beendigungstatbestände des allgemeinen und partikulären Völkerrechts notwendige Elemente der Mitgliedschaft sind, d.h. die Existenzerhaltung der Organisation gewährleisten und eine Beeinträchtigung der Verwirklichung des Organisationszwecks vermeiden, wenn sie folgende Funktionen für die Organisation erfüllen:

- Institutionalisierungsfunktion: Existieren Beendigungstatbestände, erlangen sowohl die Mitglieder als auch die Organisation Rechtsklarheit und Rechtssicherheit darüber, ob ein Mitglied aus der Organisation austreten und ob die Organisation ein Mitglied ausschließen kann.
- Beschränkungsfunktion: Die Beendigungstatbestände normieren die Voraussetzungen unter denen sie angewendet werden können. Dadurch wird ihre Anwendung auf Fälle beschränkt, in denen die Voraussetzungen für ihre Verwirklichung vorliegen. Diese negative oder eingrenzende Eigenschaft von Beendigungstatbeständen zeigt, dass diese nicht den Zweck haben,

620 Schermers/Blokker, Unity within diversity, S. 104.
621 Siehe dazu oben, S. 73.

Mitgliedschaftsbeendigungen anzuregen. Normieren Beendigungstatbestände die Voraussetzungen ihrer Verwirklichung, erfolgt automatisch eine Kontrolle und Beschränkung ihrer Anwendung auf Situationen, in denen ihre Voraussetzungen erfüllt sind, was einen leichtfertigen Umgang mit der Möglichkeit, die Mitgliedschaft zu beenden, verhindert.

- Prozeduralisierungsfunktion: Darüber hinaus beschreiben Beendigungstatbestände nicht nur, wann eine Mitgliedschaftsbeendigung möglich ist, sondern auch, auf welche Art und Weise sie zu erfolgen hat, indem sie Verfahren, Fristen und Formen für ihre Anwendung normieren. Durch die Institutionalisierung entsprechender Verfahren werden praktische, rechtliche und finanzielle Probleme für die Organisation vermieden.

Diese Funktionen der Beendigungstatbestände werden von den nach partikulären und allgemeinen Völkerrecht bestehenden Beendigungstatbeständen in unterschiedlicher Weise erfüllt. Völkerrechtliche Beendigungstatbestände existieren zwar, vermögen aber nicht Rechtsklarheit und Rechtssicherheit dahingehend zu schaffen, ob die Möglichkeit zur Mitgliedschaftsbeendigung besteht. Zum einen ist aufgrund der gegenüber dem Organisationsrecht bestehenden Subsidiarität ihre Anwendung grundsätzlich davon abhängig, inwieweit der Gründungsvertrag Regelungen zur Beendigung der Mitgliedschaft trifft. Zum anderen ist ihr konkreter Inhalt umstritten, weil unbestimmte Rechtsbegriffe (Art. 56 Abs. 1 WVK „Absicht der Vertragsparteien" (lit. a); „Natur des Vertrages" (lit. b)) ihre Voraussetzungen beschreiben, sie sich jeglicher objektiver Nachprüfung entziehen (Art. 62 WVK) oder weil sie kein Verfahren für ihre Verwirklichung institutionalisieren (Art. 60 Abs. 2 lit. b WVK). Dabei schränken vertragliche Austritts- und Ausschlussklauseln die Möglichkeit zu ihrer Vornahme unterschiedlich stark ein. Die Untersuchung der materiell-rechtlichen und formellen Voraussetzungen von Austrittsklauseln führt zu dem Ergebnis, dass Austrittstatbestände nicht beschränkend wirken, weil sie in der Regel materiell-rechtlich voraussetzungslose Rechte institutionalisieren. Vertragliche Ausschlussklauseln stellen wie auch Ausschlusstatbestände des Völkervertragsrechts indessen qualifizierte Anforderungen an ihre Verwirklichung, beschränken dadurch ihre Anwendung und vermeiden einen Missbrauch des Instruments.

In Bezug auf die Prozeduralisierung des Austritts trifft die WVK weitergehende Regelungen als die meisten vertraglichen Austrittsklauseln. Die völkergewohnheitsrechtliche Geltung dieser Bestimmungen wird jedoch weitgehend abgelehnt. Im Hinblick auf Ausschlussverfahren verfügen vertragliche Ausschlussklauseln indessen über einen höheren Institutionalisierungsgrad, weil der Ausschluss gem. Art. 60 Abs. 2 lit. a WVK ohne Rückgriff auf das in Art. 65 bis 67 WVK beschriebene Verfahren erfolgt.

Ihre existenzerhaltende Wirkung entfalten Beendigungstatbestände daher am besten, wenn sie im Gründungsvertrag der Organisation kodifiziert sind. Dies bestätigt auch die völkerrechtliche Praxis, in der sich gezeigt hat, dass Mitgliedschaftsbeendigungen und die von ihnen ausgehenden Gefahren nicht vermieden werden, wenn keine vertraglichen Beendigungstatbestände existieren. So spricht sich auch *Zeidler* in seiner Untersuchung für eine austrittsfreundliche Mitgliedschaftspolitik aus, weil Austritte aufgrund von Austrittsklauseln rechtlich gesehen keine wesentlichen Probleme bereitet haben.[622]

Die Ambivalenz von Beendigungstatbeständen ergibt sich dann, wenn sie für die Organisation eine dynamische Wirkung entfalten, d.h. zu einer Verbesserung der Umsetzung des Organisationszwecks beitragen. Dabei ist zwischen einer Dynamik aufgrund der Möglichkeit der Mitgliedschaftsbeendigung und einer Dynamik aufgrund der Verwirklichung von Beendigungstatbeständen zu differenzieren. Von einer Dynamik aufgrund der Verwirklichung der Mitgliedschaftsbeendigung durch Austritt oder Ausschluss ist nur unter sehr restriktiven Bedingungen auszugehen. Sie kann sich u.U. aus der Unwilligkeit oder der Unfähigkeit des austretenden Staates, zur Zweckverwirklichung der Organisation beizutragen, ergeben. Die Untersuchung hat gezeigt, dass eine Dynamik vorrangig von der Existenz von Beendigungstatbeständen, also im Vorfeld der eigentlichen Maßnahme ausgeht, wenn die Möglichkeit der Mitgliedschaftsbeendigung von der Organisation oder dem einzelnen Mitglied zum Zwecke der Einhaltung des Organisationsrechts oder zur Veranlassung einer am Organisationszweck orientierten Organisationspolitik instrumentalisiert werden. Beendigungstatbestände entfalten daher eine dynamische Wirkung am besten, wenn sie im Gründungsvertrag kodifiziert sind, weil nur bei bestehender Rechtssicherheit darüber, ob und in welchem Umfang ein Recht zur Mitgliedschaftsbeendigung besteht, die Möglichkeit zu seiner Verwirklichung dynamisch instrumentalisiert werden kann.

622 Zeidler, Austritt und Ausschluß, S. 131; vgl. auch Klabbers, International institutional law, S. 112.

D. Der Austrittstatbestand als notwendiges und dynamisches Element der Mitgliedschaft in der Europäischen Union?

Die mit dem Vertrag von Lissabon neu eingeführte Bestimmung des Art. 50 EUV sieht für die einzelnen Mitgliedstaaten die Möglichkeit eines Austritts aus der Union vor. Während Einigkeit darüber besteht, dass Art. 50 EUV die wichtigste Veränderung der Schlussbestimmungen im Vergleich zum bislang geltenden Recht darstellt,[623] wird z.T. sogar angenommen, Art. 50 EUV sei eine der „erstaunlichsten Neuerungen des Reformvertrags".[624] Obwohl die Austrittsklausel des Art. 50 EUV „eine dem Wirtschaftsvölkerrecht und dem Recht der internationalen Organisationen bekannte Austrittsmöglichkeit" einführt,[625] wird immer wieder dessen Novität im Rahmen des europäischen Vertragsrechts betont.[626] Denn erstmals in der europäischen Integrationsgeschichte wird nicht nur das Verfahren des Beitritts sondern auch die Möglichkeit eines rechtlich geordneten Austritts geregelt.[627] Art. 50 EUV bleibt jedoch der einzige vertragliche Beendigungstatbestand des Vertragswerkes. Eine Ausschlussklausel ist weiterhin nicht vorgesehen.

Gegenstand der folgenden Untersuchung ist, ob sich das nachgewiesene Funktionspotential der völkerrechtlichen Beendigungstatbestände auch im europarechtlichen Austrittstatbestand des Art. 50 EUV findet. Dazu muss zunächst erörtert werden, ob Austrittstatbestände eine funktionelle Bedeutung für die Europäische Union haben können oder ob ihre Existenz und Verwirklichung in einem immanenten Widerspruch zur Umsetzung des Organisationszwecks steht und ob ein etwaig bestehendes Funktionspotential des Austrittstatbestandes normativ berücksichtigt wurde. Abschließend folgt eine Bewertung dahingehend, ob die notwendige und dynamische Eigenschaft eines europarechtlichen Austrittstatbestands und die

623 *Mann*, in: Vertrag von Lissabon. Analyse und Bewertung, S. 273, 278; denn bis auf das Austrittsrecht knüpft der Abschnitt über die Zugehörigkeit zu großen Teilen an die geltende Rechtslage an, Schwarze, EuR 2003, S. 535 (S. 558).

624 *Geiger*, in: Geiger 2010, Art. 50 EUV, Rn. 1; vgl. auch Becker, der Art. 50 EUV als eine der grundlegenden Neuregelungen, die außerhalb des Organisationsrechts durch den Vertrag von Lissabon geschaffen worden sind, bezeichnet, *Becker*, in: Schwarze 2012, Art. 50 EUV, Rn. 1.

625 So Bruha/Nowak, AVR (42) 2004, S. 1 (S. 8) mit Verweis auf Art. XV WTO-Übereinkommen und Art. 127 EWR-Übereinkommen.

626 Hatje, NJW 2008, S. 1761 (S. 1763); Nowak, Europarecht nach Lissabon, S. 93 Rn. 22; Mann zählt die Austrittsklausel zu den zentralen „Innovationen" des EUV gegenüber dem Vertrag von Nizza, *Mann*, in: Vertrag von Lissabon. Analyse und Bewertung, S. 271.

627 So auch Hatje, NJW 2008, S. 1761 (S. 1763).

Qualität seiner normativen Umsetzung in Art. 50 EUV seine Einführung in den Vertragstext vor dem Hintergrund der damit verbundenen Gefahren rechtfertigt.

I. Die Frage nach der Mitgliedschaftsbeendigung im Spiegel verfassungsrechtlicher Krisen der Union

Regelmäßig wird die Unwahrscheinlichkeit eines Austritts aus der Union betont. Die Austrittsproblematik betreffe „eine intensiv und kontrovers diskutierte Frage", die jedoch „umgekehrt proportional zu ihrer zumindest aktuell realen Bedeutung" sei.[628] Als primär symbolisches Instrument werde die praktische Relevanz des Austrittsrechts „gegen Null tendieren".[629] Tatsächlich kam es bisher einzig durch das Ausscheiden Grönlands zu einer Verkleinerung der Union.[630] In der älteren und jüngeren Geschichte der europäischen Integration wurde die Frage nach einer Mitgliedschaftsbeendigung jedoch in mehreren Fällen relevant. Wenn es auch nie dazu kam, so haben dahingehende Überlegungen und Befürchtungen dennoch im rechtsgeschichtlichen Kontext z.T. Wirkung in wichtigen Vertragsbereichen entfaltet.

1. Frankreichs „Politik des leeren Stuhls"

Frankreichs „Politik des leeren Stuhls" führte bereits zu einem frühen Zeitpunkt ihres Bestehens zu einer Verfassungskrise innerhalb der Gemeinschaft. Frankreich zog sich Mitte des Jahres 1965 über ein halbes Jahr von den Arbeiten des Ministerrates zurück, nahm lediglich an schriftlichen Abstimmungen teil und boykottierte dadurch dessen Arbeit.[631] Die französische Reaktion war „unerwartet drastisch, beispiellos und entgegen Brüsseler Praxis"[632]. Hintergrund dieses Boykotts der Institutionen war, dass der EWG-Vertrag ab 1966 in wichtigen Vertragsbereichen Entscheidungen des Ministerrates mit qualifizierter Mehrheit vorsah, sodass einzelne Mitgliedstaaten hätten überstimmt werden können. Als die Beschlussfassung mit qualifizierter Mehrheit im Agrarbereich aktuell wurde[633] und man sich über einige Punkte der gemeinsamen Agrarfinanzierung nicht einigen konnte, erklärte

---

628 *Streinz*, in: Streinz 2012, Art. 50 EUV, Rn. 1.

629 Terhechte, EuR 2008, S. 143 (S. 152); so auch *Dörr*, in: Grabitz/Hilf/Nettesheim 2010, Art. 50 EUV, Rn. 50.

630 Zur Einordnung des Ausscheidens von Algerien im Jahr 1962 siehe S. 140f.

631 Vgl. Clemens/Reinfeldt/Wille, Geschichte der europäischen Integration, S. 171; Kaiser, EuR 1966, S. 4 (S. 4 Fn. 1); Walthemathe, Austritt aus der EU, S. 22.

632 Clemens/Reinfeldt/Wille, Geschichte der europäischen Integration, S. 171.

633 Art. 43 Abs. 2 UAbs. 3 i.V.m. Art. 7 EGV a.F., vgl. dazu Clemens/Reinfeldt/Wille, Geschichte der europäischen Integration, S. 170f.

Frankreich am 30.6.1965 die Verhandlungen im Rat über die Vorschläge der EWG-Kommission für gescheitert.[634]

Obwohl in der Forschung noch offen ist, ob Frankreich die Uneinigkeit im Agrarbereich von Anfang an zu einer Verfassungskrise ausweiten wollte, besteht Einigkeit darüber, dass diese nur den äußeren Anlass für Frankreichs Politik bildete.[635] Hintergrund der Krise war das Fehlen einer gemeinsamen europäischen Philosophie aller sechs Partner.[636] Während Staatspräsident *de Gaulle* davon ausgegangen sei, dass die Gemeinschaft auf der gemeinsamen Zusammenarbeit souveräner Staaten in einem Europa der Vaterländer fußt, hätten die europäischen Föderalisten eine Verfestigung der supranationalen Struktur der Gemeinschaft angestrebt.[637] Auf Grundlage einer Doktrin der Mitgliedstaaten als Herren der Gemeinschaft habe sich Frankreich gegen die Rolle der Kommission der EWG unter Präsident *Walter Hallstein* und gegen das Mehrheitsstimmrecht des Ministerrates gewandt.[638]

Nach einem ersten Fehlschlag wurden am 29.1.1966 auf der EWG-Außenministerkonferenz in Luxemburg die Luxemburger Beschlüsse gefasst, welche Frankreichs Rückkehr in den Ministerrat bewirkten und die siebenmonatige Krise der Gemeinschaft beilegten.[639] Neben einer restriktiven Auslegung der Befugnisse der Kommission wurden folgende Vereinbarungen in Bezug auf das Mehrheitsprinzip bei Abstimmungen im Ministerrat getroffen:

> *„I. Stehen bei Beschlüssen, die mit Mehrheit auf Vorschlag der Kommission gefasst werden können, sehr wichtige Interessen eines oder mehrerer Partner auf dem Spiel, so werden sich die Mitglieder des Rats innerhalb eines angemessenen Zeitraums bemühen, zu Lösungen zu gelangen, die von allen Mitgliedern des Rats unter Wahrung ihrer*

---

634 Vgl. zu den Geschehnissen im Einzelnen Brandstetter, Chronologisches Lexikon der europäischen Integration, S. 73f.; Gilbert, Surpassing Realism, S. 104ff.; Kaiser, EuR 1966, S. 4 (S. 4ff.); Lahr, EA 1983, S. 223 (S. 223); *Palayret*, in: Visions, votes and vetoes, S. 45ff.; Streinz, Europarecht-2012, S. 123 Rn. 360ff.; Streinz, Die Luxemburger Vereinbarung, S. 12ff.

635 So auch Clemens/Reinfeldt/Wille, Geschichte der europäischen Integration, S. 172.

636 So auch *Götz*, in: FS Everling, S. 340; Lahr, EA 1983, S. 223 (S. 223); Oppermann/Classen/Nettesheim, Europarecht 2011, S. 10 Rn. 17.

637 Oppermann/Classen/Nettesheim, Europarecht 2011, S. 10 Rn. 17; so auch Walthemathe, Austritt aus der EU, S. 22.

638 Die tiefgreifenden Meinungsverschiedenheiten über Grundsatzfragen der Gemeinschaft zwischen Frankreich und seinen fünf Partnern hätten sich bereits 1958 und 1963 sowie 1967 in Frankreichs Weigerung, Großbritannien in den Gemeinsamen Markt aufzunehmen, gezeigt, Lahr, EA 1983, S. 223 (S. 223); vgl. auch Oppermann/Classen/Nettesheim, Europarecht 2011, S. 11 Rn. 20.

639 Luxemburger Vereinbarung, Beschluss vom 29.1.1966, Bull. EWG 1966, S. 9; vgl. Brandstetter, Chronologisches Lexikon der europäischen Integration, S. 74; insgesamt dazu Streinz, Die Luxemburger Vereinbarung, S. 94ff.

gegenseitigen Interessen und der Interessen der Gemeinschaft gemäß Artikel 2 des Vertrages angenommen werden können.

II. Hinsichtlich des vorstehenden Absatzes ist die französische Delegation der Auffassung, daß bei sehr wichtigen Interessen die Erörterung fortgesetzt werden muß, bis ein einstimmiges Einvernehmen erzielt worden ist.

III. Die sechs Delegationen stellen fest, daß in der Frage, was geschehen sollte, falls keine vollständige Einigung zustande kommt, weiterhin unterschiedliche Meinungen bestehen.

IV. Die sechs Delegationen sind jedoch der Auffassung, daß diese Meinungsverschiedenheiten nicht verhindern, daß die Arbeit der Gemeinschaft nach dem normalen Verfahren wiederaufgenommen wird.“

In Bezug auf Punkt I bleibt anzumerken, dass von jeher Einigkeit darüber bestand, dass bei Beschlüssen, die vitale Interessen eines Mitgliedstaates berühren, einvernehmliche Regelungen gesucht werden müssen.[640] Offen blieb also, was geschieht, wenn einvernehmliche Regelungen nicht zustande kommen.[641] Während Frankreich vorgeschlagen habe, dem einzelnen Mitglied die Möglichkeit zu geben, allein zu bestimmen, was „sehr wichtige Interessen“ seien und die Entscheidung nach seinem Ermessen zeitlich unbegrenzt zu blockieren (Punkt II), hätten die anderen fünf Partner in der Vereinbarung klar zum Ausdruck gebracht, dass sie die französische Auffassung missbilligten (Punkt III).[642] In einem solchen Falle sollte die Arbeit der Gemeinschaft nach dem im Vertrag vorgesehenen Verfahren wiederaufgenommen werden (IV).

Die Luxemburger Vereinbarung sah also keinen Verzicht auf Mehrheitsentscheidungen vor, wenn ein Mitgliedstaat geltend macht, vitale Interessen seines Staatswesens seien verletzt.[643] Vielmehr versuchte man sich in „kunstvolle[n] Kompromissformeln zwischen föderalen Vorstellungen und gaullistischer Doktrin“[644], in denen Frankreich zwar einige Zugeständnisse in Bezug auf die Rolle der Kommission erhalten habe, aber keine, die ihre aus den Verträgen zukommende Aufgabe geschmälert hätte.[645] Frankreich ist es mit den Luxemburger Beschlüssen demnach nicht gelungen, ein *Gentlemen´s Agreement* mit dem Inhalt herbeizuführen, dass die Mitgliedstaaten von einem weiterbestehenden Mehrheitsprinzip in der Praxis

640 So auch Lahr, EA 1983, S. 223 (S. 225).

641 So auch Lahr, EA 1983, S. 223 (S. 223ff.); Oppermann/Classen/Nettesheim, Europarecht 2011, S. 11 Rn. 22.

642 Lahr, EA 1983, S. 223 (S. 225).

643 Lahr, EA 1983, S. 223 (S. 223, 227); anders Walthemathe, Austritt aus der EU, S. 23.

644 Oppermann/Classen/Nettesheim, Europarecht 2011, S. 11 Rn. 21.

645 Lahr, EA 1983, S. 223 (S. 224); anders Oppermann, der davon ausgeht, dass sich in den entscheidenden Punkten die französischen Vorstellungen durchgesetzt haben, Oppermann/Classen/Nettesheim, Europarecht 2011, S. 11 Rn. 21.

keinen Gebrauch machen. In Bezug auf Mehrheitsentscheidungen enthielten die Luxemburger Beschlüsse ein sogenanntes „Agreement to disagree“.[646]

Eine modifizierte Neubelebung erfuhr die Luxemburger Vereinbarung durch den Kompromiss von Ioannina.[647] Die Staats- und Regierungschefs der zwölf Mitgliedstaaten einigten sich 1994 auf diese Formel, die im Falle knapper Mehrheiten bei einer Beschlussfassung mit qualifizierter Mehrheit im Rat einen zeitlichen Aufschub und erneute Verhandlungen vorsah.[648] Ungeachtet der im Beitrittsvertrag mit Finnland, Österreich und Schweden neu festgelegten Sperrminoritäten[649] sollte das Zustandekommen eines Beschlusses auch bei Erreichung der alten Sperrminorität[650] verhindert werden, wenn „sehr wichtige Interessen“ eines Mitgliedstaates berührt sind. Der Rat werde in diesen Fällen alles in seiner Macht stehende tun, um innerhalb einer angemessenen Zeit eine zufriedenstellende Lösung zu finden, die mit mindestens 68 Stimmen angenommen werden könne.[651] Mit der Formulierung über den „angemessenen Zeitraum“ übernimmt die Ioannina-Klausel zwar einen Teil der Luxemburger Vereinbarung, jedoch ist ein Vetorecht nicht vorgesehen. Damit werde sowohl die Durchsetzung des Mehrheitsprinzips bestätigt als auch die Luxemburger Vereinbarung von 1966 seinem Ende näher geführt.[652] Der Vertrag von Nizza vom 26.2.2001 enthielt eine neue Stimmverteilung im Rat und die Möglichkeit jedes Ratsmitglieds, feststellen zu lassen, ob die Mitgliedstaaten, die eine qualifizierte Mehrheit bilden, mindestens 62% der Gesamtbevölkerung der Europäischen Union repräsentieren.[653] Nach In-Kraft-Treten der Änderung des Art. 205 EGV durch die Beitrittsakte 2004 sei die Ioannina-Klausel zunächst also

646 „[...] es ist bekannt, daß nur ihre Teile I und IV die Bezeichnung ‚Vereinbarung‘ verdienen, während über das ‚Vetorecht‘ bei Geltendmachung sehr wichtiger nationaler Interessen keine Einigkeit erzielt wurde“; *Götz*, in: FS Everling, S. 340; so auch *Baquero Cruz*, in: Visions, votes and vetoes, S. 258; Clemens/Reinfeldt/Wille, Geschichte der europäischen Integration, S. 174; *Pescatore*, in: Visions, votes and vetoes, S. 243f.; Vasey, CMLRev (25) 1988, S. 725 (S. 726); vgl. die ausführliche Darstellung über den Inhalt und die rechtliche Beurteilung der Luxemburger Vereinbarung bei Streinz, Die Luxemburger Vereinbarung, S. 31ff.

647 Beschluss des Rates vom 29.3.1994, ABl. 1994 C 105/1; vgl. dazu *Poensgen*, in: FS Everling, S. 1133ff.; *Götz*, in: FS Everling, S. 352f.

648 Vgl. Deutscher Bundestag Wissenschaftliche Dienste, Der Vertrag von Lissabon und die Ioannina-Klausel. Nr. 29/07, S. 1.

649 Die neue Sperrminorität wuchs gem. Art. 205 Abs. 2 EGV auf 26 Stimmen an.

650 Im Maastrichter Vertrag von 1993 wurden die Stimmen im Rat auf 76 festgelegt und 23 Stimmen konnten einen Beschluss verhindern; siehe dazu *Poensgen*, in: FS Everling, S. 1133ff.; *Götz*, in: FS Everling, S. 352f.

651 Beschluss des Rates vom 29.3.1994, ABl. 1994 C 105/1; vgl. dazu Streinz, Europarecht-2012, S. 124 Rn. 364; Walthemathe, Austritt aus der EU, S. 23.

652 *Götz*, in: FS Everling, S. 353.

653 Art. 3 des Protokolls über die Erweiterung der EU zum Vertrag von Nizza, ABl. 2001 C 80/1 sowie ABl. 2001 C 96/27.

gegenstandslos geworden.[654] Ihre Verankerung erfolgte jedoch 2007 durch den Vertrag von Lissabon in den Zusatzerklärungen zu Art. 16 Abs. 4 EUV und Art. 238 Abs. 2 AEUV.[655] Sie ist nicht Bestandteil des primären Gemeinschaftsrechts, kann jedoch nur einstimmig wieder geändert werden.

Während Einigkeit darüber besteht, dass das Verständnis und die Interpretation der Verfassungskrise und der sie beilegenden Luxemburger Vereinbarung essentiell für die Betrachtungsweise der Europäischen Integration sind,[656] gibt es verschiedene sich z.T. widersprechende Versionen über die Folgen und die Bedeutung der Geschehnisse.[657] Insbesondere besteht Uneinigkeit darüber, ob sich nach 1965 tatsächlich eine Konsenspraxis als direkte Folge der Luxemburger Vereinbarung entwickelte und ob sich diese Konsenspraxis nachteilig auf die europäische Integration auswirkte.

In der Regel wird der Verfassungskrise und der Luxemburger Vereinbarung ein großer Einfluss auf die nachfolgende Praxis der Entscheidungsfindung im Ministerrat zugeschrieben. Obwohl den Luxemburger Beschlüssen keine rechtliche Verbindlichkeit zukam und selbst ihr unverbindlicher Inhalt keine dahingehende Regelung traf, sollen sie für lange Zeit eine Scheu vor Mehrheitsentscheidungen im Rat bewirkt haben.[658] Mehrheitsentscheidungen seien nur dann getroffen worden, wenn alle Mitgliedstaaten damit einverstanden waren und ggf. signalisierten, dass sehr wichtige Interessen nicht betroffen seien und sie sich daher überstimmen

---

654 Streinz, Europarecht-2012, S. 124 Rn. 364.

655 Es ist vorgesehen, dass ab dem 1.4.2017 eine Erklärung von Mitgliedern, die 55% der Anzahl der Mitgliedstaaten oder 55% der Bevölkerung vertreten, ausreichend ist, um eine Erörterung der strittigen Frage durch den Rat zu verlangen. Zwischen dem 1.11.2014 und dem 31.3.2017 braucht es dafür eine Erklärung von Mitgliedern des Rates, die mindestens drei Viertel der Bevölkerung oder mindestens drei Viertel der Anzahl der Mitgliedstaaten vertreten, siehe Erklärung Nr. 7 zum Vertrag von Lissabon, ABl. 2010 C 83/338ff. Die 62%-Regelung des Nizza-Vertrages gilt gemäß Art. 3 Abs. 2 des Protokolls über die Übergangsbestimmungen (Nr. 36), ABl. 2010 C 83/322ff., auch nach Inkrafttreten des Lissabon-Vertrages bis zum 31.10.2014 und danach bis zum 31.3.2017 auf Antrag eines Ratsmitglieds.

656 Die Vereinbarung sei von Interesse für die Politikwissenschaft und die Europäische Integrationsgeschichte. Sie gebe Auskunft über die rechtlichen Grenzen der Integration sowie über die verschiedenen Ansichten über die Gemeinschaftsrechtsordnung und das Verhältnis zwischen Recht und Politik, *Baquero Cruz*, in: Visions, votes and vetoes, S. 252f.

657 So auch *Hayes-Renshaw/Wallace*, in: Visions, votes and vetoes, S. 302.

658 Die Regierungen der neuen Mitgliedstaaten Dänemark, Großbritannien und Griechenland seien noch lange davon ausgegangen, dass der Luxemburger Kompromiss rechtliche Bindung habe und hätten ihren Vertretern im Rat Instruktionen gegeben, die Rechte der Mitgliedstaaten aus der Luxemburger Vereinbarung bei selbsterklärten vitalen Interessen aufrecht zu halten, *Hayes-Renshaw/Wallace*, in: Visions, votes and vetoes, S. 306.

lassen würden.[659] Die Gründe dafür seien auch taktischer Natur gewesen. Eine qualifizierte Mehrheit sei nur schwer erreichbar gewesen und Frankreich habe erklärt, es werde immer, wenn ein Mitgliedstaat ein sehr wichtiges Interesse geltend macht, mit diesem gegen die anderen stimmen. Nach der damaligen Vertragslage konnte so nur Luxemburg überstimmt werden und es habe die Sorge bestanden, eine Überstimmung Frankreichs könne zu neuen, von Frankreich ausgehenden Verfassungskrisen führen.[660] Eine so heterogene und wachsende Gemeinschaft wie die Europäische Gemeinschaft habe aber nicht dauerhaft auf Mehrheitsentscheidungen verzichten können. Diese hätten deswegen seit Mitte der 80er-Jahre wieder zugenommen, nicht zuletzt, weil die Einheitliche Europäische Akte (EEA) die der qualifizierten Mehrheit unterliegenden Materien ausweitete.[661] Im Agrarbereich entfaltete die Praxis der Luxemburger Vereinbarung jedoch noch länger Wirkung.[662]

In der jüngeren Literatur wird diesem Ergebnis z.T. widersprochen. Ungeachtet jahrzehntelanger Behauptung und Wiederholung gebe es so gut wie keinen Beweis dafür, dass die Luxemburger Vereinbarung die Bestimmungen über Mehrheitsabstimmungen systematisch funktionsunfähig gemacht habe. Die Auswirkungen der Vereinbarung auf den Rechtssetzungsprozess hätten sich auf die Zeit von 1965 bis 1967 beschränkt. Danach habe die Anzahl der Vorschläge und Annahmen sogar wieder zugenommen.[663] Tatsächlich ist es schwer zu beweisen, dass sich

659 Streinz, Europarecht-2012, S. 123 Rn. 361; so auch Lahr, EA 1983, S. 223 (S. 227); Oppermann/Classen/Nettesheim, Europarecht 2011, S. 11 Rn. 22; damit sei der Rat über eine Periode von rund eineinhalb Jahrzehnten noch über die französische Forderung von 1965/66 hinausgegangen und habe Mehrheitsentscheidungen nur im Haushaltsbereich und in Fragen von nebensächlicher Bedeutung getroffen, *Götz*, in: FS Everling, S. 341; Lahr, EA 1983, S. 223 (S. 229); Streinz, Die Luxemburger Vereinbarung, S. 52ff.

660 Lahr, EA 1983, S. 223 (S. 227).

661 Lahr, EA 1983, S. 223 (S. 230); vgl. die Beispiele für Mehrheitsentscheidungen bei Streinz, Europarecht-2012, S. 124 Rn. 362.

662 Vgl. *Götz*, in: FS Everling, S. 346; Streinz, Europarecht-2012, S. 124 Rn. 363; Vasey, CMLRev (25) 1988, S. 725 (S. 726f.); am 18.5.1982 wurde jedoch bei der Festsetzung der Agrarpreise für 1982/1983 in Abwesenheit des britischen, dänischen und griechischen Landwirtschaftsministers eine Mehrheitsentscheidung im EG-Ministerrat getroffen, vgl. dazu Brandstetter, Chronologisches Lexikon der europäischen Integration, S. 121f. Dass sich die britische Regierung auf wichtige eigene Entscheidungen und den Luxemburger Kompromiss berief und unter Beteiligung Frankreichs überstimmt wurde, habe gezeigt, dass selbst aus französischer Sicht kein Verzicht auf Mehrheitsentscheidungen erfolgt sei, Clemens/Reinfeldt/Wille, Geschichte der europäischen Integration, S. 174.

663 *Golub*, in: Visions, votes and vetoes, S. 298; unter Anwendung quantitativer Analysen selbst für Zeiträume, in denen wichtige Daten fehlen, versucht dieser zu beweisen, dass die Bestimmungen über Mehrheitsentscheidungen tatsächlich die Ergebnisse beeinflussten und dass die Produktivität dieses Prozesses eher

eine Praxis entwickelt hat, in der die Mitgliedstaaten die Vereinbarung einhielten, so wie sie von den französischen Repräsentanten verstanden wurde.[664] Zwar gab es sehr wenige ausdrückliche Abstimmungen im Rat in den 1960er und 1970er Jahren sowie in der ersten Hälfte der 1980er Jahre.[665] Dies kann jedoch kein Beweis für eine Konsenspraxis sein, weil entscheidend ist, ob die Möglichkeit der Mehrheitsabstimmung besteht und welchen Einfluss diese hat.[666]

Nimmt man gleichwohl an, es habe sich eine Konsenspraxis entwickelt, ist weiter fraglich, ob dies eine direkte Folge der Luxemburger Vereinbarung war. Schließlich erfolgten Konsensentscheidungen auch vor der Luxemburger Vereinbarung in Gebieten, die der Mehrheitsentscheidung unterlagen.

Dies habe unter anderem daran gelegen, dass es nicht schwierig gewesen sei, in einer Gemeinschaft von nur sechs Staaten, in der drei Mitgliedstaaten eine engere Union der Benelux-Staaten bildeten, einen Konsens zu erreichen. Ferner sei die Integration begrenzt und die Erfahrung mit supranationalen Institutionen gering gewesen. Außerdem habe ein hohes Maß an Misstrauen bestanden, sodass es die Mitgliedstaaten vermieden hätten, einen einzigen Mitgliedstaat zu überstimmen.[667]

Ferner muss berücksichtigt werden, dass ein Vetorecht zu keinem Zeitpunkt bestand. Der Text der Vereinbarung sah ein solches nicht vor und es hat sich kein dahingehendes Völkergewohnheitsrecht gebildet. Die Konsenspraxis habe weder lange genug angedauert noch habe eine gemeinsame Rechtsüberzeugung hinsichtlich einer Einstimmigkeitsregel im Rat vorgeherrscht.[668]

Deswegen kann die Konsenspraxis an sich nicht als Ausübung eines durch die Luxemburger Vereinbarung begründeten Vetorechts der Mitgliedstaaten angesehen werden. Ebenso wenig kann die Abkehr von der Konsenspraxis als Beweis dafür gelten, dass Mitgliedstaaten nunmehr auf ihr Vetorecht verzichten. Die Abnahme von Konsensentscheidungen war zum damaligen Zeitpunkt vielmehr auf die Vergrößerung der Gemeinschaft, die Erweiterung derjenigen Bereiche, in denen mit Mehrheit entschieden wurde sowie auf weniger Misstrauen unter den Mitgliedstaaten infolge eines allgemeinen Integrationsfortschritts zurückzuführen.[669]

Zuletzt besteht Uneinigkeit darüber, ob eine Konsenspraxis zum Nachteil der Gemeinschaft ist, weil sie sich zwangsläufig desintegrierend auswirkt.

Dementsprechend ist *Streinz* der Ansicht, die Konsenspraxis habe den supranationalen Charakter der Gemeinschaften beeinträchtigt. Neben der Kommission sei der Rat die zentrale supranationale Einrichtung, weil hier alle Mitgliedstaaten

---

beeindruckend war, *Golub*, in: Visions, votes and vetoes, S. 279ff.; vgl. dazu auch *Hayes-Renshaw/Wallace*, in: Visions, votes and vetoes, S. 304.

664 So auch *Baquero Cruz*, in: Visions, votes and vetoes, S. 258.

665 Vgl. *Baquero Cruz*, in: Visions, votes and vetoes, S. 258.

666 Ebenso *Golub*, in: Visions, votes and vetoes, S. 279ff.

667 *Baquero Cruz*, in: Visions, votes and vetoes, S. 276.

668 *Baquero Cruz*, in: Visions, votes and vetoes, S. 265, 268f.; Streinz, Die Luxemburger Vereinbarung, S. 93.

669 Ebenso *Baquero Cruz*, in: Visions, votes and vetoes, S. 276f.

vertreten sind und diese in bestimmten Fällen mit einfacher oder qualifizierter Mehrheit beschließen können. Durch das faktische Außerkraftsetzen des Mehrheitsprinzips im Rat werde dieses wesentliche Verfassungsprinzip der Gemeinschaften entleert.[670] *Streinz* weist auch daraufhin, dass es infolge der Konsenspraxis zu einer für die Gemeinschaften negativen Verschiebung des institutionellen Gleichgewichts zu Lasten der Kommission gekommen sei.[671] Wenn der Rat nach dem EWGV auf Vorschlag der Kommission tätig wurde, konnte er eine Änderung des Vorschlags nur einstimmig beschließen.[672] Diese Stärkung der Stellung der Kommission stehe und falle jedoch mit der Möglichkeit von Mehrheitsbeschlüssen im Rat.[673] Außerdem sieht *Streinz* die Verlangsamung des Integrationsprozesses als Folge der Konsenspraxis. Initiativen der Kommission hätten so konzipiert werden müssen, dass ein einstimmiger Beschluss ohne förmliche Abstimmung erzielt werden konnte.[674] Durch den Wegfall einer möglichen Mehrheitsentscheidung habe ein entscheidendes Druckmittel gefehlt, Mitgliedstaaten kompromissbereiter zu machen und Rechtsakte einstimmig verabschieden zu lassen.[675] Es sei nunmehr im *Package-deal*-Verfahren entschieden worden, was den Entscheidungsprozess und die materielle Qualität der Entscheidungen geschwächt und dazu geführt habe, dass sich Mitgliedstaaten in einigen Fragen nur deswegen sperrten, um Verhandlungsoptionen zur Durchsetzung nationaler Interessen aufzubauen.[676] Diese Ineffizienz des Rates zeige außerdem, dass trotz der Verschiebung des institutionellen Gleichgewichts zu Lasten der Kommission der Rat als Gemeinschaftsinstitution geschwächt worden sei.[677]

---

670 Streinz, Die Luxemburger Vereinbarung, S. 95f.; so auch *Götz*, in: FS Everling, S. 340.

671 Zwar gebe es innerhalb der Gemeinschaften keine klassische Gewaltenteilung, das Gemeinschaftsverfahren enthalte aber *de facto* ein System gegenseitiger Verschränkungen und Hemmungen zur Sicherung der funktionsgerechten Erfüllung der Gemeinschaftskompetenzen, Streinz, Die Luxemburger Vereinbarung, S. 97f.

672 Art. 149 S. 1 EWGV.

673 Die Praxis seit der Luxemburger Vereinbarung habe deswegen dazu geführt, dass die Vorschläge der Kommission vom Rat nicht mehr als Gesetzesentwürfe, sondern nur noch als „bloße Denkansätze und Diskussionsgrundlagen" behandelt worden seien, Streinz, Die Luxemburger Vereinbarung, S. 98.

674 Streinz, Die Luxemburger Vereinbarung, S. 99.

675 Streinz, Die Luxemburger Vereinbarung, S. 100; Streinz, Europarecht-2012, S. 123f. Rn. 362.

676 Streinz, Die Luxemburger Vereinbarung, S. 99f.

677 Ansonsten hätten die Mitgliedstaaten es nicht für erforderlich gehalten, die eigentlich intergouvernementalen Gipfelkonferenzen des Europäischen Rates einzurichten, Streinz, Die Luxemburger Vereinbarung, S. 101; anders Kaiser, laut dem die ordentlichen Rechtsakte der Gemeinschaften durch die Vereinbarung eine bis dahin nicht gekannte verfassungsrechtliche Relevanz erhielten. Die Regierungsvertreter im Rat hätten mehr als bisher eine die Verfassung der Gemeinschaften gestaltende Funktion, Kaiser, EuR 1966, S. 4 (S. 24).

Nach der gegenteiligen Ansicht führte die Konsenspraxis zu einem besseren politischen Klima, erleichterte den Rechtssetzungsprozess der Gemeinschaft und stärkte die Akzeptanz der Ergebnisse.[678] Dies werde insbesondere daran deutlich, dass es zu keiner Blockade der Vertragsrevision infolge der Konsenspraxis gekommen sei. In einigen Streitpunkten im Bereich der gemeinsamen Agrarpolitik, des Haushalts, des Außenhandels und der Kernkompetenzen der Institutionen hätten sich die Konsensmechanismen innerhalb von fünf Jahren nach der Krise der Jahre 1965/66 sogar so weit entwickelt, dass die meisten Schwierigkeiten auf dem Weg zur einer Lösung waren.[679] Anderseits wird auf die Rechtmäßigkeit der Konsenspraxis hingewiesen. Während es dem Vertragstext widerspreche, mit Mehrheit zu entscheiden, wenn dieser Konsens vorschreibt, sei es nicht rechtswidrig, über die durch die Verträge erschaffene Minimumschwelle hinaus zu entscheiden, solange die Möglichkeit der Abstimmung bestehen bleibe.[680]

Die vorhandenen Meinungsverschiedenheiten über die konkreten Folgen der Ereignisse zeigen, dass die nachhaltige Bedeutung der Krise für die Entwicklung der Gemeinschaften nicht endgültig zu beurteilen ist.[681] Jedenfalls muss die Krise für die Integrationsgeschichte als überaus bedeutsam angesehen werden, wenn die Luxemburger Vereinbarung den Fortbestand der Gemeinschaft ermöglicht hat.[682] Entscheidend dafür ist, ob die Gefahr eines Ausscheidens Frankreichs durch Austritt oder Ausschluss jemals bestand und ob dies das Ende der Gemeinschaften bedeutet hätte. Tatsächlich bestand ein essentieller Konflikt. Einerseits musste Frankreich die Rückkehr erleichtert und ein Austritt unbedingt vermieden werden.[683] Andererseits stellte Frankreichs „Politik des leeren Stuhls" einen Vertragsbruch dar. Es hat gegen Art. 5 des EWG-Vertrages verstoßen, der Maßnahmen

678 *Baquero Cruz*, in: Visions, votes and vetoes, S. 276; *Hayes-Renshaw/Wallace*, in: Visions, votes and vetoes, S. 314, 319.

679 *Hayes-Renshaw/Wallace*, in: Visions, votes and vetoes, S. 319; 1970 wurden die Eigenmittel der EG eingeführt und neue Kompetenzen für das Europäische Parlament beschlossen, welche mit der zweiten Vertragsrevision von 1975 weiterhin gestärkt wurden. Ferner wurde der Europäische Fonds für regionale Entwicklung eingerichtet, welcher ergänzend zum Europäischen Sozial- und Landwirtschaftsfond Finanzierungsprogramme durchführt. Innerhalb vergleichsweise weniger Jahre habe Frankreich also ein vertragsbasiertes System für die Agrarfinanzierung gewonnen, die Kommission habe mehr Möglichkeiten erreicht, um ihren Einfluss in Ausgabenprogrammen zu entwickeln und das Europäische Parlament habe einen Durchbruch in Bezug auf seine Kompetenzen erzielt, *Hayes-Renshaw/Wallace*, in: Visions, votes and vetoes, S. 314.

680 *Baquero Cruz*, in: Visions, votes and vetoes, S. 276.

681 So auch Clemens/Reinfeldt/Wille, Geschichte der europäischen Integration, S. 174.

682 So Clemens/Reinfeldt/Wille, Geschichte der europäischen Integration, S. 169; Meier, NJW 1974, S. 391 (S. 393); Streinz, Die Luxemburger Vereinbarung, S. 159 anders Lahr, EA 1983, S. 223 (S. 224).

683 So auch Lahr, EA 1983, S. 223 (S. 224).

verbot, welche die Verwirklichung des Vertragsziels gefährden können.[684] Wäre die Gemeinschaft infolge der „Politik des leeren Stuhls" handlungsunfähig geblieben, hätte in Erwägung gezogen werden müssen, Frankreich aus der Gemeinschaft auszuschließen oder zum Ausscheiden zu bewegen. Dazu kam es jedoch nicht, weil auch Frankreich auf eine Einigung angewiesen war. Denn sowohl die übrigen fünf Mitgliedstaaten als auch Frankreich seien sich bewusst gewesen, dass sie ohne den französischen Partner die Gemeinschaften fortführen könnten, wenn es notwendig werden würde.[685] Eine von Frankreichs Politik ausgehende Austrittsdrohung war nach überwiegender Ansicht daher nicht glaubwürdig.[686] Weil ein Ausscheiden Frankreichs zu keinem Zeitpunkt relevant war, wird die Luxemburger Vereinbarung in ihrer Bedeutung für die Integrationsgeschichte daher richtigerweise nicht vorwiegend als Kompromiss gesehen, der den Fortbestand der Gemeinschaft sicherte. Vielmehr bildete sich innerhalb der Politikwissenschaft und der Lehre von den internationalen Beziehungen in den letzten Jahrzehnten eine Meinung über die Bedeutung der Verfassungskrise von 1965 heraus. Sie geht dahin, dass infolge der Verfassungskrise und der Luxemburger Vereinbarung der Neofunktionalismus der früheren Jahre aufhörte und die Debatte über die politische Integration Ende der 1960er Jahre realistischer wurde. Die Krise müsse als Wendepunkt zwischen den anfänglichen supranationalen Versuchen und der späteren intergouvernementalen Methode der stagnierenden Periode angesehen werden.[687] Innerhalb der Rechtswissenschaften wird überwiegend der Standpunkt vertreten, dass sich die Verfassungskrise und die sie beilegende Vereinbarung zum Nachteil der Gemeinschaft auswirkten, zunächst das „Ende der erfolgreichen EWG-Integrationsphase" markierten[688] und eine Bedrohung für die Konsolidierung der europäischen Gemeinschaften als Rechtsgemeinschaften darstellten.[689] Für *Kaiser* stellt der Verfassungskompromiss von 1966 Desintegration dar und habe die zukünftige Entwicklung der Gemeinschaft weniger gewiss als bisher erscheinen lassen. Die Krise habe gezeigt, dass der Wille der Mitgliedstaaten nicht unbedingt auf Fortschritt gerichtet sei, sondern auch Rückschritt bedeuten könne.[690] Auch *Streinz* geht davon aus, die Vereinbarung habe erheblichen Einfluss auf die politische Entwicklung und die rechtliche Struktur der Gemeinschaft gehabt.[691]

---

684 So auch Clemens/Reinfeldt/Wille, Geschichte der europäischen Integration, S. 174ff.
685 Camps, European unification in the sixties, S. 121.
686 Ebenso *Golub*, in: Visions, votes and vetoes, S. 284.
687 *Hayes-Renshaw/Wallace*, in: Visions, votes and vetoes, S. 303.
688 Oppermann/Classen/Nettesheim, Europarecht 2011, S. 11 Rn. 22; so auch Lahr, EA 1983, S. 223 (S. 228, 230).
689 Vgl. *Baquero Cruz*, in: Visions, votes and vetoes, S. 252.
690 Kaiser, EuR 1966, S. 4 (S. 24).
691 Streinz, Die Luxemburger Vereinbarung, S. 94; jedoch weist dieser auch darauf hin, dass die Luxemburger Vereinbarung für Hemmungen im Integrationsprozess in Bereichen verantwortlich gemacht werde, die nach dem Recht der Verträge

In der jüngeren Forschung wird diese gängige Meinung zunehmend als Mythos bezeichnet.[692] In einem größeren historischen Kontext der europäischen Integrationsgeschichte betrachtet, seien die Geschehnisse von 1965 mehr als Teil eines Entwicklungsprozesses als eine zur Desintegration führende Verfassungskrise zu beurteilen.[693] Selbst Vertreter der herkömmlichen Meinung sehen in der Abstimmungspraxis im Rat nicht die Ursache, sondern lediglich das Spiegelbild des erreichten Integrationsstandes der Gemeinschaft. Die supranationale Konzeption des EGKSV-Vertrages sei bereits in den Verträgen von Rom abgeschwächt worden. Unter den Mitgliedstaaten hätten noch unterschiedliche Vorstellungen über das Wesen der Gemeinschaften bestanden, welche lediglich in der Verfassungskrise von 1965 offen zu Tage getreten, aber nicht von ihr verursacht worden seien.[694]

In der Krise und der Rückkehr Frankreichs kann eine bestandene Bewährungsprobe der Gemeinschaft gesehen werden, die zeigte, dass bereits 1965/1966 kein Mitgliedstaat bereit war, ein Auseinanderbrechen der EWG zu riskieren.[695] Auch für *Kaiser* hat sich durch die Krise bis zur Evidenz erhärtet, „dass einer supranationalen Wirtschaftsgemeinschaft aus ihrem wirtschaftlichen Gefüge und vor allem aus der sich darin betätigenden individuellen Rechtsausübung eine eigenständige, ja autonome Kraft der Beständigkeit erwächst."[696] Es ist zwar zutreffend, dass es mit Frankreich einem einzelnen Mitgliedstaat gelungen sei, seinen Willen der Gemeinschaft aufzuerlegen, indem es veranlasst habe, dass die Regierungen der einzelnen Mitgliedstaaten und nicht die supranationalen Institutionen der

Einstimmigkeit im Rat oder gar der Kompetenz der Mitgliedstaaten vorbehalten seien, Streinz, Die Luxemburger Vereinbarung, S. 101.

692 Die Vereinbarung sei ein rechtlicher und politischer Mythos mit großer erzählerischer Kraft, anhand derer komplexe Gesichtspunkte vereinfacht werden, *Baquero Cruz*, in: Visions, votes and vetoes, S. 277; ähnlich *Hayes-Renshaw/Wallace*, in: Visions, votes and vetoes, S. 302.

693 *Hayes-Renshaw/Wallace*, in: Visions, votes and vetoes, S. 318.

694 Streinz, Die Luxemburger Vereinbarung, S. 152f.

695 Die Europäische Integration hätte die Interessen der Mitgliedstaaten bereits so weit miteinander verwoben, dass das Fortbestehen und das Funktionieren der Gemeinschaft selbst zum vitalen Interesse geworden sei, Clemens/Reinfeldt/Wille, Geschichte der europäischen Integration, S. 174; ebenso *Hayes-Renshaw/Wallace*, in: Visions, votes and vetoes, S. 318f.; „EC/EU has come out of such experience bloodied but not bowed", *Hayes-Renshaw/Wallace*, in: Visions, votes and vetoes, S. 319.

696 Kaiser, EuR 1966, S. 4 (S. 24); ähnlich auch Brok, der davon ausgeht, der Luxemburger Kompromiss habe nicht zu einer „Paralyse des Entscheidungsprozesses" geführt. Die Mitgliedstaaten hätten gelernt, mit einem neuen Prinzip umzugehen, unter deren Geltung die bemerkenswerte Weiterentwicklung der Gemeinschaft erfolgt sei, Brok/Hrbek/Schäfer/Vaubel, Wirtschaftsdienst (87) 2007, S. 72 (S. 78).

Gemeinschaft[697] die die Krise beilegenden Entscheidungen treffen.[698] Jedes Mitglied der Gemeinschaft müsse jedoch das Gemeinschaftsinteresse bis zur Grenze des national Zumutbaren beachten, entferne sich ein Mitglied von diesem Grundsatz, werde es für die anderen zunehmend schwieriger, eigene Interessen für die Gemeinschaft zurückzustellen.[699] Stellen die anderen Mitgliedstaaten zum Wohle der Gemeinschaft in einer solchen Situation trotzdem ihre eigenen Interessen zurück, wie im Falle der Krise der „Politik des leeren Stuhls", spricht dies für die Stabilität und nicht für die Instabilität der Gemeinschaft.[700]

2. Referendum in Großbritannien

Am 22.1.1972 unterzeichnete Großbritannien im Palais d'Egmont in Brüssel den Beitrittsvertrag zu den Europäischen Gemeinschaften, um am 1.1.1973 Vollmitglied der EWG, der EGKS und EURATOM zu werden.[701] Mit dieser ersten Erweiterung der Europäischen Gemeinschaften um Großbritannien, Irland und Dänemark sollten diejenigen Kräfte, welche die Organisation als konföderative Kooperation ansahen, Verstärkung erhalten.[702] Diese Art von Europaphilosophie war es auch, welche einem früheren Beitritt Großbritanniens zum „Europa der Sechs" entgegenstand. *Winston Churchill* verbreitete zwar unmittelbar nach dem Zweiten Weltkrieg Visionen von einem vereinten Europa, das Vereinigte Königreich blieb aber in Bezug auf ein supranational ausgestaltetes Europa sehr zurückhaltend.[703] Die britische Regierung unterzeichnete weder 1951 den Vertrag über die EGKS noch

697 Die Ratssitzungen, in denen die Luxemburger Vereinbarungen entstanden, fanden außerordentlich und aus Rücksicht Frankreichs nicht am Sitz der Kommission in Brüssel statt, vgl. dazu Clemens/Reinfeldt/Wille, Geschichte der europäischen Integration, S. 173.

698 Gilbert, Surpassing Realism, S. 111.

699 Lahr, EA 1983, S. 223 (S. 228).

700 Z.T. wird auch argumentiert, die Gewandtheit des Kompromisses habe zu einer fortschrittlichen zwischen den politischen und rechtlichen Grenzen und Optionen lenkenden Politik geführt, die sich kontinuierlich zu einer Besonderheit des EU-Systems entwickelte. Außerdem habe sich weniger als erwartet von diesem Politikstil auf andere Politikbereiche ausgeweitet, obwohl auch in anderen Sektoren individuelle Mitgliedstaaten unterschiedliche und eigensinnige Interessen verteidigen, *Hayes-Renshaw/Wallace*, in: Visions, votes and vetoes, S. 319f.

701 Vgl. dazu Clemens/Reinfeldt/Wille, Geschichte der europäischen Integration, S. 187f.

702 So Oppermann/Classen/Nettesheim, Europarecht 2011, S. 12 Rn. 25.

703 Rajani, Geltung und Anwendung des Gemeinschaftsrechts, S. 21; Claber identifiziert die ungeschriebene britische Verfassung, die einmaligen historischen Erfahrungen durch die industrielle Revolution und das Empire sowie das britische Souveränitätsverständnis, Denktraditionen des Pragmatismus und der Kooperation als Grundlagen der britischen Europapolitik, Claber, Grossbritannien und die europäische Integration, S. 5–37.

nahm sie 1955 an der Konferenz von Messina teil, bei der über die Weiterentwicklung des europäischen Einigungsprozesses verhandelt wurde. Anstatt dessen sollte es 1960 Gründungsmitglied der EFTA werden, welche nicht supranational organisiert war.[704] Aus Sicht Großbritanniens habe sich der EWG-Beitritt wegen der damit verbundenen Einschränkung der Souveränität des britischen Parlaments verboten.[705] Anfang der sechziger Jahre strebte jedoch auch das Vereinigte Königreich einen Beitritt an. Es musste akzeptieren, dass sich die Integrationsbemühungen der sechs westeuropäischen Staaten positiv auf die Wirtschaft auswirkten und diese nicht wie zunächst angenommen in absehbarer Zeit zum intergouvernementalen Ansatz zurückkehren würden.[706] Zunächst scheiterten jedoch sowohl das Beitrittsgesuch im Jahr 1961 als auch das im Jahr 1967 am Widerstand *de Gaulles*, der bei der Entscheidung über den Beitritt von seinem Vetorecht Gebrauch machte.[707] Als dieser durch *Georges Pompidou* abgelöst wurde, stand dem dritten Beitrittsgesuch im Jahr 1970 jedoch nichts mehr entgegen.[708]

Dem britischen Beitritt waren intensive Verhandlungen über die Modalitäten der Übernahme des Gemeinschaftsrechts vorausgegangen.[709] Während die Vorbereitungen für die Beitrittsverhandlungen noch unter der Labour-Regierung von Premierminister *Harold Wilson* begannen, wurden sie nach dem Wahlsieg im Juni 1970 von der konservativen *Heath*-Regierung bruchlos fortgeführt. Zwar war Großbritannien im Gegensatz zu den Beitrittsverhandlungen von 1961/62 bereit, auf dauerhafte Ausnahmen vom Regelwerk der Gemeinschaften zu verzichten, jedoch blieben gewichtige Hauptdiskussionspunkte. Diese betrafen die präferentiellen Handelsbeziehungen des Vereinigten Königreichs mit dem Commonwealth, die Integration in die Gemeinsame Agrarpolitik sowie die Höhe des britischen Anteils an der Finanzierung der EWG.[710] Die Besonderheiten der britischen Agrarpolitik verursachten die größten Schwierigkeiten. Das Vereinigte Königreich importierte einen Großteil seiner Lebensmittel aus Commonwealth-Staaten zu

---

704 Vgl. Rajani, Geltung und Anwendung des Gemeinschaftsrechts, S. 22.

705 Rajani, Geltung und Anwendung des Gemeinschaftsrechts, S. 22.

706 Volle, Grossbritannien und der europäische Einigungsprozess, S. 2.

707 Vgl. die Darstellungen über den ersten und zweiten Beitrittsgesuch Großbritanniens bei Volle, Grossbritannien und der europäische Einigungsprozess, S. 6–18.

708 Vgl. die umfangreiche Darstellung über die Beitrittsverhandlungen von 1970–72 bei O'Neill/Hannay, Britain's entry into the European Community, S. 9ff.

709 Auf der Haager Gipfelkonferenz im Dezember 1969 wurden zuvor die Voraussetzungen für die Beitrittsverhandlungen festgelegt. Die Beitrittskandidaten mussten das geltende Gemeinschaftsrecht, den *acquis communautaire*, in seiner Gesamtheit akzeptieren, das bedeutete, dass nicht über Änderungen des Gemeinschaftsrechts verhandelt wurde, sondern lediglich über zeitlich begrenzte Ausnahmeregelungen bis zur vollständigen Übernahme des *aquis communitaire*, vgl. dazu Clemens/Reinfeldt/Wille, Geschichte der europäischen Integration, S. 183f.

710 Vgl. dazu Clemens/Reinfeldt/Wille, Geschichte der europäischen Integration, S. 184f.; Claber, Grossbritannien und die europäische Integration, S. 130–132.

Weltmarktpreisen. Die Gemeinsame Agrarpolitik garantierte hingegen den Landwirten in den Mitgliedstaaten bestimmte Mindestpreise für ihre Erzeugnisse. Die Preise waren demnach deutlich höher als auf dem Weltmarkt.[711] Es wurde daher befürchtet, dass hohe Kosten für das Vereinigte Königreich entstehen, weil der britische Verbraucher maßgeblich zur Finanzierung der Gemeinsamen Agrarpolitik beitragen würde, während Großbritannien der Gemeinschaft mehr an Importsteuern entrichten müsse.[712] Großbritannien verlangte bezüglich der abzuführenden Beiträge möglichst lange Übergangsfristen. Man einigte sich auf eine fünfjährige Frist zur Übernahme der Gemeinsamen Agrarpolitik und auf eine dauerhafte Begrenzung des britischen Anteils am Haushalt der EWG.[713]

Kurz nach dem britischen Beitritt begann im Oktober 1973 mit dem Beginn des israelisch-arabischen Krieges der Ölpreis dramatisch anzusteigen. Die folgende Wirtschaftskrise erschütterte das Vereinigte Königreich nachhaltiger als andere europäische Länder. Es kam zu Inflation und wirtschaftlicher Stagnation. Ein erhofftes Wirtschaftswachstum durch den EWG- Beitritt blieb aus.[714] Innenpolitisch rückten die ausgehandelten Beitrittsbedingungen sowie die zu bezahlenden Haushaltsbeträge in den Mittelpunkt der Kritik. Die Labour Party kündigte für den Fall einer Regierungsübernahme an, die Beitrittsbedingungen neu zu verhandeln und über den Verbleib in den Europäischen Gemeinschaften ein Referendum abhalten zu lassen.[715] In der Geschichte Großbritanniens hatte es bis 1974 keine landesweiten Referenden gegeben. Diese sind der britischen Verfassungstradition fremd, weil sich die Souveränität des Parlaments und damit der Regierung von der Krone und nicht vom Volk ableitet und eine Volksabstimmung daher weder das Parlament noch die Regierung binden kann.[716] Damit war Großbritannien zwar nicht

---

711 Vgl. dazu Clemens/Reinfeldt/Wille, Geschichte der europäischen Integration, S. 186; Rajani, Geltung und Anwendung des Gemeinschaftsrechts, S. 24.

712 Clemens/Reinfeldt/Wille, Geschichte der europäischen Integration, S. 186; Rajani, Geltung und Anwendung des Gemeinschaftsrechts, S. 24.

713 Weitere Vereinbarungen waren: eine viereinhalbjährige Übergangszeit für die Übernahme des EGKS- und des EWG-Vertrages, eine einjährige Anpassungsperiode für den Euratom-Beitritt, ein Abbau von Zöllen zwischen Großbritannien und den anderen Mitgliedstaaten sowie die Anpassung des britischen Außenzolls bis zum 1.7.1977, vgl. dazu Clemens/Reinfeldt/Wille, Geschichte der europäischen Integration, S. 186.

714 Vgl. dazu Claber, Grossbritannien und die europäische Integration, S. 140f.; Clemens/Reinfeldt/Wille, Geschichte der europäischen Integration, S. 189; Rajani, Geltung und Anwendung des Gemeinschaftsrechts, S. 24.

715 Vgl. dazu insgesamt Kreutzfeldt, Point of return, S. 472ff.

716 Rajani, Geltung und Anwendung des Gemeinschaftsrechts, S. 24; Irving, ELRev 1975, S. 3 (S. 3f.); Ausnahmen sind konstitutionelle oder politische Fragen von weitreichender politischer Bedeutung, Kreutzfeldt, Point of return, S. 473. Deswegen hatten die drei maßgeblichen Parteien zunächst ein Referendum abgelehnt. Jedoch sei Heath am 5.5.1970 ein entscheidender Fehler unterlaufen: Bei der Rede vor der britisch-französischen Handelskammer erklärte er, es könne

das einzige Mitglied, in dem die Bevölkerung über die EG-Mitgliedschaft abstimmte, aber es war der einzige Mitgliedstaat, in dem ein Referendum nach Beitritt zur EG abgehalten wurde.[717]

Nachdem im März 1974 die Konservativen die Wahlen verloren hatten und *Wilson* erneut Premierminister geworden war, forderte der neue britische Außenminister *James Callaghan* am 1.4.1974 die übrigen Mitglieder im Rat zu einer grundsätzlichen Neuverhandlung auf.[718] Auf den im Dezember 1974 in Paris und im März 1975 in Dublin folgenden Zusammenkünften der Staats- und Regierungschefs der Europäischen Gemeinschaften wurden begrenzte Zugeständnisse an die britische Regierung gemacht, durch welche die Finanzierungslasten zugunsten Großbritanniens umverteilt wurden.[719] Obwohl die Zugeständnisse in der Forschung als gering und eher von symbolischer Bedeutung gewertet werden,[720] war das Resultat für die Mehrheit der britischen Regierung ausreichend, um der Bevölkerung beim Referendum die Zustimmung für den Verbleib Großbritanniens in den Europäischen Gemeinschaften zu empfehlen.[721] Am 5.6.1975 stimmten die britischen Wähler mit 67,2% der abgegebenen Stimmen bei einer Wahlbeteiligung von 60,4% für einen Verbleib in den Europäischen Gemeinschaften.[722] Nach Analysen der Wahlforscher kann das Wahlergebnis sehr wohl auf die Ergebnisse der Neuverhandlungen zurückgeführt werden. Entscheidender als deren konkrete Inhalte sei jedoch die Tatsache gewesen, dass die britische Regierung den Verbleib in der Gemeinschaft empfahl.[723]

Die Spaltung der Labour Party wurde mit dem positiven Ausgang des Referendums vorerst abgewendet. Diese beendete zudem ihren Boykott des Europäischen Parlaments und entsendete Delegierte in den Wirtschafts- und Sozialausschuss der

---

keinen EG-Beitritt ohne „the full-hearted consent of Parliament and people" geben, King, Britain says yes, S. 61; vgl. Kreutzfeldt, Point of return, S. 474.

717 Kreutzfeldt, Point of return, S. 472, 474.

718 Brandstetter, Chronologisches Lexikon der europäischen Integration, S. 97; Clemens/Reinfeldt/Wille, Geschichte der europäischen Integration, S. 188.

719 Diese umfassten eine Verlängerung der Übergangsregelungen, die Schaffung eines Korrekturmechanismus, welcher Rückerstattungen bei groben Missverhältnissen zwischen Zahlungen an den und Rückflüssen aus dem Gemeinschaftshaushalt vorsah, siehe Clemens/Reinfeldt/Wille, Geschichte der europäischen Integration, S. 188f.

720 So Clemens/Reinfeldt/Wille, Geschichte der europäischen Integration, S. 189; ähnlich auch Rajani, Geltung und Anwendung des Gemeinschaftsrechts, S. 24.

721 Brandstetter, Chronologisches Lexikon der europäischen Integration, S. 100; Clemens/Reinfeldt/Wille, Geschichte der europäischen Integration, S. 189.

722 Mit Ausnahme der Shetlands und der Western Isles stimmten sämtliche Grafschaften des Vereinigten Königreichs mit deutlicher Mehrheit für den Verbleib in der Europäischen Gemeinschaft, siehe dazu Clemens/Reinfeldt/Wille, Geschichte der europäischen Integration, S. 189; Kreutzfeldt, Point of return, S. 490.

723 Zur Auswertung des Wählerverhaltens im Referendum Butler/Kitzinger, The 1975 referendum, S. 249ff.; Kreutzfeldt, Point of return, S. 485.

Gemeinschaft. In der Bevölkerung und Politik machte sich dennoch Ernüchterung breit.[724] Denn es sei Großbritannien durch die Mitgliedschaft in den Europäischen Gemeinschaften nicht gelungen, seine ökonomischen Probleme zu verringern oder eine politische Führungsrolle in den Gemeinschaften einzunehmen.[725] So gab es seit dem Referendum in den großen Parteien immer wieder wechselnde und unterschiedliche Meinungen über die EU-Mitgliedschaft, obwohl die offizielle Position beider immer zugunsten der Mitgliedschaft ausfiel.[726] Die britische Europapolitik in der Zeit von 1974 bis 1979 habe Großbritannien noch mehr an den Rand gedrängt und lang anhaltende strukturelle Probleme innerhalb der Gemeinschaft verursacht.[727] Dass ein Austritt aus der EG durch das Referendum für die Zukunft nicht ausgeschlossen sei, habe bereits 1981 die Ankündigung der (Old) Labour Party gezeigt.[728] *Michael Foot* trat bei der Wahl 1983 für die Labour Party als Spitzenkandidat gegen *Thatcher* mit dem Versprechen an, Großbritannien werde die Europäischen Gemeinschaften im Falle eines Wahlsieges wieder verlassen.[729] Innenpolitisch seien die Europäischen Gemeinschaften beliebter Sündenbock geblieben, was sich in den 1980er Jahren noch verstärkt habe und von der *Thatcher*-Regierung unter dem Motto „I want my money back" im Rahmen der Haushaltsfrage thematisiert worden sei.[730] Auch in den meisten Fragen der europäischen Integration habe sich Großbritannien nicht als enthusiastisches Mitglied erwiesen. Die britische Europaphilosophie sei vorwiegend auf die Wahrung der nationalen Identität innerhalb der Gemeinschaft bedacht gewesen[731] und habe am 20.9.1988 klassischen Ausdruck in der Brügger Rede von Premierministerin *Margret Thatcher* gefunden, in der sie Europa als „Family of Nations" bezeichnete.[732]

Obwohl das Referendum von 1975 die europäische Frage in Großbritannien für die nächsten Generationen nicht gelöst zu haben scheint,[733] lassen die historischen Geschehnisse und ihre Folgen – ähnlich wie bei der von Frankreich ausgelösten

---

724 Kreutzfeldt, Point of return, S. 495, 498.

725 Clemens/Reinfeldt/Wille, Geschichte der europäischen Integration, S. 190.

726 Vgl. dazu Minford/Mahambare/Nowell, Should Britain leave the EU, S. 3ff.

727 *Kaiser*, in: European Union enlargement, S. 24f.

728 Kreutzfeldt, Point of return, S. 491, 495; Walthemathe, Austritt aus der EU, S. 24f.

729 Vgl. Kreutzfeldt, Point of return, S. 491, 495; Walthemathe, Austritt aus der EU, S. 24f.

730 Rajani, Geltung und Anwendung des Gemeinschaftsrechts, S. 24; man bedenke das Ausscheren Großbritanniens aus der im Vertrag von Maastricht vorgesehenen Sozialpolitik der Europäischen Gemeinschaften sowie die Sonderreglung und das *Opting-out* bei der Wirtschafts- und Währungsunion, so auch Rajani, Geltung und Anwendung des Gemeinschaftsrechts, S. 24; ebenso das Veto gegen eine EU-Vertragsänderung zur Einführung strengerer Haushaltskontrollen, mit der der britische Premier Cameron 2011 auf die Mitgestaltung einer europäischen Fiskalunion verzichtete.

731 Rajani, Geltung und Anwendung des Gemeinschaftsrechts, S. 24.

732 Oppermann/Classen/Nettesheim, Europarecht 2011, S. 12 Rn. 25.

733 Kreutzfeldt, Point of return, S. 491.

Verfassungskrise im Jahr 1965 – auch differenzierende Interpretationen zu. Es darf nicht unbeachtet bleiben, dass das Referendum von 1975 im Ergebnis das Gegenteil von dem bewirkte, was seine Initiatoren ursprünglich beabsichtigten. Großbritannien war vorerst fest in den Europäischen Gemeinschaften verankert und die Beitrittsgegner waren politisch diskreditiert.[734] Mit der Aufnahme Großbritanniens kam zwar ein „schwieriger" Partner hinzu. Dies verhinderte indessen nicht die dynamische Weiterentwicklung der Gemeinschaft.[735] Und es spricht Einiges dafür, dass ohne den Umweg über Neuverhandlung und Referendum die Integration Großbritanniens in die Gemeinschaft auf Dauer nicht hätte gelingen können.[736]

3. Das Ausscheiden Grönlands als bisher einzige Verkleinerung der Union

Grönland ist die größte Insel der Welt und das am nördlichsten gelegene Landgebiet. Die meisten der ca. 57.000 Einwohner leben von der Fischerei und der Jagd. Mit der dänischen Verfassung von 1953 verlor Grönland seinen Status als dänische Kolonie und wurde zu einem integralen Teil dänischen Hoheitsgebietes.[737] Im dänischen Referendum über die Teilnahme in den Europäischen Gemeinschaften vom 2.10.1972 lehnte eine Zweidrittel-Mehrheit der Grönländer die Teilnahme ab.[738] Anders als die Färöer Inseln, deren Bewohner ebenfalls den EG-Beitritt abgelehnt hatten, stand Grönland zu diesem Zeitpunkt jedoch nicht unter Selbstverwaltung und wurde als ein integraler Teil Dänemarks in die EG eingegliedert.[739]

Der Provinzialrat Grönlands hatte nach dem dänischen EG-Beitritt das Recht eingefordert, Grönlands Status innerhalb der Gemeinschaften unabhängig von Dänemark zu bestimmen. Diesen Wunsch wies die dänische Regierung jedoch zurück, weil der Beitrittsvertrag bereits unterzeichnet war und Grönland keine lokale Autonomie hatte, welche notwendig gewesen wäre, um eine eigenständige Entscheidung in Bezug auf die EG-Mitgliedschaft zu erlauben.[740]

---

734 So auch Kreutzfeldt, Point of return, S. 494.

735 Brok/Hrbek/Schäfer/Vaubel, Wirtschaftsdienst (87) 2007, S. 72 (S. 78).

736 So auch King, Britain says yes, S. 84; Kreutzfeldt, Point of return, S. 496.

737 Siehe die Darstellungen bei Harhoff, CMLRev (20) 1983, S. 13 (S. 13ff.); Johansen/Lehmann Sorensen, EA Dokumente 1983, S. 399 (S. 399f.); Ungerer, EA Dokumente 1984, S. 345 (S. 345ff.).

738 Mit „Nein" stimmten 70,3% während nur 29,7% für einen Beitritt zur EG waren; vgl. Harhoff, CMLRev (20) 1983, S. 13 (S. 17); Weiss, ELRev (10) 1985, S. 173 (S. 176).

739 Gem. Art. 227 Ziffer 1 EGV, Art. 79 EGKSV, Art. 198 EAGV, vgl. Walthemathe, Austritt aus der EU, S. 26; in Bezug auf Grönland enthielt der Beitrittsvertrag nur einige wenige Ausnahmeregelungen, siehe dazu Harhoff, CMLRev (20) 1983, S. 13 (S. 17); vgl. auch Weiss, ELRev (10) 1985, S. 173 (S. 176).

740 Harhoff, CMLRev (20) 1983, S. 13 (S. 17).

Seit 1950 machte Grönland einen Modernisierungsprozess durch, im Zuge dessen die in Dänemark ausgebildete Elite den Wunsch nach mehr Verantwortung für die Gestaltung der Zukunft Grönlands verspürte. Zwar kam eine Sezession von Dänemark wegen der Abhängigkeit von dänischen Subventionen zu keinem Zeitpunkt in Betracht, jedoch blieb das Streben nach mehr Selbstständigkeit im dänischen Reichsverband.[741]

Diese Geschehnisse initiierten den Antrag Grönlands über die Einberufung einer Selbstverwaltungskommission im Jahr 1975.[742] Der endgültige Bericht dieser Kommission enthielt einen Entwurf für ein Gesetz, welches Grönland unter Selbstverwaltung stellte. Dieses Gesetz wurde am 17.11.1978 vom dänischen Parlament verabschiedet, 1979 in einem Referendum angenommen und trat am 1.5.1979 in Kraft.[743]

Die Einführung der Selbstverwaltung war jedoch für Grönland nicht gleichbedeutend mit nationaler Souveränität und Unabhängigkeit von Dänemark.[744] Unter weiten Teilen der grönländischen Bevölkerung und in der Politik[745] bestand immer noch der Wunsch, aus den Gemeinschaften auszutreten. Dieser basierte weder auf einer der Gemeinschaft gegenüber bestehenden feindlichen Gesinnung noch war er Folge der seit 1979 bestehenden und durch die Agrarpolitik der EG und die Grenzen ihrer Finanzierbarkeit ausgelösten Krise.[746] Durch die Einführung der Selbstverwaltung hat Grönland Befugnisse erlangt, die zuvor Dänemark zustanden, und es wollte vermeiden, dass diese Selbstverwaltungskompetenzen nun

---

741 Vgl. Johansen/Lehmann Sorensen, EA Dokumente 1983, S. 399 (S. 399f.); Lachmayer/Bauer, Praxiswörterbuch Europarecht, S. 471.

742 Vgl. Harhoff, CMLRev (20) 1983, S. 13 (S. 17); Johansen/Lehmann Sorensen, EA Dokumente 1983, S. 399 (S. 399).

743 Vgl. Harhoff, CMLRev (20) 1983, S. 13 (S. 17); Walthemathe, Austritt aus der EU, S. 26; durch das Autonomiegesetz war Dänemark noch zuständig für Außenpolitik, Währungspolitik und Verfassungsfragen während Grönland Zuständigkeiten in Sachen Fischerei, Jagd, Landwirtschaft, Umweltschutz und Steuerwesen erhielt. Es traf jedoch keine Regelung über die Mitgliedschaft in den EG, vgl. Johansen/Lehmann Sorensen, EA Dokumente 1983, S. 399 (S. 400); Lachmayer/Bauer, Praxiswörterbuch Europarecht, S. 471.

744 Harhoff, CMLRev (20) 1983, S. 13 (S. 23); jedoch werden dänische Gesetzesentwürfe und Rechtsverordnungen sowie internationale Verträge, die lediglich Grönland betreffen oder von besonderer Relevanz für Grönland sind, vor ihrer Verabschiedung an die Selbstverwaltungsorgane weitergeleitet. Andererseits präsentieren Grönlands regionale Regierung und Parlament – *Landstyre* und *Landsting* – in bestimmten Fällen ihre Entwürfe über Verwaltungsvorschriften und Gesetze der dänischen Regierung, bevor sie verabschiedet werden, vgl. Harhoff, CMLRev (20) 1983, S. 13 (S. 19); zur grönländischen Selbstverwaltung vgl. auch Weiss, ELRev (10) 1985, S. 173 (S. 175).

745 Der Großteil der Mitglieder des *Landsting* gehörte der Siumut Partei an, welche Gegner der EG-Mitgliedschaft waren, Weiss, ELRev (10) 1985, S. 173 (S. 175).

746 Ungerer, EA Dokumente 1984, S. 345 (S. 345f.).

durch Gemeinschaftskompetenzen entleert würden.[747] Die Rückgabe von Kompetenzen an die Selbstverwaltungsorgane war insbesondere im Bereich der grönländischen Fischerei essentiell. Aus Sicht Grönlands bestand die Notwendigkeit, die Fischereipolitik allein zu kontrollieren, weil es sowohl im Hinblick auf seinen Export als auch in Bezug auf den Arbeitsmarkt vollständig vom Fischfang und Fischverarbeitung abhängig war.[748] Nach Gemeinschaftsrecht konnten keine exklusiven Fischereirechte gewährt werden. Außerdem fischten grönländische Fischer ausschließlich in Grönlands Territorium und hatten daher kein Interesse daran, in fremdem Territorium fischen zu dürfen.[749]

Im Frühjahr 1981 kamen alle Parteien im grönländischen Parlament – dem *Landsting* – überein, dass die grönländische Bevölkerung in einem Referendum über die Frage der EG-Mitgliedschaft entscheiden solle. Am 23.2.1982 votierte die Bevölkerung Grönlands mit 52% für die Beendigung der Zugehörigkeit zu den EG und die Aufnahme neuer Beziehungen zur EG.[750]

Hintergrund des negativen Referendums war neben der Sorge um einen Missbrauch von Fanglizenzen innerhalb der 200-Meilen-Zone im Rahmen der Gemeinsamen Europäischen Fischereipolitik auch die Angst vor der Ausbeutung der Uranvorkommen unter dem Euratom Vertrag. Außerdem befürchtete man Nachteile durch die Freizügigkeit von Kapital, Arbeit und Niederlassung sowie Überfremdung und fühlte sich durch Dänemark bei Entscheidungen in Brüssel nicht interessengerecht vertreten.[751]

Nach dem Referendum ersuchte die grönländische Regierung – der *Landstyre* – am 26.3.1982 die dänische Regierung, Verhandlungen mit den EG über den Austritt Grönlands und den Übergang zum Status eines außereuropäischen Landes und Hoheitsgebietes Dänemarks i.S.d. Art. 131 EWGV (ÜLG-Status) aufzunehmen. Am 19.5.1982 wurde ein dahingehender Vorschlag von der dänischen Regierung an den Ministerrat weitergeleitet. Mit Schreiben vom 8.6.1982 ersuchte der Ratspräsident die Kommission nach ihrer Meinung in Bezug auf die von der dänischen

---

747 Harhoff, CMLRev (20) 1983, S. 13 (S. 23); Johansen/Lehmann Sorensen, EA Dokumente 1983, S. 399 (S. 400).

748 Vgl. Harhoff, CMLRev (20) 1983, S. 13 (S. 22); Lachmayer/Bauer, Praxiswörterbuch Europarecht, S. 471; Walthemathe, Austritt aus der EU, S. 26; Weiss, ELRev (10) 1985, S. 173 (S. 174).

749 Harhoff, CMLRev (20) 1983, S. 13 (S. 22).

750 Brandstetter, Chronologisches Lexikon der europäischen Integration, S. 121; die Referendumsfrage lautete: Soll Grönland Mitglied der Europäischen Gemeinschaften bleiben? 32.391 Personen waren wahlberechtigt, Nein-Stimmen: 12.615 (52%), Ja-Stimmen: 11.180 (46, 1 %), ungültige Stimmen: 470, siehe Harhoff, CMLRev (20) 1983, S. 13 (S. 13); vgl. auch die Darstellungen bei Johansen/Lehmann Sorensen, EA Dokumente 1983, S. 399 (S. 400); Ungerer, EA Dokumente 1984, S. 345 (S. 347).

751 Lachmayer/Bauer, Praxiswörterbuch Europarecht, S. 471; Ungerer, EA Dokumente 1984, S. 345 (S. 347).

Regierung erbetene Vertragsänderung. Am selben Tag wurde der dänische Vertragsentwurf zur Stellungnahme dem Europäischen Parlament vorgelegt. Im Februar 1983 empfahl die Kommission in ihrer Stellungnahme den ÜLG-Status für Grönland, kombiniert mit besonderen Durchführungsbestimmungen in Bezug auf den Fischereisektor.[752]

Auf seinem Treffen am 29.11.1983 entschied der Außenministerrat der EG, über die genauen Bedingungen von Grönlands Ausscheiden und seine Umwandlung in ein ÜLG zu verhandeln.[753] Am 13.3.1984 unterzeichnete der Ministerrat in Brüssel einen Vertrag zur Änderung der Verträge zur Gründung der EG,[754] in dem zu großen Teilen die Vorschläge der Kommission übernommen wurden.

Grundsätzlich bestanden drei Möglichkeiten, wie das Verhältnis zwischen der EG und Grönland zukünftig ausgestaltet werden könnte: Es hätte von der EG zunächst als ganz normales Drittland behandelt werden können. Die Folgen wären jedoch ein durch Grönland zu entrichtender Importzoll von 20% auf alle Fischereiprodukte und schwerwiegende wirtschaftliche Konsequenzen gewesen.[755] Ferner war der sogenannte Färöer-Status für Grönland im Gespräch. Die EG hatte 1976 mit den Färöer-Inseln ein Abkommen über wirtschaftliche Zusammenarbeit abgeschlossen, welches auch den Tausch von Fischereirechten mit einschloss. Weil der vom Gemeinschaftsrecht vorgesehene ÜLG-Status in Bezug auf Handel und Kapitalbeschaffung für Grönland günstiger als der Färöer-Status gewesen sei, habe sich der *Landsstyre* indessen für diese Variante entschieden, welche auch den britischen, französischen und niederländischen überseeischen Ländern und Gebieten gewährt worden war.[756]

Der ÜLG-Status ist eine Art der Assoziierung. Der Begriff der Assoziierung ist im Völkerrecht nicht festgelegt, sondern beschreibt eine Sonderstellung von Staaten, Gebieten oder internationalen Organisationen, die besonders enge Beziehungen zu einer anderen internationalen Organisation unterhalten, aber keine Mitglieder sind.[757]

---

752 Vgl. Walthemathe, Austritt aus der EU, S. 27; Weiss, ELRev (10) 1985, S. 173 (S. 176, 179).

753 Da die deutsche Bundesregierung auf eine befriedigende Regelung der Fischereifrage als Voraussetzung für die Zuerkennung eines neuen Status für Grönland beharrte, wurde dieser Aspekt zum zentralen Thema der Verhandlungen, die sich zu einer deutsch-dänischen Kontroverse entwickelten, Ungerer, EA Dokumente 1984, S. 345 (S. 349).

754 ABl. 1985 L 29/1ff.; vgl. Brandstetter, Chronologisches Lexikon der europäischen Integration, S. 126.

755 Johansen/Lehmann Sorensen, EA Dokumente 1983, S. 399 (S. 403); vgl. auch Lachmayer/Bauer, Praxiswörterbuch Europarecht, S. 471.

756 Johansen/Lehmann Sorensen, EA Dokumente 1983, S. 399 (S. 402).

757 *Khan*, in: Geiger 2010, Art. 198 AEUV, Rn. 3.

Eine Assoziierung mit der EU ist auf unterschiedliche Weise möglich. Die Assoziierung mit unabhängigen Staaten und internationalen Organisationen erfolgt als vertragliche oder externe Assoziierung gem. Art. 217 AEUV durch bilaterale oder multilaterale Assoziierungsvereinbarungen.[758]

Die Assoziierung mit außereuropäischen und unselbstständigen Territorien eines Mitgliedstaats – der sog. ÜLG-Status – erfolgt als konstitutionelle Assoziierung gem. Art. 198ff. AEUV.[759] Diese Bestimmungen blieben seit 1958 im Wesentlichen unberührt und dienen primär entwicklungspolitischen Zielen.[760] So formulieren Art. 198 UAbs. 2 und 3 AEUV als klassische Ziele einer Assoziierung die Förderung der wirtschaftlichen und sozialen Entwicklung der ÜLG und die Herstellung enger Wirtschaftsbeziehungen zur Union. Durch die Art. 199f. AEUV werden das EU-Handelsregime auf die ÜLG ausgedehnt und finanzielle Hilfen gewährt.[761] Der ÜLG-Status bewirkt also in gewisser Weise eine wirtschaftliche Integration in den Gemeinsamen Markt. Als Gegenleistung für die Annahme des Prinzips des freien Warenaustausches zeigte sich die EG bereit, mit Kapital aus verschiedenen Fonds, die wirtschaftliche Entwicklung des ÜLG zu unterstützen.[762] Für Grönland sei die Einberufung des ÜLG-Status vor allem wegen des zollfreien Zugangs zum Gemeinsamen Markt für seine Exporte an Fisch und Fischprodukten bedeutsam gewesen.[763]

Die Etablierung dieses ÜLG-Status im vierten Teil des Vertrags ist auf die Bestrebung zurückzuführen, die damaligen Kolonien der EG-Staaten in besonderer Art an den geplanten Gemeinsamen Markt der Sechs zu binden und darüber hinaus einen Entwicklungsfond zu schaffen. Der Anwendungsbereich der betreffenden Bestimmungen ist nach der Unabhängigkeit der meisten Kolonien um 1969 jedoch

---

758 Vgl. *Khan*, in: Geiger 2010, Art. 198 AEUV, Rn. 4; *Schmalenbach*, in: Calliess/Ruffert 2011, Art. 217 AEUV, Rn. 1ff.; Weiss, ELRev (10) 1985, S. 173 (S. 177).

759 Vgl. *Schmalenbach*, in: Calliess/Ruffert 2011, Art. 198 AEUV, Rn. 1ff.

760 Vgl. Oppermann/Classen/Nettesheim, Europarecht 2011, S. 672 Rn. 54f.; *Schmalenbach*, in: Calliess/Ruffert 2011, Art. 198 AEUV, Rn. 9.

761 Oppermann/Classen/Nettesheim, Europarecht 2011, S. 672 Rn. 54f.

762 V.a. der Europäische Entwicklungsfonds und die Europäische Investitionsbank; vgl. dazu Harhoff, CMLRev (20) 1983, S. 13 (S. 23); Johansen/Lehmann Sorensen, EA Dokumente 1983, S. 399 (S. 403); Lachmayer/Bauer, Praxiswörterbuch Europarecht, S. 471.

763 Johansen/Lehmann Sorensen, EA Dokumente 1983, S. 399 (S. 403); Lachmayer/Bauer, Praxiswörterbuch Europarecht, S. 471.

stark geschrumpft.[764] Übrig geblieben sind 26 dänische, französische, niederländische und britische Überseegebiete mit insgesamt rund 900.000 Einwohnern.[765]

Die ÜLG fallen nicht in den räumlichen Geltungsbereich des EUV/AEUV[766] sondern werden dem Sonderregime der Art. 198ff. AEUV und der auf dessen Grundlage erlassenen Rechtsakte unterstellt. Die allgemeinen Vertragsbestimmungen finden ohne ausdrückliche Verweisung deswegen keine Anwendung.[767]

Durch den Änderungsvertrag wurde der Vorgänger von Art. 198 AEUV – ex Art 131 EGV[768] – um Dänemark, und der Anhang II des Vertrages, welcher eine Liste der entsprechenden Länder und Territorien enthält, um Grönland ergänzt.[769] Ferner wurde ex Art. 136a EGV[770] in den Vertrag eingefügt, der bestimmt, dass dieses Regelungsregime vorbehaltlich eines gleichzeitig vereinbarten und mit primärrechtlichen Wirkungen ausgestatteten Protokolls über die Sonderregelung für Grönland[771] Anwendung findet. Das Protokoll knüpft an die Einfuhr grönländischer Fischerzeugnisse in die EG die Bedingung, dass den Gemeinschaftsfischern ein zufriedenstellender Zugang zu den grönländischen Fischereizonen gewährt wird.[772] Gem. Art. 1 Abs. 1 des Protokolls soll dieser Zugang und das rechtliche Sonderregime bzgl. der Fischereifragen auf vertraglicher Grundlage geregelt

---

764 Vgl. Oppermann/Classen/Nettesheim, Europarecht 2011, S. 672 Rn. 54f.; *Schmalenbach*, in: Calliess/Ruffert 2011, Art. 198 AEUV, Rn. 1; die Assoziierung mit dem Gemeinsamen Markt geschah nach der Unabhängigkeit der Kolonien über vertragliche Assoziierung (nunmehr Art. 217 AEUV) durch die Konventionen von Jaunde aus den Jahren 1963 und 1969. Mit den früheren britischen Kolonien in Afrika, der Karibik und dem pazifischen Raum wurden 1975 durch die Unterzeichnung der Konvention von Lome mit 46 AKP-Staaten ebenfalls eine Assoziierung geschaffen, vgl. Johansen/Lehmann Sorensen, EA Dokumente 1983, S. 399 (S. 403); *Khan*, in: Geiger 2010, Art. 198 AEUV, Rn. 2; Zimmermann, EuZW 2009, S. 1 (S. 1f.).

765 Vgl. Oppermann/Classen/Nettesheim, Europarecht 2011, S. 672 Rn. 54f.; *Schmalenbach*, in: Calliess/Ruffert 2011, Art. 198 AEUV, Rn. 1.

766 Siehe Art. 52 EUV, Art. 355 Abs. 2 AEUV.

767 *Khan*, in: Geiger 2010, Art. 198 AEUV, Rn. 1; Oppermann/Classen/Nettesheim, Europarecht 2011, S. 672 Rn. 54f.; im Verhältnis zur Union sind ÜLG faktisch in der Situation von Drittländern, so *Schmalenbach*, in: Calliess/Ruffert 2011, Art. 198 AEUV, Rn. 2.

768 Ex Art. 182 EGV, jetzt Art. 198 Abs. 1 AEUV.

769 Die derzeit geltende Liste ist durch den Beschluss 2001/822/EG des Rates vom 27.11.2001 über die Assoziation der überseeischen Länder und Gebiete mit der Europäischen Gemeinschaft („Übersee-Assoziationsbeschluss") konkretisiert, ABl. 2001 L 314/25, vgl. *Khan*, in: Geiger 2010, Art. 198 AEUV, Rn. 6.

770 Ex 188 EGV, jetzt Art. 204 AEUV.

771 Protokoll über die Sonderregelung für Grönland vom 13.3.1984, ABl. 1985 L 29/7; Protokoll Nr. 34 über die Sonderregelung für Grönland vom 9.5.2008, ABl. 2008 C 115/320.

772 Vgl. *Schmalenbach*, in: Calliess/Ruffert 2011, Art. 217 AEUV, Rn. 3.

werden. Dies erfolgt durch das Partnerschaftliche Fischereiabkommen zusammen mit einem Durchführungsprotokoll zum Fischereiabkommen, geschlossen zwischen Dänemark und der örtlichen Regierung Grönlands einerseits und der Union andererseits.[773] Hierin waren bis Ende 2012 die Fangquoten präzisiert und die finanzielle Gegenleistung der Union festgelegt.[774] Die notwendigen Ratifikationen der Vertragsänderungen erfolgten nicht in allen Mitgliedstaaten bis zum 1.1.1985, sodass Grönland erst mit Wirkung zum 1.2.1985 aus der Gemeinschaft ausschied.[775]

Die rechtliche Bewertung der Geschehnisse um Grönlands Ausscheiden verursachte weder in der Literatur noch innerhalb der Gemeinschaftsinstitutionen eine nennenswerte Debatte.[776] Dies mag zunächst verwundern, weil der EGV kein Austrittsrecht enthielt und die Frage nach dem Bestehen eines Austrittsrechts hoch umstritten war.[777] Jedoch stellt das Ausscheiden Grönlands keinen Austritt im völkerrechtlichen oder gemeinschaftsrechtlichen Sinne dar.[778] Das Ausscheiden Grönlands ist zunächst nicht im Sinne eines einseitigen Austritts zu verstehen, weil es durch eine Vertragsänderung gem. den Vorläufern des Art. 48 EUV – Art. 236 EWGV, Art. 96 EGKSV und Art. 204 EAGV – bewirkt wurde, was einen Konsens unter den Mitgliedstaaten voraussetzte.[779] Grönlands Ausscheiden stellt ferner keinen Präzedenzfall für den einvernehmlichen Austritt dar.[780] Grönland war zu keinem Zeitpunkt ein selbstständiger Mitgliedstaat der EG. Es handelt sich lediglich um den Teil eines Mitgliedstaates, welches im Verhältnis zu Dänemark über einen besonderen Status der Autonomie verfügte. Ohne Erlangung der staatlichen Unabhängigkeit schied es aus dem Anwendungsbereich des Vertrages aus.[781] Die

---

773 ABl. 2007 L 172/1ff., vgl. dazu *Schmalenbach*, in: Calliess/Ruffert 2011, Art. 217 AEUV, Rn. 4; Ungerer, EA Dokumente 1984, S. 345 (S. 345, 350).

774 Vgl. dazu *Khan*, in: Geiger 2010, Art. 204 AEUV, Rn. 1; *Schmalenbach*, in: Calliess/Ruffert 2011, Art. 217 AEUV, Rn. 4.

775 Vgl. dazu Brandstetter, Chronologisches Lexikon der europäischen Integration, S. 131f.; Harhoff, CMLRev (20) 1983, S. 13 (S. 13); Sands/Klein/Bowett, Bowett's law, S. 552; Weiss, ELRev (10) 1985, S. 173 (S. 173).

776 So auch Sands/Klein/Bowett, Bowett's law, S. 552; Walthemathe, Austritt aus der EU, S. 27; Weiss, ELRev (10) 1985, S. 173 (S. 176).

777 Siehe dazu ausführlich S. 152ff.

778 So auch Walthemathe, Austritt aus der EU, S. 27; entgegen vieler bezeichnet Lasok das Ausscheiden Grönlands als Präzedenzfall eines einvernehmlichen Austritts, Lasok, Law and institutions, S. 107.

779 Vgl. Lachmayer/Bauer, Praxiswörterbuch Europarecht, S. 471; Weiss, ELRev (10) 1985, S. 173 (S. 177).

780 So Brandstetter, Chronologisches Lexikon der europäischen Integration, S. 126; *Hilf*, in: GTE 1997, Art. 240 EGV, Rn. 15; *Khan*, in: Geiger 2010, Art. 198 AEUV, Rn. 2; Ungerer, EA Dokumente 1984, S. 345 (S. 345); Walthemathe, Austritt aus der EU, S. 27; Weiss, ELRev (10) 1985, S. 173 (S. 177); Zeh, ZEuS 2004, S. 173 (S. 192).

781 Vgl. *Khan*, in: Geiger 2010, Art. 198 AEUV, Rn. 2; darin sieht Hilf den Unterschied zum Ausscheiden Algeriens im Jahr 1962. Dieses wurde von Frankreich zuvor

Vereinbarung habe zwar eine Verkleinerung der Gemeinschaft bewirkt, jedoch nur durch die Reduzierung des räumlichen Geltungsbereichs der Gemeinschaftsverträge.[782]

Darüber hinaus erhielt Grönland innerhalb des EG-Rechts den Status eines außereuropäischen Landes und Hoheitsgebietes zuerkannt. Damit hätten die Mitgliedstaaten ihrer Verpflichtung unter dem Gesichtspunkt der Gemeinschaftstreue entsprochen, der vergleichbaren Lage Grönlands mit den übrigen von der Gemeinschaft anerkannten überseeischen Ländern und Gebieten gerecht zu werden,[783] sich jedoch nicht über den Austritt eines Mitgliedstaates geeinigt.

Obschon kein rechtlicher Präzedenzfall für einen einvernehmlichen Austritt eines Mitgliedstaates, blieb die Befürchtung, dass die Geschehnisse eine Bedeutung als Präzedenzfall entfalten könnten. Grönland war die erste territoriale Einheit, die aus dem Anwendungsbereich der Gemeinschaftsverträge ausschied.[784] Während der Verhandlungen wurde in der Öffentlichkeit das Wort „Austritt" benutzt. Auch für die Grönländer habe die Statusänderung als Ergebnis des Verhandlungsprozesses psychologisch und politisch einen „Austritt" dargestellt. Schließlich seien sie nicht mehr den Rechtssetzungsakten der Gemeinschaft unterworfen gewesen und konnten frei über ihre natürlichen Ressourcen verfügen.[785]

Es blieb eine starke Opposition gegen die Gewährung des ÜLG-Status an ein ausscheidendes Mitglied. Man fürchtete, einen Präzedenzfall zu schaffen, sollte Grönland eine Vorzugsbehandlung erfahren, ohne die Pflichten der Mitgliedschaft zu tragen[786] und kritisierte, dass Grönland seine Fischgründe und Rohstoffe der Gemeinschaft entziehe, es aber trotzdem die Vorteile des ÜLG-Status erhalte.[787] Deswegen wurde teilweise befürchtet, ein Ausscheiden Grönlands werde politische Folgen haben, die noch nicht abzusehen seien. Es könne zu einem fatalen Beispielsfall innerhalb der Gemeinschaft für andere Gebiete mit autonomen Status oder solcher Regionen, die Autonomie anstreben,[788] werden und zu einer Auflösung der Organisation beitragen.[789]

---

in die Unabhängigkeit entlassen, sodass eine Vertragsänderung nicht nötig war, *Hilf*, in: GTE 1997, Art. 240 EGV, Rn. 15.

782 Brandstetter, Chronologisches Lexikon der europäischen Integration, S. 126; Walthemathe, Austritt aus der EU, S. 27.

783 *Hilf*, in: GTE 1997, Art. 240 EGV, Rn. 15.

784 *Khan*, in: Geiger 2010, Art. 204 AEUV, Rn. 1; dies ebenfalls betonend Weiss: „first ever withdrawal of a territory from the territorial scope of the Community treaties", Weiss, ELRev (10) 1985, S. 173 (S. 173).

785 Ungerer, EA Dokumente 1984, S. 345 (S. 345).

786 Johansen/Lehmann Sorensen, EA Dokumente 1983, S. 399 (S. 405).

787 Ungerer, EA Dokumente 1984, S. 345 (S. 348).

788 Wie bspw. Sizilien, Sardinien, Korsika oder die britischen Inseln.

789 Vgl. Harhoff, CMLRev (20) 1983, S. 13 (S. 31); Johansen/Lehmann Sorensen, EA Dokumente 1983, S. 399 (S. 405); Ungerer, EA Dokumente 1984, S. 345 (S. 348).

Grönlands exzeptionelle Bedingungen veranlassten jedoch die breite Mehrheit dazu, die Einzigartigkeit des Vorgangs in der Geschichte der Union zu unterstreichen.[790] Grönland war das einzige Übersee-Territorium der EG, welches voll integriert war.[791] Des Weiteren seien die grönländischen Bedingungen so exzeptionell, dass der Vorgang weder als institutioneller noch als rechtlicher Präzedenzfall angesehen werden könne. Als überseeisches und geographisch zum nordamerikanischen Kontinent gehörendes Land unterscheide es sich nach Klima, Kultur, ethnischer Zugehörigkeit sowie sozialer, wirtschaftlicher und industrieller Struktur und Existenzgrundlage so grundlegend von Europa, dass das Ausscheiden aus der Gemeinschaft und der Übergang zum ÜLG-Status niemals zum Modell für Gebiete oder Regionen in Europa werden könne.[792]

Wenngleich sich die anderen Mitgliedstaaten in Bezug auf Grönlands Austritt verständnislos zeigten, stellen die getroffenen Vereinbarungen eine faire Lösung und einen bestmöglichen Interessenausgleich dar.[793] Aus Sicht Grönlands hat es seine Verhandlungsziele und eine damit einhergehende Selbstständigkeit erreicht. Die EG-Verträge werden nicht mehr auf Grönland angewendet, es erhält einen ÜLG-Status und die alleinige Befugnis, Fangrechte in grönländischen Gewässern zu verwalten. Um diese Stärkung der eigenen Position zu erreichen, habe es sogar auf bedeutende finanzielle Vorteile der EG-Mitgliedschaft verzichtet.[794]

Aber auch aus Sicht der Gemeinschaft habe die gefundene Lösung ermöglicht, sowohl eigene Interessen im Hinblick auf die Fischerei als auch die Sicherheitspolitik zu wahren.[795] Wäre die EG nicht dazu bereit gewesen, hätte Grönland wahrscheinlich einen vollständigen Austritt angestrebt. Dieser komplette Bruch

---

790 So Harhoff, CMLRev (20) 1983, S. 13 (S. 31); Johansen/Lehmann Sorensen, EA Dokumente 1983, S. 399 (S. 406); *Schmalenbach*, in: Calliess/Ruffert 2011, Art. 217 AEUV, Rn. 1; Weiss, ELRev (10) 1985, S. 173 (S. 185).

791 Harhoff, CMLRev (20) 1983, S. 13 (S. 25).

792 Johansen/Lehmann Sorensen, EA Dokumente 1983, S. 399 (S. 406); so auch Harhoff, CMLRev (20) 1983, S. 13 (S. 21, 31); Weiss, ELRev (10) 1985, S. 173 (S. 185).

793 So auch Harhoff, CMLRev (20) 1983, S. 13 (S. 32); Ungerer, EA Dokumente 1984, S. 345 (S. 351); insbesondere wurde kritisiert, dass zugunsten Grönlands bereits beim dänischen Beitritt 1973 eine Reihe von Sonderregelungen getroffen worden waren, vgl. dazu die Darstellung zu den Reaktionen der EG-Organe und der anderen Mitgliedstaaten bei Ungerer, EA Dokumente 1984, S. 345 (S. 347ff.).

794 Grönland wurden in den Jahren 1973–1982 Zuschüsse aus dem Gemeinschaftsfonds in Höhe von 680 Millionen Dänischer Kronen und Darlehen der Europäischen Investitionsbank in Höhe von 330 Millionen Dänischer Kronen für die Finanzierung von Infrastrukturvorhaben und Ausbildungsprogrammen gewährt, Johansen/Lehmann Sorensen, EA Dokumente 1983, S. 399 (S. 399); siehe dazu auch Ungerer, EA Dokumente 1984, S. 345 (S. 348).

795 Einem EG-Austritt Grönlands hätte zum damaligen Zeitpunkt auch ein NATO-Austritt folgen können, was die Position der NATO im Nordatlantik erheblich geschwächt hätte, so Harhoff, CMLRev (20) 1983, S. 13 (S. 33); Ungerer, EA Dokumente 1984, S. 345 (S. 348).

sei indessen vermieden worden. Die Einräumung des ÜLG-Status für Grönland stelle lediglich den Wechsel von einem Ende des Vertragssystems zum anderen Ende dar.[796] Durch die Statusänderung wird Grönland im Verbund gehalten und die Möglichkeit geschaffen, enge und dauerhafte Beziehungen beizubehalten und neue Formen der Zusammenarbeit zu entwickeln. [797]

Auch im Hinblick auf die Europäische Integration führte Grönlands Ausscheiden zu keinen negativen Auswirkungen. Das Konzept einer europäischen Integration basiert auf der Grundlage, dass die europäischen Völker eine gemeinsame Identität empfinden. Die Bestrebungen der Westeuropäer, über den Nationalstaat hinaus eine europäische Identität zu entwickeln, sind den Grönländern hingegen fremd. Sie fühlen sich den Inuit in Kanada und Alaska näher als den Europäern verbunden. In ihrem Austrittswunsch kommt das Streben nach einer grönländischen Identität zum Ausdruck.[798] Wegen seiner exzeptionellen Bedingungen hätte Grönland somit – ohne dass seine Bevölkerung ihre eigene Identität und Lebensart aufgeben müsste – nicht in die Gemeinschaft gepasst.[799]

4. Referenda in Dänemark

Einerseits sind die politische und wirtschaftliche Lage, das noch funktionierende Sozialsystem und ein ausgeglichener Haushalt Gründe für Dänemarks Sonderrolle innerhalb Europas.[800] Andererseits resultiert aus der langen Referendumstradition Dänemarks, dass der politische Gestaltungsspielraum stark von der Durchführung von Referenden abhängig ist.[801] Bereits die dänische Verfassung von 1915 sah ein Referendum für den Fall der Verfassungsänderung vor. Die jetzige Verfassung – das Grundlov – ist seit 1953 in Kraft und ordnet an verschiedenen Stellen, u.a. bei der Abgabe staatlicher Souveränität und im Falle der Ratifizierung bestimmter internationaler Verträge, die Durchführung von Referenden an.[802] Der Hintergrund dieser verfassungsrechtlichen Bestimmungen war die Bestrebung Dänemarks, eine Beteiligung in internationalen und supranationalen Verbindungen zu erleichtern.[803]

---

796 Harhoff, CMLRev (20) 1983, S. 13 (S. 32).

797 So auch Harhoff, CMLRev (20) 1983, S. 13 (S. 32); Ungerer, EA Dokumente 1984, S. 345 (S. 351).

798 Vgl. Harhoff, CMLRev (20) 1983, S. 13 (S. 21); Ungerer, EA Dokumente 1984, S. 345 (S. 346).

799 So auch Harhoff, CMLRev (20) 1983, S. 13 (S. 21).

800 Vgl. *Petersen*, in: Jahrbuch der Europäischen Integration 2001, S. 325ff.; *Thune*, in: Jahrbuch der Europäischen Integration 1992/93, S. 308ff.; *Twardy*, in: Plebiszit und Ratifikation, S. 26.

801 Vgl. *Twardy*, in: Plebiszit und Ratifikation, S. 25f.; Petersen, ZEI Working Papers 1998, S. 3 (S. 3).

802 Vgl. *Twardy*, in: Plebiszit und Ratifikation, S. 28.

803 Alternativ zur Anordnung von Referenden war lediglich eine Verfassungsänderung denkbar, was sich jedoch als deutlich aufwendiger erwiesen hätte, Petersen, ZEI Working Papers 1998, S. 3 (S. 3f.); siehe § 88 Grundlov: „Nimmt das Folketing

Im Hinblick auf die europäische Integration ist das obligatorische Referendum nach § 20 Abs. I, II Grundlov maßgeblich. Danach ist für die Übertragung von Hoheitsrechten an eine internationale Organisation eine 5/6-Mehrheit im dänischen Parlament – dem *Folketing*[804] – oder eine Zustimmung durch Volksentscheid erforderlich. Bei einer einfachen Mehrheit im Parlament ist das erforderliche Gesetz dem Volk zur verbindlichen Abstimmung vorzulegen. Es gilt als gescheitert, wenn es von der Mehrheit der Wähler abgelehnt wurde und diese mindestens 30% der Wahlberechtigten ausmachen.[805]

Für den europäischen Integrationsprozess ist ferner das verfassungsrechtlich nicht geregelte konsultative Referendum von Interesse, welches zunächst auf lokaler Ebene eingesetzt wurde. So führte die Volksbefragung von 1979 zum Rückzug Grönlands aus der EG im Jahr 1985. Es erlangte 1986 aber auch auf nationaler Ebene im Rahmen der Abstimmung über die Einheitliche Europäische Akte (EEA) Bedeutung.[806]

Dem obligatorischen Referendum bei Abgabe staatlicher Souveränität nach § 20 Abs. II Grundlov kommt eine größere Bedeutung zu. Denn alle fünf Referenden in Bezug auf den europäischen Integrationsprozess seit Dänemarks Beitritt 1972 basierten auf dieser Bestimmung.[807]

Der Vertrag von Maastricht wurde am 7.2.1992 unterzeichnet und sollte ausweislich seines Art. R nach der Ratifikation durch alle Mitgliedstaaten am 1.1.1993

---

den Entwurf einer neuen Grundgesetzbestimmung an und will die Regierung diese Sache fördern, so wird eine Neuwahl des Folketing ausgeschrieben. Wird von dem aus der Wahl hervorgehenden Folketing der Entwurf in unveränderter Fassung angenommen, so muss er vor Ablauf eines halben Jahres nach seiner Verabschiedung den Wählern des Folketing zur Billigung oder Ablehnung durch direkte Abstimmung vorgelegt werden. Die näheren Bestimmungen für diese Abstimmung trifft das Gesetz. Haben eine Mehrheit der an der Abstimmung teilnehmenden und mindestens 40% sämtlicher Stimmberechtigten ihre Stimme für den Folketingbeschluß abgegeben und wird dieser vom König bestätigt, so erhält dieser Beschluß den Rang eines Grundgesetzes."

804 Dem entsprechen 150 von 179 Mitgliedern des Parlaments.

805 Vgl. dazu Oppermann/Classen, NJW 1993, S. 5 (S. 7); Petersen, ZEI Working Papers 1998, S. 3 (S. 3); Svensson, Scandinavian Political Studies (17) 1994, S. 69 (S. 70); *Twardy*, in: Plebiszit und Ratifikation, S. 25ff., 30; Walthemathe, Austritt aus der EU, S. 25f.

806 Bei einer Beteiligung von 75,4% stimmten 56,2% dafür, vgl. dazu *Twardy*, in: Plebiszit und Ratifikation, S. 29f.

807 Neben den beiden Referenden zum Vertrag von Maastricht in den Jahren 1992 und 1993 sind dies: 1972 Beitritt Dänemarks zur Europäischen Gemeinschaft (Ja 63,4 %; Wahlbeteiligung: 90,4 %), 1998 Referendum über den Vertrag von Amsterdam (Ja 55,1 %; Wahlbeteiligung: 75,6 %), 2000 Referendum über die Einführung des Euro (Nein 53,2 %; Wahlbeteiligung: 87,6 %), vgl. dazu Petersen, ZEI Working Papers 1998, S. 3 (S. 3); *Thune*, in: Jahrbuch der Europäischen Integration 1993/94, S. 317; *Twardy*, in: Plebiszit und Ratifikation, S. 30.

in Kraft treten.[808] Zwar wurden in drei der zwölf Mitgliedstaaten – Dänemark, Frankreich und Irland – Referenden abgehalten, in Dänemark mussten die Bürger jedoch zweimal innerhalb eines Jahres darüber votieren.[809]

Der Vertrag von Maastricht war sowohl für die konservativ-liberale Regierung als auch für die Sozialdemokraten akzeptabel. Anfängliche Bedenken in Bezug auf die Wirtschafts- und Währungsunion sowie in Bezug auf verteidigungspolitische Aspekte wurden gelindert. Dänemark hatte sich das Recht gesichert, seine Entscheidung über die Teilnahme an der dritten Stufe der Wirtschafts- und Währungsunion aufzuschieben und es war geplant, neutrale Staaten wie Schweden und Finnland in ein paar Jahren in die Gemeinschaft aufzunehmen. Dementsprechend deutlich fiel im Frühjahr 1992 das Ergebnis im *Folketing* aus. Der Gesetzesentwurf für den Vertrag wurde mit 130 zu 25 Stimmen verabschiedet. Lediglich die Sozialistische Volkspartei und die rechte Fortschrittspartei stimmten dagegen.[810] Jedoch wurde im Parlament keine 5/6 Mehrheit erreicht, sodass Dänemark am 2.6.1992 als erster Mitgliedstaat in einem Referendum über den Vertrag abstimmen lies. Dabei lehnte die dänische Bevölkerung mit einer Beteiligung von 82,9% die Ratifizierung des Vertrages von Maastricht mit 50,7% gegen 49,3% der Stimmen ab. Das Referendum scheiterte also nur knapp an 23.424 Gegenstimmen.[811]

Obwohl die vorausgehende Kampagne die Skepsis der Wähler gegenüber dem Vertrag zeigte, war das Ergebnis des Referendums für die meisten Politiker dennoch eine Überraschung. Zuvor hatte man auf die zurückliegenden Referenden verwiesen und ist von einem wachsenden Konsens bezüglich der Europäischen Gemeinschaften und von einer Akzeptanz der EG-Mitgliedschaft in der Bevölkerung ausgegangen.[812] Das deutliche Missverhältnis zwischen den aufgrund der parlamentarischen Mehrheitsverhältnisse zu erwartenden und den tatsächlichen Abstimmungsergebnissen zeigte indessen eine insbesondere bei den Sozialdemokraten bestehende signifikante Spaltung innerhalb der politischen Parteien. Während die gesamte Parteien-Spitze pro-europäisch war, teilten sich ihre Mitglieder und Wähler gleichmäßig zwischen Unterstützern und Skeptikern auf.[813]

---

808 Die Notwendigkeit der Zustimmung durch alle Mitgliedstaaten ergab sich auch, weil durch den Vertrag die bisherigen Gemeinschaftsverträge (EWG-, EAG-, EGKS-Vertrag, EEA) geändert wurden, vgl. Oppermann/Classen, NJW 1993, S. 5 (S. 7); *Thune*, in: Jahrbuch der Europäischen Integration 1992/93, S. 308.

809 Vgl. Svensson, Scandinavian Political Studies (17) 1994, S. 69 (S. 69).

810 Vgl. Petersen, ZEI Working Papers 1998, S. 3 (S. 8); *Thune*, in: Jahrbuch der Europäischen Integration 1992/93, S. 308.

811 Brandstetter, Chronologisches Lexikon der europäischen Integration, S. 194; Svensson, Scandinavian Political Studies (17) 1994, S. 69 (S. 70); *Thune*, in: Jahrbuch der Europäischen Integration 1993/94, S. 317.

812 Petersen, ZEI Working Papers 1998, S. 3 (S. 8); *Thune*, in: Jahrbuch der Europäischen Integration 1992/93, S. 308.

813 Petersen, ZEI Working Papers 1998, S. 3 (S. 4); *Twardy*, in: Plebiszit und Ratifikation, S. 26.

Umfragen zeigten, dass die Erweiterung der Gemeinschaftspolitik auf den Bereich der Gemeinsamen Außen- und Sicherheitspolitik (GASP) sowie die föderale europäische Zusammenarbeit kritische Aspekte darstellten. Des Weiteren war bei dem knappen Ergebnis der Meinungsumschwung unter den Fischern und Landwirten entscheidend. Viele von ihnen lehnten aus Protest gegen die Fischerei- und neue Agrarpolitik der Europäischen Gemeinschaften den Vertrag ab. Als dominierender Grund wird indessen die Angst unter den Dänen angesehen, ihre nationale Souveränität und Handlungsfreiheit zu verlieren. Vielen sei ihre politische Freiheit wichtiger als die wirtschaftlichen Vorteile aufgrund der EG-Mitgliedschaft gewesen.[814]

Zwei Tage nach dem Referendum trafen sich die EG-Außenminister in Oslo. Im Rahmen der Osloer Erklärung wurde beschlossen, dass eine Neuverhandlung des Maastrichter Vertrages ausgeschlossen sei und der Ratifizierungsprozess in den anderen elf Mitgliedstaaten voranschreiten müsse.[815] Die Sozialdemokraten und die Mehrheit der Abgeordneten im *Folketing* verlangten Änderungen des Vertrages von Maastricht in Form von Ausnahmeregelungen für Dänemark. Am 30.10.1992 beschloss das *Folketing* das Memorandum „Dänemark in Europa". Dieser sogenannte Nationale Kompromiss fand die Zustimmung von sieben der acht Parlamentsparteien und sah für Dänemark vier Ausnahmen (*Opt-outs*) von der vollen Integration vor:[816]

1. die Ablehnung der gemeinsamen Unionsbürgerschaft,
2. die Ablehnung der dänischen Teilnahme an der dritten Stufe der Währungsunion bei Erfüllung der Konvergenzkriterien,
3. der Verzicht auf die Beteiligung an der gemeinsamen Sicherheits- und Außenpolitik (GASP) und
4. keine Übertragung von nationaler Souveränität in den Bereichen Justiz und Inneres.

Im Falle der unbefristeten und verbindlichen Annahme der Ausnahmeregelungen wollte Dänemark der weiteren Kooperation und tiefer gehenden Integration der anderen Mitgliedstaaten in diesen Bereichen nicht entgegenstehen. Ebenso wenig

814 Zur Analyse des Ergebnisses des Referendums siehe Siune/Svensson, Electoral Studies (12) 1993, S. 99 (S. 103); *Thune*, in: Jahrbuch der Europäischen Integration 1992/93, S. 309.

815 Vgl. Petersen, ZEI Working Papers 1998, S. 3 (S. 8); *Thune*, in: Jahrbuch der Europäischen Integration 1992/93, S. 310.

816 Zur Darstellung der Geschehnisse und der Reaktionen innerhalb der dänischen Politik, siehe Petersen, ZEI Working Papers 1998, S. 3 (S. 8); Svensson, Scandinavian Political Studies (17) 1994, S. 69 (S. 70f.); *Thune*, in: Jahrbuch der Europäischen Integration 1992/93, S. 311.

sollte eine Neuverhandlung des Maastrichter Vertrages und eine erneute Ratifizierung desgleichen stattfinden.[817]

Auf seinem Gipfeltreffen in Edinburgh räumte der Europäische Rat im Dezember 1992 Dänemark einen entsprechenden Sonderstatus ein. Die Edinburgher Beschlüsse kamen den Dänen inhaltlich sehr entgegen und enthielten die im Nationalen Kompromiss beschlossenen Ausnahmeregelungen.[818] Dementsprechend wurden die Ergebnisse von Edinburgh durch die dänischen Medien als eindeutiger Sieg Dänemarks dargestellt.[819]

Obwohl Einigkeit darüber bestand, dass die Ratifizierung der Edinburgher Beschlüsse ein Vorgehen nach § 20 Abs. II Grundlov erforderlich machte, entschied man sich für die Durchführung eines Referendums nach § 42 Abs. VI Grundlov. Grund dafür war, dass sich sieben der acht im *Folketing* vertretenden Parteien auf den Nationalen Kompromiss geeinigt hatten. Bei der Abstimmung über die Edinburgher Beschlüsse war also die für die Abgabe staatlicher Souveränität gemäß § 20 Abs. II Grundlov geforderte Mehrheit von 5/6 der Parlamentsabgeordneten zu erwarten. Dies hätte ein Referendum entbehrlich gemacht. Wegen des ablehnenden Referendums von 1992 sollte dem dänischen Volk dennoch die Abstimmung ermöglicht werden und man einigte sich auf das Vorgehen nach § 42 VI Grundlov.[820]

Bis zum Referendum folgte eine Kampagne, im Rahmen derer die Argumente für und gegen den Vertrag von Maastricht der Öffentlichkeit präsentiert wurden. Bei einer Beteiligung von 86,5% stimmten 56,7% der dänischen Bevölkerung am 18.5.1993 sodann für den Vertrag.[821]

Aus der Mitgliedschaft Dänemarks folgte, dass ohne seine Ratifizierung des Vertrages von Maastricht dieser auch nicht unter den anderen Mitgliedern in

817 Vgl. Petersen, ZEI Working Papers 1998, S. 3 (S. 10); Svensson, Scandinavian Political Studies (17) 1994, S. 69 (S. 72); *Twardy*, in: Plebiszit und Ratifikation, S. 25; auf europäischer Ebene war jedoch umstritten, ob Neuverhandlungen des Maastrichter Vertrages und eine erneute Ratifizierung aufgrund der Ausnahmeregelungen für Dänemark erforderlich werden würden, vgl. *Thune*, in: Jahrbuch der Europäischen Integration 1992/93, S. 311.

818 Siehe zu den Edinburgher Beschlüssen Petersen, ZEI Working Papers 1998, S. 3 (S. 10); Svensson, Scandinavian Political Studies (17) 1994, S. 69 (S. 72); *Thune*, in: Jahrbuch der Europäischen Integration 1992/93, S. 311f.

819 So Svensson, Scandinavian Political Studies (17) 1994, S. 69 (S. 72).

820 Vgl. dazu Petersen, ZEI Working Papers 1998, S. 3 (S. 4); *Thune*, in: Jahrbuch der Europäischen Integration 1992/93, S. 309; *Twardy*, in: Plebiszit und Ratifikation, S. 31.

821 Vgl. Brandstetter, Chronologisches Lexikon der europäischen Integration, S. 194; Svensson, Scandinavian Political Studies (17) 1994, S. 69 (S. 74); *Thune*, in: Jahrbuch der Europäischen Integration 1993/94, S. 317; die Mehrheit als „significant, though not quite convincing" beschreibend, Petersen, ZEI Working Papers 1998, S. 3 (S. 11).

Kraft treten konnte.[822] Wie bedeutend die Situation für den europäischen Integrationsprozess insgesamt war, zeigte sich außerdem daran, dass man offen über einen Austritt Dänemarks diskutierte. Nach dem ersten gescheiterten Referendum wurden alternative Szenarien sowohl von der dänischen Regierung[823] als auch in der Wissenschaft entworfen. Eine davon war stets die Nichtteilnahme Dänemarks in der Union.[824] Dies hätte zwar höchstwahrscheinlich eine Art von Assoziierung Dänemarks mit den Europäischen Gemeinschaften oder die Beteiligung an EFTA und EWR, aber dennoch die Nichtteilnahme an den meisten praktischen Aspekten bedeutet.[825] Es schien unmöglich, die anderen EG Regierungen, die dänische Politik und die öffentliche Meinung in Dänemark zur gleichen Zeit zufrieden zu stellen. Zum damaligen Zeitpunkt erschien ein Austritt als akzeptable Lösung für den Großteil der dänischen Wähler und für diejenigen EG-Regierungen, die Dänemarks privilegierte Stellung missbilligten.[826] Für die dänische Regierung war dies indessen unvorstellbar, weil Dänemarks Position in der Europapolitik dadurch absolut unbedeutend geworden wäre.[827]

Ebenfalls vorgebracht wurden die Idee eines kollektiven Austritts aller anderen Mitgliedstaaten und eine Neugründung der Gemeinschaft. Die praktische Realisierung dieser Lösung wurde indessen nie ernsthaft in Betracht gezogen.[828]

Auch in der Kampagne, die den Edinburgher Beschlüssen folgte, war der Austritt Dänemarks ein zentraler Gesichtspunkt. Die dänische Regierung und das Parlament befürworteten die Beschlüsse und versuchten, ihre Bevölkerung davon zu überzeugen, dass es keinen Grund zur Besorgnis in Bezug auf die Entwicklung der Europäischen Gemeinschaften gebe. Die Unterstützer des Vertrages argumentierten jedoch auch, dass Dänemark seine EG-Mitgliedschaft aufs Spiel setze, würde es die Beteiligung in der Gemeinschaft zu minimalen Bedingungen nicht wahrnehmen. Die zehn der elf EG-Mitglieder würden dann ohne Dänemark mit der weiteren Integration fortfahren. Die Gegner von Maastricht argumentierten indessen, ein „Nein" der Dänen zwinge nicht zu einem Austritt, sondern bedeute ein definitives Ende des Vertrages von Maastricht. [829] Diese Annahme beruhte auf

---

822 Großbritannien hatte seinen Ratifikationsprozess Ende 1992 bis zur Entscheidung in Dänemark unterbrochen.

823 Die dänische Regierung veröffentlichte im September ein Weißbuch, in dem Alternativen analysiert, aber bestimmte Strategien nicht bevorzugt wurden, vgl. *Thune*, in: Jahrbuch der Europäischen Integration 1992/93, S. 310.

824 So Petersen, Game, Set and Match, S. 12; ebenso Svensson: „scent of Maastricht", Svensson, Scandinavian Political Studies (17) 1994, S. 69 (S. 70).

825 Oppermann/Classen, NJW 1993, S. 5 (S. 7).

826 Vgl. Svensson, Scandinavian Political Studies (17) 1994, S. 69 (S. 70).

827 Petersen, Game, Set and Match, S. 12.

828 Oppermann/Classen, NJW 1993, S. 5 (S. 7).

829 Siehe zu den in der Kampagne vorgetragenen Argumenten der verschiedenen Seiten Svensson, Scandinavian Political Studies (17) 1994, S. 69 (S. 73f.); vgl. dazu auch *Thune*, in: Jahrbuch der Europäischen Integration 1992/93, S. 310.

einer Aussage der britischen Regierung, dass eine weitere Ablehnung des Vertrages durch Dänemark bedeute, dass der Vertrag weder dem *House of Commons* zur Entscheidung vorgelegt noch von diesem zugestimmt werde.[830]

Obwohl die Austrittsfrage nach dem positiven Ausgang des zweiten Referendums an Relevanz verlor, warfen die Ereignisse um die dänischen Referenden lange Schatten. Die darauffolgende Wahl zum Europäischen Parlament wurde stark durch die Gegner der Union und die hitzigen Diskussionen in der Öffentlichkeit über Vor- und Nachteile der europäischen Integration beeinflusst. Langfristig habe das Risiko bestanden, Dänemark wegen der Entwicklungen des Jahres 1992 als ein weniger zuverlässiges und engagiertes Mitglied der Gemeinschaft anzusehen.[831] Jedoch sei 1993 auch als das Jahr in die Geschichte der europäischen Integration eingegangen, in dem sich Dänemark mehr als je zuvor für einen kontinuierlichen Prozess der westeuropäischen Integration einsetzte. Im historischen Kontext bleibe festzuhalten, dass, nachdem Anfang der 80er Jahre der Integrationsprozess zu stagnieren schien, die dänischen Komplikationen eine deutliche Vertiefung des Integrationsverbandes durch die Vertragsreform von Maastricht nicht beeinträchtigten.[832]

Die dänischen Referenden hatten maßgebliche Bedeutung für das Phänomen der differenzierten Integration.[833] Die aus den dänischen Ratifikationsproblemen resultierenden konstitutionellen Umwälzungen des politisch-institutionellen Systems der EU waren der Startpunkt einer impliziten EU-Mitgliedschaftspolitik, in der nicht länger alle Staaten zum jeweils gleichen Zeitpunkt an der Gesamtheit der durch die Verträge normierten, funktionalen Reichweite der Integration teilnehmen wollen, sollen oder müssen.[834] Obwohl es im Recht der Europäischen Gemeinschaft schon von Anfang an Fälle von differenzierter Integration gab, waren doch die wichtigsten Beispiele, die Wirtschafts- und Währungsunion sowie das Sozialprotokoll und das Sozialabkommen, welche erst mit dem Maastrichter Vertrag hinzukamen.[835] Seither haben die Ausnahmeregeln und *Opt-outs* beständig zugenommen.[836]

Im besonderen Maße trugen die Referenden zum Vertrag von Maastricht auch dazu bei, dass Volksabstimmungen Teil der politischen dänischen Kultur wurden. Sie gaben den dänischen Bürgern das Gefühl, ein Recht darauf zu haben, in Fällen

830 Vgl. Svensson, Scandinavian Political Studies (17) 1994, S. 69 (S. 73f.); vgl. dazu auch *Thune*, in: Jahrbuch der Europäischen Integration 1992/93, S. 310.

831 Vgl. *Thune*, in: Jahrbuch der Europäischen Integration 1992/93, S. 312, 318.

832 *Thune*, in: Jahrbuch der Europäischen Integration 1993/94, S. 317; vgl. Brok/Hrbek/Schäfer/Vaubel, Wirtschaftsdienst (87) 2007, S. 72 (S. 78).

833 Siehe dazu unten, S. 183.

834 Maurer, Wirtschaftsdienst (87) 2007, S. 499 (S. 499f.).

835 So auch Brackhane, Differenzierte Integration im Recht der EU, S. 39ff., 191.

836 Vgl. Maurer, Wirtschaftsdienst (87) 2007, S. 499 (S. 499f.).

von Vertragsrevisionen befragt zu werden.[837] Darüber hinaus führten die dänischen Volksabstimmungen auch auf europäischer Ebene dazu, Referenden als Teil des Entscheidungsprozesses zu institutionalisieren.[838] Sie regten eine Debatte über die Durchführbarkeit einer direkten Demokratie an, im Rahmen derer deutlich wurde, dass ein Dialog oder sogar ein Konflikt zwischen Herrschern und Beherrschten dazu beitragen kann, den demokratischen Prozess dynamisch und entwicklungsfähig zu erhalten.[839]

Als damaliger Präsident der EG-Kommission sprach sich *Jacques Delors* wenige Wochen vor dem ersten Maastricht-Referendum für die Reduzierung des Mitspracherechts kleiner Mitgliedstaaten in der politischen und wirtschaftlichen Union aus. Dies wurde in der dänischen Presse oft zitiert und für die verstärkte Skepsis bei den Wählern verantwortlich gemacht.[840] Die Kritik an *Delors* Aussage sowie der Ausgang des gescheiterten Referendums und die daraus folgenden Ausnahmeregelungen für Dänemark verdeutlichen hingegen, dass eine gegenteilige Entwicklung eingesetzt hatte. Durch die Geschehnisse wurden die Mitspracherechte kleinerer Mitgliedstaaten gestärkt.

Die allgemeine Einstellung unter den Dänen in Bezug auf die Europäischen Gemeinschaften ging dahin, dass eine wirtschaftliche Kooperation und Integration akzeptabel sei, eine politische Kooperation und Integration jedoch nicht. Das Scheitern des ersten Referendums wird regelmäßig darauf zurückgeführt, dass die Wähler das durch den Vertrag von Maastricht erreichte Ausmaß an Integration missbilligten.[841] Obwohl oft bezweifelt wird, dass die Zustimmung der Dänen beim zweiten Maastricht-Referendum auf die signifikanten Ausnahmeregelungen durch die Edinburgher Beschlüsse zurückgeführt werden kann,[842] muss dennoch davon ausgegangen werden, dass der Nationale Kompromiss und die Edinburgher Vereinbarung die öffentliche Meinung in Dänemark signifikant verändert haben.[843] Dies ist auch auf die Institutionalisierung der *Opt-outs* durch das *Folketing* zurückzuführen. Im November 1993 bekannten sich die Parteien dazu, dass Dänemarks Positionen hinsichtlich der Unionsbürgerschaft, der Wirtschafts- und

837 Petersen, ZEI Working Papers 1998, S. 3 (S. 4); Twardy spricht von einer faktischen Beteiligungspflicht der Wahlbevölkerung bei Maßnahmen der europäischen Integration, *Twardy*, in: Plebiszit und Ratifikation, S. 37.

838 Petersen, ZEI Working Papers 1998, S. 3 (S. 5).

839 Svensson, Scandinavian Political Studies (17) 1994, S. 69 (S. 80).

840 Vgl. *Thune*, in: Jahrbuch der Europäischen Integration 1992/93, S. 309.

841 Siune/Svensson, Electoral Studies (12) 1993, S. 99 (S. 103); anders Franklin/Marsh/Wlezien, Electoral Studies (13) 1994, S. 117 (S. 120).

842 Nur 17% der Wähler wussten von den Ausnahmeregelungen der Edinburgher Beschlüsse und nur 2% konnten alle vier *Opt-outs* nennen, siehe Franklin/Marsh/Wlezien, Electoral Studies (13) 1994, S. 117 (S. 120); so auch Siune/Svensson/Tonsgaard, Electoral Studies (13) 1994, S. 107 (S. 107); Svensson, Scandinavian Political Studies (17) 1994, S. 69 (S. 80).

843 So auch Svensson, Scandinavian Political Studies (17) 1994, S. 69 (S. 74).

Währungsunion sowie der gemeinsamen Innen- und Justizpolitik an das Referendum vom 18.5.1993 gebunden seien und nur durch ein neues Referendum geändert werden können.[844] Dass ein substantieller Teil der dänischen Bevölkerung nicht mehr gegen eine weitere formelle Integration war,[845] zeigte das Referendum zum Vertrag von Amsterdam am 28.5.1998. Zwar war die Zustimmung zum Vertrag im Vergleich zu den anderen Referenden nicht überwältigend.[846] Die Analysen der Wahlergebnisse verdeutlichten aber, dass die allgemeine Zustimmung zur Mitgliedschaft in der Europäischen Union unter den Dänen höher war als der europäische Durchschnitt und dass die Dänen am besten über den Vertrag von Amsterdam informiert waren.[847] Die vorrangige Frage unter der dänischen Bevölkerung war nicht mehr die nach dem „ob" sondern die nach dem „wie" der Mitgliedschaft in der Europäischen Union.[848]

5. Würdigung

Weder die Krisen selbst noch die in ihrem Verlauf thematisierten Fragen nach Mitgliedschaftsbeendigungen haben die dynamische Weiterentwicklung der Gemeinschaft verhindert. Z.T. wird ihnen sogar eine stabilisierende Kraft beigemessen, die zur Entwicklung und weiteren Vertiefung der Integration beigetragen hat. So wird in der durch Frankreich ausgelösten Verfassungskrise von 1965/66 ein Teil eines notwendigen Entwicklungsprozesses und eine bestandene Bewährungsprobe gesehen, die einerseits die unterschiedlichen Vorstellungen der Mitglieder widerspiegelte, aber andererseits auch verdeutlichte, dass bereits damals kein Mitgliedstaat bereit war, ein Auseinanderbrechen der Gemeinschaft zu riskieren. Die Thematisierung der Frage nach Mitgliedschaftsbeendigungen auf nationaler Ebene führte sowohl in Dänemark als auch in Großbritannien zu einer gesteigerten Bereitschaft zur Integration in die Gemeinschaft.

II. Funktionspotential im integrationspolitischen Kontext?

Die rechtspolitische Würdigung verschiedener Verfassungskrisen, in der die Frage nach einer etwaigen Mitgliedschaftsbeendigung mehrfach relevant war, zeigt nicht nur auf, dass es nie zu einer Mitgliedschaftsbeendigung kam. Darüber hinaus

---

844 *Thune*, in: Jahrbuch der Europäischen Integration 1993/94, S. 318; vgl. auch Petersen, ZEI Working Papers 1998, S. 3 (S. 5, 11).

845 Vgl. noch *Thune*, in: Jahrbuch der Europäischen Integration 1993/94, S. 317.

846 Siehe S. 144.

847 Siehe die ausführliche Analyse bei Petersen, ZEI Working Papers 1998, S. 3 (S. 29f.).

848 So auch Petersen, ZEI Working Papers 1998, S. 3 (S. 31); *Twardy*, in: Plebiszit und Ratifikation, S. 26.

demonstrieren die historischen Ereignisse auch, dass aus derartigen Krisen eine stabilisierende Kraft erwachsen ist.

In Anbetracht ihrer Eigenschaft als Integrationsgemeinschaft und der Zielsetzung zur Verwirklichung einer immer engeren Union (Art. 1 EUV) ist es daher fraglich, ob ein Austrittstatbestand die Existenz der Union sichern, eine Beeinträchtigung der Verwirklichung ihres Organisationszwecks vermeiden und darüber hinaus sogar zur Umsetzung des Organisationszwecks beitragen kann. Ein dahingehendes Funktionspotential müsste dem Austrittstatbestand abgesprochen werden, wenn dessen Existenz und Verwirklichung in einem immanenten Widerspruch zur Umsetzung des Organisationszwecks steht, weil die Europäischen Verträge als Integrationsverträge „*per se* kündigungs-, austritts- und ausschlussfeindlich" sind.[849]

1. Potentielle Notwendigkeit im integrationspolitischen Kontext

Im integrationspolitischen Kontext könnte sich die potentielle Notwendigkeit eines vertraglichen Austrittsrechts insbesondere aus der infolge der Nichtregelung resultierenden Rechtsunsicherheit über das Bestehen eines solchen Rechts ergeben. Eine Notwendigkeit des Austrittstatbestands wird darüber hinaus aufgrund der infolge seiner Einführung bestehenden Waffengleichheit im Verhältnis zu den Sanktionsmechanismen der Union gegenüber einem Mitgliedstaat diskutiert.

a) Notwendigkeit des Austrittstatbestands aufgrund der Unsicherheit über das Bestehen eines Austrittsrechts im EG/EU-Recht

Auch vor Inkrafttreten des Vertrages von Lissabon ist die überwiegende Meinung davon ausgegangen, dass ein Mitgliedstaat durch die Änderung des Art. 299 EGV[850] als Extremfall der Vertragsänderung nach dem im Vertrag vorgesehenen Verfahren des Art. 48 EUV a.F. im Einvernehmen mit den anderen Mitgliedstaaten aus der EG/EU ausscheiden kann.[851] Die Frage nach der Möglichkeit des einseitigen Austritts aus der EG/EU war – weil sie Grundsatzfragen im Verhältnis von Europa- und Völkerrecht stärker tangierte als die Frage nach dem Ausscheiden durch eine vertragliche Neuvereinbarung – von jeher kontroverser. Wurde sie bereits bei der EGKS gestellt und unterschiedlich beantwortet, diskutierte man sie für jede

849 So Hummer, AIES 2010, S. 1 (S. 3).

850 Der Art. 299 EGV beschrieb den territorialen Geltungsbereich des Vertrages.

851 So *Zuleeg*, in: GS Sasse, S. 60; ebenso Bruha/Nowak, AVR (42) 2004, S. 1 (S. 12); *Hilf*, in: GTE 1997, Art. 240 EGV, Rn. 7; Klein, VVDStRL (50) 1990, S. 56 (S. 58f.); vgl. dazu *Becker*, in: Schwarze 2009, Art. 312 EGV, Rn. 7; *Mann*, in: Vertrag von Lissabon. Analyse und Bewertung, S. 278; *Röttinger*, in: Lenz/Borchardt 1994, Art. 240 EG, Rn. 5; *Schweitzer*, in: Grabitz/Hilf 2009, Art. 51 EUV, Rn. 4; wegen Verstoßes gegen immanente Grenzen der Vertragsänderung nur als unionsrechtswidrige Möglichkeit beurteilt *Pechstein*, in: Streinz 2003, Art. 51 EUV, Rn. 2.

weitere Integrationsstufe neu, ohne dass sich jedoch eine klare Meinung herausbilden konnte.[852] Darüber hinaus betonte die europawissenschaftliche Literatur im Zusammenhang mit der Frage nach einem einseitigen Austrittsrecht regelmäßig, dass ein Mitgliedstaat faktisch nicht am Austritt gehindert werden könne.[853] Im Folgenden wird untersucht, welche Regelungen das Europarecht vor Inkrafttreten des Lissabon-Vertrages in Bezug auf die Frage des Austritts aus der EU/EG traf. Anschließend werden die Rechtslage für einen einseitigen Austritt aus der damaligen EU/EG nach Völkerrecht beurteilt und die verschiedenen Ansichten zur subsidiären Anwendbarkeit des Völkerrechts im Rahmen des Europarechts aufgezeigt.

i. Auf Grundlage von Europarecht

Als sogenannte „ewige Verträge" sahen der EUV/EGV weder ein Ablaufdatum noch ein Kündigungs- oder Rücktrittsrecht für die Vertragsparteien vor.[854] Art. 51 EUV, Art. 312 EGV und Art. 208 EAGV waren die einzigen Bestimmungen des europäischen Vertragsrechts, die sich mit der Dauer der Verträge beschäftigten.[855] Sie bestimmten, dass die Verträge auf unbegrenzte Zeit gelten.[856] Unabhängig von der Frage, inwieweit allgemeines Völkerrecht zur Begründung eines außerordentlichen Austrittsrechts herangezogen werden kann, bestand deswegen Einigkeit darüber, dass weder der EGV noch der EUV ordentlich gekündigt werden konnten.[857]

---

852 Siehe in chronologischer Reihenfolge: Steiger, Staatlichkeit und Überstaatlichkeit, S. 138ff.; Meier, NJW 1974, S. 391; Gauland, NJW 1974, S. 1034; *Zuleeg*, in: GS Sasse, S. 60ff.; Hill, GJICL (12) 1982, S. 335 (S. 351ff.); *Everling*, in: FS Mosler, S. 183ff.; *Klein*, in: HdK EUV/EGV, Art. O EUV, Rn. 27ff.; *Everling*, in: FS Bernhardt, S. 1174ff.; Götting, Die Beendigung der Mitgliedschaft, S. 107ff.; *Doehring*, in: FS Schiedermair, S. 695ff.; Bruha/Nowak, AVR (42) 2004, S. 1 (S. 1 m.w.N.); Friel, ICLQ (53) 2004, S. 407 (S. 407ff.); Puttler, EuR 2004, S. 669 (S. 677f.); Athanassiou, European Central Bank 2009, S. 1 (S. 8ff.); Heimbach, Deutscher Bundestag 2009, S. 1 (S. 5f.); *Bieber*, in: Die Unionsgrundordnung, S. 556f.; Jaekel, JURA 2010, S. 87.

853 So Iglesias, EuGRZ (23) 1996, S. 125 (S. 129); Weiler, YaleLJournal (100) 1991, S. 2403 (S. 2412); vgl. auch *Mann*, in: Vertrag von Lissabon. Analyse und Bewertung, S. 278; Terhechte, EuR 2008, S. 143 (S. 150); Zuleeg, NJW 2000, S. 2846 (S. 2851).

854 Fischer, Der Europäische Verfassungsvertrag, S. 215.

855 Vgl. *Becker*, in: Schwarze 2009, Art. 312 EGV, Rn. 1; *Schweitzer*, in: Grabitz/Hilf 2009, Art. 51 EUV, Rn. 1, 4.

856 Nunmehr finden sich die Vorschriften wortgleich in Art. 53 EUV und Art. 356 AEUV.

857 *Hilf*, in: GTE 1997, Art. 240 EGV, Rn. 8; *Weber*, in: Groeben, Art. 312 EG, Rn. 7; *Kokott*, in: Streinz 2003, Art. 312 EGV, Rn. 4; *Cremer*, in: Calliess 2007, Art. 51 EUV, Rn. 1; *Klein*, in: HdK EUV/EGV, Art. O EUV, Rn. 27f.; Schwarze, EuR 1983, S. 1 (S. 16); *Pechstein*, in: Streinz 2003, Art. 49 EUV, Rn. 17; *Schweitzer*, in: Grabitz/Hilf 2009, Art. 312 EGV, Rn. 5; Zuleeg, NJW 2000, S. 2846 (S. 2851); so auch die Literatur post Lissabon: ein Austritt sei nur im Rahmen des allgemeinen

Mit ihren ausdrücklichen Bestimmungen über die unbegrenzte Vertragsdauer unterschieden sich die EU/EG nicht nur von der EGKS, deren vormaliger Art. 97 EGKSV vorsah, dass diese 50 Jahren bestehen soll, sondern auch von der herkömmlichen Vertragspraxis in den Gründungsurkunden internationaler Organisationen.[858] Einerseits wurden die entsprechenden Bestimmungen in der Lehre bisweilen herangezogen, um die Unauflöslichkeit der Verträge nach den Bestimmungen des Völkervertragsrechts zu begründen.[859] Andererseits folgerten Teile der Literatur aus der unbegrenzten Geltungsdauer der Verträge den gemeinschaftsrechtlichen Programmsatz der Unauflöslichkeit der Gemeinschaft.[860] Abgestellt wurde dabei auf die zunehmende Integrationsdichte- und -tiefe der Gemeinschaft,[861] aufgrund derer die Annahme einer „Ehe auf Lebenszeit" konsequent sei.[862]

Gegen eine derartige Interpretation wurde regelmäßig auf den Wortlaut, die Entstehungsgeschichte und das Vertragsänderungsverfahren gem. Art. 48 EUV a.F. verwiesen. Ein Vertragsschluss auf unbegrenzte Zeit bedeute lediglich, dass die Geltung des Vertrages nicht befristet sei, es mithin kein Datum gebe, zu dem der Vertrag außer Kraft trete.[863] Außerdem sei – auch wenn der erste Erwägungsgrund der Präambel auf einen „immer engeren Zusammenschluss" verweist – die rechtliche Unauflöslichkeit der Gemeinschaften nicht zwingend aus Sinn und Zweck der Bestimmungen über die unbegrenzte Geltungsdauer der Verträge abzuleiten.[864] Darüber hinaus lasse sich im Wege einer historischen Interpretation feststellen, dass

---

Vertragsänderungsverfahrens durch einen einvernehmlichen Vertrag mit den verbleibenden Mitgliedstaaten oder in Form eines (vertragswidrigen) ‚revolutionären Akts' möglich gewesen, Bieber/Epiney/Haag, Die Europäische Union 2013, S. 114. Aus Binnenperspektive hätte ein austretender Mitgliedstaat seine Pflichten gegenüber der EU verletzt, Oppermann/Classen/Nettesheim, Europarecht 2009, S. 758; so auch *Becker*, in: Schwarze 2009, Art. 312 EGV, Rn. 7; Heimbach, Deutscher Bundestag 2009, S. 1 (S. 5); *Herrnfeld*, in: Schwarze 2009, Art. 51 EUV, Rn. 2.

858 So auch *Schweitzer*, in: Grabitz/Hilf 2009, Art. 312 EGV, Rn. 2.

859 Giegerich, Europäische Verfassung und deutsche Verfassung, S. 613ff.; Ipsen, Europäisches Gemeinschaftsrecht, S. 99f., 211; Thieme, VVDStRL (18) 1960, S. 50 (S. 72); vgl. Puttler, EuR 2004, S. 669 (S. 676); *Schweitzer*, in: Grabitz/Hilf 2009, Art. 312 EGV, Rn. 4.

860 So *Hilf*, in: GTE 1997, Art. 240 EGV, Rn. 5; Schwarze, EuR 1983, S. 1 (S. 14ff.); mit Verweis auf die Zielsetzung der Verwirklichung einer immer engerer Union der Völker Europas gem. Art. 1 Abs. 2 EUV, *Herrnfeld*, in: Schwarze 2009, Art. 51 EUV, Rn. 1.

861 *Hilf*, in: GTE 1997, Art. 240 EGV, Rn. 5; Oppermann/Classen/Nettesheim, Europarecht 2009, S. 758.

862 Oppermann/Classen/Nettesheim, Europarecht 2009, S. 758.

863 *Becker*, in: Schwarze 2009, Art. 312 EGV, Rn. 2; *Cremer*, in: Calliess 2007, Art. 51 EUV, Rn. 1; vgl. auch *Hilf*, in: GTE 1997, Art. 240 EGV, Rn. 2f.; *Dagtoglou/Schnur*, in: FS Forsthoff, S. 78ff.

864 *Schmalenbach*, in: Calliess 2007, Art. 312 EGV, Rn. 2.

der für Art. 312 EGV vorgeschlagene Begriff „unauflöslich" nicht angenommen wurde.[865] Insbesondere Art. 48 EUV a.F. zeigte, dass die Mitgliedstaaten ihre Verfügungsgewalt über die Verträge nicht aufgegeben haben. Solange die Mitgliedstaaten als souveräne originäre Völkerrechtssubjekte existierten, bestand daher die Möglichkeit der Änderung der Art. 51 EUV und Art. 312 EGV im Rahmen des Vertragsänderungsverfahrens.[866]

Führte bereits die Auslegung des Wortlauts der betreffenden Bestimmungen über die unbegrenzte Vertragsdauer in Bezug auf eine etwaige (Un-)Auflöslichkeit der Gemeinschaft zu verschiedenen Ergebnissen,[867] wurde die Bedeutung dieser Bestimmungen für die Beendigung der Mitgliedschaft durch einen einseitigen Austritt eines Mitgliedstaates noch kontroverser diskutiert. Z.T. stellte man sich die Frage, ob Normen des EUV/EGV ein Austrittsrechtsverbot implizieren.[868] Nicht zuletzt die Einführung eines Austrittsrechts durch Art. 50 EUV unter gleichzeitiger Beibehaltung der betreffenden Bestimmungen spricht jedoch dafür, dass die Annahme eines absoluten Austrittsverbots mit Verweis auf die unbefristete Geltung der Verträge[869] verfehlt war. Die betreffenden Bestimmungen bekräftigen lediglich die Dauerhaftigkeit der Organisation.[870] Auch die Analyse der relevanten

---

865 Vgl. *Röttinger*, in: Lenz/Borchardt 1994, Art. 240 EG, Rn. 1; *Schweitzer*, in: Grabitz/Hilf 2009, Art. 312 EGV, Rn. 4; *Zilioli*, in: Legal aspects, S. 123; in dem von der *Ad-hoc*-Versammlung für die Vorbereitung einer Europäischen Politischen Gemeinschaft anlässlich ihrer Tagung vom 6.-10.3.1953 gebilligten revidierten Satzungsentwurfs der EPG heißt es noch: „Mit diesem Vertrag wird eine Europäische Gemeinschaft übernationalen Charakters errichtet. Die Gemeinschaft ist gegründet auf den Zusammenschluss der Völker und Staaten, die Achtung ihrer Eigenheit, die Gleichheit der Rechte und Pflichten. Sie ist unauflöslich.", abgedruckt bei von Siegler (Hrsg.), Dokumentation der Europäischen Integration, S. 73.

866 So auch *Klein*, in: HdK EUV/EGV, Art. 240 EGV, Rn. 2; *Schmalenbach*, in: Calliess 2007, Art. 312 EGV, Rn. 2.

867 Unbegrenzt heiße nicht unauflöslich, schließe aber andererseits ein dementsprechendes Verständnis nicht aus, *Becker*, in: Schwarze 2009, Art. 312 EGV, Rn. 6.

868 Eine ausführliche Untersuchung der in Betracht kommender Bestimmungen des Gemeinschaftsrechts (z.B. Art. 312 EGV, Art. 97 EGKSV, Art. 292 EGV, Präambel von EGV, EGKSV, EUV, Art. 6, 7 EUV, Art. 48 EUV) bei Walthemathe, Austritt aus der EU, S. 29–46.

869 So noch Steiger, Staatlichkeit und Überstaatlichkeit, S. 138ff.; Ipsen, Europäisches Gemeinschaftsrecht, S. 99f.; Schwarze, EuR 1983, S. 1 (S. 16); *Everling*, in: FS Mosler, S. 183ff.; Weiler, ILR 1985, S. 282 (S. 284ff.); *Hilf*, in: GTE 1997, Art. 240 EGV, Rn. 7ff.; *Weber*, in: Groeben, Art. 312 EG, Rn. 7ff.; Peters, Elemente einer Theorie der Verfassung, S. 142; Zeh, ZEuS 2004, S. 173 (S. 179); *Pechstein*, in: Streinz 2003, Art. 51 EUV, Rn. 2; *Becker*, in: Schwarze 2009, Art. 312 EGV, Rn. 8; Götting, Die Beendigung der Mitgliedschaft, S. 144; differenzierend Meier, NJW 1974, S. 391 (S. 391f.); a.A. bereits Walthemathe, Austritt aus der EU, S. 90ff.

870 So bereits *Weber*, in: Groeben, Art. 312 EG, Rn. 4f.

EuGH-Rechtsprechung führt zu keinem anderen Ergebnis. In seinen Äußerungen bzgl. der unumkehrbaren, unwiderruflichen und auf Dauer angelegten Rechtsordnung der EG, hat der EuGH mehrfach die Bestimmung des Art. 312 EGV herangezogen.[871] Die Gründung der Gemeinschaft auf unbegrenzte Zeit wurde u.a. als Argument angeführt, um den Vorrang des Gemeinschaftsrechts, nicht aber die Dauer oder Dauerhaftigkeit der Mitgliedschaft oder der Gemeinschaft selbst zu begründen.[872] Der EuGH hat zur Frage eines Austritts eines Mitgliedstaates niemals direkt Stellung genommen, sodass der entsprechenden Rechtsprechung kein prinzipielles Austrittsverbot zu entnehmen ist.[873]

Vor Inkrafttreten des Art. 50 EUV gab es keine Möglichkeit, die Mitgliedschaft in der EG/EU einseitig im Wege einer ordentlichen Kündigung zu beenden. Nicht nur, dass Austrittsrechte konstituierende Bestimmungen gänzlich fehlten. Die in den Art. 51 EUV und Art. 312 EGV geregelte Unbegrenztheit der Vertragsdauer bekräftigte eine Dauerhaftigkeit der Gemeinschaft, die im Widerspruch zu einem allgemeinen Kündigungsrecht stand. Jedoch ist der unbefristeten Geltungsdauer der Verträge kein Austrittsverbot zu entnehmen, sodass der EGV/EUV zwar nicht ordentlich gekündigt werden konnte, ein aus anderen Rechtsquellen folgendes Austrittsrecht aber nicht ausschloss.[874]

ii. Auf Grundlage von Völkerrecht

In Bezug auf die Beendigung der Mitgliedschaft in der EU/EG durch einen einvernehmlichen Austritt oder durch eine Auflösung der Gemeinschaft trifft das Völkervertragsrecht eindeutige Vorgaben. Gem. Art. 54 lit. b WVK kann ein Vertrag jederzeit mit Zustimmung aller Parteien nach Konsultation der übrigen vertragschließenden Parteien beendet werden. Danach ist sowohl die Auflösung der Gemeinschaft durch einen völkerrechtlichen Aufhebungsvertrag als *actus contrarius*

---

871 Vgl. EuGH v. 15.7.1964, Rs. C-6/64, Slg. 1964, S. 1251 (S. 1269) – *Costa/E.N.E.L.;* EuGH v. 9.3.1978, Rs. C-106/77, Slg. 1978, S. 629 Rn. 17/18 – *Simmenthal II.*

872 So in Bezug auf EuGH v. 15.7.1964, Rs. C-6/64, Slg. 1964, S. 1251 (S. 1269) – *Costa/E.N.E.L. Becker*, in: Schwarze 2009, Art. 312 EGV, Rn. 4; *Schweitzer*, in: Grabitz/Hilf 2009, Art. 312 EGV, Rn. 3; Walthemathe, Austritt aus der EU, S. 47; vgl. auch Heimbach/Zehnfund, Deutscher Bundestag (2009) , S. 1 (S. 4f.).

873 Walthemathe kommt zu dem Ergebnis, „[...] dass aus den Äußerungen des EuGH keine Unzulässigkeit des völligen Ausscheidens eines Mitgliedstaates erkennbar ist“, Walthemathe, Austritt aus der EU, S. 51; in Bezug auf die Begründung eines Aufhebungsrechts der Verträge stellt auch Götting fest, dass die EuGH-Rechtsprechung zur Geltungsdauer der Verträge ein solches nicht zwingend begründet, Götting, Die Beendigung der Mitgliedschaft, S. 78; a.A. Bruha/Nowak, AVR (42) 2004, S. 1 (S. 10); *Everling*, in: FS Mosler, S. 184.

874 Walthemathe, Austritt aus der EU, S. 38, 46; so auch *Geiger*, in: Geiger 2010, Art. 50 EUV, Rn. 1.

zur Gemeinschaftsgründung[875] als auch der einvernehmliche Austritt eines Mitgliedstaates nach Zustimmung aller übrigen Mitgliedstaaten möglich.[876] Ein Aufhebungsvertrag gem. Art. 54 lit. b WVK ist dabei nicht einmal an das Verfahren gem. Art. 48 EUV gebunden.[877]

Weil die EUV/EGV keine Beendigungs-, Kündigungs- oder Rücktrittsklausel enthielten, war die Frage, ob die Voraussetzungen der völkervertragsrechtlichen Kündigungsgründe vorliegen konnten, unabhängig vom Problem bezüglich der grundsätzlichen Möglichkeit ihrer subsidiären Anwendbarkeit, umstritten.[878]

(1) Art. 56 WVK

Art. 56 WVK sieht vor, dass ein Vertrag, der keine Bestimmung über seine Beendigung enthält und eine Kündigung oder einen Rücktritt nicht vorsieht, weder der Kündigung noch dem Rücktritt unterliegt, sofern nicht feststeht, dass die Vertragsparteien die Möglichkeit einer Kündigung oder eines Rücktritts zuzulassen beabsichtigten (lit. a) oder ein Kündigungs- oder Rücktrittsrecht sich nicht aus der Natur des Vertrages herleiten lässt (lit. b).[879] Obwohl die lit. a und b des Art. 56 Abs. 1 WVK jeweils eigene Kündigungsrechte kodifizieren, können sich lediglich aus Art. 56 Abs. 1 lit. a WVK Austrittstatbestände für internationale Organisationen ergeben, deren Gründungsverträge keine dahingehenden Bestimmungen treffen. Gründungsverträge internationaler Organisationen sind nach der hier vertretenen Ansicht nicht i.S.v. Art. 56 Abs. 1 lit. b WVK kategorisierbar. Die Ausführungen zeigen, dass – anders als bei Handels- und Bündnisverträgen – die Vertragsnatur des Gründungsvertrages einer internationalen Organisation nicht auf den Willen der Mitglieder schließen lässt, dass eine Austrittsmöglichkeit gewollt ist.[880] Dies galt und gilt ebenso für die damalige EU/EG und die jetzige Union.[881]

---

875 So *Schmalenbach*, in: Calliess 2007, Art. 312 EGV, Rn. 2f.; *Klein/Schmahl*, in: Völkerrecht 2013, S. 261 Rn. 53; *Klein*, in: HdK EUV/EGV, Art. 240 EGV, Rn. 2; *Herrnfeld*, in: Schwarze 2009, Art. 51 EUV, Rn. 1.

876 So Puttler, EuR 2004, S. 669 (S. 676); *Schmalenbach*, in: Calliess 2007, Art. 312 EGV, Rn. 2; *Schweitzer*, in: Grabitz/Hilf 2009, Art. 312 EGV, Rn. 4.

877 So auch Heimbach, Deutscher Bundestag 2009, S. 1 (S. 5); *Schmalenbach*, in: Calliess 2007, Art. 312 EGV, Rn. 3.

878 Vgl. dazu Bruha/Nowak, AVR (42) 2004, S. 1 (S. 2); Harhoff, CMLRev (20) 1983, S. 13 (S. 27–31); Puttler, EuR 2004, S. 669 (S. 676).

879 Zu den Tatbestandsvoraussetzungen des Art. 56 Abs. 1 lit. a und lit. b WVK siehe oben, S. 41ff.

880 Siehe dazu oben, S. 51.

881 Ein Austrittsrecht aus der EU/EG gem. Art. 56 lit. b WVK wurde ansonsten regelmäßig aufgrund der Rechtsnatur der EUV/EGV als Integrationsverträge mit Verweis auf die Präambel des EGV und Art. 1 Abs. 2 EUV abgelehnt, *Geiger*, in: Geiger 2004, Art. 312 EGV, Rn. 8; Oppermann/Classen/Nettesheim, Europarecht 2009, S. 758; Götting, Die Beendigung der Mitgliedschaft, S. 121ff.; Walthemathe, Austritt aus der EU, S. 94; *Zilioli*, in: Legal aspects, S. 124.

Fraglich bleibt jedoch, ob die Vertragsparteien des EUV/EGV die Möglichkeit einer Kündigung oder eines Rücktritts der betreffenden Verträge beabsichtigt hatten. Dieser Wille ist nicht zu vermuten, sondern positiv festzustellen. Interpretationsmaßstab sind die Art. 31 und 32 WVK, wonach nicht nur der Gründungsvertrag, sondern auch alle zugehörigen *travaux préparatoires*, die nachfolgende Praxis der Organisationsmitglieder sowie die partikulären Rechtsnormen zu berücksichtigen sind.[882] Z.T. wurde die von der Delegation der Bundesrepublik abgegebene Protokollerklärung zu den Römischen Verträgen bei den Brüsseler Verhandlungen vom 28.2.1957 als Indiz dafür angesehen, dass die historischen Vertragsparteien ein Austrittsrecht zulassen wollten.[883] Die deutsche Delegation hatte eine Erklärung mit dem Inhalt abgegeben, dass Deutschland im Falle der Wiedervereinigung auf die Überprüfung der Verträge über den gemeinsamen Markt und Euratom bestehe.[884] Eindeutiger lässt sich jedoch der Wille der Vertragsparteien aus den Bestimmungen des Gründungsvertrages über die Unbegrenztheit der Geltungsdauer ermitteln. Auch wenn diese Regelungen kein Austrittsverbot darstellen, bringen sie dennoch zum Ausdruck, dass die Verträge auf Dauerhaftigkeit angelegt sind und ein ungeschriebenes Austrittsrecht zuzulassen nicht beabsichtigt war.[885]

(2) Art. 60 WVK

Ein außerordentliches Austrittsrecht aus der EU/EG konnte sich ebenfalls nicht aus Art. 60 WVK ergeben.[886] Obwohl die in Art. 60 Abs. 1 und Abs. 2 WVK beschriebenen Tatbestände unter verschiedenen Umständen die Beendigung des Vertrages aufgrund einer erheblichen Vertragsverletzung (vgl. Art. 60 Abs. 3 WVK) vorsehen, ergeben sich daraus keine Austrittsrechte für Mitglieder internationaler Organisationen. Art. 60 Abs. 1 WVK berechtigt zur Kündigung eines zweiseitigen Vertrages infolge einer erheblichen Vertragsverletzung. Da es sich bei den Gründungsverträgen internationaler Organisationen um mehrseitige Verträge handelt, ist Art. 60 Abs. 1 WVK auf diese nicht anwendbar. Art. 60 Abs. 2 lit. b WVK

---

882 So auch Zeidler, Austritt und Ausschluß, S. 37f.

883 *Dagtoglou/Schnur*, in: FS Forsthoff, S. 92; *Schweitzer*, in: Grabitz/Hilf 2009, Art. 312 EGV, Rn. 5; vgl. Götting, Die Beendigung der Mitgliedschaft, S. 115f.; Grabitz, NJW 1990, S. 1073 (S. 1076f.); *Kokott*, in: Streinz 2003, Art. 312 EGV, Rn. 5.

884 Der Wortlaut der Protokollerklärung ist abgedruckt in BT-Drs. 2/3660, 11; siehe auch Giegerich, Europäische Verfassung und deutsche Verfassung, S. 593f.; zur Deutung dieser Erklärung Götting, Die Beendigung der Mitgliedschaft, S. 115f.; *Klein*, in: Die Überwindung der europäischen Teilung, S. 69f.

885 Auch auf die Dauerhaftigkeit der Verträge abstellend *Cremer*, in: Calliess 2007, Art. 51 EUV, Rn. 1; *Herrnfeld*, in: Schwarze 2009, Art. 51 EUV, Rn. 2; *Schweitzer*, in: Grabitz/Hilf 2009, Art. 312 EGV, Rn. 4; *Weber*, in: Groeben, Art. 51 EUV, Rn. 7; a.A. *Meyer*, in: Verfassungsentwurf, S. 434; *Schorkopf*, in: Grabitz/Hilf 2009, Art. 7 EGV, Rn. 46.

886 So auch Götting, Die Beendigung der Mitgliedschaft, S. 125ff.; Walthemathe, Austritt aus der EU, S. 94f.

berechtigt zwar eine durch die Vertragsverletzung besonders betroffene Vertragspartei, die Verletzung als Grund für die gänzliche oder teilweise Suspendierung des Vertrages im Verhältnis zwischen ihr und dem vertragsbrüchigen Staat geltend zu machen. Jedoch geht dies nicht soweit, dass die besonders betroffene Partei ein einseitiges Beendigungs- oder Kündigungsrecht hat.[887] Art. 60 Abs. 2 lit. c WVK berechtigt jede Vertragspartei außer dem vertragsbrüchigen Staat, die Vertragsverletzung als Grund für die gänzliche oder teilweise Suspendierung des Vertrages in Bezug auf sich selbst geltend zu machen. Wie lit. b spricht lit. c lediglich von der Suspendierung der Vertragspflichten und nicht von der Beendigung, sodass sich daraus ebenfalls kein Austrittsrecht ergibt. Weil Art. 60 Abs. 2 WVK bereits kein Austrittsrecht vorsieht, ist auch die Annahme einer analogen Anwendung der Bestimmung für die Begründung eines Austrittsrechts infolge der Vertragsverletzung eines Gemeinschafts-/Unionsorgans verfehlt.[888]

Dass sich kein Austrittsrecht aus dem spezifischen Rechtsfolgenregime des Art. 60 WVK ergibt, übersehen ebenfalls diejenigen, die mit Verweis auf die spezielle Subsidiaritätsklausel des Art. 60 Abs. 4 WVK darauf hinweisen, dass Art. 60 Abs. 2 WVK im Falle der Kündigung der Unionsverträge nicht anwendbar sei, weil die Verträge als Reaktion auf eine Vertragsverletzung durch einen Mitgliedstaat gemeinschaftseigene Verfahren bereitstellen,[889] welche das völkerrechtliche Recht zur Beendigung des Vertrages verdrängen.[890]

Einzig Art. 60 Abs. 2 lit. a WVK beschreibt im Rahmen des Art. 60 WVK einen Beendigungstatbestand für die Mitgliedschaft in internationalen Organisationen. Im Hinblick auf die Mitgliedschaft in der EU/EG sowie der jetzigen Union könnte sich aus der Bestimmung ein Ausschlussrecht ergeben.[891]

(3) Art. 61 WVK

Eine Vertragspartei kann gem. Art. 61 WVK die Unmöglichkeit der Vertragserfüllung als Grund für die Beendigung des Vertrages oder den Rücktritt vom Vertrag geltend machen, wenn sich die Unmöglichkeit aus dem endgültigen Verschwinden oder der Vernichtung eines zur Ausführung des Vertrages unerlässlichen Gegenstandes ergibt. Aus Art. 5 WVK folgt jedoch, dass die einschlägigen Vorschriften der Organisation in Übereinstimmung mit dem allgemeinen Prinzip der *lex specialis*

887 *Villiger*, in: Villiger, Art. 60 WVK, Rn. 20.

888 Dies dennoch diskutierend aber im Ergebnis ablehnend Götting, Die Beendigung der Mitgliedschaft, S. 130; a.A. *Folz*, in: Völker- und Europarecht, S. 159ff.

889 Zu deren Wahrnehmung sich die Mitgliedstaaten bei Streitigkeiten über die Auslegung oder Anwendung der Verträge gem. 292 EGV/Art. 344 AEUV verpflichtet haben.

890 Oppermann/Classen/Nettesheim, Europarecht 2009, S. 758; so wohl auch Bruha/Nowak, AVR (42) 2004, S. 1 (S. 12).

891 Ausführlich dazu unten, S. 91.

derogat legi generali Vorrang genießen.[892] In Bezug auf Art. 61 WVK herrscht weitgehend Einigkeit darüber, dass hinsichtlich der spezifischen unionsrechtlichen Vorschriften betreffend den Rechtsschutz und der Rechtsdurchsetzung dessen Anwendung insbesondere im Falle einer subjektiven Unmöglichkeit eingeschränkt ist.[893] Hier greifen europarechtlich normierte Schutz- und Notstandsklauseln, um in Krisen und Ausnahmesituationen den Vertragspflichten zu entsprechen.[894] Eine rechtliche Unmöglichkeit auf Seiten eines Mitgliedstaates, wie etwa eine nachträglich erkannte Verfassungswidrigkeit oder ein Regierungswechsel, berechtigt nicht zum Rücktritt gem. Art. 61 WVK, weil diese nur auf einem Fehler des betreffenden Mitgliedstaates beruhen kann.[895] Ein Fall subjektiver Unmöglichkeit gem. Art. 61 WVK soll nur dann bestehen, wenn ein Mitgliedstaat seine Rechtspersönlichkeit verliert.[896] Eine objektive Unmöglichkeit ist wiederum in der Regel nicht auf einen einzelnen Mitgliedstaat beschränkt, sondern macht eine Anpassung der Verträge durch eine Vertragsänderung oder die Einräumung eines Protokolls erforderlich.[897]

(4) Art. 62 WVK

Aus Art. 5 WVK geht auch in Bezug auf Art. 62 WVK hervor, dass die Bestimmungen der WVK auf Gründungsverträge internationaler Organisationen mit der Beschränkung anzuwenden sind, dass diese zur betreffenden Frage keine Bestimmung enthalten. Im Hinblick auf die Union muss dies dahingehend verstanden werde, dass vor einem Rückgriff auf Art. 62 WVK zunächst alle vertraglichen Anpassungs- und Streitbeilegungsmechanismen auszuschöpfen sind. Ein Austritt als *ultima ratio* scheidet aus, wo ein milderes unionsrechtliches Mittel zur Verfügung steht. Die zum Austrittswunsch führenden Umstände dürfen nicht durch Regelungen und Maßnahmen im Rahmen der Verträge selbst bewältigt werden können.[898] Dazu gehören sowohl ein Vertragsverletzungsverfahren vor dem Gerichtshof als auch vertragliche Sanktionsmechanismen, insbesondere eine Suspendierung von Mitgliedschaftsrechten gem. Art. 7 EUV.[899] Außerdem muss ein

892 Dazu und zur Anwendbarkeit der WVK auf Gründungsverträge internationaler Organisationen siehe oben, S. 38.

893 Bruha/Nowak, AVR (42) 2004, S. 1 (S. 12).

894 Schwarze, EuR 1983, S. 1 (S. 18); *Weber*, in: Groeben, Art. 51 EUV, Rn. 7.

895 Walthemathe, Austritt aus der EU, S. 96.

896 Walthemathe, Austritt aus der EU, S. 95.

897 *Weber*, in: Groeben, Art. 51 EUV, Rn. 7.

898 Heimbach, Deutscher Bundestag 2009, S. 1 (S. 5); vgl. *Kokott*, in: Streinz 2003, Art. 312 EGV, Rn. 6; Oppermann/Classen/Nettesheim, Europarecht 2009, S. 758f.

899 Bruha/Nowak, AVR (42) 2004, S. 1 (S. 13); Klein, DÖV 1985, S. 900 (S. 904); *Klein*, in: HdK EUV/EGV, Art. O EUV, Rn. 28; *Cremer*, in: Calliess 2007, Art. 51 EUV, Rn. 2.

Vertragsänderungsverfahren nach Art. 48 EUV gescheitert sein. Die vertraglichen Schutz-[900] und Notstandklauseln,[901] dürfen ebenso wenig umgangen werden.[902]

Der Tatbestand des Art. 62 Abs. 1 WVK sieht vor, dass die zum Austritt berechtigenden Umstände eine wesentliche Grundlage der vertraglichen Bindung gebildet haben und ihre Änderung das Ausmaß der Vertragspflichten tiefgreifend umgestalten würde.[903] Im europarechtlichen Kontext wird die Anwendung des Art. 62 WVK für unterschiedliche Fallkonstellationen diskutiert.[904] Teilweise wird die Kündigung eines Mitgliedstaates als Folge einer dauerhaften und nachhaltigen Vertragsverletzung durch andere Mitgliedstaaten, insbesondere bei einer Verletzung des verfassungsrechtlichen Homogenitätsstandards gem. Art. 6 Abs. 1 und Art. 2 EUV, auf Art. 62 WVK gestützt.[905] Darüber hinaus wird eine Kündigung der europäischen Verträge aufgrund des unrechtmäßigen Handelns der Unionsorgane gem. Art. 62 WVK als rechtmäßig angesehen.[906] In diesem Zusammenhang wird auch eine Kompetenzüberschreitung durch den EuGH selbst erörtert. Eine dauerhafte zuständigkeitsüberschreitende Praxis des EuGH stelle eine grundlegende Änderung der beim Vertragsschluss gegebenen und zum einseitigen Austritt gem. Art. 62 WVK berechtigenden Umstände dar. Eine derartige Interpretation der Verträge durch den Gerichthof sei nämlich eine Integration *ultra vires*, die durch die Mitgliedstaaten und die übrigen Unionsinstitutionen nicht mehr aufgehalten werden könne.[907]

---

900 Z.B. Art. 37 Abs. 3, Art. 66, Art. 114 Abs. 5 AEUV.

901 Art. 346 bis 348 AEUV.

902 *Pechstein*, in: Streinz 2003, Art. 49 EUV, Rn. 17.

903 Zu den Tatbestandsvoraussetzungen des Art. 62 Abs. 1 WVK siehe oben, S. 61ff.

904 Die von Deutschland bei der Ausarbeitung des Textes des EGV am 28.2.1957 zu Protokoll gegebene Erklärung, wonach bei einer Wiedervereinigung eine Überprüfung der Verträge über den Gemeinsamen Markt und Euratom stattfinden sollte, wird inhaltlich teilweise dem *Rebus-sic-stantibus*-Prinzip zugeordnet, so *Schweitzer*, in: Grabitz/Hilf 2009, Art. 312 EGV, Rn. 4; a.A. Walthemathe, der dies als Anwendungsfall des Art. 61 WVK sieht, Walthemathe, Austritt aus der EU, S. 95.

905 Zuleeg, NJW 2000, S. 2846 (S. 2851); *Hilf*, in: GTE 1997, Art. 240 EGV, Rn. 14; vgl. Bruha/Nowak, AVR (42) 2004, S. 1 (S. 13); a.A. Walthemathe, seit der Einführung des Art. 7 EUV durch den Vertrag von Amsterdam stelle eine solche Verletzung lediglich einen Grund für die Suspendierung von Rechten, jedoch keinen Austrittsgrund mehr dar, Walthemathe, Austritt aus der EU, S. 99; bejahend für den Fall einer Einbuße der demokratisch-rechtsstaatlichen Struktur der Union, Giegerich, Europäische Verfassung und deutsche Verfassung, S. 607f.

906 Zu weitgehend *Doehring*, in: FS Schiedermair, S. 702, der ohne Rückgriff auf das *Rebus-sic-stantibus*-Prinzip ein Austrittsrecht bei Kompetenzüberschreitung der Gemeinschaft bejaht, vgl. *Becker*, in: Schwarze 2009, Art. 312 EGV, Rn. 8; *Kokott*, in: Streinz 2003, Art. 312 EGV, Rn. 6f.

907 Hillgrüber, AVR (34) 1996, S. 347 (S. 366ff.); Walthemathe, Austritt aus der EU, S. 98; vgl. Kokott, AöR (119) 1994, S. 207 (S. 225f.); a.A. Götting, der zu dem

Strittig ist überdies, ob Umstände, die im Zusammenhang mit der fortschreitenden Integration der Gemeinschaft stehen, den Tatbestand des Art. 62 WVK erfüllen. Besteht ein integrationsunwilliges Mitglied unter Berufung auf die Vertiefung des gemeinschaftlichen Integrationsniveaus auf der Gewährung eines Austrittsrechts gem. Art. 62 WVK, müsse ihm entgegengehalten werden, dass diese das Ergebnis des Integrationsprozesses darstellt, welche die Mitgliedstaaten durch die Gründung der Gemeinschaft gewollt haben.[908] Ebenso wenig kann das *Rebus-sic-stantibus*-Prinzip in Anspruch genommen werden, um den Austritt von Staaten im Falle eines Integrationsstillstands zu rechtfertigen. Zwar sei eine vertiefte Integration von nur einigen Mitgliedstaaten im Rahmen einer kleineren Anschlussgemeinschaft unter Wahrung des bisherigen Vertragsbestandes möglich,[909] ein Austrittsrecht gem. Art. 62 WVK würde indessen voraussetzen, dass die stetige Vertiefung als selbstverständlich vorausgesetzt sei.[910] Dies sei bereits deswegen zu verneinen, weil die Verfassungsrechtslage in den Mitgliedstaaten in der Regel der Kompetenzübertragung Grenzen setze.[911] Eine grundlegende Änderung der Umstände kann gem. Art. 62 Abs. 2 WVK auch nicht als Grund für den Rücktritt vom Vertrag geltend gemacht werden, wenn die sich darauf berufende Vertragspartei die Umstände durch eine Verletzung des Vertrages selbst herbeigeführt hat.[912] Ein Mitgliedstaat könne daher auch nicht unter Berufung auf Art. 62 WVK und mit der

---

Ergebnis kommt, dass der EuGH auch in Zweifelsfällen die Befugnis hat, über die Kompetenzabgrenzung zwischen Union und Mitgliedstaaten zu entscheiden. Verneine man dies, soll einem Mitgliedstaat in einem solchen Fall kein einseitiges Austrittsrecht, sondern lediglich die Möglichkeit zur zeitweisen Aufhebung der innerstaatlichen Befolgungspflicht des Urteils gegeben werden, Götting, Die Beendigung der Mitgliedschaft, S. 144.

908 *Becker*, in: Schwarze 2009, Art. 312 EGV, Rn. 8; Oppermann/Classen/Nettesheim, Europarecht 2009, S. 758f.; a.A. Walthemathe, der ein Austrittsrecht des integrationsunwilligen Staates annimmt, wenn sich außerhalb der EU Anschlussgemeinschaften zur vertieften Integration gebildet haben und diese Staaten vertraglich kein Europa der verschiedenen Geschwindigkeiten gebilligt haben, Walthemathe, Austritt aus der EU, S. 98.

909 *Hilf*, in: GTE 1997, Art. 240 EGV, Rn. 13; vgl. Walthemathe, Austritt aus der EU, S. 98.

910 Walthemathe, Austritt aus der EU, S. 97.

911 Walthemathe, Austritt aus der EU, S. 97; die Union sei auf Fortentwicklung angelegt und stehe deswegen unter einer das Ausscheiden erschwerenden *clausula rebus sic progredientibus*, *Cremer*, in: Calliess 2007, Art. 51 EUV, Rn. 2.

912 Teilweise wird verlangt, dass Handlungen anderer Mitgliedstaaten oder der Gemeinschaftsorgane selbst die Umstände ebenfalls nicht bedingen dürfen, weil ansonsten ein Fall der Vertragsverletzung und nicht des Wegfalls der Geschäftsgrundlage gegeben sei, *Kokott*, in: Streinz 2003, Art. 312 EGV, Rn. 6; *Pechstein*, in: Streinz 2003, Art. 49 EUV, Rn. 6. Dies ist indessen abzulehnen, weil eine derartige Vertragsverletzung kein einseitiges Austritts- sondern nur ein Ausschlussrecht gem. Art. 60 Abs. 2 lit. b WVK begründet.

Begründung, sein Verfassungsrecht billige keine derartige Kompetenzübertragung an die Union, austreten, weil es diese schließlich selbst herbeigeführt habe.[913]

Während ein Austrittsrecht unter Hinweis auf Art. 62 WVK mehrfach bejaht wurde,[914] sahen andere die grundsätzliche Nichtanwendbarkeit des Art. 62 WVK bereits wegen der Anpassungsfähigkeit des europäischen Primärrechts als gerechtfertigt an.[915] Obgleich aufgrund der Dichte der Rechtsbeziehungen unter der Geltung des Unionsrechts, insbesondere im Hinblick auf die Anpassungs- und Sanktionsmechanismen, schwer zu erkennen ist, unter welchen Umständen überhaupt ein Austritt unter Berufung auf Art. 62 WVK zulässig ist,[916] kann dies lediglich der generellen Verpflichtung aus Art. 65 Abs. 3 WVK Nachdruck verleihen, vor einer einseitigen Beendigung des Vertrages zunächst alle Möglichkeiten einer Vertragsanpassung auszuschöpfen. Der grundsätzliche Ausschluss der Anwendung des *Rebus-sic-stantibus*-Prinzips in Bezug auf das europäische Primärrecht auf dieser Grundlage ist nicht gerechtfertigt. Insgesamt ist jedoch von einem äußerst geringen Anwendungsbereich auszugehen. Es müssten Wandlungen von revolutionärem Ausmaß wie der umstürzende Zusammenbruch und die grundlegende Neuorientierung des internationalen Systems oder umwälzende Vorgänge in einzelnen Mitgliedstaaten, welche die Ziele der Gemeinschaft ernsthaft gefährden, vorliegen, damit die Voraussetzungen des Art. 62 WVK erfüllt sind.[917]

(5) Bestehen einer Rückgriffsmöglichkeit auf das Völkerrecht?

Fraglich bleibt, ob die für die Beurteilung der Rechtmäßigkeit eines einseitigen Austritts anwendbaren Regeln nur dem Unions-/Gemeinschaftsrecht selbst und dessen ungeschriebenen Rechtsgrundsätzen oder auch subsidiär dem allgemeinen

---

913 Walthemathe, Austritt aus der EU, S. 97.

914 So *Geiger*, in: Geiger 2004, Art. 312 EGV, Rn. 9; Gauland, NJW 1974, S. 1034 (S. 1035); *Schmalenbach*, in: Calliess 2007, Art. 312 EGV, Rn. 4; vgl. *Becker*, in: Schwarze 2009, Art. 312 EGV, Rn. 8; Heimbach/Zehnfund, Deutscher Bundestag (2009) , S. 1 (S. 4f.); *Kokott*, in: Streinz 2003, Art. 312 EGV, Rn. 6; *Meyer*, in: Verfassungsentwurf, S. 434; *Schweitzer*, in: Grabitz/Hilf 2009, Art. 312 EGV, Rn. 4; Streinz/Ohler/Herrmann, Der Vertrag von Lissabon-2010, S. 49.

915 So Schwarze, EuR 1983, S. 1 (S. 18); ebenso Ehlermann, EuR 1984, S. 113 (S. 124); Götting, Die Beendigung der Mitgliedschaft, S. 130ff.; wenn die Vertragsänderungs- oder Sanktionsmechanismen versagen, soll nur ein einvernehmlicher Austritt nach Art. 48 EUV zulässig sein, *Weber*, in: Groeben, Art. 51 EUV, Rn. 9; ähnlich auch *Kokott*, in: Streinz 2003, Art. 312 EGV, Rn. 6f.; vgl. auch Kokott, AöR (119) 1994, S. 207 (S. 225f.); generell gegen ein Austrittsrecht Schmahl, EuR 2000, S. 819 (S. 830f.).

916 So auch *Becker*, in: Schwarze 2009, Art. 312 EGV, Rn. 8; *Klein*, in: HdK EUV/EGV, Art. O EUV, Rn. 28; *Pechstein*, in: Streinz 2012, Art. 49 EUV, Rn. 17; *Zuleeg*, in: GS Sasse, S. 61.

917 *Geiger*, in: Geiger 2004, Art. 312 EGV, Rn. 9; ebenso Oppermann/Classen/Nettesheim, Europarecht 2009, S. 758f.; *Pechstein*, in: Streinz 2003, Art. 49 EUV, Rn. 17.

Völkerrecht zu entnehmen sind. Die Frage nach der Geltung des Völkerrechts im Rahmen des Europarechts ist abhängig vom Verständnis des Wesens der Europäischen Union, der Rechtsnatur ihrer Gründungsverträge und der Finalität des Einigungsprozesses.[918] Bei der Beantwortung dieser Frage sind zwei grundlegende Ansichten zu unterscheiden.

(a) Integrationsrechtliche Sicht

Nach der integrationsrechtlichen Sicht sind die Verträge eine eigene und in sich geschlossene Rechtsordnung.[919] In diesem Zusammenhang hat die Gesamtaktstheorie von *Hans Peter Ipsen* am nachhaltigsten gewirkt.[920] Danach stellen die Verträge einen „Gesamtakt staatlicher Integrationsgewalt" dar, der auf die Schöpfung einer Rechtsordnung gerichtet ist, „die außerhalb der Staaten existiert und ihnen gegenüber selbstständig ist".[921] Aufgrund ihrer politischen, wirtschaftlichen und gesellschaftlichen Verflechtungen seien die Gründungsverträge nicht nur völkerrechtliche Verträge sondern Akte einer Verfassungsgebung.[922] Das Europarecht sei eine Rechtsordnung *sui generis*, könne als *aliud* also weder dem Staats- noch dem Völkerrecht zugeordnet werden.

Die EuGH-Rechtsprechung deckt sich mit der dahinter stehenden Grundannahme, dass sich die Rechtsqualität einer Ordnung von der Qualität des Gründungsaktes lösen kann und dass die Gründungsverträge über eine Doppelnatur verfügen. Trotz ihrer völkerrechtlichen Natur seien sie nämlich höchstrangige Bestandteile der eigenständigen Rechtsordnung des EU-Rechts.[923] Der EuGH hat in mehreren Entscheidungen die Eigenständigkeit des Unionsrechts geprägt.[924] Bereits in seiner frühen Rechtsprechung bezeichnete der EuGH die damalige Rechtsordnung der EWG als *„neue Rechtsordnung des Völkerrechts [...], zu deren Gunsten die Staaten, wenn auch in begrenzten Rahmen, ihre Souveränitätsrechte eingeschränkt haben [...]"*.[925] Kurz darauf erfolgte ein „Terminologie-Wechsel"[926] durch den EuGH. Der EWG-Vertrag habe eine *„eigene Rechtsordnung geschaffen, die bei seinem Inkrafttreten in die Rechtsordnungen der Mitgliedstaaten aufgenommen wurde und von ihren Gerichten anzuwenden ist"*.[927] Unmittelbar beziehe sich die Aussage zwar nur

918 Vgl. Bruha/Nowak, AVR (42) 2004, S. 1 (S. 2ff.).

919 Hanschel bezeichnet die Vertreter dieser Ansicht als „Autonomisten", Hanschel, NVwZ 2012, S. 995 (S. 999).

920 Bruha/Nowak, AVR (42) 2004, S. 1 (S. 3).

921 Ipsen, Europäisches Gemeinschaftsrecht, S. 61f.

922 Nicolaysen, Europarecht I, S. 72f. m.w.N.; so auch *Everling*, in: FS Mosler, S. 186ff.; *Geiger*, in: Geiger 2004, Art. 312 EGV, Rn. 3; Schwarze, EuR 1983, S. 1 (S. 1ff.).

923 Vgl. *Becker*, in: Schwarze 2009, Art. 312 EGV, Rn. 5; Bruha/Nowak, AVR (42) 2004, S. 1 (S. 10ff.); *Nettesheim*, in: Grabitz/Hilf 2009, Art. 1 EGV, Rn. 10f.

924 Vgl. dazu Bruha/Nowak, AVR (42) 2004, S. 1 (S. 10).

925 EuGH v. 5.2.1963, Rs. C-26/62, Slg. 1963, S. 1 (S. 25) – *Van Gend & Loos.*

926 Walthemathe, Austritt aus der EU, S. 81f.

927 EuGH v. 15.7.1964, Rs. C-6/64, Slg. 1964, S. 1251 (S. 1269) – *Costa/E.N.E.L.*

auf die Erforderlichkeit, Gemeinschaftsrecht anzuwenden, jedoch stelle sie auf die Schaffung einer Rechtsgemeinschaft mit eigenen Rechten ab, die zur Beschränkung der mitgliedschaftlichen Souveränität führe.[928] Das Gericht habe aufgrund der unbegrenzten Vertragsdauer abgeleitet, dass dieser partielle Souveränitätsverlust dauerhaft sei.[929] Diese ‚Endgültigkeitsformel'[930] wird durch den EuGH in späteren Entscheidungen wiederholt und variiert.[931] Neben der Eigenständigkeit dieser Rechtsordnung wird von Vertretern der integrationsrechtlichen Sicht ihre Geschlossenheit betont. Aufgrund des hohen Umfangs der vom Unionsrecht geregelten Rechtsgebiete und der Rechtsfortbildung durch den EuGH seien die europäischen Verträge ein vervollständigtes Normensystem.[932]

Für die Anwendbarkeit von Völkerrecht im Rahmen des Europarechts bleibt gemäß der integrationsrechtlichen Sichtweise kein Raum. Die Regeln des Europarechts verdrängen das Völkerrecht. Die Schließung von unionsrechtlichen Lücken erfolge autonom, d.h. ohne Rückgriff auf das Völkerrecht, sondern durch Rückgriff auf die aus dem nationalen Recht der Mitgliedstaaten gewonnenen Rechtsgrundsätze, die ungeschriebenes Europarecht sind. Das Völkerrecht ist nur insoweit von Bedeutung, als es in diese allgemeinen Rechtsgrundsätze des Unionsrechts eingegangen ist.[933] Folgerichtig wendet der EuGH Völkerrecht nicht automatisch oder gar nicht an.[934]

---

928 *Becker*, in: Schwarze 2009, Art. 312 EGV, Rn. 4.
929 *Herrnfeld*, in: Schwarze 2009, Art. 51 EUV, Rn. 1.
930 Bruha/Nowak, AVR (42) 2004, S. 1 (S. 11).
931 EuGH v. 14.12.1971, Rs. C-7/71, Slg. 1971, S. 1003 Rn. 18/20 – *Kommission gegen Frankreich*, EuGH v. 13.7.1972, Rs. C-48/71, Slg. 1972, S. 529, Rn. 5/10 – *Kommission gegen Italien*, EuGH v. 9.3.1978, Rs. C-106/77, Slg. 1978, S. 629 Rn. 17/18 – *Simmenthal II*, EuGH v. 5.5.1981, Rs. C-804/79, Slg. 1981, S. 1045 Rn. 17/18 – *Kommission gegen Vereinigtes Königreich*, EuGH v. 14.2.1984, Rs. C-24/83, Slg. 1984, S. 817 Rn. 13 – *Gewiese und Mehlich*, EuGH v. 23.4.1986, Rs. C-294/83, Slg. 1986, S. 1339 Rn. 23 – *Parti écologiste „Les Verts" gegen Europäisches Parlament*; EuGH v. 14.12.1991, Gutachten 1/91, Slg. 1991, S. 6079, Rn. 21- *EWR I*; EuGH v. 10.4.1992, Gutachten 1/92, Slg. 1992, S. 2821, Rn. 17ff. – *EWR II*; EuGH v. 20.9.2001, Rs. C-453/99, Slg. 2001, S. 6297, Rn. 19 – *Courage und Crehan*; vgl. die Besprechungen dieser Rechtsprechung bei Bruha/Nowak, AVR (42) 2004, S. 1 (S. 11); Oppermann/Classen/Nettesheim, Europarecht 2011, S. 690; Walthemathe, Austritt aus der EU, S. 81f.; *Zilioli*, in: Legal aspects, S. 124.
932 Schroeder, Grundkurs Europarecht, S. 18 Rn. 36; so bereits *Everling*, in: FS Mosler, S. 177; vgl. auch Walthemathe, Austritt aus der EU, S. 86.
933 So *Everling*, in: FS Mosler, S. 180f.; Schwarze, EuR 1983, S. 1 (S. 14, 30ff., 37); vgl. *Becker*, in: Schwarze 2009, Art. 312 EGV, Rn. 5; *Giegerich*, in: Dörr/Schmalenbach, Art. 60 WVK, Rn. 70; Hanschel, NVwZ 2012, S. 995 (S. 999); *Simma/Vedder*, in: Grabitz/Hilf 2009, Art. 281 EGV, Rn. 37.
934 Dementsprechend begründet der EuGH seine Entscheidung, den Reziprozitätsgrundsatz als allgemeine Regel des Völkerrechts nicht anzuwenden, damit, dass „der Vertrag [...] eine neue Rechtsordnung auf [stellt], nach der sich die

In Bezug auf die Beendigung der europäischen Verträge sei zu berücksichtigen, dass die Mitgliedstaaten nicht mehr die Herren der Verträge sind.[935] Die Auflösung der Gemeinschaft durch einen *actus contrarius* käme einem Verfassungsbruch gleich.[936] Aufgrund der verfassungsrechtlichen Grundentscheidung der Schaffung auf „unbegrenzte Zeit" seien die Mitgliedstaaten aber nicht nur daran gehindert, den EUV/EGV insgesamt aufzuheben oder Änderungen außerhalb der vorgesehenen Verfahren vorzunehmen, sondern auch daran, die Gemeinschaft durch Austritt zu verlassen.[937] Ein außerordentliches Austrittsrecht aufgrund der ungeschriebenen allgemeinen Rechtsgrundsätze des Gemeinschaftsrechts wurde von Integrationisten nur selten angenommen und auf extreme Ausnahmefälle beschränkt.[938]

(b) Völkerrechtliche Sicht

Die völkerrechtliche Sicht sieht in den Gründungsverträgen hingegen eine besonders ausgestaltete regionale Entwicklungsstufe des Völkerrechtes.[939] Die EU sei trotz der supranationalen Charakteristika und des Ziels einer „immer engeren Union der Völker Europas" (Art. 1 Abs. 2 EUV) ein Zusammenschluss souverän bleibender Staaten, der die völkerrechtlichen Komponenten noch nicht gänzlich

---

Befugnisse, Rechte und Pflichten der Rechtssubjekte sowie die zur Feststellung und Ahndung etwaiger Rechtsverletzungen erforderlichen Verfahren bestimmen", EuGH v. 13.11.1964, verb. Rs. C-90/63 und C-91/63, Slg. 1964, S. 1329 (S. 1344) – *Kommission gegen Luxemburg und Belgien*; ebenso EuGH v. 26.2.1976, Rs. C-52/75, Slg. 1976, S. 277 (S. 284f.) – *Kommission gegen Italien;* EuGH v. 9.7.1991, Rs. C-146/89, Slg. 1991, S. 3533, Rn. 47 – *Kommission gegen Vereinigtes Königreich.* Das Verbot einseitiger Maßnahmen beschränke sich nicht nur auf das Verhältnis zwischen den Mitgliedstaaten und der Gemeinschaft, sondern gelte auch im Verhältnis der Mitgliedstaaten untereinander, so Walthemathe, Austritt aus der EU, S. 82f. mit Verweis auf EuGH v. 14.12.1971, Rs. C-7/71, Slg. 1971, S. 1003, Rn. 18/20 – *Kommission gegen Frankreich* sowie EuGH v. 13.7.1972, Rs. C-48/71, Slg. 1972, S. 529, Rn. 5/10 – *Kommission gegen Italien*; siehe dazu die Darstellung bei Walthemathe, Austritt aus der EU, S. 82f.; vgl. auch Schwarze, EuR 1983, S. 1 (S. 18); *Simma/Vedder*, in: Grabitz/Hilf 2009, Art. 281 EGV, Rn. 37.

935 *Zilioli*, in: Legal aspects, S. 124.

936 Vgl. *Geiger*, in: Geiger 2004, Art. 312 EGV, S. 3.

937 Schwarze, EuR 1983, S. 1 (S. 6, 16); *Simma/Vedder*, in: Grabitz/Hilf 2009, Art. 281 EGV, Rn. 37.

938 Für die Möglichkeit der Berufung auf eine objektive oder subjektive Unmöglichkeit der Verwirklichung der Vertragsziele zur Begründung eines Austrittsrechts *Hilf*, in: GTE 1997, Art. 240 EGV, Rn. 11; die Anwendung von Art. 62 WVK für den Fall interner, auch revolutionärer Umwälzungen der Verfassungsstruktur eines Mitgliedstaates nach Erschöpfung aller gemeinschaftsrechtlichen Mittel bejahend *Hilf*, in: GTE 1997, Art. 240 EGV, Rn. 13; auf den *Clausula*-Gedanken als ungeschriebenen Rechtsgrundsatz des Gemeinschaftsverfassungsrechts abstellend Giegerich, Europäische Verfassung und deutsche Verfassung, S. 605ff.

939 Bleckmann, DÖV 1978, S. 391 (S. 392ff.).

überwunden habe.[940] Die EU-Rechtsordnung stelle eine „abgeleitete Grundordnung“ dar und die Mitgliedstaaten blieben die „Herren der Verträge“.[941] Das Völkerrecht sei daher anwendbar, soweit die Regeln des Gemeinschaftsrechts oder des Unionsrechts nicht als *leges speciales* vorgehen.[942] Die EU sei kein *self-contained regime* und hänge in Extremsituationen am „völkerrechtlichen Lebensfaden“.[943]

(6) Streitentscheid

Die integrationsrechtliche und die völkerrechtliche Sicht kommen übereinstimmend zum Ergebnis, dass Völkerrecht dann nicht anwendbar ist, wenn das Gemeinschafts-/Unionsrecht als *lex specialis* eine Regelung vorsieht. Zu unterschiedlichen Ergebnissen kommen die Positionen hinsichtlich der Frage der subsidiären Geltung von Völkerrecht, d.h. wenn das Europarecht eine bestimmte Frage nicht explizit regelt.[944]

Für die völkerrechtliche Sichtweise spricht, dass das Unionsrecht, wie das vorherige Gemeinschaftsrecht auch, auf Gründungsverträgen beruht, die von den Mitgliedstaaten in einem völkerrechtlichen Akt geschlossen worden sind.[945] Daher ist auch die Ablehnung eines Austrittsrechts wegen des föderalen oder Verfassungscharakters der Verträge, wie von Vertretern der integrationsrechtlichen Sicht teilweise argumentiert wird,[946] abzulehnen.[947] Zutreffend wird darauf hingewiesen, dass die Bezeichnung der Verträge als „Verfassung“ vorrangig dazu dient, die Integration voranzutreiben, und nicht ihre Rechtsnatur beschreibt. Denn die bisherigen

---

940 Vgl. die Darstellung bei Meng, Recht der internationalen Organisationen, S. 162ff.; vgl. auch Hanschel, NVwZ 2012, S. 995 (S. 999), der die Vertreter dieser Ansicht als „Traditionalisten“ bezeichnet.

941 BVerfGE 123, 267 (349); BVerfGE 89, 155 (190); vgl. Klein, VVDStRL (50) 1990, S. 56 (S. 59).

942 So *Klein/Schmahl*, in: Völkerrecht 2013, S. 259 Rn. 47, 269 Rn. 78, 271 Rn. 83; *Klein*, in: HdK EUV/EGV, Art. 240 EGV, Rn. 2; *Geiger*, in: Geiger 2004, Art. 312 EGV, Rn. 4 m.w.N.; *Schweitzer*, in: Grabitz/Hilf 2009, Art. 312 EGV, Rn. 4; Walthemathe, Austritt aus der EU, S. 90; *Zuleeg*, in: GS Sasse, S. 57ff.

943 *Ruffert*, in: Calliess 2007, Art. 249 EGV, Rn. 10; so auch *Geiger*, in: Geiger 2004, Art. 312 EGV, S. 5.

944 So auch Heimbach/Zehnfund, Deutscher Bundestag (2009) , S. 1 (S. 4f.); Heimbach, Deutscher Bundestag 2009, S. 1 (S. 4); Walthemathe, Austritt aus der EU, S. 83.

945 Siehe Art. 1 EWGV, Art. 1 EGKS, Art. 1 EAGV, so auch Heimbach/Zehnfund, Deutscher Bundestag (2009), S. 1 (S. 5); Heimbach, Deutscher Bundestag 2009, S. 1 (S. 5); Puttler, EuR 2004, S. 669 (S. 676); Walthemathe, Austritt aus der EU, S. 85 m.w.N.; Hanschel, NVwZ 2012, S. 995 (S. 999).

946 So Schwarze, EuR 1983, S. 1 (S. 16); Hill, GJICL (12) 1982, S. 335 (S. 354ff.); *Everling*, in: FS Mosler, S. 183f.; ohne Begründung Ehlermann, EuR 1984, S. 113 (S. 124); Ipsen, Europäisches Gemeinschaftsrecht, S. 7, 100f.; vgl. *Dörr*, in: Grabitz/Hilf/Nettesheim 2010, Art. 50 EUV, Rn. 1.

947 So auch Walthemathe, Austritt aus der EU, S. 84ff.

Verträge sind auf üblichem zwischenstaatlichem Weg und nicht als Akte der Verfassungsgebung ausgehandelt und geschlossen wurden.[948]

Aber auch weitere völkerrechtliche Ansätze, die für die völkerrechtliche Sichtweise und ein Verständnis der Vertragsparteien als „Herren der Verträge" sprechen, sind noch im Verhältnis der EU zu ihren Mitgliedstaaten verblieben. Im Rahmen des Vertragsänderungsverfahren gem. Art. 48 EUV haben die Mitgliedstaaten absolute Verfügungsgewalt, und sind keinen inhaltlichen Beschränkungen unterworfen, sodass auch die Bestimmungen über die unbegrenzte Geltungsdauer der Verträge geändert werden können. Außerdem bedarf jede Vertragsänderung der innerstaatlichen Ratifikation.[949] Weitere Indizien für die noch nicht komplett erfolgte Loslösung vom Völkerrecht werden in den intergouvernementalen Politiken der EU und der Anwendung der WVK im Verhältnis der Union und Drittstaaten gesehen.[950] Die Argumentation der integrationsrechtlichen Sicht vernachlässigt dies. Die Aufgaben- und Zielbestimmungen der EU verändern nicht deren materiell-rechtliche Grundlagen.[951] Die Autonomie des EU-Rechts verkörpere nur ein „Idealbild", jedoch „keine[n] normative[n] Befund".[952]

Im Hinblick auf die Dichte der übertragenen Kompetenzen und die Möglichkeiten, Individuen durch Rechtsakte unmittelbar zu berechtigen und zu verpflichten, hat sich das Unionsrecht, wie die Integrationisten zutreffend argumentieren, weitgehend als eine supranationale und autonome Rechtsordnung etabliert, in der sich Regelungslücken immer weniger finden lassen.[953] Der Hinweis auf die Geschlossenheit der Rechtsordnung übersieht indessen, dass es immer einen letzen Extremfall geben wird, für den weder eine ausdrückliche Regelung getroffen noch eine solche derart ausgelegt werden kann, dass sich vertragsimmanente Lösungen ergeben. So ordnet das europäische Vertragsrecht keine Rechtsfolgen für eine dauerhafte Vertragsverletzung wie bspw. die fortwährende Missachtung von Entscheidungen des EUGH an.[954] Das Unionsrecht ist insoweit kein vollständig vom Völkerrecht abgeschottetes *self-contained regime*.[955] Das Völkerrecht kann und muss

948 Vgl. Heimbach/Zehnfund, Deutscher Bundestag (2009) , S. 1 (S. 4f.); Heimbach, Deutscher Bundestag 2009, S. 1 (S. 5); Walthemathe, Austritt aus der EU, S. 86.

949 Vgl. Hanschel, NVwZ 2012, S. 995 (S. 999); Puttler, EuR 2004, S. 669 (S. 676).

950 Walthemathe, Austritt aus der EU, S. 85 mit Verweis auf EuG v. 22.1.1997, Rs. T-115/94 Slg. 1997 II, S. 39 Rn. 77 – *Opel Austria gegen Rat*; mit Art. 7 EUV seien völkerrechtliche Grundsätze zurückgekehrt, *Wichard*, in: Calliess 2007, 281 EGV, Rn. 15.

951 Walthemathe, Austritt aus der EU, S. 85.

952 Meng, Recht der internationalen Organisationen, S. 167.

953 Hanschel, NVwZ 2012, S. 995 (S. 999); *Wichard*, in: Calliess 2007, 281 EGV, Rn. 14.

954 So auch Walthemathe, Austritt aus der EU, S. 87.

955 So auch *Wichard*, in: Calliess 2007, 281 EGV, Rn. 15.

in derartigen Extrem- und Grenzfällen als Ergänzung dienen.[956] Auch der EuGH kommt nicht umhin, in einigen Fällen Völkerrecht heranzuziehen.[957]

Die im EU/EG-Recht nicht kodifizierte Möglichkeit eines einseitigen Austritts war ein solcher Ausnahmefall, weil es eine klassische Regelungsmaterie „im Schnittfeld supranationaler Integration und völkerrechtlicher Staatensouveränität" betraf.[958] Während die integrationsrechtliche Sicht den Rückgriff auf die Grundsätze und Regeln des Völkerrechts kategorisch ausschließt und ein außerordentliches Kündigungsrecht aufgrund der ungeschriebenen allgemeinen Rechtsgrundsätze des Gemeinschaftsrechts verneint, griff die völkerrechtliche Sicht bei der Beantwortung der Frage nach der Beendigung des EUV/EGV subsidiär auf die Beendigungsgründe der Art. 54ff. WVK zurück.

Unklar blieb im diesem Zusammenhang, ob das BVerfG ebenfalls von einer subsidiären Anwendbarkeit der völkerrechtlichen Beendigungsgründe ausging. In seiner Maastricht-Rechtsprechung postulierte das Gericht, dass Deutschland als einer der „Herren der Verträge", „die ihre Gebundenheit an den ‚auf unbegrenzte Zeit' geschlossenen Unions-Vertrag mit dem Willen zur langfristigen Mitgliedschaft begründet haben, diese Zugehörigkeit aber letztlich durch einen gegenläufigen Akt auch wieder aufheben könnten."[959] An anderer Stelle heißt es, dass bei einem Scheitern der im Vertrag angelegten „Stabilitätsgemeinschaft" letztlich – als *„ultima ratio"* – auch eine „Lösung aus der Gemeinschaft" in Frage kommen kann.[960] Neben der kontrovers diskutierten Frage, ob das Gericht mit „Gemeinschaft" die Stabilitätsgemeinschaft im Sinne der dritten Stufe der Wirtschafts- und Währungsunion oder die EG meint,[961] herrschte Uneinigkeit darüber, was unter „Loslösung" und „gegenläufigen Akt" zu verstehen sei. Z.T. wurde dem Verdikt des BVerfG kein einseitiges Austrittsrecht, sondern lediglich der Hinweis auf die Möglichkeit

956 Ebenso *Everling*, in: FS Mosler, S. 189; *Geiger*, in: Geiger 2004, Art. 312 EGV, Rn. 5; *Wichard*, in: Calliess 2007, 281 EGV, Rn. 15; so soll der Juristische Dienst der Gemeinschaften die WVK herangezogen haben, um einen Ausweg nach dem ersten gescheiterten dänischen Referendum zu finden, Iglesias, EuGRZ (23) 1996, S. 125 (S. 129); Walthemathe, Austritt aus der EU, S. 87.

957 EuGH v. 29.11.1956, Rs. C-8/55, Slg. 1955, S. 302 (S. 312) – *Fédération charbonnière de Belgique gegen Hohe Behörde:* „Andererseits besagt ein völkerrechtlicher Grundsatz, den der EWG-Vertrag in den Beziehungen der Mitgliedstaaten zueinander sicherlich nicht außer Acht lassen wollte, daß ein Staat seinen eigenen Staatsangehörigen die Einreise in sein Hoheitsgebiet oder den Aufenthalt in diesem nicht versagen darf", EuGH v. 4.12.1974, Rs. C-41/74, Slg. 1974, S. 1337 Rn. 21/23 – *Van Duyn gegen Home Office;* EuGH v. 14.10.1980, Rs. C.812/79, Slg. 1980, S. 2787 Rn. 8 – *Attorney General gegen Burgoa,* EuG v. 22.1.1997, Rs. T-115/94 Slg. 1997 II, S. 39 Rn. 78 – *Opel Austria gegen Rat;* siehe die Darstellung bei Walthemathe, Austritt aus der EU, S. 82f.

958 Hanschel, NVwZ 2012, S. 995 (S. 999).

959 BVerfGE 89, 155 (190).

960 BVerfGE 89, 155 (204).

961 Siehe dazu ausführlich S. 281.

eines einvernehmlichen Austritts entnommen.[962] Diejenigen Interpreten, die auf die starke Betonung der Souveränität durch das BVerfG abstellen, verstehen die Passage der „Loslösung aus der Gemeinschaft" jedoch im Sinne eines einseitigen Ausscheidens und wenden völkerrechtliche Beendigungsgründe an.[963]

Die Anwendung der völkerrechtlichen Beendigungsgründe auf die damalige EU/EG ergibt indessen, dass auch die Befürworter eines völkerrechtlichen Austrittsrechts an dessen Verwirklichung strenge Bedingungen knüpften. Der Nachweis, dass die Voraussetzungen eines ordentlichen Kündigungsrechts gem. Art. 56 WVK vorliegen, gelingt nicht. Die Voraussetzungen der außerordentlichen Kündigungsgründe der Art. 60 bis 62 WVK sind derweil deutlich strenger. Weitgehende Übereinstimmung besteht darin, dass Art. 60 und Art. 61 WVK nicht geltend gemacht werden können. Lediglich im äußersten Extremfall soll unter Rückgriff auf das Prinzip *rebus sic stantibus* Art. 62 WVK ein Austrittsrecht begründen.[964] Im Ergebnis sprach sich die überwiegende Meinung derjenigen, die Völkerrecht zugrunde legten, jedoch gegen eine Rücktrittsmöglichkeit aus und sah im einvernehmlichen Ausscheiden den einzigen völker- und europarechtskonformen Weg, die Mitgliedschaft in der EG/EU zu beenden.[965]

Zwischen der völkerrechtlichen und der gemeinschaftsrechtlichen Betrachtung besteht also kein direkter Wertungswiderspruch im Falle von auf unbegrenzte Zeit abgeschlossener Verträge mit hoher Regelungsdichte wie es die EUV/EGV waren.[966] In der Anwendung der völkerrechtlichen Beendigungsgründe kommt daher die Flexibilität des Völkerrechts zum Ausdruck, welches es vermag, die Besonderheiten der EU zu berücksichtigen, nicht zuletzt, weil es sich, liegen spezielle unionsrechtliche Regelungen vor, an verschiedenen Stellen selbst für subsidiär

---

962 So Schwarze, NJ (48) 1994, S. 1 (S. 4); Tomuschat, EuGRZ (20) 1993, S. 489 (S. 494f.); vgl. Walthemathe, Austritt aus der EU, S. 112–116.

963 Auf Art. 56 Abs. 1 lit. b WVK in Bezug auf die Währungsunion abstellend König, ZaöRV (54) 1994, S. 17 (S. 35), auf Art. 62 WVK abstellend *Everling*, in: FS Bernhardt, S. 1175; vgl. auch Götting, Die Beendigung der Mitgliedschaft, S. 33; Jaekel, JURA 2010, S. 87 (S. 89f.); Oppermann, DVBl. 2003, S. 1234 (S. 1242); *Zilioli*, in: Legal aspects, S. 125; Austritt als Reaktion auf Kompetenzüberschreitungen der Gemeinschaft, z.B. die Anmaßung einer Kompetenz-Kompetenz begleitet von völligem Versagen gerichtlichen Rechtsschutzes durch den EuGH, vgl. *Schmalenbach*, in: Calliess 2007, Art. 312 EGV, Rn. 4.

964 *Dagtoglou/Schnur*, in: FS Forsthoff, S. 77ff.; *Zuleeg*, in: GS Sasse, S. 60; Dörr, JuS 1994, S. 500 (S. 505); *Huber*, in: Verfassungsrecht im Wandel, S. 356f.; *Folz*, in: Völker- und Europarecht, S. 163; Walthemathe, Austritt aus der EU, S. 96ff.; *Schweitzer*, in: Grabitz/Hilf 2009, Art. 312 EGV, Rn. 5; ein in den EG gültiges Recht ‚of emergency action' Schwarze, EuR 1983, S. 1 (S. 31); ähnlich *Everling*, in: FS Mosler, S. 189; Walthemathe, Austritt aus der EU, S. 87.

965 So *Kumin/Hummer/Obwexer*, in: Der Vertrag von Lissabon 2009, S. 315; ebenso *Klein*, in: HdK EUV/EGV, Art. O EUV, Rn. 32.

966 *Weber*, in: Groeben, Art. 51 EUV, Rn. 7.

erklärt.[967] Die EU kann als eine neue Figur des Völkerrechts behandelt werden, ohne sie zu einer normalen internationalen Organisation zu „degradieren". In der subsidiären Anwendung völkerrechtlicher Beendigungstatbestände kommen daher nicht nur die völkerrechtlichen Wurzeln des Unionsrechts zum Ausdruck sondern auch dessen Eigenständigkeit. Nur in den äußersten Extremsituationen auf das auf vernünftigen und praktikablen Erwägungen beruhende Völkerrecht[968] zurückzugreifen, scheint indessen nicht nur interessengerecht sondern auch unentbehrlich.[969]

b) Notwendigkeit des Austrittstatbestands aufgrund einer „Waffengleichheit" i.V.m. Sanktionen gem. Art. 7 EUV?

Ein Austrittstatbestand im europarechtlichen Kontext wird darüber hinaus teilweise in der Notwendigkeit der Herstellung einer „Waffengleichheit" im Verhältnis zu den Sanktionsmechanismen der Union gegenüber einem Mitgliedstaat gesehen. Durch den Amsterdamer Vertrag wurde Art. 7 EUV eingeführt, dessen Abs. 2 bis 4 einen Sanktionsmechanismus gegen Mitgliedstaaten infolge einer schwerwiegenden Verletzung der Grundsätze der Werte des Art. 2 EUV beschreiben.[970] Durch den Vertrag von Nizza wurde Art. 7 EUV um ein Frühwarnsystem in Abs. 1 ergänzt, in welchem ein Verfahren für Vorfeldmaßnahmen zum Vorgehen in Verdachtsfällen geregelt ist.[971] Es ist die einzige Norm des Vertragswerks, die eine Einschränkung der Mitgliedschaftsrechte vorsieht. Sanktionen aus anderen Gründen bis hin zum

---

967 So auch Hanschel, NVwZ 2012, S. 995 (S. 999); Walthemathe, Austritt aus der EU, S. 87; Art. 5 WVK bestimmt, dass Sondernomen in Gründungsverträgen vorrangig anzuwenden sind. Im Rahmen völkerrechtlicher Beendigungstatbestände finden die Besonderheiten des Europarechts gem. Art. 56 Abs. 1 lit. b und Art. 60 Abs. 4 WVK Beachtung.

968 Walthemathe, Austritt aus der EU, S. 87; vgl. z.B. Bauer/Kretschmer, die davon ausgehen, das Völkerrecht sei als Referenzgebiet für eine allgemeine Vertragsrechtslehre aus Sicht des Öffentlichen Rechts geradezu prädestiniert, *Bauer/Kretschmer*, in: FS Klein, S. 743.

969 Vgl. Heimbach/Zehnfund, Deutscher Bundestag (2009) , S. 1 (S. 4f.); andere sehen wegen des dynamischen Charakters der Gründungsverträge und der spezifischen Merkmale der Integration weder die integrationsrechtliche noch die völkerrechtliche Sicht befriedigende Antworten liefern, so *Weber*, in: Groeben, Art. 312 EG, Rn. 4.

970 Menschenwürde, Freiheit, Demokratie, Gleichheit, Rechtsstaatlichkeit und Menschenrechte, vgl. *Geiger*, in: Geiger 2010, Art. 7 EUV, Rn. 1; *Ruffert*, in: Calliess/Ruffert 2011, Art. 7 EUV, Rn. 5.

971 *Geiger*, in: Geiger 2010, Art. 7 EUV, Rn. 1; dies sei aufgrund der Erfahrungen mit den Sanktionen der 14 Mitgliedstaaten gegen Österreich im Jahre 2000 erfolgt, *Stein*, in: Der Konventsentwurf für eine EU-Verfassung, S. 112; zu den Sanktionen gegen Österreich, siehe Schorkopf, DVBl. 2000, S. 1036 (S. 1036ff.).

Ausschluss regelte weder das frühere Vertragsrecht noch der EUV/AEUV.[972] Die Handlungen nach Art. 7 EUV unterliegen gem. Art. 269 AEUV jedoch nur in Bezug auf Klageberechtigung, Klagefrist sowie Kontrolldichte, nicht aber in Bezug auf materielle Fehleinschätzungen der gerichtlichen Kontrolle durch den EuGH.[973] Auch im Falle einer aufgrund von Art. 7 EUV erfolgenden Maßnahme bleiben gem. Art. 7 Abs. 3 EUV die sich aus den Verträgen ergebenden Pflichten ungeachtet der Sanktion bestehen. Art. 60 Abs. 2 lit. c WVK, wonach die Suspendierung von Vertragsrechten auf die gleiche Weise beantwortet werden darf, findet keine Anwendung. Der unzureichende Rechtsschutz gegen Maßnahmen nach Art. 7 EUV hat daher die Überlegung hervorgerufen, dass der Sanktionsmöglichkeit eine Reaktion auf Seiten des betroffenen Staates entsprechen müsse.[974] Durch die Einführung des Austrittsrechts werde eine „Waffengleichheit" hergestellt,[975] welche einen Missbrauch des Sanktionsrechts vermeiden könne.

c) *Würdigung*

Vor Einführung des Art. 50 EUV sahen die EUV/EGV kein einseitiges Recht zum Austritt aus der EG/EU vor. Dies führte zu einem jahrzehntlang geführten Streit in der Wissenschaft, ob sich die Möglichkeit zum Austritt durch den Rückgriff auf die Beendigungsgründe des allgemeinen Völkerrechts ergibt. Selbst wenn man mit der völkerrechtlichen Sichtweise die generelle Rücktrittsmöglichkeit bejahte, herrschte insgesamt Unsicherheit darüber, ob die Voraussetzungen der Art. 56 und 60 bis 62 WVK im Fall der EU/EG überhaupt erfüllt werden können. Die Rechtsprechung des BVerfG im Maastricht-Urteil hat ebenfalls mehr Verwirrung als Aufklärung in dieser Frage erzeugt. Zugunsten von Rechtsklarheit und Rechtssicherheit bestand mithin eine potentielle Notwendigkeit der Regelung des Austritts.

Eine Notwendigkeit des Austrittstatbestands ergibt sich indessen nicht aufgrund einer aus seiner Einführung folgenden Waffengleichheit im Verhältnis zu den Sanktionsmechanismen der Union gegenüber einem Mitgliedstaat. Zwischen der Austrittsmöglichkeit und den aufgrund von Art. 7 EUV erfolgenden Maßnahmen infolge einer Verletzung der fundamentalen Grundsätze besteht kein notwendiger Zusammenhang.[976] Die Verwirklichung des Austrittsrechts ist unabhängig von der Gemeinschaftsintervention bei Verletzung grundlegender Unionsprinzipien. Freiwillig könne auch austreten, wer sämtliche Werte der Union höher hält als diejenigen, welche in ihr verbleiben.[977] Die Maßnahmen gem. Art. 7 EUV i.V.m.

---

972 *Ruffert*, in: Calliess/Ruffert 2011, Art. 7 EUV, Rn. 3.

973 *Ruffert/Wegener*, in: Calliess/Ruffert 2011, Rn. 1; Schorkopf, DVBl. 2000, S. 1036 (S. 1041).

974 So *Stein*, in: Der Konventsentwurf für eine EU-Verfassung, S. 117; *Stein*, in: FS Jaenicke, S. 891f.

975 *Stein*, in: Der Konventsentwurf für eine EU-Verfassung, S. 112.

976 So auch Weber, EuR 2004, S. 841 (S. 853).

977 Vgl. *Stein*, in: Der Konventsentwurf für eine EU-Verfassung, S. 117.

Art. 6 EUV könnten durch die ausdrückliche Regelung eines Austrittsrechts vielmehr geschwächt werden, weil ein Mitgliedstaat nunmehr den Austritt der Suspendierung vorziehen oder zumindest damit drohen kann.[978] Außerdem erscheint es in Anbetracht der politischen und wirtschaftlichen Reichweite eines verwirklichten Austritts unwahrscheinlich, dass ein Mitgliedstaat diesen gegenüber der Aussetzung bestimmter Vertragsrechte vorzieht.[979]

2. Potentielle Dynamik im integrationspolitischen Kontext?

Während die Untersuchung der Beendigungstatbestände internationaler Organisationen ergab, dass von einer Notwendigkeit der Beendigungstatbestände in Gründungsverträgen internationaler Organisationen grundsätzlich auszugehen ist, kann eine von ihnen ausgehende dynamische Wirkung nur unter restriktiven Umständen angenommen werden.

Fraglich ist, ob von der Existenz und der Verwirklichung eines Austrittstatbestands im europarechtlichen und integrationspolitischen Kontext eine dynamische Wirkung ausgehen kann. Eine dynamische Eigenschaft wird bestimmten Prozessen im Zusammenhang mit der Fortentwicklung der Union des Öfteren zugesprochen. So wird das sich selbst verstärkende Wachstum europäischer Institutionen als Zentralisierungsdynamik beschrieben.[980] Das durch den Maastrichter Vertrag eingeführte Subsidiaritätsprinzip, welches seit Inkrafttreten des Vertrages von Lissabon nunmehr in Art. 5 Abs. 3 EUV verankert ist, gilt ebenfalls als „dynamisches Konzept“.[981] Das BVerfG sieht die europäische Integration im Ganzen als einen dynamischen Prozess.[982]

Bei der Beurteilung, ob eine potentielle dynamische Wirkung von einem europarechtlichen Austrittstatbestand ausgeht, ist auf die Ziel- und Zwecksetzung der Union abzustellen. Während das mitgliedschaftliche Ziel der Union die Erweiterung ist, wird inhaltlich eine Vertiefung bezweckt. Diese Zielsetzungen stehen nicht nur in einem schwierigen Verhältnis zueinander, auch der Streit um die Finalität des europäischen Einigungsprozesses erschwert eine konkrete Bestimmung des Organisationszwecks im Falle der EU. Es ist jedoch in Übereinstimmung mit der Präambel und Art. 1 EUV davon auszugehen, dass trotz des unvollendeten und zukunftsoffenen Charakters der Union[983] diese einen immer engeren Zusammenschluss der Völker Europas bezweckt. Ein europarechtlicher Austrittstatbestand ist

978 So auch Weber, EuR 2004, S. 841 (S. 853).
979 Ähnlich auch Stein, der die Frage stellt, ob Österreich ernsthaft an einen Austritt gedacht hätte, wäre ein Austrittsrecht damals schon vertraglich gewährleistet gewesen, *Stein*, in: Der Konventsentwurf für eine EU-Verfassung, S. 112.
980 Brok/Hrbek/Schäfer/Vaubel, Wirtschaftsdienst (87) 2007, S. 72 (S. 84f.).
981 Haratsch/Koenig/Pechstein, Europarecht, S. 82.
982 BVerfGE 89, 155 (184).
983 So Oppermann/Classen/Nettesheim, Europarecht 2011, S. 19.

daher nur dann ein dynamisches Element der Unionsmitgliedschaft, wenn er eine integrationsfördernde Wirkung entfaltet.

a) Potentielle Dynamik aufgrund der Existenz von Art. 50 EUV

Vorrangig geht eine Dynamik von der Existenz eines Beendigungstatbestandes, also im Vorfeld der eigentlichen Maßnahme, aus. Eine dynamische Wirkung allein aufgrund der Existenz vertraglicher Austrittsklauseln ergibt sich für die internationale Organisation, wenn durch deren Instrumentalisierung Minderheitspositionen geschützt, der Ratifikationsprozess vorangetrieben oder die Legitimation von Entscheidungen der Organisation gestärkt werden. Darüber hinaus kann die Austrittsdrohung vertragstreuer Mitgliedstaaten dynamisch sein.[984]

Eine Dynamik infolge der Existenz eines europarechtlichen Austrittsrechts wird in der Lehre unter verschiedenen Aspekten diskutiert. In der rechtspolitischen Diskussion decken sich dahingehende Ausführungen weitgehend mit denen bei normalen internationalen Organisationen. Am Häufigsten wird argumentiert, eine im europäischen Vertragsrecht verankerte Austrittsklausel führe zu einer Erhöhung der Legitimität einzelner und insbesondere auch weitreichender politischer Entscheidungen sowohl der Union und ihrer Organe als auch der Mehrheit der Mitgliedstaaten.[985] Eine dynamische Wirkung gehe außerdem vom europarechtlichen Austrittstatbestand aus, wenn dieser die Beitritts- und Ratifikationswilligkeit neuer Mitgliedstaaten steigere.[986] Dynamisch sei ein im Europarecht verankerter Austrittstatbestand auch dann, wenn er dem austrittswilligen Mitgliedstaat den Austritt im Vergleich zur rechtlichen Lage ohne ein ausdrückliches Recht erschwert und seine Verwirklichung dadurch unwahrscheinlicher macht. Ein unionspezifischer Aspekt in der rechtspolitischen Diskussion bezieht sich auf einen durch die Existenz eines Austrittsrechts resultierenden Integrationsschub. Die Bereitschaft zur Übertragung von Kompetenzen könne durch die grundsätzlich bestehende Reversibilität infolge eines Austrittsrechts erhöht werden.[987] Die konstitutionenökonomische Diskussion betrifft überwiegend spezifische Unionsaspekte. Danach sei ein vertragliches Austrittsrecht ein ökonomisch bedeutsames Schutzinstrument gegen den Trend zur Zentralisierung der Union und könne von einer Minderheit instrumentalisiert werden, die sich von den Zentralisierungswünschen der

---

984 Siehe dazu oben, S. 105ff.

985 *Calliess*, in: Calliess 2006, Art. I-60 EVV, Rn. 19; *Dörr*, in: Grabitz/Hilf/Nettesheim 2010, Art. 50 EUV, Rn. 49; *Kumin/Hummer/Obwexer*, in: Der Vertrag von Lissabon 2009, S. 316; Puttler, EuR 2004, S. 669 (S. 679ff.); Terhechte, EuR 2008, S. 143 (S. 152).

986 Vgl. *Meyer*, in: Verfassungsentwurf, S. 434; Oppermann, DVBl. 2003, S. 1234 (S. 1242); Walthemathe, Austritt aus der EU, S. 202.

987 So auch Walthemathe, Austritt aus der EU, S. 202; vgl. Athanassiou, European Central Bank 2009, S. 1 (S. 25).

Mehrheit bedroht fühle.[988] Außerdem leiste ein solches Recht einen Beitrag zur verfahrensmäßigen Operationalisierung des Subsidiaritätsprinzips[989] und erzeuge eine nötige Symmetrie im Verhältnis zu den Beitrittsbedingungen, wodurch der Integrationsprozess stabilisiert werde.[990]

b) Potentielle Dynamik durch die (Teil-)Verwirklichung von Art. 50 EUV

Von einer Dynamik aufgrund der Verwirklichung der Mitgliedschaftsbeendigung ist angesichts der vielen praktischen, finanziellen und rechtlichen Probleme, die die Beendigung der Mitgliedschaft verursachen kann, nur unter restriktiven Bedingungen auszugehen.[991] Fraglich ist, ob im Falle der Europäischen Union wegen ihres Charakters als Integrationsgemeinschaft überhaupt Situationen anzunehmen sind, in denen sich eine verwirklichte Mitgliedschaftsbeendigung dynamisch für die Organisation auswirken kann. Im Falle der Union sichern insbesondere die faktischen Entwicklungen die Zugehörigkeit zum Vertragswerk. Neben den tief gehenden politischen Verflechtungen sind auch die nationalen Volkswirtschaften im Binnenmarkt eng miteinander verknüpft. Ein Austritt aus der Union würde die Aufgabe der gesamten Verbindungen zur Union mit ihren gewachsenen Strukturen bedeuten.[992] Ein Szenario, in dem sich der Austritt für ein Land in Anbetracht der wirtschaftlichen Kosten lohnen würde, sei daher schwer vorstellbar.[993] Aus der Unwahrscheinlichkeit einer Realisierung des Austritts und seiner bisherigen Bedeutungslosigkeit für den Integrationsprozess folgt indessen nicht, dass eine dynamische Wirkung infolge seiner Verwirklichung kategorisch ausgeschlossen ist. Ein tatsächlich stattfindender Austritt werde zwar immer ein Eingeständnis eines zumindest partiellen Scheiterns der Unionspolitik sein. Jedoch könne der Austritt eines integrationsunwilligen oder (partiell) zur Vertragserfüllung unfähigen Mitglieds die Möglichkeit eröffnen, integrationspolitische Spannungen zwischen verschiedenen Vorstellungen über die europäische Integration verringern zu helfen.[994]

Dies wird insbesondere für den Teilaustritt eines Mitgliedstaates aus der Europäischen Währungsunion diskutiert. So wurde im Zuge der seit 2008 anhaltenden Finanzkrise die Teilnahme Griechenlands an der dritten Stufe der WWU häufig unter Hinweis auf dessen Zahlungsunfähigkeit und die für die Währungsunion und

988 *Schäfer*, in: Die Europäische Union nach der Erweiterung, S. 74; Schäfer, Intereconomics (38) 2003, S. 182 (S. 185).

989 Schäfer, Intereconomics (38) 2003, S. 182 (S. 183); *Schäfer*, in: Die Europäische Union nach der Erweiterung, S. 74.

990 *Schäfer*, in: Die Europäische Union nach der Erweiterung, S. 69.

991 Siehe dazu oben, S. 107ff.

992 Schwarze, EuR 2003, S. 535 (S. 559).

993 Vgl. *Dörr*, in: Grabitz/Hilf/Nettesheim 2010, Art. 50 EUV, Rn. 50; Schwarze, EuR 2003, S. 535 (S. 559).

994 So *Kumin/Hummer/Obwexer*, in: Der Vertrag von Lissabon 2009, S. 317; Herbst, GLJ (6) 2005, S. 1755 (S. 1759f.); vgl. dazu bereits Weiler, ILR 1985, S. 282 (S. 287).

Griechenland bestehenden Vorteile im Falle eines Ausscheidens in Frage gestellt.[995] Griechenland wurde am 1.1.1981 mit Beginn der sogenannten Süderweiterung zehntes Mitglied der EG.[996] Am 1.1.2001 trat es der Eurozone bei. Wie sich später herausstellte, hat Griechenland fehlerhafte statistische Daten zur Beurteilung des jährlichen Defizitkriteriums im Rahmen der Überprüfung der Konvergenzkriterien übermittelt. Hätten die Kommission und die EZB die tatsächlichen Daten zugrunde gelegt, wären sie zu dem Ergebnis gekommen, dass die notwendigen Voraussetzungen für die Einführung der gemeinsamen Währung nicht vorgelegen haben.[997] Infolge der EWU-Mitgliedschaft steigerte sich die Kreditfähigkeit des Landes und ermöglichte eine extrem hohe Verschuldung.[998] So lag die Neuverschuldung Griechenlands 2009 über dem vierfachen der erlaubten drei Prozent und die Gesamtschuldenlast bezifferte sich auf 300 Mrd. Euro.[999] Im Frühjahr 2010 drohte für das Land wegen steigender Haushaltsdefizite die Staatsinsolvenz.[1000] Die Kreditwürdigkeit Griechenlands war im April 2010 auf dem Tiefpunkt. An den internationalen Kapitalmärkten stiegen die Zinsen für griechische Staatsanleihen mit zweijähriger Laufzeit auf über 15%.[1001] Die griechische Regierung schien die finanziellen Probleme nicht alleine lösen zu können. Weil eine Gefährdung der Stabilität der europäischen Währung insgesamt angenommen wurde,[1002] folgte eine „dramatische Rettungsaktion“[1003] unter der Bedingung strenger Sparauflagen für die griechische Regierung.[1004] Im Mai 2010 wurde ein erstes Rettungspaket aus bilateralen Kreditbürgschaften der Mitgliedstaaten der Eurozone und des IMF mit einem Gesamtvolumen von 110 Mrd. Euro verabschiedet.[1005] Weil sich diese Hilfsmaßnahmen

995 So z.B. FOCUS Online Money, Griechenland: Ifo-Chef empfiehlt Euro-Austritt, FOCUS (08. Mai 2011), http://www.focus.de/finanzen/news/staatsverschuldung/griechenland-ifo-chef-empfiehlt-euro-austritt_aid_625183.html (letzter Zugriff: 2.1.2015); Knopp, NVwZ 2011, S. 1480 (S. 1485); Seidel, ZEI Working Papers 2010, S. 1 (S. 1f., 23f.); Sonder, ZRP 2011, S. 33 (S. 35); Meyer, Orientierungen zur Wirtschafts- und Gesellschaftspolitik (119) 2009, S. 49 (S. 50f.).

996 Vgl. Brandstetter, Chronologisches Lexikon der europäischen Integration, S. 118.

997 *Horn*, in: FS Maier-Reimer, S. 261; Horn, NJW 2011, S. 1398 (S. 1400); Sonder, ZRP 2011, S. 33 (S. 33); für einen Überblick über den Weg Griechenlands in die dritte Stufe der WWU Zehnfund/Sinn, Deutscher Bundestag 2009, S. 1 (S. 4–7).

998 Horn, NJW 2011, S. 1398 (S. 1400).

999 Sonder, ZRP 2011, S. 33 (S. 33).

1000 Oppermann/Classen/Nettesheim, Europarecht 2011, S. 17.

1001 Vgl. dazu Herrmann, EuZW 2010, S. 413 (S. 413).

1002 So Sonder, ZRP 2011, S. 33 (S. 33); vgl. Herrmann, EuZW 2010, S. 413 (S. 414).

1003 Oppermann/Classen/Nettesheim, Europarecht 2011, S. 18.

1004 Siehe dazu Sonder, ZRP 2011, S. 33 (S. 33).

1005 Vgl. Rat der Europäischen Union, Erklärung der Staats- und Regierungschefs der Mitgliedstaaten des Euro-Währungsgebiets v. 25.3.2010, S. 1f., abrufbar unter http://www.consilium.europa.eu/uedocs/cms_data/docs/pressdata/de/ec/113566.pdf (letzter Zugriff: 2.1.2015); die deutsche Umsetzung erfolgte durch das am 7.5.2010 von Bundestag und Bundesrat verabschiedete Gesetz zur Übernahme

als nicht ausreichend erwiesen, wurde am 9.5.2010 ein bis 2013 begrenzter Europäischer Finanzstabilisierungsmechanismus (EFSM) durch Regierungsabkommen der im ECOFIN-Rat vertretenen Eurostaaten[1006] und durch Verordnungen des Rates eingerichtet.[1007] Die aus koordinierten Hilfen aus dem Haushalt der Gemeinschaft, des IMF und Krediten der Euro-Staaten bestehenden Hilfsmaßnahmen werden von einer Europäischen Finanzstabilisierungsfazilität (EFSF) abgewickelt.[1008] Diese auch als „Euro-Rettungsschirm" bezeichneten Maßnahmenpakete verfügen über ein Volumen von über 750 Mrd. Euro, dienen der generellen Abwehr von drohenden Zahlungsunfähigkeiten überschuldeter Mitgliedstaaten und wurden erstmals von Irland im Herbst 2010 in Anspruch genommen. Zur Erreichung langfristiger Stabilität der Eurozone war die Einigung auf weitergehende Maßnahmen erforderlich. Seit Juni 2013 ist der Euro-Rettungsschirm daher in einen dauerhaften Krisenmechanismus, den Europäischen Stabilitätsmechanismus (ESM),[1009] überführt.

Es folgte eine kontroverse Diskussion über die Rechtmäßigkeit der Rettungsmaßnahmen.[1010] Ein gegenseitiger Währungsbeistand ist gem. Art. 143, 144 AEUV für den Fall einer defizitären außenwirtschaftlichen Leistungsbilanz eines

---

von Gewährleistungen zum Erhalt der für die Finanzstabilität in der Währungsunion erforderlichen Zahlungsfähigkeit der Hellenischen Republik – Währungsunion-Finanzstabilitätsgesetz (WFStG), BGBl. 2010 I, S. 537.

1006 Beschluss der Euro-Staaten v. 10.5.2010, Pressemitteilung 9596 des ECOFIN v. 9./10.5.2010, 6ff., abrufbar unter http://www.consilium.europa.eu/uedocs/cms_data/docs/pressdata/en/ecofin/114324.pdf (letzter Zugriff: 2.1.2015).

1007 Siehe Verordnung (EU) Nr. 407/2010 des Rats v. 11.5.2010 zur Einführung eines europäischen Finanzstabilisierungsmechansimus, ABl. 2010 L 118/1; vgl. dazu Herrmann, EuZW 2010, S. 413 (S. 414, 418); Horn, NJW 2011, S. 1398 (S. 1400); Sonder, ZRP 2011, S. 33 (S. 33); die deutsche Umsetzung der EFSF-Beiträge erfolgte durch das Euro-Stabilisierungsmechanismus-Gesetz vom 22.5.2010, BGBl. 2010 I, S. 627.

1008 Als juristische Person luxemburgischen Rechts stellt der ESFS eine Zweckgesellschaft dar, welche mit einem Fonds in Höhe von 440 Mrd. Euro auf Grundlage quotaler Gewährleistungen der Euro-Mitgliedstaaten entsprechend ihrem Beteiligungsschlüssel an der EZB ausgestattet ist, vgl. EFSF-Rahmenvertrag zwischen den Mitgliedstaaten v. 7.6.2010, zugänglich unter: http://www.efsf.europa.eu/attachments/20111019_efsf_framework_agreement_en.pdf (letzter Zugriff: 2.1.2015), vgl. dazu auch Haratsch/Koenig/Pechstein, Europarecht, S. 681f.

1009 Vgl. Europäischer Rat, Schlussfolgerungen des Vorsitzes v. 28./29.10.2010, S. 2, http://www.consilium.europa.eu/uedocs/cms_data/docs/pressdata/en/ec/117496.pdf (letzter Zugriff: 2.1.2015); der ESM wird durch den Vertrag zur Einrichtung des Europäischen Stabilitätsmechanismus v. 2.2.2012 begründet, zugänglich unter: http://www.european-council.europa.eu/media/582866/02-tesm2.de12.pdf (letzter Zugriff: 2.1.2015). Mit der Hinterlegung der deutschen Ratifikationsurkunde beim Generalsekretariat des Rates der Europäischen Union konnte der ESM am 27.9.2012 in Kraft treten.

1010 Generelle Bedenken gegenüber der Handlungsform des völkerrechtlichen Vertrages für Rettungsmaßnahmen wie den ESM bei *von Arnauld*, in: FS Klein, S. 511f.

Mitgliedstaats vorgesehen. Dies gilt jedoch begriffsnotwendig nur für Mitgliedstaaten, welche noch über eine eigene Währung verfügen, die geschützt werden soll.[1011] Einzig Art. 122 Abs. 2 AEUV eröffnet die Möglichkeit, einem Mitgliedstaat, dessen Währung der Euro ist, im Falle von Naturkatastrophen und anderen unverschuldeten Krisen, finanziellen Beistand zu gewähren und wurde daher als Rechtsgrundlage für die Hilfsmaßnahmen erörtert. Dies sei rechtmäßig, weil ein Staatsbankrott mit dem europäischen Integrationsprozess unvereinbar sei und keine Möglichkeit des Ausschlusses eines Mitgliedstaates bestehe. Ein Staatsbankrott oder eine ausufernde Überschuldung gleiche einer Naturkatastrophe und die freiwillige Gewährung finanziellen Beistands werde von Art. 125 Abs. 1 AEUV, welcher vorsehe, das weder die Union noch die Mitgliedstaaten für Verbindlichkeiten der Zentralregierungen, der regionalen oder lokalen Gebietskörperschaften oder anderer öffentlich-rechtlicher Körperschaften, sonstiger Einrichtungen des öffentlichen Rechts oder öffentlicher Unternehmen von Mitgliedstaaten haften und für derartige Verbindlichkeiten einstehen, nicht erfasst.[1012] In Art. 125 Abs. 1 AEUV sei lediglich eine an potenzielle Gläubiger adressierte Bestimmung zu sehen, wonach die Wirtschafts- und Währungsunion nicht automatisch eine Haftungsunion darstelle, jedoch keine ausdrückliche Beschränkung des souveränen Rechts zur freiwilligen Haftungsübernahme.[1013]

Die Gegenansicht sieht Art. 125 AEUV jedoch als Nichthaftungsklausel oder *No-bail-out*-Regel und die finanziellen Hilfsmaßnahmen für Griechenland als Umgehung desselben.[1014] Art. 125 AEUV normiere das Verbot einer Haftung der Union und ihrer Mitglieder für Schulden von anderen Mitgliedstaaten.[1015] Außerdem werde das gem. Art. 123 AEUV für die EZB und ihre Mitgliedsbanken bestehende Verbot, einzelnen Mitgliedstaaten direkte Kredit zu gewähren oder deren Schuldtitel zu erwerben, durch den seit Mai 2010 stattfindenden Aufkauf von Staatsanleihen von Problemländern im Sekundärmarkt umgangen.[1016] Der Ausschluss der

1011 Vgl. dazu Seidel, ZEI Working Papers 2010, S. 1 (S. 6); Sonder, ZRP 2011, S. 33 (S. 33f.).

1012 So in Bezug auf die bilateralen Hilfen im Rahmen des ersten Rettungspakets Herrmann, EuZW 2010, S. 413 (S. 415); insgesamt Sonder, ZRP 2011, S. 33 (S. 34); zulässig als autonomes Handeln der Mitgliedstaaten oder als ungeschriebenes Unions-Notrecht zur Abwehr überragender Gefahren für den Bestand der Eurozone und der Union, vgl. Oppermann/Classen/Nettesheim, Europarecht 2011, S. 19.

1013 *von Arnauld*, in: FS Klein, S. 513.

1014 Der intergouvernemental-privatrechtliche EFSF sowie der vergleichbar geschaffene Griechenland-Fonds verstoßen gegen Art. 125 Abs. 1 S. 2 AEUV, *Ruffert*, in: FS Klein, S. 648 m.w.N.

1015 Horn sieht darin eine schwere Beschädigung der rechtlichen und institutionellen Grundlagen des Euro, Horn, NJW 2011, S. 1398 (S. 1400); vgl. auch Hanschel, NVwZ 2012, S. 995 (S. 997); Seidel, ZEI Working Papers 2010, S. 1 (S. 2ff.).

1016 Horn, NJW 2011, S. 1398 (S. 1400).

wechselseitigen Haftung und das Verbot der monetären und paramonetären Finanzierung der nationalen Haushalte seien Ausdruck des Grundsatzes der finanziellen und wirtschaftlichen Selbstverantwortung der einzelnen Mitgliedstaaten der Währungsunion.[1017] Die griechische Finanzkrise sei offensichtlich selbst verschuldet.[1018] Ein Mitgliedstaat habe grundsätzlich die Möglichkeit der Besteuerung der Bevölkerung und die Rückführung finanzwirksamer staatlicher Aufgaben. Eine Wirtschaftskrise sei ein Ereignis, dem eine Staatsführung gewachsen sein müsse.[1019]

Die große Rechtsunsicherheit darüber, wie die fortbestehenden Rechtsgrundlagen der EWU künftig zu handhaben seien[1020] führten zu umfassenden Reformplänen[1021] und der Ergänzung des Art. 136 AEUV um einen neuen Abs. 3 im vereinfachten Vertragsänderungsverfahren nach Art. 48 Abs. 6 EUV. Der neue Art. 136 Abs. 3 AEUV trat am 1.1.2013 in Kraft und sieht nunmehr vor, dass die Mitgliedstaaten, deren Währung der Euro ist, einen Stabilitätsmechanismus einrichten können, der aktiviert wird, wenn dies unabdingbar ist, um die Stabilität des Euro-Währungsgebiets insgesamt zu wahren. Die Gewährung aller erforderlichen Finanzhilfen im Rahmen des Mechanismus unterliegt dabei strengen Auflagen.[1022]

Neben der Rechtmäßigkeit der Rettungsmaßnahmen diskutiert die wirtschaftswissenschaftliche, rechtspolitische und rechtswissenschaftliche Lehre die bestehenden Vorteile für den Fall, dass ein überschuldeter Mitgliedstaat wie Griechenland seine Teilnahme an der Eurozone beendet.[1023] Die Verträge sehen nämlich keine Möglichkeit vor, Griechenland zu einem vertragskonformen Verhalten zu bewegen. Eine Sanktionierung gem. Art. 7 EUV aufgrund einer Vertragsverletzung in Bezug auf Art. 126 AEUV i.V.m. den Kriterien des Stabilitäts- und Wachstumspakts ist nicht möglich, weil es nicht um eine Verletzung der Werte der Union

---

1017 Horn, NJW 2011, S. 1398 (S. 1399); Seidel, ZEI Working Papers 2010, S. 1 (S. 2ff.).

1018 Horn, NJW 2011, S. 1398 (S. 1400).

1019 Seidel, ZEI Working Papers 2010, S. 1 (S. 8).

1020 Horn, NJW 2011, S. 1398 (S. 1398).

1021 Siehe dazu Horn, NJW 2011, S. 1398 (S. 1398); Sonder, ZRP 2011, S. 33 (S. 33f.).

1022 Mit Urteil vom 27.11.2012 erklärte der EuGH Abschluss und Ratifikation des ESM für europarechtskonform und vertrat die Auffassung, dass eine konditionierte Kreditgewährung im Rahmen des ESM auch ohne den neuen Art. 136 Abs. 3 AEUV Art. 125 AEUV nicht entgegensteht, EuGH v. 27.11.2012, Rs. C-370/12, Slg. 2012, S. 1–0000, Rn. 129–147.

1023 Z. B. FOCUS Online Money, Griechenland: Ifo-Chef empfiehlt Euro-Austritt, FOCUS (08. Mai 2011), http://www.focus.de/finanzen/news/staatsverschuldung/griechenland-ifo-chef-empfiehlt-euro-austritt_aid_625183.html (letzter Zugriff: 2.1.2015); Knopp, NVwZ 2011, S. 1480 (S. 1485); Seidel, ZEI Working Papers 2010, S. 1 (S. 1f., 23f.); Solidarität in Form von finanziellen Beistand muss künftig nicht der einzige Ausweg sein, Sonder, ZRP 2011, S. 33 (S. 35); ökonomisch als Frustrationshypothese im Sinne der Verfehlung des Stabilitätsziels insbesondere wegen fehlender Haushaltsdisziplin formuliert durch Herdegen, Europarecht 2012, S. 416; so bereits Herdegen, EWU-Monitor 1998, S. 1 (S. 4); ähnlich Meyer, Orientierungen zur Wirtschafts- und Gesellschaftspolitik (119) 2009, S. 49 (S. 50f.).

geht.[1024] Ein Defizitverfahren gem. Art. 126 AEUV i.V.m. Protokoll Nr. 12 war angesichts des Finanznotstands Griechenlands ebenfalls erfolglos.[1025]

In Bezug auf die Union wird auf die divergente wirtschaftliche Entwicklung in allen Mitgliedstaaten hingewiesen. Das Europäische System der Zentralbanken könne ohne Mitwirkung der jeweiligen Mitgliedstaaten divergierende Inflationsraten nicht verhindern. Weil „währungspolitische Disziplin" rechtlich nicht erzwingbar sei, könne das Ausscheiden von überschuldeten Staaten aus der Eurozone für die Union vorteilhaft sein.[1026] Insbesondere wenn der überschuldete Mitgliedstaat trotz finanziellen Beistandes keine wirksamen Eigenanstrengungen zur Beseitigung der Überschuldung nachweisen könne, sei das Risiko für die Währungsunion, den Gemeinsamen Markt und die Stabilität der Währung zu hoch und möglicherweise der gesamte Integrationsprozess gefährdet. Das Ausscheiden eines überschuldeten Staates könne deswegen ein wirksames Instrument zum Schutz der Währungsunion als Stabilitätsgemeinschaft vor Inflation und des Euro als europäischer Einheitswährung sein.[1027] Auch aus ökonomischer Sicht habe die Union bessere Aussichten auf eine Wiederherstellung der Währungsstabilität, wenn das überschuldete Mitglied wieder über eine eigene Währung verfügen könne.[1028]

Regelmäßig wird argumentiert, das Ausscheiden des betreffenden Mitgliedstaates aus der Währungsunion liege ebenfalls in dessen Interesse. Einerseits bestünde für den betreffenden Mitgliedstaat wieder die Möglichkeit der Währungsabwertung zur Zurückgewinnung seiner Wettbewerbsfähigkeit. Im Gegensatz zu Euro-Staaten könne ein Mitgliedstaat ohne Zugehörigkeit zur Währungsunion andererseits Hilfen der Europäischen Union nach Art. 143, 144 AEUV sowie IMF-Darlehen in Anspruch nehmen.[1029]

Derartige Diskussionen um die Vorteile des Ausscheidens eines Mitgliedstaates aus dem Euro-System übersehen indessen, dass es einem Einheitswährungssystem immanent ist, dass deren Mitglieder infolge der Einführung einer Einheitswährung keine Möglichkeit haben, ihre Währungen abzuwerten. Die Beendigung der Teilnahme an der Währungsunion wäre mit problematischen Folgen verbunden und

---

1024 So auch Hanschel, NVwZ 2012, S. 995 (S. 997); ein Verfahren nach Art. 7 EUV müsse jedoch eingeleitet werden, wenn innere Unruhen dazu führen, dass demokratische und rechtsstaatliche Verhältnisse nicht mehr gewährleistet sind, Seidel, ZEI Working Papers 2010, S. 1 (S. 1f.).

1025 Vgl. Herrmann, EuZW 2010, S. 413 (S. 414); Oppermann/Classen/Nettesheim, Europarecht 2011, S. 17.

1026 Seidel, EuZW 2007, S. 617 (S. 617).

1027 Seidel, ZEI Working Papers 2010, S. 1 (S. 1f., 23f.).

1028 Sonder, ZRP 2011, S. 33 (S. 35).

1029 Herrmann, EuZW 2010, S. 413 (S. 416); die Währungsunion sei nicht nur ein Schutzschild sondern auch eine Falle bei dauerhafter Überschuldung, Leistungsbilanzdefiziten und überhöhten Inflationsraten, Seidel, ZEI Working Papers 2010, S. 1 (S. 1f., 23f.); vgl. dazu auch Horn, NJW 2011, S. 1398 (S. 1399); Seidel, EuZW 2007, S. 617 (S. 617).

würde sich nach einer Dekade Beteiligung als noch komplizierter als der schon an hohe Anforderungen geknüpfte Beitritt zu diesem System darstellen.[1030] Für viele Details des Ausscheidens müssten einvernehmliche Lösungen gefunden werden. Scheitert die Einigung, könnte letztlich das gesamte politische System des Landes bedroht sein.[1031] Die Abwicklung eines solchen Teilaustritts könnte insbesondere vor dem Hintergrund der im Vergleich zu normalen internationalen Organisationen bestehenden weitergehenden Regelungsbreite und -tiefe des Unionsrechts Probleme verursachen. Jedoch ist im Rahmen dieser Argumentation zu berücksichtigen, dass eine gemeinsame Währung selbst das Auseinanderfallen eines Staates nicht verhindern konnte, wie das Beispiel der CSSR zeigte.[1032] Einen *point of no return* gibt es demnach nicht einmal bei Staaten, deren Integrationsdichte weit über die der Union hinausgeht.

Außerdem haben die Unionsstaaten infolge des Konzepts der differenzierten – flexiblen, abgestuften – Integration in bestimmten Vertragsbereichen ohnehin unterschiedliche Rechte und Pflichten.[1033] Die Mitgliedstaaten müssen also nicht an der Gesamtheit der durch die Verträge normierten Integrationsbereiche teilnehmen,[1034] sondern können die Einheitlichkeit und Gleichzeitigkeit des Integrationsprozesses durch ein geographisch, sachlich oder zeitlich differenziertes Vorgehen in bestimmten Vertragsbereichen relativieren.[1035] Die Umsetzung dieser Überlegungen erfolgt in der Praxis durch vertragsrechtlich verbriefte Ausnahmeregeln und *Opt-outs* in bestimmten Politikfeldern.

Den Ausgangspunkt der Entwicklung hin zu einer differenzierten Integration markierten die umfangreichen Ausnahmerechte Dänemarks zum Vertrag von Maastricht infolge der durch das negative Referendum verursachten Ratifikationsprobleme.[1036] Ferner zählen das Schengen-Abkommen sowie die Sozial- und Währungspolitik zu den Regelungsbereichen differenzierter Integration. Das Vertragssystem von Schengen strebt eine Harmonisierung von Maßnahmen bei der Einreisekontrolle an und wurde durch den Vertrag von Amsterdam in den Rahmen der Union überführt. Für das Vereinte Königreich, Irland und Dänemark wurden Sonderregelungen getroffen. Während in Großbritannien und Irland der Schengen-Besitzstand nicht gilt, diese aber beantragen können, dass einzelne oder alle Regeln auf sie anwendbar sein sollen,[1037] hat Dänemark zwar den Schengen-Besitzstand auf völkerrechtlicher Grundlage in Kraft gesetzt. Seine Beteiligung am

1030 *Tomuschat*, in: Problemi e tendenze del diritto, S. 291; vgl. auch Herrmann, EuZW 2010, S. 413 (S. 416).
1031 *Tomuschat*, in: Problemi e tendenze del diritto, S. 291.
1032 Siehe dazu oben, S. 16.
1033 Schäfer, Wirtschaftsdienst (87) 2007, S. 495 (S. 496).
1034 Maurer, Wirtschaftsdienst (87) 2007, S. 499 (S. 499).
1035 *Hatje*, in: Schwarze 2009, Art. 43 EUV, Rn. 4.
1036 Siehe dazu oben, S. 146.
1037 Art. 4 Protokoll Nr. 19 zum Vertrag von Lissabon zur Einbeziehung des Schengen-Besitzstandes in den Rahmen der Europäischen Union, ABl. 2010 C 83/290ff.

Erlass der Maßnahmen, die eine Weiterentwicklung des Schengen-Besitzstands darstellen, sowie die Umsetzung und Anwendung dieser Maßnahmen unterliegen jedoch den einschlägigen Bestimmungen eines Protokolls über die Position Dänemarks.[1038]

Großbritannien beteiligte sich nicht an dem auf den Vertrag von Maastricht zurückgehenden Abkommen über die Sozialpolitik, welches mit dem Vertrag von Amsterdam in den EGV überführt wurde und jetzt in Art. 151ff. AEUV geregelt ist.

Das prominenteste und bedeutendste Beispiel differenzierter Integration stellen jedoch die Ausnahmereglungen von Dänemark und Großbritannien sowie das informale *Opting-out* Schwedens im Rahmen der Teilnahme an der Wirtschafts- und Währungsunion dar. Für Dänemark und Großbritannien gelten gem. der dem Vertrag von Maastricht beigefügten Protokolle insofern Ausnahmeregelungen, als der Übergang zur dritten Stufe der WWU nicht automatisch erfolgt, selbst wenn die Bedingungen dafür vorliegen.[1039] Obwohl es die Konvergenzkriterien erfüllt, nimmt auch Schweden nicht an der Währungsunion teil. Zwar hat es sich nicht wie Großbritannien und Dänemark ein *Opting-out* ausbedungen, verhindert jedoch seinen Beitritt zur Währungsunion, indem es eine formale Voraussetzung – die Teilnahme am Wechselkursmechanismus II – nicht erfüllt.

Bleiben grundsätzlich die für den Integrationsraum konstitutiven Unionsregelungen für alle verbindlich,[1040] können es die abgestuften Regelungen ermöglichen, den besonderen Bedingungen von Gruppen von Mitgliedstaaten zu entsprechen.[1041] Allerdings sind mit diesem Konzept auch Gefahren für den Integrationsprozess verbunden. Dass sämtliche Mitgliedstaaten einer internationalen Organisation grundsätzlich alle Pflichten des Gründungsvertrages erfüllen, diene schließlich der Integrität des Vertragstextes und drücke die Gleichheit der Mitgliedstaaten aus.[1042] Eine privilegierende partielle Bindung muss jedoch dann als integrationsfördernd

---

1038 Art. 3 Protokoll Nr. 19 zum Vertrag von Lissabon zur Einbeziehung des Schengen-Besitzstandes in den Rahmen der Europäischen Union, ABl. 2010 C 83/290ff und Protokoll Nr. 22 zum Vertrag von Lissabon über die Position Dänemarks, ABl. 2010 C 83/299ff.

1039 Protokoll über einige Bestimmungen betreffend Dänemark, ABl. 1992 C 191/89; Protokoll über einige Bestimmungen betreffend das Vereinigte Königreich und Nordirland, ABl. 1992 C 191/87ff.

1040 Schäfer weist in diesem Zusammenhang daraufhin, dass ein Land, welches bspw. die Zollfreiheit innerhalb des Binnenmarktes nicht akzeptiert, kein Mitglied der EU sein kann, Schäfer, Wirtschaftsdienst (87) 2007, S. 495 (S. 497).

1041 Brok/Hrbek/Schäfer/Vaubel, Wirtschaftsdienst (87) 2007, S. 72 (S. 79).

1042 Götting, Die Beendigung der Mitgliedschaft, S. 34; kritisch auch Weber, EuZW 2011, S. 935 (S. 940).

beurteilt werden, wenn der dadurch begünstigte Staat anderenfalls nicht der Organisation beitreten würde.[1043]

Im Gegensatz zu einer partiellen Vertragsbindung zu Beginn der Mitgliedschaft durch die Vereinbarung eines *Opting-outs* stellt die nachträgliche partielle Vertragsbindung im Laufe der Mitgliedschaft einen partiellen Austritt eines Mitgliedstaates aus der Organisation dar.[1044] Weil im Ergebnis jeweils eine partielle Vertragsbindung bewirkt wird, ist auch das partielle Ausscheiden eines zur Vertragserfüllung unfähigen Mitglieds aus nur diesem Teilbereich der Verträge als Element des Konzepts der differenzierten Integration anzusehen.[1045]

Wenn ein Mitglied partiell aus einem differenziert geregelten Vertragsbereich austritt, weil es die entsprechenden Vertragspflichten nicht zu erfüllen imstande ist, könnte dies ähnlich wie bei einer partiellen Bindung zu Beginn der Mitgliedschaft dynamisch für die Organisation sein. Grund für diese Überlegung ist, dass die Organisation womöglich nicht auf die Teilnahme jedes einzelnen Mitglieds bei der Verwirklichung ihres Organisationszwecks in den differenziert geregelten Vertragsbereichen angewiesen ist, wenn es eine partielle Vertragsbindung zu Beginn der Mitgliedschaft gestattet. Zum einen kann die Teilnahme eines unfähigen Mitglieds der Zweckverwirklichung der Organisation mehr schaden als nutzen und zum anderen könnte der partielle Austritt eines Mitglieds einen vollen Austritt aus der Organisation vermeiden.[1046]

Letztlich entzieht sich die Diskussion um Schaden und Nutzen der Teilnahme sowie um Vor- und Nachteile des Ausscheidens eines EU-Mitglieds aus der Eurowährungszone einer rechtlichen Bewertung. Vielmehr handelt es sich dabei um eine typische wirtschaftspolitische Prognoseentscheidung.[1047] Eine Dynamik des vollendeten Teilaustritts aus der Währungsunion als Ausdruck des Konzepts

---

1043 Ähnlich Götting, Die Beendigung der Mitgliedschaft, S. 34; von einer entsprechenden Motivationslage seitens Dänemarks war auch 1992/1993 bei der Ratifikation des Vertrages von Maastricht auszugehen, siehe dazu oben, S. 143ff.

1044 So auch Götting, Die Beendigung der Mitgliedschaft, S. 34ff.

1045 So auch Schäfer, Wirtschaftsdienst (87) 2007, S. 495 (S. 497); Schäfer sieht im Opting-Out eine Form der Teilsezession. Beides seien elementare Bausteine für die Abgrenzung optimaler Integrationsräume, *Schäfer*, in: Die Europäische Union nach der Erweiterung, S. 70; Schäfer, Intereconomics (38) 2003, S. 182 (S. 183).

1046 Ähnlich Götting, Die Beendigung der Mitgliedschaft, S. 34.

1047 Herrmann, EuZW 2010, S. 413 (S. 414ff.); zahlreiche Verfassungsökonomen haben sich bei der Diskussion um die Verfassungsordnung in der EU für die explizite Aufnahme eines Austrittsrechts ausgesprochen, siehe die Nachweise bei Doering, Friedlicher Austritt, S. 53 Fn. 96; vgl. auch die Kosten-Nutzen-Analyse der EU-Mitgliedschaft bei Lechner, Das Austrittsrecht im Vertrag von Lissabon, S. 32ff.

differenzierter Integration kann diesem jedenfalls nur dann unterstellt werden, wenn an dessen Rechtsmäßigkeit selbst keine Zweifel bestehen.[1048]

III. Der normative Rahmen für den Austritt eines Mitgliedstaates aus der Europäischen Union

Austrittstatbestände verfügen auch im europarechtlichen und integrationspolitischen Kontext über das Potential, sich funktionell auszuwirken. Ob Art. 50 EUV dieses Funktionspotential realisiert und somit als notwendiges und dynamisches Element der Mitgliedschaft zu charakterisieren ist, setzt eine Untersuchung der Voraussetzungen und des Verfahrens von Art. 50 EUV voraus.

1. Entstehungsgeschichte: Art. 50 EUV als Novität im europäischen Vertragsrecht

Art. 50 EUV hatte weder im EGV noch im EUV einen Vorläufer. In der Geschichte der europäischen Integration hat das Unionsrecht seit den Pariser Verträgen von 1952 bis zum Vertrag von Lissabon im Jahr 2007 insgesamt fünf Reformprozesse[1049] ohne die Einführung eines Austrittsrechts überstanden. Erst in einer nach mehreren Erweiterungsrunden[1050] auf 27 Mitgliedstaaten angewachsenen Union, in der 17 davon Vollmitglieder der Europäischen Währungsunion waren,[1051] hielten es die Mitgliedstaaten für erforderlich, dazu eine ausdrückliche Regelung zu treffen.

1048 Zur Rechtmäßigkeit des partiellen Austritts aus der Währungsunion auf europa- und völkerrechtlicher Grundlage siehe unten, S. 261ff.

1049 Vertrag zur Gründung der Europäischen Wirtschaftsgemeinschaft (Römische Verträge) v. 25.3.1957, BGBl. 1957 II, S. 766ff., Einheitliche Europäische Akte v. 17.2.1986 (Unterzeichnung durch Belgien, Deutschland, Frankreich, Griechenland, Irland, Luxemburg, Niederlande, Portugal, Spanien) und 28.2.1986 (Unterzeichnung durch Dänemark, Großbritannien, Italien), BGBl. 1986 II, S. 1104ff., Vertrag über die Europäische Union (Vertrag von Maastricht) v. 7.2.1992, BGBl.1992 II, S. 1253ff., Vertrag von Amsterdam zur Änderung des Vertrages über die Europäische Union, der Verträge zur Gründung der Europäischen Gemeinschaften sowie einiger damit zusammenhängender Rechtsakte v. 2.10.1997, BGBl. 1998 II, S. 387ff., berichtigt durch BGBl. 1999 II, S. 416, Vertrag von Nizza zur Änderung des Vertrags über die Europäische Union, der Verträge zur Gründung der Europäischen Gemeinschaften sowie einiger damit zusammenhängender Rechtsakte v. 26.2.2001, ABl. 2001 C 80/1ff.

1050 Norderweiterung um Dänemark, Irland, Großbritannien (1973), Süderweiterung um Griechenland (1981), Portugal, Spanien (1986), EFTA-Erweiterung um Österreich, Schweden, Finnland (1995), Osterweiterung um Estland, Lettland, Litauen, Malta, Polen, Slowakei, Slowenien, Tschechien, Ungarn und Zypern (2004), Bulgarien und Rumänien (2007).

1051 Am 1.7.2013 wurde Kroatien 28. Mitgliedstaat der Europäischen Union; am 1.1.2014 wurde Lettland das 18. Vollmitglied der Europäischen Währungsunion.

Es gibt verschiedene Erklärungsversuche dafür, warum die Europäischen Verträge vor dem Vertrag von Lissabon kein Austrittsrecht enthielten. Einige führen das Fehlen einer solchen Regelung darauf zurück, dass die Mitgliedstaaten sich nicht über die Sinnhaftigkeit der Existenz eines solchen Rechts einigen konnten.[1052] Andere gehen davon aus, dass nicht die Frage des „ob", sondern die des „wie" entscheidend für die Nichtregelung eines Austrittrechts war. Eine ausdrückliche Regelung über das Bestehen eines Austrittrechts habe nur deshalb gefehlt, weil es notwendigerweise bedeutet hätte, Voraussetzungen und ein Verfahren für dessen Verwirklichung zu institutionalisieren, wovor die Mitgliedstaaten zurückschreckten.[1053] Andere betonen in diesem Zusammenhang, dass die ausdrückliche Regelung eines Austrittsrechts die Verpflichtungen der Mitglieder zur Erreichung ihrer gemeinsamen Ziele fragwürdig erscheinen lasse und gleichzeitig die Wahrscheinlichkeit eines Austritts erhöhe.[1054] Die herausragendste Bedeutung messen jedoch diejenigen der Nichtregelung der Austrittsfrage bei, die wegen der in den Europäischen Verträgen regelmäßig angestrebten Vertragsgeltung „auf unbegrenzte Zeit"[1055] auf die bewusste Ablehnung eines Rücktrittsrechts sowie auf die Einlassung der Vertragsparteien auf Dauerhaftigkeit schließen.[1056] Eine Untersuchung der Entstehungsgeschichte des Art. 50 EUV soll Aufschluss darüber geben, warum die Mitgliedstaaten sich dazu entschieden haben, ein Recht zum Austritt aus der Union in die Verträge aufzunehmen.

a) Das Austrittsrecht und der Verfassungskonvent

Erste vorsichtige Überlegungen zur Aufnahme einer Austrittsklausel gab es bereits 1995 im Rahmen einer Entschließung des Europäischen Parlaments im Hinblick auf die Regierungskonferenz im folgenden Jahr.[1057] Ein explizites Recht zum Austritt war jedoch erstmals in Art. I-60 der gescheiterten Verfassung für Europa (EVV) vorgesehen.[1058]

1052 So Walthemathe, Austritt aus der EU, S. 93.

1053 Vgl. Athanassiou, European Central Bank 2009, S. 1 (S. 9).

1054 So Athanassiou, European Central Bank 2009, S. 1 (S. 9); ähnlich auch *Dagtoglou/ Schnur*, in: FS Forsthoff, S. 84.

1055 Art. 53 EUV (ex Art. 51 EUV) sowie Art. 356 AEUV (ex Art. 312 EGV).

1056 So Zeh, ZEuS 2004, S. 173 (S. 190f.); siehe dazu ausführlich S. 155.

1057 „Sollte es sich [...] als unmöglich erweisen, aufgrund der nicht erreichten Einstimmigkeit zu einem positiven Abschluss zu gelangen, sollte die Möglichkeit geprüft werden, ohne die Minderheit vorzugehen und dabei auch Instrumente vorzusehen, die es einem Mitgliedstaat gestatten würden, unter Einhaltung bestimmter Kriterien aus der EU auszutreten", Entschließung EP, Punkt 17 zitiert nach Zeh, ZEuS 2004, S. 173 (S. 192).

1058 Vgl. dazu *Calliess*, in: Calliess 2006, Art. I-60 EVV, S. Rn. 1; zur Entstehungsgeschichte des Verfassungsvertrages insgesamt Auswärtiges Amt, Denkschrift zum Vertrag von Lissabon vom 13. Dezember 2007. AS-RK 2007, S. 1–3; Fischer,

Der Entwurf zum Verfassungsvertrag (VVE) wurde durch einen parlamentarisch-gouvernmental gemischten „Konvent zur Zukunft Europas“ erarbeitet. Auf seiner Tagung am 14. und 15.12.2001 hatte der Europäische Rat durch die Erklärung von Laeken diesen Konvent einberufen, der in der Zeit vom 28.2.2002 bis 20.7.2003 48 Mal tagte.[1059] Die Erklärung von Laeken benennt konkret den Reformbedarf der EU und ist Teil des Post-Nizza-Prozesses.[1060] Wie zuvor schon in Maastricht und Amsterdam waren auch in Nizza wichtige Fragen unbeantwortet geblieben und die Gelegenheit zur umfassenden Reform der EU wurde verpasst.[1061] Ziel war es, durch die Reform des komplizierten Beschlussfassungssystems die Handlungsfähigkeit der sich erweiternden EU zu sichern, die Entscheidungsprozesse demokratischer und transparenter zu gestalten und dabei die europäische Integration den Bürgerinnen und Bürgern näher zu bringen.[1062]

Die Konventsmethode sollte sich zum zweiten Mal als demokratienahes Instrument europäischer Verfassungsgebung bewähren.[1063] Unter Leitung von *Roman Herzog* hatte zwischen Oktober 1999 und Oktober 2000 bereits ein Konvent die Charta der Grundrechte der Europäischen Union erarbeitet. Dass die Konventsmethode für eine Vertragsreform angewendet wird, war in der Geschichte der Union jedoch erstmalig.[1064] Weil sie sich um Transparenz und die Beteiligung der Zivilgesellschaft bemüht, steht die Konventsmethode für eine stärkere demokratische Arbeitsweise. Alle Konventsdokumente sowie der Entwurf des Verfassungsvertrages wurden auf der Website des Konvents veröffentlicht. Außerdem wurde ein strukturiertes Netz aus Sozialpartnern, Wirtschaftskreisen, nichtstaatlichen Organisationen, Hochschulen usw. eingerichtet, welches die Zivilgesellschaft repräsentierte. Dieses „Forum“ wurde regelmäßig über die Arbeiten des Konvents unterrichtet und seine Mitglieder konnten sich durch eigene Beiträge an der Debatte beteiligen.[1065]

Konvent zur Zukunft Europas, S. 15ff.; Fischer, Der Europäische Verfassungsvertrag, S. 15ff.; Oppermann/Classen/Nettesheim, Europarecht 2011, S. 16 Rn. 10ff.

1059 Siehe dazu Piodi, Das Europäische Parlament und die Arbeiten des Europäischen Konvents, S. 29ff.

1060 Europäischer Rat, Erklärung von Laeken zur Zukunft der Europäischen Union, S. 1ff. Teil I; auch abgedruckt in Fuchs, Der Weg zum EU-Verfassungskonvent, S. 450.

1061 In der Schlussakte zum Vertrag von Nizza ist die „Erklärung zur Zukunft der Union“ enthalten, mit welcher sich die Mitgliedstaaten zur Notwendigkeit weiterer Reformen bekennen, ABl. 2001 C 80/85ff.

1062 Auswärtiges Amt, Denkschrift zum Vertrag von Lissabon vom 13. Dezember 2007. AS-RK 2007, S. 1f.; Schroeder, Grundkurs Europarecht, S. 13. Rn. 23.

1063 Vgl. Oppermann/Classen/Nettesheim, Europarecht 2011, S. 16 Rn. 10.

1064 Vgl. Piodi, Das Europäische Parlament und die Arbeiten des Europäischen Konvents, S. 20.

1065 Europäischer Rat, Erklärung von Laeken zur Zukunft der Europäischen Union, S. 6ff. Teil III.

Die 105 Mitglieder des Verfassungskonvents setzen sich aus dem Vorsitzenden und seinen beiden Stellvertretern, zwei Vertretern der Europäischen Kommission und 16 Vertretern des Europäischen Parlaments sowie aus 30 Vertretern der nationalen Parlamente (zwei Vertreter pro Mitgliedstaat) und 15 Vertretern der Staats- und Regierungschefs der Mitgliedstaaten (ein Vertreter pro Mitgliedstaat) zusammen. Außerdem entsandten 13 Vertreter derjenigen Staaten, die der EU in den nächsten Jahren beitreten sollten, jeweils zwei Vertreter ihrer nationalen Parlamente und einen Regierungsvertreter. Dazu zählten die acht osteuropäischen Beitrittsländer Estland, Lettland, Litauen, Polen, Slowakei, Slowenien, Tschechien und Ungarn. Der Zusammenbruch der Sowjetunion und die „Wende" in Mittelosteuropa in den 1990er Jahren hatten zu einem plötzlichen Umbruch des Systems der internationalen Beziehungen sowie zu Beitrittsanträgen dieser Staaten geführt.[1066] Malta und Zypern stellten 1990 einen entsprechenden Antrag bei der EU. Im Jahr 1998 wurden die Verhandlungen zur fünften und bisher größten Erweiterung der Union aufgenommen und parallel zur Erarbeitung des Verfassungsvertrages mit der Unterzeichnung des Beitrittsvertrages am 16.4.2003 in Athen abgeschlossen.[1067] Darüber hinaus waren auch die Beitrittskandidaten Rumänien und Bulgarien und das Bewerberland Türkei durch die gleiche Anzahl Parlamentarier und Regierungsvertreter im Konvent repräsentiert.

Mit seinen zwölf Mitgliedern verfügte das Präsidium des Konvents über eine hohe Repräsentativität. Seine Mitglieder – neben dem Vorsitzenden *Valéry Giscard d'Estaing*, seinen zwei Stellvertretern und weiteren neun Mitgliedern des Konvents[1068] – waren unter den übrigen Konventsmitgliedern hoch angesehen. Als „Gast" und Repräsentant der Beitrittsländer war der ehemalige slowenische Ministerpräsident *Peterle* im Präsidium vertreten.[1069]

Im Konvent fanden keine Abstimmungen statt. Anstatt dessen sollte versucht werden, einen Konsens oder zumindest eine deutliche Mehrheit zu finden. Als Rechtsgrundlage für dieses Verfahren wird regelmäßig die Erklärung von Laeken mit der folgenden Passage zitiert:

> *„Der Konvent prüft die verschiedenen Fragen. Er erstellt ein Abschlussdokument, das entweder verschiedene Optionen mit der Angabe, inwieweit diese Optionen im Konvent*

1066 Vgl. Oppermann/Classen/Nettesheim, Europarecht 2011, S. 16 Rn. 8; Piodi, Das Europäische Parlament und die Arbeiten des Europäischen Konvents, S. 13ff.

1067 Mit Inkrafttreten des Beitrittsvertrages am 1.5.2005 wurden die zehn mittel- und osteuropäischen Staaten dann in die Gemeinschaft aufgenommen, ABl. 2003 L236/16ff.

1068 Die neun Konventsmitglieder im Präsidium waren die Regierungsvertreter von Spanien, Dänemark und Griechenland als diejenigen Länder, die während des Konvents den Unionsvorsitz innehatten, zwei Vertreter der nationalen Parlamente, zwei Vertreter des Europäischen Parlaments und die beiden Vertreter der Kommission.

1069 *Oppermann*, in: FS Herzog, S. 67.

Unterstützung gefunden haben, oder – im Falle eines Konsenses – Empfehlungen enthalten kann.“[1070]

Entsprechend traf das Präsidium anlässlich seiner ersten Sitzung folgenden Beschluss:

> *„Der Konvent sollte versuchen, einen Konsens oder zumindest eine deutliche Mehrheit zu erzielen.“*[1071]

Auch in Art. 6 Abs. 4 der Geschäftsordnung des Präsidiums heißt es:

> *„Die Empfehlungen des Konvents werden im Konsens angenommen [...]. Wenn sich aus den Beratungen des Konvents mehrere unterschiedliche Optionen ergeben, kann angegeben werden, inwieweit die einzelnen Optionen Befürwortung finden.“*[1072]

Begründet wurde diese Arbeitsmethode durch den Vorsitzenden des Konvents und die Mitglieder des Präsidiums damit, dass eine Abstimmung aufgrund der heterogenen Zusammensetzung des Konvents nicht repräsentativ sei.[1073] Außerdem ist zu bedenken, dass die durch den Konvent angenommenen Rechtsakte keinen normativen Charakter hatten und lediglich für die Vorbereitung der darauffolgenden Regierungskonferenz dienten.[1074]

In Bezug auf die Rolle der Bewerberländer im Rahmen dieser Konsensfindung heißt es in der Erklärung von Laeken, dass die Bewerber „umfassend an den Beratungen des Konvents beteiligt“ werden. Jedoch wird ihnen sowohl durch die Erklärung von Laeken als auch durch Art. 6 Abs. 4 S. 1 der Geschäftsordnung des Konvents ausdrücklich das Recht abgesprochen, das Zustandekommen eines Konsenses im Konvent zu verhindern.[1075]

1070 Europäischer Rat, Erklärung von Laeken zur Zukunft der Europäischen Union, S. 6ff. Teil III.

1071 Europäischer Konvent, Summary of Conclusions – first informal meeting of the Praesidium, 22.2.2002, S. 1, Punkt 1.2; Piodi, Das Europäische Parlament und die Arbeiten des Europäischen Konvents, S. 29.

1072 Geschäftsordnung des Europäischen Konvents, in Europäischer Konvent, Note mit den Arbeitsmethoden des Europäischen Konvents. CONV 9/02, S. 4; auch abgedruckt bei Fuchs, Der Weg zum EU-Verfassungskonvent, S. 675–679.

1073 Europäischer Konvent, Synthesebericht über die Plenartagung – 15. und 16. Mai 2003 in Brüssel. CONV 748/03, S. 2; Europäischer Konvent, Summary of Conclusions – first informal meeting of the Praesidium, 22.2.2002, S. 1, Punkt 1.2; Piodi, Das Europäische Parlament und die Arbeiten des Europäischen Konvents, S. 29.

1074 So auch Piodi, Das Europäische Parlament und die Arbeiten des Europäischen Konvents, S. 29.

1075 Europäischer Rat, Erklärung von Laeken zur Zukunft der Europäischen Union, S. 6ff. Teil III; Europäischer Konvent, Note mit den Arbeitsmethoden des Europäischen Konvents. CONV 9/02, S. 4; beides abgedruckt in Fuchs, Der Weg zum EU-Verfassungskonvent, S. 450; vgl. auch *Große Hüttmann*, in: Eine Verfassung für Europa, S. 219.

Als „treibende Kraft“[1076] für die Arbeit des Konvents, kam dem Präsidium eine entscheidende Rolle zu. Einerseits gab es dem Konvent Anstöße und eine Arbeitsgrundlage, indem es die Entwürfe der Tagesordnungen für die Plenartagungen, Vorentwürfe des Vertrages und mithilfe des Sekretariats Dokumentationen ausarbeite. Andererseits war es seine Aufgabe, aus den öffentlichen Debatten innerhalb und außerhalb des Konvents, Textentwürfe vorzulegen, die mit möglichst breiter Unterstützung angenommen werden konnten.[1077]

Der zukünftige Arbeitsplan wurde durch Konventspräsident *Giscard* anlässlich seiner Rede auf der Eröffnungstagung am 28.2.2002 vorgestellt.[1078] Dieser sollte in drei Etappen ablaufen. In einer ersten Phase des aufgeschlossenen und aufmerksamen Zuhörens ab März 2002 sollten allgemeine Plenardebatten stattfinden. Dabei müsse den „Bürgern der Bewerberländer, die die Europäische Union entdecken und näher kennen lernen werden“ vorrangig Gehör geschenkt werden. Ab Ende Oktober 2002 sollte eine Phase der Studien erfolgen, in der Arbeitsgruppen und Diskussionskreise ihre Ergebnisse im Plenum erörtern und dieses über institutionelle Probleme debattiert. Ein erster Gesamtentwurf des Präsidiums zur Struktur der Verfassung („Skelett“) sollte dem Konvent vorgestellt werden. Ab Februar 2003 war die Phase der Texte geplant, in der dem Konvent Texte vorgelegt, über den Verfassungsentwurf des Präsidiums abschließend beraten und dieser im Generalkonsens auf den Abschlusssitzungen vom 13.6. und 10.7.2003 verabschiedet werden sollte.[1079]

Mit diesem Vorgehen blieb die eigentliche Definitionsmacht bis zum Ende in den Händen des Präsidiums, wobei der ehemalige slowenische Ministerpräsident *Peterle* die Belange der Beitrittsstaaten mit dem Geschick eines ehemaligen Ministerpräsidenten einbrachte.[1080]

i. Art. 46 des Vorentwurfs und die Austrittsdebatte im Konvent

Obwohl die Textarbeit ursprünglich erst für Anfang 2003 geplant war, übersandte das Präsidium bereits am 28.10.2002 einen „Vorentwurf eines Verfassungsvertrages“ an den Konvent.[1081] Parallel zu den Beratungen in den Arbeitsgruppen hatte sich eine Dynamik innerhalb des Konvents entwickelt. Mehrere Mitglieder legten Verfassungsentwürfe und Papiere mit konstitutionellem Charakter vor, sodass das

1076 Piodi, Das Europäische Parlament und die Arbeiten des Europäischen Konvents, S. 26f.

1077 *Große Hüttmann*, in: Eine Verfassung für Europa, S. 224f.

1078 Giscard d’Estaing, Rede des Vorsitzenden des Europäischen Konvents (3.9.2003), S. 1ff.; auch abgedruckt bei Fuchs, Der Weg zum EU-Verfassungskonvent, S. 657ff.

1079 Giscard d’Estaing, Rede des Vorsitzenden des Europäischen Konvents (3.9.2003), S. 1ff.; auch abgedruckt bei Fuchs, Der Weg zum EU-Verfassungskonvent, S. 657ff.; vgl. dazu auch *Große Hüttmann*, in: Eine Verfassung für Europa, S. 220; *Oppermann*, in: FS Herzog, S. 78.

1080 *Oppermann*, in: FS Herzog, S. 78, 80.

1081 Europäischer Konvent, Vorentwurf des Verfassungsvertrags. CONV 369/02, S. 17.

Präsidium unter Druck geriet und einen Vorentwurf präsentierte, ohne die Ergebnisse der Arbeitsgruppen abzuwarten.[1082] Dieser Vorentwurf sah für den zukünftigen Vertrag ein Austrittsrecht vor. In Bezug auf die entsprechende Bestimmung heißt es:

> *„In diesem Artikel würde die Möglichkeit angesprochen, ein Verfahren für den freiwilligen Austritt aus der Union auf Beschluss eines Mitgliedstaats festzulegen, und auf die institutionellen Konsequenzen eines solchen Austritts eingegangen."*[1083]

Der Vorschlag, ein Austrittsrecht in die Verträge einzufügen, soll auf den Präsidenten des Präsidiums selbst zurückgehen.[1084] Dies ist wahrscheinlich, bedenkt man, dass es als Vorsitzender des Präsidiums seine Aufgabe war, die Debatte im Konvent zusammenzufassen und diejenigen Vorschläge auszuwählen, die dem Präsidium als Grundlage für die Ausarbeitung des Vertragstextes dienten.[1085]

Nach Vorlage des Vorentwurfs beteiligten sich mehrere Konventsmitglieder und auch Regierungen mit eigenen Textentwürfen an der Debatte.[1086] Auch eine durch die Europäische Kommission am 5.12.2002 veröffentlichte und dem Verfassungskonvent zugänglich gemachte „Machbarkeitsstudie" muss als Teil dieses „Wettlauf[s] der Verfassungsentwürfe" gesehen werden.[1087] Wie schon der Vorentwurf des Präsidiums enthält sie den Vorschlag zur Einführung einer Austrittsklausel.[1088] Auf Wunsch von Kommissionspräsident *Prodi* und im Einvernehmen mit den Kommissionsmitgliedern *Barnier* und *Vitorino* hatte eine Arbeitsgruppe von Kommissionsbeamten unter dem Code-Wort *Penelope Paper* die Studie mit dem Titel „Beitrag zum Vorentwurf einer Verfassung der Europäischen Union" ausgearbeitet. Der Inhalt der Studie war nicht Gegenstand von Beratungen des Kommissionskollegiums. Die Kommission war daher weder durch das Arbeitspapier gebunden noch sah sie ihren Standpunkt darin widergespiegelt.[1089] Die im *Penelope Paper* vorgeschlagene Austrittsmöglichkeit stieß bereits bei Teilen der Konventsmitglieder

---

1082 *Große Hüttmann*, in: Eine Verfassung für Europa, S. 223f.

1083 Europäischer Konvent, Vorentwurf des Verfassungsvertrags. CONV 369/02, S. 17.

1084 So Zeh, ZEuS 2004, S. 173 (S. 193f.).

1085 Zur Aufgabe des Konventspräsidenten Piodi, Das Europäische Parlament und die Arbeiten des Europäischen Konvents, S. 29.

1086 Vgl. dazu *Große Hüttmann*, in: Eine Verfassung für Europa, S. 223f.; vgl. die Darstellung ausgewählter Verfassungsentwürfe bei Kleger, Der Konvent als Labor, S. 137–161.

1087 *Große Hüttmann*, in: Eine Verfassung für Europa, S. 224; vgl. dazu Kleger, Der Konvent als Labor, S. 153–161.

1088 Siehe Europäische Kommission, Feasibility Study Contribution to a Preliminary Draft Constitution of the European Union Working Document v. 4.12.2002, S. 30f.; auch abgedruckt bei Kleger, Der Konvent als Labor, S. 463, zur Einführung eines Austrittsrechts S. 481f.

1089 Europäische Kommission, Feasibility Study Contribution to a Preliminary Draft Constitution of the European Union Working Document v. 4.12.2002, S. 2.

auf Zustimmung. So äußerte sich der britische Regierungsvertreter *Peter Hain* im Rahmen eines Interviews dazu folgendermaßen:

> *„There are some very good points in Commission paper, such as the welcome inclusion of the exit clause. We wouldn't have seen this in a Commission paper 10 years ago and it shows how the debate is moving in the EU."*[1090]

Eine erste Ausformulierung des Austrittsrechts enthielt sodann der Vertragsentwurf des Präsidiums in der Fassung vom 2.4.2003, welcher dem Konvent am 4.4.2003 präsentiert wurde. Der zukünftige Art. 46 des Entwurfs hatte folgenden vorläufigen Wortlaut:[1091]

> „(1) Jeder Mitgliedstaat kann unter Einhaltung seiner internen Verfassungsvorschriften beschließen, aus der Europäischen Union auszutreten.
>
> (2) Ein Mitgliedstaat, der auszutreten beschließt, teilt dem Rat seine Absicht mit. Unmittelbar nach dieser Mitteilung handelt die Union mit diesem Staat ein Abkommen über die Modalitäten des Austritts aus und schließt es, wobei der Rahmen für die künftigen Beziehungen dieses Staates zur Union berücksichtigt wird. Das Abkommen wird nach Zustimmung des Europäischen Parlaments vom Rat mit qualifizierter Mehrheit im Namen der Union geschlossen. Der austretende Staat nimmt weder an den ihn betreffenden Beratungen noch an der diesbezüglichen Beschlussfassung des Rates teil.
>
> (3) Diese Verfassung wird für den betreffenden Staat am Tag des Inkrafttretens der Austrittsübereinkunft oder andernfalls zwei Jahre nach der in Absatz 2 genannten Mitteilung unwirksam."

In seiner 18. Plenartagung am 24. und 25.4.2003 behandelte der Konvent die Bestimmungen zu Titel X des Vertragsentwurfs – „Zugehörigkeit zur Union". Die Debatte konzentrierte sich auf das Austrittsrecht und ein Großteil der Redner ging auf den vorläufigen Art. 46 ein.[1092] Insgesamt forderten 27 der 105 Konventsmitglieder die komplette und ersatzlose Streichung des Artikels. Im Einzelnen waren dies:[1093]

1090 Kreutz, Interview with Peter Hain – Reply to questions from Jan Kreutz, Vice-President of JEF Europe, Convention Bulletin Edition 21 (05.02.03), http://www.constitutional-convention.net/bulletin/archives/000341.html (letzter Zugriff: 2.1.2015); ob die Studie die Debatte im Konvent maßgeblich beeinflusste, lasse sich jedoch nicht feststellen, da sich keines der Konventsmitglieder in seinen Redebeiträgen darauf bezogen habe, Zeh, ZEuS 2004, S. 173 (S. 195).

1091 Europäischer Konvent, Titel X: Die Zugehörigkeit zur Union. CONV 648/03, S. 5.

1092 Vgl. Europäischer Konvent, Synthesebericht über die Plenartagung – am 24. und 25. April 2003 in Brüssel. CONV 696/03, S. 10; so auch Piodi, Das Europäische Parlament und die Arbeiten des Europäischen Konvents, S. 50.

1093 Vgl. Europäischer Konvent, Reaktionen auf den Entwurf der Artikel der überarbeiteten Fassung von Teil I (Band I) – Zusammenfassende Darstellung. CONV 779/03, S. 31.

- drei Vertreter des Europäischen Parlaments: *Brok* (Deutschland), *Maij-Weggen* (Niederlande); *Cushnahan* (Irland)
- sechs Regierungsvertreter: *Fischer* (Deutschland), *Farnleitner* (Österreich), *De Vries* (Niederlande), *Santer* (Luxemburg); *Lopes* (Portugal), *Zile* (Lettland)
- 18 Vertreter der nationalen Parlamente: *Meyer* (Deutschland), *Lichtenberger* (Österreich), *Van der Linden* und *Van Dijk* (Niederlande), *Fayot* und *Wagener* (Luxemburg), *Giannakou* und *Avgerinos* (Griechenland), *Cisneros* (Spanien), *Basile* (Italien), *Korhonen* (Finnland), *Nagy* (Belgien), *Szajer* (Ungarn), *Demetriou* (Zypern), *Frendo* (Malta), *Mladenov* (Bulgarien), *Piks* (Lettland), *Zieleniec* (Tschechien).

Unter den alten Mitgliedern sprachen sich keine Vertreter aus Frankreich, Dänemark, Großbritannien und Schweden für eine komplette Streichung des Art. 46 aus. Die eindeutige Mehrzahl derjenigen Konventsmitglieder, welche für einen derartigen Vorschlag warben, waren Regierungsvertreter und Abgeordnete der nationalen Parlamente aus den Niederlanden, Deutschland, Österreich, Luxemburg und Griechenland.[1094]

Die Situation unter den beitrittswilligen Staaten war gänzlich anders. Lediglich ein Regierungsvertreter aus Lettland und jeweils ein Vertreter aus den nationalen Parlamenten Ungarns, Zyperns, Maltas, Bulgariens, Lettlands und Tschechiens waren dafür, Art. 46 ersatzlos zu streichen. Aus den übrigen Beitrittsländern Estland, Litauen, Polen, Slowakei, Slowenien, Rumänien sowie aus der Türkei kamen keine Forderungen nach kompletter Streichung des Austrittsrechts.

Der deutsche Europaparlaments-Abgeordnete, *Elmar Brok*, gehörte zu den Gegnern der Austrittsklausel und wies auf verschiedene sich im Zusammenhang mit der Austrittsklausel ergebende Streitfragen hin. In seinem Diskussionspapier fordert er dazu auf, die Notwendigkeit eines Austrittverfahrens unter Beachtung seiner Auswirkungen auf den Charakter der Union und die gegenseitige Verpflichtung zur Solidarität zunächst einmal umfangreich im Plenum des Konvents zu erörtern.[1095] Insgesamt begründeten die übrigen Gegner des Austrittsrechts ihre Ablehnung mit dem Argument, die Möglichkeit des Austritts bestehe bereits aufgrund der WVK und müsse daher nicht ausdrücklich in der Verfassung festgelegt werden. Nehme man indessen an, die WVK würde im Fall der EU keine Anwendung finden, würde das Austrittsrecht das Wesen der Union verfälschen.[1096]

Ausdrückliche Zustimmung erfuhr die Austrittsklausel durch Vertreter der Beitrittsstaaten. Der Vertreter Estlands, *Henrik Hololei*, wies daraufhin, dass ein

1094 Jeweils ein Vertreter der nationalen Parlamente aus Portugal, Spanien, Italien, Finnland und Belgien forderte ebenfalls die Löschung des Austrittsrechts.

1095 Europäischer Konvent, Beitrag des Mitglieds des Konvents Herrn Elmar Brok: „Verfassung der Europäischen Union“. CONV 325/2/02 Rev 2, S. 122.

1096 Vgl. Europäischer Konvent, Synthesebericht über die Plenartagung – am 24. und 25. April 2003 in Brüssel. CONV 696/03, S. 11; Piodi, Das Europäische Parlament und die Arbeiten des Europäischen Konvents, S. 50.

Austrittsrecht von der Mehrheit der Bevölkerung seines Landes gewünscht werde und ohne Austrittsrecht mit innenpolitischen Schwierigkeiten zu rechnen sei. Seiner Ansicht nach sei dies in den meisten Mitgliedsländern und insbesondere den Beitrittsländern ebenso der Fall. Formal habe ein solches Recht bereits in der sowjetischen und der jugoslawischen Verfassung bestanden und die EU dürfe sich nicht dem Vorwurf aussetzen lassen, dass diese Systeme demokratischer gewesen seien. Des Weiteren betonte er, dass trotz der praktisch bestehenden Möglichkeit, die EU jederzeit zu verlassen, die Verwirklichung eines Austritts höchst unwahrscheinlich sei. Dies beruhe jedoch auf wirtschaftlichen Abhängigkeiten, kulturellen Gemeinsamkeiten und langen Traditionen und nicht auf der Nichtexistenz eines Austrittrechts. Durch die Einführung eines solchen Rechts erhalte die Union für einen vergleichsmäßig geringen Preis etwas viel Wertvolleres – das Vertrauen der Mitgliedstaaten und deren Bevölkerungen dahingehend, dass die Mitgliedschaft in der EU auf Freiwilligkeit und demokratischen Prinzipien beruhe und dass die Souveränität der Mitgliedstaaten von der Organisation respektiert werde.[1097]

Der slowenische Außenminister *Rupel* begründete seine Unterstützung für Art. 46 des Vorentwurfs ebenfalls mit der zu respektierenden Souveränität der Mitgliedstaaten:

> *"This is a very important article, reflecting the nature of the European integration process, a process based on the free decision of countries and their citizens to join, voluntarily, the building of a common European home. The Union is based on the voluntary participation of sovereign states in the integration process. This sovereign will cannot be disregarded or 'annulled'. If a country wishes to withdraw from the integration process, from the European Union, a procedure must be available that provides for the regulation of the relations between this country and the Union. I therefore welcome and support the content of Article 46."*[1098]

Der maltesische Vertreter *Alfred Sant* und dessen Stellvertreter *George Vella* bezeichneten in ihren allgemeinen Anmerkungen zum Entwurf des Verfassungsvertrages das Austrittsrecht als „innovativ“ und „interessant“. Ihrer Ansicht nach werde die Union durch eine solche Vorschrift glaubhafter, demokratischer, liberaler im Umgang mit seinen Mitgliedstaaten und erscheine weniger hegemonisch.[1099]

1097 Hololei, Statement by Alternate Member of the Convention Government of Estonia on articles 43–46 and the Final Provisions of the draft Constitutional Treaty, S. 1f.

1098 Rupel, Contribution of the foreign minister at the convention session v. 24./25.4.2003, S. 1f.

1099 Europäischer Konvent, Beitrag des Mitglieds des Konvents Dr. Alfred Sant und des stellvertretenden Mitglieds Dr. George Vella – „Allgemeine Bemerkungen zum Entwurf des Verfassungsvertrags“. CONV 763/03, S. 4.

Bei den alten Mitgliedstaaten war es lediglich wieder Großbritanniens Vertreter *Peter Hain*, der das Austrittsrecht vehement befürwortete. Außerhalb der Konventsdebatte bezeichnete er die institutionellen Veränderungen als „sehr zufriedenstellend".[1100]

Viele Redner, die grundsätzlich dem Austrittsrecht zustimmten, waren jedoch für weitreichende Veränderungen an der vorgeschlagenen Bestimmung. Sie vertraten die Auffassung, strengere Regeln hinsichtlich der Voraussetzungen (a) und des Verfahrens (b) einzufügen sowie Regelungen für die Rechtsfolgen des Austritts (c) zu treffen.[1101]

(1) Änderungsvorschläge in Bezug auf materiell-rechtliche Voraussetzungen des Austritts

Z.T. wurde beabsichtigt, einen entsprechenden Beschluss der Union oder den Abschluss eines Abkommens zwischen der Union und dem austretenden Staat zur zwingenden Voraussetzungen für die Verwirklichung des Austritts zu machen. Konkret forderten die Redner die Löschung des zweiten Halbsatzes in Art. 46 Abs. 3 des Vorentwurfs, der vorsieht, dass die Verfassung für den betreffenden Staat zwei Jahre nach der in Abs. 2 genannten Mitteilung unwirksam wird, wenn kein Austrittsabkommen zustande gekommen ist.[1102] Wegen der durch den Austritt betroffenen Rechte natürlicher und juristischer Personen sei es interessengerechter, die Wirksamkeit des Austritts vom Inkrafttreten eines Austrittsabkommens, welches die Modalitäten des Austritts sowie die künftigen Beziehungen des austretenden Staates zur Union regelt, abhängig zu machen.[1103]

Dem widersprachen die Vertreter des britischen Parlaments im Konvent. Im Bericht des engeren Ausschusses des britischen Oberhauses über die Entwürfe zu den Artikeln 43–46 gehen *Lord Tomlinson* und *Lord Maclennan* zwar davon aus, dass das Zustandekommen eines Abkommens wünschenswert sei. Es dürfe aber keine konstitutive Bedingung für den Austritt darstellen, weil ansonsten das Prinzip des einseitigen Austritts entleert würde. Jedoch müssten u.U. Regelungen über

---

1100 Handelsblatt-Online, „EU-Konvent erwägt Europa-Steuer", Handelsblatt (04. April 2003), http://www.handelsblatt.com/archiv/forderung-nach-volksabstimmung-eu-konvent-erwaegt-europa-steuer/2238268.html (letzter Zugriff: 2.1.2015); vgl. auch Zeh, ZEuS 2004, S. 173 (S. 196).

1101 Vgl. Europäischer Konvent, Synthesebericht über die Plenartagung – am 24. und 25. April 2003 in Brüssel. CONV 696/03, S. 10; Piodi, Das Europäische Parlament und die Arbeiten des Europäischen Konvents, S. 50.

1102 So die ÄV von Kaufmann und Tiilikainen, vgl. Europäischer Konvent, Synthesebericht über die Plenartagung – am 24. und 25. April 2003 in Brüssel. CONV 696/03, S. 10.

1103 Vgl. die Erklärung zum ÄV von Tiilikainen, Europäischer Konvent, Zusammenfassung der Änderungsvorschläge für Art. 46 des Vorentwurfs und Art. 59 VVE, S. 26.

die Rechtsfolgen im Falle des Nichtzustandekommens eines Austrittabkommens getroffen werden.[1104]

Ein Teil der Redner sprach sich dafür aus, das Austrittsrecht auf den Fall der Verfassungsänderung zu beschränken, die ein Mitgliedstaat nicht mit zu tragen bereit ist.[1105] Ein anderes Konventsmitglied sprach sich dagegen aus, weil damit die Vorschrift über das Recht auf freiwilligen Austritt in eine Klausel über den Ausschluss aus der EU umgewandelt würde.[1106]

Außerdem forderten mehrere Konventsmitglieder, Art. 46 Abs. 1 des Vorentwurfs dahingehend zu ergänzen, dass jeder Mitgliedstaat unter Einhaltung von Völkerrecht und nicht nur unter Einhaltung seiner internen Verfassungsvorschriften beschließen kann, aus der Union auszutreten.[1107] Das Recht eines Mitgliedstaates zum Austritt folge aus völkerrechtlichen Prinzipien, auf die daher in der entsprechenden Regelung verwiesen werden müsse.[1108]

(2) Änderungsvorschläge in Bezug auf verfahrensrechtliche Voraussetzungen des Austritts

In verfahrensrechtlicher Hinsicht plädierte eine Reihe von Mitgliedern des Konvents ebenfalls für strenge Anforderungen. Es wurde vorgeschlagen, dass der Rat bei der Prüfung eines Antrags auf Austritt oder beim Abschluss eines entsprechenden Abkommens einstimmig beschließt.[1109] Das Konventsmitglied *Roche* begründet seinen Änderungsvorschlag mit Verweis auf das Zustandekommen eines Assoziationsabkommens gem. des früheren Art. 310 EGV. Auch hier musste der Rat einstimmig entscheiden, weswegen das Einstimmigkeitserfordernis auch für das Austrittsabkommen gelten solle.[1110]

1104 Europäischer Konvent, Bericht des engeren Ausschusses des britischen Oberhauses über die Europäische Union, vorgelegt von Lord Tomlinson und Lord Maclennan. CONV 708/03, S. 8.

1105 So ÄV von de Villepin und Lamassoure, vgl. Europäischer Konvent, Übersicht über die Änderungsvorschläge betreffend die Zugehörigkeit zur EU: Entwürfe für die Artikel von Titel X des Teils I (Art. 43 bis 46). CONV 672/03, S. 10.

1106 Europäischer Konvent, Synthesebericht über die Plenartagung – am 24. und 25. April 2003 in Brüssel. CONV 696/03, S. 10.

1107 So ÄV von Kiljunen, Vanhanen, Tiilikainen, Europäischer Konvent, Zusammenfassung der Änderungsvorschläge für Art. 46 des Vorentwurfs und Art. 59 VVE, S. 24.

1108 Erklärung zum ÄV von Kiljunen und Vanhanen, Europäischer Konvent, Zusammenfassung der Änderungsvorschläge für Art. 46 des Vorentwurfs und Art. 59 VVE, S. 24.

1109 ÄV von Roche, Tiilikainen, Kiljunen, Vanhanen, Demiralp, Europäischer Konvent, Zusammenfassung der Änderungsvorschläge für Art. 46 des Vorentwurfs und Art. 59 VVE, S. 17, 24, 26, 43.

1110 So Erklärung zum ÄV von Roche, Europäischer Konvent, Zusammenfassung der Änderungsvorschläge für Art. 46 des Vorentwurfs und Art. 59 VVE, S. 17.

Andere sprachen sich wiederum dafür aus, für den Austritt aus der Union dasselbe Verfahren wie für den Beitritt zur Union anzuwenden.[1111]

Das deutsche Konventsmitglied *Caspar Einem* forderte, dass der Rat lediglich ein Mandat formuliert und beschließt. Weil die Union nach außen künftig durch Unionsorgane vertreten werde, solle jedoch die Kommission oder der künftige Außenminister der Union das Abkommen aushandeln.[1112] Die Konventsmitglieder *Lekberg* and *Lennmarker* veränderten Art. 46 Abs. 1 des Vorentwurfs dahingehend, dass die Union und die Mitgliedstaaten das Austrittsabkommen mit dem austrittswilligen Staat aushandeln und abschließen. Dem Rat als Unionsorgan sei keine Kompetenz über Mitgliedschaft oder Nicht-Mitgliedschaft übertragen worden. Daher müsse darüber im Rahmen einer Regierungskonferenz verhandelt werden.[1113]

Ein Konventsmitglied schlug vor, in Art. 46 den Hinweis auf ein nationales Referendum aufzunehmen.[1114] Zuvor hatte bereits *Andrew Nicholas Duff*, ein britischer Abgeordneter des Europaparlaments, in seinem Entwurf für einen neuen Verfassungsvertrag vorgeschlagen, die Wirksamkeit eines Austritts entweder von einer Dreiviertelmehrheit im Rat und einer Zweidrittelmehrheit im Europäischen Parlament oder alternativ von der Unterstützung durch ein Referendum der Unionsbürger, des Parlaments und des Rates abhängig zu machen.[1115]

Ein Konventsmitglied wollte in Art. 46 explizit den Hinweis aufnehmen, dass der Widerruf der Austrittsabsicht nach Abgabe der Austrittserklärung und vor Wirksamwerden des Austritts durch Erklärung gegenüber dem Präsidenten des Europäischen Rates erfolgen kann.[1116] In Bezug auf die rechtliche Stellung des austretenden Staates in dieser Zeit wurde vorgeschlagen, Art. 46 Abs. 2 um die Erklärung zu ergänzen, dass die „sich aus der Verfassung ergebenden Verpflichtungen des betroffenen Mitgliedstaats [...] für diesen auf jeden Fall bis zu seinem Austritt

1111 Europäischer Konvent, Synthesebericht über die Plenartagung – am 24. und 25. April 2003 in Brüssel. CONV 696/03, S. 10.

1112 Erklärung zum ÄV von Einem, Europäischer Konvent, Zusammenfassung der Änderungsvorschläge für Art. 46 des Vorentwurfs und Art. 59 VVE, S. 47.

1113 ÄV Lekberg and Lennmarker, Europäischer Konvent, Zusammenfassung der Änderungsvorschläge für Art. 46 des Vorentwurfs und Art. 59 VVE, S. 20.

1114 So der ÄV des slowenischen Konventsmitglieds Migaš: "Any Member State may decide to withdraw from the European Union in accordance with its own constitutional requirements, including national referendum", Europäischer Konvent, Zusammenfassung der Änderungsvorschläge für Art. 46 des Vorentwurfs und Art. 59 VVE, S. 42.

1115 Europäischer Konvent, Beitrag des Mitglieds des Konvents Herrn Andrew Duff: „Ein Verfassungsmodell für eine Föderale Europäische Union". CONV 234/02, S. 8.

1116 ÄV von Kaufmann, Europäischer Konvent, Zusammenfassung der Änderungsvorschläge für Art. 46 des Vorentwurfs und Art. 59 VVE, S. 21.

verbindlich [sind].“[1117] Ein anderes Konventsmitglied wollte in Art. 46 Abs. 2 hingegen den Hinweis einfügen, dass die Rechte und Privilegien des austretenden Mitgliedstaates bis zum Inkrafttreten des Austritts bestehen bleiben.[1118]

(3) Änderungsvorschläge in Bezug auf die Rechtsfolgen des Austritts

Vergleichsweise viele Änderungsvorschläge zielten darauf ab, Regelungen über das zukünftige Verhältnis des austretenden Staates zur Union in den Vorentwurf des Art. 46 aufzunehmen. So schlug *Duff* zusammen mit neun weiteren Konventsmitgliedern vor, den Art. 46 des Vorentwurfs um Bestimmungen über die Einberufung eines besonderen Assoziationsstatus für den austretenden Staat zu ergänzen.[1119] Zwei Mitglieder des Konvents sprachen sich dafür aus, in Art. 46 den Hinweis aufzunehmen, dass der austretende Staat und die Gemeinschaft anstreben, ihre bestehenden Handelsbeziehungen beizubehalten.[1120]

Im Hinblick auf die durch einen Austritt möglicherweise betroffenen Rechte einzelner juristischer oder natürlicher Personen wurde die Aufnahme einer Bestimmung über die rechtliche Verantwortung des austretenden Mitgliedstaates gegenüber der Union vorgeschlagen.[1121]

In Bezug auf die direkten Folgen eines Austritts für den Binnenmarkt und die in der Union verbleibenden Mitgliedstaaten forderte ein Konventsmitglied dazu auf, das Austrittsrecht und seine Voraussetzungen detaillierter auszugestalten und die gesamte Bestimmung einer weiterführenden Untersuchung zu unterziehen.[1122]

1117 ÄV von Kaufmann, Europäischer Konvent, Zusammenfassung der Änderungsvorschläge für Art. 46 des Vorentwurfs und Art. 59 VVE, S. 21.

1118 ÄV von Heathcoat-Amory, Europäischer Konvent, Zusammenfassung der Änderungsvorschläge für Art. 46 des Vorentwurfs und Art. 59 VVE, S. 25.

1119 ÄV von Duff und neun weiteren Konventsmitgliedern, Europäischer Konvent, Zusammenfassung der Änderungsvorschläge für Art. 46 des Vorentwurfs und Art. 59 VVE, S. 39; vgl. Europäischer Konvent, Synthesebericht über die Plenartagung – am 24. und 25. April 2003 in Brüssel. CONV 696/03, S. 10.

1120 ÄV von Kirkhope und Earl of Stockton; Europäischer Konvent, Zusammenfassung der Änderungsvorschläge für Art. 46 des Vorentwurfs und Art. 59 VVE, S. 1; vgl. auch den ÄV vom Earl of Stockton, wonach Art. 46 auch ergänzt werden soll um: “Withdrawal from the European Union does not preclude agreements between the withdrawal state and other member states on specific areas of policy”, Europäischer Konvent, Zusammenfassung der Änderungsvorschläge für Art. 46 des Vorentwurfs und Art. 59 VVE, S. 41.

1121 ÄV von Lekberg und Lennmarker: Ergänzung des Abs. 2 um die für Art. 7 Abs. 3 S. 2 EUV verwendete Formulierung: “Full account shall be taken to the possible consequences of such a withdrawal on the rights and obligations of natural and legal persons”, Europäischer Konvent, Zusammenfassung der Änderungsvorschläge für Art. 46 des Vorentwurfs und Art. 59 VVE, S. 20.

1122 ÄV von Hübner, Europäischer Konvent, Zusammenfassung der Änderungsvorschläge für Art. 46 des Vorentwurfs und Art. 59 VVE, S. 29.

Um einen Missbrauch der Vorschrift für politische Zwecke zu vermeiden, wurde vorgeschlagen, nach Inkrafttreten des Austritts eine fünfjährige Wartezeit einzuführen, während dieser der ausgetretene Staat keinen erneuten Beitritt zur Union beantragen kann.[1123]

Vorschläge, die auf die Erleichterung des Austritts abzielten, waren indessen deutlich seltener und bezogen sich lediglich auf die Verkürzung des Zeitraums, nach dem der Austritt wirksam werden soll, wenn kein entsprechendes Abkommen zustande gekommen ist. Anstatt nach zwei Jahren sollte der Austritt in einem solchen Fall nach Ablauf eines Jahres nach Abgabe der Austrittserklärung wirksam werden.[1124] Begründet wurde dieser Vorschlag einerseits mit Verweis auf das allgemeine Völkerrecht, welches ebenso eine einjährige Frist bis zum Wirksamwerden des Austritts vorsieht. Andererseits waren die Konventsmitglieder der Meinung, eine kürzere Austrittsfrist lasse die Verwirklichung des Austritts gegenwärtiger erscheinen und schrecke vor der Verwirklichung eines Austritts mit dem alleinigen Ziel, Zeit gewinnen zu wollen, ab.[1125]

ii. Das Ergebnis des Konvents: Art. 59 VVE

Trotz der großen Anzahl an Forderungen nach Streichung des Art. 46 des Vorentwurfs zeichnete sich mehr und mehr eine Akzeptanz für das Austrittsrecht im Plenum des Konvents ab und die Mehrheit der Redner sprach sich letztendlich dafür aus, das Recht zum freiwilligen Austritt aus der Union beizubehalten.[1126] Aufgrund der vielen Änderungsvorschläge erwies sich die erste Ausformulierung jedoch als noch nicht konsensfähig. Das Präsidium überarbeitete den Vorentwurf des Artikels und legte am 24.5.2003 dem Konvent die neue Fassung in Form von Art. I-59 VVE vor.[1127]

1123 Siehe den ÄV und die Erklärung dazu von Vastagh, Europäischer Konvent, Zusammenfassung der Änderungsvorschläge für Art. 46 des Vorentwurfs und Art. 59 VVE, S. 55.

1124 ÄV von Heathcoat-Amory und Bonde; ÄV von Vastagh, Europäischer Konvent, Zusammenfassung der Änderungsvorschläge für Art. 46 des Vorentwurfs und Art. 59 VVE, S. 25.

1125 Siehe Erklärung zum ÄV von Heathcoat-Amory und Bonde, Europäischer Konvent, Zusammenfassung der Änderungsvorschläge für Art. 46 des Vorentwurfs und Art. 59 VVE, S. 25.

1126 Europäischer Konvent, Synthesebericht über die Plenartagung – am 24. und 25. April 2003 in Brüssel. CONV 696/03, S. 10; vgl. Bruha/Nowak, AVR (42) 2004, S. 1 (S. 6).

1127 Europäischer Konvent, Entwurf der Verfassung, Band I – Überarbeiteter Text von Teil I. CONV 724/03, S. 133ff.

Die meisten Konventsmitglieder blieben bei ihren bereits zu Art. 46 des Vorentwurfs gemachten Änderungsvorschlägen.[1128] Darüber hinaus gab es jedoch einige Änderungsvorschläge, die noch nicht im Zusammenhang mit Art. 46 des Vorentwurfs thematisiert wurden. Um einen Missbrauch des Austrittrechts zu verhindern, wurde vorgeschlagen, einen Absatz aufzunehmen, wonach ein Mitgliedstaat der Union im Falle eines Missbrauchs des Austrittsrechts ausgeschlossen werden kann.[1129] Außerdem sprachen sich mehrere Mitglieder des Konvents dafür aus, in Art. I-59 Abs. 3 ausdrücklich den Hinweis aufzunehmen, dass ein partieller Austritt aus der Union nicht gestattet ist.[1130]

1128 Weiterhin für komplette Streichung des Art. I-59 VVE: ÄV 1 de Vries und de Bruijn (Niederlande), ÄV 2 Farnleitner (Österreich), ÄV 4 Lopes und Lobo Antunes (Portugal), Europäischer Konvent, Zusammenfassung der Änderungsvorschläge für Art. 46 des Vorentwurfs und Art. 59 VVE, S. 10–12; vgl. Europäischer Konvent, Reaktionen auf den Entwurf der Artikel der überarbeiteten Fassung von Teil I (Band I) – Zusammenfassende Darstellung. CONV 779/03, S. 31; das Austrittsrecht auf den Fall beschränken, in dem die Ratifizierung einer Revision des Verfassungsvertrages abgelehnt wird: ÄV 8 Villepin; vgl. Europäischer Konvent, Reaktionen auf den Entwurf der Artikel der überarbeiteten Fassung von Teil I (Band I) – Zusammenfassende Darstellung. CONV 779/03, S. 32; Europäischer Konvent, Syntheseberícht über die Plenartagung am 5. Juni 2003 in Brüssel. CONV 798/03, S. 3; den Austritt vom Inkrafttreten des Austrittsabkommens abhängig machen: ÄV 6 Michel + 4; ÄV 3 Kaufmann, ÄV 5 Brok + 20, ÄV 8 Villepin; vgl. Europäischer Konvent, Reaktionen auf den Entwurf der Artikel der überarbeiteten Fassung von Teil I (Band I) – Zusammenfassende Darstellung. CONV 779/03, S. 32; ähnlich auch der ÄV 6 Michel + 4: im Abs. 2 einen Unterabsatz einzufügen, wonach der austretende Mitgliedstaat erklären muss, dass er seinen Austrittsbeschluss auf der Grundlage eines Austrittsabkommens bestätigt, vgl. Europäischer Konvent, Reaktionen auf den Entwurf der Artikel der überarbeiteten Fassung von Teil I (Band I) – Zusammenfassende Darstellung. CONV 779/03, S. 32; die Einberufung eines Assoziationsstatus für das austretende Mitglied, ÄV 7 Duff + 4, vgl. Europäischer Konvent, Reaktionen auf den Entwurf der Artikel der überarbeiteten Fassung von Teil I (Band I) – Zusammenfassende Darstellung. CONV 779/03, S. 31f.

1129 ÄV 5 Brok + 20; Europäischer Konvent, Reaktionen auf den Entwurf der Artikel der überarbeiteten Fassung von Teil I (Band I) – Zusammenfassende Darstellung. CONV 779/03, S. 32.

1130 ÄV von Brok + 20 sowie im Namen EPP Convention Group, Europäischer Konvent, Zusammenfassung der Änderungsvorschläge für Art. 46 des Vorentwurfs und Art. 59 VVE, S. 5.

Es folgten mehrere kleinere Änderungen des Artikelentwurfs durch das Konventspräsidium,[1131] von denen die letzte Fassung in den endgültigen Vertragsentwurf des Konvents in Form von Art. I-59 VVE aufgenommen wurde:[1132]

„(1) Jeder Mitgliedstaat *kann gemäß*[1133] seinen internen Verfassungsvorschriften beschließen, aus der Europäischen Union auszutreten.

(2) Ein Mitgliedstaat, der auszutreten beschließt, teilt *dem Europäischen Rat* seine Absicht mit; *dieser befasst sich mit der Mitteilung. Auf der Grundlage der Leitlinien des Europäischen Rates* handelt die Union mit diesem Staat ein Abkommen über die Modalitäten des Austritts aus und schließt es, wobei der Rahmen für die künftigen Beziehungen dieses Staates zur Union berücksichtigt wird. Das Abkommen wird nach Zustimmung des Europäischen Parlaments *vom Ministerrat* mit qualifizierter Mehrheit im Namen der Union geschlossen. Der Vertreter des austretenden Mitgliedstaats nimmt weder an den diesen Mitgliedstaat betreffenden Beratungen noch an der diesbezüglichen Beschlussfassung des *Europäischen Rates* oder des Ministerrates teil.

(3) Die Verfassung *findet* auf den betroffenen Staat ab dem Tag des Inkrafttretens des Austrittsabkommens oder andernfalls zwei Jahre nach der in Absatz 2 genannten Mitteilung *keine Anwendung mehr, es sei denn, dass der Europäische Rat im Einvernehmen mit dem betroffenen Mitgliedstaat beschließt, diese Frist zu verlängern.*

(4) Ein Staat, der aus der Union ausgetreten ist und erneut Mitglied werden möchte, muss dies gemäß dem Verfahren des Artikels 57 beantragen."

Das Präsidium hat gegenüber dem Text, der dem Konvent vorgelegt wurde, folgende Änderungen vorgenommen und begründet:

a) Während Art. 46 noch vorsah, dass jeder Mitgliedstaat unter Einhaltung seiner internen Verfassungsvorschriften beschließen kann, aus der Europäischen Union auszutreten, heißt es in der Formulierung des Art. I-59 Abs. 1 „gemäß seinen internen Verfassungsvorschriften." Zu den Änderungen in Abs. 1 nimmt das Präsidium nicht ausdrücklich Stellung. Es ist jedoch davon auszugehen,

1131 Europäischer Konvent, Entwurf der Verfassung, Band I – Überarbeiteter Text von Teil I. CONV 724/03, S. 41; Europäischer Konvent, Überarbeitete Fassung von Teil I. CONV 797/03, S. 46; Europäischer Konvent, Text von Teil I und Teil II der Verfassung. CONV 797/1/03, S. 46f.; Europäischer Konvent, Entwurf eines Vertrags über eine Verfassung für Europa. CONV 820/03, S. 48; Europäischer Konvent, Entwurf eines Vertrags über eine Verfassung für Europa. CONV 820/2/03 Rev 2, S. 48; Europäischer Konvent, Entwurf eines Vertrags über eine Verfassung für Europa. CONV 820/3/03 Rev 3, S. 48.

1132 Europäischer Konvent, Entwurf eines Vertrags über eine Verfassung für Europa. CONV 850/03, S. 46.

1133 Kursiv Geschriebenes bezieht sich auf die Veränderungen im Verhältnis zu Art. 46 des Vorentwurfs.

dass die neue Formulierung betonen soll, dass die Wirksamkeit des Austritts nicht von der Konformität mit nationalem Verfassungsrecht abhängig ist.

b) Um das Austrittsverfahren zu stärken,[1134] ist nunmehr gem. Abs. 2 vorgesehen, dass sich der Europäische Rat und nicht mehr der Rat mit der Austrittsmitteilung eines Mitgliedstaats befasst und Leitlinien beschließt, nach denen die Union mit dem betreffenden Mitgliedstaat das Austrittsabkommen aushandelt und schließt. Das Austrittsabkommen soll jedoch auch weiterhin vom Rat im Namen der Union geschlossen werden.

c) Gem. Abs. 3 wird der Austritt auch weiterhin spätestens zwei Jahre nach der diesbezüglichen Mitteilung wirksam. Es ist jedoch nunmehr die Möglichkeit vorgesehen, dass der Europäische Rat und der austretende Staat diese Frist einvernehmlich verlängern. Die Änderungen in Abs. 3 verdeutlichen, dass das Präsidium an seiner Auffassung, der Austritt eines Mitgliedstaats aus der Union solle nicht vom Abschluss eines Austrittsabkommens abhängig sein, festhält. Nach Ansicht des Präsidiums besteht ein Austrittsrecht nämlich auch dann, wenn es keine ausdrückliche Bestimmung hierüber gibt. Die Möglichkeit der einvernehmlichen Verlängerung der Zweijahresfrist durch den Europäischen Rat und den austretenden Staat soll hingegen das Zustandekommen eines Austrittsabkommens zwischen der Union und dem austretenden Staat erleichtern.

   Das Präsidium begründet seine Entscheidung gegen die mehrfach geforderte Aufnahme von Bestimmungen zu einem besonderen Assoziationsstatus für den austretenden Mitgliedstaat mit Verweis auf Art. I-56. Die Regelung über die Union und ihre Nachbarn sei eine geeignete und ausreichende Grundlage, um die künftigen Beziehungen zwischen der Union und dem austretenden Mitgliedstaat auszugestalten.[1135]

d) Es wurde Abs. 4 eingefügt, wonach für einen aus der Union ausgetretenen Staat, der erneut der Union beitreten möchte, die allgemeinen Beitrittsbedingungen und -verfahren gelten.[1136] Mit der Einfügung dieses Absatzes möchte das Präsidium hervorheben, dass im Falle eines Beitrittantrags vonseiten eines ausgetretenen Mitgliedstaats dieser Antrag, die für das Beitrittsverfahren vorgesehenen Voraussetzungen erfüllen muss, u.a. das Einvernehmen der übrigen Mitgliedstaaten.[1137]

Wohl als Erwiderung auf die Forderungen nach kompletter Streichung des Austrittrechts durch einige Mitglieder des Konvents betonte das Präsidium, dass die

1134 Europäischer Konvent, Entwurf der Verfassung, Band I – Überarbeiteter Text von Teil I, Berichtigte Fassung. CONV 724/1/03, S. 132.

1135 Europäischer Konvent, Entwurf der Verfassung, Band I – Überarbeiteter Text von Teil I, Berichtigte Fassung. CONV 724/1/03, S. 132.

1136 Vgl. Europäischer Konvent, Entwurf der Verfassung, Band I – Überarbeiteter Text von Teil I, Berichtigte Fassung. CONV 724/1/03, S. 13ff.

1137 Europäischer Konvent, Entwurf der Verfassung, Band I – Überarbeiteter Text von Teil I, Berichtigte Fassung. CONV 724/1/03, S. 132.

Verfassung eine Bestimmung über den freiwilligen Austritt aus der Union enthalten müsse. Zwar bestehe Grund zur Annahme, dass ein Austritt aus der Union auch ohne ausdrückliche Bestimmung hierüber in den Verträgen möglich sei. Durch die Aufnahme einer ausdrücklichen Bestimmung über den freiwilligen Austritt aus der Union werde jedoch Rechtsklarheit geschaffen. Die Regelung biete außerdem die Möglichkeit, ein Verfahren für die Aushandlung und den Abschluss eines Austrittabkommens zwischen der Union und dem betreffenden Mitgliedstaat zu schaffen, in dem die Modalitäten des Austritts und der Rahmen für ihre künftigen Beziehungen festgelegt werden. Darüber hinaus gehe von einer solchen Bestimmung ein wichtiges politisches Signal an jene aus, die möglicherweise behaupten, dass die Union „ein starres Gefüge" sei, das keinen Austritt zulasse.[1138]

iii. Zusammenfassung: Entwicklung des Austrittsrechts im Konvent

Die Untersuchungen haben ergeben, dass zunächst eine knappe Mehrheit der alten Mitgliedstaaten gegen die Übernahme des Austrittsrechts in Form von Art. 46 des Vorentwurfs waren oder wie Frankreich dessen weitreichende Einschränkungen forderten.[1139] Nach den Veränderungen des Präsidiums an Art. 46 des Vorentwurfs waren immerhin noch die Regierungsvertreter Österreichs, der Niederlande und Portugals für die komplette Streichung des Nachfolgeartikels I-59 VVE. Auch an den weitreichenden Änderungsvorschlägen zu Art. 46 wurde größtenteils festgehalten. Trotz der zahlreichen Änderungsvorschläge ergibt der Vergleich von Art. I-59 VVE zu seiner Vorgängerbestimmung Art. 46, dass die Vorschrift nicht in substantieller Weise verändert wurde.[1140]

Die vom Präsidium vorgenommen Änderungen, wurden hingegen von den Mitgliedern des Konvents überhaupt nicht (wie die Veränderungen im Abs. 1, die Einfügung des 2. Halbsatzes in Abs. 3 und die Aufnahme des Abs. 4), oder nicht in dieser Form vorgeschlagen. So begründete das Präsidium die Veränderungen an Abs. 2 damit, das Austrittsverfahren gemäß den Wünschen der Konventsmitglieder *de Villepin, Demiralp, Tiilikainen, Roche, Kiljunen* und *Vanhanen* stärken zu wollen.[1141] Die Änderungen des Präsidiums in Abs. 2 beschränken sich darauf, anstelle des Rates den Europäischen Rat mit der Austrittsabsicht zu befassen und diesen

---

1138 Europäischer Konvent, Entwurf der Verfassung, Band I – Überarbeiteter Text von Teil I, Berichtigte Fassung. CONV 724/1/03, S. 131.

1139 Auch zu diesem Ergebnis kommend Zeh, ZEuS 2004, S. 173 (S. 197).

1140 So ist auch Piodi der Ansicht, dass sich die einzige substanzielle Änderung des Präsidiumsvorschlags zur Unionszugehörigkeit in der Neuformulierung des endgültigen Entwurfs für die Aufnahmekriterien finde. Art. 57 Abs. 1 EUV fordert nicht mehr von den „Völkern", sondern von den „Staaten", die Werte der Union zu achten, Piodi, Das Europäische Parlament und die Arbeiten des Europäischen Konvents, S. 50; ebenso die Geringfügigkeit der Änderungen betonend Bruha/ Nowak, AVR (42) 2004, S. 1 (S. 6); Zeh, ZEuS 2004, S. 173 (S. 199).

1141 Europäischer Konvent, Entwurf der Verfassung, Band I – Überarbeiteter Text von Teil I, Berichtigte Fassung. CONV 724/1/03, S. 132.

Leitlinien beschließen zu lassen, nach denen die Union mit dem betreffenden Mitgliedstaat das Austrittsabkommen aushandelt und schließt. Im Gegensatz dazu forderten die betreffenden Konventsmitglieder jedoch, dass der Rat nicht mit qualifizierter Mehrheit, sondern einstimmig über das Austrittsabkommen beschließt.[1142]

Im Vergleich zum Großteil der alten Mitgliedstaaten kritisierten die Vertreter der beitrittswilligen Staaten die Aufnahme und Ausgestaltung der Austrittsklausel deutlich weniger. Es kamen lediglich vereinzelt Forderungen nach kompletter Streichung der Bestimmung aus ihren Reihen[1143] und Änderungsvorschläge an den Art. 46 und Art. I-59 wurden selten angebracht.[1144] Es waren auch nur Vertreter aus beitrittswilligen Staaten, die sich im Konvent explizit und vehement für das Austrittsrecht einsetzten.[1145]

b) *Die Regierungskonferenz und Art. I-60 EVV*

Am 20./21.6.2003 legte der Konvent dem Europäischen Rat von Thessaloniki Teil I und Teil II des Verfassungsentwurfes vor. Ein die Teile I bis IV umfassender vollständiger Verfassungsentwurf wurde dem Präsidenten des Europäischen Rates am 18.7.2003 in Rom überreicht.[1146] Am 4.10.2003 nahm die Regierungskonferenz ihre Arbeit auf. Sie übernahm den Konventsentwurf mit wenigen Änderungen zugunsten der Mitgliedstaaten. Auch der Wortlaut der Austrittsklausel des Art. I-59 VVE findet sich unter nur geringfügigen Änderungen in Art. I-60 EVV wieder:

1142 Vgl. ÄV von Roche, Tiilikainen, Kiljunen, Vanhanen, Demiralp, Europäischer Konvent, Zusammenfassung der Änderungsvorschläge für Art. 46 des Vorentwurfs und Art. 59 VVE, S. 17, 24, 26, 43.

1143 Von den insgesamt 27 Vertretern, die für die komplette Löschung des Austrittsrechts waren, kamen lediglich sieben aus den 13 beitrittswilligen Staaten und von diesen war lediglich einer ein Regierungsvertreter (Zile aus Lettland).

1144 Ausnahmen sind bspw. der ÄV von Hübner (Polen), der eine detaillierte Ausgestaltung des Rechts fordert, Europäischer Konvent, Zusammenfassung der Änderungsvorschläge für Art. 46 des Vorentwurfs und Art. 59 VVE, S. 29 und der ÄV von Migas (Slowakei), der die Formulierung vereinfacht und in Abs. 1 den Hinweise auf die Konformität erweitert um „national referendum“, Europäischer Konvent, Zusammenfassung der Änderungsvorschläge für Art. 46 des Vorentwurfs und Art. 59 VVE, S. 42.

1145 Siehe die Beiträge von Hololei, Statement by Alternate Member of the Convention Government of Estonia on articles 43–46 and the Final Provisions of the draft Constitutional Treaty, S. 1f.; Rupel, Contribution of the foreign minister at the convention session v. 24./25.4.2003, S. 1f.; Sant, Europäischer Konvent, Beitrag des Mitglieds des Konvents Dr. Alfred Sant und des stellvertretenden Mitglieds Dr. George Vella – „Allgemeine Bemerkungen zum Entwurf des Verfassungsvertrags“. CONV 763/03, S. 4.

1146 Europäischer Konvent, Entwurf eines Vertrags über eine Verfassung für Europa. CONV 850/03, S. 1ff.

„(1) Jeder Mitgliedstaat kann *im Einklang*[1147] mit seinen Verfassungsvorschriften beschließen, aus der Union auszutreten.

(2) Ein Mitgliedstaat, der auszutreten beschließt, teilt dem Europäischen Rat seine Absicht mit. Auf der Grundlage der Leitlinien des Europäischen Rates handelt die Union mit diesem Staat ein Abkommen über die Einzelheiten des Austritts aus und schließt es ab, wobei der Rahmen für die künftigen Beziehungen dieses Staates zur Union berücksichtigt wird. Das Abkommen wird *nach Artikel III-325 Absatz 3* ausgehandelt. Es wird vom Rat im Namen der Union geschlossen; der Rat beschließt mit qualifizierter Mehrheit nach Zustimmung des Europäischen Parlaments.

(3) Die Verfassung findet auf den betroffenen Staat ab dem Tag des Inkrafttretens des Austrittsabkommens oder andernfalls zwei Jahre nach der in Absatz 2 genannten Mitteilung keine Anwendung mehr, es sei denn, der Europäische Rat beschließt im Einvernehmen mit dem betroffenen Mitgliedstaat einstimmig, diese Frist zu verlängern.

(4) *Für die Zwecke der Absätze 2 und 3 nimmt das Mitglied des Europäischen Rates und des Rates, das den austretenden Mitgliedstaat vertritt, weder an den diesen Mitgliedstaat betreffenden Beratungen noch an der diesbezüglichen Beschlussfassung des Europäischen Rates oder des Rates teil. Als qualifizierte Mehrheit gilt eine Mehrheit von mindestens 72 % derjenigen Mitglieder des Rates, die die beteiligten Mitgliedstaaten vertreten, sofern die betreffenden Mitgliedstaaten zusammen mindestens 65% der Bevölkerung der beteiligten Mitgliedstaaten ausmachen.*

(5) Ein Staat, der aus der Union ausgetreten ist und erneut Mitglied werden möchte, muss dies nach dem Verfahren des Artikels I-58 beantragen."

Die Regierungskonferenz hat folgende Änderungen gegenüber dem Entwurf des Verfassungskonvents vorgenommen:

a) Während Art. I-59 Abs. 1 VVE noch vorsah, dass ein Mitgliedstaat „gemäß seinen internen Verfassungsvorschriften" beschließen kann, aus der Union auszutreten, erfolgte durch die Regierungskonferenz eine Präzisierung dahingehend, dass der Mitgliedstaat dies „im Einklang mit seinen Verfassungsvorschriften" beschließen kann. In seinen redaktionellen und juristischen Anmerkungen zu dem Entwurf eines Vertrages über eine Verfassung für Europa begründet das Sekretariat der Regierungskonferenz die vorgeschlagenen Änderungen in Abs. 1 mit dem Hinweis, der Absatz dürfe nicht so verstanden werden, dass die Union zu prüfen habe, ob die internen Vorschriften eines Mitgliedstaats eingehalten worden seien. Die Formulierung, der Mitgliedstaat könne „gemäß seinen

1147 Kursiv Geschriebenes bezieht sich auf die Veränderungen im Verhältnis zu Art. I-59 VVE.

internen Verfassungsvorschriften" beschließen, implizierte dies und sei deswegen verändert worden.[1148]

b) Art. I-60 EVV ergänzt in Abs. 2 den Konventsentwurf des Art. I-59 VVE um die Formulierung, dass das Abkommen „nach Artikel III-325 Absatz 3 ausgehandelt" wird. Art. III-325 Abs. 3 EVV bestimmt die Maßgaben, nach denen der Verhandlungsführer der Union benannt wird.[1149] Ferner wurde eingefügt, dass das Austrittsabkommen vom Rat „im Namen der Union" geschlossen wird.
c) Art. I-59 Abs. 3 UA 2 VVE, der vorsah, dass der Vertreter des austretenden Mitgliedstaats weder an den Beratungen noch an der diesbezüglichen Beschlussfassung des Europäischen Rates oder des Ministerrates teilnimmt, wurde durch Art. I-60 Abs. 4 EVV ersetzt. Im Gegensatz zu Art. I-59 Abs. 3 UA 2 VVE sieht Art. I-60 Abs. 4 EVV vor, dass der Vertreter des austretenden Mitgliedstaates auch an den Beratungen des Rates zum Beschluss über eine eventuelle Verlängerung der Frist nach Abs. 3 nicht teilnimmt. Die Einfügung des Abs. 4 sei notwendig gewesen, weil sich der Unterabsatz 2 von Art. 59 Abs. 2 VVE sowohl auf den Beschluss über den Abschluss des Abkommens nach Abs. 2 als auch auf den Beschluss zur eventuellen Verlängerung der Frist nach Abs. 3 beziehe und daher begriffsnotwendig hinter Abs. 3 stehen müsse.[1150]
d) Darüber hinaus wird Abs. 4 um die für den Erlass der Beschlüsse nach diesem Artikel erforderlichen Abstimmungsregel (spezifische qualifizierte Mehrheit) ergänzt. Es wird die Terminologie der Art. I-24 und I-43 aufgegriffen. Im Hinblick auf die Rechte natürlicher Personen und Unternehmen sei ein wirksamer Austritt in der Praxis nämlich ohne das Zustandekommen eines Abkommens zwischen dem betreffenden Staat und der Organisation undenkbar.[1151]

1148 Sekretariat der Regierungskonferenz, Redaktionelle und juristische Anmerkungen zu dem Entwurf eines Vertrags über eine Verfassung für Europa – Basisdokument v. 6.10.2003. CIG 4/03, S. 127.

1149 Art. III-325 Abs. 3 EVV lautet: „Die Kommission oder, wenn sich die geplante Übereinkunft ausschließlich oder hauptsächlich auf die Gemeinsame Außen- und Sicherheitspolitik bezieht, der Außenminister der Union legt dem Rat Empfehlungen vor; dieser erlässt einen Europäischen Beschluss über die Ermächtigung zur Aufnahme von Verhandlungen und über die Benennung, je nach dem Gegenstand der geplanten Übereinkunft, des Verhandlungsführers oder des Leiters des Verhandlungsteams der Union."

1150 Sekretariat der Regierungskonferenz, Redaktionelle und juristische Anmerkungen zu dem Entwurf eines Vertrags über eine Verfassung für Europa – Basisdokument v. 6.10.2003. CIG 4/03, S. 127.

1151 Sekretariat der Regierungskonferenz, Redaktionelle und juristische Anmerkungen zu dem Entwurf eines Vertrags über eine Verfassung für Europa – Basisdokument v. 6.10.2003. CIG 4/03, S. 127.

c) *Das Scheitern des Verfassungsvertrages und der Lissabonner Reformprozess*

Nach einem ersten Scheitern auf dem Europäischen Rat von Brüssel am 12./13.12.2003 aufgrund der Nichteinigung über „ein oder zwei institutionelle ‚Machtfragen'"[1152], konnte der „Vertrag über eine Verfassung für Europa" am 29.10.2004 durch die nunmehr 25 Mitgliedstaaten in Rom unterzeichnet werden.[1153] Trotz Ratifikationen in der Mehrzahl der Mitgliedstaaten scheiterte der Vertrag wegen negativer Referenden in Frankreich und den Niederlanden im Mai und im Juni 2005. Daraufhin setzten mehrere Mitgliedstaaten den Ratifizierungsprozess aus. Der im Juni 2005 folgende Europäische Rat unter luxemburgischem Vorsitz kam aufgrund der ablehnenden Referenden zu dem Ergebnis, dass ein Reflexionsprozess in den Mitgliedstaaten in Gang gesetzt werden müsse. Diese Zeit der Reflexion werde für eine ausführliche Diskussion unter Teilnahme der Bürger, der Zivilgesellschaft, der Sozialpartner, der nationalen Parlamente sowie der politischen Parteien genutzt werden müssen.[1154]

Im Rahmen der deutschen Ratspräsidentschaft im ersten Halbjahr 2007 wurde der Reformprozess wieder aufgenommen.[1155] Ihre politische Agenda in Bezug auf den Fortgang des Verfassungsprozesses skizzierte die deutsche Ratspräsidentschaft durch die Berliner Erklärung. Anlässlich des 50. Jahrestages der Unterzeichnung der Römischen Verträge nahmen die 27 Staats- und Regierungschefs am 25.3.2007 diese politische Absichtserklärung im Rahmen eines informellen Gipfels an.[1156] Die Erklärung vermeidet Begriffe wie „Verfassung" und „Verfassungsprozess" oder „Reform", was im Nachhinein als Beginn eines adäquaten Lösungsweges, den Reformprozess ohne Mitglieder zu verlieren fortzusetzen, gewertet wurde.[1157]

Es war dem Europäischen Rat vom 21.-23.6.2007 vorbehalten, ein detailliertes und umfangreiches Mandat für eine neue Regierungskonferenz zu erteilen. Nach schwierigen Verhandlungen gelang dies unter Vorsitz von Bundeskanzlerin *Angela Merkel.* Das Verhandlungsmandat sah vor, die auf die Regierungskonferenz von 2004 zurückgehenden Neuerungen in den EUV und AEUV zu übernehmen und an

---

1152 *Oppermann*, in: FS Herzog, S. 75.

1153 Vertrag über eine Verfassung für Europa v. 29.10.2004, ABl. 2004 C 310/1ff.

1154 Erklärung der Staats- und Regierungschefs der Mitgliedstaaten der Europäischen Union zur Ratifizierung des Vertrags über eine Verfassung für Europa in: Europäischer Rat, EU-Nachrichten 2005, S. 1 (S. 28); ausführlich zu den Geschehnissen vor der Regierungskonferenz 2007 Fischer, Der Vertrag von Lissabon 2010, S. 23–46.

1155 Vgl. Oppermann/Classen/Nettesheim, Europarecht 2011, S. 17f. Rn. 13.

1156 Vgl. dazu Fischer, Der Vertrag von Lissabon 2010, S. 35f.; *Oppermann*, in: FS Rengeling, S. 611f.; Oppermann/Classen/Nettesheim, Europarecht 2011, S. 17f. Rn. 13.

1157 So Fischer, Der Vertrag von Lissabon 2010, S. 35f.

geeigneten Stellen einzuarbeiten.[1158] Wesentliche Grundentscheidungen über die herbeizuführende Einigung wurden damit bereits getroffen.[1159] Auf der Basis des Verhandlungsmandats schloss die am 23.7.2007 einberufene Regierungskonferenz unter portugiesischem Vorsitz ihre Arbeiten in wenigen Monaten ab. Bereits am 18./19.10.2007 wurde eine politische Einigung erzielt. Am 13.12.2007 unterzeichneten die 27 Regierungen den „Reformvertrag" in Lissabon[1160], welcher gem. seines Art. 7 in „Vertrag von Lissabon" umbenannt wurde.[1161] Schwierigkeiten bei der Ratifikation des Vertrages ergaben sich zunächst aufgrund eines negativen Referendums in Irland am 12.6.2008 und durch die Prüfung des Zustimmungsgesetztes zum Vertrag durch das Bundesverfassungsgericht. Nach einem positiven zweiten irischen Referendum am 2.10.2009 konnte der Vertrag von Lissabon am 1.12.2009 in Kraft treten.[1162] Die Einigung über den Reformvertrag ist das positive Ende des über neun Jahre andauernden „Post-Nizza-Prozesses".[1163]

Obwohl es gelungen ist, die wesentlichen Neuerungen des Verfassungsvertrages in der Form eines klassischen Änderungsvertrages zu erhalten, wurde ein Abgehen vom Verfassungskonzept als erforderlich angesehen. Man verzichtete auf Reizworte wie „Verfassung" und „Integration" sowie auf Symbole der EU oder einen einheitlichen Vertragstext.[1164] Die Vermeidung jedweder staatlicher Elemente sollte eine Erhöhung der Akzeptanz der europäischen Verträge und Institutionen bezwecken und klarstellen, dass die EU eine „normale" internationale Organisation sei, deren Mitgliedschaft auf Freiwilligkeit beruhe.[1165]

Dementsprechend sieht auch der EUV in der Form des Vertrages von Lissabon ein Recht zum einseitigen Austritt aus der Union in Art. 50 EUV vor:

1158 Mandat für die Regierungskonferenz, Anlage I in: Europäischer Rat, Schlussfolgerungen des Vorsitzes v. 21./22.6.2007, S. 15–30, http://www.consilium.europa.eu/uedocs/cms_data/docs/pressdata/de/ec/94935.pdf (letzter Zugriff: 2.1.2015).

1159 Oppermann/Classen/Nettesheim, Europarecht 2011, S. 17f. Rn. 13; so auch Fischer, der zwar davon ausgeht, dass die Formulierung des Mandats vage sei. Grundsätzlich bedeute jedoch die Formulierung des Mandats, dass der Text des EUV erhalten bleibe, außer das Mandat verlange eine Änderung. Der Text des EGV werde hingegen generell durch die Neuerungen des EUV adaptiert, Fischer, Der Vertrag von Lissabon 2010, S. 47.

1160 Vertrag von Lissabon zur Änderung des Vertrags über die Europäische Union und des Vertrags zur Gründung der Europäischen Gemeinschaft v. 13.12.2007, ABl. 2007 C 306/1ff.

1161 Vgl. Auswärtiges Amt, Denkschrift zum Vertrag von Lissabon vom 13. Dezember 2007. AS-RK 2007, S. 1–3; Hummer, AIES 2010, S. 1 (S. 1).

1162 Vgl. Hummer, AIES 2010, S. 1 (S. 1).

1163 Oppermann/Classen/Nettesheim, Europarecht 2011, S. 17f. Rn. 13.

1164 Vgl. Auswärtiges Amt, Denkschrift zum Vertrag von Lissabon vom 13. Dezember 2007. AS-RK 2007, S. 1–3; Oppermann/Classen/Nettesheim, Europarecht 2011, S. 17f. Rn. 13.

1165 *Kumin/Hummer/Obwexer*, in: Der Vertrag von Lissabon 2009, S. 315f.

„(1) Jeder Mitgliedstaat kann im Einklang mit seinen verfassungsrechtlichen Vorschriften beschließen, aus der Union auszutreten.

(2) Ein Mitgliedstaat, der auszutreten beschließt, teilt dem Europäischen Rat seine Absicht mit. Auf der Grundlage der Leitlinien des Europäischen Rates handelt die Union mit diesem Staat ein Abkommen über die Einzelheiten des Austritts aus und schließt das Abkommen, wobei der Rahmen für die künftigen Beziehungen dieses Staates zur Union berücksichtigt wird. Das Abkommen wird nach *Artikel 218 Absatz 3 des Vertrags über die Arbeitsweise der Europäischen*[1166] Union ausgehandelt. Es wird vom Rat im Namen der Union geschlossen; der Rat beschließt mit qualifizierter Mehrheit nach Zustimmung des Europäischen Parlaments.

(3) *Die Verträge* finden auf den betroffenen Staat ab dem Tag des Inkrafttretens des Austrittsabkommens oder andernfalls zwei Jahre nach der in Absatz 2 genannten Mitteilung keine Anwendung mehr, es sei denn, der Europäische Rat beschließt im Einvernehmen mit dem betroffenen Mitgliedstaat einstimmig, diese Frist zu verlängern.

(4) Für die Zwecke der Absätze 2 und 3 nimmt das Mitglied des Europäischen Rates und des Rates, das den austretenden Mitgliedstaat vertritt, weder an den diesen Mitgliedstaat betreffenden Beratungen noch an der entsprechenden Beschlussfassung des Europäischen Rates oder des Rates teil. *Die qualifizierte Mehrheit bestimmt sich nach Artikel 238 Absatz 3 Buchstabe b des Vertrags über die Arbeitsweise der Europäischen Union.*

(5) Ein Staat, der aus der Union ausgetreten ist und erneut Mitglied werden möchte, muss dies nach dem *Verfahren des Artikels 49 beantragen.*"

Die Änderungen des Art. 50 EUV im Vergleich zum Art. I-60 VVE sind sehr gering und ausschließlich technischer Natur.[1167] Weder der Inhalt noch das Verfahren wurden durch die Einführung des Art. 50 EUV umgestaltet. Abs. 1 bleibt unverändert. Die vorgenommenen terminologischen Änderungen in den Abs. 2, 3 und 5 – der Verweis auf „die Verträge" anstatt den „Verfassungsvertrag" und die Aktualisierung der Artikelverweise – sind mandatsbedingt nur redaktioneller Natur.[1168]

d) Würdigung

Wegen der bisherigen politischen Behandlung der Austrittsfrage hat es überrascht, dass der Verfassungskonvent die Frage nach der Aufnahme eines Austrittsrechts überhaupt thematisierte.[1169] Angesichts der mit dem Reformprozess verfolgten

---

1166 Kursiv Geschriebenes bezieht sich auf die Veränderungen im Verhältnis zu Art. I-60 VVE.

1167 Dies betonend Athanassiou, European Central Bank 2009, S. 1 (S. 22f.); *Kumin/Hummer/Obwexer*, in: Der Vertrag von Lissabon 2009, S. 318; *Mann*, in: Vertrag von Lissabon. Analyse und Bewertung, S. 275.

1168 Fischer, Der Vertrag von Lissabon 2010, S. 199.

1169 So auch Bruha/Nowak, AVR (42) 2004, S. 1 (S. 6).

Zielsetzung und gewählten Sprache ist diese Überraschung aber verständlich. Zum einen sollte die Verabschiedung und Ratifizierung des Verfassungsvertrages am Ende eines Reformprozesses stehen, der in erster Linie eine Intensivierung der Integration bewirkt.[1170] Andererseits erscheint es widersprüchlich, dass ein Recht zum freiwilligen Austritt ausgerechnet bei der Ausarbeitung einer „Verfassung“ Eingang in das Europäische Vertragswerk fand. Die Untersuchung ergab, dass sich dieser Reformprozess im Vergleich zu seinen vorherigen in drei wesentlichen Punkten unterschied: Die bisher größte Erweiterung der EU stand vor der Tür (1), für die Vertragsänderung fand erstmalig die Konventsmethode Anwendung (2) und aufgrund dieser Methode konnten erstmals Beitrittsländer Einfluss auf die Gestaltung der zukünftigen Verträge ausüben (3).

i) Erleichterung des Beitritts für die neuen Mitgliedstaaten

Es gibt Gründe, die erstmalige Einführung eines Austrittsrechts auf die Bestrebung des Konvents oder des Präsidiums zurückzuführen, den osteuropäischen Mitgliedstaaten den Beitritt erleichtern zu wollen. In einigen der neuen Mitgliedstaaten, fehlte es an Sicherheit, ob breite politische Unterstützung für den Beitritt zur EU bestehen würde. Es wurde mit innenpolitischen Schwierigkeiten gerechnet, sollte der Verfassungsvertrag explizit keine Austrittsklausel enthalten.[1171] Also wurde – um den neuen Beitrittsstaaten den Beitritt zu erleichtern – in dem Verfassungsvertrag die Möglichkeit eines „Notausganges“ geschaffen.[1172] Für diese Ansicht spricht, dass in allen Beitrittsländern außer Zypern Referenden über den EU-Beitritt durchgeführt wurden. Die Vertreter der Beitrittskandidaten bangten um die Unterstützung in der Bevölkerung in den anstehenden Beitrittsreferenden. Ein zukünftiger Verfassungsvertrag, der ein Recht zum freiwilligen Austritt aus der Union vorsah, hätte diese Situation entspannen können.[1173] Dafür spricht auch die zeitliche Nähe der am 24./25.4.2003 abgehaltenen Austrittsdebatte zu den Beitrittsreferenden in den einzelnen Staaten. Lediglich in Malta, Slowenien und Ungarn fanden die Referenden einige Wochen vor der Auseinandersetzung des Verfassungskonvents mit der Austrittsfrage statt.[1174] In Litauen, der Slowakei, Polen, Tschechien, Lettland

1170 Vgl. Europäischer Rat, Erklärung von Laeken zur Zukunft der Europäischen Union, S. 1ff. Teil I, II; Giscard d'Estaing, Rede des Vorsitzenden des Europäischen Konvents (3.9.2003), S. 1ff.; auch abgedruckt bei Fuchs, Der Weg zum EU-Verfassungskonvent, S. 657ff.

1171 Hololei, Statement by Alternate Member of the Convention Government of Estonia on articles 43–46 and the Final Provisions of the draft Constitutional Treaty, S. 1f.

1172 Haratsch/Koenig/Pechstein, Europarecht, S. 52; vgl. auch Oppermann, DVBl. 2003, S. 1234 (S. 1242); Streinz/Ohler/Herrmann, Der Vertrag von Lissabon-2010, S. 48.

1173 Vgl. Rupel, Contribution of the foreign minister at the convention session v. 24./25.4.2003, S. 1f.

1174 Malta 8.3.2003, Slowenien 23.3.2003, Ungarn 12.4.2003.

und Estland führte man hingegen die Referenden direkt im Anschluss an die Austrittsdebatte im Konvent durch.[1175]

Andere gehen indessen davon aus, dass die Vorschrift nicht nur eingeführt wurde, um den osteuropäischen Mitgliedstaaten den Beitritt zu erleichtern, sondern eine breite Befürwortung fand.[1176] Es sei im Interesse aller Verhandlungspartner gewesen, den Eindruck zu vermeiden, dass es sich bei der Union um ein „Völkergefängnis" handele.[1177] Z.T. wurde Art. I–60 VVE gar als Indikator dafür angesehen, dass die EU keine „unentrinnbare Schicksalsgemeinschaft" sei, die zur „Fortführung der europäischen Integration" zwinge.[1178] Gegen diese Auffassung spricht, dass die Einfügung der Austrittsregelung nicht lediglich eine pro forma Angelegenheit darstellte, sondern im Konvent heftig diskutiert wurde.[1179]. Hierbei ist auch zu berücksichtigen, dass das Austrittsrecht in Teil I des Verfassungsentwurfes enthalten ist – der einzige Teil, der aufgrund des Zeitdrucks intensiv beraten und erarbeitet werden konnte.[1180]

ii) Anwendung der Konventsmethode

Die Änderungen des europäischen Primärrechts wurden zuvor immer zwischen den Regierungen unter Ausschluss der Öffentlichkeit durchgeführt, bevor sie durch die nationalen Parlamente der Mitgliedstaaten ratifiziert wurden. Aufgrund der Konventsmethode lag einer Regierungskonferenz erstmals bereits zu Beginn der Beratungen ein fertiger Vertragsentwurf vor. Weil die Konventsmethode keine Abstimmungen vorsah, entstand dieser Entwurf – wie der Vorsitzende *Giscard d'Estaing* in seiner Abschlussrede feststellte – durch ein „weitest gehend[es] Einvernehmen"[1181] der Mitglieder des Konvents.

Über die Einführung eines Austrittsrechts bestand im Konvent jedoch weder weitest gehendes Einvernehmen noch ein Konsens. Eine große Zahl der alten Mitglieder forderte die ersatzlose Streichung des Austrittsrechts und zahlreiche Änderungsvorschläge zielten auf eine weitreichende Einschränkung desselben ab. Dies änderte sich auch nicht maßgeblich nach den infolge der Debatte vorgenommenen Änderungen des Präsidiums. Ein Großteil der Konventsmitglieder, die sich bereits gegen Art. 46 des Vorentwurfs ausgesprochen hatten, forderten auch die ersatzlose Streichung des Nachfolgeartikels I-59 VVE.

1175 Litauen 10./11.5.2003, Slowakei 16./17.5.2003, Polen 7./8.6.2003, Tschechien 13./14.6.2003, Lettland 20.9.2003, Estland 14.9.2003.

1176 So Streinz/Ohler/Herrmann, Der Vertrag von Lissabon-2010, S. 48.

1177 Streinz/Ohler/Herrmann, Der Vertrag von Lissabon-2010, S. 48.

1178 *Becker*, in: Schwarze 2009, Art. 312 EGV, Rn. 15.

1179 So auch *Calliess*, in: Calliess 2006, Art. I-60 EVV, Rn. 1; Zeh, ZEuS 2004, S. 173 (S. 196).

1180 *Vedder*, in: Vedder 2007, Einleitung, S. 36f.

1181 Europäischer Konvent, Synthesebericht über die Plenartagung am 9.-10. Juli 2003 in Brüssel. CONV 853/03, S. 7.

Dass das Austrittsrecht dennoch Eingang in den endgültigen Entwurfstext und den durch die Mitgliedstaaten angenommen Vertrag gefunden hat, ist weniger auf einen breiten Konsens über die Sinnhaftigkeit einer solchen Bestimmung als auf die Bestrebungen zurückzuführen, den Vertragsentwurf als ganzen annehmen zu wollen. Obwohl die Beurteilung der Konventsmethode im Schrifttum nicht eindeutig ausfällt, besteht weitestgehend Einigkeit darüber, dass die Erarbeitung des Entwurfstextes durch unabhängige Konventsmitglieder anstatt weisungsabhängiger Regierungsvertreter es erleichtert, weit mehr als den kleinsten gemeinsamen Nenner zu finden.[1182] Die Einfügung des Austrittsrechts bestätigt diese Einschätzung, weil es zweifelsohne nicht zum kleinsten gemeinsamen Nenner gehörte.

iii) Einfluss der Bewerberländer im Rahmen der Konventsdebatte

Zwar wurde den Vertretern der beitrittswilligen Staaten das Recht abgesprochen, einen Konsens der alten Mitgliedstaaten im Konvent zu verhindern,[1183] jedoch wirkte sich diese Einschränkung ihrer Befugnisse in Bezug auf die Debatte um die Einfügung eines Austrittsrechts praktisch nicht aus. Trotz vieler Forderungen nach ersatzloser Streichung des Austrittsrechts, bestand darüber nämlich genauso wenig Konsens wie für die Einfügung eines Austrittsrechts. Die zur Anwendung gekommene Konventsmethode ermöglichte es den Vertretern der beitrittswilligen Staaten also erstmals, sich aktiv an der Gestaltung eines Verfassungsentwurfs zu beteiligen. Und wie die Analyse der Konventsmaterialien ergab, waren es vor allem die Beitrittskandidaten, die für die Einfügung eines Austrittrechts waren und sich während der Debatte am 24./25.4.2003 ausdrücklich für den Artikelentwurf zum Austrittsrecht einsetzten sowie kaum Änderungen an den entsprechenden Entwürfen vorschlugen. Aus den Anmerkungen der Vertreter der beitrittswilligen Staaten wurde deutlich, dass dies einerseits aus der Befürchtung vor einem negativen Ausgang der Beitrittsreferenden resultierte. Andererseits wurde eine Auffassung erkennbar, nach der ein vertraglich festgeschriebenes Austrittsrecht Ausdruck demokratischer Willensbildung sei und gewährleiste, dass der europäische Integrationsprozess auf der freien Entscheidung der einzelnen Mitgliedstaaten und deren Bürgern beruhe. Die im Vergleich zu den alten Mitgliedstaaten gesteigerte Betonung der Freiwilligkeit kann freilich auf die politische Vergangenheit der osteuropäischen Staaten zurückgeführt werden. Befanden sich doch die baltischen Staaten Estland, Lettland und Litauen als Bestandteile der UDSSR, Polen, Ungarn, Bulgarien, Rumänien und die ehemalige CSSR als Satellitenstaaten derselben und Slowenien als Bestandteil des ehemaligen Jugoslawiens in einem Abhängigkeitsverhältnis ohne politische Autonomie. Jedoch enthielten die bundesstaatlichen Verfassungen der UDSSR und der SFRJ von 1974 jeweils Austrittsklauseln, ohne

---

1182 Auswärtiges Amt, Denkschrift zum Vertrag von Lissabon vom 13. Dezember 2007. AS-RK 2007, S. 1ff.

1183 Piodi, Das Europäische Parlament und die Arbeiten des Europäischen Konvents, S. 25.

dass diese einen Zwangsverbleib in der Gemeinschaft verhindern konnten. Dieser Umstand hat jedoch die Vertreter der beitrittswilligen Staaten zu gegenteiligen Interpretationen veranlasst. So argumentierte der estnische Vertreter *Hololei*, die Organisation dürfe sich nicht dem Vorwurf aussetzen lassen, dass diese Systeme demokratischer gewesen sind als die Europäische Union.[1184]

Der EUV in der Fassung von Lissabon und sein Art. 50 kamen letztendlich doch durch Rückkehr zur alten „Geheimdiplomatie"[1185] im Rahmen einer Regierungskonferenz zustande und nicht durch die Einberufung eines neues Konvents, jedoch blieb die Regelung über das Austrittsrecht so gut wie unverändert. Darüber hinaus ist die Konventsmethode gem. Art. 48 EUV als reguläres Verfahren für künftige Änderungen der Verträge festgeschrieben.[1186] Im Ergebnis ist festzuhalten, dass die situativen Umstände der Erweiterung und die angewendete Methode mehr als eine breite Übereinstimmung über den Sinn und Nutzen eines Austrittsrechts die Einfügung der Bestimmung in den Vertragstext bewirkten.

2. Der Austrittstatbestand des Art. 50 EUV

Art. 50 EUV i. d. F. des Vertrages von Lissabon[1187] lautet:

> „(1) Jeder Mitgliedstaat kann im Einklang mit seinen verfassungsrechtlichen Vorschriften beschließen, aus der Union auszutreten.
>
> (2) Ein Mitgliedstaat, der auszutreten beschließt, teilt dem Europäischen Rat seine Absicht mit. Auf der Grundlage der Leitlinien des Europäischen Rates handelt die Union mit diesem Staat ein Abkommen über die Einzelheiten des Austritts aus und schließt das Abkommen, wobei der Rahmen für die künftigen Beziehungen dieses Staates zur Union berücksichtigt wird. Das Abkommen wird nach Artikel 218 Absatz 3 des Vertrags über die Arbeitsweise der Europäischen Union ausgehandelt. Es wird vom Rat im Namen der Union geschlossen; der Rat beschließt mit qualifizierter Mehrheit nach Zustimmung des Europäischen Parlaments.
>
> (3) Die Verträge finden auf den betroffenen Staat ab dem Tag des Inkrafttretens des Austrittsabkommens oder andernfalls zwei Jahre nach der in Absatz 2 genannten Mitteilung keine Anwendung mehr, es sei denn, der Europäische Rat beschließt im Einvernehmen mit dem betroffenen Mitgliedstaat einstimmig, diese Frist zu verlängern.

1184 Hololei, Statement by Alternate Member of the Convention Government of Estonia on articles 43–46 and the Final Provisions of the draft Constitutional Treaty, S. 1f.

1185 *Mann*, in: Vertrag von Lissabon. Analyse und Bewertung, S. 272.

1186 Vgl. Auswärtiges Amt, Denkschrift zum Vertrag von Lissabon vom 13. Dezember 2007. AS-RK 2007, S. 1ff.; *Mann*, in: Vertrag von Lissabon. Analyse und Bewertung, S. 273.

1187 Vertrag von Lissabon zur Änderung des Vertrags über die Europäische Union und des Vertrags zur Gründung der Europäischen Gemeinschaft v. 13.12.2007, ABl. 2007 C 306/1.

(4) Für die Zwecke der Absätze 2 und 3 nimmt das Mitglied des Europäischen Rates und des Rates, das den austretenden Mitgliedstaat vertritt, weder an den diesen Mitgliedstaat betreffenden Beratungen noch an der entsprechenden Beschlussfassung des Europäischen Rates oder des Rates teil. Die qualifizierte Mehrheit bestimmt sich nach Artikel 238 Absatz 3 Buchstabe b des Vertrags über die Arbeitsweise der Europäischen Union.

(5) Ein Staat, der aus der Union ausgetreten ist und erneut Mitglied werden möchte, muss dies nach dem Verfahren des Artikels 49 beantragen."

Art. 50 EUV begründet ein ausdrückliches Recht jedes Mitgliedstaates, aus der EU auszutreten. Die Austrittsklausel gliedert sich in fünf Absätze. Art. 50 Abs. 1 EUV verankert das Austrittsrecht, indem es vorsieht, dass jeder Mitgliedstaat beschließen kann, im Einklang mit seinen verfassungsrechtlichen Vorschriften, aus der Union auszutreten. Das Verfahren zur Rechtsausübung wird in den Abs. 2 bis 4 beschrieben. Danach teilt der austrittswillige Mitgliedstaat dem Europäischen Rat seine Austrittsabsicht mit, woraufhin ein Austrittsabkommen zwischen der EU und diesem ausgehandelt wird. Die Regelungen zum Verfahren über den Beschluss des Austrittsabkommens sind in Abs. 4 enthalten. Abs. 3 beschreibt die wesentlichen Austrittsfolgen. Diese sollen ab dem Tag des Inkrafttretens des Austrittsabkommens oder – kommt dieses nicht zustande – zwei Jahre nach der Mitteilung der Austrittsabsicht an den Europäischen Rat wirksam werden. Ferner ist die Möglichkeit einer Verlängerung dieser Zweijahresfrist vorgesehen. Ausweislich des Abs. 5 besteht für den ausgetretenen Staat die Möglichkeit des Wiedereintritts.[1188]

a) *Systematische Stellung*

Sowohl im Konventsentwurf des Verfassungsvertrages als auch in dem von der Regierungskonferenz angenommenen Vertrag über eine Verfassung für Europa befindet sich das Austrittsrecht unter der Überschrift „Freiwilliger Austritt" aus der Union[1189] im Abschnitt über diejenigen Bestimmungen, die die Zugehörigkeit zur Union betreffen.[1190] Dieser Abschnitt schließt unmittelbar an die Beitrittsklausel[1191] und wohl nicht zufällig an die Sanktionsbestimmungen an.[1192] Dahingehenden Bedenken, dass es nach den üblichen Techniken der Gestaltung völkerrechtlicher Verträge eigentlich zu vermuten gewesen wäre, die Klausel in Teil IV bei den Allgemeinen und Schlussbestimmungen einzufügen,[1193] trägt der EUV in der

1188 Zum Aufbau der Bestimmung vgl. auch *Dörr*, in: Grabitz/Hilf/Nettesheim 2010, Art. 50 EUV, Rn. 16.

1189 Art. I-59 VVE und Art. I-60 EVV.

1190 Teil 1, Titel IX (Zugehörigkeit zur Union).

1191 Art. I-58 EVV.

1192 Art. I-59 EVV, so *Stein*, in: Der Konventsentwurf für eine EU-Verfassung, S. 112; vgl. auch Zeh, ZEuS 2004, S. 173 (S. 199).

1193 Bruha/Nowak, AVR (42) 2004, S. 1 (S. 6).

Fassung von Lissabon Rechnung. Die Austrittsklausel des Art. 50 EUV befindet sich nunmehr in den Schlussbestimmungen des Titels VI. Diese umfassen neben technischen Regelungen über die räumliche und zeitliche Geltung des Vertrages[1194] auch Bestimmungen, die im Verfassungsvertrag noch in Teil I aufgeführt waren. Neben Art. 47 EUV, welcher der Union nun ausdrücklich Rechtspersönlichkeit verleiht, gehört dazu auch das Austrittsrecht des Art. 50 EUV. Jedoch lässt die Abkehr von einer exponierten Stellung für das neue Austrittsrecht keinen Rückschluss auf dessen Bedeutung zu. Zu Recht wird nämlich darauf hingewiesen, dass der Charakter der Schlussbestimmungen als „Sammelbecken" für verschiedene Regelungsbereiche, eine Bewertung der Relevanz des Titels VI unmöglich mache.[1195] Vielmehr entspricht die Wahl dieser systematischen Stellung für das Austrittsrecht der typischen Vertragsgestaltung internationaler Verträge. Zusammen mit der Präambel stellen die Schlussbestimmungen nämlich die „Klammer" des EUV dar.[1196]

b) Materiell-rechtliche Voraussetzungen?

Im Folgenden wird untersucht, inwiefern Art. 50 EUV durch den Verweis auf die Konformität mit den verfassungsrechtlichen Vorschriften des austrittswilligen Staates und das auszuhandelnde Abkommen materiell-rechtliche Voraussetzungen für die Verwirklichung des Austrittsrechts postuliert.

i. Die Einhaltung von Verfassungsvorschriften

Im Einzelnen bestimmt Art. 50 Abs. 1 EUV, dass jeder Mitgliedstaat im Einklang mit seinen Verfassungsvorschriften beschließen kann, aus der Union auszutreten. Fraglich ist, was unter dem Erfordernis des „Einklangs" mit den innerstaatlichen Verfassungsvorschriften zu verstehen ist und welche Rechtsfolgen an eine etwaige Inkompatibilität geknüpft sind. Dem Wortlaut der Vorschrift ist dies nicht eindeutig zu entnehmen.[1197] Ursprünglich war eine Formulierung vorgesehen, wonach jeder Mitgliedstaat „unter Einhaltung seiner internen Verfassungsvorschriften" beschließen kann, aus der Union auszutreten. Mit der Formulierung des Art. I-59 VVE ersetzte das Konventspräsidium diesen Zusatz durch „gemäß seinen internen Verfassungsvorschriften".[1198] Bereits diese Veränderung wird als Entschärfung des Verweises auf das nationale Verfassungsrecht gewertet.[1199] Das Sekretariat der folgenden Regierungskonferenz schlug sogar vor, die Präzisierung ersatzlos zu streichen. Als Begründung wurde angeführt, die Formulierung könnte so verstanden

---

1194 Art. 52 und Art. 53 EUV.

1195 *Mann*, in: Vertrag von Lissabon. Analyse und Bewertung, S. 271.

1196 *Mann*, in: Vertrag von Lissabon. Analyse und Bewertung, S. 271.

1197 Zeh geht in Bezug auf Art. I-59 VVE davon aus, dass Abs. 1 missverständlich verfasst ist, Zeh, ZEuS 2004, S. 173 (S. 199).

1198 Europäischer Konvent, Entwurf eines Vertrags über eine Verfassung für Europa. CONV 850/03, S. 46.

1199 Bruha/Nowak, AVR (42) 2004, S. 1 (S. 21f.).

werden, dass die Union zu prüfen habe, ob die internen Vorschriften eines Mitgliedstaats eingehalten worden seien.[1200] Auf der Regierungskonferenz wurde diesen Bedenken durch eine weitere Änderung des Wortlauts Rechnung getragen. Die auch von Art. 50 Abs. 1 EUV übernommene Formulierung des Art. I-60 EVV sieht vor, dass der Mitgliedstaat seinen Austritt „im Einklang mit seinen Verfassungsvorschriften“ beschließen kann.

Z.T. wird davon ausgegangen, die Formulierung sei als Verweis auf die innerstaatlich für einen Austritt erforderlichen förmlichen Beschlüsse und die dafür nötigen Mehrheiten zu sehen. Seien diese nicht gegeben, wirke die Austrittsklausel sogar „konservierend“ – also zugunsten eines Weiterverbleibs in der Union.[1201] Andere sehen in dem Hinweis auf die Übereinstimmung mit den eigenen verfassungsrechtlichen Vorschriften sogar eine Justiziabilität der Austrittsklausel vor dem EuGH. Zwar sei dies ursprünglich in den Verträgen nicht so vorgesehen gewesen. Bei verfassungsrechtlichen Streitigkeiten darüber, ob der Austritt nach nationalem Recht verfassungsmäßig sei, habe der EuGH nunmehr jedoch die letzte Entscheidungsbefugnis.[1202]

Die ganz überwiegende Ansicht geht indessen davon aus, dass mit dem Verweis auf das nationale Verfassungsrecht keine inhaltlichen Voraussetzungen an das Austrittsrecht geknüpft werden. Aus europarechtlicher Perspektive sei darunter lediglich zu verstehen, dass die Austrittserklärung vom nach nationalem Verfassungsrecht zuständigen Organ abgegeben werde.[1203]

Dieser Ansicht ist aus drei Gründen zu folgen. Einerseits kann eine Inhaltskontrolle schon deswegen nur innerstaatlich stattfinden, weil die Frage nach der Verfassungsmäßigkeit des Austritts für den austrittswilligen Staat ausschließlich in den Zuständigkeitsbereich seiner Verfassungsorgane und nicht in den Zuständigkeitsbereich der Union und ihrer Organe fällt.[1204] Andererseits gibt es keine Ansatzpunkte dafür, dass die Mitgliedstaaten im Wege einer Rechtsgrundverweisung ihr Verfassungsrecht zum Gegenstand des Unionsrechts machen wollten.[1205]

1200 Sekretariat der Regierungskonferenz, Redaktionelle und juristische Anmerkungen zu dem Entwurf eines Vertrags über eine Verfassung für Europa – Basisdokument v. 6.10.2003. CIG 4/03, S. 127.

1201 So *Kumin/Hummer/Obwexer*, in: Der Vertrag von Lissabon 2009, S. 316.

1202 Friel, ICLQ (53) 2004, S. 407 (S. 425); außerdem weist dieser darauf hin, dass es in solchen Fällen unklar wäre, ob der Abgesandte des austretenden Mitgliedstaates in einem solchen Urteil mitwirken könnte.

1203 *Calliess*, in: Calliess 2006, Art. I-60 EVV, Rn. 10f; Calliess/Dingemann, Die neue Europäische Union, S. 95; *Calliess*, in: Calliess/Ruffert 2011, Art. 50 EUV, Rn. 3; *Dörr*, in: Grabitz/Hilf/Nettesheim 2010, Art. 50 EUV, Rn. 19; *Streinz*, in: Streinz 2012, Art. 50 EUV, Rn. 4; *Heintschel von Heinegg*, in: Vedder 2007, Art. I-60 EVV, Rn. 4; Zeh, ZEuS 2004, S. 173 (S. 199).

1204 So auch *Dörr*, in: Grabitz/Hilf/Nettesheim 2010, Art. 50 EUV, Rn. 19; *Heintschel von Heinegg*, in: Vedder 2007, Art. I-60 EVV, Rn. 4.

1205 *Dörr*, in: Grabitz/Hilf/Nettesheim 2010, Art. 50 EUV, Rn. 19.

Eine Auslegung unter Heranziehung der Konventsmaterialien ergibt ebenso wenig etwas Gegenteiliges. Insbesondere die Bemerkungen des Sekretariats der Regierungskonferenz verdeutlichen, dass die drei Neuformulierungen des Abs. 1 im Kodifizierungsprozess darauf zurückzuführen sind, unterstreichen zu wollen, dass die Wirksamkeit des Austritts gerade nicht von der Konformität mit nationalem Verfassungsrecht abhängt.

Mag der Verweis auf das nationale Verfassungsrecht zwar keine materiell-rechtliche Beschränkung kraft Europarechts darstellen,[1206] können sich doch materielle Grenzen in der jeweiligen Verfassung finden, die dem Mitgliedstaat die Abgabe seiner Austrittserklärung erschweren.[1207] Im Rahmen des deutschen Verfassungsrechts wird eine solche materielle Beschränkung aus der kraft des Grundgesetzes bestehenden Verpflichtung der Beteiligung Deutschlands an der europäischen Integration abgeleitet. Art. 23 Abs. 1 S. 1 GG verlangt von Deutschland, zur Verwirklichung eines vereinten Europas bei der Entwicklung der EU mitzuwirken.[1208] Dieses Erfordernis wird von der Präambel des Grundgesetzes bekräftigt, wonach das deutsche Volk vom Willen beseelt sei, als gleichberechtigtes Glied in einem vereinten Europa dem Frieden der Welt zu dienen. Die Verpflichtung erhärte sich zu einem Verfassungsgrundsatz der Mitgliedschaft in einem vereinten Europa. Ein freies Austrittsrecht aus der Union stehe diesem Staatsziel entgegen und sei daher nicht mit dem Grundgesetz vereinbar.[1209] Die Entscheidung über den Austritt ist deswegen sowohl der Bundesregierung als auch dem einfachen Gesetzgeber entzogen und liegt allein bei dem verfassungsändernden Gesetzgeber.[1210] Eine Vereinbarkeit eines Austritts mit der Europastaatszielbestimmung wird nur dann angenommen, wenn dieser bezweckt, im Falle eines Stillstands oder einer Rückentwicklung der Union die europäische Integration zu vertiefen.[1211] Gem. Art. 23 Abs. 1 S. 3 GG müssten in diesem Fall Bundestag und Bundesrat im Einklang mit Art. 79 Abs. 2 und 3 GG den Austritt beschließen. Eine bloße Entscheidung der Bundesregierung wäre nicht ausreichend.[1212]

1206 Dörr bezeichnet den Verweis als unionsrechtlich bedeutungslos, *Dörr*, in: Grabitz/Hilf/Nettesheim 2010, Art. 50 EUV, Rn. 19.

1207 Vgl. *Geiger*, in: Geiger 2010, Art. 50 EUV, Rn. 2.

1208 Zur „Realisierung des Staatsziels der Europäischen Einigung i.S.v. Art. 23 Abs. 1 GG“ vgl. *Wolff*, in: FS Klein, S. 390f.

1209 So *Everling*, in: FS Bernhardt, S. 1175; *Pernice*, in: Dreier/Bauer, Art. 23 GG, Rn. 46; Frowein, EuR (30) 1995, S. 315 (S. 320); Bruha/Nowak, AVR (42) 2004, S. 1 (S. 22); *Calliess*, in: Calliess/Ruffert 2011, Art. 50 EUV, Rn. 4; *Geiger*, in: Geiger 2010, Art. 50 EUV, Rn. 2; Zuleeg, NJW 2000, S. 2846 (S. 2851).

1210 So *Heintschel von Heinegg*, in: Vedder 2007, Art. I-60 EVV, Rn. 4; Zuleeg, NJW 2000, S. 2846 (S. 2851).

1211 *Calliess*, in: Calliess 2006, Art. I-60 EVV, Rn. 12; *Calliess*, in: Calliess/Ruffert 2011, Art. 50 EUV, Rn. 4.

1212 *Calliess*, in: Calliess 2006, Art. I-60 EVV, Rn. 12; *Calliess*, in: Calliess/Ruffert 2011, Art. 50 EUV, Rn. 4.

Demgegenüber hat das BVerfG im Maastricht-Urteil ausgeführt, dass die Austrittsoption der Bundesrepublik grundsätzlich offen bleibt. Unter bestimmten Voraussetzungen, insbesondere im Falle einer erheblichen Abweichung vom vertraglichen Integrationsprogramm soll die „Lösung aus der Gemeinschaft“ möglich sein. Deutschland wahre die Qualität eines souveränen Staates aus eigenem Recht, indem die Geltung und Anwendung von Europarecht vom Rechtsanwendungsbefehl des Zustimmungsgesetzes abhängt.[1213] Dementsprechend könne die Zugehörigkeit der Bundesrepublik durch einen gegenläufigen Akt zum Zustimmungsgesetz wieder aufgehoben werden.[1214]

Die Kontroverse, ob das BVerfG im Maastricht-Urteil ein einseitiges Austrittsrecht begründen wollte oder lediglich feststellte, dass die Mitgliedschaft der BRD nach Art. 23 Abs. 1 GG ohne ein solches verfassungsrechtlich problematisch sei,[1215] hat sich durch die Rechtsprechung des BVerfG im Lissabon-Urteil erledigt. Zum einen hat das BVerfG im Lissabon-Urteil ausdrücklich bestätigt, dass der aus Art. 23 Abs. 1 GG und der Präambel folgende Verfassungsauftrag zur Verwirklichung eines vereinten Europas bedeute, dass es nicht im Belieben der deutschen Verfassungsorgane stehe, sich an der europäischen Integration zu beteiligen.[1216] Andererseits ergibt sich ausweislich der Lissabon-Rechtsprechung ein Austrittsrecht notwendigerweise aus dem Demokratieprinzip und der damit verbundenen Volkssouveränität. Bei einem Austritt der Bundesrepublik aus der Union würde es sich nicht um die völkerrechtlich als problematisch zu beurteilende Sezession aus einem Staatenverband handeln, sondern lediglich um einen auf dem Prinzip der umkehrbaren Selbstbindung beruhenden Austritt eines Staates aus einem Staatenverbund.[1217] Erreiche die politische Gestaltung der Union ein staatsanaloges Niveau, bestehe für die Bundesrepublik ein Recht zum Austritt. Dies sei anzunehmen, wenn die EU von einem Staatenverbund in einen Bundesstaat umschlägt, ohne dass eine Volksabstimmung stattfindet oder wenn über das Prinzip der begrenzten Einzelermächtigung hinaus schleichend oder auch explizit Kompetenzen usurpiert werden, die den nach dem bestehenden Legitimationsniveau der EU notwendig bei den Mitgliedstaaten verbleibenden Souveränitätsbereich berühren.[1218]

Obwohl das Grundgesetz durch das in Art. 23 Abs. 1 GG enthaltene und durch die Präambel bekräftigte Integrationsgebot eine Mitwirkungspflicht der

---

1213 BVerfGE 89, 155 (190, 204), Erläuterung bei *Kirchhof*, in: Der Staatenverbund der Europäischen Union, S. 13f., 17f.; vgl. *Calliess*, in: Calliess/Ruffert 2011, Art. 50 EUV, Rn. 4; *Geiger*, in: Geiger 2010, Art. 50 EUV, Rn. 2; Zuleeg, NJW 2000, S. 2846 (S. 2851).

1214 BVerfGE 89, 155 (190).

1215 Oppermann/Classen/Nettesheim, Europarecht 2011, S. 690; vgl. dazu oben, S. 169.

1216 BverfGE 123, 267 (346); vgl. *Streinz*, in: Streinz 2012, Art. 50 EUV, Rn. 5; *Streinz*, in: Sachs, Art. 23 GG, Rn. 11.

1217 BverfGE 123, 267 (350).

1218 BverfGE 123, 267 (365); vgl. Frenz, Handbuch Europarecht, Rn. 64, 78.

Bundesrepublik bei der Entwicklung der Union statuiert,[1219] steht ein freies Austrittsrecht aus der Union diesem Staatsziel nicht begriffsnotwendig entgegen. Während es keinen Anhaltspunkt dafür gibt, die Mitwirkungspflicht als umfangreiches Austrittsverbot kraft Verfassungsrecht zu verstehen,[1220] lässt eine Interpretation des Wortlauts des Art. 23 Abs. 1 S. 1 GG („mitwirken") indessen zu, einen Gestaltungsspielraum bei der Umsetzung der Mitwirkungspflicht anzunehmen.[1221] Deswegen erscheint es folgerichtig, dass das Grundgesetz einen Austritt Deutschlands aus der Union nicht verbietet, sondern die freie Ausübung dieses Rechts lediglich beschränkt. So wäre es ein Verstoß gegen das Integrationsgebot des Art. 23 Abs. 1 GG, würde die Bundesregierung eine integrationsfeindliche Politik verfolgen oder grundlos ohne Konsultation mit den übrigen Mitgliedstaaten aus der Union austreten.[1222]

Andererseits verlangt das Grundgesetz in Übereinstimmung mit der Rechtsprechung des BVerfG in bestimmten Fällen sogar den Austritt Deutschlands aus der Union. Um das in Art. 79 Abs. 3 GG und dem Demokratieprinzip enthaltene Prinzip souveräner deutscher Staatlichkeit sowie die Strukturanforderungen in Art. 23 Abs. 1, 2. Hs GG zu wahren, müsse der Bund als *ultima ratio* seine Mitgliedschaft in der EU beenden, sollte sich die europäische Integration in einer Art und Weise entwickeln, dass diese Verfassungsgrenzen überschritten sind.[1223] In Analogie zu Art. 23 Abs. 1 S. 3 GG und wegen der überragenden politischen Bedeutung eines Austritts der Bundesrepublik aus der Union wäre in einem solchen Fall jedoch ein verfassungsänderndes Gesetz erforderlich.[1224]

Die Vorgaben des deutschen Verfassungsrechts verdeutlichen, wie der interne Beschluss eines Mitgliedstaates, aus der Union auszutreten, verfassungsrechtlich beschränkt werden kann. Richtig erscheint es deswegen, die Formulierung als „Umschreibung des Souveränitätsgrundsatzes"[1225] oder als „Hinweis auf das

---

1219 Für einen Verfassungsauftrag *Jarass*, in: Jarass/Pieroth, Art. 23 GG, Rn. 10; *Streinz*, in: Sachs, Art. 23 GG, Rn. 10; Dörr, Der europäisierte Rechtsschutzauftrag, S. 82f.; *Dörr*, in: Grabitz/Hilf/Nettesheim 2010, Art. 50 EUV, Rn. 22.

1220 So auch *Dörr*, in: Grabitz/Hilf/Nettesheim 2010, Art. 50 EUV, Rn. 22; a.A. *Pernice*, in: Dreier/Bauer, Art. 23 GG, Rn. 46; *Everling*, in: FS Bernhardt, S. 1175; Frowein, EuR (30) 1995, S. 315 (S. 320).

1221 Ebenso *Streinz*, in: Sachs, Art. 23 GG, Rn. 11; *Classen*, in: v. Mangoldt/Klein/Starck, Art. 23 GG, Rn. 7; *Dörr*, in: Grabitz/Hilf/Nettesheim 2010, Art. 50 EUV, Rn. 22.

1222 *Calliess*, in: Calliess/Ruffert 2011, Art. 50 EUV, Rn. 4.

1223 Vgl. BVerfGE 89, 155 (190, 204), BVerfGE 123, 267 (350, 365); so auch *Dörr*, in: Grabitz/Hilf/Nettesheim 2010, Art. 50 EUV, Rn. 22f.; ähnlich Huber, EuR 2003, S. 574 (S. 591f.).

1224 So auch *Heintschel von Heinegg*, in: Vedder 2007, Art. I-60 EVV, Rn. 4; *Calliess*, in: Calliess/Ruffert 2011, Art. 50 EUV, Rn. 4; Terhechte, EuR 2008, S. 143 (S. 152 Fn. 41); *Dörr*, in: Grabitz/Hilf/Nettesheim 2010, Art. 50 EUV, Rn. 22f.

1225 *Heintschel von Heinegg*, in: Vedder 2007, Art. I-60 EVV, Rn. 4.

souveräne Entscheidungsrecht der Mitgliedstaaten“[1226] zu verstehen und nicht als „sinnlosen Verweis“.[1227]

ii. Der Abschluss eines Austrittsabkommens

Gem. Art. 50 Abs. 2 EUV handelt die Union auf der Grundlage der Leitlinien des Europäischen Rates mit dem austrittswilligen Staat ein Abkommen über die Einzelheiten des Austritts aus und schließt das Abkommen. Fraglich ist, ob dies als materiell-rechtliche Voraussetzung für die Wirksamkeit des Austritts oder als die Rechtsfolge der Verwirklichung des Austrittsrechts zu charakterisieren ist.

Die gebietende Formulierung des Art. 50 Abs. 2 S. 2 EUV „handelt die Union mit diesem Staat ein Abkommen [...] aus und schließt das Abkommen [...]“ könnte zu der Annahme verleiten, dass das Abkommen als Voraussetzung für den Austritt fungiert. Die Notwendigkeit eines Austrittsabkommens ist evident. Ein sofort wirksamer Austritt, ohne Klärung der Einzelheiten des Austritts und der künftigen Beziehungen des ausgetretenen Mitgliedstaates zur Union, hätte negative und nachhaltige Folgen für die Rechts- und Wirtschaftsordnungen der Union und des ausgetretenen Staates. Jedoch ist angesichts des Wortlauts und der Systematik von Art. 50 EUV nicht auf die konstitutive Eigenschaft des Abkommens im Rahmen des Austrittstatbestands zu schließen, auch wenn es aus Gründen der Rechtssicherheit unbedingt geboten ist, die Modalitäten des Austritts in einem Abkommen zu vereinbaren. Der Wortlaut von Art. 50 Abs. 1 EUV („Jeder Mitgliedstaat kann [...] beschließen, aus der Union auszutreten.“) stellt lediglich auf den autonomen Entschluss des austrittswilligen Staates ab.[1228] Die zweite Alternative des Abs. 3 bestimmt nämlich, dass die Mitgliedschaft nicht nur mit Inkrafttreten des Austrittsabkommens, sondern auch nach Ablauf einer Zweijahresfrist endet, und verdeutlicht damit, dass das Abkommen für die Wirksamkeit des Austritts nicht maßgeblich sein kann.[1229]

Dies wird durch die Entstehungsgeschichte des Art. 50 EUV bestätigt. Im Verfassungskonvent wurde über das Austrittsrecht ausführlich debattiert, und mehrere Änderungsvorschläge beabsichtigten, Art. 50 Abs. 3 EUV dahingehend zu ergänzen, dass der Abschluss eines Abkommens zwischen der Union und dem austretenden Mitgliedstaat eine zwingende Voraussetzung für die Verwirklichung des Austritts ist. Dem widersprachen nicht nur einzelne Konventsmitglieder, auch das

1226 *Dörr*, in: Grabitz/Hilf/Nettesheim 2010, Art. 50 EUV, Rn. 19.

1227 Zeh, ZEuS 2004, S. 173 (S. 199).

1228 So auch *Dörr*, in: Grabitz/Hilf/Nettesheim 2010, Art. 50 EUV, Rn. 17f.

1229 So auch Calliess/Dingemann, Die neue Europäische Union, S. 96; Haratsch/Koenig/Pechstein, Europarecht, S. 53; *Längle*, in: Der Vertrag über eine Verfassung für Europa, S. 247; Nowak, Europarecht nach Lissabon, S. 93; *Streinz*, in: Streinz 2012, Art. 50 EUV, Rn. 3, 8; *Heintschel von Heinegg*, in: Vedder 2007, Art. I-60 EVV, Rn. 3, 5; Zeh, ZEuS 2004, S. 173 (S. 200).

Präsidium entschied sich ausdrücklich gegen diesen Vorschlag, weil das Prinzip des einseitigen Austritts nicht ausgehöhlt werden sollte.[1230]

Überzeugend argumentiert auch *Dörr*, der davon ausgeht, dass das Austrittsabkommen bereits aufgrund völkerrechtlicher Prinzipien nicht den Rechtsgrund für die Beendigung der Mitgliedschaft darstellen könne, sondern ausschließlich die Willenserklärung des Austrittsstaates.[1231] Dem Austrittabkommen eine konstitutive Wirkung für die Vollendung des Austritts beizumessen, gehe nämlich nicht ohne gleichzeitigen Verstoß gegen die in Art. 34 WVK enthaltene *Pacta-tertiis*-Regel und das völkerrechtliche Konsensprinzip. Als bilateraler Vertrag zwischen dem austretenden Statt und einem dritten Rechtssubjekt – der Union – könne das Austrittsabkommen nicht die Beteiligung eines anderen Staates an einem multilateralen Vertrag beenden.[1232] Etwas anderes sei nur dann anzunehmen, wenn die Union in Bezug auf die Vertragsbeendigung von den Mitgliedstaaten durch Art. 50 Abs. 1 S. 2 EUV zur Stellvertretung für alle zukünftigen Fälle ermächtigt worden wäre.[1233] Gegen diese Konstruktion spreche wiederum, dass darin auch eine Ermächtigung des austretenden Mitgliedstaates zum Vertragsschluss mit sich selbst enthalten sei. Außerdem sei ausweislich des Wortlauts von Art. 50 Abs. 2 EUV die Union lediglich zum Abschluss für den Austritt begleitende Regelungen betreffend „die Einzelheiten des Austritts“ und „den Rahmen der künftigen Beziehungen“ ermächtigt.[1234]

Die Vertragsbeendigung werde rechtlich somit durch die einseitige Austrittserklärung im Sinne eines Rücktritts vom Vertrag mit zweijähriger Rücktrittsfrist bewirkt, wobei jedoch diese Frist gem. Art. 50 Abs. 3 EUV einvernehmlich verlängert werden könne.[1235]

Die Systematik des Art. 50 EUV und dessen Entstehungsgeschichte geben eindeutig zu erkennen, dass die Formulierungen des Abs. 2 – „handelt aus“ und „schließt es“ – das Abkommen nicht zur materiell-rechtlichen Voraussetzung des Austritt erheben sollen, sondern lediglich bestimmen, dass der EU und nicht den

---

1230 Vgl. Europäischer Konvent, Titel X: Die Zugehörigkeit zur Union. CONV 648/03, S. 8f.; Europäischer Konvent, Bericht des engeren Ausschusses des britischen Oberhauses über die Europäische Union, vorgelegt von Lord Tomlinson und Lord Maclennan. CONV 708/03, S. 8; so auch Herbst, GLJ (6) 2005, S. 1755 (S. 1756).

1231 *Dörr*, in: Grabitz/Hilf/Nettesheim 2010, Art. 50 EUV, Rn. 13, 17f.

1232 *Dörr*, in: Grabitz/Hilf/Nettesheim 2010, Art. 50 EUV, Rn. 13.

1233 So wohl *Kumin/Hummer/Obwexer*, in: Der Vertrag von Lissabon 2009, S. 315, der die Union in Bezug auf den Abschluss des Austrittsabkommens als Vertreterin der Mitgliedstaaten sieht, vgl. *Dörr*, in: Grabitz/Hilf/Nettesheim 2010, Art. 50 EUV, Rn. 13.

1234 *Dörr*, in: Grabitz/Hilf/Nettesheim 2010, Art. 50 EUV, Rn. 30; ebenso Bruha/Nowak, AVR (42) 2004, S. 1 (S. 7).

1235 Vgl. *Dörr*, in: Grabitz/Hilf/Nettesheim 2010, Art. 50 EUV, Rn. 13; *Längle*, in: Der Vertrag über eine Verfassung für Europa, S. 247.

Mitgliedstaaten die Zuständigkeit für den Abschluss des Abkommens mit dem austrittswilligen Staat zukommt.[1236]

Z.T. werden noch andere systematische Argumente herangezogen, um zu begründen, dass Art. 50 EUV ein einseitiges Austrittsrecht postuliert. So sieht *Athanassiou* sowohl im Verweis auf die nationalen Verfassungsvorschriften als auch in der Tatsache, dass Art. 50 EUV den Austritt nicht auf den Fall einer Primärrechtsänderung, die das austrittswillige Mitglied nicht zu tragen gewillt ist, beschränkt, Indikatoren für ein einseitiges Austrittsrecht.[1237] Außerdem weist er daraufhin, dass ein einvernehmlicher Austritt grundsätzlich möglich ist. Die Kodifizierung eines solchen Rechts könne durch Art. 50 EUV nicht bezweckt worden sein, hätte lediglich das Offensichtliche bestätigt und sich in ihrer Funktion darauf beschränkt, das Verfahren als ein einvernehmliches zu beschreiben.[1238]

Jedoch begründet – geht man von einer für die Verwirklichung eines Austritts konstitutiven Eigenschaft des Austrittsabkommens aus – Art. 50 EUV ebenso wenig ein einvernehmliches Austrittsrecht. Das Austrittabkommen wird vom Europäischen Parlament mit einfacher Mehrheit und im Europäischen Rat mit qualifizierter Mehrheit geschlossen. Ein einvernehmlicher Austritt erfordert indessen Konsens.[1239]

Ferner ist es auch über den Wortlaut von Art. 50 EUV hinaus nicht möglich, materiell-rechtliche Voraussetzungen in den Austrittstatbestand zu interpretieren, weil sich der Konvent ausdrücklich gegen ihre Aufnahme entschieden hat.[1240]

c) Einschränkungen der Rechtsausübung

Im Folgenden wird untersucht, ob sich aus Art. 50 EUV und aus übergreifenden Prinzipien des Unionsrechts konkrete Pflichten ergeben, die zu einer Begrenzung der Rechtsausübung führen. Weil das Handeln des austrittswilligen Mitgliedstaates bis zum Wirksamwerden des Austritts der Rechtskontrolle des EuGH am Maßstab des Unionsrechts unterliegt, könnten Bestimmungen über derartige Pflichten als

---

1236 So auch Zeh, die die Formulierung als „irreführend“ bezeichnet, Zeh, ZEuS 2004, S. 173 (S. 200).

1237 Athanassiou, European Central Bank 2009, S. 1 (S. 24); ähnlich auch Smits, CMLRev (42) 2005, S. 425 (S. 464).

1238 Athanassiou, European Central Bank 2009, S. 1 (S. 24).

1239 Zu Begriff und Arten des Austritts siehe oben, S. 8; insbesondere in der Diskussion um die Möglichkeit des Ausscheidens aus der EU erfolgt eine undifferenzierte Verwendung der die Mitgliedschaftsbeendigung umschreibenden Begriffe (einvernehmlicher oder einseitiger Austritt, vom Ausscheidungswilligen ausgehende oder in Form eines Ausschlusses erfolgende, rechtskonforme oder faktische Mitgliedschaftsbeendigung), vgl. *Bieber*, in: Die Unionsgrundordnung, S. 555.

1240 So in Bezug auf die Beschränkung des Austrittsrechts auf den Fall der Verfassungsänderung, Bruha/Nowak, AVR (42) 2004, S. 1 (S. 22).

relevante Kontrollnormen im Rahmen eines Vertragsverletzungsverfahrens gem. Art. 258, 259 AEUV fungieren.[1241]

i. Verfahrenspflichten gem. Art. 50 EUV

An die Stelle einer materiell-rechtlichen Determinierung setzt Art. 50 EUV dessen Prozeduralisierung.[1242] Dazu gehört, dass dem austrittswilligen Mitglied zwei unterschiedliche Verfahrenspflichten auferlegt werden.

(1) Mitteilungspflicht

Art. 50 Abs. 2 S. 1 EUV verpflichtet den austrittswilligen Mitgliedstaat ausdrücklich dazu, seine Austrittsabsicht dem Europäischen Rat mitzuteilen. Wie die vorherigen Ausführungen zeigen, ist die Erklärung keine bloße informatorische Mitteilung sondern der Rechtsgrund für die Vertragsbeendigung.[1243] Die prozedurale Pflicht der Mitteilung[1244] ist daher zwingend und stellt die Einleitung des Austrittsverfahrens dar.[1245]

(2) Verhandlungspflicht

Nicht nur aufgrund der praktischen Bedeutung des Austrittsabkommens, auch aus der Formulierung in Art. 50 Abs. 2 S. 2 EUV („Auf der Grundlage der Leitlinien des Europäischen Rates handelt die Union mit diesem Staat ein Abkommen über die Modalitäten des Austritts aus und schließt es [...]“) ergibt sich, dass in jedem Fall ein Austrittsabkommen anzustreben ist.[1246] Art. 50 Abs. 2 S. 2 EUV stell ein sogenanntes *pactum* dar, welches der Union und dem austrittswilligen Mitgliedstaat *ex lege* die Pflicht auferlegt, Vertragsverhandlungen aufzunehmen. Die Mitgliedstaaten übernehmen diese Pflicht *ex ante* durch die Zustimmung zu Art. 50 EUV. Gleichermaßen ist der Union diese Pflicht durch ihre Mitgliedstaaten auferlegt worden.[1247]

Als *pacta* werden Klauseln in völkerrechtlichen Verträgen bezeichnet, mit denen zwei oder mehrere Parteien im Hinblick auf eine spätere völkerrechtliche Einigung bestimmte gegenseitige Handlungspflichten eingehen.[1248] Unter den verschiedenen

---

1241 *Dörr*, in: Grabitz/Hilf/Nettesheim 2010, Art. 50 EUV, Rn. 33.

1242 *Dörr*, in: Grabitz/Hilf/Nettesheim 2010, Art. 50 EUV, Rn. 20.

1243 *Dörr*, in: Grabitz/Hilf/Nettesheim 2010, Art. 50 EUV, Rn. 17, 25.

1244 So Bruha/Nowak, AVR (42) 2004, S. 1 (S. 7); Weber, EuR 2004, S. 841 (S. 853).

1245 *Geiger*, in: Geiger 2010, Art. 50 EUV, Rn. 4; *Streinz*, in: Streinz 2012, Art. 50 EUV, Rn. 6; *Heintschel von Heinegg*, in: Vedder 2007, Art. I-60 EVV, Rn. 7.

1246 So auch *Becker*, in: Schwarze 2012, Art. 50 EUV, Rn. 4.

1247 *Dörr*, in: Grabitz/Hilf/Nettesheim 2010, Art. 50 EUV, Rn. 15; a.A. wohl Herbst, der davon ausgeht, dass nur für den Rat und nicht für den austretenden Mitgliedstaat eine ausdrückliche Rechtspflicht besteht, das Abkommen auszuhandeln, Herbst, GLJ (6) 2005, S. 1755 (S. 1758).

1248 Beyerlin, ZaöRV (36) 1976, S. 407 (S. 407); Ipsen/Menzel/Epping, Völkerrecht 2004, S. 118.

Funktionen, die *pacta* erfüllen können,[1249] ist die Bestimmung des Art. 50 Abs. 2 S. 2 EUV zu denjenigen Klauseln zu zählen, die der Anbahnung von Abkommen über offene politische Fragen dienen.[1250] Die Klauseln dieser Kategorie können die Parteien zur Einhaltung eines bestimmten Abschluss- und Verhandlungsverfahrens verpflichten und ihnen bereits Vertragsziele und materielle Grundsätze für die spätere Ausarbeitung der Vertragsinhalte vorschreiben.[1251] Wie allen *pacta* ist dabei auch der Bestimmung des Art. 50 Abs. 2 S. 2 EUV gemein, dass sie weder eine rechtlich unverbindliche Abrede noch eine materiell-rechtlich unmittelbar bindende Vertragsbestimmung darstellt.[1252] Wie es bei der Auslegung völkerrechtlicher Willenserklärungen üblich ist, ist der Bindungswille gem. Art. 31 Abs. 1 WVK in erster Linie anhand des Vertragstextes nach dem üblichen Sprachgebrauch zu ermitteln. Der Unterschied zu politischen Absichtserklärungen oder Programmsätzen kann insbesondere bei der Auslegung von Bestimmungen des Gründungsvertrages einer internationalen Organisation schwierig sein. Hier ist eine den Vertragszweck weitgehend berücksichtigende Auslegung vorzunehmen.[1253] Der Wortlaut des Art. 50 Abs. 2 S. 2 EUV ist dahingehend jedoch eindeutig. Die Formulierungen „handelt [...] aus“ und „schließt es“ sind keine vagen Verpflichtungsformeln sondern begründen unmittelbar rechtsverbindliche Handlungspflichten. Ein Abgrenzungsproblem zur Deklaration einer gemeinsamen politischen Konzeption ergibt sich bereits aufgrund des unmittelbaren Wortlauts nicht.

Darüber hinaus gibt der Wortlaut des Art. 50 Abs. 2 S. 2 EUV klar zu erkennen, dass sich die Vertragsparteien nicht mit sofortiger Wirkung materiell-rechtlich binden wollen.

Die Unterscheidung zwischen dem *pactum de negotiando* einerseits und dem *pactum de contrahendo* andererseits ist das Ergebnis dogmatischer Klassifizierungsversuche der verschiedenen Arten von *pacta* als eigenständige Rechtsinstitute.[1254]

1249 Die Vertragsparteien verpflichten sich durch *pacta* im Streitfall zu Verhandlungen oder zum Gebrauch eines Streitbeilegungsmittels oder sichern sich das Recht zur Einberufung eines Schlichtungsgremiums oder Gerichts. Ferner können *pacta* dazu genutzt werden, technische Details der Vertragsdurchführung später zu treffen. Außerdem sind *pacta* in Unterwerfungsklauseln zur Durchsetzung überlegener machtpolitischer Ziele enthalten, siehe dazu Beyerlin, ZaöRV (36) 1976, S. 407 (S. 417–421).

1250 Beyerlin sieht u.a. Art. 7 des Grundlagenvertrages zwischen der Bundesrepublik Deutschland und der DDR v. 21.12.1972; BGBl. 1973 II, S. 423 sowie die Waffenstillstandsvereinbarung zwischen Ägypten und Israel v. 11.11.1973, ILM (12) 1973, S. 1312 als Beispiele für *pacta* über die Anbahnung von Abkommen über offene politische Fragen, Beyerlin, ZaöRV (36) 1976, S. 407 (S. 418f.).

1251 Beyerlin, ZaöRV (36) 1976, S. 407 (S. 418f.).

1252 Vgl. Beyerlin, ZaöRV (36) 1976, S. 407 (S. 412ff.).

1253 Beyerlin, ZaöRV (36) 1976, S. 407 (S. 413f.).

1254 So z.B. Klein, ZaöRV (34) 1974, S. 429 (S. 445f.); Kron, Pactum de contrahendo im Völkerrecht, S. 13ff.; Schweisfurth, Der internationale Vertrag, S. 157f.; Verdross/

Dabei beschreibt das *pactum de negotiando* eine Verhandlungspflicht und das *pactum de contrahendo* eine Abschlusspflicht für die jeweiligen Parteien. Weil in einer Abschlusspflicht begriffsnotwendig eine Verhandlungspflicht enthalten ist, gestaltet sich die Abgrenzung der beiden Rechtsinstitute voneinander grundsätzlich schwierig.[1255] Als einer der Wenigen, die sich zu den Kriterien über eine derartige Zuordnung äußern, schlägt *Kron* vor, eine Klausel als *pacta de contrahendo* zu qualifizieren, sollte der endgültige Vertragsinhalt bestimmt oder zumindest bestimmbar sein.[1256] Gegen eine Einteilung der *pacta* in solche *de contrahendo* und solche *de negotiando* spricht sich hingegen *Beyerlin* aus. Eine Trennung und Anerkennung als eigenständige Rechtsinstitute sei nicht geboten, weil durch das *pactum de contrahendo* keine anderen Rechtspflichten als durch das *pactum de negotiando* verlangt werden können.[1257] Von einer absoluten Abschlusspflicht aufgrund eines *pactum de contrahendo* sei nicht auszugehen. Auch führen differenzierte Ansätze, die qualifizierte Verhandlungspflichten[1258] aufgrund eines *pactum de contrahendo* begründet sehen wollen, zu keinem Ergebnis, weil meist auch hier nur eine Verhandlungspflicht nach Treu und Glauben verlangt werden kann.[1259]

Relevanz hätte der Streit indessen nur, wenn man Art. 50 Abs. 2 S. 2 EUV eine Pflicht zum Abschluss eines Austrittsabkommens entnimmt. Richtigerweise wird die Klausel des Art. 50 Abs. 2 S. 2 EUV jedoch regelmäßig als *pactum de negotiando* qualifiziert.[1260]

Die strikte Formulierung „schließt es" könnte zwar zu der Annahme verleiten, die Normgeber wollten die Vertragsparteien hier zu einem Vertragsschluss verpflichten. Jedoch spricht auch an dieser Stelle wieder die Systematik der Vorschrift gegen eine solche Deutung. Art. 50 Abs. 3 EUV sieht vor, dass die Verträge spätestens zwei Jahre nach der Abgabe der Austrittserklärung auch ohne Abschluss eines Austrittsabkommens auf den ausscheidenden Staat keine Anwendung mehr finden. Die Abschlusspflicht würde also nur bis zu diesem Zeitpunkt bestehen. Eine zeitlich befristete Abschlusspflicht kann indessen nur als eine für diesen Zeitraum bestehende Verhandlungspflicht gedeutet werden. Für die Union kann aus

---

Simma, Universelles Völkerrecht, S. 344; in Bezug auf Art. 50 Abs. 2 S. 2 EUV auch *Dörr*, in: Grabitz/Hilf/Nettesheim 2010, Art. 50 EUV, Rn. 15.

1255 Für einen Überblick über die unterschiedlichen Literaturmeinungen, Beyerlin, ZaöRV (36) 1976, S. 407 (S. 422).

1256 Kron, Pactum de contrahendo im Völkerrecht, S. 24f., 45.

1257 Beyerlin, ZaöRV (36) 1976, S. 407 (S. 437).

1258 Z.B. eine zwingende Schiedsgerichtsklausel, Beyerlin, ZaöRV (36) 1976, S. 407 (S. 431f.); bestimmte Unterlassungspflichten Beyerlin, ZaöRV (36) 1976, S. 407 (S. 432f.) oder eine Ratifizierungspflicht; vgl. Beyerlin, ZaöRV (36) 1976, S. 407 (S. 434f.).

1259 Beyerlin, ZaöRV (36) 1976, S. 407 (S. 426).

1260 Bruha/Nowak, AVR (42) 2004, S. 1 (S. 7); *Dörr*, in: Grabitz/Hilf/Nettesheim 2010, Art. 50 EUV, Rn. 15; Weber, EuR 2004, S. 841 (S. 853); so wohl auch *Zilioli*, in: Legal aspects, S. 125.

sachlogischen Gründen nichts anderes gelten. Für den Fall, dass die Verhandlungen zu keinem Ergebnis führen, kann diese schwerlich zum Abschluss eines Austrittsabkommens verpflichtet sein.[1261]

Zu klären bleibt dennoch, was der Inhalt einer derartig begründeten Verhandlungspflicht ist. Z.T. wurde dieser durch die internationale Rechtsprechung konkretisiert. Im Urteil zum deutschen Festlandsockel vom 20.2.1969 äußerte sich der IGH zu den Anforderungen an eine Verhandlungspflicht folgendermaßen:

> *"[...] the parties are under an obligation to enter into negotiations with a view to arriving at an agreement, and not merely to go through a formal process of negotiation as a sort of prior condition for the automatic application of a certain method of delimination in the absence of agreement; they are under an obligation so to conduct themselves that the negotiations are meaningful, which will not be the case when either of them insists upon its own position without contemplating any modification of it; [...]."*[1262]

Im Rahmen seiner Entscheidung über den Rechtsstreit zwischen Griechenland und der Bundesrepublik äußerte sich das zuständige Schiedsgericht zum Rechtsgehalt der Verhandlungspflicht folgendermaßen:

> *"It means that both sides would make an effort, in good faith, to bring about a mutually satisfactory solution by way of a compromise, even if that meant the relinquishment of strongly held positions earlier taken. It implies a willingness for the purpose of negotiation to abandon earlier positions and to meet the other side part way."*[1263]

Die Anforderungen an die Verhandlungspflicht wurden an anderer Stelle konkretisiert:

> *"To be meaningful, negotiations have to be entered into with a view to arriving at an agreement. Though an agreement to negotiate does not necessarily imply an obligation to reach an agreement, it does imply that serious efforts towards that end will be made."*[1264]

Das angerufene Schiedsgericht im Aminoil-Schiedsspruch stellte fest, dass bei den Verhandlungen folgende Prinzipien zu beachten sind:

1261 So in Bezug auf die Union auch *Dörr*, in: Grabitz/Hilf/Nettesheim 2010, Art. 50 EUV, Rn. 15; a.A. wohl Herbst, der davon ausgeht, dass zwar nicht für den austretenden Mitgliedstaat, aber für den Rat eine ausdrückliche Rechtspflicht besteht, das Abkommen abzuschließen, Herbst, GLJ (6) 2005, S. 1755 (S. 1758).

1262 IGH, Urt. v. 20.2.1969, North Sea Continental Shelf Cases (Federal Republic of Germany/Denmark; Federal Republic of Germany/Netherlands), ICJ Reports (1969), S. 3, S. 47.

1263 Arbitration Tribunal, *Greece vs. Federal Republic of Germany v. 26.1.1972*, 47 ILR (1974) S. 418, S. 453f. Rn. 62, vgl. Beyerlin, ZaöRV (36) 1976, S. 407 (S. 427f.).

1264 Arbitration Tribunal, *Greece vs. Federal Republic of Germany v. 26.1.1972*, 47 ILR (1974) S. 418, S. 454, Rn. 65.

„[...] good faith as properly to be understood; sustained upkeep of the negotiations over a period appropriate to the circumstances; awareness of the interests of the other party; and a persevering quest for an acceptable compromise."[1265]

Eine Verhandlungsführung nach Treu und Glauben erfordert von den Parteien also, sich ernsthaft, loyal und mit der nötigen Kompromissbereitschaft um den Abschluss des Vertrages zu bemühen, indem sie alle verfügbaren und zumutbaren Verhandlungsmittel ausschöpfen, um baldmöglichst eine Einigung zu erzielen.[1266]

Eine entsprechende Pflicht zur Verhandlungsführung nach Treu und Glauben besteht bei dem gem. Art. 50 Abs. 2 EUV auszuhandelnden Austrittsabkommen.[1267] Der differenzierende Ansatz von *Krom* kann als Anhaltspunkt dienen, um den Inhalt und den Umfang der Verhandlungspflicht zu bestimmen. Je mehr sich der Inhalt des auszuhandelnden Endvertrages bereits aus dem *pactum* selbst ergibt, desto eher kann einer Partei Treuwidrigkeit in Bezug auf ihr Verhalten im Rahmen des Verhandlungsverfahrens vorgeworfen werden.[1268] Gem. Art. 50 Abs. 2 S. 2 EUV „handelt die Union mit diesem Staat ein Abkommen über die Einzelheiten des Austritts aus und schließt das Abkommen, wobei der Rahmen für die künftigen Beziehungen dieses Staates zur Union berücksichtigt wird." Während das Austrittsabkommen „die Einzelheiten" des Austritts bestimmen soll, ist in Bezug auf die künftigen Beziehungen nur „der Rahmen" zu berücksichtigen, was dahingehend zu deuten ist, dass vom eigentlichen Austrittsabkommen zu unterscheidende weitere bilaterale Abkommen zwischen dem austrittswilligen Staat und der Union über den konkreten Inhalt ihrer künftigen Beziehungen geschlossen werden.[1269] Die Verpflichtung zur Verhandlung gem. Art. 50 Abs. 2 S. 2 EUV bezieht sich allerdings nur auf den Endvertrag des Austrittsabkommens. Sollte eine Partei sich weigern, Vertragsverhandlungen über weitere bilaterale Abkommen zu den künftigen Beziehungen zwischen dem ausgeschiedenen Mitglied und der Union aufzunehmen, kann ihr kein treuwidriges Verhalten in Bezug auf ihre aufgrund des *pactum de negotiando* bestehende Verhandlungspflicht vorgeworfen werden. Anders verhält es sich, wenn sich eine Partei im Zuge des Verhandlungsprozesses weigert, über die konkreten Einzelheiten des Austritts oder die Rahmenbedingungen der künftigen Beziehungen im Austrittsabkommen zu verhandeln. Die durch

---

1265 Arbitration Tribunal, *Kuwait vs. Aminoil v. 24.3.1982*, 21 ILM 21 (1982) S. 976, 1014; vgl. Ipsen/Menzel/Epping, Völkerrecht 2004, S. 118.

1266 In diesem Sinne auch Fitzmaurice, BYIL (28) 1951, S. 1 (S. 26 Fn. 1); Beyerlin, ZaöRV (36) 1976, S. 407 (S. 427); Delbrück/Wolfrum/Dahm, Völkerrecht, S. 673; Ipsen/Menzel/Epping, Völkerrecht 2004, S. 118.

1267 Nach Becker trifft bei der Aushandlung des Austrittsabkommens beide Parteien die Pflicht, unter Berücksichtigung der jeweiligen Interessen zu einer angemessenen Abwicklung zu gelangen, *Becker*, in: Schwarze 2012, Art. 50 EUV, Rn. 2.

1268 Vgl. Beyerlin, ZaöRV (36) 1976, S. 407 (S. 428f.).

1269 So auch *Dörr*, in: Grabitz/Hilf/Nettesheim 2010, Art. 50 EUV, Rn. 31; *Längle*, in: Der Vertrag über eine Verfassung für Europa, S. 246.

das *pactum de negotiando* begründete Verhandlungspflicht endet mit ihrer Erfüllung, wovon auszugehen ist, wenn es zum Abschluss eines Vertrages gekommen ist. Darüber hinaus können sich aus den Regeln des allgemeinen Völkerrechts über die Aufhebung und Suspendierung von Verträgen, wie sie im Abschnitt 3 der WVK kodifiziert worden sind, und welche auf die *pacta de negotiando* Anwendung finden, weitere Erlöschensgründe ergeben.[1270] Demzufolge könnten die Parteien gem. Art. 54 lit. b WVK die ursprünglich vereinbarte gegenseitige Verhandlungspflicht einvernehmlich aufheben, sollten sie darin übereinstimmen, dass weitere Vertragsverhandlungen aussichtslos oder nicht mehr wünschenswert seien.[1271] Außerdem könne sich jede Partei unter Berufung auf das *Rebus-sic-stantibus*-Prinzip gem. Art. 62 WVK oder bei dauernder oder vorübergehender unverschuldeter Unmöglichkeit der Vertragserfüllung i.S.v. Art. 61 Abs. 1 WVK von ihrer Verhandlungspflicht lossagen.[1272]

Abweichend von den Regeln des allgemeinen Völkerrechts sieht Art. 50 Abs. 3 EUV eine zeitliche Begrenzung der Verhandlungspflicht auf zwei Jahre vor. Er knüpft die Aufnahme von Verhandlungen als ersten Akt zur Erfüllung der Verhandlungspflicht jedoch nicht an eine bestimmte Frist.[1273]

ii. Verfahrenspflichten aufgrund unionsrechtlicher Solidaritäts- und Loyalitätspflichten

Verfahrenspflichten, welche bei der Ausübung des Austrittsrechts gem. Art. 50 Abs. 1 EUV zu beachten sind, könnten sich überdies aus den Solidaritäts- und Loyalitätsgeboten der primärrechtlichen Verträge ergeben.

Unter Solidarität wird die Bereitschaft verstanden, die Angelegenheit anderer Personen oder Personengruppen als eigene Angelegenheit anzuerkennen, womit zumeist die freiwillige Hinnahme von Nachteilen – oder der Verzicht auf Vorteile – zugunsten Dritter verbunden ist. Sie liegt der Erkenntnis zugrunde, dass die Verwirklichung der individuellen Ziele von der Erreichung der gemeinschaftlichen Ziele abhängig ist und entwickelt sich aufgrund der Annahme, dass die Begünstigten sich ähnlich verhalten, in der Regel zu einem Solidaritätsrahmen.[1274]

Auch im europäischen Staaten-, Verfassungs- und Werteverbund war die Solidarität von Beginn an immanenter Leitwert und Rechtsprinzip.[1275] Als Ausprägungen des Solidaritätsprinzips werden verschiedene Regeln im

---

1270 So auch Beyerlin, ZaöRV (36) 1976, S. 407 (S. 437f.).

1271 Beyerlin, ZaöRV (36) 1976, S. 407 (S. 437f.).

1272 Beyerlin, ZaöRV (36) 1976, S. 407 (S. 437f.).

1273 Laut Beyerlin ist dies indessen häufig der Fall, Beyerlin, ZaöRV (36) 1976, S. 407 (S. 438f.).

1274 Calliess, Subsidiaritäts- und Solidaritätsprinzip, S. 187; vgl. Calliess, Das europäische Solidaritätsprinzip, S. 11; Lais, Das Solidaritätsprinzip im europäischen Verfassungsverbund, S. 45f., 25ff.

1275 *Calliess*, in: Calliess/Ruffert 2011, Art. 2 EUV, Rn. 29; Calliess, Das europäische Solidaritätsprinzip, S. 11; vgl. zum Ganzen Hieronymi, Solidarität als Rechtsprinzip.

europäischen Vertragswerk angesehen.[1276] Auf die Solidarität der Mitgliedstaaten untereinander weisen insbesondere Bestimmungen wie Art. 3 Abs. 3 UAbs. 3 EUV hin, welcher vorsieht, dass die Union die Solidarität zwischen den Mitgliedstaaten fördert. Im AEUV sind es besonders Art. 122 AEUV und die Solidaritätsklausel des Art. 222 AEUV, welche ausdrücklich die Mitgliedstaaten zur Solidarität untereinander verpflichten.[1277] Das Solidaritätsprinzip liegt diesen allgemeinen, wie auch speziellen Verhaltens-, Handlungs- und Unterlassungspflichten zugrunde.[1278] Ein Verstoß gegen die Pflicht zur Solidarität an sich ist hingegen nur dann anzunehmen, wenn ein Mitgliedstaat die Durchführung von Unionsrecht aufgrund entgegenstehender nationaler Interessen vorsätzlich verweigert.[1279]

Das Loyalitätsprinzip verpflichtet nach der Rechtsprechung des EuGH die Mitgliedstaaten dazu, „keine Maßnahmen zu ergreifen oder aufrechtzuerhalten, welche die praktische Wirksamkeit des Vertrages beeinträchtigen könnten".[1280] Im geltenden Recht findet das Loyalitätsprinzip im Grundsatz der loyalen Zusammenarbeit gem. Art. 4 Abs. 3 EUV Ausdruck.[1281]

Im europarechtlichen Kontext trennen Rechtsprechung und Literatur nicht immer klar zwischen den Begriffen Solidarität und Loyalität.[1282] Der EUV verlangt in

---

1276 Z.B. Art. 2 EUV (Solidarität als Wert der Union) oder Art. 3 Abs. 3 UAbs. 2 EUV (Solidarität zwischen den Generationen).

1277 Siehe auch Art. 3 Abs. 5 und Art. 21 Abs. 1 EUV (Solidarität zwischen den Völkern als Ziel und Maßstab auswärtigen Handelns), Art. 24 Abs. 2 und Abs. 3, 31 Abs. 1 UAbs. 2, 32 EUV (Solidarität im Rahmen der GASP), Art. 67 Abs. 2 AEUV (Solidarität zwischen den Mitgliedstaaten als Grundlage des Raums der Freiheit, der Sicherheit und des Rechts), Art. 80 AEUV (Solidarität im Bereich Asyl und Einwanderung), Art. 194 AEUV (energiepolitische Solidarität); vgl. Calliess, Das europäische Solidaritätsprinzip, S. 14.

1278 EuGH v. 10.12.1969, Rs. C-6/69, Slg. 1969, S. 523, Rn. 14/17 – *Kommission gegen Frankreich*; vgl zu den Ausprägungen des Solidaritätsprinzips Lais, Das Solidaritätsprinzip im europäischen Verfassungsverbund, S. 167ff.

1279 EuGH v. 7.2.1973, Rs. C-39/72, Slg. 1973, S. 101 Rn. 24f. – *Kommission gegen Italien*; EuGH v. 7.2.1979, Rs. C-128/78, Slg. 1979, S. 419 Rn. 12 – *Kommission gegen Großbritannien*; vgl. dazu insgesamt Hieronymi, Solidarität als Rechtsprinzip, S. 39ff.

1280 EuGH v. 13.2.1969, Rs. C-14/68, Slg. 1969, S. 1 (S. 14) – *Walt Wilhelm u.a. gegen Bundeskartellamt*.

1281 Der Grundsatz war früher in Art. 10 EGV niedergelegt und weist Parallelen zu bundesstaatlichen Grundsätzen wie der Bundestreue auf, weswegen regelmäßig der Begriff „Unionstreue" verwendet wurde. Der EuGH sprach hingegen von „Pflichten zur loyalen Zusammenarbeit", siehe EuGH v. 10.2.1983, Rs. C-230/81, Slg. 1983, S. 255 Rn. 37 – *Luxemburg gegen Parlament*; EuGH v. 19.2.1991, Rs. C-374/89, Slg. 1991, S. 367 Rn. 15 – *Kommission gegen Belgien*. Mit Art. 4 Abs. 3 EUV habe sich nunmehr diese Begrifflichkeit durchgesetzt, vgl. *Hatje*, in: Schwarze 2012, Art. 4 EUV, Rn. 21; *Vedder*, in: Vedder 2012, Art. 4 EUV, Rn. 23.

1282 So auch Hatje, Loyalität als Rechtsprinzip, S. 16.

Art. 24 Abs. 3 EUV indessen von den Mitgliedstaaten, dass diese die Außen- und Sicherheitspolitik der Union im Geiste der Loyalität und der gegenseitigen Solidarität unterstützen und differenziert damit selbst zwischen den beiden Begriffen. Während der Grundsatz der Solidarität Pflichten impliziere, die Grundlagen für die Gemeinschaft seien und auf denen sich materielle Ansprüche auf gegenseitige Unterstützung begründen, setze Loyalität prinzipiell eine bestimmte Pflichtenbindung voraus, die lediglich in loyaler Art und Weise erfüllt werden müsse.[1283] Die Pflicht zur loyalen Zusammenarbeit wird also herangezogen, um die Art und Weise der Erfüllung der Pflichten aus Art. 4 Abs. 3 EUV zu beschreiben. Es geht in erster Linie also nicht darum, zu bestimmen, dass die Pflichten zu erfüllen sind, sondern wie diese Pflichten zu erfüllen sind.[1284] Weil die Bereitschaft zur Solidarität jedoch eine Voraussetzung für die Übernahme der Unterstützungs- und Unterlassungspflichten aus Art. 4 Abs. 3 EUV ist, liegt das Solidaritätsprinzip dem darin zum Ausdruck kommenden Loyalitätsprinzip zugrunde.[1285]

Mit Beitritt zur Union tritt der Mitgliedstaat in ihren Rechten- und Pflichtenkreis ein.[1286] Bis zum Wirksamwerden des Austritts bestehen alle Solidaritäts- und Loyalitätspflichten in vollem Umfang fort. Es ist daher zu erörtern, ob die Ausübung des Austrittsrechts mit Verweis auf die Verletzung bestehender Solidaritäts- und Loyalitätspflichten des ausscheidenden Mitgliedstaates eingeschränkt werden kann.

Die Ausübung des Austrittsrechts steht in einem immanenten Widerspruch zum allgemeinen Solidaritätsprinzip und den an unterschiedlichen Stellen im EUV und AEUV formulierten Solidaritätsverpflichtungen als konkreten Ausprägungen dieses Prinzips. Ein ausgeschiedener Mitgliedstaat ist infolge des Austritts weder verpflichtet, das Unionsrecht durchzuführen noch zur Solidarität gegenüber den Mitgliedstaaten der Union in Bereichen wie der GASP, der Asyl- und Einwanderungs- oder der Energiepolitik. Allein durch die Ingangsetzung eines Austrittsverfahrens oder durch ein bestimmtes Verhalten im Rahmen des Austrittverfahrens werden jedoch weder das allgemeine Solidaritätsprinzip noch dessen spezielle Ausprägungen direkt verletzt. Darüber hinaus ist der allgemeine Solidaritätsgrundsatz zu vage, um konkrete neue Verfahrenspflichten im Rahmen des Austrittsverfahrens zu begründen. Er ist vielmehr die Ursache für bereits bestehende und in den Verträgen niedergelegte Pflichten.[1287]

1283 Hatje, Loyalität als Rechtsprinzip, S. 16f.

1284 Hieronymi, Solidarität als Rechtsprinzip, S. 50.

1285 So auch Hieronymi, Solidarität als Rechtsprinzip, S. 44; *Gold*, in: Die neue Union 2007, S. 69; wohl anders Vedder, der Solidarität als Konkretisierung der Loyalität sieht, *Vedder*, in: Vedder 2012, Art. 4 EUV, Rn. 24.

1286 Vgl. *Klein/Schmahl*, in: Völkerrecht 2013, S. 268 Rn. 74.

1287 So auch Gussone, Das Solidaritätsprinzip in der Europäischen Union, S. 243f.; vgl. *Gold*, in: Die neue Union 2007, S. 68f.; EuGH v. 10.12.1969, Rs. C-6/69, Slg. 1969, S. 523, Rn. 14/17 – *Kommission gegen Frankreich*.

Für die Verpflichtung zur Loyalität ist dies differenzierter zu beurteilen. Der Loyalitätsgrundsatz ist akzessorisch und beschreibt in erster Linie, auf welche Art und Weise bestimmte Pflichten zu befolgen sind. Aus der Verpflichtung, die in Art. 4 Abs. 3 EUV statuierten Rechtspflichten auf loyale Art und Weise auszuüben, können sich für den austrittswilligen Staat echte Rechtspflichten im Zusammenhang mit dem Austrittsverfahren ergeben.[1288]

(1) Konsultationspflicht

Der Austritt eines Mitglieds verändert die Gesamtsituation innerhalb der Organisation. Die übrigen Mitglieder müssen sich rechtzeitig darauf einstellen können. In der Phase vor Abgabe der Austrittserklärung können sich daher bereits Pflichten für den Mitgliedstaat ergeben. Aufgrund einer allgemeinen Loyalitätspflicht wird teilweise selbst für herkömmliche internationale Organisationen, deren Gründungsverträge keine Austrittsklauseln vorsehen, angenommen, der austretende Mitgliedstaat sei zu vorherigen Konsultationen der anderen Mitgliedstaaten über das Hauptorgan der jeweiligen Organisation verpflichtet.[1289] Aufgrund des übergreifenden Loyalitätsgebots des Art. 4 Abs. 3 EUV muss dies dann umso mehr für einen aus der Union austretenden Staat gelten. Die Verpflichtung erfordert konkret, dass der betreffende Mitgliedstaat seinen Austrittwunsch der Union und den übrigen Mitgliedstaaten ankündigt, bevor er die Mitteilung gem. Art. 50 Abs. 2 S. 1 EUV abgibt. Des Weiteren muss eine derartige Konsultationspflicht auch umfassen, dass sich der austrittswillige Mitgliedstaat einer Erörterung seines Austritts grundsätzlich nicht verschließt.[1290]

(2) Begründungspflicht

Die Ausführungen haben gezeigt, dass das Austrittsrecht gem. Art. 50 EUV materiell-rechtlich voraussetzungslos ist. Dementsprechend können Mitgliedstaaten die Union verlassen, ohne dass es auf das Vorliegen besonderer Umstände ankommt.[1291] Obwohl grundsätzlich bestimmte Umstände die Austrittsmotivation eines Staates begründen werden, verpflichtet Art. 50 EUV den austrittswilligen Mitgliedstaat weder gegenüber den Unionsorganen noch gegenüber den übrigen Mitgliedstaaten dazu, seine Beweggründe mitzuteilen oder zu erläutern.[1292]

1288 Gussone beschränkt das Austrittsrecht mit Hinweis auf allgemeine Rechtsprinzipien in den Unionsverträgen. Das Solidaritätsprinzip sei nur gewahrt, wenn das ordentliche Kündigungsrecht teleologisch in ein außerordentliches umgedeutet werde, Gussone, Das Solidaritätsprinzip in der Europäischen Union, S. 218; a.A. Herbst, GLJ (6) 2005, S. 1755 (S. 1756).

1289 Ruffert/Walter, Institutionalisiertes Völkerrecht, S. 279.

1290 So auch *Dörr*, in: Grabitz/Hilf/Nettesheim 2010, Art. 50 EUV, Rn. 18.

1291 Vgl. *Becker*, in: Schwarze 2012, Art. 50 EUV, Rn. 2; Frenz, Handbuch Europarecht, Rn. 79.

1292 *Becker*, in: Schwarze 2012, Art. 50 EUV, Rn. 2; Calliess/Dingemann, Die neue Europäische Union, S. 96; *Dörr*, in: Grabitz/Hilf/Nettesheim 2010, Art. 50 EUV, Rn. 18;

Es ist fraglich, ob von dem austrittswilligen Staat eine Begründung aufgrund der bestehenden Loyalitätspflicht verlangt werden kann. Art. 4 Abs. 3 EUV statuiert echte Rechtspflichten und korrespondierende Rechte in verschiedenen Konstellationen. Gem. Art. 4 Abs. 3 UAbs. 2 und 3 EUV sind die Mitgliedstaaten gegenüber der Union zur aktiven Unterstützung der Union, vor allem im Rahmen der Unionsorgane verpflichtet. Das Fehlen einer Begründungslast seitens des austretenden Staates stößt insbesondere auf Kritik, weil der Gegenstand der nachfolgenden Beratungen im Europäischen Rat unbestimmt sei, wenn nicht einmal der Grund des Austritts offiziell benannt werde.[1293] Der austrittswillige Mitgliedstaat würde durch die Abgabe einer Begründung die Arbeit des Europäischen Rates i.S.v. Art. 4 UAbs. 2 EUV unterstützen. Es ist jedoch nicht ersichtlich, warum der Gegenstand der Beratungen im Europäischen Rat von den Beweggründen des Austritts abhängig sein soll. Dieser beschließt zunächst die Leitlinien des Austritts, bei denen es sich zwar um eigens für den konkreten Austrittsfall verabschiedete Richtlinien handelt. Inhaltlich sollen damit politische Vorgaben gesetzt werden, die für die Verhandlungsführer der Union verbindlich sind.[1294] Auch der nachfolgende Verhandlungs- und Abschlussprozess bezweckt in erster Linie, den Austritt abzuwickeln. Weil Art. 50 EUV keine materiell-rechtlichen Voraussetzungen i.S.v. Kündigungsgründen für die Umsetzung des Austrittsrechts enthält, deren Vorliegen überprüft werden müsste, ist es nicht erforderlich, die individuellen Gründe des ausscheidenden Staates zu benennen.

Im Gegensatz dazu erlegt die WVK dem austrittswilligen Staat eine Begründungslast auf. So muss gem. Art. 65 Abs. 1 WVK eine Vertragspartei, die einen Grund für die Beendigung oder den Rücktritt vom Vertrag geltend macht, den anderen Vertragsparteien ihren Anspruch notifizieren und ihre Gründe dafür angeben. Weil Art. 50 EUV eine *lex specialis* zu den verfahrensrechtlichen Regeln der WVK darstellt, kann jedoch auf die betreffenden Bestimmungen des Völkervertragsrechts nicht verwiesen werden.[1295] Darüber hinaus ist der konkrete Umfang der völkergewohnheitsrechtlichen Geltung der verfahrensrechtlichen Bestimmungen der WVK hoch umstritten.[1296] Das Abgeben einer Begründung bei der Beendigung eines Vertrages ist im allgemeinen völkerrechtlichen Rechtsverkehr

Frenz, Handbuch Europarecht, Rn. 79; *Mann*, in: Vertrag von Lissabon. Analyse und Bewertung, S. 279; Müller-Graff, integration 2004, S. 186 (S. 190); Nowak, Europarecht nach Lissabon, S. 93; Puttler, EuR 2004, S. 669 (S. 677); Streinz/Ohler/Herrmann, Der Vertrag von Lissabon-2010, S. 38; *Streinz*, in: Streinz 2012, Art. 50 EUV, Rn. 3; *Tomuschat*, in: Problemi e tendenze del diritto, S. 292.

1293 Terhechte, EuR 2008, S. 143 (S. 151).

1294 Vgl. *Dörr*, in: Grabitz/Hilf/Nettesheim 2010, Art. 50 EUV, Rn. 26; *Becker*, in: Schwarze 2012, Art. 50 EUV, Rn. 4; *Heintschel von Heinegg*, in: Vedder 2007, Art. I-60 EVV, Rn. 7; siehe ausführlich dazu unten, S. 238.

1295 So auch *Heintschel von Heinegg*, in: Vedder 2007, Art. I-60 EVV, Rn. 3.

1296 Siehe dazu oben, S. 87.

jedenfalls nicht die Regel, sodass auch keine völkergewohnheitsrechtliche Begründungspflicht infolge eines Austritts aus einer internationalen Organisation besteht.

(3) Abschlusspflicht

Es ist fraglich, ob der austrittswillige Mitgliedstaat aufgrund der gem. Art. 4 Abs. 3 EUV bestehenden Pflicht zur loyalem Zusammenarbeit zum Abschluss des Austrittsabkommens gem. Art. 50 Abs. 2 S. 2 und 3 EUV verpflichtet werden kann. Gem. Art. 4 Abs. 3 UAbs. 1 und 2 EUV bestehen Vertragserfüllungspflichten der Mitgliedstaaten hinsichtlich der Erfüllung der Aufgaben, die sich aus dem Vertrag ergeben. Darüber hinaus sind die Mitgliedstaaten verpflichtet, die Union bei der Erfüllung ihrer Aufgaben zu unterstützen.[1297]

Daraus wird z.T. die Pflicht zum Aushandeln und zum Abschluss des Austrittsabkommens abgeleitet, weil die Union ihre Verpflichtung zum Abschluss des Austrittsabkommens nicht ohne Unterstützung des betreffenden Mitgliedstaates erfüllen kann. Konkret stelle eine Verhandlungsverweigerung oder eine Verzögerungstaktik eine Verletzung von Art. 4 Abs. 3 UAbs. 1 und 2 EUV dar.[1298]

Diese Überlegung greift indessen nur, wenn gem. Art. 50 EUV tatsächlich die Pflicht seitens der Union bestehen würde, ein Austrittsabkommen mit dem austrittswilligen Mitgliedstaat abzuschließen. Während die Aushandlung eines solchen Austrittsabkommens für den austretenden Mitgliedstaat und die Union in Art. 50 Abs. 1 S. 2 EUV bindend vorgeschrieben ist, enthält Art. 50 Abs. 1 S. 2 EUV keine zwingende Verpflichtung zum Vertragsschluss.[1299] Das muss für den austretenden Mitgliedstaat und die Union gleichermaßen gelten. Zwar spricht Art. 50 Abs. 1 S. 2 EUV auch davon, dass die Union das Abkommen „schließt". Dies kann jedoch nicht als Verpflichtung zum Vertragsschluss für die Union verstanden werden, denn für den Fall, dass die Verhandlungen zu keinem Ergebnis führen, kann die Union schwerlich zum Abschluss verpflichtet sein.[1300] Eine derartige Verpflichtung durch die Austrittsklausel des Art. 50 EUV muss begriffsnotwendig beide Vertragsparteien treffen.

Schließlich bestehen gem. Art. 4 Abs. 3 UAbs. 3 EUV Unterlassungspflichten dahingehend, dass die Mitgliedstaaten alle Maßnahmen unterlassen, welche die Verwirklichung der Ziele der Union gefährden könnten. Nach der Rechtsprechung des EuGH dürfen die Mitgliedstaaten „keine Maßnahmen ergreifen oder aufrechterhalten, welche die praktische Wirksamkeit des Vertrages beeinträchtigen könnten".[1301] Der Austrittswunsch zieht notwendigerweise die Beendigung der mitgliedstaatlichen Loyalität nach sich. Insbesondere im Zusammenhang mit den

---

1297 *Geiger*, in: Geiger 2010, Art. 4 EUV, Rn. 8.

1298 *Gold*, in: Die neue Union 2007, S. 69.

1299 Siehe dazu oben, S. 224.

1300 *Dörr*, in: Grabitz/Hilf/Nettesheim 2010, Art. 50 EUV, Rn. 15.

1301 EuGH v. 13.2.1969, Rs. C-14/68, Slg. 1969, S. 1 (S. 14) – *Walt Wilhelm u.a. gegen Bundeskartellamt*; vgl. *Geiger*, in: Geiger 2010, Art. 4 EUV, Rn. 8.

sich aus dem Loyalitätsprinzip ergebenen Unterlassungspflichten wird deswegen eine primärrechtliche Kollision zur Ausübung des Austrittsrechts gesehen und aufgrund des vagen Wortlauts der Austrittsklausel eine einschränkende Auslegung derselben gefordert.[1302] Aufgrund der Komplexität sowie der politischen, sozialen als auch ökonomischen Verflechtungen der Mitgliedstaaten mit der EU bliebe die Funktionsfähigkeit der Organisation nach einem Austritt ohne Austrittsabkommen nicht erhalten und müsse deswegen gem. Art. 4 Abs. 3 UAbs. 3 EUV vom ausscheidenden Mitgliedstaat unterlassen werden.[1303]

Ohne wechselseitige Loyalität ist jeder organisatorische Zusammenschluss gefährdet, was im besonderen Maße für sich entwickelnde Integrationsgemeinschaften wie die Union gelte.[1304] Diesem Umstand tragen der EUV und der AEUV Rechnung, indem sie konkrete Solidaritäts- und Loyalitätspflichten entwerfen, die über die in normalen internationalen Organisationen bestehenden allgemeinen Pflichten zur Loyalität hinausgehen. Jedoch sprechen nicht nur der Wortlaut des Art. 50 Abs. 2 EUV sondern auch die Regelungssystematik der Bestimmung und deren Entstehungsgeschichte gegen eine gem. Art. 4 Abs. 3 UAbs. 3 EUV bestehende Pflicht des austretenden Staates, einen Austritt ohne Abschluss eines Austrittsabkommens zu unterlassen.

Die Loyalitätspflicht trifft den Mitgliedstaat zwar noch im Rahmen des Austrittsverfahrens, jedoch nicht mehr in Bezug auf den Abschluss des Austrittsabkommens. Gem. Art. 50 Abs. 4 EUV nimmt das betreffende Mitglied des Rates, das den austretenden Staat vertritt, nicht mehr an der entsprechenden Beschlussfassung des Rates teil. Dahingehende Bestimmungen wurden für das austretende Mitglied also bereits modifiziert. Es nimmt in Bezug auf die Abstimmungen bereits eine Stellung außerhalb des Unionssystems ein, sodass es widersprüchlich wäre, es dennoch zur Loyalität zu verpflichten. Dafür spricht auch das eigens in Art. 50 Abs. 2 S. 2 EUV aufgenommene *pactum de negotiando*. Wenn es sich für den Normgeber nicht zwangsläufig aus der Loyalitätspflicht ergeben hat, dass über die Modalitäten eines Austritts zumindest verhandelt werden muss, wird dies umso weniger für eine weitreichendere Pflicht zum Abschluss eines solchen Abkommens gelten können. Schließlich spricht auch die Entstehungsgeschichte des Art. 50 EUV für eine bewusste Entscheidung, einen Austritt ohne Abschluss eines Austrittsabkommen zulassen zu wollen. Alle Vorschläge, die Regelung des Art. 50 Abs. 3 EUV, wonach ein Austritt auch ohne Abschluss eines Austrittsabkommens wirksam werden kann, nachträglich zu ergänzen, wurden im Verfassungskonvent zurückgewiesen.[1305]

1302 So Zeh, ZEuS 2004, S. 173 (S. 199).

1303 *Gold*, in: Die neue Union 2007, S. 70; a.A. *Becker*, in: Schwarze 2012, Art. 50 EUV, Rn. 6; die Erfahrung der Funktionsfähigkeit der EU vor der jeweiligen Erweiterung spreche gegen eine solche Begründung, *Geiger*, in: Geiger 2010, Art. 50 EUV, Rn. 3.

1304 *Klein/Schmahl*, in: Völkerrecht 2013, S. 268 Rn. 74.

1305 Siehe dazu oben, S. 194.

Jedoch ist der austrittswillige Mitgliedstaat auch aufgrund der unionsrechtlichen Loyalitätspflicht und nicht nur aufgrund des völkerrechtlichen *pactum de negotiando*, der er bis zum Ausscheiden unterliegt, zur Beachtung der vertraglichen Verhandlungspflicht nach Treu und Glauben verpflichtet.[1306]

iii. Integrativer Charakter der Union und unbegrenzte Vertragsdauer

Bevor durch den Vertrag von Lissabon das Recht zum freiwilligen Austritt aus der Union in Form von Art. 50 EUV Eingang in das europäische Vertragswerk fand, war die Frage Gegenstand eines jahrzehntelangen in der Wissenschaft geführten Streits. Auf der Grundlage des alten Rechts wurde von den Gegnern eines Austrittsrechts alternativ oder kumulativ argumentiert, dieses verstoße gegen die unbegrenzte Geltungsdauer sowie den Verfassungscharakter der Verträge oder sei nur als *ultima ratio* unter Anwendung des Völkerrechts möglich.[1307] Dieselben Argumente werden teilweise auch auf Grundlage der geltenden Rechtsordnung bemüht, um die Ausübung des Austrittsrechts zu beschränken. So sieht *Calliess* ein weiterhin bestehendes Spannungsverhältnis von Art. 50 EUV zu Art. 53 EUV und Art. 356 AEUV, welches nunmehr im Rahmen der Bedingungen des Austritts Wirkung entfalte. Als Folge dieses Spannungsverhältnisses dürfe ein Mitgliedstaat nur als Maßnahme *ultima ratio* die Union verlassen. Der integrative Charakter der Union werde durch den Mitgliedstaat mit Beitritt anerkannt und schränke die Handlungsalternativen in Bezug auf den Austritt ein.[1308] *Booß* sieht im integrativen Charakters der Union ebenfalls den Grund darin, dass ein Austritt nur das letzte Mittel sein könne, wenn Erklärungen, Vertragsänderungen, *Opt-outs* oder eine verstärkte Zusammenarbeit der nicht austrittswilligen Staaten gem. Art. 28 EUV nicht möglich seien.[1309] *Kumin* beschränkt sich auf den *ultima ratio*-Charakter eines Austritts ohne Austrittsabkommen.[1310] Angesichts des klaren Wortlauts von Art. 50 Abs. 1 EUV und der Systematik der Bestimmung kann die Rechtsausübung aufgrund dieser allgemeinen Grundsätze jedoch nicht beschränkt werden.[1311]

iv. Zwischenergebnis

Nach einhelliger Lesart handelt es sich beim Austrittsrecht nach Art. 50 EUV um ein unionsrechtlich durch keine inhaltlichen Voraussetzungen eingeschränktes

1306 So auch *Dörr*, in: Grabitz/Hilf/Nettesheim 2010, Art. 50 EUV, Rn. 20; zum Inhalt der Verhandlungspflicht siehe oben, S. 225.

1307 Zum Streit um das Bestehen eines Austrittsrechts vor Inkrafttreten des Vertrages von Lissabon siehe oben, S. 152ff.

1308 *Calliess*, in: Calliess/Ruffert 2011, Art. 50 EUV, Rn. 12.

1309 *Booß*, in: Lenz/Borchardt 2013, Art. 50 EUV, Rn. 1.

1310 *Kumin/Hummer/Obwexer*, in: Der Vertrag von Lissabon 2009, S. 315.

1311 So auch *Becker*, in: Schwarze 2012, Art. 50 EUV, Rn. 6; *Dörr*, in: Grabitz/Hilf/Nettesheim 2010, Art. 50 EUV, Rn. 18; *Geiger*, in: Geiger 2010, Art. 50 EUV, Rn. 3.

einseitiges Recht zum Austritt aus der Union.[1312] Insbesondere der Abschluss eines Austrittsabkommens ist unter Berücksichtigung des Wortlauts, der Systematik und der Entstehungsgeschichte von Art. 50 EUV keine Bedingung für das Wirksamwerden des Austritts. Verfahrensrechtliche Pflichten bestehen gem. Art. 50 Abs. 1 und 2 EUV in Bezug auf die Abgabe der Austrittserklärung durch den betreffenden Staat und in Bezug auf die Aufnahme von Verhandlungen über ein Austrittsabkommen mit der Union. Aufgrund der gem. Art. 4 Abs. 3 EUV bestehenden Verpflichtung zur loyalen Zusammenarbeit ist außerdem von der Pflicht des betreffenden Mitgliedstaates zur Konsultation der anderen Mitgliedstaaten und der Union vor Abgabe der Austrittserklärung auszugehen.

d) Der Ablauf des Austrittsverfahrens

Der Ablauf des Austrittsverfahrens wird in den Abs. 1 bis 4 beschrieben. Grundsätzlich sind dabei zwei mögliche Verläufe zu unterscheiden. Es kommt zu einem Austritt mit Austrittsabkommen, wenn die Union und der austrittswillige Staat zu einer vertraglichen Einigung über den Austritt gelangen. Dieser wird gem. Art. 50 Abs. 3 EUV ab dem Tag des Inkrafttretens des Austrittsabkommens wirksam. Vollzieht sich der Austritt ohne Abkommen, weil Verhandlungen dazu nicht stattfinden oder abgebrochen werden, wird der Austritt zwei Jahre nach der Mitteilung der Austrittsabsicht wirksam, es sei denn, der Europäische Rat beschließt im Einvernehmen mit dem betroffenen Mitgliedstaat einstimmig, diese Frist zu verlängern.

i. Der Austritt mit Austrittsabkommen

Gem. Art. 50 Abs. 2 EUV handelt die Union auf der Grundlage der Leitlinien des Europäischen Rates mit dem austrittswilligem Staat ein Abkommen über die Einzelheiten des Austritts aus und schließt das Abkommen, wobei der Rahmen für die künftigen Beziehungen dieses Staates zur Union berücksichtigt wird.

1312 So auch die ganz überwiegende Meinung, vgl. Athanassiou, European Central Bank 2009, S. 1 (S. 23f.); Bruha/Nowak, AVR (42) 2004, S. 1 (S. 7); *Calliess*, in: Calliess 2006, Art. I-60 EVV, Rn. 10; Calliess/Dingemann, Die neue Europäische Union, S. 95; *Calliess*, in: Calliess/Ruffert 2011, Art. 50 EUV, Rn. 3, 6; Dörr bezeichnet Art. 50 EUV als einseitiges Options- oder Gestaltungsrecht und freies Kündigungsrecht, *Dörr*, in: Grabitz/Hilf/Nettesheim 2010, Art. 50 EUV, Rn. 17; *Geiger*, in: Geiger 2010, Art. 50 EUV, Rn. 3; Haratsch/Koenig/Pechstein, Europarecht, S. 52f.; Hantje/Kindt, NJW 2008, S. 1761 (S. 1763); Herbst, GLJ (6) 2005, S. 1755 (S. 1758); *Mann*, in: Vertrag von Lissabon. Analyse und Bewertung, S. 279; Müller-Graff, integration 2004, S. 186 (S. 190); Oppermann/Classen/Nettesheim, Europarecht 2011, S. 690; Pache/Rösch, NVwZ 2008, S. 473 (S. 479); Puttler, EuR 2004, S. 669 (S. 677); *Tomuschat*, in: Problemi e tendenze del diritto, S. 292; *Heintschel von Heinegg*, in: Vedder 2007, Art. I-60 EVV, Rn. 3; Weber, EuR 2004, S. 841 (S. 853).

(1) Beschluss des Mitgliedstaates, aus der Union auszutreten

Art. 50 Abs. 1 EUV sieht vor, dass jeder Mitgliedstaat „beschließen" kann, aus der Union auszutreten. Begriffsnotwendig muss der betreffende Staat zunächst intern einen derartigen Beschluss fassen. Über den Wortlaut von Art. 50 Abs. 1 EUV hinaus soll das austrittswillige Mitglied seinen Austritt jedoch nicht nur „beschließen", sondern auch „ins Werk setzen" können, indem er seine dahingehende Absicht gem. Art. 50 Abs. 2 S. 1 EUV zunächst gegenüber dem Europäischen Rat erklärt.[1313]

(2) Austrittserklärung

Die Austrittserklärung gem. Art. 50 Abs. 2 S. 1 EUV stellt die Einleitung des Austrittsverfahrens dar.[1314] Wird in völkerrechtlichen Verträgen eine ausdrückliche Erklärung verlangt, muss diese in schriftlicher Form abgegeben werden.[1315] Dies entspricht auch Art. 67 Abs. 1 WVK, aus dem hervorgeht, dass die Notifikation über die Beendigungsabsicht eines Vertrages der Schriftform bedarf. Weil der Zeitpunkt der Austrittsmitteilung für den Lauf der Frist gem. Art. 50 Abs. 3 EUV maßgeblich ist, handelt es sich dabei um eine empfangsbedürftige Willenserklärung.[1316] Der Rechtsakt ist ferner als einseitig zu charakterisieren, weil unmittelbar durch ihn auf den Bestand des Völkerrechts und die Rechtspositionen der Völkerrechtssubjekte eingewirkt wird.[1317] Als einseitige und empfangsbedürftige Mitteilung muss diese mithin wirksam abgegeben werden und dem richtigen Erklärungsempfänger zugehen.[1318]

Die Austrittserklärung ist wirksam abgegeben, wenn sie die Äußerung oder Handlung eines Organs darstellt, das über die erforderliche völkerrechtliche Handlungsbefugnis verfügt. Denn nur bei Vorliegen der Voraussetzungen für wirksames Außenhandeln eines Staates, ist das Verhalten des erklärenden Organs dem Staat als Völkerrechtssubjekt zurechenbar.[1319] Für die Feststellung einer solchen Handlungsbefugnis kann Art. 7 WVK analog herangezogen werden.[1320] Gem. Art. 7 Abs. 1 WVK gilt eine Person als Vertreter eines Staates, wenn sie eine gehörige Vollmacht vorlegt oder wenn aus der Übung der beteiligten Staaten oder aus anderen Umständen hervorgeht, dass diese Person als Vertreter des Staates anzusehen

1313 *Dörr*, in: Grabitz/Hilf/Nettesheim 2010, Art. 50 EUV, Rn. 17.

1314 *Geiger*, in: Geiger 2010, Art. 50 EUV, Rn. 4; *Streinz*, in: Streinz 2012, Art. 50 EUV, Rn. 6; *Heintschel von Heinegg*, in: Vedder 2007, Art. I-60 EVV, Rn. 7.

1315 Schermers/Blokker, Unity within diversity, S. 95.

1316 *Dörr*, in: Grabitz/Hilf/Nettesheim 2010, Art. 50 EUV, Rn. 25.

1317 Vgl. Ipsen/Menzel/Epping, Völkerrecht 2004, S. 234.

1318 *Streinz*, in: Streinz 2012, Art. 50 EUV, Rn. 6; *Heintschel von Heinegg*, in: Vedder 2007, Art. I-60 EVV, Rn. 7.

1319 Vgl. Ipsen/Menzel/Epping, Völkerrecht 2004, S. 237.

1320 Vgl. Ipsen/Menzel/Epping, Völkerrecht 2004, S. 237; *Dörr*, in: Grabitz/Hilf/Nettesheim 2010, Art. 50 EUV, Rn. 25.

ist. Art. 7 Abs. 2 WVK nennt Personen, die Kraft ihres Amtes als Vertreter eines Staates angesehen werden, ohne dass sie eine Vollmacht vorlegen müssen.[1321]

Gem. Art. 59 Abs. 1 S. 1 GG hat der Bundespräsident die umfassende Befugnis, die Bundesrepublik beim Abschluss von Verträgen, einseitigen Rechtsgeschäften sowie im Rahmen des aktiven und passiven Gesandtschaftsrechts völkerrechtlich zu vertreten. In der Praxis werden die völkerrechtlichen Verträge und einseitigen Rechtsgeschäfte jedoch nicht durch den Bundespräsidenten, sondern durch Mitglieder der Bundesregierung unterzeichnet.[1322]

Auf die Einhaltung der innerstaatlichen Vorschriften kommt es für das Wirksamwerden der Austrittserklärung indessen nicht an. Dies folge wiederum aus der analogen Anwendung von Art. 46 WVK.[1323] Danach kann sich ein Staat im Rahmen eines Vertragsschlusses nicht auf die Verletzung einer Bestimmung seines innerstaatlichen Rechts über die Zuständigkeit zum Abschluss von Verträgen berufen, solange es sich nicht um eine offenkundige Verletzung einer Rechtsvorschrift von grundlegender Bedeutung handelt.

Für die Wirksamkeit der Erklärung bedarf es des Zugangs beim richtigen Erklärungsempfänger. Gem. Art. 50 Abs. 2 S. 1 EUV muss die Austrittsabsicht dem Europäischen Rat mitgeteilt werden. Gem. Art. 14 der Geschäftsordnung des Europäischen Rates[1324] werden die für den Europäischen Rat bestimmten Schreiben an seinen Präsidenten gerichtet, sodass dieser der konkrete Empfänger für eine Austrittserklärung ist.[1325] Da das Generalsekretariat des Rates den Europäischen Rat gem. Art. 235 Abs. 4 AEUV und Art. 13 Abs. 1 der Geschäftsordnung des Europäischen Rates unterstützt, genügt auch ein dortiger Zugang.[1326]

Die Mitteilung soll den Europäischen Rat in die Lage versetzen, mit dem austrittswilligen Staat ein Abkommen über die Einzelheiten des Austritts auszuhandeln. Der Empfang der Mitteilung löst dieses Verfahren nach Art. 50 Abs. 2–4 EUV zunächst nur aus und bewirkt keinen sofortigen Austritt. Jedoch wirkt die Austrittserklärung in den zwei Jahren nach ihrer Abgabe und bei einvernehmlicher Verlängerung dieser Zeitspanne ggf. sogar länger als aufschiebende Bedingung,

1321 U.a. Staatsoberhäupter, Regierungschefs, Außenminister zur Vornahme aller sich auf den Abschluss eines Vertrages beziehenden Handlungen, Art. 7 Abs. 2 lit. a WVK.

1322 Vgl. *Jarass*, in: Jarass/Pieroth, Art. 59 GG, Rn. 3; Klein, ZVglRWiss 1978, S. 79 (S. 91); der Bundespräsident sollte jedoch seine Repräsentativfunktion bei rechtserheblichen Akten von gesamtstaatlicher Bedeutung wahrnehmen, *Jarass*, in: Jarass/Pieroth, Art. 59 GG, Rn. 3.

1323 *Dörr*, in: Grabitz/Hilf/Nettesheim 2010, Art. 50 EUV, Rn. 25.

1324 ABl. 2009 L 315/52.

1325 *Dörr*, in: Grabitz/Hilf/Nettesheim 2010, Art. 50 EUV, Rn. 25.

1326 *Dörr*, in: Grabitz/Hilf/Nettesheim 2010, Art. 50 EUV, Rn. 25.

weil Art. 50 Abs. 3 EUV den Eintritt ihrer Rechtswirkungen vom Zustandekommen des Austrittsabkommens abhängig macht.[1327]

(3) Leitlinien des Europäischen Rates

Nachdem der betreffende Mitgliedstaat der Pflicht aus Art. 50 Abs. 2 EUV nachgekommen ist und seine Austrittsabsicht dem Europäischen Rat mitgeteilt hat, befasst sich dieser mit der Austrittserklärung. In einem ersten das Verhandlungsverfahren der Abs. 2–4 einleitenden Schritt legt der Europäische Rat Leitlinien für die nachfolgenden Verhandlungen über das Austrittsabkommen zwischen der Union und dem austrittswilligen Mitgliedstaat fest.

Die qualifizierte Mehrheit in Art. 50 Abs. 4 S. 2 EUV bezieht sich nur auf den Beschluss des Austrittsabkommens im Rat.[1328] Da Art. 50 EUV in Bezug auf die Leitlinien nichts Näheres bestimmt, werden diese gem. Art. 15 Abs. 4 EUV vom Europäischen Rat im Konsens ohne den austrittswilligen Mitgliedstaat verabschiedet.[1329]

Wie auch die Bestimmungen über die Beschlussfassung des Austrittsabkommens gem. Art. 50 Abs. 4 S. 1 EUV trifft Art. 50 Abs. 2 S. 1 EUV Vorgaben für den konkreten Einzelfall. Bei den Leitlinien handelt es sich mithin nicht um „allgemeine Leitlinien", die für eine unbestimmte Vielzahl von Fällen gelten,[1330] sondern um eigens für den konkreten Austrittsfall verabschiedete Richtlinien.[1331] Inhaltlich sollen damit politische Vorgaben gesetzt werden.[1332]

Die Leitlinien sind für die Verhandlungsführer der Union verbindlich und sollen maßgeblich für den Abschluss des Austrittsabkommens sein.[1333] Dafür spricht auch die Entstehungsgeschichte von Art. 50 EUV. Während es im Vorentwurf zum Verfassungsvertrag noch „im Lichte" der Leitlinien hieß,[1334] bestimmte bereits Art. I-60 Abs. 2 EVV wie auch Art. 50 Abs. 2 S. 2 EUV, dass das Abkommen „auf der Grundlage" der Leitlinien ausgehandelt wird.[1335] Diese Änderung am Wortlaut verdeutlicht, dass man eine noch engere Anlehnung an die Vorgaben der Staats- und Regierungschef bei den Verhandlungen des Rates mit dem austrittswilligen Staat bezweckte. Auch die Tatsache, dass der Europäische Rat einstimmig über diese Leitlinien entscheidet, trägt ihrer Verbindlichkeit und Maßgeblichkeit für den

---

1327 Vgl. *Dörr*, in: Grabitz/Hilf/Nettesheim 2010, Art. 50 EUV, Rn. 25; Nowak, Europarecht nach Lissabon, S. 93.

1328 *Dörr*, in: Grabitz/Hilf/Nettesheim 2010, Art. 50 EUV, Rn. 26.

1329 *Streinz*, in: Streinz 2012, Art. 50 EUV, Rn. 7.

1330 Wie z.B. in Art. 25 lit. a oder Art. 26 Abs. 1 EUV.

1331 *Dörr*, in: Grabitz/Hilf/Nettesheim 2010, Art. 50 EUV, Rn. 26.

1332 *Becker*, in: Schwarze 2012, Art. 50 EUV, Rn. 4.

1333 Vgl. *Becker*, in: Schwarze 2012, Art. 50 EUV, S. 389; *Heintschel von Heinegg*, in: Vedder 2007, Art. I-60 EVV, Rn. 7.

1334 Erste Fassung von Art. I-59 VVE, siehe Europäischer Konvent, Entwurf der Verfassung, Band I – Überarbeiteter Text von Teil I. CONV 724/03, S. 41.

1335 Siehe dazu oben, S. 203; vgl. auch Bruha/Nowak, AVR (42) 2004, S. 1 (S. 6ff.).

Abschluss des Austrittsabkommens Rechnung. Aufgrund der Festlegung der Konsensentscheidung im Europäischen Rat erscheint eine qualifizierte Mehrheit für den nachfolgenden Abschluss des Austrittsabkommens durch den Rat sogar unter dem Aspekt als ausreichend, dass selbst für Assoziierungsabkommen gem. Art. 218 Abs. 8 UAbs. 2 S. 1 AEUV Einstimmigkeit vorgesehen ist.[1336] Die Entscheidungen des Normgebers, den Europäischen Rat die Leitlinien für die Austrittsverhandlungen verabschieden und diesen über deren Festlegung im Konsens entscheiden zu lassen, bezwecken, der politischen Bedeutung eines Austritts Rechnung zu tragen.

(4) Verhandlungen über das Austrittsabkommen

Nach der Abgabe der Austrittserklärung beginnt die rechtliche Loslösung des betreffenden Staates von der Union. Aufgrund der Leitlinien des Europäischen Rates tritt die Union mit dem betreffenden Staat in Verhandlungen über das Austrittsabkommen. Wegen des Verweises in Art. 50 Abs. 2 S. 3 EUV richten sich die Verhandlungen nach Art. 218 Abs. 3 AEUV.

Art. 218 AEUV tritt an die Stelle des bisherigen Art. 300 EGV, vereinheitlicht die für die einzelnen Säulen der EU noch getrennt geregelten Verfahren und gilt fortan für alle Arten von Verträgen der Union.[1337] Der in Art. 218 Abs. 1–10 AEUV verwendete Begriff „Abkommen" erfasst dabei jede bindende Verpflichtung, welche die Union mit Völkerrechtssubjekten eingeht.[1338] Das Austrittsabkommen wird somit wie sonstige völkerrechtliche Verträge nach einem unionsinternen Verfahren und unter unionsrechtlicher Organzuständigkeit ausgehandelt.[1339] Im Gegensatz zum Verfahren über die Aushandlung des Beitrittsabkommens nach Art. 49 EUV, welches zwischen den Mitgliedstaaten und dem antragstellenden Staat geschlossen wird, bleiben die Verhandlungen zum und der Abschluss des Austrittsabkommens also im institutionellen Rahmen der EU.[1340]

Gem. Art. 218 Abs. 3 AEUV legt die Kommission im Einklang mit den Leitlinien des Europäischen Rates für den konkreten Austrittsfall dem Rat Empfehlungen für das auszuhandelnde Austrittsabkommen vor.[1341] Daraufhin erlässt der Rat einen Beschluss über die Ermächtigung zur Aufnahme von Verhandlungen und über die Benennung des Verhandlungsführers oder des Leiters des Verhandlungsteams der

1336 *Booß*, in: Lenz/Borchardt 2013, Art. 50 EUV, Rn. 2; *Streinz*, in: Streinz 2012, Art. 50 EUV, Rn. 7.

1337 *Khan*, in: Geiger 2010, Art. 218 AEUV, Rn. 2f.

1338 Vgl. EuGH v. 9.8.1994, Rs. C-327/91, Slg. 1994, S. 3641 Rn. 27 – *Frankreich gegen Kommission.*

1339 Vgl. Frenz, Handbuch Europarecht, Rn. 80; *Khan*, in: Geiger 2010, Art. 218 AEUV, Rn. 1.

1340 *Booß*, in: Lenz/Borchardt 2013, Art. 50 EUV, Rn. 2.

1341 Wenn sich die geplante Übereinkunft ausschließlich oder hauptsächlich auf die GASP bezieht, legt nicht die Kommission sondern der Hohe Vertreter der Union für Außen- und Sicherheitspolitik dem Rat die Empfehlung vor, Art. 218 Abs. 3, 1. Hs. AEUV.

Union.[1342] Der Rat führt die Verhandlungen also nicht selbst, sondern ermächtigt die Kommission zur Verhandlungsführung. Bei der Aushandlung des Abkommens trifft sowohl die Verhandlungsführer der Kommission als auch die des austrittswilligen Staates die Pflicht, die Verhandlungen nach Treu und Glauben zu führen.[1343]

Aus Art. 50 Abs. 3 EUV ergibt sich, dass der vorgesehene Zeitraum für die Verhandlungen zwei Jahre beträgt. Zu Verzögerungen im Verhandlungsprozess kann es kommen, wenn der austrittswillige Staat eine Austrittserklärung abgibt, bevor seine verfassungsrechtlichen Vorschriften i.S.v. Art. 50 Abs. 1 EUV im Einklang mit der Ausübung des Austrittsrechts sind.[1344] Der Normalfall sollte es sein, dieses nationale Verfahren abzuschließen, bevor die Austrittsentscheidung auf europäischer Ebene gem. Art. 50 Abs. 2 S. 1 EUV mitgeteilt wird. Wird die Austrittserklärung indessen früher abgegeben und gelingt es nicht, das nationale Verfahren zu durchlaufen, bevor das Austrittsverfahren abgeschlossen wird, kann von der Möglichkeit Gebrauch gemacht werden, die Verhandlungsfrist gem. Art. 50 Abs. 3, 2. Hs. EUV einvernehmlich zu verlängern.

(5) Rechtsnatur und Inhalt des Austrittsabkommens

Während das Ob des Austritts gem. Art. 50 Abs. 1 EUV im alleinigen Ermessen des jeweiligen Staates liegt, der seinen Austritt wünscht, wird über den *modus vivendi* und die Rechtsfolgen des Austritts gemeinschaftlich in Form eines Abkommens entschieden.[1345]

Dabei sind es aber nicht die Mitgliedstaaten selbst, die das Austrittsabkommen schließen, sondern die gem. Art. 47 EUV ausdrücklich mit Rechtspersönlichkeit ausgestattete Union. Ausweislich des Wortlauts von Art. 50 Abs. 2 S. 2 EUV sollen die in der Union verbleibenden Mitgliedstaaten nicht beteiligt werden.[1346] Das Austrittsabkommen wird demnach als bilateraler völkerrechtlicher Vertrag der

---

1342 *Dörr*, in: Grabitz/Hilf/Nettesheim 2010, Art. 50 EUV, Rn. 27; *Geiger*, in: Geiger 2010, Art. 50 EUV, Rn. 5; *Kumin/Hummer/Obwexer*, in: Der Vertrag von Lissabon 2009, S. 317f.; *Längle*, in: Der Vertrag über eine Verfassung für Europa, S. 246; *Streinz*, in: Streinz 2012, Art. 50 EUV, Rn. 6.

1343 Zum Inhalt der Verhandlungspflicht siehe oben, S. 225.

1344 Ähnlich dazu auch Herbst, GLJ (6) 2005, S. 1755 (S. 1758); für die BRD wäre bspw. in Analogie zu Art. 23 Abs. 1 S. 3 GG und wegen der überragenden politischen Bedeutung eines Austritts aus der Union in einem solchen Fall ein verfassungsänderndes Gesetz erforderlich. Zu den verfassungsrechtlichen Voraussetzungen eines EU-Austritts der BRD siehe oben, S. 216.

1345 Rechtlich betrachtet steht das Abkommen auf der Rechtsfolgenseite des einseitig bewirkten Austritts, Bruha/Nowak, AVR (42) 2004, S. 1 (S. 7).

1346 Vgl. *Bieber*, in: Die Unionsgrundordnung, S. 557; *Calliess*, in: Calliess 2006, Art. I-60 EVV, Rn. 14; *Heintschel von Heinegg*, in: Vedder 2007, Art. I-60 EVV, Rn. 6.

Union mit dem austretenden Mitgliedstaat in Form eines Drittstaatenabkommens geschlossen.[1347]

Im Gegensatz dazu stellt das Beitrittsabkommen i.S.v. Art. 49 UAbs. 2 EUV ein multilaterales Abkommen dar, welches zwischen den Mitgliedstaaten und dem antragstellenden Staat geschlossen wird und der Ratifikation durch alle Vertragsstaaten gemäß ihren verfassungsrechtlichen Vorschriften bedarf.[1348] Dieser Unterschied bzgl. der Rechtsnatur zwischen Austritts- und Beitrittsabkommen ist nicht unerheblich.[1349] Aufgrund des anschließenden Verbleibs des eintretenden Staates in der EU sind gem. Art. 49 UAbs. 2 EUV neben den Aufnahmebedingungen auch die durch eine Aufnahme erforderlich werdenden Anpassungen der primärrechtlichen Verträge durch das Beitrittsabkommen als ‚internes' Abkommen regelbar.[1350]

Auch ein Austritt hat multilaterale Bezüge, weil einige der durch ihn erforderlich werdenden Regelungen in Beziehungen für sämtliche Mitglieder untereinander und für die Unionsorgane selbst gelten.[1351] Jedoch können derartige nach dem Austritt eines Mitgliedstaates notwendig werdende Änderungen der primärrechtlichen Verträge im Gegensatz zum multilateralen Beitrittsabkommen nicht in einem bilateralen Austrittsabkommen zwischen der Union und dem austretenden Mitgliedstaat geregelt werden.[1352] Dafür bedarf es dann des ‚normalen' Vertragsänderungsverfahrens nach Art. 48 Abs. 2–5 EUV.[1353] Der dingliche Vollzug der entstandenen vertraglichen Verpflichtung der Union liegt also bei den Mitgliedstaaten, die dazu gem. Art. 4 Abs. 3 EUV und gem. Art. 216 Abs. 2 AEUV verpflichtet sind.[1354]

Für den konkreten Inhalt des Austrittsabkommens gilt Art. 50 Abs. 2 S 2 EUV. Dieser nennt als Regelungsgegenstände die „Einzelheiten des Austritts" sowie den „Rahmen für die zukünftigen Beziehungen" des austretenden Staates zur Union.

1347 *Dörr*, in: Grabitz/Hilf/Nettesheim 2010, Art. 50 EUV, Rn. 27; *Kumin/Hummer/Obwexer*, in: Der Vertrag von Lissabon 2009, S. 319f.

1348 Vgl. *Becker*, in: Schwarze 2012, Art. 50 EUV, Rn. 4; Herbst, GLJ (6) 2005, S. 1755 (S. 1758); *Längle*, in: Der Vertrag über eine Verfassung für Europa, S. 246.

1349 Darauf hinweisend Calliess/Dingemann, Die neue Europäische Union, S. 101f.; *Calliess*, in: Calliess/Ruffert 2011, Art. 50 EUV, Rn. 7; *Kumin/Hummer/Obwexer*, in: Der Vertrag von Lissabon 2009, S. 319f.

1350 *Dörr*, in: Grabitz/Hilf/Nettesheim 2010, Art. 50 EUV, Rn. 10, 30; bei einem „internen" Abkommen treten die verbleibenden Mitgliedstaaten selbst als Vertragsparteien auf, *Kumin/Hummer/Obwexer*, in: Der Vertrag von Lissabon 2009, S. 319.

1351 *Kumin/Hummer/Obwexer*, in: Der Vertrag von Lissabon 2009, S. 319.

1352 Das Austrittsabkommen könne bzgl. seines Inhalts „nicht einfach spiegelbildlich" zu einem Beitrittsabkommen ausgestaltet werden, Calliess/Dingemann, Die neue Europäische Union, S. 101f.; *Calliess*, in: Calliess/Ruffert 2011, Art. 50 EUV, Rn. 7.

1353 So auch *Dörr*, in: Grabitz/Hilf/Nettesheim 2010, Art. 50 EUV, Rn. 10, 30; *Kumin/Hummer/Obwexer*, in: Der Vertrag von Lissabon 2009, S. 319f.; *Heintschel von Heinegg*, in: Vedder 2007, Art. I-60 EVV, Rn. 6.

1354 *Dörr*, in: Grabitz/Hilf/Nettesheim 2010, Art. 50 EUV, Rn. 10.

(a) „Einzelheiten des Austritts"

Bei den „Einzelheiten des Austritts" i.S.v. Art. 50 Abs. 2 S. 2 EUV kann es sich aufgrund der beteiligten Vertragsparteien nicht um alle erforderlich werdenden Änderungen der Gründungsverträge handeln, weil hierfür eine vom Abschluss des Austrittsabkommens zu unterscheidende normale Vertragsänderung vorgenommen werden muss.[1355]

Auch können damit nicht Bestimmungen, welche ausschließlich das zukünftige Verhältnis des ausgeschiedenen Mitglieds zur Union betreffen, gemeint sein. Denn dies unterfällt dem zweiten in Art. 50 Abs. 2 S. 2 EUV genannten Regelungsgegenstand über den „Rahmen für die künftigen Beziehungen dieses Staates zur Union". Eine eindeutige Zuordnung von Regelungsmaterien zu den beiden in der Norm genannten Regelungsgegenständen ist nicht immer möglich, insbesondere wenn es um die Beibehaltung rechtlicher Bindungen geht.[1356] Als Anhaltspunkt für eine Differenzierung kann jedoch darauf abgestellt werden, ob die Bestimmungen bezwecken, langfristige Lösungen zu finden. Während der Regelungsgegenstand der „zukünftigen Beziehungen" darauf abzielt, Bestimmungen über eine dauerhafte „Neupositionierung"[1357] des ausgetretenen Staates zu entwerfen und damit langfristige Lösungen zu finden, könnten unter den Regelungsgegenstand der „Einzelheiten des Austritts" Bestimmungen über direkte und unmittelbare Folgen des Austritts insbesondere im Rahmen von Übergangsregelungen zu fassen sein. Die gem. Art. 50 Abs. 2 S. 2 EUV zu regelnden „Einzelheiten des Austritts" sollten sich deswegen richtigerweise auf die unmittelbaren „Konsequenzen und Nachwirkungen der zu Ende gehenden Mitgliedschaft"[1358] beschränken.

Dazu können Übergangsvorschriften über die Weitergeltung oder Modifikation des Unionsrechts oder die Bereinigung tatsächlicher Verflechtungen sowie die für das Ausscheiden zu leistenden Entschädigungen und Ausgleichsleistungen des austretenden Mitgliedstaates zählen. Es muss auch geklärt werden, ob und in welchem Umfang der Austrittsstaat und seine Staatsangehörigen in Einrichtungen und Prozessen der Union weiter mitwirken, ob laufende Verfahren und Projekte unter seiner Beteiligung eingestellt oder abgebrochen werden, was mit den Verwaltungsgebäuden der Union auf dem Territorium des austretenden Staates geschieht, ob Staatsangehörige des austretenden Staates weiterhin Stipendien der

---

1355 A.A. Ansicht Kumin, der aus Gründen der Rechtssicherheit „Einzelheiten des Austritts" gem. Art. 50 Abs. 2 S. 2 EUV in umgekehrter Entsprechung der Formulierung in Art. 49 EUV als „die durch den Austritt erforderlich werdenden Anpassungen des Primärrechts" versteht. Es bestehe das Erfordernis eines umfassenden Austrittsabkommens in Form eines „invertierten Beitrittsabkommens", durch das alle erforderlichen Änderungen der Gründungsverträge in einer normalen Vertragsänderung vorgenommen werden; *Kumin/Hummer/Obwexer*, in: Der Vertrag von Lissabon 2009, S. 319.

1356 So auch *Dörr*, in: Grabitz/Hilf/Nettesheim 2010, Art. 50 EUV, Rn. 31.

1357 *Dörr*, in: Grabitz/Hilf/Nettesheim 2010, Art. 50 EUV, Rn. 28.

1358 *Dörr*, in: Grabitz/Hilf/Nettesheim 2010, Art. 50 EUV, Rn. 28.

EU bekommen können, ob der austretende Mitgliedstaat seine noch ausstehenden Beiträge zahlen muss und was mit aufgrund von Europarecht bestehenden Schadensersatzansprüchen gegenüber dem austretenden Staat geschieht.[1359]

In vielfältiger Weise machen die Unionsbürger von den Grundfreiheiten und sonstigen Rechten aus Primär- und Sekundärrecht Gebrauch. Die Bestimmungen über die „Einzelheiten des Austritts“ sollten deswegen vorrangig die unmittelbaren und negativen Konsequenzen des Austritts für diese subjektiven Rechtspositionen von Privaten abmildern. Dies könne geschehen, in dem Übergangsregelungen über bspw. die partielle Beibehaltung des *acquis unionaire* getroffen werden.[1360]

Weil das Datum des Inkrafttretens des Austrittsabkommens gem. Art. 50 Abs. 3 Hs. 1 EUV auch für das Wirksamwerden des Austritts maßgeblich ist, sind die Regelungen zur zeitlichen Geltung ebenfalls zu den „Einzelheiten des Austritts“ zu zählen. Die Vertragsparteien dürfen diese dahingehend verändern, dass sie zusätzlich zu dem Datum des Inkrafttretens des Austrittsabkommens, einen davon abweichenden Tag bestimmen, an dem die Verträge auf den betroffenen Staat keine Anwendung mehr finden sollen.[1361]

(b) „zukünftige Beziehungen“ zur Union

Der zweite explizit durch Art. 50 Abs. 2 S. 2 Hs. 2 EUV benannte Regelungsgegenstand ist der „Rahmen für die zukünftigen Beziehungen“ des austretenden Staates zur Union.

Die verbindliche Formulierung „berücksichtigt wird“ verdeutlicht, dass es nicht zur Disposition der Union oder des austrittswilligen Mitgliedstaates steht, Vereinbarungen über den Rahmen ihrer künftigen Beziehungen im Austrittsabkommen zu treffen. Vielmehr trägt Art. 50 Abs. 2 S. 2 EUV dies beiden Seiten ausdrücklich von Rechts wegen auf.[1362] Die Aufforderung trägt nochmals und im besonderen Maße dem Umstand Rechnung, dass es im Interesse beider Seiten ist, durch die Berücksichtigung des Rahmens der künftigen Beziehungen die mit einem Austritt verbundenen massiven Probleme zu vermeiden.[1363]

1359 Vgl. *Becker*, in: Schwarze 2012, Art. 50 EUV, Rn. 5; *Dörr*, in: Grabitz/Hilf/Nettesheim 2010, Art. 50 EUV, Rn. 30; Herbst, GLJ (6) 2005, S. 1755 (S. 1757); Łazowski/Adam, How to withdraw from the European Union? Confronting hard reality, Politics and Institutions, CEPS Commentaries, S. 2f.; Zeh, ZEuS 2004, S. 173 (S. 206).

1360 So *Dörr*, in: Grabitz/Hilf/Nettesheim 2010, Art. 50 EUV, Rn. 29; vgl. auch Zeh, ZEuS 2004, S. 173 (S. 205).

1361 So auch *Dörr*, in: Grabitz/Hilf/Nettesheim 2010, Art. 50 EUV, Rn. 29.

1362 So auch Dörr, der darin einen „regelrechten Verfassungsauftrag“ sieht, *Dörr*, in: Grabitz/Hilf/Nettesheim 2010, Art. 50 EUV, Rn. 31. Jedoch kann auch darin nur eine Verhandlungspflicht gesehen werden. Zum Umfang der gem. Art. 50 Abs. 2 S. 2 EUV bestehenden Verhandlungspflicht siehe oben, S. 225.

1363 Vgl. *Mann*, in: Vertrag von Lissabon. Analyse und Bewertung, S. 279; *Streinz*, in: Streinz 2012, Art. 50 EUV, Rn. 8; *Heintschel von Heinegg*, in: Vedder 2007, Art. I-60 EVV, Rn. 5.

Es fällt auf, dass Art. 50 Abs. 2 S. 2 EUV in Bezug auf die im Austrittsabkommen umzusetzende Regelungsdichte differenzierte Anforderungen stellt. Während das Austrittsabkommen „die Einzelheiten des Austritts" bestimmen soll, ist in Bezug auf die künftigen Beziehungen nur der „Rahmen" zu berücksichtigen. Dies ist dahingehend zu deuten, dass vom eigentlichen Austrittsabkommen zu unterscheidende weitere bilaterale Abkommen zwischen dem austrittswilligen Staat und der Union über den konkreten Inhalt ihrer künftigen Beziehungen geschlossen werden, bei deren inhaltlicher Ausgestaltung die Vertragsparteien dann wieder weitgehend autonom sind.[1364]

Eine bestimmte vertragliche Form, diese bilateralen Abkommen zu schließen, ist durch Art. 50 Abs. 2 EUV nicht vorgesehen. Grundsätzlich bieten sich zwei Vertragsformen für diese Abkommen an – die Begründung eines Assoziationsstatus gem. Art. 217 AEUV und die Entwicklung von Nachbarschaftsbeziehungen i.S.v. Art. 8 EUV.

Assoziationsverhältnis

Der Begriff der Assoziierung ist im Völkerrecht nicht festgelegt, sondern beschreibt eine Sonderstellung von Staaten, Gebieten oder internationalen Organisationen, die besonders enge Beziehungen zu einer anderen internationalen Organisation unterhalten, aber keine Mitglieder sind.[1365] Die Assoziierung der EU mit unabhängigen Staaten und internationalen Organisationen erfolgt als vertragliche Assoziierung gem. Art. 217 AEUV durch bilaterale oder multilaterale Assoziierungsvereinbarungen.[1366] Im Gegensatz zur Praxis der internationalen Organisationen führt eine Vertragsassoziierung zur EU nicht zu einer Mitgliedschaft minderen Rechts wie bspw. einem Beobachterstatus. Nur die materiellen Regelungsbereiche des Primärrechts, nicht dagegen eine Beteiligung an der Organisationsstruktur oder deren Entscheidungssystem können Gegenstand des Assoziierungsvertrages sein.[1367] Dementsprechend beschreibt der EuGH eine Assoziierung als „besondere und privilegierte Beziehungen mit einem Drittstaat, der zumindest teilweise am Gemeinschaftssystem teilhaben muss".[1368] Assoziierungsabkommen können einen vielseitigen Inhalt haben. Nach der sogenannten *Hallstein*-Formel können sie in Bezug auf ihren Inhalt zwischen Handelsabkommen plus 1% und Beitritt minus 1% einzuordnen

1364 So auch *Dörr*, in: Grabitz/Hilf/Nettesheim 2010, Art. 50 EUV, Rn. 31; *Längle*, in: Der Vertrag über eine Verfassung für Europa, S. 246.

1365 *Khan*, in: Geiger 2010, Art. 198 AEUV, Rn. 3.

1366 Vgl. *Khan*, in: Geiger 2010, Art. 198 AEUV, Rn. 4; *Schmalenbach*, in: Calliess/Ruffert 2011, Art. 217 AEUV, Rn. 1ff.; Weiss, ELRev (10) 1985, S. 173 (S. 177); zur konstitutionellen Assoziierung gem. Art. 198 ff. AEUV mit außereuropäischen und unselbstständigen Territorien eines Mitgliedstaats – dem sog. ÜLG-Status – siehe oben, S. 138f.

1367 *Khan*, in: Geiger 2010, Art. 217 AEUV, Rn. 3.

1368 EuGH v. 30.9.1987, Rs. C-12/86, Slg. 1987, S. 3219 Rn. 9 – *Demirel*.

sein.[1369] Sie werden als Beitritts-[1370], Freihandels-[1371] oder Entwicklungsassoziierungen[1372] gestaltet. Unabhängig vom jeweiligen Assoziierungstyp wird jedoch in allen Fällen die Vertiefung der Wirtschafts- und Handelsbeziehungen angestrebt.[1373] Im Assoziierungsabkommen werden gem. Art. 217 AEUV Regelungen über gegenseitige Rechte und Pflichten der EU und ihrer Assoziierungspartner getroffen. Die auferlegten Rechte und Pflichten müssen nach der Rechtsprechung des EuGH jedoch nicht streng reziprok sein, was sich insbesondere durch die Einräumung einseitiger Handelsvorteile im Rahmen von Entwicklungsassoziierungen zeigt.[1374] Ein weiteres durch Art. 217 AEUV benanntes Assoziierungsmerkmal besteht darin, dass die Assoziierung auf „besonderen Verfahren" beruht. Darunter versteht man prozedurale und institutionelle über klassisch bilaterale Strukturen hinausgehende Arrangements, zu denen auch die Etablierung gemeinsamer entscheidungsbefugter Assoziationsorgane wie Assoziationsräte, parlamentarische Versammlungen und gerichtliche Organe gehört.[1375] Regelmäßig wird auch die Dauerhaftigkeit der Bindung als Element der Assoziierung angesehen.[1376]

Die Kompetenz der Union zum Abschluss von Assoziierungsabkommen erstreckt sich nicht auf Politikbereiche, für die keine Unionskompetenz besteht, weil sie in der ausschließlichen Zuständigkeit der Mitgliedstaaten verblieben sind. Aus diesem Grund werden die meisten Assoziierungsabkommen als gemischte Abkommen, gemeinsam von Union und Mitgliedstaaten geschlossen.[1377] Das Abschlussverfahren für Assoziierungsabkommen ist in Art. 218 Abs. 2 bis 8 AEUV geregelt. Im Auftrag des Rates führt die Kommission die Verhandlungen.[1378] Das Europäische

---

1369 Vgl. *Hummer*, in: Vedder 2012, Art. 217 AEUV, Rn. 5; Oppermann/Classen/Nettesheim, Europarecht 2011, S. 670.

1370 Dienen der Vorbereitung eines späteren Beitritts von Drittländern, z.B. das Assoziierungsabkommen mit Griechenland aus dem Jahr 1961.

1371 Bezwecken die Herstellung besonders enger wirtschaftlicher Beziehungen (Zollunion, Freihandelszone), ohne damit notwendig eine Beitrittsperspektive zu verbinden, z.B. EWR-Abkommen.

1372 Zur Förderung der wirtschaftlichen Entwicklung in den assoziierten Staaten, z.B. die Vereinbarungen mit den AKP-Ländern (Jaundé- und Lomé-Abkommen sowie Konvention von Cotonou).

1373 *Mögele*, in: Streinz 2012, Art. 217 AEUV, Rn. 4; zu den verschiedenen Inhalten von Assoziierungen *Herrnfeld*, in: Schwarze 2012, Art. 217 AEUV, Rn. 9–11.

1374 EuGH v. 5.2.1976, Rs. C-87/75, Slg. 1976, S. 129 Rn. 22/23 – *Bresciani*; vgl. *Khan*, in: Geiger 2010, Art. 217 AEUV, Rn. 6.

1375 *Mögele*, in: Streinz 2012, Art. 217 AEUV, Rn. 13; Oppermann/Classen/Nettesheim, Europarecht 2011, S. 675.

1376 *Mögele*, in: Streinz 2012, Art. 217 AEUV, Rn. 14.

1377 *Herrnfeld*, in: Schwarze 2012, Art. 217 AEUV, Rn. 6; *Hummer*, in: Vedder 2012, Art. 217 AEUV, Rn. 10; *Khan*, in: Geiger 2010, Art. 217 AEUV, Rn. 8.

1378 Dies entspricht den Verhandlungen über das Austrittsabkommen, welche gem. Art. 50 Abs. 2 S. 3 EUV nach dem Verfahren gem. Art. 218 Abs. 3 AEUV ausgehandelt wird.

Parlament muss dem Abkommen gem. Art. 218 Abs. 6 lit. a i) AEUV zustimmen. Der Rat beschließt darüber gem. Art. 218 Abs. 8 UAbs. 2 AEUV einstimmig.

Als integrierter Bestandteil der Unionsrechtsordnung haben Assoziierungsabkommen Vorrang vor entgegenstehenden innerstaatlichen Rechtsvorschriften.[1379] Die Bestimmungen der Abkommen sind unmittelbar anwendbar, wenn sie unter Berücksichtigung ihres Wortlauts und im Hinblick auf ihren Sinn und Zweck eine klare und eindeutige Verpflichtung enthalten, deren Erfüllung oder deren Wirkungen nicht vom Erlass eines weiteren Aktes abhängen.[1380] Aus Sicht des Unionsrechts haben Assoziierungsabkommen hingegen keinen Vorrang gegenüber entgegenstehendem Primärrecht. Wiederum ändert dies aus Sicht des Völkerrechts, insbesondere nach Art. 46 Abs. 1 WVK, nichts an der Wirksamkeit einer etwa unionsrechtswidrig eingegangenen, völkerrechtlich bindenden Verpflichtung.[1381]

Zu den wichtigsten auf Art. 217 AEUV gestützten bilateralen Abkommen gehört der am 1.1.1994 in Kraft getretene EWR-Vertrag mit den EFTA-Staaten. Der EWR wurde als vertiefte Freihandelszone zwischen der EU und der EFTA geschaffen und war neben dem Abkommen mit den AKP-Staaten eines der wenigen Assoziierungsabkommen, die mit mehr als einem Assoziierungspartner geschlossen wurden.[1382] Zunächst wurde das Abkommen mit allen verbliebenen EFTA-Staaten[1383] verhandelt. Aufgrund der Nichtratifikation des Abkommens durch die Schweiz und den 1995 erfolgenden EU-Beitritt Finnlands, Österreichs und Schwedens sind heute neben der Union und ihren Mitgliedstaaten nur noch Island, Liechtenstein und Norwegen EWR-Mitglieder. Während mit der Schweiz gesonderte Abkommen geschlossen wurden, bewirkt das EWR-Abkommen eine weitgehende Erstreckung des Binnenmarktrechts der EU auf den Raum der übrigen EWR-Staaten, ohne dass diese formal an der Fortentwicklung des Unionsrechts selbst beteiligt sind. Inhaltlich umfasst das Abkommen den freien Warenverkehr, die Arbeitnehmerfreizügigkeit, das Niederlassungsrecht, die Dienstleistungs- und Kapitalverkehrsfreiheit sowie die Verpflichtung zur weitgehenden Übernahme des *acquis unionaire.* Letzteres betrifft auch neue EU-Vorschriften und EWR-Sekundärrechtsakte.[1384]

Um das neue Verhältnis der Union zu dem ehemaligen Mitgliedstaat zu bestimmen, wurde mehrfach vorgeschlagen, eine Vereinbarung über ein Assoziationsverhältnis zu treffen.[1385] Bereits im Rahmen der Diskussionen des Verfassungskonvents

---

1379 *Khan*, in: Geiger 2010, Art. 217 AEUV, Rn. 13.

1380 EuGH v. 30.9.1987, Rs. C-12/86, Slg. 1987, S. 3219 Rn. 14 – *Demirel;* siehe auch *Khan*, in: Geiger 2010, Art. 217 AEUV, Rn. 14; *Herrnfeld*, in: Schwarze 2012, Art. 217 AEUV, Rn. 17.

1381 *Herrnfeld*, in: Schwarze 2012, Art. 217 AEUV, Rn. 18.

1382 Auf Seiten der Gemeinschaft waren indessen EGKS und EAG beteiligt.

1383 Finnland, Island, Liechtenstein, Norwegen, Österreich, Schweden und die Schweiz.

1384 Vgl. dazu *Herrnfeld*, in: Schwarze 2012, Art. 217 AEUV, Rn. 9.

1385 So *Geiger*, in: Geiger 2010, Art. 50 EUV, Rn. 5; *Booß*, in: Lenz/Borchardt 2013, Art. 50 EUV, Rn. 4; *Streinz*, in: Streinz 2012, Art. 50 EUV, Rn. 8; *Heintschel von*

schlug *Andrew Nicholas Duff*, ein britischer Abgeordneter des Europaparlaments, zusammen mit neun weiteren Konventsmitgliedern vor, das Austrittsrecht in Art. 46 des Vorentwurfs um Bestimmungen über einen besonderen Assoziationsstatus für den austretenden Staat zu ergänzen.[1386] Danach sollte jeder Staat, der nicht Mitglied der Union ist oder im Begriff ist, aus dieser auszutreten, dem Rat mitteilen, ob er ein Assoziationsverhältnis zur Union wünscht. Der Entwurf sah eine enge Zusammenarbeit der assoziierten Mitglieder mit der Union unter Anerkennung derer Werte, Prinzipien und Ziele vor. In dem Assoziierungsabkommen sollten die Modalitäten der engen Zusammenarbeit, der Umfang der Koordinierung sowie die gegenseitigen Rechte und Pflichten beschrieben werden. Zur Begründung wurde argumentiert, eine privilegierte Partnerschaft ermögliche es, insbesondere wirtschaftliche Beziehungen, die sich während der Zeit der Mitgliedschaft entwickelt haben, in funktioneller Form zu konservieren. Eine spezielle Art von Assoziierung mache außerdem die Beibehaltung des Instituts der engen Zusammenarbeit unnötig. Ein Staat sei entweder Vollmitglied oder ggf. privilegierter Außenstehender. Diese Kategorie sei auch angebracht für die Mitglieder des EWR.[1387]

Für die Gestaltung der künftigen Beziehungen des austretenden Mitglieds zur Union mithilfe des Instruments der Assoziierung kommen verschiedene Alternativen in Frage. Der ausgetretene Staat könne einerseits dem EWR beitreten.[1388] Andererseits sei eine streng an das EWR-Abkommen angelehnte vertragliche Gestaltung denkbar.[1389] Oder aber es werde ein neuer Vertragstypus eines „Post-Mitgliedschafts-Assoziationsabkommens" eigens für ausgetretene Mitglieder entworfen.[1390] Der Abschluss eines Assoziierungsabkommens oder der Beitritt zum EWR-Abkommen ist jedoch von der Mitwirkung der anderen Vertragsparteien abhängig. Da solche Abkommen gegenüber der bisherigen Mitgliedschaft in der Union keine neuen Verpflichtungen auferlegen, wird es indessen z.T. als gerechtfertigt angesehen, auch diese im Verfahren nach Art. 50 EUV abzuschließen, ohne die Einstimmigkeitsregel des Art. 218 Abs. 8 UAbs. 2 AEUV anzuwenden.[1391] Der

Heinegg, in: Vedder 2007, Art. I-60 EVV, Rn. 5; vgl. auch *Kumin/Hummer/Obwexer*, in: Der Vertrag von Lissabon 2009, S. 320.

1386 ÄV von Duff und neun weiteren Konventsmitglieder; vgl. Europäischer Konvent, Synthesebericht über die Plenartagung – am 24. und 25. April 2003 in Brüssel. CONV 696/03, S. 10.

1387 Europäischer Konvent, Synthesebericht über die Plenartagung – am 24. und 25. April 2003 in Brüssel. CONV 696/03, S. 10.

1388 So *Streinz*, in: Streinz 2012, Art. 50 EUV, Rn. 8; vgl. *Booß*, in: Lenz/Borchardt 2013, Art. 50 EUV, Rn. 4; *Heintschel von Heinegg*, in: Vedder 2007, Art. I-60 EVV, Rn. 5.

1389 Vgl. *Kumin/Hummer/Obwexer*, in: Der Vertrag von Lissabon 2009, S. 320; *Booß*, in: Lenz/Borchardt 2013, Art. 50 EUV, Rn. 4; *Heintschel von Heinegg*, in: Vedder 2007, Art. I-60 EVV, Rn. 5.

1390 *Kumin/Hummer/Obwexer*, in: Der Vertrag von Lissabon 2009, S. 320.

1391 *Booß*, in: Lenz/Borchardt 2013, Art. 50 EUV, Rn. 4; vgl. *Streinz*, in: Streinz 2012, Art. 50 EUV, Rn. 8.

Verzicht auf die Einstimmigkeitsregel des Art. 218 Abs. 8 UAbs. 2 AEUV und der Rückgriff auf das Verfahren nach Art. 50 EUV sind jedoch weder mit dem Wortlaut noch mit der Systematik der Bestimmungen vereinbar. Entscheidet man sich dafür, die bilateralen Abkommen zwischen dem austrittswilligen Staat und der Union über den konkreten Inhalt ihrer künftigen Beziehungen in Form von Assoziierungsabkommen i.S.v. Art. 217 AEUV nach dem Verfahren von Art. 218 AEUV zu schließen, widerspricht insbesondere im Fall des Austritts eine Modifikation der Abstimmungsmehrheiten im Rat dem Zweck des Art. 218 Abs. 8 UAbs. 2 AEUV. Die in dieser Bestimmung genannten Abkommen erfordern Einstimmigkeit und betreffen auch solche über die wirtschaftliche, finanzielle und technische Zusammenarbeit mit beitrittswilligen Drittstaaten nach Art. 212 Abs. 3 AEUV. Es ist nicht ersichtlich, dass über die Zusammenarbeit mit beitrittswilligen Staaten im Konsens entschieden wird, während über die Gestaltung der künftigen Beziehungen eines ehemaligen Mitglieds eine qualifizierte Mehrheit im Rat genügt. In Anbetracht der massiven Veränderungen und dadurch entstehenden Probleme für die Union ist die Gestaltung derartiger Beziehungen essentiell. Der austretende Mitgliedstaat verfügt bereits über das Recht, einseitig über seinen Austritt zu entscheiden. Zumindest über die notwendige Gestaltung seiner zukünftigen Beziehungen zur Union sollte dann Einigkeit bestehen.

Nachbarschaftspolitik i.S.v. Art. 8 EUV
Im Hinblick auf die von Art. 50 Abs. 2 EUV geforderte Berücksichtigung des Rahmens für die künftigen Beziehungen des austretenden Mitgliedstaates zur Union soll darüber hinaus Art. 8 EUV einen geeigneten Anhaltspunkt bieten.[1392]

Anders als der AEUV enthält der EUV keine ausdrückliche Regelung über die Assoziierung von Drittstaaten mit der EU. Neu eingefügt durch den Vertrag von Lissabon wurde indessen Art. 8 EUV, welcher einen seit längeren bestehenden besonderen Bereich der EU-Außenpolitik, der auf Initiativen der Kommission basiert und Vorläufer in mehr als 20 bilateralen Assoziierungsabkommen hat, normiert.[1393] Durch ihn soll Sicherheit und Stabilität auf die Nachbarregionen der Union projiziert werden.[1394] Art. 8 Abs. 1 EUV spricht von „besonderen Beziehungen" zu diesen Ländern und der Schaffung „eines Raumes des Wohlstands und der

---

1392 Calliess/Dingemann, Die neue Europäische Union, S. 101f.; *Calliess*, in: Calliess/Ruffert 2011, Art. 50 EUV, Rn. 8; *Geiger*, in: Geiger 2010, Art. 50 EUV, Rn. 5; *Kumin/Hummer/Obwexer*, in: Der Vertrag von Lissabon 2009, S. 320; *Streinz*, in: Streinz 2012, Art. 50 EUV, Rn. 8.

1393 Vgl. *Geiger*, in: Geiger 2010, Art. 8 EUV, Rn. 1.

1394 *Bitterlich*, in: Lenz/Borchardt 2013, Art. 8 EUV, Rn. 1; dabei sei auch der zeitliche Entstehungskontext maßgeblich gewesen. Die Osterweiterung der EU im Jahre 2004 habe es notwendig gemacht, die Beziehungen zu den dann neuen Nachbarländern auszubauen und zu fördern, *Geiger*, in: Geiger 2010, Art. 8 EUV, Rn. 2.

guten Nachbarschaft, der auf den Werten der Union aufbaut".[1395] Geographisch bezieht sich die Nachbarschaftspolitik auf Anrainerstaaten an den EU-Außengrenzen in Osteuropa bis Mittelasien sowie im Mittelmeerraum,[1396] für die aus Sicht der Union keine mittelfristige Beitrittsperspektive in Betracht kommt.[1397] Die Aufnahme einer Nachbarschaftspolitik ist jedoch nicht für die EWR-Länder Island, Liechtenstein, Norwegen und Schweiz bestimmt.[1398]

In Bezug auf die Ausgestaltung der Nachbarschaftspolitik kann die Union gem. Art. 8 Abs. 2 EUV spezielle Übereinkünfte mit den betreffenden Ländern schließen. Diese können gem. Art. 8 Abs. 2 S. 2 EUV „gegenseitige Rechte und Pflichten" umfassen. Wie bereits Art. 217 AEUV ermöglichen die Abkommen nach Art. 8 Abs. 2 EUV ein „gemeinsames Vorgehen" der Vertragspartner. Während Art. 217 AEUV als Kennzeichen der Assoziierungsabkommen jedoch die Existenz „besonderer Verfahren" definiert, verweist Art. 8 Abs. 2 EUV auf die Erforderlichkeit von „regelmäßigen Konsultationen" zur Durchführung der Nachbarschaftsabkommen. Z.T. wird der unterschiedliche Wortlaut der Bestimmungen dahingehend gedeutet, dass keine „Europäischen Nachbarschaftsräte" mit verbindlicher Beschlusskompetenz nach Vorbild der Assoziationsräte gebildet werden sollen.[1399] Andere gehen davon aus, dass dies nicht mit dem gänzlichen Verzicht auf gemeinsame Institutionen gleichzusetzen sei, sodass Konsultationen i.S.v. Art. 8 Abs. 2 EUV auch strukturierte Formen der Zusammenarbeit wie Assoziationsräte- und Ausschüsse sein

---

1395 Die Zielsetzung des Art. 8 Abs. 1 EUV, einen Raum des Wohlstands und der guten Nachbarschaft zu schaffen, der im Einklang mit den in Art. 2 EUV normierten Werten der Union steht, sei jedoch nicht dahingehend zu verstehen, dass die betreffenden Staaten als Voraussetzung für eine Nachbarschaftspolitik die Werte der Union für sich anerkennen und verwirklichen müssen, *Kellerhals/Uebe*, in: Schwarze 2012, Art. 8 EUV, Rn. 12ff.

1396 Ägypten, Algerien, Armenien, Aserbaidschan, Belarus, Georgien, Israel, Jordanien, Libanon, Libyen, Marokko, Republik Moldau, Palästinensische Behörde, Syrien, Tunesien und die Ukraine; vgl. Europäische Kommission, Größeres Europa – Nachbarschaft: Ein neuer Rahmen für die Beziehungen der EU zu ihren östlichen und südlichen Nachbarn. KOM (2003) 104, S. 3ff., http://eur lex.europa.eu/LexUriServ/LexUriServ.do?uri=COM:2003:0104:FIN:DE:PDF (letzter Zugriff: 2.1.2015).

1397 *Kellerhals/Uebe*, in: Schwarze 2012, Art. 8 EUV, Rn. 12ff.; *Streinz*, in: Streinz 2012, Art. 8 EUV, Rn. 3.

1398 *Geiger*, in: Geiger 2010, Art. 8 EUV, Rn. 3; ebenso sollen Russland, das mit der EU durch eine „strategische Partnerschaft" verbunden ist oder die potentiellen Beitrittskandidaten (Türkei, Balkanländer) von der Nachbarschaftspolitik ausgeschlossen werden; a. A in Bezug auf die Türkei, *Streinz*, in: Streinz 2012, Art. 8 EUV, Rn. 3.

1399 So *Schmalenbach*, in: Calliess 2006, Art. I-57 EVV, Rn. 11; *Streinz*, in: Streinz 2012, Art. 8 EUV, Rn. 10.

können.[1400] Im Hinblick auf die Entstehungsgeschichte und den Zweck der Bestimmung ist dem zuzustimmen. Nachbarschaftsabkommen bezwecken ebenso wie Assoziierungsabkommen eine Zusammenarbeit, die in ihrer Intensität über diejenige bilateraler Vereinbarungen hinausgeht. Dies wird am besten durch die Schaffung gemeinsamer Institutionen gewährt. Für die weitere inhaltliche Gestaltung der Nachbarschaftsabkommen gibt der EUV indessen keine konkreten Vorgaben, sodass diese durch die Parteien in jedem Einzelfall selbst erfolgt. Ihrer Natur nach entsprechen die Übereinkünfte jedoch den bisherigen Assoziierungsabkommen.[1401]

Für den Abschluss von Nachbarschaftsabkommen nach Art. 8 Abs. 2 EUV gelten die allgemeinen Bestimmungen über den Abschluss völkerrechtlicher Verträge durch die EU als Völkerrechtssubjekt gem. Art. 216–218 AEUV. Weil Nachbarschaftsabkommen i.S.v. Art. 8 Abs. 2 EUV keine ausdrückliche Erwähnung in Art. 218 AEUV finden, stellen sich Fragen in Bezug auf einige Abschlussmodalitäten. Anders als für Assoziierungsabkommen in Art. 218 Abs. 6 UAbs. 2 lit. a AEUV bestimmt Art. 218 AEUV für das Zustandekommen von Nachbarschaftsabkommen keine ausdrückliche Zustimmungspflicht des Europäischen Parlaments. Hier ist es aber wegen der Ähnlichkeiten von Assoziierungs- und Nachbarschaftsabkommen in Bezug auf Inhalt und Bedeutung angebracht, ein Zustimmungserfordernis aus Art. 218 Abs. 6 UAbs. 2 lit. a (iii) und (v) AEUV abzuleiten.[1402]

Fraglich ist indessen, ob für die Abstimmung über ein Nachbarschaftsabkommen im Rat die gleiche Ausnahme von der qualifizierten Mehrheit wie für Assoziierungsabkommen gem. Art. 218 Abs. 8 AEUV gemacht wird. Die Folge wäre, dass auch über Nachbarschaftsabkommen einstimmig entschieden wird, ohne dass dies ausdrücklich in Art. 218 Abs. 8 AEUV erwähnt ist. Weder aus dem Wortlaut des Art. 218 Abs. 8 AEUV noch aus Art. 8 Abs. 2 EUV ist zu entnehmen, dass über Abkommen gem. Art. 8 Abs. 2 EUV einstimmig im Rat beschlossen wird. Jedoch ist aufgrund der starken Anlehnung des Art. 8 EUV an den Art. 217 EUV in Bezug auf den Inhalt der auf ihrer Grundlage abgeschlossenen Abkommen eine Übertragbarkeit des Einstimmigkeitserfordernisses auf Nachbarschaftsabkommen anzunehmen. Aufgrund der starken Ähnlichkeit beider Abkommenstypen könnte man „Assoziierungsabkommen“ i.S.v. Art. 218 Abs. 6 UAbs. 2 lit. a (i) und Abs. 8

1400 *Thym*, in: Grabitz/Hilf/Nettesheim 2010, Art. 8 EUV, Rn. 25 mit Verweis auf Europäischer Konvent, Titel IX: Die Union und ihre Nachbarn. CONV 649/03, S. 2.

1401 *Kellerhals/Uebe*, in: Schwarze 2012, Art. 8 EUV, Rn. 7; in der Praxis wurden Bestimmungen zu folgenden Sachbereichen erlassen: Wirtschaft und Handel, politischer Dialog und Sicherheit, finanzielle Unterstützung, gemeinsame Institutionen und Zusammenarbeit in sonstigen Politikbereichen. Die Kommission bekräftigte im Bereich der sonstigen Politiken, bei der Ausgestaltung der Nachbarschaftpolitik besonderen Wert auf Folgendes zu legen: Konfliktbewältigung, Migration, Rechtsangleichung etwa im Bereich Luftverkehr, Investitionsbedingungen, Umwelt und Energie, KOM (2010) 207 v. 12.5.2010, S. 3ff.; vgl. *Thym*, in: Grabitz/Hilf/Nettesheim 2010, Art. 8 EUV, Rn. 24.

1402 So auch *Thym*, in: Grabitz/Hilf/Nettesheim 2010, Art. 8 EUV, Rn. 19.

AEUV sowohl als ein Assoziierungsabkommen gem. Art. 217 AEUV als auch ein Nachbarschaftsabkommen i.S.v. Art. 8 Abs. 2 EUV verstehen.[1403] Außerdem besteht eine gleichrangige Bedeutung des Nachbarschaftsabkommens im Vergleich mit den anderen in Art. 218 Abs. 8 AEUV genannten Einstimmigkeit im Rat erforderlich machenden Abkommen. Für Nachbarschaftsabkommen nach Art. 8 Abs. 2 EUV gilt deswegen nichts anderes als für eine umfassende Assoziierung oder eine einfache Zusammenarbeit nach Art. 212, 217 AEUV. Offenbar soll die Nachbarschaftspolitik auf einem breiten Konsens der Mitgliedstaaten beruhen.[1404]

In Bezug auf die Rechtswirkungen der Nachbarschaftsabkommen gelten die Vorgaben für Assoziierungsverträge nach Art. 217 AEUV entsprechend. Die Nachbarschaftsabkommen und ihre Durchführungsbeschlüsse sind als integraler Bestandteil der Unionsrechtsordnung, unmittelbar anwendbar, genießen den Vorrang des Unionsrechts und unterliegen der Auslegungsbefugnis des EuGH.[1405]

Klärungsbedürftig ist das Verhältnis von Art. 8 EUV zur Assoziierung von Drittstaaten gem. Art. 217 AEUV.[1406] Die Untersuchung der konstituierenden Elemente beider Kompetenznormen ergab, dass aufgrund der weitgehenden inhaltlichen und strukturellen Identität der Bezug zur Assoziierung in Art. 8 EUV deutlich zu erkennen ist.[1407]

Art. 8 EUV sieht im Gegensatz zu Art. 217 AEUV lediglich nicht vor, dass die darauf gestützten Abkommen Regelungen über besondere Verfahren enthalten. Indessen verpflichtet Art. 8 Abs. 2 EUV anders als Art. 217 AEUV zur Durchführung der Nachbarschaftsabkommen zu Konsultationen. Dies kommt zwar nicht einem verpflichtenden „Monitoring" gleich. Jedoch wird vermutet, dass sich die EU damit eine stärkere Kontrolle der Nachbarschaftsabkommen als bei den allgemeinen Assoziierungsabkommen vorbehält.[1408]

Für die Differenzierung zu Art. 217 AEUV könnte auch maßgeblich sein, dass diejenigen Abkommen, die sich auf Art. 8 EUV stützen, keine Beitrittsperspektive eröffnen wollen.[1409] Immerhin war auch die Überzeugung des Konventspräsidenten *Giscard d' Estaing*, die EU-Erweiterung nicht unbegrenzt fortsetzen zu dürfen, Grund für die Einführung des Art. 8 EUV gewesen.[1410] Diese Betrachtungsweise spricht dafür, Nachbarschaftsabkommen als eine Art von Assoziierungsabkommen für Nachbarländer ohne Beitrittsperspektive, also Art. 8 EUV als *lex specialis*

1403 So auch *Thym*, in: Grabitz/Hilf/Nettesheim 2010, Art. 8 EUV, Rn. 20.

1404 *Thym*, in: Grabitz/Hilf/Nettesheim 2010, Art. 8 EUV, Rn. 20.

1405 *Thym*, in: Grabitz/Hilf/Nettesheim 2010, Art. 8 EUV, Rn. 21.

1406 So auch *Mögele*, in: Streinz 2012, Art. 217 AEUV, Rn. 3; *Thym*, in: Grabitz/Hilf/Nettesheim 2010, Art. 8 EUV, Rn. 2.

1407 Vgl. *Mögele*, in: Streinz 2012, Art. 217 AEUV, Rn. 3; *Vedder*, in: Der Vertrag von Lissabon 2009, S. 275; *Vöneky/Beylage-Haarmann*, in: Grabitz/Hilf/Nettesheim 2010, Art. 217 AEUV, Rn. 29.

1408 *Hummer*, in: Vedder 2012, Art. 217 AEUV, Rn. 21.

1409 *Herrnfeld*, in: Schwarze 2012, Art. 217 AEUV, Rn. 2.

1410 *Thym*, in: Grabitz/Hilf/Nettesheim 2010, Art. 8 EUV, Rn. 2.

gegenüber Art. 217 AEUV anzusehen.[1411] Andererseits waren auch Art. 217 AEUV und seine Vorgängervorschriften[1412] in vielen Fällen Rechtsgrundlagen für Assoziierungsabkommen, die keine Beitrittsperspektive eröffnen sollten.[1413] Zutreffend ist daher, von einem Alternativ- und keinem Spezialitätsverhältnis der Bestimmungen auszugehen. In der Praxis werden die beiden Rechtsgrundlagen daher richtigerweise nach politisch-symbolischen Kriterien abgegrenzt. Die Entscheidung für die jeweilige Kompetenzgrundlage fällt durch die EU-Organe bei der Redaktion des Annahmebeschlusses. Die Wahl von Art. 8 Abs. 2 EUV könnte dabei die Funktion haben, die Einbettung eines Vertrages in die Nachbarschaftspolitik zu unterstreichen.[1414]

Es ist fraglich, ob eine Entscheidung dahingehend getroffen werden kann, dass sich entweder die Bestimmung des Art. 217 AEUV oder die des Art. 8 EUV für die Regelung der zukünftigen Beziehungen des austretenden Mitgliedstaates zur Union besser eignet.

Für Art. 8 EUV könnte die Intention des Normgebers sprechen. Die Bestimmung ist ebenso neu wie das Austrittsrecht, weswegen darauf hingewiesen wird, dass dieser Umstand nicht als Zufall zu bewerten sei.[1415] Überzeugende Hinweise für die Annahme, dass Art. 8 EUV im Hinblick auf die Regelung der zukünftigen Beziehungen zu einem nach Art. 50 EUV ausgetretenem Mitglied eingefügt wurde, gibt es insbesondere in den Konventsmaterialien jedoch nicht. Einleuchtender ist vielmehr, dass Art. 8 EUV Eingang in das Europäische Vertragsrecht aufgrund der durch die Osterweiterung neuen Nachbarn der EU sowie durch die Überzeugung des Konventspräsidenten *Giscard d' Estaing*, die EU-Erweiterung nicht unbegrenzt fortsetzen zu dürfen, fand. Des Weiteren haben die Ausführungen gezeigt, dass sowohl die konstituierenden Elemente beider Kompetenznormen als auch die Verfahren für den Abschluss der jeweiligen Abkommen identisch sind. Art. 8 EUV kann deswegen auch nicht als flexibleres Instrument angesehen werden, um schnell und effektiv im Austrittsfall reagieren zu können.

Gleichwohl sprechen mehrere Aspekte dafür, Art. 8 EUV als Rechtsgrundlage für die Regelung der künftigen Beziehungen zwischen der Union und dem ehemaligen Mitglied im Austrittsfall dem Art. 217 AEUV vorzuziehen. Während Assoziierungen zu Drittstaaten „besondere und privilegierte Beziehungen" mit diesen

---

1411 So wohl *Hummer*, in: Vedder 2007, Art. I-57 EVV, Rn. 5, 27; vgl. auch *Streinz*, in: Streinz 2012, Art. 8 EUV, Rn. 10.

1412 Art. 238 EWG, Art. 310 EGV.

1413 *Herrnfeld*, in: Schwarze 2012, Art. 217 AEUV, Rn. 2.

1414 *Thym*, in: Grabitz/Hilf/Nettesheim 2010, Art. 8 EUV, Rn. 12; die Ukraine verwahrt sich gegen die Verwendung des Begriffs „Nachbarschaftsabkommen", was die Union jedoch nicht daran hinderte, ein Abkommen zur Errichtung einer Assoziierung bei der Annahme gem. Art. 218 Abs. 6 AEUV auf die Rechtsgrundlage des Art. 8 Abs. 2 EUV anstelle von Art. 217 AEUV zu stützen, *Thym*, in: Grabitz/Hilf/Nettesheim 2010, Art. 8 EUV, Rn. 12.

1415 *Kumin/Hummer/Obwexer*, in: Der Vertrag von Lissabon 2009, S. 320.

bezwecken,[1416] welche sich in ihrer Regelungsintensität auf „Handelsabkommen plus 1%“ beschränken können,[1417] zielt Art. 8 EUV grundsätzlich auf die Gestaltung einer eigenständigen und langfristigen Politik ab. In Anbetracht der massiven Veränderungen und der durch einen Austritt verursachten Probleme finanzieller und institutioneller Art, ist es notwendig, Vereinbarungen zu treffen, welche alle diese Aspekte erfassen und nicht nur bestimmte Beziehungen betreffen. Es ist zwar kein zwangsläufiges Ergebnis, dass Abkommen nach Art. 8 Abs. 2 EUV stärker durch die Union kontrolliert werden. Jedoch suggeriert der Wortlaut eine dahingehende Intention. Eine verstärkte Kontrolle der Vertragsdurchführung durch die Union ist geeignet, zu einer Minimierung der durch den Austritt verursachten Probleme infolge der engen und verwobenen Beziehungen, durch welche die Mitgliedstaaten einst mit dem ausgeschiedenen Staat verbunden waren, beizutragen. Art. 8 EUV ist auch deswegen als Kompetenznorm im Austrittsfall geeignet, weil er Grundlage einer Politik sein soll, die gerade nicht als Heranführungsstrategie im Hinblick auf einen späteren Beitritt verfolgt wird. In den Austrittsfällen wird es das Hauptanliegen sein, nachbarschaftliche Beziehungen zum ausgeschiedenen Mitglied zu gestalten und keinen erneuten Beitritt vorzubereiten.

Insbesondere besteht die Spezifität von Art. 8 Abs. 1 EUV gegenüber Art. 217 AEUV in der verpflichtenden allgemeinen Rückbeziehung der Nachbarschaftabkommen auf die Werte der Union. Dadurch werden sowohl die Nachbarländer als auch die Organe bei der Ausgestaltung der Nachbarschaftspolitik auf die Werte des Art. 2 EUV verpflichtet, was über den Auftrag der europäischen Außenpolitik, sich weltweit in Übereinstimmung mit Art. 21 Abs. 1 UAbs. 1 EUV für die europäischen Werte einzusetzen, hinausgehe.[1418]

Sollte es gelingen, ein ausgeschiedenes Mitglied in einen Nachbarschaftsraum zu integrieren, der i.S.v. Art. 8 Abs. 1 EUV auf den Werten der Union aufbaut, ist dies ein entscheidender Beitrag zur Minimierung des durch einen Austritt verursachten Schadens. Auch hierfür bietet der Wortlaut des Art. 8 EUV die passende Grundlage.

Die ausdrückliche Berücksichtigung „des Rahmens für die zukünftigen Beziehungen“ durch Art. 50 Abs. 2 S. 2 Hs. 2 EUV verdeutlicht, dass die Austrittsklausel des Art. 50 EUV auch in der Zukunft noch eine enge und möglichst vertragliche Beziehung des austretenden Staates zur EU bezweckt.[1419] Da das Austrittsabkommen lediglich den „Rahmen“ der künftigen Beziehungen bestimmt, ist davon

---

1416 EuGH v. 30.9.1987, Rs. C-12/86, Slg. 1987, S. 3219 Rn. 9 – *Demirel.*

1417 Vgl. *Hummer,* in: Vedder 2012, Art. 217 AEUV, Rn. 5; Oppermann/Classen/Nettesheim, Europarecht 2011, S. 670.

1418 *Thym,* in: Grabitz/Hilf/Nettesheim 2010, Art. 8 EUV, Rn. 9, 23.

1419 So auch *Heintschel von Heinegg,* in: Vedder 2007, Art. I-60 EVV, Rn. 5; vgl. *Becker,* in: Schwarze 2012, Art. 50 EUV, Rn. 5; Dörr bezeichnet den Hinweis als „versöhnliches Element im Trennungsprozess“, das eine friedliche Trennung suggeriere, die nicht zum Abbruch der politischen Beziehungen führen solle, *Dörr,* in: Grabitz/Hilf/Nettesheim 2010, Art. 50 EUV, Rn. 31.

auszugehen, dass es sich auf die Aufzählung und Definition der für die zukünftigen Beziehungen relevanten Regelungsgegenstände sowie die Beschreibung politischer Zielvorgaben und Absichtserklärungen in Bezug auf die Gestaltung der zukünftiger Beziehungen beschränkt. Die erforderlichen bilateralen Abkommen zwischen dem austrittswilligen Staat und der Union über den konkreten Inhalt ihrer künftigen Beziehungen sollten vorzugsweise auf Grundlage von Art. 8 EUV geschlossen werden.[1420]

(6) Annahme des Austrittsabkommens

Es ist vorgesehen, dass der Rat (Ministerrat) das Austrittsabkommen im Namen der Union abschließt, Art. 50 Abs. 2 S. 4 EUV. Diese schließt es durch den mit qualifizierter Mehrheit handelnden Rat nach Zustimmung des Europäischen Parlaments. Die Vertreter des austrittswilligen Mitglieds nehmen gem. Art. 50 Abs. 4 EUV nicht an den Beratungen und Beschlüssen des Rates teil. Die für den Ratsbeschluss erforderliche qualifizierte Mehrheit ist dabei gem. Art. 50 Abs. 4 UAbs. 2 EUV i.V.m. Art. 238 Abs. 3 lit. b AEUV definiert als die höhere der beiden möglichen Schwellen, nämlich eine Mehrheit von mindestens 72% derjenigen Mitgliedstaaten, die die beteiligten Mitgliedstaaten vertreten, sofern die betreffenden Mitgliedstaaten zusammen mindestens 65% der Bevölkerung der beteiligten Mitgliedstaaten ausmachen.[1421]

(7) Rechtskontrolle durch den EuGH

Das völkerrechtliche Austrittsabkommen unterliegt als Vertrag der Union der Rechtskontrolle des EuGH und kann im gleichen Umfang Gegenstand von dessen Verfahren sein wie andere EU-Rechtsakte auch. Soweit es um die Kontrolle ihrer Rechtmäßigkeit geht, gilt dies auch für diejenigen Rechtsakte, welche den Abschluss oder die Umsetzung solcher Verträge bewirken. Diese vertragsbezogenen Unionsrechtsakte, wie bspw. der Ratsbeschluss zum Abschluss des Austrittsabkommen i.S.v. Art. 50 Abs. 2 S. 4 EUV, können mit der Nichtigkeitsklage gem. Art. 263 AEUV angegriffen werden oder eine vertragliche Haftung der Union i.S.v. Art. 340 AEUV auslösen, für welche gem. Art. 268 AEUV auch der Gerichtshof der Europäischen Union zuständig ist.[1422] Die Rechtmäßigkeitskontrolle beschränkt sich auf den Abschluss- oder Umsetzungsakt der Union und bezieht sich nicht

---

1420 So wohl auch Miller, Leaving the EU. Research Paper 13/42, 1 July 2013, House of Commons Library, S. 10.

1421 Vgl. Haratsch/Koenig/Pechstein, S. 53; *Kumin/Hummer/Obwexer*, in: Der Vertrag von Lissabon 2009, S. 318; bis zum 31.10.2014 erfolgte gem. Art. 50 Abs. 4 UAbs. 2 EUV i.V.m. Art. 238 Abs. 3 AEUV, Art. 3 Abs. 4 des Lissabonner Protokolls über die Übergangsbestimmungen, ABl. 2007 C 306/159f. und Art. 16 Abs. 5 EUV die Ermittlung der qualifizierten Mehrheit im Rat durch Stimmenwägung.

1422 Vgl. *Dörr*, in: Grabitz/Hilf/Nettesheim 2010, Art. 50 EUV, Rn. 32.

auf die Rechtmäßigkeit der völkerrechtlichen Übereinkunft.[1423] Die von der Union geschlossenen völkerrechtlichen Verträge sind außerdem Organhandlungen i.S.v. Art. 267 Abs. 1 lit. b AEUV und damit tauglicher Gegenstand von Vorabentscheidungsersuchen.[1424] Daher könnte auch ein völkerrechtliches Austrittsabkommen der Union Gegenstand von Gültigkeitsfragen i.S.v. Art. 267 Abs. 1 lit. b Alt. 1 AEUV sein. Eine Ungültigkeitserklärung hat indessen keine Auswirkungen auf die völkerrechtliche Bindung der Union im Außenverhältnis.[1425] Denn die Auslegungszuständigkeit des EuGH gem. Art. 267 Abs. 1 lit. b Alt. 2 AEUV ist nur für die EU und ihre Mitgliedstaaten maßgebend und nicht für die übrigen Parteien des Vertrages.[1426]

Gem. Art. 218 Abs. 11 S. 1 AEUV können „ein Mitgliedstaat, das Europäische Parlament, der Rat oder die Kommission [...] ein Gutachten des Gerichtshofs über die Vereinbarkeit einer geplanten Übereinkunft mit den Verträgen einholen". Dies wird insbesondere dann der Fall sein, wenn Zweifel an der Vereinbarkeit eines abzuschließenden Übereinkommens mit den Verträgen bestehen. Stellt der EuGH eine derartige Unvereinbarkeit fest, kann die geplante Übereinkunft gem. Art. 218 Abs. 11 S. 2 AEUV nur in Kraft treten, wenn sie oder die Verträge geändert werden.[1427] Obwohl Art. 50 Abs. 2 S. 3 EUV nur auf Art. 218 Abs. 3 AEUV verweist, findet Art. 218 Abs. 11 S. 1 AEUV dennoch analog Anwendung. Der Verweis auf Abs. 3 bezweckt, die Verfahrensregelung zur Verhandlungsbefugnis zur Anwendung zu bringen und nicht, die übrigen Bestimmungen des Art. 218 AEUV auszuschließen.[1428] Eine Analogie ist geboten, weil Art. 218 AEUV unmittelbar nur für den Vertragsschluss der EU mit Drittländern und internationalen Organisationen anwendbar ist, das Austrittsabkommen aber die besondere Situation erfasst, dass ein Abkommen mit einem Mitgliedstaat geschlossen wird, der erst auf dem Wege zum Drittstaat ist.[1429]

ii. Der Austritt ohne Austrittsabkommen

Gemäß Art. 50 Abs. 3 Alt. 2 EUV endet die Mitgliedschaft auch dann, wenn seit der Austrittmitteilung des betreffenden Staates an den Europäischen Rat, eine Frist von zwei Jahren vergangen ist. Etwas anderes gilt gem. Art. 50 Abs. 3, 2. Hs. EUV nur dann, wenn der Europäische Rat im Einvernehmen mit dem betroffenen Mitgliedstaat einstimmig beschließt, diese Frist zu verlängern. Der Ablauf eines

1423 *Dörr*, in: Grabitz/Hilf/Nettesheim 2010, Art. 47 EUV, Rn. 86.
1424 *Dörr*, in: Grabitz/Hilf/Nettesheim 2010, Art. 47 EUV, Rn. 87.
1425 *Pache*, in: Vedder 2012, Art. 267 AEUV, Rn. 18.
1426 *Dörr*, in: Grabitz/Hilf/Nettesheim 2010, Art. 47 EUV, Rn. 87.
1427 Vgl. *Heintschel von Heinegg*, in: Vedder 2012, Art. 47 EUV, Rn. 11; *Pache*, in: Vedder 2012, Art. 267 AEUV, Rn. 17.
1428 *Dörr*, in: Grabitz/Hilf/Nettesheim 2010, Art. 50 EUV, Rn. 32.
1429 So auch *Dörr*, in: Grabitz/Hilf/Nettesheim 2010, Art. 50 EUV, Rn. 32.

Austrittsverfahrens ohne Abschluss eines Austrittsabkommen gestaltet sich also folgendermaßen:

1. Beschluss des Mitgliedstaates, aus der EU auszutreten, Art. 50 Abs. 1 EUV
2. Mitteilung der Austrittsabsicht an den Rat, Art. 50 Abs. 2 S.1 EUV
3. Ablauf einer Zweijahresfrist nach Mitteilung der Austrittsabsicht, Art. 50 Abs. 3 EUV
4. Keine Verlängerung der Frist durch den Europäischen Rat und den austretenden Mitgliedstaat, Art. 50 Abs. 3 EUV.

Allgemein wird die Regelung des Art. 50 Abs. 3 EUV über das Wirksamwerden des Austritts ohne Austrittsabkommen nach Ablauf der Zweijahresfrist als *sunset-clause* bezeichnet.[1430] Die Kündigungsfrist[1431] gem. Art. 50 Abs. 3, 1. Hs., 2. Alt. EUV beginnt am Tag des Zugangs der Austrittsmitteilung des Art. 50 Abs. 2 S. 1 EUV und endet mit Ablauf des Tages, der dem erstgenannten Datum nach Monat und Tag entspricht.[1432]

Ein derartiges Szenario tritt ein, wenn das Aushandeln des Austrittsabkommens gem. Art. 50 Abs. 2 S. 2, 3 EUV, Art. 218 Abs. 3 AEUV scheitert und die Verhandlungen zwischen der Union und dem betreffenden Mitgliedstaat abgebrochen werden. Auch kann es zu einem Austritt ohne Austrittsabkommen kommen, wenn der Rat nicht in der Lage ist, das Abschlussverfahren erfolgreich zu beenden, weil nicht die erforderliche qualifizierte Mehrheit im Rat erreicht wird oder weil es dem Europäischen Parlament nicht gelingt, die erforderliche Zustimmung zu erteilen.[1433]

Allerdings kann dies abgewendet werden, wenn die Frist im Einvernehmen mit dem betroffenen Mitgliedstaat durch einstimmigen Beschluss des Europäischen Rates verlängert wird, Art. 50 Abs. 3, 2. Hs. EUV. Im Hinblick auf die Rechtsnatur wird in der Fristverlängerung eine quasi-vertragliche Absprache gesehen.[1434] Art. 50 Abs. 3 EUV sind keine quantitativen oder qualitativen Beschränkungen zu entnehmen. Die Fristverlängerung könnte sich deswegen auf einen unbeschränkt langen Zeitraum beziehen und wiederholt vorgenommen werden.[1435]

iii. Wirksamwerden des Austritts

Das Austrittsverfahren endet mit dem Wirksamwerden des Austritts, d.h. mit dem Außerkrafttreten der Verträge zwischen dem austretenden Mitgliedstaat und der

---

1430 So z.B. von *Booß*, in: Lenz/Borchardt 2013, Art. 50 EUV, Rn. 5; Haratsch/Koenig/Pechstein, Europarecht, S. 53; *Kumin/Hummer/Obwexer*, in: Der Vertrag von Lissabon 2009, S. 318; Oppermann/Classen/Nettesheim, Europarecht 2011, S. 690.

1431 Herbst, GLJ (6) 2005, S. 1755 (S. 1757).

1432 Vgl. *Dörr*, in: Grabitz/Hilf/Nettesheim 2010, Art. 50 EUV, Rn. 35f.

1433 Vgl. Fischer, Der Europäische Verfassungsvertrag, S. 216f.; *Dörr*, in: Grabitz/Hilf/Nettesheim 2010, Art. 50 EUV, Rn. 35f.; *Heintschel von Heinegg*, in: Vedder 2007, Art. I-60 EVV, Rn. 8.

1434 *Dörr*, in: Grabitz/Hilf/Nettesheim 2010, Art. 50 EUV, Rn. 36.

1435 *Dörr*, in: Grabitz/Hilf/Nettesheim 2010, Art. 50 EUV, Rn. 36.

Union. Für den Zeitpunkt des Wirksamwerdens sieht Art. 50 Abs. 3 EUV ausdrücklich zwei Möglichkeiten vor. Der maßgebliche Zeitpunkt bestimmt sich entweder a) nach dem Datum des Inkrafttretens des Austrittsabkommens oder b) mit dem Ablauf der Zweijahresfrist nach der Mitteilung der Austrittsabsicht an den Europäischen Rat, soweit dieser nicht einvernehmlich mit dem betroffenen Mitgliedstaat eine Fristverlängerung beschlossen hat.[1436]

Jedoch ergibt sich aus der Systematik des Art. 50 EUV eine weitere Möglichkeit. Das Austrittsabkommen kann ein vom Datum seines Inkrafttretens zu unterscheidendes Datum über das Wirksamwerden des Austritts festlegen. Kann gem. Art. 50 Abs. 3, 2. Hs. EUV die Zweijahresfrist nach Abgabe der Austrittsmitteilung einvernehmlich durch den Europäischen Rat und den betroffenen Mitgliedstaat verlängert werden, so müsse auch die Möglichkeit bestehen, eine separate Regelung über das Wirksamwerden des Austritts im Austrittsabkommen aufzunehmen.[1437] Durch das Austrittsabkommen kann der Zeitpunkt des Wirksamwerdens des Austrittsabkommens also nicht nur verkürzt sondern auch verlängert werden.[1438] Fraglich ist, ob eine etwaige Zeitpunktregelung über das Wirksamwerden des Austritts im Austrittsabkommen durch eine einvernehmliche Fristverlängerung gem. Art. 50 Abs. 3, 2. Hs. EUV modifiziert werden kann. *Dörr* weist daraufhin, dass eine Wortlautinterpretation selbst unter Berücksichtigung anderer Sprachfassungen (‚*sauf si*'; ‚*unless*') zu keinem eindeutigen Ergebnis führe. Stets könne sich die Formulierung ‚es sei denn' sowohl auf die 1. Alt. des Abs. 3 („Die Verträge finden auf den betroffenen Staat ab dem Tag des Inkrafttretens des Austrittsabkommens [...] keine Anwendung mehr") als auch auf die 2. Alt. des Abs. 3 („Die Verträge finden auf den betroffenen Staat [...] zwei Jahre nach der in Absatz 2 genannten Mitteilung [...] keine Anwendung mehr") beziehen.[1439] Würde sich die Formulierung auf beide Alternativen beziehen, könnte das informelle Einvernehmen gem. Art. 50 Abs. 3, 2. Hs. EUV auch eine Regelung im Abkommen selbst modifizieren. Es ist nicht davon auszugehen, dass die Normgeber dies bezweckten. Das Einvernehmen spielt mithin nur eine Rolle, wenn noch kein Austrittsabkommen zustande gekommen ist und kann eine Zeitpunktregelung im Abkommen selbst nicht modifizieren.[1440]

iv. Rechtsfolgen des Austritts

Die Rechtsfolgen des Austritts werden durch Art. 50 Abs. 3 EUV bestimmt. Danach finden mit Wirksamwerden des Austritts „die Verträge" *ex lege* keine Anwendung

1436 Vgl. *Becker*, in: Schwarze 2012, Art. 50 EUV, Rn. 7; *Geiger*, in: Geiger 2010, Art. 50 EUV, Rn. 7; *Kumin/Hummer/Obwexer*, in: Der Vertrag von Lissabon 2009, S. 318.

1437 *Dörr*, in: Grabitz/Hilf/Nettesheim 2010, Art. 50 EUV, Rn. 34.

1438 Vgl. *Becker*, in: Schwarze 2009, Art. 312 EGV, Rn. 15.

1439 *Dörr*, in: Grabitz/Hilf/Nettesheim 2010, Art. 50 EUV, Rn. 36.

1440 Im Ergebnis so auch *Dörr*, in: Grabitz/Hilf/Nettesheim 2010, Art. 50 EUV, Rn. 36.

mehr auf den betroffenen Staat.[1441] Unter „Verträge“ ist in Übereinstimmung mit Art. 1 UAbs. 3 S. 1 EUV der EUV und der AEUV zu verstehen. Deren Protokolle und Anhänge sind gem. Art. 51 EUV Vertragsbestandteile und verlieren ebenso ihre Wirkung im Verhältnis zum austretenden Staat. Auch das auf Grundlage der Verträge erlassene Sekundärrecht ist auf den ausgetretenen Mitgliedstaat nicht mehr anwendbar.[1442]

Die völkerrechtlichen Folgen wirken sich auf die innerstaatliche Geltung des primären und sekundären Unionsrechts im ausgeschiedenen Mitgliedstaat aus. Während dessen unmittelbare Einwirkung auf die nationale Rechtsordnung entfällt, bleiben die aufgrund des Unionsrechts erlassenen nationalen Rechtsvorschriften zunächst bestehen, können aber nunmehr vom staatlichen Gesetzgeber frei geändert werden.[1443]

Jedoch wird damit nicht ausgeschlossen, dass die inhaltliche Reichweite des Erlöschens der vertraglichen Bindung im Verhältnis zwischen dem austretenden Staat, der Union und ihren Mitgliedstaaten näher bestimmt wird.[1444] Das Austrittsabkommen kann vorsehen, dass bestimmte Teile des primären und sekundären Unionsrechts weiterhin unmittelbar oder mittelbar im austretenden Staat sowie zwischen diesem und der Union gelten.

Auch wenn die Fortgeltung der Verträge unberührt bleibt, sind im Unionsrecht selbst technische Anpassungen an den Stellen erforderlich, an denen spezifisch auf den ausgetretenen Staat Bezug genommen worden ist.[1445] Institutionelle Anpassungen betreffen die Festlegung der authentischen Sprachen, die Zusammensetzung der Organe (das Ausscheiden eines Staates berührt die Stimmengewichtung in allen Organen), die Streichung der Bezugnahmen auf diesen Mitgliedstaat und auf die von ihm namhaft gemachten Einrichtungen und nationalen Regelungen in diversen Sekundärrechtsakten sowie das Budget der Union.[1446] Ferner muss

---

1441 Als selbstverständliche, völkerrechtliche Rechtsfolge hätte es dieser rein deklaratorischen Bestimmung nicht bedurft, *Streinz*, in: Streinz 2012, Art. 50 EUV, Rn. 9; ähnlich *Kumin/Hummer/Obwexer*, in: Der Vertrag von Lissabon 2009, S. 318.

1442 Vgl. dazu *Dörr*, in: Grabitz/Hilf/Nettesheim 2010, Art. 50 EUV, Rn. 38; *Längle*, in: Der Vertrag über eine Verfassung für Europa, S. 247; Nowak, Europarecht nach Lissabon, S. 93.

1443 *Dörr*, in: Grabitz/Hilf/Nettesheim 2010, Art. 50 EUV, Rn. 41; Becker weist daraufhin, dass der austretende Staat für die Bewältigung der innerstaatlichen Folgen der Beendigung der Mitgliedschaft, die für die ehemaligen Unionsbürger u.U. sehr erheblich sind, selbst verantwortlich ist. Zwar müsste der betreffende Staat keine bestimmte Rechtsordnung beibehalten, aber besondere schutzwürdige Positionen beachten, *Becker*, in: Schwarze 2012, Art. 50 EUV, Rn. 7.

1444 *Booß*, in: Lenz/Borchardt 2013, Art. 50 EUV, Rn. 3; *Dörr*, in: Grabitz/Hilf/Nettesheim 2010, Art. 50 EUV, Rn. 38, 41.

1445 *Booß*, in: Lenz/Borchardt 2013, Art. 50 EUV, Rn. 3; *Kumin/Hummer/Obwexer*, in: Der Vertrag von Lissabon 2009, S. 319; vgl. Zeh, ZEuS 2004, S. 173 (S. 206).

1446 *Kumin/Hummer/Obwexer*, in: Der Vertrag von Lissabon 2009, S. 319; vgl. Zeh, ZEuS 2004, S. 173 (S. 206).

der territoriale Anwendungsbereich der EU-Verträge durch die Streichung des Ländernamens des betreffenden Mitgliedstaates in Art. 52 Abs. 1 EUV verringert werden. In Übereinstimmung mit den in Art. 29 WVK kodifizierten Grundsatz, dass ein Vertrag jede Vertragspartei hinsichtlich ihres gesamten Hoheitsgebiets bindet, wird sich der territoriale Geltungsbereich der EU-Verträge um das gesamte Staatsgebiet des ausscheidenden Staates verkleinern.[1447] Dementsprechend reduziert sich auch der Anwendungsbereich von Drittstaatenabkommen, die von der Union abgeschlossen worden, um das Staatsgebiet des austretenden Staates.[1448] Die Union und der Austrittsstaat haben jedoch auch in Bezug auf die territoriale Reichweite des Austritts die Befugnis, abweichende Regelungen bspw. für Gebiete i.S.v. Art. 355 AEUV[1449] oder aber in Bezug auf die Weitergeltung bestimmter völkerrechtlicher Drittstaatenabkommen zu treffen. Für letztere ist jedoch nach den Grundsätzen des Völkervertragsrechts die Zustimmung der übrigen Vertragsparteien erforderlich.[1450]

Einen Sonderfall stellen die gemischten Abkommen der Union dar. Darunter versteht man diejenigen Abkommen, zu deren Vertragsparteien sowohl die Union als auch ihre Mitgliedstaaten gehören.[1451] Uneinigkeit besteht darüber, wie sich der Austritt eines Staates aus der Union auf seine Eigenschaft als Vertragspartei eines gemischten Abkommens auswirkt. Z.T. wird der Grundsatz, dass mit Beendigung der vertraglichen Bindung zwischen der Union und dem austretenden Mitgliedstaat das gesamte Unionsrecht und damit auch das Sekundärrecht seine Wirkung verliert, auf gemischte Abkommen angewendet.[1452] Einschränkungen sollen sich

1447 So auch *Dörr*, in: Grabitz/Hilf/Nettesheim 2010, Art. 50 EUV, Rn. 38; Zeh, ZEuS 2004, S. 173 (S. 206); Art. 29 WVK ist Ausdruck des Prinzips der beweglichen Vertragsgrenzen, wonach sich der territoriale Anwendungsbereich eines Vertrages verringert oder erweitert, wenn durch Gebietsverschiebungen das Hoheitsgebiet eines Staates schrumpft oder sich erweitert, *Klein*, in: EPIL Vol. 4, S. 942.

1448 So z.B. für bilaterale Handelsabkommen, Partnerschafts- und Kooperationsabkommen, Stabilisierungs- und Assoziierungsabkommen, Schengen-Assoziierungen Islands, Norwegens, der Schweiz und Liechtensteins, *Kumin/Hummer/Obwexer*, in: Der Vertrag von Lissabon 2009, S. 319.

1449 *Dörr*, in: Grabitz/Hilf/Nettesheim 2010, Art. 50 EUV, Rn. 38.

1450 *Dörr*, in: Grabitz/Hilf/Nettesheim 2010, Art. 50 EUV, Rn. 39.

1451 Gemischte Abkommen ermöglichten die Teilnahme an verschiedenen Formen der multilateralen Zusammenarbeit wie die Mitgliedschaft in der WTO, der FAO, den Beitritt zur UN-Seerechtskonvention sowie den Abschluss der Abkommen von Lomé und einer Vielzahl von Kooperations- und Rohstoffabkommen; vgl. Muchanov, ZaöRV (66) 2006, S. 737 (S. 739); *Nettesheim*, in: Europäisches Verfassungsrecht, S. 432f.

1452 *Becker*, in: Schwarze 2012, Art. 50 EUV, Rn. 7; so wohl auch *Kumin/Hummer/Obwexer*, in: Der Vertrag von Lissabon 2009, S. 319; Zeh, ZEuS 2004, S. 173 (S. 206); vgl. auch Längele, der die Frage aufwirft, welche Anpassungen in den gemischten Abkommen der EU mit Drittstaaten nach dem Austritt eines Mitgliedstaates erforderlich seien. Weil im Titel dieser Abkommen immer auf die Mitgliedstaaten

lediglich im Einzelfall aufgrund des besonderen Vertrauensschutzes der dritten Vertragsstaaten ergeben.[1453] Eine schutzwürdige Position für die dritte Vertragspartei ergibt sich, wenn es zu einer automatischen Vertragskündigung für den Austrittsstaat kommt, obwohl die Beteiligung des Austrittsstaats Grundlage für die dritte Vertragspartei war, sich am gemischten Abkommen zu beteiligen. Andere betonen die eigenständige völkerrechtliche Stellung des Austrittsstaates im Rahmen von gemischten Abkommen. Diese könne nicht allein durch den Austritt aus der Union erlöschen.[1454]

Da es auf den Einzelfall und die Interessenlage der dritten Vertragspartei ankommt, spricht nichts dagegen, grundsätzlich die Geltung von gemischten Abkommen in Bezug auf den Austrittsstaat beizubehalten. Für die dritte Vertragspartei sollte jedoch geprüft werden, ob unter Berufung auf das in Art. 62 WVK kodifizierte Prinzip *rebus sic stantibus* eine Lösung vom Vertrag möglich ist.[1455]

v. Wiedereintritt nach Austritt

Art. 50 Abs. 5 EUV sieht vor, dass der ausgetretene Staat nach dem Verfahren des Art. 49 EUV wieder Mitglied werden kann. Durch den Austritt ergeben sich keine Erschwernisse für einen potentiellen Wiedereintritt. Insbesondere ist keine Wartezeit zu beachten, die verstreichen muss, damit der betroffene Mitgliedstaat seinen Beitritt beantragen kann.[1456]

Es ist fraglich, ob von Art. 50 Abs. 5 EUV abweichende Vereinbarungen durch das Austrittsabkommen nach Art. 50 Abs. 2 EUV getroffen werden können. *Calliess* vertritt hier die Ansicht, abweichende Vereinbarungen könnten durch das Austrittsabkommen mit der Einschränkung getroffen werden, dass sie auf Wunsch des Austrittsstaates erfolgen oder im Interesse eines geordneten Austrittsverfahrens befristet sind.[1457] Anders ist *Dörr* der Meinung, dass die Kernaussage des Art. 50 Abs. 5 EUV nicht verhandelbar ist und deswegen nicht zur Disposition der Union im Rahmen eines Austrittsabkommens steht.[1458] Dem ist zu folgen. Zwar sprechen mehrere Indikatoren dafür, dass der ausgeschiedene Mitgliedstaat im Verhältnis zur Union grundsätzlich als Drittstaat behandelt wird. Dazu zählt *Callies* neben der Bestimmung des Art. 50 Abs. 5 EUV den in Art. 50 Abs. 2 EUV enthaltenen Verweis

---

Bezug genommen werde, sei fraglich, ob eine einseitige Notifikation der Union an die Drittstaaten, dass ein bestimmter Mitgliedstaat aus der Union ausgetreten sei und deshalb nicht mehr Vertragspartei des gemischten Abkommens sei, ausreiche oder Anpassungsprotokolle erforderlich wären, *Längle*, in: Der Vertrag über eine Verfassung für Europa, S. 247.

1453 *Becker*, in: Schwarze 2012, Art. 50 EUV, Rn. 7.

1454 *Dörr*, in: Grabitz/Hilf/Nettesheim 2010, Art. 50 EUV, Rn. 39.

1455 So auch *Dörr*, in: Grabitz/Hilf/Nettesheim 2010, Art. 50 EUV, Rn. 39.

1456 Haratsch/Koenig/Pechstein, Europarecht, S. 54.

1457 *Calliess*, in: Calliess 2006, Art. I-60 EVV, Rn. 15; Calliess/Dingemann, Die neue Europäische Union, S. 97; *Calliess*, in: Calliess/Ruffert 2011, Art. 50 EUV, Rn. 6.

1458 *Dörr*, in: Grabitz/Hilf/Nettesheim 2010, Art. 50 EUV, Rn. 42.

auf Art. 218 Abs. 3 AEUV, der systematisch dem Teil V über „Internationale Übereinkünfte“ mit Drittstaaten zuzuordnen sei.[1459] Jedoch sprechen die in Übereinstimmung mit Art. 50 Abs. 2 S. 2 Hs. 2 EUV zu schließenden bilateralen Abkommen über die zukünftigen Beziehungen des ausgetretenen Mitgliedstaates dafür, dass der betroffene Mitgliedstaat nach seinem Austritt mehr als ein gewöhnlicher Drittstaat im Verhältnis zur Union ist. Zumindest wenn ein Austrittsabkommen und weitere bilaterale Abkommen zwischen dem austretenden Mitgliedstaat und der Union über dessen künftige Beziehungen geschlossen werden, wird ein besonderes Verhältnis zur Union begründet, welches über das eines normalen europäischen Drittstaates hinausgeht.[1460] Die Regelung des Art. 50 Abs. 5 EUV enthält daher die zwingende Aussage, dass der ausgetretene Mitgliedstaat nur in Bezug auf einen Wiedereintritt ein Drittstaat ist. Die Aufnahme dieser Regelung in den Vertragstext hat mithin eine selbstständige Bedeutung und hätte wenig Mehrwert, wenn sie ohne Weiteres durch ein Austrittsabkommen abzuändern wäre.

3. Partieller Austritt aus der Europäischen Währungsunion?

Gegenstand der folgenden Erörterung ist, ob Art. 50 EUV oder die Beendigungsgründe des Völkervertragsrechts Rechtsgrundlagen für einen partiellen Austritt aus der dritten Stufe der Wirtschafts- und Währungsunion sind.

Im Zuge der seit 2008 anhaltenden Finanzkrise wurde die weitere Teilnahme Griechenlands an der Euro-Währungszone häufig mit Hinweis auf dessen Zahlungsunfähigkeit und die für die Währungsunion und Griechenland bestehenden Vorteile im Falle eines Ausscheidens in Frage gestellt.[1461] Bei der Teilnahme an der dritten Stufe der Europäischen Währungsunion (EWU) handelt es sich jedoch nicht um eine gesonderte Organisationsmitgliedschaft sondern um die Teilnahme an einer der weitestgehenden Integrationsstufen im europarechtlichen Kontext.[1462]

a) Partieller Austritt aus der Währungsunion auf europarechtlicher Grundlage

Im Kontext des EG/EU-Rechts war eine partielle Mitgliedschaftsbeendigung aufgrund der seit dem Vertrag von Maastricht bestehenden Säulenstruktur und der Eigenschaft der EU als Dachorganisation ohne eigene Rechtspersönlichkeit im

---

1459 Calliess/Dingemann, Die neue Europäische Union, S. 96.

1460 Vgl. *Dörr*, in: Grabitz/Hilf/Nettesheim 2010, Art. 50 EUV, Rn. 40.

1461 So z.B. FOCUS Online Money, Griechenland: Ifo-Chef empfiehlt Euro-Austritt, FOCUS (08. Mai 2011), http://www.focus.de/finanzen/news/staatsverschuldung/griechenland-ifo-chef-empfiehlt-euro-austritt_aid_625183.html (letzter Zugriff: 2.1.2015); Knopp, NVwZ 2011, S. 1480 (S. 1485); Seidel, ZEI Working Papers 2010, S. 1 (S. 1f., 23f.); Sonder, ZRP 2011, S. 33 (S. 35); Meyer, Orientierungen zur Wirtschafts- und Gesellschaftspolitik (119) 2009, S. 49 (S. 50f.).

1462 Vgl. Hanschel, NVwZ 2012, S. 995 (S. 1000).

besonderen Maße komplex, weil es Schwierigkeiten bereitete, den konkreten Umfang der mitgliedschaftlichen Rechtsposition zu bestimmen. Es stellte sich die Frage, ob die EU-Mitgliedschaft als eine einzige Mitgliedschaft die gesamte Integration erfasste oder ob mehrere unabhängige Mitgliedschaften und Kooperationsformen nebeneinander bestanden.[1463] Im Einzelnen war strittig, ob eine isolierte Aufkündigung des EUV oder der drei Gemeinschaftsverträge EGV, EAGV oder EGKSV möglich war.[1464] Die Frage nach der isolierten Aufkündigung des EGV und des EGKSV hat sich mit dem Lissabonner Reformprozess und dem Inkrafttreten von EUV und AEUV in dieser Form erübrigt. Durch den Vertrag von Lissabon wurden die Union und die EG unter Ausklammerung der EAG zu einer mit eigener Rechtspersönlichkeit ausgestatteten Union, welche die Rechtsnachfolge der EG und der früheren Union antrat, vereinigt.[1465] Der für eine Dauer von 50 Jahren geschlossene EGKSV lief am 23.7. 2002 aus.

Eine von der isolierten Kündigung eines Gründungsvertrages zu unterscheidende weitere Fallkonstellation des partiellen Austritts war die Teilauflösung eines Vertrages, d.h. die Frage, ob das EU/EG-Recht eine partielle Vertragsauflösung aus nur Teilen des EUV oder des EGV gestattete. Diese Problematik besteht auch unter der Geltung des EUV/AEUV fort. Ein partieller Austritt aus bestimmten Teilen des Vertragswerks ist schon begriffsnotwendig ausgeschlossen. So ist bspw. eine partielle Kündigung nur in Bezug auf die Bestimmungen über die gemeinsamen Außenzölle nicht möglich, weil die EU eine Zollunion ist.[1466] Ebenso wenig ist eine Nichtbeteiligung am EU-Binnenmarkt unter Beibehaltung der übrigen Unionsmitgliedschaft möglich.[1467]

Auch das einseitige Ausscheiden aus der dritten Stufe der Wirtschafts- und Währungsunion stellt einen Rückzug aus einem einzelnen Vertragsbereich dar, welcher eine tiefergehende Integrationsstufe einer Teilgruppe von Mitgliedern

---

1463 Vgl. Götting, Die Beendigung der Mitgliedschaft, S. 27.

1464 Z.T. wurde von einer Verschmelzung der EG in die EU zu einem homogenen Subjekt ausgegangen, so von Bogdandy/Nettesheim, NJW 1995, S. 2324 (S. 2327), und deswegen nur die Möglichkeit eines Totalrückzugs als zulässig angesehen. Gegen eine isolierte Mitgliedschaftsbeendigung wurden darüber hinaus die enge Verbindung zwischen der EU und den EG, die gem. Art. 1 Abs. 3 EUV a.F. die Grundlage der Union bildeten, Art. 49 EUV a.F., der nur einen einheitlichen Beitritt zur EU und EG vorsah, und das einheitliche Vertragsänderungsverfahren gem. Art. 48 EUV a.F. angeführt, vgl. *Geiger*, in: Geiger 2004, Art. 51 EUV, Rn. 2; so im Ergebnis auch Götting, Die Beendigung der Mitgliedschaft, S. 27; Ress, JuS 1992, S. 985 (S. 986f.); für eine isolierte EUV-Aufkündigung mit Verweis auf die Rechtspersönlichkeit der EG Walthemathe, Austritt aus der EU, S. 175; ebenfalls für die Möglichkeit der isolierten Aufkündigung *Schweitzer*, in: Grabitz/Hilf 2009, Art. 51 EUV, Rn. 4.

1465 Terhechte, EuR 2008, S. 143 (S. 147).

1466 *Schäfer*, in: Die Europäische Union nach der Erweiterung, S. 72; Schäfer, Intereconomics (38) 2003, S. 182 (S. 185).

1467 *Schäfer*, in: Die Europäische Union nach der Erweiterung, S. 72; Schäfer, Intereconomics (38) 2003, S. 182 (S. 185).

beschreibt.[1468] Es ist zu erörtern, ob Art. 50 EUV oder das übrige Unionsrecht Rechtsgrundlagen für einen Rückzug aus diesem Vertragsbereich begründen.

i. Die Verwirklichung der Wirtschafts- und Währungsunion

Als Kernbereich der Exekutive zählen die Geld- und Währungspolitik zu den wesentlichen Hoheitsangelegenheiten eines Staates.[1469] Es ist daher angemessen, die Schaffung der Wirtschafts- und Währungsunion (WWU) in ihrer Bedeutung für den europäischen Einigungsprozess mit der Gründung der EGKS, der EWG und der EAG zu vergleichen.[1470] Das grundsätzliche Ziel der Union ist es, gem. Art. 3 Abs. 3 EUV durch die Errichtung eines Binnenmarktes auf die nachhaltige Entwicklung Europas auf der Grundlage eines ausgewogenen Wirtschaftswachstums und von Preisstabilität, eine in hohem Maße wettbewerbsfähige soziale Marktwirtschaft, die auf Vollbeschäftigung und sozialen Fortschritt abzielt, hinzuwirken. Zu den vorrangigen Zielen der Union gehört seit dem Vertrag von Maastricht und in Übereinstimmung mit Art. 3 Abs. 4 EUV die Errichtung einer Wirtschafts- und Währungsunion mit dem Euro als gemeinsamer Währung. Art. 119 AEUV fasst die wesentlichen Bestandteile der WWU zusammen und sieht vor, dass stabile Preise, gesunde öffentliche Finanzen und monetäre Rahmenbedingungen sowie eine tragfähige Zahlungsbilanz richtungsweisende und durch die Unionsorgane und Mitgliedstaaten zu berücksichtigende Grundsätze bei diesem Prozess sind.[1471]

Die Verwirklichung der WWU stellt sich als dreistufiger Prozess der Harmonisierung der Wirtschafts- und Währungspolitik der Mitgliedstaaten dar. Die erste Stufe, die den Zeitraum vom 1.7.1990 bis zum 31.12.1993 umfasste, war mit der völligen Liberalisierung des Kapitalverkehrs zwischen den Mitgliedstaaten verbunden. Nach der Ratifizierung des Vertrages von Maastricht begann zum 1.1.1994 die zweite Stufe der WWU. Die Hauptziele waren die Koordinierung der Geldpolitiken der Mitgliedstaaten, die Überwachung des Funktionierens des Europäischen Währungssystems und die direkte Vorbereitung auf die Einführung der gemeinsamen Währung.

Für den Eintritt in die dritte und letzte Stufe der WWU wurden Kriterien für die Konvergenz der nationalen Wirtschafts- und Währungspolitiken entwickelt, die auch heute für jede Neuaufnahme eines Mitglieds in die Eurozone von wesentlicher Bedeutung sind. Diejenigen Mitgliedstaaten, die diese Voraussetzungen erfüllten und sich keine entsprechenden *Opt-outs* abbedungen haben, sind am 1.1.1999 in die dritte Stufe der WWU eingetreten.[1472] Die Wechselkurse der

1468 So Hanschel, NVwZ 2012, S. 995 (S. 1000).

1469 Walthemathe, Austritt aus der EU, S. 73f.

1470 So auch Oppermann/Classen/Nettesheim, Europarecht 2011, S. 328; ähnlich auch Sonder, ZRP 2011, S. 33 (S. 33).

1471 Vgl. dazu *Bandilla*, in: Grabitz/Hilf/Nettesheim 2010, Art. 119 AEUV, Rn. 1; Zehnfund/Sinn, Deutscher Bundestag 2009, S. 1 (S. 4).

1472 Belgien, Deutschland, Finnland, Frankreich, Irland, Italien, Luxemburg, Österreich, die Niederlande, Portugal und Spanien.

Währungen der Mitgliedstaaten wurden unwiderruflich an diesem Tag festgelegt und der Euro wurde als die gemeinsame Währung eingeführt, trat jedoch erst zum 1.1.2002 auch als Bargeld an die Stelle der Währungen dieser Mitgliedstaaten.

Zur Erfüllung und dauerhaften Einhaltung der Konvergenzkriterien haben die Mitgliedstaaten am 17.6.1997 einen Stabilitäts- und Wachstumspakt beschlossen,[1473] welcher diese dazu verpflichtet, öffentliche Defizite zu vermeiden und bestimmte Stabilitätskriterien einzuhalten. Bei Verstößen sieht der Pakt ein Defizitverfahren mit Sanktionen vor.[1474]

Die Effizienz und Zweckmäßigkeit des Pakts, gegen den die Mitgliedstaaten immer wieder verstoßen, wird häufig kritisiert.[1475] Ein Defizitverfahren gegen Portugal blieb 2002 ohne Sanktion. Defizitverfahren gegen Deutschland und Frankreich im Jahre 2004 waren der Anlass, die Kriterien des Stabilitäts- und Wachstumspaktes aufzuweichen. Die internationale Finanzkrise der Jahre 2008 bis 2010, in der zahlreiche Länder, die Stabilitätskriterien nicht mehr einhalten konnten, war die jüngste Bewährungsprobe des Paktes.[1476]

Die rechtlichen Grundlagen der EWU sind seit Inkrafttreten des Vertrages von Lissabon im Titel VIII des AEUV niedergelegt. Alle EU-Mitgliedstaaten sind nach Art. 126 AEUV zur Haushaltsdisziplin verpflichtet. Dies gilt insbesondere für diejenigen Mitgliedstaaten, deren Währung der Euro ist. Diese Staaten gehören der Euro-Gruppe an und verfügen gem. Art. 136 bis 138 AEUV und Protokoll

---

1473 Der Pakt war ursprünglich als völkerrechtlicher Vertrag zwischen den EU-Mitgliedstaaten konzipiert und wurde dann sekundärrechtlich kodifiziert. Formal besteht er aus der Entschließung des Europäischen Rates über den Stabilitäts- und Wachstumspakt v. 17.6.1997, ABl. 1997 C 236/1, der Verordnung des Rates (EG) 1466/97 über den Ausbau der haushaltspolitischen Überwachung und der Überwachung und Koordinierung der Wirtschaftspolitiken v. 7.7.1997, ABl. 1997 L 209/1ff. sowie der Verordnung (EG) 1467/97 des Rates über die Beschleunigung und Klärung des Verfahrens bei einem übermäßigen Defizit v. 7.7.1997, ABl. 1997 L 209/6ff. Beide Verordnungen wurden mit Erlass der Verordnung des Rates (EG) Nr. 1055/2005, ABl. 2005 L 174/1ff. sowie der Verordnung des Rates (EG) Nr. 1056/2005 v. 27.6.2005, ABl. 2005 L 174/5ff. mit Wirkung zum 27.7.2005 geändert; siehe dazu Zehnfund/Sinn, Deutscher Bundestag 2009, S. 1 (S. 4); vgl. Weber, EuZW 2011, S. 935 (S. 935).

1474 Zum Stabilitäts- und Wachstumspakt vgl. Hahn, JZ (52) 1997, S. 1133 (S. 1133ff.); Häde, EuZW 1996, S. 138 (S. 138ff.); Konow, Der Stabilitäts- und Wachstumspakt, S. 17ff.; Palm, EuZW 2004, S. 71 (S. 71ff.); Stark, Die Zukunft des Stabilitätspaktes, S. 2ff.; Hatje, DÖV 2006, S. 597 (S. 597ff.); Horn, NJW 2011, S. 1398 (S. 1398ff.); Streinz/Ohler/Herrmann, NJW 2004, S. 1553 (S. 1553ff.); Weber, EuZW 2011, S. 935 (S. 935); zum Defizitverfahren siehe insbesondere Konow, Der Stabilitäts- und Wachstumspakt, S. 76ff.

1475 Horn, NJW 2011, S. 1398 (S. 1399); Weber, EuZW 2011, S. 935 (S. 935); Sonder, ZRP 2011, S. 33 (S. 33); *Tomuschat*, in: Problemi e tendenze del diritto, S. 281ff.

1476 Vgl. Horn, NJW 2011, S. 1398 (S. 1399); Weber, EuZW 2011, S. 935 (S. 935).

Nr. 14[1477] über spezifische Rechte und Pflichten. Art. 140 AEUV beschreibt die für die Einführung des Euro in den Mitgliedstaaten zu erfüllenden Konvergenzkriterien. Während die Union gem. Art. 3 Abs. 1 lit. c AEUV eine ausschließliche Zuständigkeit für die Währungspolitik der Mitgliedstaaten, deren Währung der Euro ist, hat und diese im Wesentlichen von der EZB im Rahmen des ESZB ausgeübt wird,[1478] unterliegt deren Wirtschaftspolitik nur der Koordinierung.[1479] Die weiterhin nationalen Wirtschaftspolitiken werden jedoch einer umfassenden Gemeinschaftsdisziplin unterworfen, dazu zählen strenge Regeln für die öffentlichen Finanzen und ein rechtlich verbindlicher Rahmen für die Haushaltspolitik der Mitgliedstaaten im Verfahren zur Vermeidung übermäßiger öffentlicher Defizite.[1480]

Für Dänemark und Großbritannien gelten gem. der dem Vertrag von Maastricht beigefügten Protokolle insofern Ausnahmeregelungen, als der Übergang zur dritten Stufe der WWU nicht automatisch erfolgt, selbst wenn die Bedingungen dafür vorliegen.[1481] Obwohl es die Konvergenzkriterien erfüllt, nimmt auch Schweden nicht an der Währungsunion teil. Zwar hat es sich nicht wie Großbritannien und Dänemark ein *Opting-out* ausbedungen, verhindert jedoch seinen Beitritt zur Währungsunion, indem es eine formale Voraussetzung – die Teilnahme am Wechselkursmechanismus II – nicht erfüllt.[1482]

ii. Art. 50 EUV als Rechtsgrundlage für einen partiellen Austritt

Im Gegensatz zum 1979 geschaffenen Europäischen Währungssystem (EWS)[1483] sieht weder das alte noch das neue Vertragsrecht ausdrückliche Regelungen in Bezug auf den Austritt oder den Ausschluss eines Mitgliedstaates aus der

---

1477 Protokoll (Nr. 14) betreffend die Eurogruppe, ABl. 2007 C 306/153; konsolidierte Fassung ABl. 2010 C 83/283.

1478 Siehe Art. 127–133 AEUV, vgl. *Bandilla*, in: Grabitz/Hilf/Nettesheim 2010, Art. 119 AEUV, Rn. 15.

1479 Siehe Art. 2 Abs. 3, 5, 121 AEUV, vgl. Weber, EuZW 2011, S. 935 (S. 935).

1480 Siehe dazu Art. 120–125 AEUV, Art. 126 AEUV und Protokoll Nr. 12 über das Verfahren bei einem übermäßigen Defizit, ABl. 2010 C 83/279f.; vgl. *Bandilla*, in: Grabitz/Hilf/Nettesheim 2010, Art. 119 AEUV, Rn. 16.

1481 Protokoll über einige Bestimmungen betreffend Dänemark, ABl. 1992 C 191/89; Protokoll über einige Bestimmungen betreffend das Vereinigte Königreich und Nordirland, ABl. 1992 C 191/87ff.; siehe dazu oben, S. 146, 182.

1482 Dies ist als Vertragsverstoß zu werten. Ein Vertragsverletzungsverfahren wurde von der Europäischen Kommission bislang jedoch noch nicht eingeleitet, vgl. Herz, Wirtschaftsdienst (87) 2007, S. 503 (S. 505); *Wölker*, in: Groeben, Art. 121 EG, Rn. 42. Bei dem am 14.9.2003 in Schweden abgehaltenen Referendum zur Frage der Einführung des Euro wurde die Einführung der gemeinsamen Währung mit 56,1% der Stimmen bei 41,8% Zustimmung abgelehnt, vgl. Zehnfund/Sinn, Deutscher Bundestag 2009, S. 1 (S. 7).

1483 Dieses sah die Möglichkeit eines einseitigen Ausscheidens aus dem Verbund mit dem Ziel der Rückkehr unter geänderten Wechselkursen vor, vgl. Seidel, EuZW 2007, S. 617 (S. 617).

Euro-Währungszone im engeren oder der WWU im weiteren Sinne vor. Dem Wortlaut des Art. 50 EUV sind ein Recht zum partiellen Austritt aus einzelnen Politikbereichen und insbesondere aus der Euro-Währungszone nicht zu entnehmen. Die Austrittsklausel beschreibt lediglich den Austritt „aus der Union" (Art. 50 Abs. 1 EUV) mit der Folge, dass „die Verträge" (Art. 50 Abs. 3 EUV) auf den betroffenen Staat keine Anwendung mehr finden. Obschon keine ausdrücklichen Bestimmungen zum Ausscheiden aus der Währungsunion im Vertragswerk getroffen werden, schließt Art. 50 EUV die Möglichkeit eines einseitigen Austritts aus der Euro-Währungszone mit dem Ziel einer späteren Rückkehr nicht ausdrücklich aus.[1484] Fraglich bleibt daher, ob das Austrittsrecht gem. Art. 50 EUV einen partiellen Austritt nur aus der Euro-Währungszone im Sinne der dritten Stufe der WWU mit der Folge einer ‚Teilmitgliedschaft'[1485] in der Union zu den gleichen Bedingungen wie den Austritt aus der Union gestattet.

Die Heranziehung von Art. 50 EUV als Rechtsgrundlage für einen partiellen Austritt nur aus der Euro-Währungszone wird des Öfteren für möglich gehalten.[1486] In der Regel wird unter Anwendung des *A-maiore-ad-minus*-Grundsatzes argumentiert, die Befugnis zu einem Teilaustritt aus einzelnen Handlungsbereichen der EU, sei implizit in der Befugnis, die Verträge in ihrer Gesamtheit zu kündigen, enthalten.[1487] Außerdem schließe Art. 50 EUV einen Teilaustritt nicht aus, sondern erlaube seine Regelung im Rahmen des nach Art. 50 Abs. 2 EUV zu vereinbarenden Austrittsabkommens.[1488] Wird der Teilaustritt durch eine entsprechende Vereinbarung im Austrittsabkommen bewirkt, ermöglichen es die verfahrensrechtlichen Voraussetzungen des Art. 50 EUV den übrigen Mitgliedstaaten, Einfluss auf die Gestaltung des Teilaustritts zu nehmen. Zunächst müssen sie dem den Teilaustritt regelnden Austrittsabkommen gem. Art. 50 Abs. 2 S. 4 EUV mit qualifizierter Mehrheit im Rat zustimmen. Darüber hinaus könnten die Mitgliedstaaten Einfluss auf einen Teilaustritt im Zuge der Umsetzung der vereinbarten Vertragsänderungen nehmen.[1489] Denn die nach dem Austritt eines Mitgliedstaates notwendig werdenden Änderungen der primärrechtlichen Verträge können nicht in einem bilateralen Austrittsabkommen zwischen der Union und dem austretenden

---

1484 Seidel, ZEI Working Papers 2010, S. 1 (S. 26).

1485 *Dörr*, in: Grabitz/Hilf/Nettesheim 2010, Art. 50 EUV, Rn. 30.

1486 So *Dörr*, in: Grabitz/Hilf/Nettesheim 2010, Art. 50 EUV, Rn. 30; Herrmann, EuZW 2010, S. 413 (S. 417); *Khan*, in: Geiger 2010, Art. 140 AEUV, Rn. 11; Knopp, NVwZ 2011, S. 1480 (S. 1482); Proctor, EBLR (17) 2006, S. 911 (S. 924); Seidel, EuZW 2007, S. 617 (S. 617); nicht gänzlich ablehnend Calliess/Dingemann, Die neue Europäische Union, S. 97.

1487 *Khan*, in: Geiger 2010, Art. 140 AEUV, Rn. 11; Seidel, EuZW 2007, S. 617 (S. 617); als „Minus gegenüber einem Vollaustritt" gem. Art. 50 EUV möglich, Herrmann, EuZW 2010, S. 413 (S. 417).

1488 Calliess/Dingemann, Die neue Europäische Union, S. 97; *Dörr*, in: Grabitz/Hilf/Nettesheim 2010, Art. 50 EUV, Rn. 30.

1489 *Dörr*, in: Grabitz/Hilf/Nettesheim 2010, Art. 50 EUV, Rn. 30.

Mitgliedstaat geregelt werden, sondern bedürfen eines normalen Vertragsänderungsverfahrens nach Art. 48 Abs. 2 bis 5 EUV. Der Teilaustritt könne letztlich durch den EuGH begrenzt werden, welcher gem. Art. 218 Abs. 11 AEUV zur Kontrolle des Abkommens berufen ist.[1490]

Z.T. wird das Recht auf einen partiellen Austritt an weitere Bedingungen geknüpft. So soll ein partieller Austritt aus einzelnen Handlungsbereichen der EU nur möglich sein, wenn das Ausscheiden eines Mitgliedstaats im konkreten Fall den Interessen der Union entspreche.[1491] Außerdem erfordere ein partieller Austritt aus der Währungsunion das Einvernehmen aller anderen an ihr teilnehmenden Mitgliedstaaten.[1492] Überdies gelte ein aufgrund der allgemeinen Grundsätze der Unionsrechtsordnung bestehendes Missbrauchsverbot, welches einen partiellen Austritt nicht gestatte, wenn dieser nur eine Verringerung der unionsrechtlichen Bindung bezweckt, während die Mitwirkungsrechte des Mitgliedstaates im Rahmen seiner Unionszugehörigkeit unverändert bestehen bleiben.[1493]

Eine weitere Möglichkeit, durch Inanspruchnahme von Art. 50 EUV aus der Euro-Währungszone auszutreten, soll darin bestehen, vollständig nach Maßgabe von Art. 50 EUV aus der Union auszutreten, um anschließend – wenn auch nach Verstreichen von nur „einer juristischen Sekunde“[1494] – unter Geltung eines modifizierten Umfangs der mitgliedschaftlichen Rechtsposition wieder einzutreten.[1495] Im Zuge des Austrittsverfahrens könnte bereits die Wiedereintrittsabsicht des Mitgliedstaates durch eine entsprechende Vereinbarung im Austrittsabkommen Berücksichtigung finden.[1496] Nach erfolgtem Austritt würde der betreffende Mitgliedstaat ein Beitrittsverfahren nach Art. 49 EUV anstrengen. Im Rahmen des Beitrittsverfahrens könnte der betreffende Staat *Opt-outs* nach dänischen und britischen Vorbild vereinbaren, welche ihn von der Verpflichtung entbinden, an der dritten Stufe der WWU teilzunehmen. Andererseits könnte der betreffende Staat ein informelles *Opt-out* wie Schweden anstreben, indem er es unterließe, am Wechselkursmechanismus des Europäischen Währungssystems teilzunehmen.[1497]

Zur Begründung wird argumentiert, dass das Unionsrecht partielle Mitgliedschaften gestatte. Ebenso wie der territoriale Geltungsbereich des Unionsrechts im Falle von Algerien und Grönland eingeschränkt wurde, müsse auch eine

---

1490 *Dörr*, in: Grabitz/Hilf/Nettesheim 2010, Art. 50 EUV, Rn. 30.

1491 Seidel, EuZW 2007, S. 617 (S. 617).

1492 Seidel, EuZW 2007, S. 617 (S. 617).

1493 *Dörr*, in: Grabitz/Hilf/Nettesheim 2010, Art. 50 EUV, Rn. 30.

1494 Meyer, nzz (112) 2010, S. 28 (S. 28).

1495 So Meyer, nzz (112) 2010, S. 28 (S. 28); vgl. Zehnfund/Sinn, Deutscher Bundestag 2009, S. 1 (S. 9f.).

1496 Vgl. Zehnfund/Sinn, Deutscher Bundestag 2009, S. 1 (S. 10).

1497 Oder indem die rechtlichen Voraussetzungen für die vollständige Integration seiner nationalen Zentralbank in das ESZB nicht erfüllt werden, Zehnfund/Sinn, Deutscher Bundestag 2009, S. 1 (S. 10).

sachliche Beschränkung möglich sein.[1498] In Bezug auf die Währungsunion erlaube das Unionsrecht eine solche partielle Mitgliedschaft, indem es in Art. 139 AEUV Mitgliedstaaten „mit Ausnahmeregelung", d.h. ohne Zugehörigkeit zur Währungsunion, vorsieht. Alle Nichtteilnehmerstaaten der dritten Stufe der WWU haben abgesehen von ihrer Zugehörigkeit zur Währungsunion den gleichen rechtlichen Status in Bezug auf ihre Unionsmitgliedschaft wie die Teilnehmerstaaten der dritten Stufe der WWU.[1499] Die Mitgliedschaft Großbritanniens und Dänemarks in der Währungsunion unter Ausschluss der obligatorischen Teilnahme an der Währungsunion in ihrer dritten Stufe sei ebenfalls ein Beispiel für diese systemimmanenten Differenzierungen. Deswegen sei der Umkehrschluss, dass ein Rückzug aus der Währungsunion nur über einen Austritt aus der Union möglich sei, verfehlt.[1500]

iii. Gegenargumentation

Die überwiegende Meinung schließt jedoch bereits aus dem Wortlaut der Bestimmung und dem Fehlen einer Regelung der Kündigungsmöglichkeit in Bezug auf die EWU-Mitgliedschaft, dass ein Recht auf den partiellen Austritt nur aus der Euro-Währungszone nach Maßgabe des Art. 50 EUV nicht möglich ist.[1501] Ein Austritt gem. Art. 50 EUV erfasse „die Verträge", was ausweislich von Art. 1 Abs. 2 AEUV den AEUV als rechtlich gleichrangigen Vertrag mit einschließt.[1502] Eine entsprechende und nur für den AEUV und damit für die WWU geltende Regelung wurde nicht geschaffen.[1503]

Gegen die Heranziehung von Art. 50 EUV als Rechtsgrundlage für einen partiellen Austritt nur aus der Euro-Währungszone sprechen der Grundsatz von der Einheitlichkeit der Mitgliedschaft und die unterschiedlichen für die Union und die Euro-Währungszone geltenden Beitrittsvoraussetzungen. Zudem wird regelmäßig vertreten, ein einseitiger Austritt aus der Euro-Währungszone verstoße gegen einen auf einzelne Bestimmungen der Verträge und das Protokoll Nr. 24 über den Übergang zur dritten Stufe der Wirtschafts- und Währungsunion von 1992 beruhenden Grundsatz der Unumkehrbarkeit der WWU. Weil die Möglichkeit des

---

1498 Seidel, ZEI Working Papers 2010, S. 1 (S. 26).

1499 Seidel, ZEI Working Papers 2010, S. 1 (S. 25ff.); vgl. Zehnfund/Sinn, Deutscher Bundestag 2009, S. 1 (S. 10).

1500 *Herdegen*, in: Maunz/Dürig, Art. 88 GG, Rn. 27.

1501 So *Bandilla*, in: Grabitz/Hilf 2009, Protokoll (Nr. 24) über den Übergang zur dritten Stufe der Wirtschafts- und Währungsunion (1992), Rn. 4; *Ruggeri/Servais*, in: Legal aspects, S. 67; ähnlich auch *Häde*, in: Calliess/Ruffert 2011, Art. 140 AEUV, Rn. 60; Smits, CMLRev (42) 2005, S. 425 (S. 464).

1502 So auch *Geiger*, in: Geiger 2010, Art. 50 EUV, Rn. 7; vgl. Hummer, AIES 2010, S. 1 (S. 1).

1503 Heimbach/Zehnfund, Deutscher Bundestag (2009) , S. 1 (S. 5); Heimbach, Deutscher Bundestag 2009, S. 1 (S. 5).

einvernehmlichen Austritts aus der Euro-Währungszone gegeben ist, besteht zudem keine vertragliche Notwendigkeit, ein partielles Austrittsrecht zu gewähren.

(1) Einheitlichkeit der Mitgliedschaft

Die Union ist ein integriertes Ganzes, welches seinen Mitgliedstaaten nicht gestattet, die Anwendung spezifischer Vertragsbereiche des Gesamtsystems nach ihren Wünschen auszuschließen und einzelnen Politiken wie bspw. die Niederlassungsfreiheit oder der Währungspolitik fernzubleiben.[1504] Wünschen Mitgliedstaaten eine partielle Vertragsbindung, ist dies nur zu Beginn der Mitgliedschaft durch eine ausdrückliche Ermächtigung in Form von *Opt-out* -Regelungen und nicht im Verlauf der Mitgliedschaft möglich. Dies verdeutlichen insbesondere die Bestimmungen über die Teilnahme an der Währungsunion. Gem. Art. 140 AEUV besteht grundsätzlich die Pflicht zur Teilnahme an der dritten Stufe der WWU, sobald die Konvergenzkriterien erfüllt sind. Ein Fernbleiben stellt die Ausnahme dar und bedarf ausdrücklicher Ermächtigungen, wie sie im Falle von Dänemark und Großbritannien erfolgt sind.[1505]

(2) Unterschiedlichkeit der Beitrittsvoraussetzungen

Ebenso wenig überzeugt eine Argumentation unter Heranziehung des *a-maiore-ad-minus*-Grundsatzes. Die Währungsunion im Allgemeinen und die Verwirklichung ihrer dritten Stufe im Besonderen können nicht als Untereinheit der Union gesehen werden. Die Ansicht berücksichtigt nicht die unterschiedlichen Aufnahmebedingungen, die für die Union und die Währungsunion bestehen.

Die Beitrittsbedingungen unterscheiden sich in Bezug auf den Aspekt der Freiwilligkeit. Weil die Unionsmitgliedschaft freiwillig ist, scheint es durchaus gerechtfertigt, ihre Mitgliedstaaten frei über ihre Beendigung entscheiden zu lassen und ggf. einseitig und materiell-rechtlich voraussetzungslos gem. Art. 50 EUV aus der Union auszutreten. Anders als die Unionsmitgliedschaft ist die EWU-Mitgliedschaft aufgrund der in Art. 119 und Art. 140 AEUV vorgeschriebenen Verpflichtung zur Verwirklichung der WWU obligatorisch, sodass der Austritt aus ihrer dritten Stufe nicht zur freien Disposition ihrer Teilnehmer stehen kann.[1506]

Ferner unterliegt der Beitritt zur Union den materiell-rechtlichen Voraussetzungen des Art. 49 EUV. Danach kann jeder „Europäische Staat", der die Werte des Art. 2 EUV achtet und fördert, beantragen, Mitglied der Union zu werden. Mit den in Art. 2 EUV aufgeführten Werten sind insbesondere Freiheit, Demokratie, Achtung der Menschenrechte und Rechtsstaatlichkeit angesprochen. Der

---

1504 *Tomuschat*, in: Problemi e tendenze del diritto, S. 292f.; *Zilioli*, in: Legal aspects, S. 126; *Ruggeri/Servais*, in: Legal aspects, S. 67, der sich darauf begrenzt festzustellen, dass das Austrittsrecht nicht den einseitigen Austritt aus der EWU behandelt; vgl. auch Endler, Europäische Zentralbank und Preisstabilität, S. 533ff.

1505 *Tomuschat*, in: Problemi e tendenze del diritto, S. 293.

1506 So auch Seidel, EuZW 2007, S. 617 (S. 617).

Verweis wurde 1997 durch den Amsterdamer Vertrag aufgenommen und bezieht sich auf die vom Europäischen Rat in seinen Kopenhagener Schlussfolgerungen vom 22.6.1993 formulierten Anforderungen.[1507] Für die Teilnahme an der dritten Stufe der WWU muss jeder Mitgliedstaat die Konvergenzkriterien gem. Art. 140 Abs. 1 AEUV i.V.m. Protokoll Nr. 13 zum Vertrag von Lissabon erfüllen.

Aus dem Charakter der Konvergenzkriterien ergibt sich indessen keine Notwendigkeit der Möglichkeit eines einseitigen Austritts. Die Konvergenzkriterien stellen die Prüfungsgrundlage der Kommission und der EZB dar, wenn es um die Teilnahme an der dritten Stufe der WWU geht. Eine darüberhinausgehende Funktion als Maßstäbe innerhalb eines Überwachungs- und Sanktionsprozesses i.S.v. *benchmarks* erfüllen die Kriterien jedoch nicht.[1508] Insbesondere sind sie keine Bedingungen für das Verbleiben in der Währungsunion.[1509]

(3) Verstoß gegen den Grundsatz von der Unumkehrbarkeit der WWU

Regelmäßig wird vertreten, der betreffende Staat verstoße durch seinen einseitigen Austritt aus der Euro-Währungszone gegen diejenigen Vorschriften der Verträge, welche von einer „unwiderruflichen Festlegung der Wechselkurse" sprechen,[1510] sowie gegen Protokoll Nr. 24 über den Übergang zur dritten Stufe der Wirtschafts- und Währungsunion von 1992.[1511] Dieses Protokoll bestimmt in Abs. 1 die „Unumkehrbarkeit" des Übergangs der Gemeinschaft in die dritte Stufe der WWU und in Abs. 3 die unwiderrufliche Festlegung der Wechselkurse.[1512] Weil die Beschlüsse des Rates von 1998 zum Übergang in die dritte Stufe der WWU und die damit verbundene Einführung der gemeinsamen Währung in zunächst elf Mitgliedstaaten demnach nicht rückgängig zu machen seien, sei die Währungsunion auf Dauer angelegt.[1513] Dies gelte ebenso für diejenigen Mitgliedstaaten, die zunächst eine

---

1507 Europäischer Rat, Schlussfolgerungen des Vorsitzes – Kopenhagen 21.22.6.1993, SN 180/1/93, EG Bull. 6/93, 13; bei der Entscheidung über den Beitrittsantrag sind die Verfassungsstaatlichkeit, die Binnenmarktfähigkeit und die Integrationswilligkeit des Mitgliedstaates sowie die Erweiterungsfähigkeit der Union zu berücksichtigen, *Geiger*, in: Geiger 2010, Art. 49 EUV, Rn. 7f. Ein Anspruch auf Aufnahme in die Union leite sich daraus indes nicht ab. Zu den Beitrittsvoraussetzungen und zur Möglichkeit der Entstehung subjektiver Rechtspositionen im Rahmen des Beitrittsverfahrens siehe Šarcevic, EuR 2002, S. 461 (S. 461ff.); *Zeh/Calliess/Isak*, in: Der Konventsentwurf für eine EU-Verfassung, S. 81ff.

1508 Vgl. Zehnfund/Sinn, Deutscher Bundestag 2009, S. 1 (S. 8f.).

1509 So auch Seidel, ZEI Working Papers 2010, S. 1 (S. 24).

1510 So noch Art. 4 Abs. 2 EGV, 118 EGV, 123 Abs. 4 EGV, nunmehr lediglich in Art. 140 Abs. 3 AEUV.

1511 ABl. 1992 C 191/95ff.

1512 Vgl. *Bandilla*, in: Grabitz/Hilf 2009, Protokoll (Nr. 24) über den Übergang zur dritten Stufe der Wirtschafts- und Währungsunion (1992), Rn. 4; Proctor, EBLR (17) 2006, S. 911 (S. 929); *Ruggeri/Servais*, in: Legal aspects, S. 67.

1513 Vgl. *Häde*, in: Calliess/Ruffert 2011, Art. 140 AEUV, Rn. 62.

Ausnahmeregelung hatten, dann aber dem Euro-Gebiet beigetreten sind.[1514] Der Grundsatz der Unumkehrbarkeit verdichte sich zu einem ausdrücklichen Verbot, die gemeinsame Währung abzuschaffen[1515] sowie in Ermangelung einer entsprechenden Rechtsgrundlage im Wege eines schlichten *actus contrarius* zur Aufnahmeentscheidung aus der dritten Stufe der WWU auszuscheiden.[1516] Die durch den Vertrag von Maastricht eingeführte Rechtsordnung hat sich durch den Vertrag von Lissabon insoweit nicht geändert, als der Art. 140 AEUV immer noch die Verpflichtung zur Beteiligung am Eurosystem enthält, sofern keine Ausnahmeregelung gewährt wurde. Obwohl die betreffenden Bestimmungen bzgl. der Unwiderruflichkeit der Wechselkurse geändert und das Protokoll Nr. 24 aufgehoben wurden,[1517] könne die Einführung der gemeinsamen Währung auch nach geltendem Vertragsrecht nicht rückgängig gemacht werden. Die terminologische Änderung sei lediglich darauf zurückzuführen, dass der Euro nun bereits existiere, so dass keine Wechselkursfestlegung mehr stattfinde.[1518] Der im Protokoll enthaltene Grundsatz der Unumkehrbarkeit gehöre zu den allumfassenden Strukturen des Eurosystems und sei daher vorrangig bei der Beantwortung der Frage nach der Möglichkeit eines Austritts aus dem Eurosystem zu berücksichtigen.[1519] Die vertraglich vorgesehene Unumkehrbarkeit bestätige ebenfalls die Auffassung des EuGH dahingehend, dass es sich bei bestimmten Integrationsschritten um endgültige, nicht mehr rückgängig zu machende Beschränkungen von Hoheitsrechten handele.[1520]

Gegen eine Unumkehrbarkeit der Währungsunion spricht, dass sich aus der Unwiderruflichkeit der Festlegung der Wechselkurse nicht begriffsnotwendig die

---

1514 *Bandilla*, in: Grabitz/Hilf 2009, Protokoll (Nr. 24) über den Übergang zur dritten Stufe der Wirtschafts- und Währungsunion (1992), Rn. 2; so bereits *Häde*, in: Calliess 2007, Art. 122 EGV, Rn. 44f.

1515 Herrmann, Währungshoheit, S. 120; *Häde*, in: FS Hahn, S. 158; Beisse, BBC News 1992, S. 645 (S. 646); *Häde*, in: Calliess/Ruffert 2011, Art. 140 AEUV, Rn. 59.

1516 So Hanschel, NVwZ 2012, S. 995 (S. 1000); *Häde*, in: Calliess 2007, Art. 122 EGV, Rn. 44; Herrmann, EuZW 2010, S. 413 (S. 417); *Wölker*, in: Groeben, Art. 121 EG, Rn. 43; mit Verweis auf die Klagmöglichkeiten der Mitgliedstaaten gegen die entsprechenden Beschlüsse der Gemeinschaftsorgane *Potacs*, in: Schwarze 2000, Art. 121 EGV, Rn. 8; vgl. auch *Bandilla*, in: Grabitz/Hilf 2009, Protokoll (Nr. 24) über den Übergang zur dritten Stufe der Wirtschafts- und Währungsunion (1992), Rn. 5; *Zilioli*, in: Legal aspects, S. 121ff.; Zehnfund/Sinn, Deutscher Bundestag 2009, S. 1 (S. 9); in der Finanzwelt ist verstärkt erörtert worden, ob dies eine rechtliche Unkündbarkeit der Währungsunion bedeuten könnte, vgl. *Schweitzer*, in: Grabitz/Hilf 2009, Art. 312 EGV, Rn. 4 m.w.N.

1517 Siehe Protokoll Nr. 1 zum Lissabonner Vertrag, ABl 2007 C 306/169.

1518 Herrmann, EuZW 2010, S. 413 (S. 417).

1519 *Tomuschat*, in: Problemi e tendenze del diritto, S. 280.

1520 *Schweitzer*, in: Grabitz/Hilf 2009, Art. 312 EGV, Rn. 4; mit Verweis auf EuGH v. 15.7.1964, Rs. C-6/64, Slg. 1964, S. 1251 (S. 1270) – *Costa/E.N.E.L.*; EuGH v. 5.5.1981, Rs. C-804/79, Slg. 1981, S. 1045 Rn. 17/18 – *Kommission gegen Vereinigtes Königreich*; so auch *Zilioli*, in: Legal aspects, S. 126.

Unumkehrbarkeit der Verbindung ergibt. Die Entscheidung, dem Wert der eigenen Währung zum Zeitpunkt der Einführung des Eurosystem unwiderruflich zuzustimmen, ist von der Entscheidung, diesem System bei- oder auszutreten, zu unterscheiden.[1521] Im Vertragstext des EGV wurde nur auf die Endgültigkeit der Wechselkurse verwiesen. Lediglich das Protokoll sprach von Unumkehrbarkeit. Auch zwischen der im Protokoll erwähnten Unumkehrbarkeit und einem Lösungsrecht besteht kein direkter Widerspruch, weil damit nicht nur die Unumkehrbarkeit des Eintritts sondern auch die Unumkehrbarkeit der Verpflichtung, alles zu tun, um die dritte Stufe der WWU zu erreichen, gemeint sein könnte.[1522] Dass die Endgültigkeit der Wechselkurse im Gegensatz zum EGV keinen Ausdruck im EUV/AEUV finden musste, lässt sich tatsächlich damit erklären, dass der Euro eingeführt wurde und dies daher nicht mehr notwendig erschien. Spricht man dem Protokoll jedoch eine über die unwiderrufliche Festlegung der Wechselkurse hinausgehende Bedeutung im Sinne einer Unumkehrbarkeit der Verbindung zu, hätte dies Ausdruck im aktuellen Vertragstext finden müssen.

(4) Keine vertragliche Notwendigkeit eines partiellen Austrittsrechts

Für die Teilnehmerstaaten an der dritten Stufe der WWU kann es aufgrund ihrer gemeinsamen Währung zu einer Situation kommen, in der durch die finanzielle Notlage eines Teilnehmerstaates die Gemeinschaftswährung gefährdet und das Ausscheiden des betreffenden Mitglieds für die Existenzerhaltung der Währungsunion notwendig ist. Jedoch kann dies nicht als Argument herangezogen werden, um die Möglichkeit eines Teilaustritts aus der dritten Stufe der WWU nach Maßgabe von Art. 50 EUV zu begründen. Einerseits steht einem Mitglied in einer solchen Situation offen, gem. Art. 50 EUV einseitig aus der gesamten Union auszutreten. Darüber hinaus spricht trotz der Bekenntnisse zu Unwiderruflichkeit und Unumkehrbarkeit der Währungsunion weder europarechtlich noch völkerrechtlich etwas dagegen, den Teilaustritt aus der dritten Stufe der WWU einvernehmlich durch eine Änderung der primärrechtlichen Grundlagen der Union gem. Art. 48 Abs. 2–5 EUV zu beschließen.[1523] Daneben werden Konstellationen diskutiert, in denen die im Konsens beschlossene Entlassung eines Mitgliedstaates aus dem europäischen Währungsverband auch ohne förmliche Vertragsrevision gestattet werden könne.[1524]

1521 Vgl. *Tomuschat*, in: Problemi e tendenze del diritto, S. 278.

1522 Walthemathe, Austritt aus der EU, S. 118.

1523 So die überwiegende Meinung *Bandilla*, in: Grabitz/Hilf 2009, Protokoll (Nr. 24) über den Übergang zur dritten Stufe der Wirtschafts- und Währungsunion (1992), Rn. 3; *Häde*, in: Calliess/Ruffert 2011, Art. 140 AEUV, Rn. 63; Hahn/Häde, Währungsrecht, S. 307; *Herdegen*, in: Maunz/Dürig, Art. 88 GG, Rn. 27; Herrmann, EuZW 2010, S. 413 (S. 417).

1524 Dies generell bejahend Herdegen, Europarecht 2012, S. 416.

So wird Art. 2 AEUV als Ermächtigungsgrundlage und Verfahrensvorschrift zur „Rück- oder Umstufung“[1525] eines Eurostaates zu einem Mitgliedstaat mit Ausnahmeregel i.S.v. Art. 139 AEUV erörtert.[1526] Gem. Art. 2 Abs. 1 AEUV dürfen die Mitgliedstaaten für einen Bereich, in dem der Union eine ausschließliche Zuständigkeit übertragen wurde, tätig werden, wenn sie von der Union hierzu ermächtigt werden. In Übereinstimmung mit Art. 3 Abs. 1 lit. c AEUV hat die Union eine ausschließliche Zuständigkeit für die Währungspolitik derjenigen Mitgliedstaaten, deren Währung der Euro ist. Die Mitgliedstaaten könnten demnach aufgrund einer Ermächtigung der Union „gesetzgeberisch“ tätig werden und so unter Aufgabe ihrer Beteiligung an der vergemeinschafteten Währungspolitik eine eigene Währung einführen.[1527] Das Ausscheiden aus der dritten Stufe der WWU soll analog der Aufnahme eines Mitgliedstaates in diesen Teilnehmerkreis erfolgen. Es bedürfe also einer rechtsförmlichen Entscheidung des Rates in der Zusammensetzung der Staats- und Regierungschefs der EU-Mitgliedstaaten und des Einvernehmens aller an der Währungsunion teilnehmenden Mitgliedstaaten, einschließlich des ausscheidenden Mitgliedstaates.[1528]

Zur Begründung wird angeführt, die Bestimmung des Art. 2 Abs. 1 AEUV verdeutliche, dass eine Politik wie die Währungspolitik, welche in den ausschließlichen Zuständigkeitsbereich der EU überführt worden sei, die Zuständigkeit der einzelnen Mitgliedstaaten nicht auf Dauer und bedingungslos beende.[1529] Dies sei gerechtfertigt, weil bestimmte Aufgaben in Krisenzeiten auf der nationalen Ebene besser wahrgenommen werden könnten.[1530] Außerdem könnte im Gegenzug zur Möglichkeit des partiellen Austritts aus der dritten Stufe der WWU, eine Kompetenzausweitung der Union im Rahmen der Euro-Gruppe bei der Überwachung der nationalen Haushalte als Ausgleich zum Kompetenzverlust der Union erfolgen.[1531]

Gegen die Anwendung von Art. 2 Abs. 1 Hs. 2 AEUV spricht, dass nicht klar ist, nach welchem Verfahren die kompetenzielle Rückermächtigung zu erfolgen hätte. Andererseits lässt die allgemeine Formulierung der Ermächtigungsklausel nicht erkennen, ob die Mitgliedstaaten aufgrund der Ermächtigung handeln müssen, ob die Ermächtigung zeitlich begrenzt ist und ob diese einschränkende Bestimmungen

---

1525 Seidel, ZEI Working Papers 2010, S. 1 (S. 25).

1526 Herrmann, EuZW 2010, S. 413 (S. 417); Seidel, EuZW 2007, S. 617 (S. 617); Terhechte, EuR – Beiheft 1 2010, S. 135 (S. 138); vgl. Zehnfund/Sinn, Deutscher Bundestag 2009, S. 1 (S. 10).

1527 So Seidel, EuZW 2007, S. 617 (S. 617); Seidel, ZEI Working Papers 2010, S. 1 (S. 26); vgl. Zehnfund/Sinn, Deutscher Bundestag 2009, S. 1 (S. 10).

1528 Seidel, ZEI Working Papers 2010, S. 1 (S. 2); vgl. Zehnfund/Sinn, Deutscher Bundestag 2009, S. 1 (S. 10).

1529 Seidel, EuZW 2007, S. 617 (S. 617); Seidel, ZEI Working Papers 2010, S. 1 (S. 26); vgl. Zehnfund/Sinn, Deutscher Bundestag 2009, S. 1 (S. 10).

1530 Vgl. Terhechte, EuR – Beiheft 1 2010, S. 135 (S. 138).

1531 Terhechte, EuR – Beiheft 1 2010, S. 135 (S. 138).

enthalten kann, die für die Mitgliedstaaten bei der Ausübung bindend sind.[1532] Z.T. wird zwar davon ausgegangen, dass eine Ermächtigung gem. Art. 2 Abs. 1 Hs. 2 AEUV ausdrücklich durch Sekundärrecht in Form einer Verordnung zu erfolgen hat,[1533] mit der Folge, dass die Bestimmungen bezüglich des ordentlichen Gesetzgebungsverfahrens gem. Art. 289 AEUV Anwendung finden. In welcher Form eine Ermächtigung ausgestaltet sein muss, wird indessen durch den Vertragstext offen gelassen. Eine historische Auslegung unter Heranziehung der Äußerungen im Verfassungskonvent lässt darauf schließen, dass hinsichtlich der Form und des Inhalts der Ermächtigung ein gewisser Spielraum besteht.[1534] Es ist unangemessen, eine so zentrale und weitreichende Änderung wie die Wiedereinführung einer gemeinsamen Währung auf eine derart unbestimmte Ermächtigungs- und Verfahrensvorschrift wie Art. 2 Abs. 1 Hs. 1 AEUV zu stützen. Überdies spricht der Sinn und Zweck der Bestimmung gegen eine Ausdehnung seiner Anwendbarkeit auf partielle Austritte aus der dritten Stufe der WWU. Würde Art. 2 Abs. 1 Hs. 2 AEUV herangezogen, um die gem. Art. 3 Abs. 1 lit. c AEUV ausschließliche Kompetenz der Union für die Währungspolitik derjenigen Mitgliedstaaten, deren Währung der Euro ist, dergestalt wieder auf die Mitgliedstaaten zu übertragen, dass diese ermächtigt werden, eine eigene Währung einzuführen, käme dies einer permanenten Änderung der Kompetenzverteilung gleich und wäre nicht nur eine Handlungsermächtigung zugunsten der Mitgliedstaaten in einem Teilbereich einer ausschließlichen Zuständigkeit der Union. Allenfalls eine Ermächtigung auf unbestimmte Zeit wäre zulässig, weil diese von der Union jederzeit widerrufen werden kann.[1535] Es ist daher nicht ersichtlich, dass eine derart endgültige und allgemeine Handlungsermächtigung wie die Ermächtigung zur Einführung einer eigenen Währung auf Art. 2 Abs. 1 Hs. 2 AEUV gestützt werden kann.[1536] Letztlich scheint sich der Gesetzgeber mit dem ersatzlosen Außerkraftsetzen des Art. 122 Abs. 1 EGV im Zuge des Lissabonner Reformprozesses bewusst gegen die Möglichkeit der aktiven Gewährung einer Ausnahmeregelung entschieden zu haben.[1537]

Außerdem wird ein Rückgriff auf die Vertragsabrundungskompetenz gem. Art. 352 AEUV erörtert. Eine Änderung der auf Art. 140 Abs. 3 AEUV gestützten Euro-Einführungsverordnung auf Grundlage dieser Ermächtigungsnorm mit dem

---

1532 Fischer, Der Europäische Verfassungsvertrag, S. 139; Zehnfund/Sinn, Deutscher Bundestag 2009, S. 1 (S. 10).

1533 *Kotzur*, in: Geiger 2010, Art. 2 AEUV, Rn. 3; *Lenski*, in: Lenz/Borchardt 2013, Art. 2 AEUV, Rn. 6.

1534 Europäischer Konvent, Entwurf der Verfassung, Band I – Überarbeiteter Text von Teil I, Berichtigte Fassung. CONV 724/1/03, S. 67; so auch *Nettesheim*, in: Grabitz/Hilf/Nettesheim 2010, Art. 2 AEUV, Rn. 19.

1535 So auch Fischer, Der Europäische Verfassungsvertrag, S. 139.

1536 Fischer, Der Europäische Verfassungsvertrag, S. 139; vgl. *Häde*, in: Calliess/Ruffert 2011, Art. 140 AEUV, Rn. 60; Herrmann, EuZW 2010, S. 413 (S. 417); *Lenski*, in: Lenz/Borchardt 2013, Art. 2 AEUV, Rn. 6.

1537 So auch Zehnfund/Sinn, Deutscher Bundestag 2009, S. 1 (S. 10).

Ziel der Streichung des austrittswilligen Mitgliedstaates könne einen einvernehmlichen Austritt des betreffenden Staates aus der dritten Stufe der WWU bewirken. Dafür müsse sich die Wiedereinführung einer nationalen Währung im Rahmen der Verwirklichung der Ziele der Union als erforderlich erweisen.[1538] Unionsrechtlich sei dies zulässig, weil es nicht die Unumkehrbarkeit der Einführung des Euro tangiere, sondern lediglich die Änderung der Euro-Einführungs-Verordnung.[1539] Eine Anwendung von Art. 352 AEUV ist unter Berücksichtigung von dessen Sinn und Zweck abzulehnen. Diese Kompetenznorm soll als Auffangzuständigkeit eine möglichst effektive Aufgabenerfüllung fördern sowie eine Aushöhlung des Prinzips der begrenzten Einzelermächtigung und eine vom Willen der Mitgliedstaaten losgelöste Verselbstständigung des Integrationsprozesses vermeiden.[1540] Ein Rückgriff darf indessen nicht zu einer „wesentliche[n] Änderung des gegenwärtigen Gemeinschaftssystems" führen, da es dafür einer förmlichen Vertragsänderung bedarf.[1541]

Ein einvernehmlicher Austritt aus der dritten Stufe der WWU macht in jedem Fall eine Änderung der primärrechtlichen Grundlagen der Union durch ein förmliches Vertragsänderungsverfahren gem. Art. 48 Nr. 2–5 EUV erforderlich. Dieses Ergebnis scheint auch im Hinblick auf den Austritt aus der Union nach Maßgabe von Art. 50 EUV sachgerecht. Obgleich sich der austrittswillige Mitgliedstaat einseitig von den Verträgen lösen kann und dafür nicht einmal der Abschluss eines Austrittsabkommens zwischen ihm und der Union zwingend erforderlich ist, wird ein derartiges Ausscheiden grundsätzlich Vertragsänderungen erforderlich machen. Es ist nicht ersichtlich, warum dies bei einem einvernehmlichen Austritt aus der Euro-Währungszone nicht der Fall sein soll.

iv. Streitentscheid

Insgesamt ist abzulehnen, dass Art. 50 EUV einen „vertragsimmanenten Weg" für einen „Rückzug aus der einheitlichen Währung" eröffnet[1542] oder dass dies sogar „rechtlich ohne Weiteres zulässig" sein soll.[1543] Art. 50 EUV schließt zwar eine derartige Anwendung nicht ausdrücklich aus, ist aber gleichermaßen ungeeignet als Verfahrensvorschrift für einen partiellen Austritt aus der dritten Stufe der WWU. Bereitet es schon Schwierigkeiten, auf Grundlage von Art. 50 EUV den Vollaustritt aus der Union durch einen Mitgliedstaat, dessen Währung der Euro ist, zu gestalten,[1544] ist ein Verfahren für einen partiellen Austritt nur aus der Währungsunion nicht einmal im Ansatz geregelt. Lässt man es zu, derartige Regelungen

1538 Herrmann, EuZW 2010, S. 413 (S. 417).
1539 So wohl Herrmann, EuZW 2010, S. 413 (S. 417).
1540 *Khan*, in: Geiger 2010, Art. 352 AEUV, Rn. 3.
1541 EuGH v. 28.3.1996, Gutachten 2/94, Slg. 1996, S. 1759 Rn. 34/35 – *EMRK*.
1542 So *Dörr*, in: Grabitz/Hilf/Nettesheim 2010, Art. 50 EUV, Rn. 30.
1543 So Knopp, NVwZ 2011, S. 1480 (S. 1482).
1544 Siehe dazu unten, S. 308.

im Austrittsabkommen zu treffen, würde sich die Rechtsunsicherheit deutlich erhöhen, wenn kein Austrittsabkommen zustande kommt. Die von der Gegenmeinung angeführten Möglichkeiten der anderen Mitgliedstaaten zur Begrenzung des partiellen Austrittsrechts sind angesichts der für die Rechtssicherheit bestehenden Gefahren unzureichend. Einen Teilaustritt aus der dritten Stufe der WWU durch Vollaustritt gem. Art. 50 EUV und anschließendem Wiedereintritt unter Vereinbarung entsprechender *Opt-outs* zu gestalten, ist gegen den Sinn und Zweck der Bestimmung, die – wie die Ausführungen zeigten – einen partiellen Austritts aus einzelnen Vertragsbereichen nicht ausdrücklich oder durch ergänzende Auslegung zulässt. Ein dahingehendes Ausscheiden ist als Verstoß gegen das Missbrauchsverbot zu werten, auf welches auch diejenigen hinweisen, die einen partiellen Austritt nach Maßgabe von Art. 50 EUV grundsätzlich für möglich halten.[1545]

Für eine auf die Einheitlichkeit der Mitgliedschaft gestützte Ablehnung der Möglichkeit des partiellen Austritts nach Maßgabe von Art. 50 EUV spricht die Entscheidung der Vertragsparteien zur Abschaffung der Säulenstruktur durch den Vertrag von Lissabon. Durch das Aufgehen der ehemaligen EG in der EU besteht an einer einheitlichen Mitgliedschaft, auf die sich die Kündigung gem. Art. 50 EU bezieht, kein Zweifel mehr.[1546] Deswegen ist es nicht möglich, lediglich den EUV oder den AEUV zu kündigen. Wenn es das Unionsrecht bereits nicht erlaubt, lediglich einen der beiden Verträge, die gem. Art. 1 Abs. 1 EUV Grundlage der Union sind, zu kündigen, ist nicht davon auszugehen, dass es eine Teilkündigung eines Vertragsbereiches zulässt.

In diesem Zusammenhang verdeutlicht auch die Diskussion um ein einseitiges Austrittsrecht aus der EAG, dass bestehende systemimmanente Differenzierungen im AEUV nicht den Schluss zugunsten eines partiellen Austrittsrechts zulassen. Gem. Art. 1 Abs. 3 S. 1 EUV und Art. 1 Abs. 2 S. 1 AEUV bilden lediglich der EUV und der AEUV die Grundlage der Union. Der EAGV wird durch das Protokoll Nr. 2 zum Vertrag von Lissabon zur Änderung des EAGV vom 13.12.2007 modifiziert.[1547] Art. 3 dieses Protokolls fügt einen Art. 106a in den EAGV ein, wonach die Bezugnahmen auf Union, EUV und AEUV in den in diesem Artikel genannten Bestimmungen auch als Bezugnahmen auf die EAG und den EAGV zu betrachten sind.[1548] Insbesondere wird in Art. 106a EAGV auf die Austrittsklausel des Art. 50 EUV als eine der Bestimmungen des EUV verwiesen, die auch für den EAGV gelten.[1549] Die ausdrückliche Verankerung des Austrittrechts in dieser Form führte zur Frage

1545 Wie z.B. *Dörr*, in: Grabitz/Hilf/Nettesheim 2010, Art. 50 EUV, Rn. 30.

1546 In Übereinstimmung mit Art. 1 Abs. 2 AEUV betreffen der EUV und der AEUV nicht mehr voneinander zu unterscheidende Einrichtungen, sondern gleichermaßen und gemeinsam die Organisation und das Handeln der Union; *Becker*, in: Schwarze 2012, Art. 356 AEUV, Rn. 3; *Booß*, in: Lenz/Borchardt 2013, Art. 53 EUV, Rn. 3.

1547 ABl. 2007 C 306/199ff.

1548 Vgl. dazu *Längle*, in: Der Vertrag über eine Verfassung für Europa, S. 248.

1549 Vgl. *Kumin/Hummer/Obwexer*, in: Der Vertrag von Lissabon 2009, S. 321.

nach einer isolierten Kündigung des EAGV, unter gleichzeitiger Beibehaltung der Mitgliedschaft in den übrigen Teilen der Union.

Diejenigen, welche von der Möglichkeit eines Teilaustritts aus der EAG nach Maßgabe von Art. 50 EUV ausgehen, verweisen in ihrer Begründung auf die rechtliche Selbstständigkeit des EAGV und der EAG, welche gem. Art. 184 EAGV eine eigene Rechtspersönlichkeit besitzt. Diese rechtliche Selbständigkeit sei schließlich im Rahmen der folgenden Reformprozesse bewahrt und in gewisser Weise sogar noch ausgebaut worden.[1550] So wurden die Bestimmungen des EAGV nicht in die EUV/AEUV integriert. Der EAGV sei zu einem „sonstigen" Vertrag im Rahmen der Unionsrechtsordnung zurückgestuft worden, was die jeweiligen „Vertragskreise" [1551] mit der Folge trenne, dass die Union und die EAG voneinander unabhängige Einheiten bilden.[1552] Die Einfügung von Art. 106a EAGV betone die Unabhängigkeit des EAGV von den primärrechtlichen Grundlagenverträgen der Union.[1553] Aus der Vorschrift gehe nämlich hervor, dass die Bestimmungen und Grundsätze von EUV/AEUV mangels ausdrücklicher Anordnung nur in den dafür vorgesehenen Fällen übertragbar sein sollen.[1554] Für die Möglichkeit eines partiellen Austritts nur aus der EAG spreche in diesem Zusammenhang insbesondere, dass in Art. 106a EAGV lediglich auf die Bestimmung des Art. 50 EUV verwiesen wurde. Eine formelle Verknüpfung des Austritts aus der Union mit dem Austritt aus der EAG sei nicht vorgenommen worden.[1555]

Die gegenteilige Ansicht geht indessen davon aus, dass die Einfügung von Art. 106a EAGV nicht für die Möglichkeit eines partiellen Austritts aus der EAG spreche, sondern nach Einfügung des Austrittsrechts notwendig gewesen sei, um einen parallelen Austritt aus der EAG bei einem Austritt aus der Union zu den gleichen Bedingungen überhaupt zu ermöglichen. Angesichts der weiterhin getrennten Verträge und Rechtspersönlichkeiten der EU und EAG hätte das Fehlen von Art. 106a EAGV zur Folge gehabt, dass ein Austritt aus der Union nach Art. 50 EUV erfolgen würde und ein Austritt aus der EAG nur unter den strengeren Voraussetzungen des Völkervertragsrechts möglich wäre.[1556]

Zu berücksichtigen ist ferner, dass der EAGV einer der Gründungsverträge der Europäischen Gemeinschaften ist und dass zu dessen Verwirklichung eben die Unionsorgane tätig werden. Es gibt außerdem keine separaten Mitgliedschaften.

1550 Wegener, Die Kündigung des Vertrages zur Gründung der Europäischen Atomgemeinschaft (EURATOM), Bundestagsfraktion Bündnis 90/ Die Grünen 3/2007, S. 30.

1551 *Kumin/Hummer/Obwexer*, in: Der Vertrag von Lissabon 2009, S. 321.

1552 So *Längle*, in: Der Vertrag über eine Verfassung für Europa, S. 248.

1553 Wegener, Die Kündigung des Vertrages zur Gründung der Europäischen Atomgemeinschaft (EURATOM), Bundestagsfraktion Bündnis 90/ Die Grünen 3/2007, S. 31.

1554 *Kumin/Hummer/Obwexer*, in: Der Vertrag von Lissabon 2009, S. 321.

1555 So auch *Längle*, in: Der Vertrag über eine Verfassung für Europa, S. 248.

1556 So *Kumin/Hummer/Obwexer*, in: Der Vertrag von Lissabon 2009, S. 322.

Alle Unionsstaaten sind zugleich Vertragsstaaten des EAGV. Daran hat sich auch im Zuge der jüngeren EU-Erweiterungen nichts geändert, weil sämtliche Beitritte nach Art. 49 EUV zur gesamten Union erfolgten.[1557] Darüber hinaus spreche die enge institutionelle, materiell-inhaltliche (z.B. Forschung), personelle und finanzielle Verflechtung zwischen der Union und der EAG gegen die Möglichkeit eines partiellen Austrittrechts.[1558] Die durch einen Teilaustritt entstehende Situation wäre auch für den austretenden Mitgliedstaat ungünstig. Die Verpflichtungen aus EAGV und EUV/AEUV lassen sich angesichts der praktizierten Grundsätze von der Einheit der Verwaltung und der Einheit des Haushalts nur schwer trennen.[1559] Ein einseitiger EAG-Austritt wäre daher mit der Verletzung von Pflichten aus dem EUV/AEUV wie bspw. der unionsrechtlichen Loyalitätspflicht verbunden. Ohne einvernehmliche Lösung müsste der austretende Mitgliedstaat seine Verpflichtungen wie bspw. seine Beitragspflichten zum gemeinsamen Budget von Union und EAG erfüllen ohne politische Mitbestimmungsrechte im Rahmen der EAG wahrnehmen zu können.[1560] Trotz der ausdrücklichen Verweisung auf Art. 50 EUV durch Art. 106a EAGV und der rechtlichen Selbstständigkeit von EAG und EAGV geht die herrschende Meinung mit Verweis auf die Verklammerung der Mitgliedschaften daher nicht von der Möglichkeit zur isolierten Aufkündigung des EAGV aus.

Verglichen mit der dritten Stufe der WWU ist die EAG als eigene mit Rechtspersönlichkeit ausgestattete Organisation auf einem viel höheren Niveau vertraglicher Selbstständigkeit und Autonomie. Bei der Währungsunion handelt es sich um keine eigene Organisation, sondern lediglich um eine gemeinsame Politik.[1561] Nach Unionsrecht ist es deswegen angemessen und interessengerecht, ein Ausscheiden aus dieser Politik lediglich einvernehmlich durch eine formelle Vertragsänderung nach Art. 48 EUV zu gestatten. Obgleich das dem EGV beigelegte Protokoll über den Übergang zur dritten Stufe der Wirtschafts- und Währungsunion kein Austrittsverbot begründete oder begründet und einem einvernehmlichen Austritt eines Mitgliedstaates aus der dritten Stufe der WWU nicht entgegensteht, bringt es doch eine auf Dauerhaftigkeit gerichtete Festlegung zum Ausdruck,[1562] der es

1557 Vgl. Wegener, Die Kündigung des Vertrages zur Gründung der Europäischen Atomgemeinschaft (EURATOM), Bundestagsfraktion Bündnis 90/ Die Grünen 3/2007, S. 30, 32.

1558 So *Kumin/Hummer/Obwexer*, in: Der Vertrag von Lissabon 2009, S. 321; *Längle*, in: Der Vertrag über eine Verfassung für Europa, S. 250.

1559 Seit In-Kraft-Treten des Vertrages von Luxemburg vom 22.4.1970 zur Änderung bestimmter Haushaltsvorschriften, BGBl. 1970 II, S. 1282, sind nahezu sämtliche Haushaltstätigkeiten der Gemeinschaften haushaltsmäßig zusammengefasst. Seit In-Kraft-Treten des Fusionsvertrages vom 8.4.1965, BGBl. 1967 II, S. 1454, gehören gem. Art. 24 dieses Vertrages Beamte und Bedienstete einer einzigen Verwaltung an, vgl. *Längle*, in: Der Vertrag über eine Verfassung für Europa, S. 249.

1560 *Längle*, in: Der Vertrag über eine Verfassung für Europa, S. 249.

1561 Seidel, ZEI Working Papers 2010, S. 1 (S. 24f.).

1562 Hanschel, NVwZ 2012, S. 995 (S. 1000).

widersprechen würde, den Anwendungsbereich des Art. 50 EUV durch vertragsergänzende Auslegung dergestalt zu erweitern, dass dieser zu einem einseitigen Teilaustritt aus der dritten Stufe der WWU ermächtigt. Die europäischen Verträge gehen von einer einheitlichen Mitgliedschaft und einer sukzessiven Integration aus, welche sich insbesondere im Bereich der EWU offenbart.[1563] Ein einseitiges Austrittsrecht aus der dritten Stufe der WWU nach Maßgabe von Art. 50 EUV wäre ein Widerspruch zur Konzeption des Vertragswerks.

b) Partieller Austritt aus der Währungsunion aufgrund völkerrechtlicher Kündigungsgründe

Ein Recht zum einseitigen Austritt aus der dritten Stufe der WWU könnte sich indessen aus den völkerrechtlichen Beendigungsgründen ergeben. Dies setzt die grundsätzliche Anwendbarkeit der WVK Bestimmungen neben Art. 50 EUV sowie das Vorliegen der entsprechenden Tatbestandsvoraussetzungen voraus. Weil es sich bei der Beendigung der Teilnahme an der dritten Stufe der WWU um eine Teilkündigung des AEUV handeln würde, müssten zusätzlich die Voraussetzungen von Art. 44 WVK erfüllt sein.

i. Anwendbarkeit völkerrechtlicher Kündigungsgründe

Nach der hier vertretenen völkerrechtlichen Sicht ist das Völkerrecht nur dann anwendbar, soweit die Regeln des Unionsrechts nicht als *leges speciales* vorgehen.[1564] Es ist fraglich, wie sich die positiv-rechtliche Verankerung eines einseitigen Austrittsrechts in Art. 50 EUV auf diese Rückgriffsmöglichkeit auswirkt. Art. 50 EUV wird weitgehend als die speziellere Regelung gesehen, mit der Folge, dass sie die Geltung des allgemeinen Völkervertragsrechts im Unionsrecht verändert und die restriktiven Beendigungsgründe des Völkervertragsrechts verdrängt. Weil Art. 50 EUV ein materiell-rechtlich voraussetzungsloses einseitiges Austrittsrecht konstituiert und seine Verwirklichung einem geregelten Verfahren unterwirft, ist die Bestimmung nicht nur als *lex specialis* sondern ebenfalls als abschließende Regelung anzusehen.[1565] Art. 50 EUV muss vorrangig zur Anwendung kommen. Die Normierung der Austrittsklausel ist als ein konkludenter Verzicht der Mitgliedstaaten auf ein anderweitig ausgestattetes Austrittsrecht zu verstehen.[1566]

1563 Hanschel, NVwZ 2012, S. 995 (S. 1000); Athanassiou, European Central Bank 2009, S. 1 (S. 28).

1564 Siehe dazu oben, S. 166ff.

1565 So auch *Dörr*, in: Grabitz/Hilf/Nettesheim 2010, Art. 50 EUV, Rn. 12; *Heintschel von Heinegg*, in: Vedder 2007, Art. I-60 EVV, Rn. 3; *Becker*, in: Schwarze 2012, Art. 50 EUV, Rn. 1; *Booß*, in: Lenz/Borchardt 2013, Art. 50 EUV, Rn. 1.

1566 *Calliess*, in: Calliess/Ruffert 2011, Art. 50 EUV, Rn. 13; dass ein Unionsstaat ohne das Verfahren des Art. 50 EUV seinen Austritt durchsetzen möchte, sei wegen Art. 53 EUV ausgeschlossen, *Pechstein*, in: Streinz 2012, Art. 49 EUV, Rn. 17.

Im Falle des in Art. 62 WVK kodifizierten Prinzips *rebus sic stantibus* muss dieses Ergebnis jedoch differenziert werden. Dogmatisch ist eine Heranziehung von Art. 62 WVK als außerordentliches Kündigungsrecht möglich. Die Voraussetzungen der beiden Austrittstatbestände sind verschieden, sodass zwischen ihnen kein echtes Konkurrenzverhältnis besteht.[1567] Selbst vor der Einführung des Art. 50 EUV ergab sich nach subsidiärer Anwendung der völkerrechtlichen Beendigungstatbestände der WVK lediglich im äußersten Extremfall durch den Rückgriff auf das in Art. 62 WVK kodifizierte Prinzip *rebus sic stantibus* ein Austrittsrecht. Im Ergebnis sprach sich sogar die überwiegende Meinung derjenigen, die Völkerrecht zugrunde legten, gegen eine Austrittsmöglichkeit aus und sah im einvernehmlichen Ausscheiden den einzigen völker- und europarechtskonformen Weg, die Mitgliedschaft in der EG/EU zu beenden.[1568] Von einer Missbrauchsgefahr infolge der Anwendbarkeit des Art. 62 WVK neben Art. 50 EUV ist demzufolge nicht auszugehen. Ein Austritt gem. Art. 62 WVK wird sich grundsätzlich als schwieriger erweisen als die Verwirklichung des einseitigen und voraussetzungslosen Austrittsrechts des Art. 50 EUV.[1569]

Dennoch sind Austrittskonstellationen möglich, für die das Europarecht und insbesondere Art. 50 EUV keine Regelungen trifft und in denen obschon seiner praktischen Bedeutungslosigkeit Art. 62 WVK theoretisch zur Anwendung kommen könnte. Das viel und kontrovers diskutierte Ausscheiden eines EU-Mitgliedstaates aus der Europäischen Währungsunion könnte einen solchen Anwendungsfall darstellen. Die Untersuchung hat ergeben, dass Art. 50 EUV keinen Teilaustritt ermöglicht. In Ermangelung einer unionsrechtlichen Bestimmung betreffend die partielle Vertragsbeendigung muss daher Völkerrecht zur Anwendung kommen.

ii. Der völkerrechtliche Austrittstatbestand

Dass ein isoliertes Ausscheiden aus der dritten Stufe der WWU diskutiert wird, ist vor allem durch die Rechtsprechung des Bundesverfassungsgerichts veranlasst worden. Wie bereits erörtert, hatte dieses in seinem Maastricht-Urteil postuliert, dass bei einem Scheitern der im Vertrag angelegten „Stabilitätsgemeinschaft" für Deutschland – als *ultima ratio* – auch eine Lösung aus der Gemeinschaft in Frage kommen kann.[1570] Ob die Richtigkeit der Auffassung des Bundesverfassungsgerichts im Maastricht-Urteil nunmehr mit der Regelung des Austrittsrechts in

---

1567 So auch Jaekel, JURA 2010, S. 87 (S. 87f.); Streinz/Ohler/Herrmann, Der Vertrag von Lissabon-2010, S. 39; a.A. *Calliess*, in: Calliess/Ruffert 2011, Art. 50 EUV, Rn. 13.

1568 So auch Feist, Kündigung, Rücktritt und Suspendierung, S. 182f.; siehe dazu oben, S. 170.

1569 Anders Pechstein, nach dem die Anwendung von Art. 62 WVK zur Umgehung des Austrittsverfahrens nach Art. 50 EUV missbraucht werden könnte, *Pechstein*, in: Streinz 2012, Art. 49 EUV, Rn. 17.

1570 BVerfGE 89, 155 (204), siehe dazu oben, S. 170.

Art. 50 EUV als bestätigt angesehen werden kann,[1571] ist in Anbetracht der Tatsache, dass das Bundesverfassungsgericht mit seiner Maastricht-Rechtsprechung mehr Verwirrung als Klarheit gestiftet hat,[1572] sehr fraglich. Die Mehrdeutigkeit der Formulierung lässt nämlich nicht erkennen, was das Gericht unter „Loslösung aus der Gemeinschaft" versteht.[1573] Diejenigen, die auf die starke Betonung der Souveränität durch das Bundesverfassungsgericht abstellen, verstehen die Passage im Sinne eines einseitigen Austrittrechts.[1574] Z.T. wurde die Formulierung aber auch als Hinweis auf die Möglichkeit eines einvernehmlichen Austritts verstanden.[1575]

Daneben besteht in der deutschen Kommentarliteratur Uneinigkeit darüber, ob das Gericht mit „Gemeinschaft" die Stabilitätsgemeinschaft im Sinne der dritten Stufe der WWU[1576] oder die EG[1577] meint. Für ein Verständnis von „Gemeinschaft" i.S.v. EG oder als Sammelbezeichnung für die drei Europäischen Gemeinschaften spricht, dass diese in der Regel mit dem Begriff der „Gemeinschaft" bezeichnet wurden. Gleichermaßen kann die Formulierung aber auch im Sinne der dritten Stufe der WWU verstanden werden, insbesondere weil diese in der entsprechenden Passage kurz zuvor mit der Bezeichnung „Stabilitätsgemeinschaft" erwähnt wurde.[1578] Dass nicht die EG gemeint sei, lege auch die nachfolgende vollständige Bezeichnung der „Europäischen Gemeinschaft"[1579] nahe.[1580] Außerdem sei nicht

1571 So wohl Jaekel, JURA 2010, S. 87 (S. 89f.).

1572 *Weber*, in: Groeben, Art. 51 EUV, Rn. 6.

1573 Oppermann/Classen/Nettesheim, Europarecht 2011, S. 690.

1574 So Di Fabio, Recht offener Staaten, S. 124; Frowein, ZaöRV (54) 1994, S. 1 (S. 10f.); Götting, Die Beendigung der Mitgliedschaft, S. 32; Kokott, AöR (119) 1994, S. 207 (S. 224f.); Oppermann, DVBl. 2003, S. 1234 (S. 1242 Fn. 45); *Zilioli*, in: Legal aspects, S. 125; sowie spätere Äußerungen des Berichterstatters der Entscheidung deuten auf ein einseitiges Austrittsrecht hin, so Bruha/Nowak, AVR (42) 2004, S. 1 (S. 5) mit Verweis auf *Kirchhof*, in: Der Staatenverbund der Europäischen Union, S. 18.

1575 So *Hilf*, in: GTE 1997, Art. 240 EGV, Rn. 7; König, ZaöRV (54) 1994, S. 17 (S. 34); Lenz, NJW 1993, S. 3038 (S. 3038); Schwarze, NJ (48) 1994, S. 1 (S. 4); Tomuschat, EuGRZ (20) 1993, S. 489 (S. 494); vgl. Walthemathe, Austritt aus der EU, S. 112–116; *Schweitzer*, in: Grabitz/Hilf 2009, Art. 312 EGV, Rn. 4; *Weber*, in: Groeben, Art. 51 EUV, Rn. 6.

1576 So der an der Entscheidung als Berichterstatter beteiligte Richter des BVerfG, *Kirchhof*, in: FS Klein 1994, S. 81, 83; *Hilf*, in: Vielfalt des Rechts, S. 225; König, ZaöRV (54) 1994, S. 17 (S. 35); Tomuschat, EuGRZ (20) 1993, S. 489 (S. 495); Kokott, AöR (119) 1994, S. 207 (S. 230f.); *Häde*, in: Calliess/Ruffert 2011, Art. 140 AEUV, Rn. 63; *Herdegen*, in: Maunz/Dürig, Art. 88 GG, Rn. 27; Herdegen, CMLRev (35) 1998, S. 9 (S. 14); Walthemathe, Austritt aus der EU, S. 118f.

1577 So Weber, JZ (49) 1994, S. 53 (S. 58); *Kokott*, in: Streinz 2003, Art. 312 EGV, Rn. 5; Oppermann, DVBl. 2003, S. 1234 (S. 1242); Zuleeg, ELRev (22) 1997, S. 19 (S. 29).

1578 So auch Götting, Die Beendigung der Mitgliedschaft, S. 33.

1579 BVerfGE 89, 155 (204).

1580 Walthemathe, Austritt aus der EU, S. 118.

ersichtlich, warum bei einem Scheitern der dritten Stufe der WWU ein Austritt aus der gesamten Organisation notwendig werden soll. Die EG habe zeitlich bereits vor der EWU bestanden und ein Scheitern derselben führe nicht automatisch zu einem Scheitern der EG.[1581]

Das Gericht erachtet eine Loslösung aus der Gemeinschaft beim Verfehlen der vertraglichen Ziele für möglich, schweigt aber zu den konkreten Voraussetzungen eines Kündigungsrechts. Z.T. wurde diese Rücktrittsmöglichkeit auf Kompetenzüberschreitungen der Gemeinschaftsorgane mit exzessiven Ausmaßen begleitet von einem völligen Versagen des gerichtlichen Rechtsschutzes durch den EuGH ausgedehnt.[1582] Diejenigen, die die Passage als einseitiges Austrittsrecht aus der dritten Stufe der WWU verstehen, wenden in der Regel jedoch die völkerrechtlichen Beendigungsgründe der Art. 56 und 62 WVK zur Rechtfertigung ihrer Interpretation an.[1583]

Z.T. wird im Überschreiten der Defizitgrenzen durch mehrere Teilnehmerstaaten der dritten Stufe der WWU ein Verstoß von grundlegenden Vertragspflichten i.S.v. Art. 60 Abs. 2 lit. c WVK gesehen.[1584] Als ein völkerrechtlicher Rechtfertigungsgrund für einen Rückzug aus der Währungsunion kann Art. 60 WVK jedoch nicht herangezogen werden. Obwohl die in Art. 60 Abs. 1 und Abs. 2 WVK beschriebenen Tatbestände unter verschiedenen Umständen die Beendigung des Vertrages durch die nicht vertragsbrüchige Partei vorsehen, ergeben sich daraus keine Austrittsrechte für Mitglieder internationaler Organisationen. Art. 60 Abs. 1 WVK berechtigt zur Kündigung eines zweiseitigen Vertrages infolge einer erheblichen Vertragsverletzung. Da es sich bei Gründungsverträgen internationaler Organisationen um mehrseitige Verträge handelt, ist Art. 60 Abs. 1 WVK auf diese nicht anwendbar. Art. 60 Abs. 2 lit. b WVK berechtigt zwar eine durch die Vertragsverletzung besonders betroffene Vertragspartei, die Verletzung als Grund für die gänzliche oder teilweise Suspendierung des Vertrages im Verhältnis zwischen ihr und dem vertragsbrüchigen Staat geltend zu machen. Jedoch geht dies nicht soweit, dass die besonders betroffene Partei ein einseitiges Beendigungs- oder Kündigungsrecht hat.[1585]

Einige Autoren leiten ein Austrittsrecht aus der dritten Stufe der WWU unter Verweis auf Art. 56 Abs. 1 lit. b WVK her, wonach eine Ausnahme von der grundsätzlichen Unkündbarkeit des zum Austritt schweigenden Vertrages besteht,

---

1581 Walthemathe, Austritt aus der EU, S. 119.

1582 *Doehring*, in: FS Schiedermair, S. 698f.; Bruha/Nowak, AVR (42) 2004, S. 1 (S. 13); vgl. *Kokott*, in: Streinz 2003, Art. 312 EGV, Rn. 7; *Schmalenbach*, in: Calliess 2007, Art. 312 EGV, Rn. 4.

1583 Vgl. Götting, Die Beendigung der Mitgliedschaft, S. 33; Jaekel, JURA 2010, S. 87 (S. 89f.).

1584 So Endler, Europäische Zentralbank und Preisstabilität, S. 537f.; *Herdegen*, in: Maunz/Dürig, Art. 88 GG, Rn. 27; *Tomuschat*, in: Problemi e tendenze del diritto, S. 293.

1585 Siehe dazu oben, S. 64.

wenn sich ein solches Recht aus der Natur des Vertrages herleiten lässt. Ein Kündigungsrecht lasse sich aus der Natur der die Währungsunion beschreibenden Bestimmungen über die Konvergenzkriterien herleiten. Der Sinn und Zweck der Konvergenzkriterien bestehe nämlich nicht nur in ihrer Bedeutung als Bedingungen für den Eintritt in die dritte Stufe der Währungsunion, sondern auch in der Gewährleistung der Preisstabilität während der Dauer der Währungsunion. Eine instabile gemeinsame Währung sei eine Zweckverfehlung, die der Natur der Währungsunion widerspreche und zu einer Kündigung nach Art. 56 Abs. 1 lit. b WVK berechtige.[1586]

Daneben wird auf den in Art. 62 WVK kodifizierten *Rebus-sic-stantibus*-Grundsatz verwiesen, wonach ein Kündigungsrecht wegen einer grundlegenden Änderung der beim Vertragsschluss gegebenen Umstände, die von den Vertragsparteien nicht vorausgesehen wurden, bestehe.[1587] Als eine dahingehende Geschäftsgrundlage wird im Rahmen der EWU-Mitgliedschaft das Ziel gesehen, die beim Eintritt in die dritte Stufe vorhandene Stabilität kontinuierlich im Sinne des vereinbarten Stabilisierungsauftrags fortzuentwickeln,[1588] d.h. die Konvergenzkriterien einzuhalten. Ein Lösungsrecht nach Maßgabe von Art. 62 WVK bestehe im Falle des Scheiterns der Stabilitätsgemeinschaft, wenn das Stabilitätsziel aufgrund eines nachhaltigen, endogen begründeten Verfalls des Geldwertes nicht sichergestellt werden könne.[1589] Zunächst müssten jedoch alle vertraglichen Mechanismen und insbesondere die Sanktionen nach dem Stabilitäts- und Wachstumspakt ausgeschöpft worden sein. Ferner dürfe dem austrittswilligen Staat eine weitere Teilnahme an der dritten Stufe der WWU nicht zumutbar sein.[1590]

Dass eine instabile Währung ein Austrittsrecht aus der dritten Stufe der Währungsunion nach Art. 56 oder Art. 62 WVK begründen kann, ist im Hinblick auf die jeweils zu erfüllenden Tatbestände fraglich. Zum einen besteht Einigkeit über die Notwendigkeit der restriktiven Anwendung der Ausnahmen des Art. 56 WVK im Hinblick auf den *Pacta-sunt-servanda*-Grundsatz.[1591] Andererseits erzeugt die Anwendung von Art. 56 Abs. 1 lit. b WVK große Rechtsunsicherheit, weil nicht eindeutig beurteilt werden kann, bei welchen Abkommen die Natur des Vertrages i.S.v. Art. 56 Abs. 1 lit. b WVK einen solchen Willen der Staaten impliziert.[1592]

1586 König, ZaöRV (54) 1994, S. 17 (S. 35); Tomuschat, EuGRZ (20) 1993, S. 489 (S. 495).

1587 Classen, AöR (119) 1994, S. 238 (S. 245); Endler, Europäische Zentralbank und Preisstabilität, S. 539; Haratsch/Koenig/Pechstein, Europarecht, S. 687; *Khan*, in: Geiger 2010, Art. 140 AEUV, Rn. 11; so wohl auch Hailbronner, GYIL (37) 1994, S. 93 (S. 103 Fn. 28).

1588 BVerfGE 89, 155 (205).

1589 So *Herdegen*, in: Maunz/Dürig, Art. 88 GG, Rn. 27; vgl. Walthemathe, Austritt aus der EU, S. 117.

1590 *Herdegen*, in: Maunz/Dürig, Art. 88 GG, Rn. 27.

1591 So auch Feist, Kündigung, Rücktritt und Suspendierung, S. 208.

1592 Vgl. Neuhold, Österreichisches Handbuch des Völkerrechts, S. 78f.; Widdows, BYIL (53) 1982, S. 83 (S. 113).

Gründungsverträge internationaler Organisationen sind nach der hier vertretenen Ansicht jedenfalls nicht i.S.v. Art. 56 Abs. 1 lit. b WVK kategorisierbar. Die Ausführungen zeigen, dass allein die Vertragsnatur des Gründungsvertrages einer internationalen Organisation nicht auf den Willen der Mitglieder schließen lässt, eine Austrittsmöglichkeit sei von den Vertragsparteien gewollt gewesen.[1593]

Das in Art. 62 WVK kodifizierte *Rebus-sic-stantibus*-Prinzip gehört zu den umstrittensten Problemen im Recht der Verträge. Es besteht Streit über die dogmatische Einordnung und die Rechtsnatur dieses allgemeinen Rechtsprinzips. Zudem entzieht es sich jeglicher objektiver Nachprüfung, ob die Voraussetzungen im konkreten Fall vorliegen.[1594] Aufgrund der Dichte der Rechtsbeziehungen unter der Geltung des Unionsrechts insbesondere im Hinblick auf die Anpassungs- und Sanktionsmechanismen ist schwer zu erkennen, unter welchen Umständen überhaupt ein Austritt unter Berufung auf Art. 62 WVK zulässig ist.[1595] Insgesamt ist daher nur von einem äußerst geringen Anwendungsbereich auszugehen. Es müssten Wandlungen von revolutionärem Ausmaß wie der umstürzende Zusammenbruch oder die grundlegende Neuorientierung des internationalen Systems oder umwälzende Vorgänge in einzelnen Mitgliedstaaten, welche die Ziele der Gemeinschaft ernsthaft gefährden, vorliegen, um eine Verwirklichung des Tatbestands von Art. 62 WVK anzunehmen.[1596] Außerdem darf ausweislich des Tatbestands von Art. 62 WVK der beim Vertragsschluss gegebene und die grundlegende Änderung verursachende Umstand von den Vertragsparteien nicht vorausgesehen worden sein. In diesem Zusammenhang ist fraglich, ob die Stabilität der EWU ein beim Vertragsschluss gegebener Umstand war und ob ein eventuelles Scheitern insbesondere in Anbetracht der Tatsache, dass in einigen Mitgliedstaaten wie der BRD von Beginn an Skepsis bezüglich der Stabilität herrschte, tatsächlich nicht vorausgesehen worden ist.[1597]

iii. Teilungspotential i.S.v. Art. 44 WVK

Eine der Erfüllung der völkerrechtlichen Tatbestände voranzustellende Problematik, die von der Rechtsprechung des Bundesverfassungsgerichts nicht einmal im Ansatz und in der einschlägigen Literatur nur rudimentär diskutiert wird, ist die eigenständige Behandlung der Endstufe der WWU im Rahmen der Anwendung der völkerrechtlichen Kündigungsgründe. Bei der dritten Stufe der WWU handelt es sich nicht um eine eigenständige Organisation, sondern lediglich um Bestimmungen

1593 Siehe dazu oben, S. 51.

1594 Vgl. dazu oben, S. 54ff.

1595 So auch *Becker*, in: Schwarze 2009, Art. 312 EGV, Rn. 8.

1596 Siehe dazu oben, S. 163; so auch *Geiger*, in: Geiger 2004, Art. 312 EGV, Rn. 9; ähnlich *Klein*, in: HdK EUV/EGV, Art. O EUV, Rn. 28; Oppermann/Classen/Nettesheim, Europarecht 2009, S. 758f.; *Pechstein*, in: Streinz 2003, Art. 49 EUV, Rn. 17; ähnlich aus integrationsrechtlicher Sicht auch *Everling*, in: FS Mosler, S. 189.

1597 Vgl. Walthemathe, Austritt aus der EU, S. 99, 120.

aus einem Teilbereich des Vertragsregimes. Wird die Vertragsbindung dieser Bestimmungen isoliert aufgehoben, führt dies zu einer partiellen Vertragsbindung, für welche das Völkervertragsrecht in verschiedenen Fällen Regelungen trifft.

Eine Möglichkeit der partiellen Vertragsbindung besteht darin, dass eine Vertragspartei bei Vertragsschluss durch die Vereinbarung eines Vorbehalts gem. Art. 2 Abs. 1 lit. d WVK die Rechtswirkungen einzelner Vertragsbestimmungen in der Anwendung auf sich selbst ausschließt oder ändert. Betrifft der Vorbehalt den Gründungsvertrag einer internationalen Organisation, ist die Besonderheit zu beachten, dass dieser gem. Art. 20 Abs. 3 WVK der Annahme durch das zuständige Organ dieser Organisation bedarf. Im unionsrechtlichen Kontext stellen die *Opting-Outs* Großbritanniens und Dänemarks zum Vertrag von Maastricht in Bezug auf die Teilnahme an der dritten Stufe der WWU eine solche partielle Vertragsbindung zu Beginn der Mitgliedschaft dar.[1598]

Darüber hinaus eröffnet das Völkervertragsrecht in Art. 44 WVK die Möglichkeit, eine partielle Vertragsbindung durch die teilweise Beendigung eines Vertrages zu bewirken. In Bezug auf die Anwendbarkeit von Art. 44 WVK ergeben sich angesichts des Prinzips der Nichtrückwirkung gem. Art. 4 WVK, wonach die WVK nur auf Verträge Anwendung findet, die von Staaten geschlossen werden, nachdem diese für sie in Kraft getreten ist und der Tatsache, dass nicht alle Unionsstaaten Vertragsparteien der WVK sind, Probleme. Außerdem ist die Bestimmung des Art. 44 WVK nach der überwiegenden Meinung kein Völkergewohnheitsrecht.[1599] Jedoch kann der Grundsatz des Art. 44 WVK als allgemeiner Rechtsgrundsatz i.S.v. Art. 38 Abs. 1 lit. c IGH-Statut qualifiziert werden.[1600]

Art. 44 Abs. 1 Hs. 1 WVK enthält zunächst den Grundsatz, dass die Beendigung den gesamten Vertrag umfassen soll. Damit wird nicht nur das Prinzip der Integrität des Vertrages gewahrt,[1601] sondern auch das im Vertrag angelegte synallagmatische Verhältnis von Rechten und Pflichten geschützt. Eine Vertragspartei soll sich nicht nur von den sie belastenden Vertragsbestimmungen lösen können. Schließlich streben völkerrechtliche Verträge insgesamt einen Ausgleich der verschiedenen mit ihnen verfolgten Interessen an.[1602] Auch bestimmt der Umfang des gesamten Vertrages den Inhalt, der für die Vertragsparteien ursprünglich verbindlich war und auf den ihr Vertrauen beruht.[1603] Ausnahmen von diesem Grundsatz sind nur unter den in Art. 44 WVK beschriebenen Voraussetzungen zulässig. Dabei ist zu

---

1598 Vgl. auch Götting, Die Beendigung der Mitgliedschaft, S. 34.

1599 *Falkowska/Bedjaoui*, in: Corten/Klein, Art. 44 WVK, Rn. 13; *Odendahl*, in: Dörr/Schmalenbach, Art. 44 WVK, Rn. 9; a.A. Götting, Die Beendigung der Mitgliedschaft, S. 35.

1600 So *Falkowska/Bedjaoui*, in: Corten/Klein, Art. 44 WVK, Rn. 13; *Odendahl*, in: Dörr/Schmalenbach, Art. 44 WVK, Rn. 9.

1601 *Falkowska/Bedjaoui*, in: Corten/Klein, Art. 44 WVK, Rn. 2; *Odendahl*, in: Dörr/Schmalenbach, Art. 44 WVK, Rn. 2.

1602 Delbrück/Wolfrum/Dahm, Völkerrecht, S. 729f.

1603 Götting, Die Beendigung der Mitgliedschaft, S. 35.

berücksichtigen, dass die Möglichkeit der Teilkündigung eines völkerrechtlichen Vertrages durch Art. 44 WVK bezweckt, die Hauptvorschriften des Vertrages als ursprüngliche Grundlage des Vertrages zu bewahren und den Vertrag vor einem gänzlichen Untergang zu schützen.[1604] Dies dient somit wiederum dem Schutz der Integrität des gesamten Vertrages.

Gem. Art. 44 Abs. 1 WVK ist eine partielle Beendigung des Vertrages zulässig, wenn der Vertrag es vorsieht oder die Vertragsparteien sie vereinbaren. Daneben ist ausweislich von Art. 44 Abs. 3 WVK eine teilweise Beendigung des Vertrages zulässig, wenn der Kündigungsgrund nur auf „einzelne Bestimmungen" zutrifft, diese Bestimmungen von den übrigen Vertragsbestimmungen getrennt angewendet werden können (lit. a), aus dem Vertrag hervorgeht, dass die Bestimmungen die gekündigt werden sollen, nicht die wesentliche Grundlage für die Zustimmung der anderen Vertragsparteien war (lit. b) und wenn die Weiteranwendung des Vertrages für die übrigen Vertragsparteien nicht unbillig ist (lit. c).[1605]

Dass sich ein Teilungspotential der Bestimmungen über die dritte Stufe der WWU explizit i.S.v. Art. 44 Abs. 1 WVK aus dem AEUV ergibt, ist nicht ersichtlich. Das Unionsrecht sieht nicht ausdrücklich vor, dass die Rechte und Pflichten in Bezug auf die Währungspolitik disponible einzelne Positionen sind. Insbesondere eröffnet Art. 50 EUV keinen vertragsimmanenten Weg, aus der gemeinsamen Währung auszuscheiden. Ob sich ein derartiges Teilungspotential i.S.v. Art. 44 Abs. 3 WVK implizit aus dem AEUV ergibt,[1606] hängt maßgeblich davon ab, wie die Währungspolitik in das System der europäischen Grundlagenverträge integriert ist.

Es muss sich bei den Bestimmungen über die Teilnahme an der dritten Stufe der WWU um „einzelne Bestimmungen" i.S.v. Art. 44 Abs. 3 WVK handeln. In der authentischen englischen Fassung des Textes wird in Abs. 3 der Begriff *particular clause* verwendet, während in der Artikelüberschrift von *provision* die Rede ist. Der Grund für die unterschiedliche Terminologie soll in der gesteigerten Flexibilität der Anwendbarkeit bestehen: *„A clause may comprise single provisions of an article, an article or a group of articles."*[1607]

Ein Mitglied der Union, welches seine Teilnahme an der dritten Stufe der WWU beenden möchte, bezweckt, dass die Art. 127 bis 138 AEUV über die gemeinsame Währungspolitik sowie die Art. 136 bis 144 AEUV, welche besondere Bestimmungen für die Mitgliedstaaten, deren Währung der Euro ist, enthalten, auf ihn keine Anwendung mehr finden.

Um die Teilnahme an der gemeinsamen Währung zu beenden, wäre zunächst ebenfalls an eine Rückstufung des betreffenden Mitgliedstaates zu einem

---

1604 YBILC 1963, Vol. I, S. 215 Rn. 93; *Falkowska/Bedjaoui*, in: Corten/Klein, Art. 44 WVK, Rn. 2.

1605 Vgl. Delbrück/Wolfrum/Dahm, Völkerrecht, S. 729f.

1606 Vgl. Götting, Die Beendigung der Mitgliedschaft, S. 35.

1607 *Odendahl*, in: Dörr/Schmalenbach, Art. 44 WVK, Rn. 16.

Mitgliedstaat, für den eine Ausnahmeregelung i.S.v. Art. 139 AEUV gilt, zu denken. Dabei würde es sich jedoch nicht um eine partielle Vertragsbeendigung sondern lediglich um eine Modifikation der entsprechenden Bestimmungen handeln mit der Folge einer zeitlich begrenzten Nichtteilnahme an der Endstufe der Währungsunion. Die Verpflichtung zur Teilnahme an der dritten Stufe der WWU bei Erfüllung der Konvergenzkriterien bestände mangels Vereinbarung entsprechender *Opting-outs* für den Mitgliedstaat mit Ausnahmeregelung weiterhin fort.[1608]

Ferner müssen die auf die Beendigung bezogenen Vertragsbestimmungen von den übrigen Vertragsbestimmungen getrennt anwendbar sein können, Art. 44 Abs. 3 lit. a WVK. Damit werden eigentlich zwei unabhängige Voraussetzungen beschrieben. Einerseits müssen die Bestimmungen, auf welche sich die Teilbeendigung bezieht, unabhängig von den übrigen Bestimmungen des Vertrages angewendet werden können. Andererseits müssen die weiterhin gültigen Vertragsbestimmungen nach der Teilbeendigung des Vertrages uneingeschränkt anwendbar sein.[1609] Letzteres kann ohne Weiteres bejaht werden. Die Schaffung einer Währungsunion wurde vertraglich erst mit dem Vertrag von Maastricht in die Grundlagenverträge der Union aufgenommen. Zuvor existierte die EG/EU auch ohne eine gemeinsame Währung und die sie im Vertragswerk begründenden Bestimmungen. Unter der Anwendung des EUV/AEUV gibt es ebenfalls sowohl Staaten mit Ausnahmeregelung i.S.v. Art. 139 AEUV, die nicht an der Endstufe der Währungsunion teilnehmen als auch Staaten wie Großbritannien und Dänemark, die sich dies durch *Opt-outs* ausbedungen haben.[1610] Die Nichtanwendung der die gemeinsame Währung betreffenden Bestimmungen des AEUV in diesen Konstellationen schmälert die Anwendung der übrigen Vorschriften des EUV/AEUV demnach in keiner Weise.

Fraglich ist jedoch, ob die Art. 127 bis 144 AEUV unabhängig von den übrigen Vertragsbestimmungen getrennt anwendbar sind. Art. 44 Abs. 3 lit. a WVK stellt eine objektive Bedingung für die Trennbarkeit auf, denn es geht lediglich um die praktische Möglichkeit der isolierten Anwendbarkeit der betreffenden Vorschriften. Dies wird bejaht, wenn die Bestimmungen ein *self-contained-regime* konstituieren, welches unabhängig von den anderen Bestimmungen des Vertrages angewendet werden kann und theoretisch auch in einem separaten Vertrag hätte geregelt werden können.[1611] Ein materiell-rechtliches Teilungspotential soll sich in heterogenen Verträgen wie Kooperations- und Integrationsverträgen finden,

---

1608 Vgl. Götting, Die Beendigung der Mitgliedschaft, S. 36ff.

1609 Vgl. *Odendahl*, in: Dörr/Schmalenbach, Art. 44 WVK, Rn. 17.

1610 So auch Götting, Die Beendigung der Mitgliedschaft, S. 35.

1611 Siehe Waldock, Second Report, YBILC 1963 Vol. II, S. 90: „[...] the provisions of that part are, in their operation, self-contained and wholly independent of the remainder of the treaty (general provisions and final clauses excepted) [...].“; so auch *Falkowska/Bedjaoui*, in: Corten/Klein, Art. 44 WVK, Rn. 24; *Odendahl*, in: Dörr/Schmalenbach, Art. 44 WVK, Rn. 17; *Villiger*, in: Villiger, Art. 44 WVK, Rn. 15.

die aus unterschiedlichen Teilen mit Bestimmungen unterschiedlicher Natur bestehen.[1612]

Mit der Errichtung der Wirtschafts- und Währungsunion ist ein Integrationsgrad erreicht worden, der sonst nur charakteristisch für eine einheitliche Staatsordnung ist.[1613] Tatsächlich wird kritisiert, dass eine historisch so grundlegende Entscheidung wie die Einführung einer gemeinsamen Währung in den damaligen EGV relativ unvermittelt aufgenommen wurde und keine generelle Überholung des Textes stattfand. Schließlich war es ein Verfassungsmoment, der Ausdruck im Vertragstext hätte finden müssen.[1614] Aus ihrer grundlegenden Bedeutung kann jedoch nicht gefolgert werden, dass die Bestimmungen über die EWU von den übrigen Bestimmungen des AEUV getrennt angewendet werden können.[1615] Als Einheitswährungszone innerhalb des Binnenmarktes der EU ist die Währungsunion direkt abhängig von diesem, welcher gem. Art. 26 Abs. 2 AEUV einen Raum ohne Binnengrenzen umfasst, in dem der freie Verkehr von Waren, Personen, Dienstleistungen und Kapital durch zahlreiche Bestimmungen des AEUV gewährleistet wird.[1616] Außerdem bringt bereits der Begriff der Wirtschafts- und Währungsunion die Verzahnung der Währungspolitik mit der Wirtschaftspolitik insbesondere der Haushaltspolitik deutlich zum Ausdruck. Die jüngste Krise des Euro hat diese Abhängigkeit der Währungspolitik von einer gemeinsamen Wirtschaftspolitik gezeigt.

Außerdem stellt sich angesichts der Existenz gemeinsamer Gremien und Organe bei Gründungsverträgen internationaler Organisationen insgesamt die Frage, ob deren Bestimmungen Teilungspotential i.S.v. Art. 44 WVK haben. Auch zahlreiche Vorschriften in Bezug auf die Währungsunion verweisen auf Institutionen der Union wie Rat, Kommission und Parlament. So können bspw. nach Art. 133 AEUV das Europäische Parlament und der Rat die Maßnahmen erlassen, „die für die Verwendung des Euro als einheitliche Währung erforderlich sind".

Dieses Ergebnis wird auch durch die Untersuchung des subjektiven Elements des Art. 44 Abs. 3 lit. b WVK bestätigt, wonach die Einbeziehung der betreffenden Bestimmungen nicht essentiell für die Zustimmung der anderen Vertragspartner zum gesamten Vertragswerk gewesen sein darf. Ob ein Teilungspotential beabsichtigt war, ist durch Auslegung des Inhalts und des Kontexts der Bestimmungen, den *travaux préparatoires* und den Umständen des Vertragsschlusses zu ermitteln.[1617] Sowohl das Protokoll Nr. 24, welches von der Unumkehrbarkeit der

---

1612 *Falkowska/Bedjaoui*, in: Corten/Klein, Art. 44 WVK, Rn. 2; *Odendahl*, in: Dörr/Schmalenbach, Art. 44 WVK, Rn. 17.

1613 Herdegen, Europarecht 2012, S. 265.

1614 *Tomuschat*, in: Problemi e tendenze del diritto, S. 278.

1615 "[...] subpara. 3 (a) does not as such rely for the separability on the importance of the clauses (which may indeed change over time)", *Villiger*, in: Villiger, Art. 44 WVK, Rn. 15.

1616 So auch Walthemathe, Austritt aus der EU, S. 118.

1617 *Odendahl*, in: Dörr/Schmalenbach, Art. 44 WVK, Rn. 18.

Währungsunion spricht, als auch Art. 50 EUV, welcher weder die separate Kündigung des EUV oder AEUV zulässt noch ein partielles Austrittsrecht enthält, lassen auf den Willen der Vertragsparteien schließen, eine partielle Vertragsbeendigung zulassen zu wollen.[1618]

c) Zwischenergebnis

Weder Art. 50 EUV noch das übrige Unionsrecht eröffnen einen vertragsimmanenten Weg, um einseitig aus der gemeinsamen Währung auszuscheiden. Die Heranziehung der völkerrechtlichen Kündigungsgründe der WVK führt zu dem gleichen Ergebnis. Selbst wenn man das Vorliegen der Tatbestandsvoraussetzungen von Art. 62 WVK im Extremfall bejahen kann, ist ein partieller Austritt aus der dritten Stufe der WWU mangels Teilbarkeit der betreffenden Bestimmungen i.S.v. Art. 44 WVK nicht zulässig.

IV. Art. 50 EUV als notwendiges Element der Unionsmitgliedschaft

Art. 50 EUV entfaltet eine notwendige Wirkung, wenn er dazu beiträgt, die Existenzerhaltung der Organisation zu gewährleisten und eine Beeinträchtigung der Verwirklichung des Organisationszwecks zu vermeiden. Davon ist auszugehen, wenn sowohl die Bewertung des Austrittstatbestandes als auch die des Austrittsverfahrens ergibt, dass Art. 50 EUV seine institutionalisierende, beschränkende und prozeduralisierende Funktion hinreichend erfüllt.[1619]

1. Institutionalisierungsfunktion

Art. 50 EUV erfüllt seine institutionalisierende Funktion nur dann hinreichend, wenn an der Rechtmäßigkeit seiner Normierung selbst keine Zweifel bestehen. Bereits im Rahmen des Verfassungskonvents wurde angeregt, die Vereinbarkeit der Austrittsklausel mit den übrigen Vertragsbestimmungen und insbesondere mit dem Protokoll Nr. 24 über den Übergang zur dritten Stufe der Wirtschafts- und Währungsunion zu überprüfen.[1620] Die Untersuchungen haben ergeben, dass das entsprechende Protokoll eine auf Dauerhaftigkeit gerichtete Festlegung zum Ausdruck bringt, der eine vertragsergänzende Auslegung dahingehend, dass Art. 50 EUV zu einem einseitigen Teilaustritt aus der dritten Stufe der WWU ermächtigt, widerspricht. Das Protokoll begründete oder begründet aber weder ein Austrittsverbot noch steht es einem einvernehmlichen Austritt eines Mitgliedstaates aus

1618 So auch *Schweitzer*, in: Grabitz/Hilf 2009, Art. 312 EGV, Rn. 4.
1619 Zu den allgemeinen Funktionen von Austrittstatbeständen siehe oben, S. 97ff.
1620 Europäischer Konvent, Beitrag des Mitglieds des Konvents Herrn Elmar Brok: „Verfassung der Europäischen Union". CONV 325/2/02 Rev 2, S. 122.

der dritten Stufe der WWU entgegen.[1621] Wenn es der materielle Gehalt des Protokolls bereits nicht vermag, den Austritt aus einem Teilbereich der europäischen Verträge zu verbieten, kann es erst recht nicht herangezogen werden, um die Einfügung von Art. 50 EUV als vertragswidrig zu begründen. Darüber hinaus wird eine potentielle Vertragswidrigkeit von Art. 50 EUV infolge des Überschreitens prinzipieller Grenzen der Vertragsänderungsbefugnis diskutiert. Dazu wird wieder auf die Argumente gegen das Bestehen eines Austrittsrechts vor Einführung des Art. 50 EUV rekurriert, d.h. auf die Rechtsnatur der Gemeinschaften, die Geschlossenheit ihrer Rechtsordnung sowie auf eine mit dem Austrittsrecht einhergehende Desintegrationsgefahr.[1622] Außerdem wird auf die durch einen Austritt veränderte subjektivrechtliche Stellung der Unionsbürger als Rechtssubjekte des Unionsrechts hingewiesen. Die Mitgliedstaaten verletzten die durch das Unionsrecht gewährten unumkehrbaren Individualrechte der Unionsbürger durch die Aufnahme eines Austrittsrechts in die Verträge.[1623] Dieser bereits im Rahmen der subsidiären Anwendung des Völkerrechts herangezogene integrationsrechtliche Ansatz[1624] wird also zur Fragestellung erweitert, ob aufgrund der Natur und Zielsetzung der Union die europäischen Verträge angesichts der erreichten Integrationsdichte nicht nur einen Austritt ohne ausdrückliche Austrittsklausel nicht gestatten, sondern darüber hinaus die Einführung einer solchen Klausel auch verbieten.[1625] Jedoch wird eingeräumt, dass selbst bei Annahme des Bestehens eines änderungsresistenten Kerns des Vertragsrechts es aufgrund des Integrationsstands der Union nicht möglich wäre, die Nicht-Existenz einen ausdrücklichen Austrittsrechts als unabänderlichen Grundsatz dieser Rechtsordnung einzustufen.[1626] An der Rechtmäßigkeit des Art. 50 EUV bestehen keine Zweifel.[1627]

Art. 50 EUV setzt die institutionalisierende Funktion eines vertraglichen Austrittsrechts hinreichend um, wenn er die einzelnen Tatbestandsvoraussetzungen und das einzuhaltende Austrittsverfahren eindeutig beschreibt und erkennbar eine abschließende Regelung darstellt. Z.T. wird dem Art. 50 EUV zwar ein Kompromisscharakter unterstellt, der sich daran erkennen lasse, dass das Austrittsrecht

---

1621 Siehe dazu oben, S. 270ff.

1622 Vgl. Zeh, ZEuS 2004, S. 173 (S. 208); siehe dazu ausführlich oben, S. 164ff.

1623 So Herbst, GLJ (6) 2005, S. 1755 (S. 1759); vgl. Bruha/Nowak, AVR (42) 2004, S. 1 (S. 19); *Calliess*, in: Calliess/Ruffert 2011, Art. 50 EUV, Rn. 19; Herbst, GLJ (6) 2005, S. 1755 (S. 1758).

1624 Siehe dazu oben, S. 164ff.

1625 Zeh, ZEuS 2004, S. 173 (S. 208) mit Verweis auf EuGH v. 14.12.1991, Gutachten 1/91, Slg. 1991, S. 6079, Rn. 46, 71 – *EWR I*, worin der EuGH von „Grundlagen“ des Gemeinschaftsrechts ausgeht, die nicht beeinträchtigt werden dürfen; vgl. dazu auch Herbst, GLJ (6) 2005, S. 1755 (S. 1758f.).

1626 Zeh, ZEuS 2004, S. 173 (S. 208).

1627 Das Austrittsrecht sei nicht als „vertragswidriges Vertragsrecht“ zu bezeichnen, Hanschel, NVwZ 2012, S. 995 (S. 998); so im Ergebnis auch Bruha/Nowak, AVR (42) 2004, S. 1 (S. 20).

nicht explizit als solches bezeichnet werde, sondern sich nur daraus ableite, dass der austrittswillige Staat den Austritt beschließe und die Union ihn rechtlich daran nicht hindern könne.[1628] Aus der Bestimmung geht jedoch eindeutig hervor, dass sie ein ausdrückliches und einseitiges Austrittsrecht aus der Union gewährt. Die Voraussetzungen und das Verfahren des Austrittsrechts sind in Art. 50 EUV so eindeutig beschrieben, dass nunmehr klargestellt sei, dass es jedem Mitgliedstaat unbenommen bleibe, freiwillig aus der Union auszutreten.[1629] In Bezug auf den Umfang des Art. 50 EUV ist lediglich zu beachten, dass dieser nur ein Austrittsrecht aus der Union normiert. Ein partielles Austrittsrecht aus einzelnen Bereichen des Vertragsregimes wird nicht institutionalisiert.

Es wird immer wieder die Frage aufgeworfen, ob Art. 50 EUV deklaratorischen oder konstitutiven Charakter hat, d.h. ob er einen entscheidenden Beitrag zur Rechtsklarheit leistet oder eine Änderung im Vergleich zur bisherigen Rechtslage darstellt. Diejenigen, die Art. 50 EUV als deklaratorische Bestimmung sehen, gehen davon aus, dass ein Austrittsrecht schon immer bestand.[1630] Diejenigen Teile des Schrifttums, nach denen bis zum Inkrafttreten des Vertrages von Lissabon eine einseitige Kündigung ausgeschlossen gewesen ist, begreifen Art. 50 EUV folgerichtig als konstitutive Bestimmung.[1631] Von einer rein deklaratorischen Wirkung des Art. 50 EUV auszugehen, ist jedenfalls undifferenziert. Die Untersuchung hat zwar ergeben, dass die Existenz eines Austrittsrechts auf der Grundlage der subsidiären Anwendung von Völkerrecht zumindest im äußersten Extremfall durch einen Rückgriff auf das in Art. 62 WVK kodifizierte Prinzip *rebus sic stantibus* begründet werden könnte.[1632] Jedoch wird, selbst wenn man Völkervertragsrecht für die Vertragsbeendigung für anwendbar hält, der Austritt nach Maßgabe von Art. 50 EUV gegenüber den völkerrechtlichen Beendigungsgründen aufgrund seiner materiellen Voraussetzungslosigkeit deutlich vereinfacht.[1633] Art. 50 EUV verändert die zuvor bestehende Rechtslage und ist insoweit konstitutiv.

1628 Hanschel, NVwZ 2012, S. 995 (S. 998).

1629 *Heintschel von Heinegg*, in: Vedder 2007, Art. I-60 EVV, Rn. 2.

1630 Fischer, Der Europäische Verfassungsvertrag, S. 215f.; *Meyer*, in: Verfassungsentwurf, S. 434; auch der Konvent nahm an, es gebe ein Austrittsrecht, dass nur festgeschrieben werden soll, Europäischer Konvent, Synthesebericht über die Plenartagung am 3. und 4. April 2003 in Brüssel. CONV 677/03, S. 10. Das Konventspräsidium war in seinen Erläuterungen zu Art. I-59 Abs. 3 der Auffassung, dass ein Austrittsrecht besteht, auch wenn es keine ausdrückliche Bestimmung hierüber gibt, Europäischer Konvent, Entwurf der Verfassung, Band I – Überarbeiteter Text von Teil I. CONV 724/03, S. 148.

1631 Bruha/Nowak, AVR (42) 2004, S. 1 (S. 8); *Calliess*, in: Calliess 2006, Art. I-60 EVV, Rn. 2; vgl. Heimbach/Zehnfund, Deutscher Bundestag (2009) , S. 1 (S. 5); Terhechte, EuR 2008, S. 143 (S. 151).

1632 Siehe dazu oben, S. 163.

1633 So auch *Dörr*, in: Grabitz/Hilf/Nettesheim 2010, Art. 50 EUV, Rn. 4, 47.

Andererseits werden immer wieder Rückschlüsse aus der Institutionalisierung eines Austrittsrechts in Art. 50 EUV für die Beantwortung der Frage nach dem Bestehen eines Austrittsrechts nach der gemeinschaftsrechtlichen Rechtslage vor dem Vertrag von Lissabon gezogen. Die Einführung des Austrittsrechts bestätige die Rechtsprechung des Bundesverfassungsgerichts dahingehend, dass ein Austrittsrecht schon vor seiner ausdrücklichen Normierung in Art. 50 EUV bestand.[1634] Jedoch wird der fehlende Mehrwert solcher Schlussfolgerungen daran deutlich, dass allein aus dem Umstand der ausdrücklichen Regelung des Austrittsrechts in Art. 50 EUV auch konträre Schlussfolgerungen gezogen werden können. So wird auch behauptet, Art. 50 EUV bestätige, dass ein Austritt vor seiner Einführung nur einvernehmlich möglich gewesen sei, denn hätte ein solches Recht schon vorher bestanden, wäre die Austrittsklausel überflüssig gewesen.[1635]

Ungeachtet dessen, dass der Rechtsprechung des Bundesverfassungsgerichts in Bezug auf ein Austrittsrecht aus der Union keine klaren Aussagen entnommen werden können, die als bestätigt anzusehen wären, lässt sich allein aus der Institutionalisierung eines Austrittsrechts weder eine Schlussfolgerung für noch gegen das vorherige Bestehen eines solchen Rechts treffen. Für die Institutionalisierung des Austrittsrechts ist es außerdem irrelevant, ob die Regelung des Art. 50 EUV konstitutiv oder deklaratorisch ist. Die eigentliche Leistung der Bestimmung besteht darin, dass es auf die Beantwortung der strittigen Frage nach der Anwendung des Völkerrechts im Rahmen des Europarechts zumindest in Bezug auf den Austritt eines Mitgliedstaates aus der Union nicht mehr ankommt. Art. 50 EUV beantwortet die zuvor kontrovers diskutierte und hoch umstrittene Frage zwar nicht, beendet den Streit aber, weil sich durch seine Regelung die gesamte Debatte erledigt.[1636]

Art. 50 EUV trifft nicht nur eine ausdrückliche sondern auch eine abschließende Regelung. Die Normierung der Austrittsklausel ist als ein konkludenter Verzicht der Mitgliedstaaten auf ein anderweitig ausgestattetes Austrittsrecht zu verstehen.[1637] Für die Anwendung völkerrechtlicher Beendigungstatbestände neben Art. 50 EUV in Bezug auf den Austritt eines Mitgliedstaates ist daher kein nennenswerter Raum mehr. In den meisten Fällen wird daher berechtigterweise die Schaffung von Rechtsklarheit durch Art. 50 EUV als dessen wesentliche Funktion hervorgehoben.[1638]

1634 Jaekel, JURA 2010, S. 87 (S. 89); Terhechte, EuR – Beiheft 1 2010, S. 135 (S. 141).

1635 Athanassiou, European Central Bank 2009, S. 1 (S. 26).

1636 Dies auch hervorhebend *Becker*, in: Schwarze 2012, Art. 50 EUV, Rn. 1; *Becker*, in: Schwarze 2012, Art. 356 AEUV, Rn. 3; Hatje, NJW 2008, S. 1761 (S. 1763); *Streinz*, in: Streinz 2012, Art. 50 EUV, Rn. 3; *Tomuschat*, in: Problemi e tendenze del diritto, S. 291; Weber, EuR 2004, S. 841 (S. 853).

1637 So auch *Calliess*, in: Calliess/Ruffert 2011, Art. 50 EUV, Rn. 13.

1638 Vgl. *Dörr*, in: Grabitz/Hilf/Nettesheim 2010, Art. 50 EUV, Rn. 3; Hatje, NJW 2008, S. 1761 (S. 1763).

2. Beschränkungsfunktion

Wie die Untersuchung der Beendigungstatbestände internationaler Organisationen ergab, sind vertragliche Austrittsrechte als notwendig zu beurteilen, weil durch die Normierung von Voraussetzungen ihre Anwendung kontrolliert und beschränkt werden kann. Führt dies wiederum dazu, dass ein Mitgliederschwund vermieden wird, ergäbe sich daraus eine existenzerhaltende Wirkung für die Organisation.

Art. 50 EUV beschreibt keine materiell-rechtlichen Voraussetzungen oder Kündigungsgründe für die Ausübung des Austrittrechts. Die Verwirklichung des Art. 50 EUV wird also nicht auf Situationen beschränkt, in denen der Austritt eines Mitgliedstaates notwendig für die Existenz der Organisation oder den Fortgang des Integrationsprozesses ist. Insbesondere wurde keine Beschränkung des Austrittsrechts für den Fall, dass Mitgliedstaaten im Rahmen einer Verfassungsänderung überstimmt werden, vorgenommen, obwohl regelmäßig betont wurde, dass die Ausübung des Austrittsrechts nur für diese Fälle diskutabel sei.[1639] Auch der Abschluss eines Austrittsabkommens ist unter Berücksichtigung des Wortlauts, der Systematik und der Entstehungsgeschichte von Art. 50 EUV keine Bedingung für das Wirksamwerden des Austritts.[1640] Darüber hinaus ist nicht einmal Einstimmigkeit für das Zustandekommen des Austrittsabkommens vorgesehen. Dieses wird vom Rat im Namen der Union mit qualifizierter Mehrheit nach Zustimmung des Europäischen Parlaments geschlossen, Art. 50 Abs. 2 S. 4 EUV.[1641] Der Verweis auf die Übereinstimmung mit nationalem Verfassungsrecht in Art. 50 EUV hat ausweislich des Wortlauts und der Entstehungsgeschichte keine für die Ausübung des Austrittsrechts konstitutive Wirkung.[1642]

Gem. Art. 50 Abs. 1 und 2 EUV bestehen lediglich verfahrensrechtliche Pflichten in Bezug auf die Abgabe der Austrittserklärung durch den betreffenden Staat und in Bezug auf die Aufnahme von Verhandlungen über ein Austrittsabkommen mit der Union. Aufgrund der gem. Art. 4 Abs. 3 EUV bestehenden Verpflichtung zur loyalen Zusammenarbeit ist außerdem von der Pflicht des betreffenden Mitgliedstaates zur Konsultation der anderen Mitgliedstaaten und der Union vor Abgabe der Austrittserklärung auszugehen. Durch die Auferlegung dieser verfahrensrechtlichen

---

1639 So Smits, CMLRev (42) 2005, S. 425 (S. 464); Schwarze, EuR 2003, S. 535 (S. 559); zu dahingehenden Vorschlägen im Rahmen der Diskussion im Verfassungskonvent siehe die ÄV von de Villepin und Lamassoure; vgl. Europäischer Konvent, Übersicht über die Änderungsvorschläge betreffend die Zugehörigkeit zur EU: Entwürfe für die Artikel von Titel X des Teils I (Art. 43 bis 46). CONV 672/03, S. 10; vgl. Sekretariat der Regierungskonferenz, Redaktionelle und juristische Anmerkungen zu dem Entwurf eines Vertrags über eine Verfassung für Europa – Basisdokument v. 6.10.2003. CIG 4/03, S. 127.

1640 Siehe dazu oben, S. 219f.

1641 Siehe dazu oben, S. 254.

1642 Siehe dazu oben, S. 214.

Mitteilungs-, Verhandlungs- und Konsultationspflichten[1643] wird die Ausübung des Austrittsrechts jedoch nicht substantiell beschränkt. Dies liegt einerseits daran, dass keine korrespondierende Abschlusspflicht in Bezug auf das Austrittsabkommen besteht. Andererseits erfolgt keine ausreichende Sicherung der Erfüllung der Verfahrenspflichten. Das Handeln des austrittswilligen Mitgliedstaates unterliegt bis zum Wirksamwerden des Austritts der Rechtskontrolle des EuGH am Maßstab des Unionsrechts,[1644] sodass sowohl die Bestimmungen des Art. 50 Abs. 2 bis 4 EUV, als auch die des Art. 4 Abs. 3 EUV relevante Kontrollnormen im Rahmen eines Vertragsverletzungsverfahrens gem. Art. 258, 259 AEUV sind. Darüber hinaus sind die Parteien durch das völkerrechtliche *pactum de negotiando* zu einer Verhandlungsführung nach Treu und Glauben verpflichtet, sodass auch völkerrechtliche Sicherungsinstrumente in Betracht kommen. Kommt eine Partei ihrer Verhandlungspflicht treuwidrig nicht nach, steht der vertragstreuen Partei gem. Art. 60 WVK ein Kündigungsrecht und unter Umständen auch ein Anspruch auf Schadenersatz oder Naturalrestitution zu. Außerdem wäre die vertragstreue Partei zur Anwendung von Retorsion und Repressalie berechtigt.[1645] Diese völkerrechtlichen und europarechtlichen Sicherungsinstrumente sind jedoch für die Erfüllung der verfahrensrechtlichen Pflichten im Rahmen des Austrittsverfahrens ungeeignet, weil die Ausübung von Druck oder Zwang bei der austrittswilligen Partei in der Regel keine echte Verhandlungs- und Einigungsbereitschaft zu wecken vermag.[1646]

Die einzige Beschränkung, welche dem Austrittstatbestand zu entnehmen ist, bezieht sich auf die zeitliche Dimension des Wirksamwerdens des Austritts. Für den Zeitpunkt des Wirksamwerdens sieht Art. 50 Abs. 3 EUV ausdrücklich zwei Möglichkeiten vor. Der maßgebliche Zeitpunkt bestimmt sich entweder nach dem Datum des Inkrafttretens des Austrittsabkommens oder mit dem Ablauf der Zweijahresfrist nach der Mitteilung der Austrittsabsicht an den Europäischen Rat, soweit dieser nicht einvernehmlich mit dem betroffenen Mitgliedstaat eine Fristverlängerung beschlossen hat.[1647] Eine einvernehmliche Verkürzung dieser Frist wird durch Art. 50 EUV nicht vorgesehen. Ein sofortiges Austrittsrecht ist damit nicht möglich.

Wie der Großteil vertraglicher Austrittsklauseln formuliert auch Art. 50 EUV ein einseitiges Austrittsrecht, welches an „keine substanziellen Voraussetzungen“[1648] gebunden ist. Es unterscheidet sich von herkömmlichen Austrittsklauseln einzig durch die darin vorgesehene Möglichkeit des Abschlusses eines Austrittsabkommens und die Pflicht, Verhandlungen zu einem solchen Abkommen aufzunehmen.

1643 Zu den sich aus Art. 50 EUV ergebenden Verfahrenspflichten siehe oben, S. 222ff.
1644 *Dörr*, in: Grabitz/Hilf/Nettesheim 2010, Art. 50 EUV, Rn. 33.
1645 Vgl. Beyerlin, ZaöRV (36) 1976, S. 407 (S. 407, 439f.).
1646 So auch Beyerlin, ZaöRV (36) 1976, S. 407 (S. 407, 439f.).
1647 Siehe dazu oben, S. 257.
1648 Müller-Graff, integration 2004, S. 186 (S. 190).

Obwohl dadurch keine materiell-rechtliche Beschränkung erfolgt, wird die Möglichkeit des sofortigen Austritts verhindert.

In seiner beschränkenden Wirkung bleibt Art. 50 EUV selbst hinter den meisten völkerrechtlichen Austrittstatbeständen zurück, die strengere Voraussetzungen bestimmen. So macht bspw. Art. 62 WVK die objektive Überforderung oder Unzumutbarkeit des austretenden Mitglieds, den Organisationszweck zu erfüllen, zur Tatbestandsvoraussetzung und beschränkt dadurch seine Anwendung auf diese Fälle. Tatsächlich wird die Ausübung des Austrittsrechts wohl einzig durch das nationale Verfassungsrecht substantiell beschränkt. So engt das deutsche Verfassungsrecht den unionsrechtlichen Spielraum aus Art. 50 EUV ein.[1649] Art. 50 EUV selbst erfüllt somit keine beschränkende Funktion, weil es die Ausübung des Austrittsrecht weder kontrolliert noch beschränkend reguliert.

3. Prozeduralisierungsfunktion

Vertragliche Austrittstatbestände erfüllen eine prozeduralisierende Funktion, indem sie Verfahren, Fristen und Formen für ihre Anwendung normieren und dadurch praktische, rechtliche und finanzielle Probleme infolge des Austritts für die Organisation vermeiden oder verringern. Art. 50 EUV beschreibt zwei verschiedene Austrittsverfahren. Der Austritt eines Mitgliedstaates kann entweder durch den Ablauf einer Zweijahresfrist nach Abgabe der Austrittsmitteilung oder durch den Abschluss und das Inkrafttreten eines Austrittsabkommens bewirkt werden.

a) Der Austritt ohne Austrittsabkommen und der Sunset-clause

Der *Sunset-clause* des Art. 50 Abs. 3 EUV ermöglicht den Austritt eines Mitgliedstaats aus der Union, ohne dass mit diesem ein Abkommen über die Einzelheiten des Austritts und den Rahmen der zukünftigen Beziehungen abgeschlossen wird. Die Vorschrift bestimmt, dass nach Ablauf von zwei Jahren nach Abgabe der Austrittserklärung vorbehaltlich einer Verlängerung dieser Frist die Verträge auf den betroffenen Staat keine Anwendung mehr finden.[1650]

In erster Linie bezweckt die Regelung, langjährige Verhandlungen über den Austritt zu verhindern[1651] und Rechtsklarheit im Hinblick auf das Mitgliedschaftsverhältnis zwischen dem austrittswilligen Staat und der Union zu schaffen.[1652] Bereits im Rahmen der Konventsdebatte und der nachfolgenden Regierungskonferenz wurde jedoch mehrfach betont, dass ein Austritt ohne Austrittsabkommen in der

---

1649 Siehe dazu oben, S. 216; so auch *Dörr*, in: Grabitz/Hilf/Nettesheim 2010, Art. 50 EUV, Rn. 22.

1650 Siehe dazu oben, S. 255.

1651 Oppermann/Classen/Nettesheim, Europarecht 2011, S. 690.

1652 *Heintschel von Heinegg*, in: Vedder 2007, Art. I-60 EVV, Rn. 8.

Praxis kaum vorstellbar sei.[1653] Grund dafür sind die massiven durch einen Austritt verursachten Veränderungen sowohl für die Union als auch für den austretenden Staat. Wird in einem derartigen Szenario kein Abkommen über die Austrittsfolgen geschlossen, ist unklar, wie eine Entflechtung und Neuordnung der wirtschaftlichen und politischen Beziehungen erfolgen soll.[1654] Die mit dem Austritt ohnehin schon verbundenen komplizierten Abwicklungsfragen und Folgeprobleme[1655] würden sich verschärfen.

Dies wird besonders deutlich im Hinblick auf die betroffenen Rechte von natürlichen und juristischen Personen. Das Unionsrecht und insbesondere die Grundfreiheiten verleihen den Unionsbürgern subjektive Rechte, deren Verletzung in verschiedenen Fällen Haftungsansprüche und damit zusammenhängende Schadensersatzanforderungen gegen den Mitgliedstaat vor dessen Gerichten begründen können.[1656] Die Bürger des austretenden Mitgliedstaates sind infolge des Austritts keine Unionsbürger i.S.v. Art. 9 EUV und Art. 20ff. AEUV mehr. Auf die ehemals durch diese unionsrechtlichen Bestimmungen begründeten subjektiven Rechtspositionen können sich Private und Unternehmen vor den Gerichten des ausgetretenen Mitgliedstaates nach dessen Austritt nicht mehr berufen.[1657] Dies gilt auch für Haftungsansprüche von Privaten oder Unternehmen des austretenden Mitgliedstaates gegen die in der Union verbleibenden Mitgliedstaaten. Auch für die bereits aufgrund von Europarecht entstandenen Ansprüche wird infolge

---

1653 Europäischer Konvent, Bericht des engeren Ausschusses des britischen Oberhauses über die Europäische Union, vorgelegt von Lord Tomlinson und Lord Maclennan. CONV 708/03, S. 8; Sekretariat der Regierungskonferenz, Redaktionelle und juristische Anmerkungen zu dem Entwurf eines Vertrags über eine Verfassung für Europa – Basisdokument v. 6.10.2003. CIG 4/03, S. 127.

1654 Zeh, ZEuS 2004, S. 173 (S. 200).

1655 Vgl. Puttler, EuR 2004, S. 669 (S. 677).

1656 Der EuGH hat im Verlaufe seiner Rechtsprechung in Anlehnung an Art. 340 AEUV (Art. 288 Abs. 2 EGV) über die außervertragliche Haftung der Union staatshaftungsrechtliche Grundsätze entwickelt, nach denen die mitgliedstaatlichen Gerichte dem Einzelnen angemessenen Ersatz bei Verstößen gegen das Unionsrecht zusprechen, wenn die verletzte Rechtsnorm dem Einzelnen subjektive Rechte zu verleihen bezweckt, der Verstoß hinreichend qualifiziert ist und zwischen dem Verstoß und dem entstandenen Schaden ein unmittelbarer Kausalzusammenhang besteht, vgl. hierzu EuGH v. 19.11.1991, Rs. C-6 und 9/90, Slg. 1991, S. 5357 Rn. 40 – *Francovich*; EuGH v. 5.3.1996, verb. Rs. C-46 und 48/93, Slg. 1996, S. 1029 Rn. 37ff. – *Brasserie du Pecheur*; EuGH v. 4.7.2000, Rs. C-424/97, Slg. 2000, S. 5123 Rn. 36 – *Haim;* EuGH v. 30.9.2003, Rs. C-224/01, Slg. 2007, S. 10239 Rn. 53ff. – *Köbler;* EuGH v. 17.4.2007, Rs. C-470/03, Slg. 2007, S. 2749 Rn. 78 – *COS.Met;* EuGH v. 24.3.2009, Rs. C-445/06, Slg. 2009, S. 2119 Rn. 20 – *Dansge Slageterier;* vgl. Bruha/Nowak, AVR (42) 2004, S. 1 (S. 18f. m.w.N.); *Gellermann*, in: Streinz 2012, Art. 340 AEUV, Rn. 42ff.

1657 Vgl. *Streinz*, in: Streinz 2012, Art. 50 EUV, Rn. 8; *Heintschel von Heinegg*, in: Vedder 2007, Art. I-60 EVV, Rn. 5.

des Austritts eine „juristische Kausalkette“ unterbrochen.[1658] Im Übrigen bleibt ungeklärt, ob für die Bürger des austretenden Staates, Haftungsansprüche und Schadensersatzforderungen aufgrund von Europarecht innerhalb der zweijährigen Kündigungsfrist entstehen können.[1659] Werden keine Übergangs- und Auffangregelungen oder die Beibehaltung bestimmter Grundfreiheiten im Rahmen eines Austrittsabkommens vereinbart, wird es also zu einer massiven Reduzierung von wohlerworbenen Rechtspositionen Dritter kommen.

Daneben stellen sich infolge eines Austritts zahlreiche materiell- und prozessrechtliche Einzelfragen, die ohne die Verabschiedung eines Austrittsabkommen ohne klare Antwort bleiben. Es bedürfte bspw. der Klärung, was mit den Arbeitnehmern der Union, die Staatsangehörige des austretenden Staates sind, geschieht, wie mit den Verwaltungsgebäuden der Union auf dem Territorium des austretenden Staates verfahren wird und ob Staatsangehörige des austretenden Staates weiterhin Stipendien der EU bekommen können.[1660]

Im Unterschied zu den völkerrechtlichen Bestimmungen kann die Unionsmitgliedschaft demnach ohne einen vollendeten *actus contrarius* beendet werden.[1661] Dadurch wird das eigentliche Ziel des *Sunset-clause* – die Schaffung von Rechtsklarheit – konterkariert.[1662] Die dadurch verursachte verfahrens- und materiellrechtliche Lücke versucht Art. 50 Abs. 3, Hs. 2 EUV durch die Möglichkeit der Fristverlängerung zu schließen.[1663] Dazu wird es jedoch nur dann kommen, wenn die schwierigen Entflechtungen, die mit einem Austritt verbunden sind und die sich darauf beziehenden Regelungen der Einzelheiten nicht innerhalb von zwei Jahren gelingen, die beiden Parteien aber grundsätzlich noch an einer vertraglichen Regelung der Abwicklung der Mitgliedschaft interessiert sind.[1664] Ist das Austrittsabkommen jedoch bereits wegen eines mangelnden Konsenses der Vertragsparteien nicht zustande gekommen, ist es auch sehr unwahrscheinlich, dass sich die Vertragsparteien über eine Fristverlängerung einigen können.[1665] Insbesondere besteht, selbst wenn man von einer vertraglichen Loyalitätspflicht des austretenden Staates zum Abschluss des Abkommens und nicht nur von einer für diesen bestehenden Pflicht zur Aufnahme von Verhandlungen ausgeht, keine Pflicht, das

1658 So *Kumin/Hummer/Obwexer*, in: Der Vertrag von Lissabon 2009, S. 321.

1659 Herbst, GLJ (6) 2005, S. 1755 (S. 1757).

1660 Vgl. Herbst, GLJ (6) 2005, S. 1755 (S. 1757).

1661 Fischer, Der Europäische Verfassungsvertrag, S. 216f.; *Heintschel von Heinegg*, in: Vedder 2007, Art. I-60 EVV, Rn. 8.

1662 So auch Fischer, Der Europäische Verfassungsvertrag, S. 216f.; *Heintschel von Heinegg*, in: Vedder 2007, Art. I-60 EVV, Rn. 8.

1663 Fischer, Der Europäische Verfassungsvertrag, S. 216f.

1664 Vgl. *Längle*, in: Der Vertrag über eine Verfassung für Europa, S. 247; *Streinz*, in: Streinz 2012, Art. 50 EUV, Rn. 9.

1665 So auch *Dörr*, in: Grabitz/Hilf/Nettesheim 2010, Art. 50 EUV, Rn. 36; Fischer, Der Europäische Verfassungsvertrag, S. 216f.; *Heintschel von Heinegg*, in: Vedder 2007, Art. I-60 EVV, Rn. 8.

Einvernehmen zu erteilen.[1666] Schließlich kommen beide Seiten nicht umhin, die Austrittsmodalitäten auf der Grundlage von Völkerrecht zu klären.[1667] In einer solchen Situation ist die Austrittsklausel des Art. 50 EUV also von geringem Mehrwert.[1668]

Der *Sunset-clause* verdeutlicht mehr als alle anderen Regelungen im Rahmen der Austrittsklausel des Art. 50 EUV, dass sich die Vertragsparteien für ein einseitiges Austrittsrecht entschieden haben.[1669] Alle Vorschläge, Art. 50 Abs. 3 EUV nachträglich zu ergänzen, wurden im Verfassungskonvent zurückgewiesen.[1670] Allerdings haben selbst diejenigen Konventsmitglieder, die wiederholt betonten, ein Austrittsabkommen dürfe keine konstitutive Bedingung für den Austritt darstellen, weil ansonsten das Prinzip des einseitigen Austritts entleert würde, darauf hingewiesen, dass u.U. Regelungen über die Rechtsfolgen im Falle des Nichtzustandekommens eines Austrittabkommens getroffen werden müssten.[1671] Zugunsten der Rechtssicherheit wären dahingehende Vorkehrungen nicht nur wünschenswert sondern auch erforderlich gewesen.

b) Der Austritt mit Austrittsabkommen

Die Funktionalität eines Austrittsabkommens im Rahmen des Austrittsverfahrens gegenüber einem Austritt ohne vertragliche Vereinbarungen über die Austrittsfolgen ist evident. Gleichwohl sind auch die den Inhalt und das Zustandekommen des Austrittsabkommens beschreibenden Bestimmungen des Art. 50 EUV Gegenstand von Kritik.[1672] Diese bezieht sich sowohl auf die in Art. 50 EUV vorgenommene inhaltliche Determinierung des Austrittsabkommens, als auch auf die Modalitäten zum Abschluss des Austrittsabkommens und auf den Zeitplan der Verwirklichung des Austritts.

i. Die inhaltliche Determinierung des Austrittsabkommens durch Art. 50 EUV

Die das Austrittsabkommen beschreibenden Bestimmungen des Art. 50 EUV werden kritisiert, weil aus ihnen nicht die Rechtsnatur des Austrittabkommens

---

1666 *Becker*, in: Schwarze 2012, Art. 50 EUV, Rn. 6.

1667 So auch *Booß*, in: Lenz/Borchardt 2013, Art. 50 EUV, Rn. 5.

1668 So auch Fischer, Der Europäische Verfassungsvertrag, S. 216f.

1669 Dies betonend z.B. Haratsch/Koenig/Pechstein, Europarecht, S. 54; Herbst, GLJ (6) 2005, S. 1755 (S. 1756); *Längle*, in: Der Vertrag über eine Verfassung für Europa, S. 247.

1670 Siehe dazu oben, S. 194.

1671 Europäischer Konvent, Bericht des engeren Ausschusses des britischen Oberhauses über die Europäische Union, vorgelegt von Lord Tomlinson und Lord Maclennan. CONV 708/03, S. 8.

1672 Das Verfahren sei nicht als besonders innovativ einzustufen, Fischer, Der Europäische Verfassungsvertrag, S. 216.

hervorgehe.[1673] Da nicht die in der Union verbleibenden Mitgliedstaaten sondern die Union selbst und der austretende Mitgliedstaat Vertragsparteien des Austrittsabkommens sind, ergibt sich aus Art. 50 EUV jedoch, dass dieses als bilateraler völkerrechtlicher Vertrag in Form eines Drittstaatenabkommens geschlossen wird.[1674]

Hinsichtlich der von Art. 50 Abs. 2 EUV aufgestellten Anforderungen an den Inhalt des Austrittsabkommens wird außerdem kritisiert, dass hieraus nicht ersichtlich sei, welchen konkreten Inhalt das Austrittsabkommen umfassen solle.[1675] Weil der austretende Staat auch keinen offiziellen Grund für seinen Austritt angeben müsse, bleibe unklar, was der Gegenstand der Beratungen zum Austrittsabkommen im Europäischen Rat sein solle.[1676] Tatsächlich ist die inhaltliche Ausgestaltung des Austrittsabkommen in Art. 50 Abs. 2 EUV nur insoweit determiniert, als dass das Abkommen „die Einzelheiten des Austritts" und „den Rahmen für die zukünftigen Beziehungen" des austretenden Staates zur Union regeln soll.

Die Untersuchung hat ergeben, dass der Regelungsgegenstand des „Rahmens der zukünftigen Beziehungen"[1677] darauf abzielt, Bestimmungen über eine dauerhafte Neupositionierung des ausgetretenen Staates zu entwerfen, um damit langfristige Lösungen zu finden. Dies erfordert den Abschluss von weiteren vom eigentlichen Austrittsabkommen zu unterscheidenden Vereinbarungen über den konkreten Inhalt der künftigen Beziehungen in Form von bilateralen Abkommen zwischen dem austrittswilligen Staat und der Union.

Demgegenüber fallen unter den Regelungsgegenstand der „Einzelheiten des Austritts"[1678] Bestimmungen über direkte und unmittelbare Folgen des Austritts insbesondere in Form von Übergangsregelungen. Es ist zu bedenken, dass aufgrund der beteiligten Vertragsparteien im Austrittsabkommen nicht die erforderlich werdenden Änderungen der Gründungsverträge geregelt werden können. Hierfür wird in jedem Fall eine vom Abschluss des Austrittsabkommens zu unterscheidende normale Vertragsänderung notwendig sein. Das Austrittsabkommen ist also in erster Linie für die Regelung des zukünftigen Verhältnisses des austretenden Mitgliedstaates zur Union sowie für den Schutz der Staatsbürger des austretenden Staates bedeutsam. Dafür trifft Art. 50 Abs. 2 EUV adäquate Vorkehrungen. Denn unter den Regelungsgegenstand der „Einzelheiten des Austritts" können spezielle Übergangs- und Ausnahmeregelungen zum Schutz der Staatsbürger des austretenden Staates fallen. Durch diese Regelungen wird ermöglicht, vielfältige Fragen der unmittelbaren Austrittsfolgen zu klären, welche für die Unionsbürger

1673 Vgl. *Calliess*, in: Calliess/Ruffert 2011, Art. 50 EUV, Rn. 7; *Kumin/Hummer/Obwexer*, in: Der Vertrag von Lissabon 2009, S. 319.

1674 Siehe dazu oben, S. 240.

1675 So *Booß*, in: Lenz/Borchardt 2013, Art. 50 EUV, Rn. 4; *Kumin/Hummer/Obwexer*, in: Der Vertrag von Lissabon 2009, S. 319f.

1676 Terhechte, EuR 2008, S. 143 (S. 151).

1677 Siehe dazu oben, S. 243f.

1678 Siehe dazu oben, S. 242f.

des austretenden Mitgliedstaates von großer Bedeutung und für die Wahrung ihrer Interessen und Rechtsstellungen unentbehrlich sind.[1679]

Indem Art. 50 Abs. 2 EUV ferner vorsieht, dass das Austrittsabkommen den Rahmen für die zukünftigen Beziehungen des austretenden Mitgliedstaates zur Union regelt, wird eine enge zukünftige Verbindung ermöglicht und als erwünschte Alternative akzentuiert. Zu dieser engen Anbindung des austretenden Staates an die Union kann es auch gehören, einzelne Grundfreiheiten der Staatsangehörigen des austretenden Staates im Verhältnis zur Union weiter zu verwirklichen.[1680]

Sicherlich hätte Art. 50 Abs. 2 EUV höhere Anforderungen an die Regelungsdichte des Austrittsabkommens stellen können. In seiner jetzigen Form ist Art. 50 EUV jedoch ein „flexibles Instrument"[1681] der Union im Rahmen des Austrittverfahrens, weil es ebenso wenig Grenzen für die Intensität der zukünftigen Bindung des ehemaligen Mitgliedstaates an die Union setzt. Auch wird durch Art. 50 EUV keine bestimmte vertragliche Form vorgesehen, in der die den Rahmen für die zukünftigen Beziehungen füllenden bilateralen Abkommen abzuschließen sind. Ungeachtet dessen, dass der Abschluss von Nachbarschaftsabkommen gem. Art. 8 EUV das vorzugswürdige Instrument für die Umsetzung dieses Auftrags sind,[1682] ist auch hier die Flexibilität bei der Wahl des Mechanismus positiv zu beurteilen.

ii. Der Abschluss und das Zustandekommen des Austrittsabkommens

Zwar muss das Europäische Parlament dem Abkommen zustimmen. Jedoch wird in Anbetracht der Tatsache, dass Einstimmigkeit für Beitritts- und Assoziierungsabkommen erforderlich ist, kritisiert, dass im Rat lediglich eine qualifizierte Mehrheit unter den übrigen Mitgliedstaaten ausreicht.[1683] Bereits im Rahmen der Diskussionen des Verfassungskonvents wurde darauf hingewiesen, über die Beschlussfassungsverfahren für den Abschluss eines Austrittsabkommens nähere Überlegungen anstellen zu müssen. Anstatt ein Verfahren mit qualifizierter Mehrheit könnte eine andere Lösung darin bestehen, die dem sachlichen Inhalt des Abkommens entsprechende Abstimmungsregel anzuwenden, was dazu führen würde, dass der Beschluss des Rates über das Austrittsabkommen wahrscheinlich einstimmig

1679 Vgl. *Folz*, in: Völker- und Europarecht, S. 165; *Längle*, in: Der Vertrag über eine Verfassung für Europa, S. 247.

1680 So auch *Kumin/Hummer/Obwexer*, in: Der Vertrag von Lissabon 2009, S. 320; derartige Abkommen könnten auch Bestimmungen enthalten, die an das EU-Recht angelehnt sind und eine Homogenität im Verhältnis zur Auslegung des Unionsrecht gewährleisten, vgl. *Epiney*, in: FS Klein, S. 543ff.; vgl. dazu auch *Klein*, in: Auslegung und Anwendung von Integrationsverträgen, S. 11ff.

1681 *Dörr*, in: Grabitz/Hilf/Nettesheim 2010, Art. 50 EUV, Rn. 28.

1682 Siehe dazu oben, S. 251.

1683 So Athanassiou, European Central Bank 2009, S. 1 (S. 26); vgl. *Booß*, in: Lenz/Borchardt 2013, Art. 50 EUV, Rn. 2; *Streinz*, in: Streinz 2012, Art. 50 EUV, Rn. 6.

gefasst werden müsste.[1684] Das Sekretariat der nachfolgenden Regierungskonferenz stimmte diesen Überlegungen in seinen juristischen und redaktionellen Anmerkungen zum Verfassungsentwurf im Grundsatz zu.[1685] Im Austrittsabkommen werde über Bereiche mit qualifizierter Mehrheit beschlossen, die unter normalen Umständen Einstimmigkeit erforderlich machen würden, weil Regelungsbereiche tangiert seien, bei denen zum Erlass eines Rechtsakts der Union Einstimmigkeit vertraglich vorgeschrieben sei. Jedoch sei zu beachten, dass das Abkommen vor allem darauf abziele festzulegen, unter welchen Bedingungen der Besitzstand in seiner Gesamtheit oder in Teilen auf den betreffenden Staat Anwendung finden werde, ohne dass inhaltliche Änderungen daran vorgenommen werden.[1686] Das Erfordernis einer qualifizierten Mehrheit ist somit ausreichend.

Insbesondere ist auch kein Wertungswiderspruch in der unterschiedlichen Behandlung des Austrittsabkommens im Vergleich zu Beitritts- und Assoziierungsabkommen sowie zu Vertragsänderungen anzunehmen. Bei einem Austrittsabkommen handelt es sich um ein Abkommen zwischen der Union und dem austrittswilligen Mitgliedstaat. Ein Beitrittsvertrag gem. Art. 49 Abs. 2 EUV ist ein Vertrag zwischen den Mitgliedstaaten und dem beitrittswilligen Staat, der nicht im institutionellen Rahmen der Union geschlossen wird. Hier müssen schon begriffsnotwendig alle Mitgliedstaaten zustimmen. Das ordentliche Vertragsänderungsverfahren gem. Art. 48 Abs. 1 bis 5 EUV zielt ebenfalls auf eine vertragliche Einigung zwischen den Mitgliedstaaten. Daher genügt für den Abschluss eines Austrittsabkommens anders als bei dem Verfahren gem. Art. 48 EUV eine qualifizierte Mehrheit im Rat und die einfache Zustimmung des Parlaments anstatt der Billigung durch alle Mitgliedstaaten.[1687]

Assoziierungsabkommen gem. Art. 217 AEUV erfordern gem. Art. 218 Abs. 8 UAbs. 2 AEUV ein einstimmiges Vorgehen des Rates. Gleiches gilt auch für Nachbarschaftsabkommen i.S.v. Art. 8 Abs. 2 EUV. Die unterschiedliche Behandlung im Vergleich zum Abschluss des Austrittsabkommens ist im Hinblick auf die Regelungsdichte gerechtfertigt. Wie die Ausführungen ergeben haben, bestimmt das Austrittsabkommen lediglich die Einzelheiten des Austritts und den Rahmen für die künftigen Beziehungen des austretenden Staates zur Union. Bei den Einzelheiten des Austritts i.S.v. Art. 50 Abs. 2 S. 2 EUV kann es sich aufgrund der

1684 Europäischer Konvent, Titel X: Die Zugehörigkeit zur Union. CONV 648/03, S. 8f.; Europäischer Konvent, Bericht des engeren Ausschusses des britischen Oberhauses über die Europäische Union, vorgelegt von Lord Tomlinson und Lord Maclennan. CONV 708/03, S. 8.

1685 So auch Sekretariat der Regierungskonferenz, Redaktionelle und juristische Anmerkungen zu dem Entwurf eines Vertrags über eine Verfassung für Europa – Basisdokument v. 6.10.2003. CIG 4/03, S. 127.

1686 Sekretariat der Regierungskonferenz, Redaktionelle und juristische Anmerkungen zu dem Entwurf eines Vertrags über eine Verfassung für Europa – Basisdokument v. 6.10.2003. CIG 4/03, S. 127.

1687 So auch *Bieber*, in: Die Unionsgrundordnung, S. 557.

beteiligten Vertragsparteien nicht um alle erforderlich werdenden Änderungen der Gründungsverträge handeln, weil hierfür eine vom Abschluss des Austrittsabkommens zu unterscheidende normale Vertragsänderung vorgenommen werden muss.[1688] Außerdem bestimmt das Austrittsabkommen lediglich den Rahmen für die künftigen Beziehungen und nicht deren konkrete Ausgestaltung. Dafür sind dann wiederum der Abschluss von Assoziierungs- oder vorzugsweise Nachbarschaftsabkommen erforderlich. Es ist als interessegerecht und im Hinblick auf den Abschluss des Austrittsverfahrens als effektiv zu beurteilen, nur für diese Einstimmigkeit unter den Mitgliedstaaten zu verlangen, weil durch sie intensiver als durch das eigentliche Austrittsabkommen die Interessen der beteiligten Vertragsparteien tangiert werden.

In Bezug auf die Abschlussmodalitäten wird ferner kritisiert, dass Art. 50 EUV es offen lasse, ob die Vertreter des austrittswilligen Mitgliedstaates bei Abstimmungen des Rates teilnehmen, die nicht den unmittelbaren Austritt, aber Aspekte über das zukünftige Verhältnis des austrittswilligen Staates zur Union betreffen.[1689]

Ob der austretende Staat an Abstimmungen des Rates teilnimmt, welche zwar sein zukünftiges Verhältnis zur Union bestimmen, aber nicht im Rahmen der Abstimmung über das Austrittsabkommen erfolgen, ist keine Frage des Austrittsverfahrens. Dass die Vertreter des austrittswilligen Mitgliedstaates im Rat an derartigen Entscheidungen beteiligt werden, ist abzulehnen. Der Mitgliedstaat steht insoweit schon außerhalb der Unionsordnung. Als Drittstaat wird der ausgetretene Staat Vertragspartei des Austrittsabkommens und der bilateralen Abkommen und kann mithin nicht darüber in Unionsorganen mitbestimmen. Dies wäre ein Vertragsschluss mit sich selbst. Außerdem ist fraglich, welche Entscheidungen dies betreffen soll. Im Austrittsabkommen wird der Rahmen für das zukünftige Verhältnis des austretenden Staates zur Union geregelt und dieser Rahmen wird durch weitere bilaterale Abkommen der Union mit dem austrittswilligen Mitgliedstaat ausgefüllt.

Zudem trifft Art. 50 Abs. 2 EUV keine näheren Aussagen über die Abstimmung zum Austrittsabkommen im Europäischen Parlament. Es bleibt somit offen, ob die Parlamentsvertreter des austretenden Staates im Rahmen dieser Abstimmung berechtigt sind, teilzunehmen oder wenigstens angehört zu werden.[1690] Art. 50 Abs. 2 S. 4 EUV spricht lediglich von der „Zustimmung des Europäischen Parlaments". Im Gegensatz dazu bestimmt Art. 50 Abs. 4 EUV ausdrücklich, dass *„[...] das Mitglied des Europäischen Rates und des Rates, das den austretenden Mitgliedstaat vertritt, weder an den diesen Mitgliedstaat betreffenden Beratungen noch an der entsprechenden Beschlussfassung des Europäischen Rates oder des Rates [...]"* teilnimmt. Sowohl das Austrittabkommen als auch die Leitlinien des Europäischen Rates werden also *expressis verbis* ohne den austrittswilligen Mitgliedstaat verabschiedet. Hätte der

1688 Siehe dazu oben, S. 242f.
1689 Friel, ICLQ (53) 2004, S. 407 (S. 426).
1690 Friel, ICLQ (53) 2004, S. 407 (S. 426).

Normgeber dies auch für die Abstimmung im Europäischen Parlament bezweckt, hätte er eine ausdrückliche Regelung aufnehmen müssen. Außerdem muss berücksichtigt werden, dass die Parlamentarier nicht den jeweiligen Staat sondern die Unionsbürgerinnen und Unionsbürger vertreten, Art. 14 Abs. 2 EUV.

Die verfahrensrechtlichen Lücken beeinträchtigen die prozeduralisierende Funktion der Austrittsklausel somit nicht, weil sie weder das Zustandekommen des Austrittsabkommens verhindern, noch das Austrittsverfahren in einer sonstigen Weise lähmen.

Des Weiteren wird die Prozeduralisierung des Austrittsverfahrens für den Fall von multiplen Austritten als unzureichend beurteilt. Vertrete der Rat in einer solchen Situation die Union gem. Art. 50 Abs. 2 EUV bei den Austrittsverhandlungen, werde seine Legitimität begrenzt, weil er dann vorgeben würde, Mitgliedstaaten zu vertreten, die ihm bereits seine Austrittsabsicht mitgeteilt hätten. Die Klausel hätte die Möglichkeit von multiplen Austritten ausschließen müssen, weil ansonsten ein geordnetes Austrittsverfahrens vereitelt werden würde.[1691]

Gem. Art. 16 Abs. 2 EUV besteht der Rat aus je einem Vertreter jedes Mitgliedstaats auf Ministerebene, der befugt ist, für die Regierung des von ihm vertretenen Mitgliedstaats verbindlich zu handeln und das Stimmrecht auszuüben. Auch wenn ein Mitgliedstaat seine Austrittsabsicht bereits mitgeteilt hat, wird dieser durch den Rat noch solange vertreten, bis der Austritt wirksam wird. Die Zusammensetzung des Rates ändert sich erst mit dem Inkrafttreten des Austritts. Bis dahin übt dieser als einheitliches Organ seine Funktionen in gleicher Weise aus und ist dazu auch legitimiert. Multiple Austritte zu verbieten, stellt eine Ungleichbehandlung der Noch-Unionsmitglieder dar. Mit Massenaustritten ist jede Organisation zu jeder Zeit überfordert. Um für diese Situation Vorkehrungen zu treffen, ist die Aufnahme einer Auflösungsklausel oder die Einführung vereinfachter Vertragsänderungsverfahren angebrachter.

iii. Der Zeitplan zur Verwirklichung des Austritts

Ein vertraglicher Austrittstatbestand, welcher ein sofortiges Austrittsrecht gewährt, würde seine prozeduralisierende Funktion im Hinblick auf die dadurch entstehende Rechtsunsicherheit und die subjektivrechtliche Dimension nicht erfüllen. Eine derartige Möglichkeit bestünde nicht einmal nach Völkerrecht, welches einen vollendeten *actus contrarius* verlangt. Die Untersuchung der Beendigungstatbestände internationaler Organisationen ergab, dass die Kündigungsfrist von vertraglichen Austrittsklauseln eine zentrale Funktion im Rahmen der Prozeduralisierung des Austritts erfüllt. Einerseits kann diese Zeit als „cooling-off"-Periode dazu dienen, dem austrittswilligen Mitglied und der internationalen Organisation die Möglichkeit einzuräumen, den Austritt doch noch abzuwenden, indem womöglich Regierungswechsel abgewartet oder finanzielle Neuanpassungen vorgenommen werden. Andererseits ist die Einhaltung einer solchen Kündigungsfrist notwendig,

1691 Athanassiou, European Central Bank 2009, S. 1 (S. 26).

um den Austritt vorzubereiten.[1692] Im Falle der Union wird bezweifelt, ob die Zeitspanne des Art. 50 Abs. 3 EUV von zwei Jahren ausreichend ist, um für den Austritt eines Mitgliedstaates Verhandlungen durchzuführen und ein Austrittsabkommen abzuschließen.[1693] Insbesondere muss berücksichtigt werden, dass es womöglich langer innerstaatlicher Verfahren bedarf, bis der Austrittswunsch des Mitgliedstaates mit dessen verfassungsrechtlichen Vorschriften i.S.v. Art. 50 Abs. 1 EUV „im Einklang" steht.[1694]

Die Dauer der Kündigungsfristen internationaler Organisationen variieren in der Regel zwischen sechs Monaten und zwei Jahren.[1695] Auch die Erfahrungen der Union im Grönland-Fall zeigen, dass ein Ausscheiden aus der Gemeinschaft in wenigen Jahren möglich ist. Die Durchführung des „Austritts" hatte in diesem Fall ungefähr 2,5 Jahre gedauert.[1696] Vom austretenden Staat muss außerdem erwartet werden können, dass dieser vor Abgabe der Austrittserklärung oder spätestens vor Abschluss des Austrittsabkommen seine verfassungsrechtlichen Voraussetzungen für einen Unionsaustritt erfüllt hat.[1697] Darüber hinaus ist es durchaus möglich und auch wahrscheinlich, dass Austrittsverhandlungen nicht innerhalb von zwei Jahren abgeschlossen werden können. Für diesen Fall besteht jedoch grundsätzlich gem. Art. 50 Abs. 3 EUV die Möglichkeit, im Einvernehmen mit dem betroffenen Mitgliedstaat die Frist zu verlängern. Im Übrigen regt Art. 50 Abs. 3 EUV dazu an, in möglichst kurzer Zeit Lösungen zu finden, was in Anbetracht der Rechtssicherheit positiv zu beurteilen ist. Es ist schließlich zu bedenken, dass es bei einer Verlängerung dieser Zeitspanne zu dem Problem kommen kann, dass das austretende Mitglied nicht mehr gewillt ist, mit der Organisation zu kooperieren.[1698]

Art. 50 EUV lässt offen, inwiefern ein Mitglied seine Austrittsmitteilung durch Widerruf innerhalb der Zweijahresfrist aufheben kann.[1699] Die Untersuchung der Austrittstatbestände internationaler Organisationen spricht für die Zulässigkeit einer Widerrufsmöglichkeit. Wie gezeigt, hat die Kündigungsfrist nicht nur die Funktion, den Austritt vorzubereiten, sondern kann auch dazu genutzt werden, den Austritt abzuwenden. Bestünde nicht die Möglichkeit des Widerrufs, könnte die Kündigungsfrist eine zentrale Funktion – die des *cooling offs* – nicht erfüllen. Ein Widerruf der Austrittserklärung gem. Art. 50 Abs. 2 S. 1 EUV ist mithin innerhalb der Zweijahresfrist des Art. 50 Abs. 3 EUV möglich. Ein Widerruf nach Ablauf dieser Frist würde indessen den Sinn und Zweck der Kündigungsfrist unterlaufen sowie zu großer Rechtsunsicherheit führen und ist deswegen abzulehnen.

1692 Siehe dazu oben, S. 30.
1693 So Herbst, GLJ (6) 2005, S. 1755 (S. 1758).
1694 In Deutschland würde dies bspw. eine Verfassungsänderung in Übereinstimmung mit Art. 79 Abs. 2 GG nötig machen, siehe S. 216.
1695 Siehe dazu oben, S. 31.
1696 Siehe dazu oben, S. 134ff.
1697 So auch Herbst, GLJ (6) 2005, S. 1755 (S. 1758).
1698 Vgl. Schermers/Blokker, Unity within diversity, S. 93.
1699 Friel, ICLQ (53) 2004, S. 407 (S. 426); Herbst, GLJ (6) 2005, S. 1755 (S. 1758).

iv. Die Aufnahme weiterer prozeduralisierender Bestimmungen?

Bereits im Rahmen der Austrittsdebatte im Verfassungskonvent zielten mehrere Vorschläge darauf ab, die Austrittsklausel um prozeduralisierende Bestimmungen zu erweitern. Bei der Beurteilung, ob die Aufnahme weiterer Bestimmungen in den Rahmen des Art. 50 EUV notwendig oder sinnvoll wäre, ist darauf abzustellen, ob die vorgeschlagene Regelung abstrakt für alle Austrittsfälle getroffen werden kann oder ob sie besser in Abhängigkeit vom konkreten Austrittsfall im jeweiligen Austrittsabkommen selbst zu bestimmen ist. So beziehen sich dahingehende Vorschläge, die Austrittsklausel um Bestimmungen über die Einberufung eines besonderen Assoziationsstatus für den austretenden Staat zu ergänzen[1700] oder den Hinweis aufzunehmen, dass der austretende Staat und die Gemeinschaft anstreben, ihre bestehenden Handelsbeziehungen beizubehalten,[1701] auf typische Regelungsgegenstände des Austrittsabkommens oder der zu treffenden bilateralen Abkommen.

(1) Die rechtliche Verantwortung des Austrittsstaates

Vorschläge, deren Abstraktheitsgrad eine Aufnahme in die Austrittsklausel des Art. 50 EUV selbst rechtfertigen, betreffen Bestimmungen über die rechtliche Verantwortung des Austrittsstaates. Im Hinblick auf die durch einen Austritt betroffenen Rechte einzelner juristischer oder natürlicher Personen und um die zeitliche Grenze von Haftungsfragen festzulegen, wäre es sinnvoll, Art. 50 EUV um die Erklärung zu ergänzen, dass die sich aus den Verträgen ergebenden Verpflichtungen des austrittswilligen Mitgliedstaats für diesen auf jeden Fall bis zum Inkrafttreten des Austritt verbindlich sind.[1702] Im Gegenzug müsste dann jedoch auch ergänzt werden, dass für den austrittswilligen Staat die Rechte und Privilegien aus der Unionsmitgliedschaft bis zum Inkrafttreten des Austritts bestehen bleiben.[1703]

(2) Die Einführung einer Wartezeit vor Wiedereintritt

Der Vorschlag, nach Inkrafttreten des Austritts eine fünfjährige Wartezeit einzuführen, in deren Verlauf der ausgetretene Staat keinen erneuten Beitritt zur Union

---

1700 ÄV von Duff und neun weiteren Konventsmitglieder, vgl. Europäischer Konvent, Synthesebericht über die Plenartagung – am 24. und 25. April 2003 in Brüssel. CONV 696/03, S. 10.

1701 ÄV von Kirkhope und Earl of Stockton, Europäischer Konvent, Zusammenfassung der Änderungsvorschläge für Art. 46 des Vorentwurfs und Art. 59 VVE, S. 1; vgl. auch den ÄV vom Earl of Stockton, wonach der Art. 46 ergänzt werden soll um: "Withdrawal from the European Union does not preclude agreements between the withdrawal state and other member states on specific areas of policy", Europäischer Konvent, Zusammenfassung der Änderungsvorschläge für Art. 46 des Vorentwurfs und Art. 59 VVE, S. 41.

1702 Vgl. ÄV von Kaufmann, Europäischer Konvent, Zusammenfassung der Änderungsvorschläge für Art. 46 des Vorentwurfs und Art. 59 VVE, S. 21.

1703 Vgl. ÄV von Heathcoat-Amory, Europäischer Konvent, Zusammenfassung der Änderungsvorschläge für Art. 46 des Vorentwurfs und Art. 59 VVE, S. 25.

beantragen kann,[1704] betrifft zwar einen abstrakten Regelungsgegenstand, der für alle Austritte einheitlich geregelt werden könnte. Art. 50 Abs. 5 EUV sieht jedoch ausdrücklich vor, dass der ausgetretene Staat nach dem Verfahren des Art. 49 EUV wieder Mitglied werden kann und enthält keine Erschwernisse für einen potentiellen Wiedereintritt. Gleichwohl sind auch keine dahingehenden Erleichterungen gegenüber anderen Staaten vorgesehen. Ein erneuter Beitritt ist unter den allgemeinen, für alle Drittstaaten geltenden Beitrittsvoraussetzungen[1705] und nach dem gewöhnlichen Beitrittsverfahren[1706] des Art. 49 EUV möglich.[1707]

Der ausdrückliche Hinweis des Art. 50 Abs. 5 EUV, dass ein Mitgliedstaat nach seinem Austritt grundsätzlich wieder genauso stehe, als sei er nicht Mitglied gewesen[1708] sei deklaratorisch und deswegen unnötig.[1709] Der Aufnahme des Abs. 5 wird aber eine über seinen direkten Wortlaut hinausgehende Bedeutung zugemessen. Die entsprechenden Interpretationen von Art. 50 Abs. 5 EUV sind jedoch direkt konträr zu einander. Ein Teil geht davon aus, Abs. 5 verdeutliche, dass der Mitgliedstaat nach einem erfolgten Austritt wie jeder andere europäische Drittstaat behandelt werde und dadurch die Finalität und politische Tragweite eines Austritts hervorgehoben werde.[1710] Die gegenteilige Ansicht sieht Art. 50 Abs. 5 EUV als wichtige Botschaft dafür, dass eine Rückkehr des Austrittsstaates in die Union und in den Prozess der europäischen Integration nicht von vornherein und auf Dauer ausgeschlossen sei.[1711] Dadurch sei es trotzdem wenig wahrscheinlich, dass ein ehemaliger Mitgliedstaat in vergleichsweise kurzer Zeit seinen Austritt wieder rückgängig machen werde.[1712] Für den austretenden Mitgliedstaat werde die Tür

---

1704 Siehe den ÄV und die Erklärung dazu von Vastagh, Europäischer Konvent, Zusammenfassung der Änderungsvorschläge für Art. 46 des Vorentwurfs und Art. 59 VVE, S. 55.

1705 Gem. Art. 49 S. 1 EUV kann jeder europäische Staat, der die in Art. 2 EUV genannten Werte achtet und sich für ihre Förderung einsetzt, die Unionsmitgliedschaft beantragen.

1706 Ein gem. Art. 49 S. 1 EUV erfolgreicher Beitrittsantrag erfordert einen einstimmigen Beschluss des Rates, die Zustimmung des Europäischen Parlaments (Art. 49 S. 3 EUV) sowie ein Abkommen zwischen allen Mitgliedstaaten und dem betroffenen Mitgliedstaat sowie die entsprechende Ratifikation durch alle Vertragsstaaten gem. ihren verfassungsrechtlichen Vorschriften (Art. 49 S. 5 und 6 EUV).

1707 Dies betonend *Geiger*, in: Geiger 2010, Art. 50 EUV, Rn. 8; Hatje, NJW 2008, S. 1761 (S. 1763); Haratsch/Koenig/Pechstein, Europarecht, S. 53f.; *Kumin/Hummer/Obwexer*, in: Der Vertrag von Lissabon 2009, S. 318.

1708 *Calliess*, in: Calliess 2006, Art. I-60 EVV, Rn. 15.

1709 Zeh, ZEuS 2004, S. 173 (S. 200).

1710 So *Calliess*, in: Calliess/Ruffert 2011, Art. 50 EUV, Rn. 6; *Streinz*, in: Streinz 2012, Art. 50 EUV, Rn. 10.

1711 *Becker*, in: Schwarze 2012, Art. 50 EUV, Rn. 8; *Dörr*, in: Grabitz/Hilf/Nettesheim 2010, Art. 50 EUV, Rn. 42; Haratsch/Koenig/Pechstein, Europarecht, S. 54; Terhechte, EuR 2008, S. 143 (S. 151).

1712 *Heintschel von Heinegg*, in: Vedder 2007, Art. I-60 EVV, Rn. 9.

jedoch nicht völlig zugeschlagen.[1713] Allerdings habe er auch keine privilegierte Position und keinen Anspruch auf Eröffnung eines Beitrittsverfahrens.[1714]

Richtig ist es daher, in Abs. 5 schon eine Betonung der Finalität des Austritts zu erkennen. Jedoch darf nicht übersehen werden, dass diese Finalität insoweit relativiert wird, als dass ihm durch die Möglichkeit des Wiedereintritts gerade die Rückkehr in die Union ermöglicht wird.[1715] Die ausdrückliche Botschaft des Art. 50 Abs. 5 EUV spricht mithin gegen die Aufnahme einer fünfjährigen Wartefrist.[1716]

Außerdem ist die Notwendigkeit einer solchen Bestimmung fraglich. Durch eine Wartezeit soll ein Missbrauch des Art. 50 EUV für politische Zwecke vermieden werden. In Anbetracht der Komplexität und Länge des Beitrittsverfahren ist es jedoch als unwahrscheinlich zu beurteilen, dass ein Mitgliedsstaat aus politischen Zwecken die Verwirklichung des Austritts- und Beitrittsverfahrens in Kauf nimmt. Kurzfristige politische Zwecke werden zwar durch die Instrumentalisierung des Austrittsrechts, jedoch nicht mit dessen Verwirklichung zu erreichen sein.

(3) Vorkehrungen für die Änderung der primärrechtlichen Verträge

Die im Zuge eines Austritts notwendig werdenden Änderungen der primärrechtlichen Verträge können nicht in einem bilateralen Austrittsabkommen zwischen der Union und dem austretenden Mitgliedstaat geregelt werden. Obgleich Art. 50 EUV als *lex specialis* die allgemeinen Regeln der Vertragsänderung nach Art. 48 EUV verdrängt,[1717] werden die durch einen Austritt notwendig werdenden Änderungen des Primärrechts nicht gänzlich über Art. 50 EUV aufgefangen.[1718] Nach der überwiegenden Meinung wird es dafür grundsätzlich des normalen Vertragsänderungsverfahrens nach Art. 48 Abs. 2 bis 5 EUV bedürfen.[1719] In diesem Zusammenhang wird kritisiert, dass ein Rückgriff auf das normale Vertragsänderungsverfahren im Austrittsfall nicht funktional sei. Die Austrittssituation erfordere schnelle Verfassungsänderungen. Jeder Artikel, der von einem Austritt betroffen sei, müsse solche umgehend ausführbaren Bestimmungen enthalten.[1720] Die durch den Austritt erforderlich werdenden Anpassungen des Primärrechts betreffen in erster

1713 Terhechte, EuR 2008, S. 143 (S. 151).

1714 *Becker*, in: Schwarze 2012, Art. 50 EUV, Rn. 8; Bruha/Nowak, AVR (42) 2004, S. 1 (S. 8).

1715 So auch *Heintschel von Heinegg*, in: Vedder 2007, Art. I-60 EVV, Rn. 9.

1716 So auch Haratsch/Koenig/Pechstein, Europarecht, S. 54.

1717 *Dörr*, in: Grabitz/Hilf/Nettesheim 2010, Art. 50 EUV, Rn. 10.

1718 So wohl *Ohler*, in: Grabitz/Hilf/Nettesheim 2010, Art. 48 EUV, Rn. 51.

1719 So Calliess/Dingemann, Die neue Europäische Union, S. 101f.; *Calliess*, in: Calliess/Ruffert 2011, Art. 50 EUV, Rn. 7; *Dörr*, in: Grabitz/Hilf/Nettesheim 2010, Art. 50 EUV, Rn. 10, 30; *Kumin/Hummer/Obwexer*, in: Der Vertrag von Lissabon 2009, S. 319f.; Łazowski/Adam, How to withdraw from the European Union? Confronting hard reality, Politics and Institutions, CEPS Commentaries, S. 2; *Heintschel von Heinegg*, in: Vedder 2007, Art. I-60 EVV, Rn. 6.

1720 Friel, ICLQ (53) 2004, S. 407 (S. 427).

Linie rein technische Änderungen wie bspw. die Umschreibung des geografischen Anwendungsbereichs der Verträge, die Festlegung der authentischen Sprachen, und institutionelle Anpassungen, zu denen die Zusammensetzung der Organe, die Stimmgewichte und die Quoren gehören.[1721] Die technischen Anpassungen des Primärrechts treten in ihrer Bedeutung jedoch hinter dem eigentlichen Austrittsabkommen und den bilateralen Abkommen über die zukünftigen Beziehungen zurück. Sie betreffen nicht das „Ob" oder „Wie" des Austritts, sondern regeln lediglich seine technischen Folgen.

Die in der Union verbleibenden Staaten könnten einerseits durch die gem. Art. 4 Abs. 3 EUV bestehende Loyalitätspflicht verpflichtet werden, die durch das Austrittsabkommen entstandene vertragliche Verpflichtung der Union zu vollziehen und das Primärrecht dementsprechend anzupassen.[1722] Auch ist denkbar, dass der Europäische Rat gem. Art. 48 Abs. 3 UAbs. 2 EUV von der Einberufung eines Konvents absieht, wenn der Umfang der vorgeschlagenen Änderungen zu gering ist, um diese Maßnahme zu rechtfertigen und dieser dann das Mandat für die Regierungskonferenz festlegt.[1723] Ansonsten trägt die Durchführung eines ordentlichen Änderungsverfahrens gem. Art. 48 EUV infolge eines Austritts der Bedeutung des Ausscheidens eines Mitgliedstaates Rechnung.

(4) Der Austritt von Eurostaaten

Aus Sicht der Rechtsklarheit und Sicherheit, sowie angesichts der Stabilität der gemeinsamen Währung, ist es negativ zu beurteilen, dass Art. 50 EUV keine expliziten Regelungen für den Austritt eines Eurostaates trifft.[1724] Unstreitig schließt ein Austritt aus der Union gem. Art. 50 EUV gleichzeitig einen Austritt aus der Währungsunion ein.[1725] Z.T. wird gefordert, einen Austritt von Eurostaaten *contra legem* nur unter strengeren Bedingungen zu gestatten. Ein so komplexes Netzwerk von Rechten und Pflichten, wie man es im Rahmen der EWU vorfindet, könne nicht einseitig gekündigt werden, sodass es zweier Austrittsverfahren bedürfe – ein einseitiges für die EU und ein einvernehmliches für die EWU.[1726] Für eine derartige Interpretation gibt der Wortlaut des Art. 50 EUV jedoch keinen Anlass. Eurostaaten müssen zu den gleichen Bedingungen das Austrittsrecht wahrnehmen dürfen wie die übrigen Mitgliedstaaten. Eine derartige Ungleichbehandlung erlaubt das Unionsrecht nicht. Angemessen erscheint indessen, im Falle des Austritts eines Eurostaates den Wortlaut des Art. 50 EUV dahingehend zu ergänzen, dass die EZB

1721 Vgl. *Kumin/Hummer/Obwexer*, in: Der Vertrag von Lissabon 2009, S. 319.

1722 So auch *Dörr*, in: Grabitz/Hilf/Nettesheim 2010, Art. 50 EUV, Rn. 10.

1723 Vgl. *Geiger*, in: Geiger 2010, Art. 48 EUV, Rn. 9.

1724 Darauf hinweisend auch Athanassiou, European Central Bank 2009, S. 1 (S. 23); *Louis*, in: Legal aspects, S. 28; Proctor, EBLR (17) 2006, S. 911 (S. 924).

1725 So auch Athanassiou, European Central Bank 2009, S. 1 (S. 39); *Herdegen*, in: Maunz/Dürig, Art. 88 GG, Rn. 27.

1726 Athanassiou, European Central Bank 2009, S. 1 (S. 27ff.).

in denjenigen Angelegenheiten konsultiert wird, welche in ihren Kompetenzbereich fallen.[1727]

Ein Verbleib in der EWU ist ohne gleichzeitige Unionsmitgliedschaft in Anbetracht der für die Funktionsfähigkeit der Währungsunion erforderlichen Koordinierung der Wirtschafts- und Währungspolitik nicht möglich.[1728] Allerdings wird es für möglich gehalten, im Austrittsabkommen die Beibehaltung des Euro für den Austrittsstaat zu vereinbaren.[1729] Als Gegengewicht zu der unzureichenden Prozeduralisierung des Austrittsverfahrens eines Eurostaates eröffnet Art. 50 Abs. 2 EUV demnach eine flexible Möglichkeit, Vereinbarungen über die Beibehaltung der gemeinsamen Währung zu treffen, was im Anwendungsfall stabilisierend wirken könnte.[1730]

c) Zwischenergebnis

Art. 50 EUV beantwortet nicht alle im Zusammenhang mit einem Austritt gestellten Fragen. Stimmen in der Literatur kritisieren daher dessen Unvollständigkeit[1731] oder dessen ‚Alles-oder-nichts' Charakter und stellen pauschale Forderungen nach anderen Formen rechtlich gebotener Reflexions- und Schlichtungsphasen.[1732]

Den verschiedenen Kritikpunkten kann insoweit gefolgt werden, dass es für eine hinreichende Prozeduralisierung des Austritts der Aufnahme von Bestimmungen über die rechtliche Verantwortung des Austrittsstaates und Regelungen über den Austritt von Eurostaaten bedurft hätte. Der Rahmen beider Regelungsgegenstände ist, ähnlich wie es in Art. 50 Abs. 2 EUV für die zukünftigen Beziehungen erfolgt ist, abstrakt regelbar. Es besteht zwar die Möglichkeit, dahingehende Regelungen im Austrittsabkommen zu treffen. Kommt ein solches jedoch nicht zustande, wird der Austritt nach Ablauf von zwei Jahren wirksam, ohne dass es zu einer für ein geordnetes Austrittsverfahren unbedingt notwendigen Klärung dieser Fragen gekommen ist. Bei einem Austritt ohne Zustandekommen eines

---

1727 So auch *Ruggeri/Servais*, in: Legal aspects, S. 67; die EZB selbst besteht auf eine Konsultation im Falle des Austritts eines Euro-Staates, Europäische Zentralbank, Stellungnahme auf Ersuchen des Rates der Europäischen Union zum Entwurf eines Vertrags über eine Verfassung für Europa. CONV/2003/20, ABl. 2003 C 229 v. 25.9.2003, S. 10 Punkt 18; vgl. Proctor, EBLR (17) 2006, S. 911 (S. 924).

1728 So auch Athanassiou, European Central Bank 2009, S. 1 (S. 39); Walthemathe, Austritt aus der EU, S. 187; zur Möglichkeit der Zirkulation des Euro im Staatsgebiet nach Austritt aus der EU, Athanassiou, European Central Bank 2009, S. 1 (S. 40ff.).

1729 *Louis*, in: Legal aspects, S. 29.

1730 "[...] Article I-60 may contribute towards making the dissolution of the euro area an unrealistic hypothesis", *Louis*, in: Legal aspects, S. 29.

1731 Friel, ICLQ (53) 2004, S. 407 (S. 426).

1732 Terhechte, EuR 2008, S. 143 (S. 151).

Austrittabkommens erfüllt Art. 50 EUV in seiner jetzigen Form demnach keine prozeduralisierende Funktion.

Obgleich die inhaltliche Determinierung des Austrittsabkommens durch Art. 50 EUV sowie die Abstimmungsmehrheiten und -modalitäten ebenfalls Gegenstand vielseitiger Kritik sind, erfüllt Art. 50 EUV seine prozeduralisierende Funktion auf hinreichende Art und Weise, wenn es zu einem Austritt infolge des Abschlusses eines Austrittsabkommens kommt. Dabei ist zu berücksichtigen, dass der Prozeduralisierung eines einseitigen Austrittsrechts ein grundsätzliches Spannungsverhältnis immanent ist. Wie der Großteil vertraglicher und einseitiger Austrittsklauseln ist auch Art. 50 EUV materiell-rechtlich voraussetzungslos. Infolge des Fehlens einer materiell-rechtlichen Determinierung ist die Prozeduralisierung des Austritts umso wichtiger. Daher wird die unzureichende inhaltliche Determinierung des Austrittsabkommens durch Art. 50 Abs. 2 EUV kritisiert. Für eine so schwierige Periode wie die des Austritts hätten die primärrechtlichen Bestimmungen eindeutigere Antworten für so viele Situationen wie möglich liefern müssen.[1733]

Jedoch ist es aus Sicht der Organisation schwierig, die Einhaltung obligatorischer Verfahrensvorschriften einzufordern, wenn davon nicht das Inkrafttreten des Austritts abhängig gemacht werden kann. Ist die Entscheidung für ein einseitiges Austrittsrecht einmal normativ getroffen, ist es mithin schwierig, strenge Anforderungen an dessen Prozeduralisierung zu stellen. Dies demonstriert Art. 50 EUV mustergültig, indem die Funktionalität des Austrittsverfahrens mit Austrittsabkommen gem. Art. 50 Abs. 2 EUV dadurch eingeschränkt wird, dass ein Austritt ohne Abschluss eines solchen Verfahrens nach Ablauf von zwei Jahren gem. Art. 50 Abs. 3 EUV grundsätzlich möglich ist. Trotzdem gelingt Art. 50 EUV ein Weg, dieses Spannungsverhältnis zu lösen. Aus Sicht der Union ist es zunächst positiv zu beurteilen, dass das Austrittsverfahren nunmehr im institutionalisierten Rahmen der Union stattfindet und nicht dem an das Völkerrecht angelehnten Verfahren der Aushandlung der Beitrittsbedingungen zwischen dem betreffenden Staat und den Mitgliedstaaten entspricht.[1734] Diejenigen Verfahrenspflichten, die dem austrittswilligen Staat noch auferlegt werden können, werden ihm durch Art. 50 EUV auferlegt (Mitteilungs-, Konsultations- und Verhandlungspflicht). Diese hat er zu erfüllen, unabhängig davon, ob ein Austrittsabkommen zustande kommt. Andererseits stellt ein Austrittsabkommen i.S.v. Art. 50 Abs. 2 EUV ein flexibles Instrument dar, welches die austrittswilligen Staaten je nach ihren Bedürfnissen und ihrer Bereitschaft nutzen können. An den Abschluss des Abkommens sind keine hohen verfahrensrechtlichen Anforderungen geknüpft, sodass Mitgliedstaaten, die so schnell wie möglich einen absoluten Bruch wünschen, nicht abgeschreckt sind, ein Austrittsabkommen abzuschließen. Andererseits kann es von Staaten genutzt werden, die zukünftig eine enge Bindung zur Union wünschen, für welche bereits im Austrittsabkommen ein entsprechender Rahmen festgelegt werden kann. Der

---

1733 Friel, ICLQ (53) 2004, S. 407 (S. 426).

1734 Vgl. *Booß*, in: Lenz/Borchardt 2013, Art. 50 EUV, Rn. 2.

konkrete Inhalt der zukünftigen Beziehungen ist dann in weiteren bilateralen Abkommen regelbar.

V. Art. 50 EUV als dynamisches Element der Unionsmitgliedschaft

Bei der Beurteilung, inwiefern Art. 50 EUV ein dynamisches Potential normativ umsetzt, ist zwischen einer Dynamik aufgrund seiner Instrumentalisierung und einer Dynamik aufgrund seiner Verwirklichung zu differenzieren.

1. Die dynamische Instrumentalisierung von Art. 50 EUV

Eine Dynamik geht von der Existenz des Art. 50 EUV aus, wenn die Austrittsmöglichkeit von der Union oder dem einzelnen Mitgliedstaat zum Zwecke der Einhaltung des Unionsrechts oder zur Veranlassung einer integrationsfördernden Politik instrumentalisiert werden kann.

a) Die rechtspolitische Diskussion

i. Legitimationssteigerung

Die rechtspolitische Diskussion beleuchtet, ob die Austrittsklausel des Art. 50 EUV zu einer Erhöhung der Legitimität einzelner und insbesondere auch weitreichender politischer Entscheidungen der Unionsorgane führen kann.[1735] Dem Unionsinteresse sei dadurch gedient, dass Mitgliedstaaten, die zur Blockadehaltung neigen, ein Weg aus der Union ausdrücklich gewiesen sei und sie sich deswegen nicht auf einen Mangel an Alternativen berufen könnten.[1736] Durch ein Austrittsrecht werde deutlich, dass es für die Mitgliedschaft eines Staates nicht nur auf die Zustimmung zu Beginn der Unionszugehörigkeit ankomme, sondern auf seinen dauerhaften und fortbestehenden Willen. Die Union stelle nur dann eine legitimierte Organisation dar, wenn ihre Mitgliedstaaten aus immer wieder erneuertem Entschluss dazu bereit seien, das Organisationsrecht zu beachten und zu vollziehen, insbesondere weil der Vollzug des überwiegenden Teils der europäischen Normen weiterhin bei den Mitgliedstaaten liege.[1737]

Fraglich bleibt, ob durch die normative Gestaltung des Art. 50 EUV eine derartige Legitimationsstärkung der Entscheidungen der Union erreicht wird. Allein durch die explizite Regelung der Austrittsmöglichkeit in Art. 50 EUV wird noch

---

1735 So *Calliess*, in: Calliess 2006, Art. I-60 EVV, Rn. 19; *Dörr*, in: Grabitz/Hilf/Nettesheim 2010, Art. 50 EUV, Rn. 49; *Kumin/Hummer/Obwexer*, in: Der Vertrag von Lissabon 2009, S. 316; Puttler, EuR 2004, S. 669 (S. 679ff.); Terhechte, EuR 2008, S. 143 (S. 152).

1736 *Dörr*, in: Grabitz/Hilf/Nettesheim 2010, Art. 50 EUV, Rn. 49; Terhechte, EuR 2008, S. 143 (S. 152).

1737 Puttler, EuR 2004, S. 669 (S. 689).

nicht die Freiwilligkeit der Mitgliedschaft betont. Dies ergibt sich vielmehr durch dessen materiell-rechtliche und unter Umständen verfahrensrechtliche Voraussetzungslosigkeit. Die Schlussfolgerung, Art. 50 EUV mache die Freiwilligkeit der Mitgliedschaft nun als „strukturelles Element“ im Vertragstext sichtbar,[1738] ist aber zutreffend. Aus der Nicht-Inanspruchnahme der Klausel in ihrer voraussetzungslosen und nicht einschränkbaren Gestalt ergibt sich, dass die Mitgliedschaft der Staaten allein auf deren freier Entscheidung und fortwährenden Willen beruht.[1739] Die Union ist weniger als zuvor eine unentrinnbare Schicksalsgemeinschaft, und niemand kann zur Fortführung der europäischen Integration verpflichtet werden.[1740]

Der Wortlaut des Art. 50 Abs. 1 EUV verdeutlicht dies, indem er ausdrücklich auf den Einklang des Austritts mit dem nationalen Verfassungsrecht des austretenden Staates hinweist. Die Untersuchung hat ergeben, dass der Verweis zwar keine materiell-rechtliche Voraussetzung darstellt, aber als „Hinweis auf das souveräne Entscheidungsrecht der Mitgliedstaaten“[1741] zu verstehen ist.

Gegen die Annahme, Art. 50 EUV könne zu einer verbesserten Legitimität einzelner politischer Entscheidungen der Union und ihrer Organe führen, wird angebracht, der Großteil der Entscheidungen der europapolitischen Praxis liege in seinen Wirkungen so weit hinter der völligen Aufgabe der Mitgliedschaft zurück, dass ein Austritt nie eine Alternative sein werde.[1742] Jedoch kann eine Verbesserung der Legitimität infolge der Einführung von Art. 50 EUV nur abstrakt beurteilt werden. Es kommt nicht darauf an, ob von der Union konkrete Entscheidungen getroffen werden, welche die Mitglieder tatsächlich dazu veranlassen, auszutreten. Der eigentliche Zuwachs an Legitimität ergibt sich daraus, dass die Austrittsmöglichkeit besteht, sollte die Union solche Entscheidungen treffen.

Die Legitimation künftiger Entscheidungen der Union wird ebenso im Hinblick auf demokratische Erwägungen gestärkt. Ein Mitgliedstaat kann sich nicht nur gegenüber der Union nicht mehr auf die Alternativlosigkeit seines Handelns berufen. Auch gegenüber seinen Staatsbürgern kann er künftig nicht mehr behaupten, er habe keine andere Wahl gehabt.[1743] Zumindest auf der Grundlage des Europarechts

---

1738 *Kumin/Hummer/Obwexer*, in: Der Vertrag von Lissabon 2009, S. 316; so auch *Längle*, in: Der Vertrag über eine Verfassung für Europa, S. 247; Terhechte, EuR 2008, S. 143 (S. 153).

1739 So auch Corbett/de Méndez Vigo, Bericht über den Vertrag von Lissabon. (2007/2286 (INI)), Europäisches Parlament: Ausschuss für konstitutionelle Fragen, S. 57; Corbett/de Méndez Vigo, Bericht über den Vertrag über eine Verfassung für Europa. (2004/2129 (INI)), Europäisches Parlament: Ausschuss für konstitutionelle Fragen, S. 46; Puttler, EuR 2004, S. 669 (S. 679ff.).

1740 *Becker*, in: Schwarze 2012, Art. 50 EUV, Rn. 2.

1741 *Dörr*, in: Grabitz/Hilf/Nettesheim 2010, Art. 50 EUV, Rn. 19; so auch *Heintschel von Heinegg*, in: Vedder 2007, Art. I-60 EVV, Rn. 4.

1742 *Becker*, in: Schwarze 2012, Art. 50 EUV, Rn. 2.

1743 Terhechte, EuR 2008, S. 143 (S. 153); vgl. *Calliess*, in: Calliess/Ruffert 2011, Art. 50 EUV, Rn. 21.

besteht nunmehr die Möglichkeit des Austritts, wenn das Staatsvolk keine Vorteile mehr in der Unionsmitgliedschaft sieht.[1744] Art. 50 EUV erkennt somit den demokratischen Willen des Unionsvolkes an.[1745]

Das Bestehen eines Austrittsrechts aus Organisationen, deren Gründungsverträge keine vertraglichen Austrittsklauseln enthalten, wird oft mit der faktischen Möglichkeit des Austritts begründet. Vor der Einführung von Art. 50 EUV wurde auch entsprechend für die ehemalige EU/EG argumentiert. Ohne die Existenz einer vertraglichen Austrittsklausel würde ein – auch aus der Union jederzeit möglicher – faktischer Austritt das Unionsrecht nicht nur verletzen, sondern auch schwächen und einen „Autoritätsverlust"[1746] zufügen. Infolge seiner legitimitätssteigernden Wirkung ergibt sich aus der Schaffung des Art. 50 EUV richtigerweise ein echter „Gewinn für die Rechtsunion".[1747]

Außerdem könnte die Legitimität der Entscheidungen der Union und ihrer Organe nicht nur in rechtlicher, sondern auch in tatsächlicher Hinsicht gesteigert werden. Ein Austrittsrecht könnte politischen Druck aus der erweiterten und sehr heterogenen Union nehmen.[1748] Dass die Vertragsstaaten schlichtweg noch nicht bereit waren, sich über einen unumkehrbaren Souveränitätsverlust zu verständigen, ist keine Neuheit des jüngsten Reformprozesses, hat aber durch die Einführung von Art. 50 EUV erstmals Ausdruck im Vertragstext gefunden. Art. 50 EUV spiegelt somit die politische Realität in einer heterogenen und von starken Interessengegensätzen geprägten Union der 28 Mitgliedstaaten, in der die politische Kompromissfindung erschwert ist, wie kaum eine andere Vorschrift des Vertrages wider.[1749]

1744 Walthemathe, Austritt aus der EU, S. 202; vgl. auch Corbett/de Méndez Vigo, Bericht über den Vertrag über eine Verfassung für Europa. (2004/2129 (INI)), Europäisches Parlament: Ausschuss für konstitutionelle Fragen, S. 46.

1745 Hanschel, NVwZ 2012, S. 995 (S. 998); „This provision in the Draft Constitutional Treaty, makes the Union more credible, and more democratic. It provides for the possibility of implementing the democratic decision of the citizens of a member state taken under particular extenuating circumstances, and makes the European Union appear less hegemonic, and more liberal in its dealings with member states", Europäischer Konvent, Beitrag des Mitglieds des Konvents Dr. Alfred Sant und des stellvertretenden Mitglieds Dr. George Vella – „Allgemeine Bemerkungen zum Entwurf des Verfassungsvertrags". CONV 763/03, S. 4.

1746 Walthemathe, Austritt aus der EU, S. 89.

1747 *Dörr*, in: Grabitz/Hilf/Nettesheim 2010, Art. 50 EUV, Rn. 50; die Formulierung der ‚Rechtsunion' findet sich in der Rechtsprechung der Unionsgerichte, siehe EuGH v. 29.6.2010, Rs. C-550/09, Slg. 2010, S. 6213 Rn. 44 -*E und F*; EuG v. 24.3.2011, verb. Rs. T-443 und 455/08, Slg. 2011 II, S. 1311 Rn. 55 – *Freistaat Sachsen u.a. gegen Kommission.*

1748 *Calliess*, in: Calliess 2006, Art. I-60 EVV, Rn. 19.

1749 So auch *Dörr*, in: Grabitz/Hilf/Nettesheim 2010, Art. 50 EUV, Rn. 49; Puttler, EuR 2004, S. 669 (S. 679ff.); vgl. auch Weber, wonach Art. 50 EUV wegen der gewachsenen Anzahl der Unionsmitgliedstaaten und eines möglichen

ii. Beitrittswilligkeit

Zudem wird argumentiert, dass die Einführung eines Austrittsrechts nicht die Austrittswilligkeit fördern, sondern den neuen Mitgliedstaaten ihren Entschluss zum Beitritt erleichtern solle, weil es ihnen und ihren Staatsangehörigen Ängste vor irreversiblen Souveränitätsverlusten nehme.[1750] Art. 50 EUV entfaltet demnach auch dann eine dynamische Wirkung, wenn, infolge der Austrittsmöglichkeit, Staaten zum Beitritt ermutigt werden und dadurch der Ratifikationsprozess vorangetrieben wird. Auch aus verfassungsrechtlicher Sicht könnte der Beitritt eines Mitgliedstaates durch Art. 50 EUV erleichtert werden, wenn dieser eine unionsrechtliche Möglichkeit eröffnet, im Extremfall einer bestehenden Verfassungspflicht zum Austritt zu genügen.[1751] So verlangt das Grundgesetz in Übereinstimmung mit der Rechtsprechung des BVerfG in bestimmten Fällen den Austritt Deutschlands aus der Union. Um das in Art. 79 Abs. 3 GG und dem Demokratieprinzip enthaltene Prinzip souveräner deutscher Staatlichkeit sowie die Strukturanforderungen in Art. 23 Abs. 1 Hs. 2 GG zu wahren, müsse der Bund als *ultima ratio* seine Mitgliedschaft in der EU beenden, sollte sich die europäische Integration in einer Art und Weise entwickeln, dass diese Verfassungsgrenzen überschritten werden.[1752]

Jedoch genügt nicht nur die Möglichkeit des Austritts, um eine Steigerung der Beitritts- und Ratifikationswilligkeit der Mitgliedstaaten zu bewirken. Die materiell-rechtlichen und verfahrensrechtlichen Voraussetzungen dürfen außerdem keinen derart hohen Anforderungen an die Verwirklichung des Austritts stellen, dass tatsächlich keine Austrittsoption besteht. Art. 50 EUV beschreibt indessen ein Austrittsrecht, welches an keine substantiellen Bedingungen geknüpft ist und eröffnet den beitrittswilligen Staaten eine echte Exit-Option.

Die gegenteilige Ansicht sieht in einer dahingehenden Argumentation eine ‚Plakatierung' der Austrittsklausel[1753] und die Vorzüge von Art. 50 EUV für die Entscheidung für einen Beitritt zur EU als einen zu hohen Preis für die mit der Einführung verbundenen Gefahren.[1754] Dem wäre zuzustimmen, würde die Austrittsklausel im Ergebnis zu einer unverbindlichen Einstellung gegenüber der Unionszugehörigkeit bei den beitretenden Mitgliedstaaten und zu einer Mitgliedschaft auf Probe führen.[1755] Auch wenn der Austritt nicht an materiell-rechtliche Voraussetzungen geknüpft ist, so tritt dieser erst nach Ablauf einer zweijährigen

---

Türkei-Beitritts eine „gewisse Daseinsberechtigung" habe, Weber, EuZW 2008, S. 7 (S. 13).

1750 *Meyer*, in: Verfassungsentwurf, S. 434; Oppermann, DVBl. 2003, S. 1234 (S. 1242); Walthemathe, Austritt aus der EU, S. 202.

1751 Vgl. *Dörr*, in: Grabitz/Hilf/Nettesheim 2010, Art. 50 EUV, Rn. 23.

1752 BVerfGE 89, 155 (190, 204), BVerfGE 123, 267 (350, 365); so auch *Dörr*, in: Grabitz/Hilf/Nettesheim 2010, Art. 50 EUV, Rn. 22f.; ähnlich Huber, EuR 2003, S. 574 (S. 591f.); siehe dazu oben, S. 216.

1753 Bruha/Nowak, AVR (42) 2004, S. 1 (S. 22).

1754 Nowak, Europarecht nach Lissabon, S. 94.

1755 Vgl. Walthemathe, Austritt aus der EU, S. 202.

Kündigungsfrist in Kraft. Außerdem gewährleisten die Komplexität der unionsrechtlichen Beitrittsmechanismen und der damit verbundene Aufwand grundsätzlich eine Ernsthaftigkeit, die eine solche Entwicklung verhindert.[1756] Dies verdeutlicht auch Art. 50 Abs. 5 EUV, wonach der ausgetretene Staat nach dem Verfahren des Art. 49 EUV wieder Mitglied werden kann. Durch den Austritt ergeben sich keine Erleichterungen für einen erneuten Beitritt. Art. 50 Abs. 5 EUV enthält die zwingende Aussage, dass der ausgetretene Mitgliedstaat in Bezug auf einen Wiedereintritt ein Drittstaat ist.

Letztlich hat die Untersuchung der Entstehungsgeschichte von Art. 50 EUV gezeigt, dass sich eine gesteigerte Beitritts- oder Ratifikationswilligkeit infolge der Einführung des Austrittsrechts bereits im Rahmen des letzten Reformprozesses bewahrheitet hat.[1757] Die Einführung des Austrittsrechts in den Entwurf zum Verfassungsvertrag sorgte dafür, dass sich im Verfassungskonvent die Auffassung durchsetzte, durch eine derartige Bestimmung könne das Argument entkräftet werden, die Union sei eine unauflösliche Zwangsgemeinschaft.[1758] Dies erleichterte die Ratifikation des Verfassungsvertrages in den zwölf Beitrittsländern, in denen z.T. Unsicherheit über die politische Unterstützung für einen Beitritt bestand.[1759] Weil die entsprechende Bestimmung des Verfassungsvertrages nach dessen Scheitern nahezu wortgleich in Art. 50 EUV übernommen wurde, ist die Annahme gerechtfertigt, die Einführung des Austrittsrechts habe zur insgesamt erfolgreichen Ratifikation des Lissabonner Reformvertrages beigetragen.[1760]

iii. Abschreckung

Eine dynamische Wirkung des Art. 50 EUV ergibt sich jedenfalls nicht, weil er dem austrittwilligen Mitgliedstaat und seinen Staatsangehörigen die volle Bedeutung des Austritts oder sogar dessen faktische Unmöglichkeit verdeutlicht und dadurch die Wahrscheinlichkeit seiner Verwirklichung verringert.[1761] Der Austrittstatbestand erfüllt keine beschränkende Funktion und hat mithin keine abschreckende Wirkung. Die einzige Beschränkung, welche dem Austrittstatbestand zu entnehmen ist, bezieht sich auf die zeitliche Dimension des Wirksamwerdens des Austritts. Zwar wäre ein Austritt mit sofortiger Wirkung aufgrund von Art. 50 EUV unionsrechtwidrig, durch den Austrittstatbestand wird dem austrittswilligen Mitgliedstaat aber weder eine etwaige Langwierigkeit des Austrittverfahrens suggeriert noch die Bedeutung des Austritts vor Augen geführt.

1756 So auch Walthemathe, Austritt aus der EU, S. 202.

1757 Siehe dazu oben, S. 209.

1758 *Meyer*, in: Verfassungsentwurf, S. 434.

1759 So auch Haratsch/Koenig/Pechstein, Europarecht, S. 52f..

1760 Vgl. Nowak, Europarecht nach Lissabon, S. 94.

1761 So auch Bruha/Nowak, AVR (42) 2004, S. 1 (S. 21); *Haratsch*, in: Die Europäische Verfassung, S. 287.

iv. Integrationsschub

Obgleich das Austrittsrecht nicht herangezogen werden kann, um das Inkrafttreten einer Vertragsänderung auch ohne Ratifikation in allen Mitgliedstaaten zu erlauben,[1762] könnte es infolge einer erhöhten Bereitschaft zur Übertragung von Kompetenzen durch die grundsätzlich bestehende Reversibilität zu einem Integrationsschub kommen.[1763] Der konkrete Austrittstatbestand des Art. 50 EUV steht einer dahingehenden Argumentation nicht entgegen. Dieser räumt ein einseitiges und materiell-rechtlich voraussetzungsloses Austrittsrecht ein und stellt mithin nicht nur eine theoretische, sondern eine echte Exit-Option für ein Mitglied dar. So kann man die Einführung des Austrittsrechts selbst als notwendigen Ausgleich für die im Lissabonner Vertrag vorgesehenen Flexibilisierungsmechanismen ansehen, die bestimmte Vertragsänderungen durch Mehrheitsbeschluss ermöglichen.[1764]

Geht man davon aus, dass ein Austrittsrecht allein nicht die Integrationsbereitschaft im Verlauf der Mitgliedschaft fördern kann,[1765] so ist es doch möglich, dass aufgrund seiner Existenz eine partielle Bindung zu Beginn der Mitgliedschaft vermieden wird. Die Aussicht auf Fehlentwicklungen veranlasste und könnte neue Mitgliedstaaten auch zukünftig dazu veranlassen, ihre Souveränität in bestimmten Vertragsbereichen nur abgestuft an die europäischen Institutionen zu übertragen. Ein infolge dieser *Opting-outs* entstehendes Europa der verschiedenen Geschwindigkeiten könnte zugunsten eines „Alles-oder-Nichts-Prinzips"[1766] vermieden werden.[1767] Auch einer dahingehenden Argumentation steht die normative Umsetzung des Austrittsrechts in Art. 50 EUV aufgrund seiner Voraussetzungslosigkeit nicht entgegen. Dieser Prozess verstärkt sich selbst, indem die Wahrscheinlichkeit eines Austritts infolge der wachsenden Kompetenzübertragung an die Union abnimmt, weil die aus ihr resultierende Intensivierung von Integration wiederum die Lösung aus der Gemeinschaft für Mitgliedsstaaten unwahrscheinlicher macht.

1762 Überlegungen dazu bei de Witte, Maastricht JEur. & Comp. L. (10) 2003, S. 3 (S. 5ff.).

1763 So auch *Mann*, in: Vertrag von Lissabon. Analyse und Bewertung, S. 280; Walthemathe, Austritt aus der EU, S. 202; vgl. Athanassiou, European Central Bank 2009, S. 1 (S. 25); die Austrittsmöglichkeit soll sich auch dann integrationsfördernd auswirken, wenn dauerhaft integrationsunwillige und vertragsbrüchige Mitglieder vor die Alternative gestellt werden, ihr destruktives Verhalten zu ändern oder aber die Union zu verlassen, so *Mann*, in: Vertrag von Lissabon. Analyse und Bewertung, S. 280.

1764 Kritisch dazu Hanschel, NVwZ 2012, S. 995 (S. 998).

1765 So mit Verweis auf die Verfassungen von Jugoslawien und der Sowjetunion, Walthemathe, Austritt aus der EU, S. 202.

1766 Walthemathe, Austritt aus der EU, S. 203.

1767 Zu den Pluralisierungsproblemen der Union auch als Folge von differenzierter Integration, insbesondere im Bereich der Wirtschafts- und Währungsunion, vgl. *Ruffert*, in: FS Klein, S. 645, 648f.

b) *Die konstitutionenökonomische Diskussion*

i. Gegendruck zu Zentralisierung

Aus konstitutionenökonomischer Sicht wird argumentiert, Art. 50 EUV sei ein ökonomisch bedeutsames Schutzinstrument gegen den Trend zur Zentralisierung, welcher sich infolge der zunehmenden Heterogenisierung der Union verstärkt habe. Drohe ein Land mit Sezession, werde dadurch Druck auf die Unionsorgane ausgeübt, der im Ergebnis dazu führen solle, dass Entscheidungsbefugnisse wieder dezentralisiert werden.[1768] Insbesondere könne das Austrittsrecht von einer Minderheit instrumentalisiert werden, die sich von den Zentralisierungswünschen der Mehrheit bedroht fühle.[1769] Außerdem stelle das Austrittsrecht ein Instrument gegen Umverteilungsmechanismen innerhalb der Union dar.[1770] Die Union habe mit jeder Erweiterungsrunde ein größeres Wohlstandsgefälle importiert. Gleichzeitig könnten durch den Missbrauch von institutionalisierten Umverteilungsregeln die ökonomische Verantwortung und Haftung für eine schlechte Wirtschaftspolitik einzelner Mitgliedstaaten auf die Gemeinschaft abgewälzt werden. Um langfristige Fehlanreize für das Verhalten der EU-Mitglieder zu verhindern, wäre in Analogie zur allgemeinen Kündigungsmöglichkeit von Versicherungsverträgen, ein Austrittsrecht eine wirksame Gegenkraft.[1771] Für Länder, die im Rahmen der Umverteilung überwiegend Verliererpositionen innehaben, könne Sezession und allein die Drohung mit ihr umverteilungsmindernd und damit effizienzsteigernd wirken, was umso mehr nach Ausweitung von Mehrheitsentscheidungen gelten solle.[1772]

Die Untersuchung hat ergeben, dass die normativen Bedingungen zur Ausübung des Austrittsrechts gegeben sind, damit dieses einen Gegendruck zur Zentralisierung erzeugen kann. Das Recht ist einseitig, materiell-rechtlich voraussetzungslos und stellt eine echte Exit-Option für die Mitgliedstaaten dar. Im Rahmen der Untersuchung ist es als dynamisch zu beurteilten, wenn die Instrumentalisierung des

---

1768 Siehe die Grundsatzrede zur EU von David Cameron, in der sich der britische Premier nur dann für einen Verbleib seines Landes in der Union ausspricht, wenn sich diese dahingehend verändert, dass sie auch die Unterschiedlichkeit der Mitgliedstaaten widerspiegelt, was bedeutet, Kompetenzen wieder zu dezentralisieren: „[...] power must be able to flow back to member states, not just away from them. This was promised by European leaders at Laeken a decade ago. It was put in the treaty. But the promise has never really been fulfilled. We need to implement this principle properly. [...] Countries are different. They make different choices. We cannot harmonise everything. [...] we need to examine whether the balance is right in so many areas where the European Union has legislated including on the environment, social affairs and crime. Nothing should be off the table", Cameron, David Cameron's EU speech (23.1.2013).

1769 *Schäfer*, in: Die Europäische Union nach der Erweiterung, S. 74; Schäfer, Intereconomics (38) 2003, S. 182 (S. 185).

1770 *Schäfer*, in: Die Europäische Union nach der Erweiterung, S. 74.

1771 *Schäfer*, in: Die Europäische Union nach der Erweiterung, S. 71.

1772 *Schäfer*, in: Die Europäische Union nach der Erweiterung, S. 72.

Austrittsrechts integrationsfördernd wirkt. Dies ist, wenn es zu einer Legitimitätssteigerung der Unionsentscheidungen, zu einer gesteigerten Ratifikationswilligkeit oder zu einer Zunahme an Kompetenzübertragungen infolge der Einführung des Art. 50 EUV kommt, unabhängig von den Inhalten verschiedener Finalitätsvorstellungen der Fall. Ein dynamisches Potential des Austrittsrechts aufgrund seines Charakters als Schutzinstrument gegen einen bestehenden Zentralisierungstrend anzunehmen, ist jedoch nicht unabhängig vom Verständnis über die Finalität und Natur des europäischen Einigungsprozesses. Eine dahingehende Argumentation impliziert gerade, dass Zentralisierung und Umverteilung keine Bestandteile des Organisationszwecks sind. Eine dynamische Wirkung des Art. 50 EUV als Gegendruck zu Zentralisierungstendenzen muss auf die Fälle beschränkt werden, in denen es infolge des Austrittsrechts zu einem verbesserten Schutz der Minderheitsrechte kommt. Dass eine austrittsfreundliche Mitgliedschaftspolitik dem Schutz von Minderheitspositionen dienlich sein kann, wenn einer Minderheit die Ausübung ihrer Mitgliedschaftsrechte erschwert oder unmöglich gemacht wird, wurde bereits im Rahmen der Untersuchung der internationalen Organisationen festgestellt[1773] und gilt für die Union gleichermaßen. Der Schutz von Minderheiten ist eine immanente Ziel- und Zwecksetzung einer Integrationsgemeinschaft[1774] und Art. 50 EUV ist dynamisch, wenn er dazu beiträgt, dieses Ziel zu verwirklichen.

Zudem ist Art. 50 EUV auch dann dynamisch, wenn er zur besseren Umsetzung von im Unionsrecht verankerten Prinzipien beiträgt, welche als Gegengewicht zu einem Zentralisierungstrend innerhalb der EU fungieren. Entsprechendes gilt in Bezug auf das Subsidiaritätsprinzip, demzufolge der kleineren Einheit gegenüber der größeren Einheit nach Maßgabe ihrer Leistungsfähigkeit der Vorrang im Handeln zukommt.[1775] Die Existenz eines Austrittsrechts könnte sich für die Union dynamisch auswirken, wenn dieses die verfahrensmäßige Operationalisierung des Subsidiaritätsprinzips befördert.[1776] Das Prinzip wurde erstmals als allgemeiner Grundsatz mit dem Vertrag von Maastricht in Art. 3 lit. b EGV aufgenommen.[1777] Nach der aktuellen Gesetzeslage gilt der Subsidiaritätsgrundsatz nach Art. 5 Abs. 1 S. 2 EUV für die Ausübung der Zuständigkeiten der Union. Danach wird die Union gem. Art. 5 Abs. 3 UAbs. 1 EUV in den Bereichen, die nicht in ihre ausschließliche Zuständigkeit fallen, nur tätig, soweit die Ziele der in Betracht gezogenen Maßnahmen von den Mitgliedstaaten weder auf zentraler noch auf regionaler oder lokaler Ebene ausreichend verwirklicht werden können, sondern vielmehr wegen

1773 Siehe dazu oben, S. 105; vgl. auch Zeidler, Austritt und Ausschluß, S. 133.

1774 Vgl. dazu *Klein*, in: FS Bernhardt, S. 1223; *Weiß*, in: Friedenssichernde Aspekte des Minderheitenschutzes, S. 206.

1775 *Calliess*, in: Calliess/Ruffert 2011, Art. 5 EUV, Rn. 20; Calliess, Subsidiaritäts- und Solidaritätsprinzip, S. 25ff.

1776 *Schäfer*, in: Die Europäische Union nach der Erweiterung, S. 70, 74; Schäfer, Intereconomics (38) 2003, S. 182 (S. 183).

1777 Zuletzt Art. 5 EGV; allgemein zur Entwicklung Calliess, Subsidiaritäts- und Solidaritätsprinzip; *Lienbacher*, in: Schwarze 2012, Art. 5 EUV, Rn. 2ff.

ihres Umfangs oder ihrer Wirkungen auf Unionsebene besser zu verwirklichen sind. Gemäß Art. 5 Abs. 3 UAbs. 2 S. 1 EUV wenden die Organe der Union das Subsidiaritätsprinzip nach dem Protokoll (Nr. 2) über die Anwendung der Grundsätze der Subsidiarität und der Verhältnismäßigkeit an.[1778] Gem. Art. 5 Abs. 3 UAbs. 2 S. 2 EUV achten die nationalen Parlamente auf die Einhaltung des Subsidiaritätsprinzips nach dem in jenem Protokoll vorgesehenen Verfahren und tragen gem. Art. 12 lit. b EUV dadurch aktiv zur guten Arbeitsweise der Union bei.

Liegt keine ausschließliche Kompetenz vor, darf die Union also nur dann handeln, wenn ein mehrstufiger Subsidiaritätstest ergibt, dass zwei Voraussetzungen kumulativ vorliegen. Zunächst muss eine fehlende Effizienz mitgliedstaatlichen Handelns festgestellt werden. Dies ist der Fall, wenn das Ziel einer in Betracht gezogenen Maßnahme von den Mitgliedstaaten und ihren Untergliederungen selbst nicht ausreichend verwirklicht werden kann. In einem zweiten Schritt muss eine positive Entscheidung zugunsten eines Mehrwerts europäischen Handelns getroffen werden können, weil die Unionsziele wegen ihres Umfangs oder ihrer Wirkungen auf Unionsebene besser zu verwirklichen sind.[1779] Weil sowohl bei der Zulässigkeit des Handelns („Ob") als auch bei der Ausgestaltung der zu ergreifenden Unionsmaßnahme („Wie") der Grundsatz der Subsidiarität zu befolgen ist, beschreibt Art. 5 Abs. 3 EUV nicht nur eine Kompetenzverteilungs- sondern auch eine Kompetenzausübungsregel.[1780]

Die Kontrolle der Einhaltung des Subsidiaritätsprinzips erfolgt durch einen Frühwarnmechanismus und die Justiziabilität des Grundsatzes. Die Subsidiaritätsrüge ermöglicht es den nationalen Parlamenten, im Gesetzgebungsverfahren die Unvereinbarkeit eines vorgeschlagenen Gesetzgebungsakts der Union mit dem Subsidiaritätsprinzip geltend zu machen.[1781] Seit dem Vertrag von Lissabon steht ebenfalls die Justiziabilität des Grundsatzes außer Frage, weil gem. Art. 8 Abs. 1 des Subsidiaritätsprotokolls eine Subsidiaritätsklage in Form der Nichtigkeitsklage gem. Art. 263 AEUV durch einen Mitgliedstaat erzwungen werden kann. [1782]

Das Subsidiaritätsprinzip erfüllt verschiedene existenzerhaltende Funktionen für die Union. In seiner freiheitsfördernden Funktion stellt das Subsidiaritätsprinzip dem durch die Unionsorgane regelmäßig betonten Grundsatz der Funktionsfähigkeit der Gemeinschaft die Notwendigkeit der Erhaltung der Funktionsfähigkeit

1778 ABl. 2008 C 115/206.

1779 Vgl. dazu *Geiger*, in: Geiger 2010, Art. 5 EUV, Rn. 12; Haratsch/Koenig/Pechstein, Europarecht, S. 81f.; Lecheler, Das Subsidiaritätsprinzip, S. 142.

1780 *Calliess*, in: Calliess/Ruffert 2011, Art. 5 EUV, Rn. 21; Haratsch/Koenig/Pechstein, Europarecht, S. 82.

1781 Siehe Art. 12 lit. b EUV i.V.m. Art. 6 Protokoll (Nr. 2) über die Anwendung der Grundsätze der Subsidiarität und der Verhältnismäßigkeit, ABl. 2008 C 115/207, vgl. Haratsch/Koenig/Pechstein, Europarecht, S. 83.

1782 *Streinz*, in: Streinz 2012, Art. 5 EUV, Rn. 38; Überblick zu Rechtsprechung und Praxis zu Art. 5 EUV bei *Calliess*, in: Calliess/Ruffert 2011, Art. 5 EUV, Rn. 67ff.

der Mitgliedstaaten gegenüber.[1783] Wird den Kommunen, Regionen, Ländern und Staaten innerhalb der EU mehr Gewicht gegenüber den Gemeinschaftsorganen gegeben, fördert dies die Konkurrenz dieser verschiedenen Einheiten. Daher muss das Subsidiaritätsprinzip ebenfalls als Schutzinstrument für gesellschaftliche Freiheit und als Gegengewicht vor dem immanenten Zentralisierungstrend in der EU verstanden werden.[1784] Darüber hinaus kann der Grundsatz der Subsidiarität auch integrationsfördernde Wirkung entfalten. Das Prinzip lässt bei der Verteilung der Kompetenz die Erfordernisse der Gemeinschaft nicht außer Acht. Gleichzeitig mobilisiert es alle gesellschaftlichen und staatlichen Kräfte und berücksichtigt damit, dass nur durch den Einbau dieser dezentralen Autonomien in die übergeordneten Einheiten eine Einheit auf Unionsebene herzustellen und zu erhalten ist.[1785]

Das Subsidiaritätsprinzip ist, weil es die Unionstätigkeit sowohl erweitert als auch einschränkt oder einstellt, wenn sie nicht mehr gerechtfertigt ist[1786] und dadurch die Effizienz der Unionsinstitutionen erhöht, ein dynamische Konzept. Trägt Art. 50 EUV dazu bei, dass dieses Prinzip durch die Union, ihre Organe und die Mitgliedstaaten eingehalten und umgesetzt wird, ist auch dieser ein dynamisches Element der Mitgliedschaft.

Problematisch für die Umsetzung des Prinzips ist, dass Art. 5 Abs. 3 EUV das Tätigwerden der Union grundsätzlich von den „Zielen der in Betracht gezogenen Maßnahme" abhängig macht, welche von den Unionsorganen als „einheitlicher Rechtszustand" definiert wird.[1787] Weil die Unionsgremien über die Ebenenzuweisung selbst entscheiden und keinen Anreiz zur Delegation von Zuständigkeiten haben, wirkt sich dies negativ auf die verfahrensmäßige Operationalisierung des Prinzips aus.[1788] Die Bereitschaft des EuGH zur Kontrolle der Einhaltung des Prinzips ist ebenfalls unzureichend. Dieser räumt den Unionsorganen einen weiten Spielraum ein und hält sich an deren Einschätzung.[1789] Tatsächlich hat der EuGH bisher noch keinen EU-Rechtsakt am Subsidiaritätsprinzip scheitern lassen.[1790]

1783 Lecheler, Das Subsidiaritätsprinzip, S. 64, 141.

1784 Lecheler, Das Subsidiaritätsprinzip, S. 141; *Schäfer*, in: Die Europäische Union nach der Erweiterung, S. 70.

1785 Lecheler, Das Subsidiaritätsprinzip, S. 69, 141.

1786 Haratsch/Koenig/Pechstein, Europarecht, S. 82.

1787 Ein Wettbewerb der Rechtssysteme und Heterogenität wäre sinnvoller, Deakin, ELJ (12) 2006, S. 440 (S. 440ff.); vgl. Oppermann/Classen/Nettesheim, Europarecht 2011, S. 172; ähnlich bereits Lecheler, in der Unbestimmtheit der europäischen Zielsetzung liege das Haupthindernis für die konkrete Wirksamkeit des Subsidiaritätsprinzips, nicht in der angeblichen Inhaltsarmut des Prinzips selbst, Lecheler, Das Subsidiaritätsprinzip, S. 69.

1788 *Schäfer*, in: Die Europäische Union nach der Erweiterung, S. 70, 74.

1789 Oppermann/Classen/Nettesheim, Europarecht 2011, S. 171.

1790 Die ausführlichste Prüfung des Subsidiaritätsprinzips bisher in EuGH v. 8.6.2010, Rs. C-58/08, Slg. 2010, S. 4999, Rn. 72ff. – *Vodafone u.a.*; vgl. Haratsch/Koenig/Pechstein, Europarecht, S. 84.

Hieran knüpft auch die Argumentation der Befürworter eines ausdrücklichen Austrittsrechts aus konstitutionenökonomischer Sicht an. Danach könne ein konstitutionelles Sezessionsrecht einen Beitrag zur verfahrensmäßigen Operationalisierung des Subsidiaritätsprinzips leisten.[1791] Aus ökonomischer Sicht handele es sich beim Subsidiaritätsprinzip nämlich um eine spezielle Variante des Prinzips der komparativen Kostenvorteile. Derjenigen institutionellen Unionsebene müsse die Regelungskompetenz für einzelne Politikbereiche zugewiesen werden, die hinsichtlich Bürgernähe und Kosteneffizienz die größten Vorteile besitze und deswegen am besten geeignet sei.[1792] Weil ein ausdrückliches Austrittsrecht die „Ermächtigung zur vertikalen Verlagerung von Staatsaufgaben" impliziere, trage es dazu bei, den „Suchprozess um die beste Lösung des institutionellen Zuordnungsproblems von öffentlichen Aufgaben" zu stimulieren. Könnten Staaten nämlich selbst entscheiden, welche Leistungen sie ihren Bürgern hinsichtlich Bürgernähe und Kosteneffizienz in Eigenverantwortung anbieten, werde dadurch der „vertikale institutionelle Wettbewerb innerhalb der EU" befördert.[1793]

Ob eine Verbesserung der Operationalisierung des Subsidiaritätsgrundsatzes infolge der Einführung von Art. 50 EUV erfolgt, ist davon abhängig, welche normativen Anforderungen an seine Verwirklichung gestellt werden und welche Rechtsfolgen die Ausübung des Rechts nach sich zieht. Die Untersuchung der Voraussetzungen und des Verfahrens des Austrittstatbestands ergab, dass die normativen Bedingungen zur Ausübung des Austrittsrechts gegeben sind, damit dieses einen Gegendruck zur Zentralisierung erzeugen kann. Die Bestimmung des Art. 50 EUV wird zwar teilweise als nicht effizient beurteilt, weil ein Austrittsabkommen zwischen dem Rat und dem austrittswilligen Mitgliedstaat nur mit qualifizierter Ratsmehrheit und nach Zustimmung des Europäischen Parlaments geschlossen werden kann.[1794] Dem ist jedoch zu entgegen, dass trotz alledem das Austrittsabkommen keine konstitutive Bedeutung für das Wirksamwerden des Austritts hat. Aufgrund seiner Voraussetzungslosigkeit könnte Art. 50 EUV also dazu instrumentalisiert werden, Entscheidungsbefugnisse weniger auf die Union und ihre Organe und wieder mehr auf die Mitgliedstaaten zu konzentrieren und so die Durchsetzung subsidiärer Prinzipien zu verbessern. Hier kommt jedoch der Einwand zum Tragen, die Entscheidungen der europapolitischen Praxis lägen in ihren Wirkungen so weit hinter der völligen Aufgabe der Mitgliedschaft zurück, dass ein Austritt keine realistische Alternative wäre.[1795] Dies verringert das Instrumentalisierungspotential des Art. 50 EUV in Bezug auf die Durchsetzung des Subsidiaritätsprinzips. Eine dahingehende Instrumentalisierung des Art. 50 EUV

1791 Schäfer, Intereconomics (38) 2003, S. 182 (S. 183); *Schäfer*, in: Die Europäische Union nach der Erweiterung, S. 74.
1792 *Schäfer*, in: Die Europäische Union nach der Erweiterung, S. 70.
1793 *Schäfer*, in: Die Europäische Union nach der Erweiterung, S. 71.
1794 *Schäfer*, in: Die Europäische Union nach der Erweiterung, S. 73.
1795 *Becker*, in: Schwarze 2012, Art. 50 EUV, Rn. 2.

wäre indessen möglich, würde Art. 50 EUV ein Recht gewähren, zentrale Politikbereiche abzuwählen. Weil ein partielles Recht zum Austritt jedoch weder in Art. 50 EUV vorgesehen ist, noch durch das übrige Unionsrecht erlaubt wird,[1796] ist es unwahrscheinlich, dass Art. 50 EUV in relevanter Weise zur Operationalisierung des Subsidiaritätsprinzips beiträgt.

ii. Symmetrie

Integrationsfördernd soll auch die stabilisierende Wirkung des Art. 50 EUV sein. Aus ökonomischer Sicht wird in der Sezession als Exit-Option integrationspolitisch das Pendant zur Entry-Option gesehen. In einer heterogenen Union werden Umverteilungsmechanismen bedeutender, finanzielle Belastungen stärker und asymmetrischer, Verteidigungskoalitionen bilden sich strategischer, Minderheiten dominierende Mehrheitsentscheidungen nehmen zu und die Finalität der Entwicklung werde unklarer. Der Austritt eines Mitgliedstaates sei in einer solchen Situation wahrscheinlicher und die Geschichte habe gelehrt, dass Integrationsräume entstehen, sich verändern oder zerfallen. Durch ein Austrittsrecht werde eine nötige Symmetrie im Verhältnis zu den Beitrittsbedingungen erzeugt, welches ein stabilisierendes Element im Integrationsprozess darstelle.[1797]

Obschon mehrere Aspekte eine integrationsfördernde Wirkung des Art. 50 EUV entfalten können, begründet eine etwaige Symmetrie im Verhältnis zu den Beitrittsbestimmungen keine stabilisierende Wirkung des Art. 50 EUV. Es ist fraglich, inwiefern eine Symmetrie infolge der Einfügung des Austrittsrechts besteht. Gleichermaßen kann man zu der Schlussfolgerung kommen, die Zuerkennung eines einseitigen Austrittsrechts verhalte sich asymmetrisch zu dem an qualifizierte Voraussetzungen und die Zustimmung der übrigen Mitgliedstaaten gebundenen Beitrittsverfahren.[1798] Ferner ergibt sich aus einer vertraglichen Symmetrie keine stabilisierende Wirkung für die Union. Eine stabilisierende Wirkung entfaltet Art. 50 EUV unabhängig vom Beitrittstatbestand nur im Hinblick auf seine institutionalisierende Funktion, indem er Rechtssicherheit schafft.

2. Dynamik durch die Verwirklichung des Art. 50 EUV?

Von einer Dynamik aufgrund der Verwirklichung eines Austrittstatbestands ist grundsätzlich nur unter restriktiven Bedingungen auszugehen. Im Falle der Union wird eine dynamische Wirkung für den Austritt eines integrationsunwilligen Mitglieds und für den (partiellen) Austritt eines unfähigen Mitglieds diskutiert.

1796 In Bezug auf die dritte Stufe der WWU siehe oben, S. 261.

1797 *Schäfer*, in: Die Europäische Union nach der Erweiterung, S. 69.

1798 So Müller-Graff, integration (26) 2003, S. 301 (S. 313).

a) *Der Austritt des integrationsunwilligen Mitglieds*

Auch im Kontext der Unionsmitgliedschaft wird es als kontraproduktiv beurteilt, wenn ein unwilliger Staat in der EU verbleibt. Ist ein Mitgliedstaat dauerhaft integrationsunwillig und akzeptiert seine vertraglichen Verpflichtungen nicht, sei es nicht nur das geringere Übel, ihm zu erlauben, die Union einseitig zu verlassen.[1799] Darüber hinaus könnten diejenigen Mitgliedstaaten, die nicht mit den vertraglichen Zielen und Integrationsvorstellungen der Mehrheit der Mitgliedstaaten übereinstimmen, durch ihre Passivität die Weiterentwicklung der Union bremsen, weil grundsätzlich Kompromisse erzielt werden müssten, die der Integration hinderlich seien.[1800] Scheiden Mitgliedstaaten aus, die eine Vertiefung der Integration ablehnen oder deren verfassungsrechtliche Situation eine solche Entwicklung nicht gestattet, könne dies integrationsfördernd sein, wenn dadurch die Akzeptanz und das Fortschreiten des Integrationsprozesses sowie die Stabilität des gesamten Systems gewährleistet werden würden.[1801] Derartigen Überlegungen liegt die Annahme zugrunde, dass eine höhere Qualität an Integration einer größeren Quantität an Staaten vorzuziehen ist.[1802]

Insbesondere für den Fall des Ausscheidens eines integrationsunwilligen Mitglieds infolge der Nichtratifikation einer Vertragsänderung wird dies diskutiert. Nach dem ordentlichen Vertragsänderungsverfahren des Art. 48 EUV treten in Übereinstimmung mit dessen Abs. 4 die Vertragsänderungen erst dann in Kraft, wenn sie von allen Mitgliedstaaten nach Maßgabe ihrer verfassungsrechtlichen Vorschriften ratifiziert worden sind. Eine Revision der Verträge kann also nur mit Zustimmung aller Mitgliedstaaten der Union erfolgen. Obwohl im Vertrag von Lissabon erstmalig kein „review clause" vorgesehen ist, bedeute dies nicht das Ende des Integrationsprozesses.[1803] Blockiert ein Mitgliedstaat durch die Nichtratifikation einer zukünftigen Vertragsänderung das Fortschreiten des Integrationsprozesses, kann die Verwirklichung von Art. 50 EUV auf zwei Arten den weiteren Integrationsprozess vor dem Scheitern bewahren und den verbleibenden Mitgliedern eine größere Flexibilität bei künftigen Integrationsschritten ermöglichen.[1804] Die Union könne dem Mitgliedstaat im Konfliktfall den Austritt nahe legen, sodass dieser die Möglichkeit habe, „gesichtswahrend" und freiwillig auszutreten und ihren Revisionsprozess fortsetzen.[1805] Als Alternative zum Austritt des integrationsunwilligen

---

1799 Herbst, GLJ (6) 2005, S. 1755 (S. 1759f.).

1800 So Walthemathe mit Hinweis auf Frankreichs „Politik des leerer Stuhls", Walthemathe, Austritt aus der EU, S. 88f.

1801 *Kumin/Hummer/Obwexer*, in: Der Vertrag von Lissabon 2009, S. 316; Herbst, GLJ (6) 2005, S. 1755 (S. 1759f.).

1802 Vgl. *Mann*, in: Vertrag von Lissabon. Analyse und Bewertung, S. 282.

1803 Gloggnitzer, Geldpolitik und Wirtschaft 2008, S. 74 (S. 90).

1804 *Kumin/Hummer/Obwexer*, in: Der Vertrag von Lissabon 2009, S. 316; vgl. Haratsch/Koenig/Pechstein, Europarecht, S. 52.

1805 *Calliess*, in: Calliess/Ruffert 2011, Art. 50 EUV, Rn. 21.

Mitglieds käme zudem die Gründung einer europäischen Föderation als neuer Verband in Betracht,[1806] will man an den beschlossenen Veränderungen festhalten. Dazu müssten diejenigen Mitgliedstaaten, die eine vertiefte Integration wollen, mit diesem Ziel selbst gem. Art. 50 EUV aus der Union austreten und als Extremfall des „Kerneuropakonzepts" eine Art europäischen Bundesstaat gründen.[1807] Im Verlauf der europäischen Integrationsgeschichte gab es vor der Einführung des Art. 50 EUV Situationen, in denen beide Optionen als Handlungsalternativen diskutiert wurden. Die Fortentwicklung der Verträge drohte durch die negativen Referenden zu dem Vertrag von Maastricht in Dänemark (1992)[1808] und zu dem Vertrag von Nizza in Irland (2000) zu missglücken. Der EVV scheiterte schließlich am negativen Ausgang der Referenden in Frankreich und den Niederlanden (2005). Auch für den anstelle des Verfassungsvertrages getretenen Vertrag von Lissabon bedurfte es zweier irischer Referenden (2008), damit dieser ratifiziert werden und in Kraft treten konnte.

Obwohl bereits im Verfassungskonvent viele Vorschläge darauf gerichtet waren, das Austrittsrecht auf den Fall der Nichtratifizierung einer Vertragsänderung zu beschränken,[1809] trifft Art. 50 EUV keine spezifischen Vorkehrungen für diese Situation. Aufgrund seiner Voraussetzungslosigkeit ermöglicht der Austrittstatbestand jedoch, dass im Falle der Nichtratifikation einer Vertragsänderung der Integrationsprozess nicht ins Stocken gerät, weil er für diese wie für alle anderen Situationen den Austritt von der alleinigen Entscheidung des betreffenden Mitglieds abhängig macht.

Bei einer regionalen und geschlossenen Organisation wie der Union beruht der Zusammenschluss auf einer allen Mitgliedern gemeinsamen politischen Identität. Insbesondere, wenn es zu einer eklatanten Abweichung von der politischen Identität der Organisation infolge eines fundamentalen Wechsels im politischen System eines Mitglieds kommt, kann ein Austritt dieses Mitglieds aufgrund der intensiven Bindung der Mitglieder untereinander erforderlich sein. Aus einer im Extremfall für die Existenzerhaltung notwendigen Mitgliedschaftsbeendigung ergibt sich indessen nicht deren dynamische Wirkung. Dazu müsste der Austritt bewirken, dass die Union infolge des veränderten Mitgliederbestandes ihre primärrechtlich verankerten Zielsetzungen dauerhaft besser umsetzen kann. Dass der Austritt eines integrationsunwilligen Mitgliedstaates die Weiterentwicklung des Integrationsprozesses fördert, ist allerdings zweifelhaft, solange der Austritt einzelner zentraler Mitgliedstaaten wie Deutschland und Frankreich das gesamte

---

1806 von Bogdandy, EuZW 2001, S. 449 (S. 449).

1807 *Calliess*, in: Calliess/Ruffert 2011, Art. 50 EUV, Rn. 21; *Calliess*, in: Calliess 2006, Art. I-60 EVV, Rn. 19.

1808 Siehe dazu oben, S. 143ff.

1809 Vgl. Sekretariat der Regierungskonferenz, Redaktionelle und juristische Anmerkungen zu dem Entwurf eines Vertrags über eine Verfassung für Europa – Basisdokument v. 6.10.2003. CIG 4/03, S. 127; Smits, CMLRev (42) 2005, S. 425 (S. 464).

Integrationsprojekt scheitern lassen kann.[1810] Auch im Falle der Nichtratifizierung einer Vertragsänderung wird eine Kompromissfindung regelmäßig dem Austritt des integrationsunwilligen Mitglieds vorzuziehen sein. Die Untersuchung der Austrittsfrage im Spiegel verfassungsrechtlichen Krisen der Union hat ergeben, dass diese Krisen stabilisierende Kräfte entfalten können, welche ihrerseits wiederum zur Entwicklung und weiteren Vertiefung der Integration beitragen.[1811]

b) Der Austritt des (partiell) unfähigen Mitglieds

Im Zusammenhang mit der Realisierung eines Austritts aus internationalen Organisationen wurde festgestellt, dass der Austritt eines Mitglieds, welches unfähig, aber willens ist, seine Vertragspflichten zu erfüllen, keine Dynamik begründet, weil es ja gerade das Ziel der internationalen Organisation ist, die universelle oder regionale Durchsetzung bestimmter Zustände zu erreichen. Das Ausscheiden von Mitgliedern, die trotz entsprechender Überzeugung (noch) nicht in der Lage sind, dazu beizutragen, kann zwar notwendig für die Existenzerhaltung der Organisation werden, ist aber grundsätzlich ein Rückschritt für letztere, weil deren Zielsetzung die Teilnahme des Staates bei der Verwirklichung des Organisationszwecks einschließt.[1812] Gleiches muss insbesondere für eine Integrationsgemeinschaft wie die EU gelten. Das Ausscheiden eines zur Vertragserfüllung willigen aber unfähigen Mitglieds aus dem EUV/AEUV wird nicht dazu beitragen, den Zusammenschluss der Völker Europas zu befördern und die europäische Integration voranzutreiben.

Die Heranziehung von Art. 50 EUV als Rechtsgrundlage für einen partiellen Austritt nur aus der Euro-Währungszone ist keine rechtmäßige Handlungsoption. Auch das übrige Unionsrecht gestattet keinen einseitigen Austritt aus der Währungsunion. Ebenso wenig kann ein Rückgriff auf völkerrechtliche Kündigungsgründe den partiellen Austritt aus der dritten Stufe der WWU begründen. Ein partieller Austritt würde nach geltendem Recht die institutionelle Struktur der Union beschädigen. Die aktuellen Schwierigkeiten wurden schon früh vorausgesehen:[1813] Es sei der „Geburtsfehler der EWU" gewesen, souveränen Staaten eine einheitliche Währung zu geben, ohne sie in ihrer souveränen Budget- und Wirtschaftspolitik einzuschränken.[1814] Ob zu den wirksamen Maßnahmen im Rahmen der Reform auch eine Einigung über die Erleichterung und Befürwortung von Exit-Möglichkeiten aus der Eurowährungszone gehört, wird sich zeigen.[1815] In jedem Fall ist

1810 So auch *Mann*, in: Vertrag von Lissabon. Analyse und Bewertung, S. 282.

1811 Siehe dazu oben, S. 151.

1812 Siehe dazu oben, S. 108.

1813 "We cannot rule out that some countries will fall back to their usual habit of deficit spending and accumulating public debt with the hope that the 'no-bail-out-rule' will not be applied against them", *Horn*, in: German banking law and practice, S. 35.

1814 Horn, NJW 2011, S. 1398 (S. 1399).

1815 So Horn, NJW 2011, S. 1398 (S. 1404); vgl. *Horn*, in: FS Maier-Reimer, S. 261f.

auch dieser Einigungsprozess ein Test für die langfristige Stabilität der Eurozone und der Union,[1816] der – wie die Beurteilung der verfassungsrechtlichen Krisen der Union ergab – zur weiteren Vertiefung der Integration beitragen kann und dem vollständigen und teilweisen Ausscheiden vorzuziehen ist.

VI. Das Gefahrenpotential eines unionsrechtlichen Austrittstatbestands

Dem Funktionspotential des Art. 50 EUV muss das einem unionsrechtlichen Austrittstatbestand innewohnende Gefahrenpotential entgegengehalten werden. Sowohl die Verwirklichung des Rechts zum Austritt, dessen bloße Existenz als auch dessen Instrumentalisierung begründen Gefahren für den erreichten Integrationsstand und den zukünftigen Integrationsprozess.

1. Die Gefahren in Bezug auf die Verwirklichung des Austritts

Ein vollzogener Austritt eines Mitgliedstaates wird für den Großteil der internationalen Organisationen schmerzlich sein. Die meisten Organisationszwecke sind besser mit einem größeren als mit einem kleineren Mitgliederkreis zu erreichen.[1817] Die Tätigkeit vieler Organisationen wie bspw. die der WHO ist sogar nur dann erfolgreich, wenn möglichst alle Staaten der Welt an der Arbeit der Organisation teilhaben.[1818] Vollzogene Mitgliedschaftsbeendigungen beeinträchtigen grundsätzlich die Verwirklichung der mitgliedschaftlichen Zielsetzungen der Organisationen und bedeuten auf dem Weg zu universeller Mitgliedschaft einen Rückschritt für die Organisation.[1819] Auch die Beendigung der Mitgliedschaft in einer geschlossenen Organisation wird deren mitgliedschaftliche Zielsetzungen beeinträchtigen, weil das ausscheidende Mitglied zu dem geographisch oder politisch begrenzten Kreis der potentiellen Mitglieder gehörte.[1820] Daher wird zwischen einem vollzogenen Austritt und der Verwirklichung des Organisationszwecks teilweise eine grundsätzliche und immanente Widersprüchlichkeit gesehen.[1821]

Die Untersuchung hat gezeigt, dass die Annahme einer immanenten Widersprüchlichkeit verfehlt ist, weil auch der verwirklichte Austritt notwendig und u.U.

1816 Oppermann/Classen/Nettesheim, Europarecht 2011, S. 17f.

1817 *Klein/Schmahl*, in: Völkerrecht 2013, S. 263 Rn. 63; so auch Seidl-Hohenveldern/Loibl, Das Recht der internationalen Organisationen einschließlich der supranationalen Gemeinschaften, S. 66 Rn. 501.

1818 Vgl. Seidl-Hohenveldern/Loibl, Das Recht der internationalen Organisationen einschließlich der supranationalen Gemeinschaften, S. 66 Rn. 501.

1819 Vgl. *Klein/Schmahl*, in: Völkerrecht 2013, S. 270 Rn. 81; Oppermann, BerGesVR (17) 1975, S. 53 (S. 86ff., 94); Ruffert/Walter, Institutionalisiertes Völkerrecht, S. 99f.

1820 Vgl. Schermers/Blokker, Unity within diversity, S. 91.

1821 Vgl. Bernhardt (Hrsg.), EPIL Vol. 2, S. 1291.

sogar dynamisch für internationale Organisationen sein kann. Diese Feststellung lässt indessen keine Schlussfolgerungen für das infolge der Verwirklichung eines Austritts bestehende Gefahrenpotential für die Union und die Umsetzung des Organisationszwecks zu. Es steht nämlich fest, dass infolge der Verwirklichung eines Unionaustritts mannigfaltige praktische, finanzielle und rechtliche Probleme entstehen. Ein tatsächlich vollzogener Austritt wird für die Union als supranationale Organisation sogar besonders schmerzhaft sein. Grund dafür ist die im Vergleich zu normalen internationalen Organisationen bestehende engere Verbindung der Mitgliedstaaten untereinander.[1822] Diese haben gemeinschaftlich Kompetenzen auf die Union übertragen und dieser die Fähigkeit verliehen, auf verschiedenen Rechtsgebieten Rechtsakte zu erlassen, welche wiederum natürlichen und juristischen Personen subjektive Rechte gewähren. Die unmittelbare Begründung dieser subjektiven Rechte durch das Unionsrecht ist nicht nur ein zentrales Element des supranationalen Charakters der Union sondern auch ein wesentlicher Grund für den Erfolg der europäischen Integrationsgeschichte. Die durch einen Austritt veränderte subjektivrechtliche Stellung der Unionsbürger als Rechtssubjekte des Unionsrechts bedeutet für die Betroffenen eine erhebliche Beeinträchtigung. Zu Recht wird daher im Entzug der den Unionsbürgern eingeräumten Rechten eines der zentralen Probleme eines Austritts aus der Union gesehen.[1823] Eine Austrittsklausel sei geeignet, den Schutz der Unternehmen und Bürger gegen einen Entzug der ihnen eingeräumten Rechte im Vergleich zu einem Austritt ohne Inanspruchnahme eines Austrittsrechts stärker zu beeinträchtigen. Wenn ein Austritt nicht oder nur in extremen Ausnahmefällen zulässig sei, könnten sich Bürger und Wirtschaftsakteure in ihrer beruflichen und privaten Planung auf die ihnen gewährten Freiheiten des Binnenmarktes und zunehmend auch grundrechtlichen Garantien einstellen. Diese Planungsmöglichkeit werde durch die Einführung einer Austrittsklausel beeinträchtigt.[1824] Diese bewirke einen willkürlichen Entzug der subjektiven Rechtspositionen.[1825] Die Bürger und Unternehmen hätten bei einem unzulässigen Austritt Schadensersatzansprüche nach den vom EuGH entwickelten Grundsätzen, weil

---

1822 Auch die nationalen Rechtsordnungen haben Wirkungserweiterungen erfahren. So sieht das in der *Cassis de Dijon*-Rechtsprechung entwickelte Prinzip der gegenseitigen Anerkennung vor, dass der Bestimmungsmitgliedstaat die Vermarktung einer Ware, die in einem anderen Mitgliedstaat rechtmäßig hergestellt und/ oder auf den Markt gebracht wurde, zulassen muss, es sei denn, zum Schutz des Verbrauchers, der Umwelt oder anderer öffentlicher Interessen wären strengere innerstaatliche Regelungen erforderlich, EuGH v. 20.2.1979, Rs. C-120/78, Slg. 1979, S. 649 Rn. 14 – *Cassis de Dijon.*

1823 So Bruha/Nowak, AVR (42) 2004, S. 1 (S. 17ff.); *Calliess*, in: Calliess/Ruffert 2011, Art. 50 EUV, Rn. 19; *Mann*, in: Vertrag von Lissabon. Analyse und Bewertung, S. 279; vgl. auch Miller, Leaving the EU. Research Paper 13/42, 1 July 2013, House of Commons Library, S. 14ff.

1824 *Calliess*, in: Calliess/Ruffert 2011, Art. 50 EUV, Rn. 19.

1825 So Bruha/Nowak, AVR (42) 2004, S. 1 (S. 17).

die nationalen Gerichte als „Gemeinschaftsgerichte im weiteren Sinne" weiterhin für den Schutz und die Durchsetzung der subjektiven Unionsrechte sorgen müssten.[1826] Dieser äußerst effektive Schutz gegen unionsrechtswidrige Beeinträchtigungen subjektiver Rechtspositionen durch Erhebung von Staatshaftungsansprüchen werde infolge der Einführung einer Austrittsklausel hinfällig.[1827] Für eine dahingehende Argumentation spricht die Bewertung der Kündigungsmöglichkeit von Verträgen, die Individualrechte gewähren und über keine Austrittsklausel verfügen. So geht der UN-Menschenrechtsausschuss bezogen auf den Internationalen Pakt über bürgerliche und politische Rechte[1828], der keine ausdrückliche Beendigungsklausel enthält, in seinem General Comment No. 26 davon aus:

> *"[...] that once the people are accorded the protection of the rights under the Covenant, such protection devolves with territory and continues to belong to them, notwithstanding change in government of the State party, including dismemberment in more than one State or State succession or any subsequent action of the State party designed to divest them of the rights guaranteed by the Covenant."*[1829]

Eine entsprechende Auffassung von „wohlerworbenen" Rechten der Individuen, die einen Bestandsschutz über die Vertragsbeendigung hinaus genießen,[1830] kann aufgrund der Einführung eines ausdrücklichen Austrittsrechts für die Union jedenfalls nicht mehr vertreten werden.

Außerdem – so wird argumentiert – begründe eine Austrittsklausel eine Gefahr für die Stabilität der Union. Der Beitritt zum europäischen Werteverbund verliere durch das voraussetzungslose Austrittsrecht an Ernsthaftigkeit und infolge der grundsätzlichen Reversibilität drohe daher eine Fragmentierung.[1831] Dass ein vertragliches Recht zum Austritt die Wahrscheinlichkeit eines Austritts erhöht, wird teilweise auch als Grund dafür angenommen, dass die Europäischen Verträge vor dem Vertrag von Lissabon kein Austrittsrecht enthielten.[1832] Der Notwendigkeit einer vertraglichen Austrittsklausel wird entgegen gehalten, die rechtliche Lage ohne ihre ausdrückliche Normierung habe sich bewährt.[1833] Überdies sei die Union durch das Fehlen einer ausdrücklichen Austrittsklausel vor Schlimmeren bewahrt worden. Indem die Nichtregelung der Austrittsfrage die besondere Bindung der Mitgliedstaaten an die Union betont, in Konfliktsituationen zur Diskussion

1826 So Bruha/Nowak, AVR (42) 2004, S. 1 (S. 18f.); zu den in Frage kommenden Haftungsansprüchen und damit zusammenhängenden Schadensersatzforderungen siehe oben, S. 296f.

1827 So Bruha/Nowak, AVR (42) 2004, S. 1 (S. 19).

1828 BGBl. 1973 II, S. 1553.

1829 UN Doc. A/53/40, annex VII.

1830 Hofmann, Beendigung menschenrechtlicher Verträge, S. 90.

1831 So Hanschel, NVwZ 2012, S. 995 (S. 998).

1832 Vgl. Athanassiou, European Central Bank 2009, S. 1 (S. 9).

1833 So Schwarze, EuR 2003, S. 535 (S. 559); Zeh, ZEuS 2004, S. 173 (S. 191f.).

gezwungen und dadurch die Chance, eine Konfliktlösung ohne Mitgliedschaftsbeendigung herbeizuführen, erhöht habe, seien Austritte vermieden worden.[1834]

Auch ein partieller Austritt könnte im unionsrechtlichen Kontext spezifische Gefahren bewirken. Mit dem Konzept der differenzierten Integration sind schließlich auch Gefahren für den Integrationsprozess verbunden. Dass sämtliche Mitgliedstaaten einer internationalen Organisation grundsätzlich alle Pflichten des Gründungsvertrages erfüllen, dient schließlich der Integrität des Vertragstextes und drückt die Gleichheit der Mitgliedstaaten aus.[1835] So wird davon ausgegangen, durch die Wiedereinführung der nationalen Währung eines lediglich aus der Währungsunion austretenden Mitgliedstaates können spekulative Kapitalbewegungen ausgelöst werden, welche enorme Schutzmaßnahmen und Währungsbeistände nötig machten.[1836]

2. Die Gefahren infolge der Instrumentalisierung des Austrittsrechts

Des Weiteren kann es zu Gefahren für den erreichten Integrationstand und die Fortentwicklung des Integrationsprozesses aufgrund der Instrumentalisierung der Austrittsklausel kommen.[1837] Infolge der Einführung des Austrittsrechts bestehe keine Notwendigkeit mehr, bei Streitigkeiten eine Einigung zu finden. Daher sei es nunmehr möglich, dass Mitgliedstaaten Mehrheitsentscheidungen torpedieren, indem sie mit einem Austritt drohen,[1838] um ihre jeweiligen nationalen Interessen durchzusetzen.[1839] Eine mangelnde Bereitschaft zur Kompromissfindung könne zu Lasten des Gemeinwohls mit Verweis auf die Austrittsklausel gerechtfertigt werden.[1840] Als Konsequenz der vermehrten Durchsetzung von Partikularinteressen werden die Rechtssetzungsprozesse innerhalb der Union erschwert und einen Integrationsfortschritt im überwiegenden Interesse der Mehrheit der Mitgliedstaaten verhindert.[1841] Insbesondere könne die Austrittsklausel für Initiativen von

---

1834 So Zeh, ZEuS 2004, S. 173 (S. 191f.); siehe dazu oben, S. 118ff.

1835 Götting, Die Beendigung der Mitgliedschaft, S. 34; kritisch auch Weber, EuZW 2011, S. 935 (S. 940).

1836 Seidel, EuZW 2007, S. 617 (S. 617); Seidel, ZEI Working Papers 2010, S. 1 (S. 26).

1837 So Athanassiou, European Central Bank 2009, S. 1 (S. 25); Europäischer Konvent, Bericht des engeren Ausschusses des britischen Oberhauses über die Europäische Union, vorgelegt von Lord Tomlinson und Lord Maclennan. CONV 708/03, S. 8.

1838 Vgl. dazu Lechner, Das Austrittsrecht im Vertrag von Lissabon, S. 74.

1839 So Kohout, Prepared speech to the Convention (for the plenary session of 7–8 November 2002), S. 1; Schwarze, EuR 2003, S. 535 (S. 558); *Schwarze*, in: Verfassungsentwurf, S. 496; Walthemathe, Austritt aus der EU, S. 88f.; Zeh, ZEuS 2004, S. 173 (S. 196); vgl. die spieltheoretische Betrachtung zur Austrittsoption als Drohinstrument bei Lechner, Das Austrittsrecht im Vertrag von Lissabon, S. 84ff.

1840 *Kumin/Hummer/Obwexer*, in: Der Vertrag von Lissabon 2009, S. 317.

1841 *Kumin/Hummer/Obwexer*, in: Der Vertrag von Lissabon 2009, S. 317.

Europagegnern in den nationalen Parlamenten genutzt werden, um die Debatte um die Mitgliedschaft in der Union neu anzustoßen und die Argumente der Integrationsgegner zu stärken.[1842] Andererseits könnten unliebsame Mitgliedstaaten, mit denen es zum Streit innerhalb der Union kommt, zu einem halbfreiwilligen Austritt gezwungen werden.[1843]

3. Die Gefahren infolge des Bestehens eines Austrittsrechts

Ohne, dass es zu einer Verwirklichung oder Instrumentalisierung des Austrittsrechts kommt, könnte von der bloßen Existenz des Rechts zum Austritt eine Gefahr für den erreichten Integrationsstand und den zukünftigen Integrationsprozess ausgehen.

a) Identitätsverlust?

Die Aufnahme einer Austrittsklausel wird als eine Gefahr für den *status quo* der Union gesehen, weil es die Identität der Union als unauflösbare Schicksalsgemeinschaft verändere,[1844] indem es die besondere Bindung, die die Mitgliedstaaten beim Beitritt eingehen, relativiere.[1845] Eine modifizierende Wirkung infolge der ausdrücklichen Gewährung eines solchen Rechts kritisierten bereits Mitglieder des Verfassungskonvents. Die Klausel diskreditiere die Einzigartigkeit der Union im Vergleich zu herkömmlichen internationalen Organisation und verändere den Charakter der Union hin zu einem lediglich intergouvernementalen Staatenbund, den man jederzeit verlassen könne.[1846] Ein Austrittstatbestand relativiere den durch den EuGH betonten Charakter der Union als einer autonomen Rechtsordnung[1847] und untergrabe indirekt dessen Argumentation zum Vorrang des Unionsrechts.[1848] Eine solche Klausel habe eine identitätsändernde Wirkung, so die Argumentation, weil die wesentlichen Bestimmungen, auf denen die identitätsbildende Deutung und Fortentwicklung des Unionsrechts durch Rechtsprechung und Literatur beruhe, nunmehr abweichenden Interpretationen zugänglich seien.[1849] Ungeachtet des Vertragsbekenntnisses zu einer „immer engeren Union der Völker Europas“ gem.

1842 Bruha/Nowak, AVR (42) 2004, S. 1 (S. 22); *Meyer*, in: Verfassungsentwurf, S. 434; *Stein*, in: Der Konventsentwurf für eine EU-Verfassung, S. 117.

1843 Diese Praxis kritisch als „Hinausekelungstaktik“ beschreibend Oppermann, BerGesVR (17) 1975, S. 53 (S. 85); Zeh, ZEuS 2004, S. 173 (S. 192).

1844 Terhechte, EuR 2008, S. 143 (S. 152).

1845 Europa Institut Freiburg e. V., Freiburger Entwurf für einen Europäischen Verfassungsvertrag, S. 87.

1846 So Bruha/Nowak, AVR (42) 2004, S. 1 (S. 14); vgl. Europäischer Konvent, Beitrag des Mitglieds des Konvents Herrn Elmar Brok: „Verfassung der Europäischen Union“. CONV 325/2/02 Rev 2, S. 122.

1847 Hanschel, NVwZ 2012, S. 995 (S. 998).

1848 *Mann*, in: Vertrag von Lissabon. Analyse und Bewertung, S. 279.

1849 Vgl. Bruha/Nowak, AVR (42) 2004, S. 1 (S. 14ff.).

Art. 1 Abs. 2 EUV und zur unbegrenzten Geltung der Verträge in Art. 53 EUV sowie Art. 356 AEUV, sei aufgrund der Existenz des Art. 50 EUV eine dahingehende Deutung, dass die Gemeinschaft unauflöslich sei, nunmehr ausgeschlossen.[1850] Entsprechend kommt das Bundesverfassungsgericht in seinem Lissabon-Urteil zu der Schlussfolgerung: *„Kann ein Mitgliedstaat aufgrund einer selbstverantworteten Entscheidung austreten, ist der europäische Integrationsprozess nicht unumkehrbar.“*[1851] Zudem habe es Art. 50 EUV dem Bundesverfassungsgericht einfach gemacht, das Rechtsverhältnis zwischen den Mitgliedstaaten und der Union kontraktuell zu deuten.[1852] Es ist nunmehr die Rede von einer „Vertragsunion souveräner Staaten“.[1853]

b) Integrationsrechtlicher Paradigmenwechsel?

Ein eng damit verbundener aber trotzdem davon zu differenzierender Aspekt betrifft die Frage nach der Bedeutung des Art. 50 EUV für den *status futurus* der Union. Denn die Existenz einer Austrittsklausel kann die Weiterentwicklung der Union gefährden, selbst wenn dem Art. 50 EUV keine negativen Auswirkungen auf den erreichten Integrationsstand nachgewiesen werden können.

Die Einfügung eines Austrittsrechts wird als Gefahr für die Weiterentwicklung der Union betrachtet, weil sie missachte, dass die EU nicht nur eine Union der Staaten sondern auch eine Union der Menschen sei, welche neben einem gemeinsamen Markt auch eine politische Union geschaffen haben.[1854] Rückblickend erscheint es tatsächlich paradox, dass eine Austrittsklausel erstmals Eingang in das europäische Vertragsrecht fand, als es darum ging, eine Verfassung für Europa zu entwerfen.[1855] Die unveränderte Übernahme des Austrittsrechts in den EUV unter gleichzeitiger Abkehr von jeglicher Verfassungssymbolik schmälert diesen Widerspruch, vermag indessen aber nicht, das Spannungsverhältnis zwischen Austrittsrecht und vertiefter Integration aufzulösen.

Vielmehr sei der Europawissenschaft durch die Einführung eines Austrittsrechts die Aufgabe gegeben worden, sich mit der Finalitätsfrage neu zu befassen.[1856] Obgleich die Finalitätsfrage infolge des zukunftsoffenen Charakters der Union bisher

---

1850 Bruha/Nowak, AVR (42) 2004, S. 1 (S. 17); Pache/Rösch, NVwZ 2008, S. 473 (S. 479); vgl. Hanschel, NVwZ 2012, S. 995 (S. 998).

1851 BVerfGE 123, 267 (396).

1852 Terhechte, EuR – Beiheft 1 2010, S. 135 (S. 140).

1853 BVerfGE 123, 267 (357).

1854 So Gijs de Vries, der Vertreter der niederländischen Regierung im Konvent, in der Debatte vom 25.4.2003; vgl. Bruha/Nowak, AVR (42) 2004, S. 1 (S. 15); Europäischer Konvent, Synthesebericht über die Plenartagung – am 24. und 25. April 2003 in Brüssel. CONV 696/03, S. 10f.; zur politisch-bürgerrechtlichen Dimension der Unionsbürgerschaft vgl. *Streinz*, in: Im Dienste des Menschen, S. 67ff.; vgl. auch *Nettesheim*, in: Im Dienste des Menschen, S. 87ff.

1855 Vgl. *Mann*, in: Vertrag von Lissabon. Analyse und Bewertung, S. 279.

1856 Terhechte, EuR – Beiheft 1 2010, S. 135 (S. 147f.).

unbeantwortet geblieben sei, sei zumindest davon auszugehen gewesen, dass die Vertiefung der Integration eine inhaltliche und die Erweiterung der Mitgliedschaft eine mitgliedschaftliche Zielsetzung der Union seien. Die Einführung von Art. 50 EUV ändere diesen integrationsrechtlichen Kontext[1857] und erschwere eine Vertiefung der Integration und Erweiterung der Union. Denn einerseits verdeutlichten die Möglichkeiten einer Beendigung der Mitgliedschaft durch Aufhebungsvertrag, Austritt oder Ausschluss, dass die Umkehrung des Integrationsprozesses zumindest für einzelne Staaten nicht mehr ausgeschlossen sei.[1858] Andererseits würden durch Art. 50 EUV neue Akzente im Prozess der Herausbildung identitätsbildender Elemente der Union gesetzt.[1859] Damit sei zwangsläufig eine Abkehr vom Prozess der Herstellung eines gestärkten europäischen Werteverbundes verknüpft.[1860] Auch diejenigen, die das Ziel eines europäischen Bundesstaats hatten, müssten von dieser Vorstellung aufgrund der Einführung einer Austrittsklausel endgültig Abstand nehmen.[1861]

VII. Abschließende Bewertung

Fraglich ist, ob die notwendige und u.U. dynamische Eigenschaft von Art. 50 EUV seine normative Verfestigung in Anbetracht des von ihm ausgehenden Gefahrenpotentials rechtfertigt. Denn nur für den Fall, dass die funktionelle Bedeutung von Art. 50 EUV für die Union und den Integrationsprozess die von ihm ausgehenden Gefahren überwiegt, ist Art. 50 EUV ein notwendiges und dynamisches Element der Unionsmitgliedschaft und kein „major fault“ [1862] der Vertragsparteien.

1. Bewertung der Verwirklichung des Austrittstatbestands des Art. 50 EUV

Ein tatsächlich umgesetzter Austritt eines Mitgliedstaates aus der Union durch Inanspruchnahme des Art. 50 EUV birgt Gefahren für die Stabilität der Union und den Fortgang der Integration, welche hier nicht umfassend erörtert werden können. Es ist nicht ausgeschlossen, dass der einseitige Austritt eines Staates neben den mannigfaltigen praktischen, finanziellen und rechtlichen Problemen schwere Konsequenzen für die Union haben und den gemeinschaftlichen Transfer von Souveränität auf die Organisation bedeutungslos machen kann.[1863] Entscheidend ist

1857 *Kumin/Hummer/Obwexer*, in: Der Vertrag von Lissabon 2009, S. 314.
1858 Pache/Rösch, NVwZ 2008, S. 473 (S. 479); Puttler, EuR 2004, S. 669 (S. 679ff.).
1859 So Bruha/Nowak, AVR (42) 2004, S. 1 (S. 14).
1860 So Hanschel, NVwZ 2012, S. 995 (S. 998, 1000f.).
1861 So Bruha/Nowak, AVR (42) 2004, S. 1 (S. 14); *Mann*, in: Vertrag von Lissabon. Analyse und Bewertung, S. 279.
1862 So Smits, CMLRev (42) 2005, S. 425 (S. 464); ebenso Athanassiou, European Central Bank 2009, S. 1 (S. 29).
1863 Vgl. Schermers/Blokker, Unity within diversity, S. 91.

jedoch, inwiefern ein eigenständiges Gefahrenpotential durch eine ausdrückliche Austrittsklausel begründet oder ein infolge eines Austritts bestehendes Gefahrenpotential durch diese verstärkt wird.

Es ist schwer vorstellbar, dass Art. 50 EUV eine eigenständige Gefahr begründet, indem er die Mitgliedstaaten zum Austritt ermutigt. Da grundsätzlich die Möglichkeit zum faktischen Austritt besteht, wird sich ein nicht mehr unionswilliger Staat durch das Fehlen einer Austrittsklausel nicht davon abhalten lassen, auszutreten.[1864] Ob die Entwicklung der europäischen Integrationsgeschichte eine andere gewesen wäre, hätte die Gemeinschaft seiner Zeit bereits ein Austrittsrecht vertraglich festgeschrieben, ist fraglich, einen Kausalzusammenhang zwischen den nicht verwirklichten Austritten und der Nichtregelung des Austrittsrechts anzunehmen, aber rein spekulativ. Dass die Existenz eines Austrittsrechts die Wahrscheinlichkeit eines Austritts nicht erhöht, legt indessen die Untersuchung der Beendigungstatbestände der internationalen Organisationen nahe. Die vertraglichen Austrittsklauseln werden nicht in die Gründungsverträge eingefügt, um eine Mitgliedschaftsbeendigung anzuregen und haben im Vergleich zu Gründungsverträgen, die keine Austrittsklausel vorsehen, auch nicht zu vermehrten Austritten aus internationalen Organisationen geführt. Außerdem wird die Vertragstreue der Mitgliedstaaten nicht allein durch das Recht gesichert, sondern auch durch die faktischen Entwicklungen und die daraus resultierenden Verbindungen zur Union mit ihren gewachsenen Strukturen.[1865]

Der Annahme, dass eine Fragmentierung infolge der grundsätzlichen Reversibilität drohe, weil der Beitritt zur Union durch das voraussetzungslose Austrittsrecht an Ernsthaftigkeit verliere,[1866] ist nicht zu folgen.[1867] Die Austrittsmöglichkeit kann die Beitrittsentscheidung für manche Staaten erleichtern, weil dadurch u.U. deren verfassungsrechtliche Anforderungen an die Übertragung von Kompetenzen auf die Union erfüllt werden und deren Bürgern die Angst vor irreversiblen

---

1864 So auch *Calliess*, in: Calliess 2006, Art. I-60 EVV, Rn. 18; *Calliess*, in: Calliess/Ruffert 2011, Art. 50 EUV, Rn. 19f.

1865 Schwarze, EuR 2003, S. 535 (S. 559); Europa Institut Freiburg e. V., Freiburger Entwurf für einen Europäischen Verfassungsvertrag, S. 87.

1866 Hanschel, NVwZ 2012, S. 995 (S. 998).

1867 So wohl auch Müller-Graff, der sogar davon ausging, dass das im Verfassungsvertrag vorgesehene Austrittsrecht des Art. I-60 eine bestandssichernde Funktion gehabt hätte. Angesichts des gesellschaftsvertragsartigen Typus des Verfassungsvertrages hätte durchaus die Frage aufgeworfen werden können, ob mit dem Ausscheiden eines Mitglieds wegen der Bedeutung der konkreten Konfiguration des Mitgliederkreises für die gemeinsame Zweckverfolgung der Gesamtvertrag teilweise oder insgesamt hinfällig würde. Weil die Austrittsklausel keine Einschränkung der unbegrenzten Geltungsdauer des Verfassungsvertrages im Falle eines Austritts vorgesehen habe, hätte sie in einem solchen Fall die Weitergeltung der primärrechtlichen Verträge gesichert, Müller-Graff, integration (26) 2003, S. 301 (S. 314).

Souveränitätsverlusten genommen wird.[1868] Jedoch wird damit keine Mitgliedschaft geschaffen, der es an Ernsthaftigkeit mangelt. Die Intensität der politischen und wirtschaftlichen Verflechtungen infolge der Unionsmitgliedschaft wird allein aufgrund der bestehenden Reversibilität der Vertragsbindung nicht gemindert.

Eher gerechtfertigt, aber im Ergebnis dennoch abzulehnen, ist der Einwand, die Austrittsklausel stelle eine spezifische Gefahr für die subjektiven Rechte der Unionsbürger dar, verstärke also die infolge eines Austritts grundsätzlich bestehende Gefahr für subjektive Rechtspositionen. Dass die Einführung der Austrittsklausel in Anbetracht des Voranschreitens des Integrationsprozesses *per se* eine Verletzung subjektiver und unumkehrbar gewährter Rechte darstellt,[1869] ist nicht zutreffend. Die Untersuchung hat ergeben, dass an der Rechtmäßigkeit der Normierung des Art. 50 EUV selbst keine Zweifel bestehen. Infolge des Austritts durch die Inanspruchnahme von Art. 50 EUV bestehen für die Betroffenen auch nicht weniger Rechte, aus denen sich Schadensersatzansprüche ergeben können, als infolge eines unzulässigen Austritts. Einerseits ist es als unwahrscheinlich zu beurteilen, dass die nationalen Gerichte des unionsrechtswidrig ausgetretenen Mitglieds den Staatsangehörigen subjektive Unionsrechte nach dem Austritt gewähren. Andererseits kann ein rechtmäßiger durch Inanspruchnahme von Art. 50 EUV erfolgter Austritt trotzdem Ersatzansprüche nach enteignungsrechtlichen Grundsätzen auslösen.[1870]

Ebenso wenig begründet Art. 50 EUV eine eigenständige Gefahr für die Union infolge eines partiellen Austritts aus nur einem Teil der Unionsverträge, weil durch die Austrittsklausel kein Recht zum Teilaustritt aus der Union institutionalisiert wird.

Art. 50 EUV verringert vielmehr die durch die Verwirklichung eines einseitigen Austritts entstehenden Gefahren für die Union und die ehemaligen Unionsbürger.

Weil Art. 50 EUV seine institutionalisierende Funktion hinreichend erfüllt und Rechtssicherheit über das Bestehen eines Austrittsrechts sowie die Ausgestaltung und insbesondere die Länge des Austrittsverfahrens erzeugt, wird die Planungssicherheit der Betroffenen nicht beeinträchtigt, sondern geschützt. Der Austritt wird verrechtlicht und unionalisiert. Eine Beschränkung des Austritts erfolgt durch die Bestimmung zwar nicht. Anstelle einer materiell-rechtlichen Determinierung schafft Art. 50 EUV jedoch eine hinreichende Prozeduralisierung,[1871] zumindest für den Fall, dass ein Austrittsabkommen zustande kommt, wodurch gerade vermieden wird, dass es zu einem willkürlichen Entzug von Rechtspositionen infolge eines faktischen Austritts kommt. Art. 50 EUV schließt ein Recht zum sofortigen Austritt aus. Im Rahmen des Austrittsabkommens über die Einzelheiten des Austritts und

1868 Zur gesteigerten Beitrittswilligkeit als Folge der Einführung eines Austrittsrechts siehe oben, S. 314ff.

1869 So Herbst, GLJ (6) 2005, S. 1755 (S. 1759).

1870 So Bruha/Nowak, AVR (42) 2004, S. 1 (S. 20f. m.w.N).

1871 So auch *Dörr*, in: Grabitz/Hilf/Nettesheim 2010, Art. 50 EUV, Rn. 20.

die künftigen Beziehungen zwischen dem Austrittsstaat und der Union können die Weitergeltung bestimmter Rechte sowie Übergangsregelungen für die Betroffenen vereinbart werden. Obgleich es auch zu einem Austritt ohne Abschluss eines Austrittsabkommens kommen kann, hat zumindest der Rat nicht nur die Kompetenz sondern auch die Verantwortung, das Austrittsabkommen auszuhandeln und abzuschließen. Er agiert als "treasurer and custodian of the legal heritage of rights" der in ihren subjektiven Rechtspositionen Betroffenen.[1872] Zudem kann Art. 50 EUV im Falle des Austritts zur Gestaltung weit in die Zukunft reichender Vertragsbeziehungen beitragen. Die durch Art. 50 Abs. 2 EUV vorgesehene Möglichkeit, besonders enge Beziehungen zu den Nachbarstaaten der Union zu entwickeln, ist als Auftrag an den noch an das Unionsrecht gebundenen austrittswilligen Mitgliedstaat und die Union zu sehen. Ist die Aufrechterhaltung einer vollen Mitgliedschaft nicht mehr möglich, weil der entsprechende Staat integrationsunwillig ist und die Union an ihre wesensimmanenten Grenzen stößt, kann Art. 50 EUV einen Ausgleich schaffen, indem möglichst enge bilaterale Vertragsbeziehungen zwischen dem Austrittsstatt und der Union verbleiben.[1873]

Art. 50 EUV erhöht weder die Wahrscheinlichkeit eines Austritts, noch begründet er im Fall seiner Inanspruchnahme eine eigenständige Gefahr oder verstärkt eine infolge eines Austritts bestehende Gefahr für die Organisation. Im Austrittsfall entfaltet Art. 50 EUV somit eine für die Union notwendige Wirkung, weil er dazu beiträgt, die Existenzerhaltung der Organisation zu gewährleisten und eine Beeinträchtigung der Verwirklichung des Organisationszwecks zu vermeiden.

Obgleich ein verwirklichter Austritt infolge der Inanspruchnahme einer Austrittsklausel für die Union einem faktischen Ausscheiden aus der Gemeinschaft vorzuziehen ist, wird das Verbleiben des Mitglieds in der Organisation grundsätzlich mehr zur Umsetzung des Organisationszwecks beitragen. Wie die Untersuchung ergab, gilt dies auch für den Austritt eines integrationsunwilligen Mitglieds und den partiellen Austritt eines teilweise zur Vertragserfüllung unfähigen Mitglieds aus nur diesem Teilbereich der Verträge. Während Art. 50 EUV also auch nach seiner Inanspruchnahme eine notwendige Wirkung entfaltet, kann er eine dynamische Wirkung nur solange entfalten, bis es zur Inanspruchnahme des Rechts kommt.[1874]

2. Bewertung der Existenz des Rechts zum Austritt gem. Art. 50 EUV

Im Gegensatz zur Verwirklichung des Austrittsrechts begründet die Existenz des Rechts in Form einer Austrittsklausel eigenständige Gefahren für die Union. So bringt Art. 50 EUV eine Missbrauchsgefahr aufgrund der mit seiner Einführung

1872 Herbst, GLJ (6) 2005, S. 1755 (S. 1759).
1873 Schwarze, EuR 2003, S. 535 (S. 559).
1874 So wohl auch *Mann*, in: Vertrag von Lissabon. Analyse und Bewertung, S. 282.

verbundenen Instrumentalisierungsmöglichkeiten hervor, die seine Daseinsberechtigung nachvollziehbar in Frage stellt. Die Mitgliedstaaten könnten zwar grundsätzlich mit einem Austritt drohen, um ihre nationalen Interessen durchzusetzen und haben dies auch vor Einführung eines Austrittsrechts getan.[1875] Jedoch erhöht Art. 50 EUV ein dahingehendes Drohpotential, weil eine Instrumentalisierung des Austrittsrechts grundsätzlich erfolgsversprechender ist, wenn ein vertragliches Recht zum Austritt existiert. In seiner europapolitischen Grundsatzrede kündigt der britische Premier *David Cameron* ein Referendum über den Verbleib Großbritanniens in der Union für 2017 an und warnt vor dem negativen Ausgang eines solchen Referendums, sollte die künftige Union sich nicht nach den britischen Vorstellungen über Wettbewerbsfähigkeit, Flexibilität und Rückfluss von Kompetenzen an die Mitgliedstaaten verändern. Dabei beruft sich *Cameron* auf ein allen Mitgliedern zustehendes Recht zum Austritt: *„[...] Britain could make her own way in the world, outside the EU, if we chose to do so. So could any other member state.“*[1876]

Die ohnehin bestehende Gefahr verstärkt Art. 50 EUV, indem er die Rechtsausübung nicht materiell-rechtlich beschränkt und dadurch keine Vorkehrungen trifft, um einen leichtfertigen Umgang mit der Austrittsmöglichkeit zu verhindern. Überdies schafft Art. 50 EUV eine eigenständige Missbrauchsgefahr, weil es so ausgestaltet ist, dass insbesondere größere Staaten das Austrittsverfahren zu ihrem eigenen Vorteil kontrollieren können, indem sie Eingeständnisse der anderen Mitgliedstaaten im Laufe der zweijährigen Austrittsfrist in dem Wissen, dass sie den Austritt jederzeit im Laufe dieser Zeit widerrufen können, erzwingen.[1877] Das Gefahrenpotential infolge des möglichen Missbrauchs der Klausel reduziert sich jedoch vor dem Hintergrund, dass ein allzu häufiger Einsatz der Drohung Gefahr liefe, zu einem Abstumpfen des Austrittsrechts als Instrumentalisierungsinstrument zu führen.[1878] Außerdem werden die Komplexität der politischen Prozesse und die Höhe der Kosten durch die drohenden Mitglieder berücksichtigt werden müssen.[1879]

1875 Siehe dazu oben, S. 118ff.

1876 Cameron, David Cameron's EU speech (23.1.2013); vgl. dazu Miller, Leaving the EU. Research Paper 13/42, 1 July 2013, House of Commons Library, S. 2f.; am 5.7.2013 hat das britische Parlament bei der zweiten Lesung einen Gesetzesentwurf angenommen, wonach die Briten im Falle der Wiederwahl der Konservativen Regierung 2017 über einen Verbleib in der Union abstimmen sollen. Der Wortlaut des *European Union (Referendum) Act 2013* ist abrufbar unter http://www.publications.parliament.uk/pa/bills/cbill/2013-2014/0011/14011.pdf (letzter Zugriff: 2.1.2015); vgl. dazu auch Miller, Leaving the EU. Research Paper 13/42, 1 July 2013, House of Commons Library, S. 4.

1877 Friel, ICLQ (53) 2004, S. 407 (S. 426); vgl. auch *Schäfer*, in: Die Europäische Union nach der Erweiterung, S. 73.

1878 *Kumin/Hummer/Obwexer*, in: Der Vertrag von Lissabon 2009, S. 317.

1879 Vgl. Hanschel, NVwZ 2012, S. 995 (S. 998).

Als eigenständige Gefahr infolge der Einführung der Austrittsklausel kann nicht der dadurch entstandene Argumentationsraum zugunsten von Europa- und Integrationsgegnern geltend gemacht werden. Die politische Legitimation einer demokratischen und pluralistischen Organisation wie der Union begründet sich nicht darauf, dass ihre Gegner wenig Angriffsspielraum haben, sondern aus der echten politischen Überzeugung ihrer Befürworter.

Das Instrumentalisierungspotential des Art. 50 EUV demonstriert die Ambivalenz des Tatbestands beispielhaft. Schließlich kann die Austrittsmöglichkeit auch dahingehend instrumentalisiert werden, dass dauerhaft blockierende Staaten vor die Alternative gestellt werden, sich entweder ‚konstruktiv' zu verhalten oder aber die Union zu verlassen.[1880] Zudem kann ein ausdrückliches Austrittsrecht die Bereitschaft zur Übertragung von Kompetenzen auf die Union infolge der grundsätzlichen Reversibilität erhöhen, Staaten zum Beitritt ermutigen und dadurch den Ratifikationsprozess vorantreiben. Es bestehen bereits Nachweise dafür, dass verfassungsrechtliche Hürden für den Unionsbeitritt und weitere Integrationsschritte durch die Existenz von Art. 50 EUV leichter genommen werden können. Dementsprechend hat das tschechische Verfassungsgericht in seiner Überprüfung der Verfassungsmäßigkeit des EUV explizit auf die Möglichkeit eines Austritts hingewiesen.[1881] Ebenso zeigt der Fall des spanischen Verfassungsgerichts dass das Austrittsrecht einen positiven Effekt auf die Europäische Integration haben kann.[1882] Letztlich hat die Untersuchung der Entstehungsgeschichte des Art. 50 EUV gezeigt, dass sich eine gesteigerte Beitritts- oder Ratifikationswilligkeit infolge der Einführung des Austrittsrechts bereits im Rahmen des letzten Reformprozesses bewahrheitet hat.

Ob die Instrumentalisierung des Art. 50 EUV eine desintegrierende, eine integrierende oder keine Bedeutung für den Verlauf des Integrationsprozesses

---

1880 *Mann*, in: Vertrag von Lissabon. Analyse und Bewertung, S. 280.

1881 "Moreover, the Treaty of Lisbon newly introduces, in Art. 50 of the Treaty on EU, the possibility of withdrawing from the organization. [...] Thus, the manner of termination membership is also typical for an international organization, not a contemporary federative state, and this possibility, on the contrary, strengthens the sovereignty of member states. These arguments are further proof of the fact that the Treaty of Lisbon does not markedly change the character of the EU and does not establish the ability for the Union to adopt measures beyond Union competences, i.e. beyond the scope of transfer of powers under Art. 10a par. 1 of the Constitution", Urteil des tschechischen Verfassungsgerichts Nr. Pl. ÚS 19/08 vom 26.11.2008, Rn. 146, http://www.usoud.cz/en/decisions/?tx_ttnews[tt_news]=484&cHash=621d8068f5e20ecadd84e0bae0527552 (letzter Zugriff: 2.1.2015).

1882 Dieses begründete seine Zustimmung zum uneingeschränkten Vorrang des Unionsrechts mit Bezug auf das Austrittsrecht, siehe Declaración del Pleno del Tribunal Constitucional, DTC 1/2004, 13.12.2004, http://hj.tribunalconstitucional.es/HJ/de/Resolucion/Show/6945 (letzter Zugriff: 2.1.2015), englische Übersetzung in Common Market Law Reports 39 (2005), 1532, S. 981 Rn. 47, 58; vgl. auch Bast, GLJ (7) 2006, S. 1433 (S. 1436).

hat, wird dennoch erst *ex post* zu beurteilen sein.[1883] Jedoch sind einige von der Existenz des Art. 50 EUV ausgehende Aspekte bereits gegenwärtig als positiv zu bewerten. Art. 50 EUV löst, indem er seine institutionalisierende Funktion hinreichend erfüllt, konkrete Probleme. Zugunsten von Rechtsklarheit und Rechtssicherheit bestand eine Notwendigkeit der Regelung des Austritts. Die Rechtslage ohne Austrittsklausel war mehr als unsicher. Die Rechtsprechung des deutschen Bundesverfassungsgerichts im Maastricht-Urteil hat ebenfalls mehr Verwirrung als Aufklärung in dieser Frage erzeugt, zeigte aber, dass es verfassungsrechtlich für die Bindung der Mitgliedstaaten und die Ratifikation von Vertragsänderungen entscheidend sein kann, ob ein derartiges Recht besteht. Die Aufnahme des Art. 50 EUV wird daher, unabhängig davon, ob man das Austrittsrecht letztlich als positiv oder negativ für die Union und den Integrationsprozess einschätzt, der bisher bestehenden Rechtsunsicherheit vorzuziehen sein.[1884] Außerdem führt es zu einer nicht zu unterschätzenden Erhöhung der Legitimität der politischer Entscheidungen sowohl der Union als auch der Mehrheit der Mitgliedstaaten. Ein Mitgliedstaat kann sich weder gegenüber der Union noch gegenüber seinen Staatsbürgern auf die Alternativlosigkeit seines Handelns berufen.

Der Art. 50 EUV begründet auch keine eigenständige Gefahr für die Identität der Union und den Fortgang des Integrationsprozesses. Die Annahme, die Austrittsklausel verändere das Wesen der Union und das Verhältnis zwischen der Union und ihren Mitgliedstaaten, indem sie die Frage nach der Geltung des allgemeinen Völkervertragsrechts im Unionsrecht beantworte[1885] und die Position der Mitgliedstaaten als Herren der vertraglichen Grundlagen stärke,[1886] ist weder die Folge ihrer Einfügung noch die notwendige Schlussfolgerung aus der Rechtsprechung des Bundesverfassungsgerichts. Dass die Union nicht unauflöslich und ein Austritt aus dem Verbund möglich sei, wurde bereits vor Einführung des Art. 50 EUV durch das Bundesverfassungsgericht vertreten. In seiner Maastricht-Rechtsprechung postulierte das Gericht, dass Deutschland als „einer der ‚Herren der Verträge', die ihre Gebundenheit an den ‚auf unbegrenzte Zeit' geschlossenen Unions-Vertrag mit dem Willen zur langfristigen Mitgliedschaft begründet haben, diese Zugehörigkeit letztlich durch einen gegenläufigen Akt auch wieder aufheben können."[1887] Die entsprechende Passage im Lissabon-Urteil verdeutlicht ebenfalls, dass das Gericht Art. 50 EUV nicht als modifizierendes, sondern als bestätigendes Element seiner Rechtsprechung sieht:

1883 So auch *Mann*, in: Vertrag von Lissabon. Analyse und Bewertung, S. 282.
1884 So auch *Mann*, in: Vertrag von Lissabon. Analyse und Bewertung, S. 281.
1885 So wohl Weber, EuR 2004, S. 841 (S. 853); eine Differenzierung nach außen sei durch das Austrittsrecht erstmals eröffnet, Emmanouilidis/Giering, integration (26) 2003, S. 454 (S. 465).
1886 Puttler, EuR 2004, S. 669 (S. 688).
1887 BVerfGE 89, 155 (190).

„Der Vertrag von Lissabon macht erstmals das bestehende Recht jedes Mitgliedstaates zum Austritt aus der Europäischen Union im Primärrecht sichtbar [...]. Dieses Austrittsrecht unterstreicht die Souveränität der Mitgliedstaaten und zeigt ebenfalls, dass mit dem derzeitigen Entwicklungsstand der Europäischen Union die Grenze zum Staat im Sinne des Völkerrechts nicht überschritten ist [...].“[1888]

Die Regelung des Austrittrechts deckt sich unstreitig mit der völkerrechtlichen Geltungsgrundlage der Union[1889] und stellt ein wesentliches Kriterium für die Abgrenzung zwischen einem Staatenverbund und einem Bundesstaat dar.[1890] Fraglich ist indessen, ob das kodifizierte Austrittsrecht das Fortbestehen der völkerrechtlichen Geltungsgrundlage der europäischen Integration bestätigt[1891] und somit eine entscheidende Bedeutung für die Bestimmung des Verhältnisses zwischen den Mitgliedstaaten und der Union hat.

Dass die Union ihrer völkervertraglichen Geltungsgrundlage verhaftet bleibe, ergebe sich jedoch erst aus dem Zusammenspiel mit anderen Bestimmungen wie Art. 48 und Art. 54 EUV, in denen deutlich zum Ausdruck komme, dass die Mitgliedstaaten die Herren der Verträge seien.[1892] Das Austrittsrecht allein betone nur, dass die Mitgliedstaaten die Herren über ihre Mitgliedschaft seien, gebe aber keinen Aufschluss über das ‚Wesen' respektive die Rechtsnatur der EU.[1893]

Für eine Deutung des Art. 50 EUV dahingehend, dass dieser das Fortbestehen der völkerrechtlichen Grundlage der Union bestätigt, spricht, dass ein freies Austrittsrecht wie Art. 50 EUV den Fortbestand staatlicher Souveränität demonstriert. Die Mitgliedstaaten sind die „Herren über ihre eigene Mitgliedschaft“ und daher auch die „Herren der Verträge“, welche der Union keine Kompetenz-Kompetenz

1888 BVerfGE 123, 267 (395f.).

1889 Jaekel, JURA 2010, S. 87 (S. 89).

1890 So Huber, EuR 2003, S. 574 (S. 591); Bismarcks „Staatsstreichplan“ vom 2.3.1890 lag die Auffassung zugrunde, dass die Fürsten und die Senate als Souveräne des zwischen ihnen geschlossenen Verfassungsbündnisses von diesem zurücktreten könnten. Dieser Rücktritt sollte weder der Zustimmungen des Reichstags noch der einzelstaatlichen Landtage bedürfen und hätte nicht das Ende des Reiches bedeutet, sondern den Weg für eine veränderte Reichsverfassung durch ein neues Verfassungsbündnis der Dynastien frei gemacht, Huber, Deutsche Verfassungsgeschichte Bd. IV, S. 217; anders E. R. Huber, wonach sowohl der Austritt aus einem Staatenbund als auch der Austritt aus einem Bundesstaat nach der Natur der Sache ausgeschlossen sind, Huber, Deutsche Verfassungsgeschichte Bd. I, S. 660.

1891 So *Dörr*, in: Grabitz/Hilf/Nettesheim 2010, Art. 50 EUV, Rn. 7, 47; Müller-Graff, integration 2004, S. 186 (S. 190).

1892 Vgl. *Dörr*, in: Grabitz/Hilf/Nettesheim 2010, Art. 50 EUV, Rn. 7.

1893 *Mann*, in: Vertrag von Lissabon. Analyse und Bewertung, S. 279; so auch *Haratsch*, in: Die Europäische Verfassung, S. 285; Murswiek, Der Vertrag von Lissabon-Rechtsgutachten, S. 43f.

eingeräumt haben.[1894] Ebenso reflektiert die Regelung des Art. 50 EUV die subsidiäre Geltung des allgemeinen Völkerrechts im Rahmen der Unionsrechtsordnung.[1895] Die Kodifizierung eines Rechts zum Austritt in Art. 50 EUV ist ein Anwendungsfall von Art. 54 lit. a WVK.[1896] Das im Rahmen des Austrittsverfahrens abzuschließende Austrittsabkommen ist ein völkerrechtlicher Vertrag, dessen Abschluss an die der Union durch Art. 47 EUV verliehene Völkerrechtsfähigkeit und insbesondere an deren völkerrechtliche Vertragsschlussbefugnis anknüpft.[1897] Das Abkommen wird gem. Art. 218 Abs. 1 AEUV nach den Regeln verhandelt, die für Übereinkünfte der Union mit Drittstaaten gelten. Das Vertragsabschlussverfahren richtet sich also nach den allgemeinen Regeln des Völkervertragsrechts,[1898] soweit das Unionsrecht keine vorrangigen Spezialregeln enthält, obwohl im Zeitpunkt von Verhandlungen und Abschluss des Abkommens der austrittswillige Staat noch der Union angehört und der Bindung des Unionsrechts unterliegt.[1899]

Geht man nun davon aus, dass Art. 50 EUV das Fortbestehen der völkerrechtlichen Grundlage der Union bestätigt, bedeutet dies allerdings auch, dass sich die Union noch nie von ihrer völkerrechtlichen Grundlage gelöst hat. Art. 50 EUV ist keine Veränderung, sondern nur Ausdruck der bestehenden Rechtslage und ein Beitrag zur Schaffung von Rechtsklarheit. Damit erfüllt Art. 50 EUV nicht nur eine – wie die Untersuchung gezeigt hat – wesentliche Funktion von Austrittstatbeständen allgemein, sondern entspricht der konkreten Notwendigkeit zur Regelung aufgrund der Unsicherheit über das Bestehen eines Austrittsrechts im integrationsrechtlichen Kontext. Weil der Zuwachs an Unionskompetenzen im Vergleich zu vorherigen Vertragssystemen, die einander von 1958 bis 2002 folgten, eine dahingehende Klarstellung notwendig machte, hatten sich während der Verhandlungen zum Vertrag von Lissabon bereits viele Regierungen für eine Klarstellung über die Rechtsposition der Union ausgesprochen.[1900]

1894 So auch *Dörr*, in: Grabitz/Hilf/Nettesheim 2010, Art. 50 EUV, Rn. 3, 7, 9, 11; *Oppermann*, in: Verfassungsentwurf, S. 32; Pache/Rösch, NVwZ 2008, S. 473 (S. 479); vgl. BVerfGE 123, 267 (395).

1895 *Dörr*, in: Grabitz/Hilf/Nettesheim 2010, Art. 50 EUV, Rn. 3, 7, 9, 11; vgl. auch Friel, ICLQ (53) 2004, S. 407 (S. 407).

1896 BVerfGE 123, 267 (396).

1897 *Streinz*, in: Streinz 2012, Art. 50 EUV, Rn. 1.

1898 Der Abschluss von Abkommen zwischen der Union und Drittstaaten fällt nicht in den Anwendungsbereich der WVK, sondern in den der Wiener Konvention über das Recht der Verträge zwischen Staaten und internationalen Organisationen oder zwischen internationalen Organisationen von 1986 (WVKIO), welche zu großen Teilen den Text der WVK übernommen hat. Die Konvention gilt für Verträge von und mit internationalen Organisationen, ist aber noch nicht in Kraft getreten, siehe dazu oben, S. 38; vgl. dazu insgesamt Klein/Pechstein, Das Vertragsrecht internationaler Organisationen.

1899 *Dörr*, in: Grabitz/Hilf/Nettesheim 2010, Art. 50 EUV, Rn. 9.

1900 *Tomuschat*, in: Problemi e tendenze del diritto, S. 292; vgl. *Calliess*, in: Calliess/Ruffert 2011, Art. 50 EUV, Rn. 18.

Betrachtet man die Identität oder den Charakter einer Organisation als den Ist-Zustand und nicht den Soll-Zustand, offenbart sich, dass Art. 50 EUV keine Gefahr für die Identität der Union darstellen kann. Indem er das Fortbestehen der völkerrechtlichen Geltungsgrundlage bestätigt, zeigt er, dass eine Identität der Union als unauflösbare und vom Völkerrecht abgekoppelte Schicksalsgemeinschaft[1901] zu keinem Zeitpunkt der politischen und rechtlichen Realität entsprach.

Geht man ergebnisorientiert von der Autonomie des EU-Rechts und der Union als exklusives Idealbild aus, dessen Umsetzung durch eine Regelung wie Art. 50 EUV erschwert oder unmöglich gemacht wird, bleibt einzuwenden, dass der Integrationsstand letztlich von den Mitgliedstaaten abhängig ist[1902] und diese Mitgliedstaaten sich eben für die Aufnahme des Art. 50 EUV entschieden haben.

Die Einführung eines Austrittsrechts steht auch nicht im Widerspruch zu der mitgliedschaftlichen Zielsetzung der Erweiterung und verändert demnach nicht den integrationsrechtlichen Kontext für die Beantwortung der Finalitätsfrage. Die Beendigung der Mitgliedschaft ist für die Vollendung universeller oder regionaler Mitgliedschaft zwar grundsätzlich negativ zu beurteilen. Die Untersuchung hat jedoch gezeigt, dass Austrittstatbestände nicht nur den Austritt prozeduralisieren. Darüber hinaus erfüllen sie weitere Funktionen und können im Fall der EU sogar integrationsfördernde Wirkung entfalten, wenn es bspw. infolge der Einführung eines voraussetzungslosen Austrittsrechts zu einer gesteigerten Beitrittswilligkeit kommt. Die Untersuchung der Entstehungsgeschichte des Art. 50 EUV hat gezeigt, dass sich eine gesteigerte Beitritts- oder Ratifikationswilligkeit infolge der Einführung des Austrittsrechts bereits im Rahmen des letzten Reformprozesses bewahrheitet hat. Der Grund dafür wird in der „Gleichzeitigkeit von Vertiefung und Erweiterung" gesehen.[1903] Aufgrund der größeren Heterogenität des gewachsenen Mitgliederkreises ist das Austrittsrecht der Preis für die Akzeptanz einer fortschreitenden rechtlichen Homogenisierung gewesen.[1904] Das Austrittsrecht steht somit nicht im Widerspruch zu einer Erweiterung der Union, sondern ist deren logische Folge.[1905]

Ebenso wenig steht die Einführung eines Austrittsrechts im Widerspruch zu der inhaltlichen Zielsetzung der Vertiefung der Integration. Weil die Organisationen unabhängige Rechtssubjekte sind, die aber gleichzeitig in einem elementaren Abhängigkeitsverhältnis zu ihren Mitgliedern stehen, besteht zwischen diesen eine fundamentale Spannung. Dieses Spannungsverhältnis komme besonders bei

1901 Terhechte, EuR 2008, S. 143 (S. 152).

1902 Jaekel, JURA 2010, S. 87 (S. 89f.); so auch Puttler: „Vorstellungen von Unauflöslichkeit und stetigen, unumkehrbaren Integrationsschritten stimmen mit der politischen Realität in den Mitgliedstaaten – derzeit jedenfalls – nicht überein.", Puttler, EuR 2004, S. 669 (S. 689).

1903 Hanschel, NVwZ 2012, S. 995 (S. 1001).

1904 Hanschel, NVwZ 2012, S. 995 (S. 1001); Pache/Rösch, NVwZ 2008, S. 473 (S. 479).

1905 So auch Hanschel, NVwZ 2012, S. 995 (S. 1001).

der Regelung oder Nichtregelung eines Austrittstatbestandes zum Ausdruck.[1906] Dies gilt umso mehr für Integrationsgemeinschaften und supranationale Organisationen wie die Union. Denn in Bezug auf ihre organisatorische Verdichtung bezwecken supranationale Organisationen im Gegensatz zur großen Mehrheit der internationalen Organisationen, die intergouvernemental organisiert sind, zunehmende rechtliche und politische Integration. Dies äußert sich darin, dass die Möglichkeit der bindenden Beschlussfassung auch gegen den Willen der einzelnen Mitgliedstaaten durch die Schaffung von Beschlussorganen aus weisungsunabhängigen Personen oder die Bindung an eine Mehrheitsentscheidung besteht. Das Unionsrecht genießt Vorrang vor dem staatlichen Recht. Außerdem greift die Rechtssetzung der Unionsorgane in den innerstaatlichen Rechtsraum durch und entfaltet dort unmittelbare Geltung.[1907]

Die rechtliche Verselbstständigung der Union im Vergleich zu normalen internationalen Organisationen ist also derart weit vorangeschritten, dass sich die Frage stellt, ob ein Austrittsrecht lediglich Ausdruck des immanenten Spannungsverhältnisses zwischen den Mitgliedern und der Organisation ist oder ob ein immanenter Widerspruch zwischen der Einführung eines vertraglichen Austrittsrechts und dem supranationalen Charakter der Union besteht.

Die rechtliche Selbstständigkeit der Union wird dadurch begrenzt, dass trotz der Durchbrechung des ‚Souveränitätspanzers', insbesondere bei Mehrheitsbeschlüssen, die Union über keine Aufgabenerfindungszuständigkeit i.S. einer Kompetenz-Kompetenz verfügt,[1908] nicht jedoch durch die Existenz eines Austrittsrechts. Darüber hinaus hat die Untersuchung ergeben, dass von Art. 50 EUV unter verschiedenen Aspekten sogar eine integrationsfördernde Wirkung und insbesondere ein Integrationsschub ausgehen können. Vor allen Dingen aber trenne die Austrittsklausel das rechtliche Schicksal der Mitgliedstaaten und der Union voneinander und betone dadurch gerade die rechtliche Verselbstständigung der Union.[1909]

Art. 50 EUV steht also weder in einem Widerspruch zum supranationalen Charakter der Union noch zur Erweiterung der Organisation. Die Einführung eines Rechts zum Austritt ist vielmehr Ausdruck davon, dass sich die Mitgliedsstaaten gerade noch nicht über die Zukunft der Union geeinigt haben.[1910] Solange die Finalität der Union unbestimmt ist, kann auch ein vertragliches Austrittsrecht wie

---

1906 Herbst, GLJ (6) 2005, S. 1755 (S. 1759).

1907 Vgl. dazu Geiger, Grundgesetz und Völkerrecht mit Europarecht, S. 19ff.; vgl. dazu bereits Klein, Vorträge, Reden und Berichte aus dem Europa-Institut 1988, S. 3 (S. 10ff.).

1908 *Klein/Schmahl*, in: Völkerrecht 2013, S. 248 Rn. 14.

1909 Streinz/Ohler/Herrmann, Der Vertrag von Lissabon-2010, S. 48; *Calliess*, in: Calliess/Ruffert 2011, Art. 50 EUV, Rn. 21; vgl. auch Walthemathe, Austritt aus der EU, S. 86.

1910 So auch Hanschel, NVwZ 2012, S. 995 (S. 1001); vgl. dazu bereits Klein, VVDStRL (50) 1990, S. 56 (S. 61).

Art. 50 EUV die Beantwortung der Frage nicht in einen veränderten integrationsrechtlichen Kontext stellen.

Vor seiner Inanspruchnahme ist Art. 50 EUV ein notwendiges Element der Unionsmitgliedschaft, weil er Rechtssicherheit schafft und von seiner Existenz keine Gefahren für die Identität der Union und den Fortgang des Integrationsprozesses ausgehen. Obwohl die Existenz des Art. 50 EUV durch die Möglichkeit der missbräuchlichen Instrumentalisierung ein eigenständiges Gefahrpotential begründet, ist er dennoch ein dynamisches Element der Mitgliedschaft, weil schließlich auch die Möglichkeit seiner sich dynamisch auswirkenden Instrumentalisierung besteht.

E. Die Implikationen des Art. 50 EUV für das Funktionspotential einer Ausschlussklausel

In den primärrechtlichen Verträgen ist keine Ausschlussklausel vorhanden. Durch die Einführung des Art. 50 EUV haben sich die Fragen nach einem einseitigen Austrittsrecht durch Rückgriff auf die völkerrechtlichen Beendigungsgründe der Art. 56 WVK und der Art. 60 bis 62 WVK erledigt. Obgleich Art. 50 EUV dadurch einen Beitrag zur Rechtsklarheit geleistet hat, bleibt die Frage nach einem Ausschlussrecht auch nach seiner Einführung unbeantwortet. Es ist fraglich, ob und welche Implikationen von Art. 50 EUV für oder gegen eine potentielle Notwendigkeit und Dynamik einer vertraglichen Ausschlussklausel ausgehen.

Im integrationspolitischen Kontext könnte sich die potentielle Notwendigkeit eines vertraglichen Ausschlussrechts ebenso wie beim Recht zum Austritt infolge der aus der Nichtregelung resultierenden Rechtsunsicherheit über das Bestehen eines solchen Rechts ergeben.

Z.T. wird mit Hinweis auf das Fehlen einer vertraglichen Ausschlussklausel die Unzulässigkeit des Ausschlusses angenommen. Die Begründung eines Ausschlussrechts aufgrund der subsidiären Anwendung von Völkerrecht sei wegen des Charakters des Unionsrechts als *self-contained regime* nicht möglich. Bei einer schwerwiegenden und anhaltenden Verletzung der in Art. 2 EUV genannten Werte durch einen Mitgliedstaat sieht Art. 7 EUV ein Suspendierungsverfahren bestimmter Rechte vor. Art. 258 bis 260 AEUV beschreiben die bei der Verletzung der Verträge durch einen Mitgliedstaat anzuwendenden Verfahren und Art. 347 und 348 AEUV beschreiben ein vertragliches Notstandsregime. Die betreffenden Regelungen verdichten sich nach dieser Ansicht zu einem abschließenden und ausdifferenzierten Instrumentarium gegenüber vertragsbrüchigen Mitgliedstaaten, welches den Rückgriff auf völkerrechtliche Ausschlusstatbestände versperrt.[1911]

Überwiegend wird indessen vertreten, ein kollektiver Ausschluss eines Mitgliedstaates sei nach Maßgabe des Völkervertragsrechts gem. Art. 60 Abs. 2 lit. a WVK als *ultima ratio* möglich.[1912] Obschon die völkerrechtliche Rückgriffsmöglichkeit in denjenigen Fällen nicht in Betracht kommt, in denen die vertraglichen

---

1911 Götting, Die Beendigung der Mitgliedschaft, S. 158; *Kokott*, in: Streinz 2012, Art. 356 AEUV, Rn. 6; *Weber*, in: Groeben, Art. 312 EG, Rn. 11; so wohl auch Frowein, EuR 1983, S. 301 (S. 314f.).

1912 *Becker*, in: Schwarze 2012, Art. 356 AEUV, Rn. 7; *Dörr*, in: Grabitz/Hilf/Nettesheim 2010, Art. 47 EUV, Rn. 107; Hanschel, NVwZ 2012, S. 995 (S. 999); Klein, VVDStRL (50) 1990, S. 56 (S. 77); *Klein*, in: HdK EUV/EGV, Art. O EUV, Rn. 30; *Schweitzer*, in: Grabitz/Hilf 2009, Art. 312 EGV, Rn. 4; Streinz, Europarecht-2012, S. 42 Rn. 107ff.

Sanktions- und Suspendierungsverfahren greifen, ist dies für Extremsituationen differenziert zu beurteilen. Wenn Verurteilungen durch den EuGH und die Aussetzung der Mitgliedschaftsrechte gem. Art. 7 Abs. 3 EUV das vertragsbrüchige Mitglied nicht zu vertragskonformen Verhalten veranlassen, dürfe man die übrigen Mitgliedstaaten nicht in die „rechtliche Bindungslosigkeit" entlassen.[1913] Erweisen sich die bestehenden Verfahren als dauerhaft unzulänglich und treten unerträgliche Zustände ein, müsse ein Ausschluss aufgrund völkerrechtlicher Bestimmungen möglich sein.[1914]

Grundsätzlich bestehen somit auch für die Ausschlusssituation ein Bedürfnis nach Rechtssicherheit und -klarheit sowie Vorteile einer vertraglichen Regelung. Obgleich Art. 60 Abs. 2 lit. a WVK seine institutionalisierende Funktion insbesondere durch die spezielle Subsidiaritätsklausel des Art. 60 Abs. 4 WVK hinreichend erfüllt und seine Rechtsausübung im Gegensatz zu völkerrechtlichen Austrittstatbeständen relevant einschränkt, entwirft er kein ausreichendes Ausschlussverfahren.[1915]

Es ist jedoch fraglich, ob von Art. 50 EUV Implikationen für die Notwendigkeit eines vertraglichen Ausschlussrechts ausgehen. Z.T. wird argumentiert, dass aufgrund der Existenz einer ausdrücklichen Austrittsklausel im Vertragstext die Natur der Integration als unumkehrbarer Prozess auch einem nach dem Völkerrecht gegebenen Ausschlussrecht nicht mehr entgegengehalten werden könne und deshalb ein Ausschluss des betroffenen Mitgliedstaates zukünftig grundsätzlich möglich sei.[1916] Im europäischen Vertragswerk sieht jedoch auch weiterhin keine Regelung den Ausschluss eines Mitgliedstaates vor. Die Einführung eines Ausschlussrechts aus der Union oder auch aus der EWU wurde insbesondere im Rahmen der Währungs- und Wirtschaftskrise mehrfach vorgeschlagen.[1917] Bereits im Rahmen der Austrittsdebatte im Verfassungskonvent forderten Konventsmitglieder die Aufnahme einer Ausschlussklausel infolge der Aufnahme des

---

1913 *Dörr*, in: Grabitz/Hilf/Nettesheim 2010, Art. 47 EUV, Rn. 107; so bereits Klein im Falle der Abkehr von den wirtschaftlichen und verfassungsrechtlichen Grundsätzen der Union, *Klein*, in: HdK EUV/EGV, Art. O EUV, Rn. 31; unklar Calliess, der nach erfolglosen Sanktionsverfahren gem. Art. 7 EUV dem betreffenden Mitgliedstaat den Austritt nach Art. 50 EUV nahelegen will, *Calliess*, in: Calliess/Ruffert 2011, Art. 50 EUV, Rn. 17.

1914 Streinz, Europarecht-2012, S. 42 Rn. 108; so auch *Klein*, in: HdK EUV/EGV, Art. O EUV, Rn. 30.

1915 Siehe dazu oben, S. 82ff., 104.

1916 So Puttler, EuR 2004, S. 669 (S. 678).

1917 Vgl. Behrens, EuZW 2010, S. 121 (S. 121); Hanschel, NVwZ 2012, S. 995 (S. 1001); Horn, NJW 2011, S. 1398 (S. 1402); Jahn, Di Fabio für Ausschlussmöglichkeit aus Währungsunion „Das Recht kann den Euro nicht retten", FAZ (01. März 2012), http://www.faz.net/aktuell/wirtschaft/recht-steuern/di-fabio-fuer-ausschlussmoeglichkeit-aus-waehrungsunion-das-recht-kann-den-euro-nicht-retten-11668527.html (letzter Zugriff: 2.1.2015).

Austrittsrechts.[1918] Der Zusammenhang zwischen der Aufnahme eines Austrittsrechts und der Aufnahme einer Ausschlussklausel wird wohl hergestellt, weil Gründungsverträge herkömmlicher internationaler Organisationen häufig sowohl Austritts- als auch Ausschlussrechte enthalten. Die Union habe diesbezüglich eine seltsame „Zwitterstellung".[1919] Hintergrund dieser Annahme ist die Argumentation, dass im Sinne der Ausgewogenheit oder Symmetrie der Vertragsbindungen, die Möglichkeit des Ausschlusses aus der EWU oder der EU als Gegenstück zum Austrittsrecht erforderlich sei. Ohne Aufnahme einer ausdrücklichen Ausschlussklausel sei Art. 50 EUV unausgewogen, weil die Mitgliedstaaten sich einseitig von ihrer vertraglichen Bindung lösen könnten, während die Union an die europäischen Verträge gebunden bleibe und keine Möglichkeit habe, vertragsbrüchige Mitglieder auszuschließen.[1920] Eine ausgewogene Regelung bilden die Art. 7, 8 der Satzung des Europarates, welche Ausschluss und Austritt nebeneinander regeln.[1921] Eine ausgewogene Lösung bestehe auch darin, den Austritt nur bei ausdrücklicher Zustimmung der Union zuzulassen.[1922]

Austritts- und Ausschlussrechte ergänzen sich nicht wechselseitig und sind keine Gegenstücke im vertragsrechtlichen Sinn. Sie erfolgen aus unterschiedlichen, aber nicht aus gegensätzlichen Gründen, während ihre Folgen identisch sind. Es handelt sich daher vielmehr um unterschiedliche Instrumente der Vertragsbeendigung, deren Gegenstück die Aufnahme der Vertragsbeziehung ist. Das Korrelat zum Austritt ist mithin der Beitritt und das Gegenstück zum Ausschluss aus der Organisation ist die Aufnahme in die Organisation. Ein Beispiel für ein vertragsrechtliches Korrelat ist der Vertrag zu Lasten Dritter als Gegenstück zum Vertrag zugunsten Dritter.

Ebenso wenig ist die Annahme gerechtfertigt, eine gleiche Bindung aller Vertragsparteien führe begriffsnotwendig zu vertraglicher Symmetrie. Darunter ist eine gleichmäßige Verteilung von Rechten und Pflichten zu verstehen. Asymmetrie folgt nicht aus einer unterschiedlichen Verteilung der Rechte, sondern aus einer unterschiedlichen Verteilung der Rechte im Verhältnis zu den Pflichten, d.h., ein Vertragspartner hat das Recht, aber nicht die Pflicht, eine bestimmte Leistung zu erbringen oder einzufordern.

Aus der Existenz eines Austrittsrechts ergibt sich mithin weder die Existenz noch die Notwendigkeit eines Ausschlussrechts. Dies bestätigt auch die vertragsrechtliche Praxis internationaler Organisationen. Die vertraglichen Austrittsklauseln

---

1918 Europäischer Konvent, Beitrag des Mitglieds des Konvents Herrn Elmar Brok: „Verfassung der Europäischen Union". CONV 325/2/02 Rev 2, S. 121f.; Europäischer Konvent, Reaktionen auf den Entwurf der Artikel der überarbeiteten Fassung von Teil I (Band I) – Zusammenfassende Darstellung. CONV 779/03, S. 31f.

1919 *Stein*, in: Der Konventsentwurf für eine EU-Verfassung, S. 118f.

1920 Bieber/Epiney/Haag, Die Europäische Union 2013, S. 114; *Bieber*, in: Die Unionsgrundordnung, S. 557; Hanschel, NVwZ 2012, S. 995 (S. 1001).

1921 Bieber/Epiney/Haag, Die Europäische Union 2013, S. 114.

1922 *Bieber*, in: Die Unionsgrundordnung, S. 557.

stellen den Normalfall dar. Mehr als Vierfünftel aller Satzungen enthalten ein ausdrückliches Recht zum Austritt.[1923] Die vertraglichen Ausschlussklauseln sind insbesondere in Gründungsverträgen von Finanzinstitutionen zu finden, aber auch in Art. 6 UN-Charta und in den Gründungsverträgen der meisten UN-Sonderorganisationen, stellen jedoch nicht den vertragsrechtlichen Normalfall dar.[1924] Darüber hinaus wird die Funktionsweise der Austrittsklausel nicht durch das Fehlen einer Ausschlussklausel beeinträchtigt. Für die Prozeduralisierung eines Austrittsrechts spielt es keine Rolle, ob diesem ein Ausschlussrecht korrespondiert.

Ebenso wie im Fall des Austritts kann auch die Verwirklichung des Ausschlusses in Extremsituationen notwendig für die Union sein. Ein Ausschluss kann bestandsschützend wirken, wenn ein dauerhaft vertragsbrüchiges Mitglied ausscheidet und dadurch den vertragstreuen Mitgliedern ihr eigenes Festhalten am Vertrag weiter zuzumuten ist[1925] oder um eine Lähmung oder Beeinträchtigung interner Entscheidungsprozesse zu verhindern.[1926] Im Vergleich zur Beurteilung der Notwendigkeit von Ausschlüssen aus internationalen Organisationen[1927] ergibt sich im integrationsrechtlichen Kontext kein Unterschied.

Fraglich bleibt, ob eine unionsrechtliche Ausschlussklausel über ein dahingehendes Funktionspotential verfügt, dass sich ihre Existenz und Verwirklichung dynamisch auswirken könnten. Ohne Verwirklichung des Ausschlusstatbestandes kann auch ein europarechtlicher Ausschlusstatbestand eine dynamische Wirkung entfalten, wenn sich aus der von ihm ausgehenden nicht realisierten Drohung ergibt, dass die Unionsmitglieder das Vertragsrecht nicht oder doch weniger verletzen.[1928] Jedoch ergibt sich aus der Existenz eines Ausschlussrechts keine spezifische Dynamik aufgrund des integrationsrechtlichen Kontextes. Während von einer dynamischen Wirkung der Existenz eines Austrittsrechts auszugehen ist, weil dieses zu einer Legitimationssteigerung, einem Integrationsschub oder einer erhöhten Beitritts- und Ratifikationswilligkeit führen kann, gilt dies nicht für die Existenz eines Ausschlussrechts.

Ebenso wenig wie von der Verwirklichung eines Austrittsrechts geht eine Dynamik von der Verwirklichung eines Ausschlussrechts aus. Wenn der verwirklichte Austritt eines integrationsunwilligen oder teilweise unfähigen Mitglieds nicht als dynamisch zu bewerten ist, muss dasselbe für den Ausschluss solcher Mitglieder gelten. Insbesondere der Ausschluss eines dauerhaft vertragsbrüchigen Mitglieds verdeutlicht dies. Mit Wirksamwerden des Ausschlusses wird der vertragsbrüchige Staat *ex nunc* von allen vertraglichen Pflichten aufgrund des Unionsrechts befreit,

---

1923 Götting, Die Beendigung der Mitgliedschaft, S. 5; Sands/Klein/Bowett, Bowett's law, S. 551; Widdows, BYIL (53) 1982, S. 83 (S. 95).

1924 Siehe dazu S. 33ff.

1925 Götting, Die Beendigung der Mitgliedschaft, S. 149.

1926 Ruffert/Walter, Institutionalisiertes Völkerrecht, S. 282.

1927 Siehe dazu oben, S. 93.

1928 Vgl. dazu oben, S. 107; vgl. Ruffert/Walter, Institutionalisiertes Völkerrecht, S. 99f.; Zeidler, Austritt und Ausschluß, S. 293.

gegen die er verstoßen hat.[1929] Dementsprechend kann auch der Ausschluss eines Mitglieds aus der Union für die Umsetzung des Organisationszwecks nicht dienlich sein, wenn er als Sanktion erfolgt. Die Organisation verliert durch den Ausschluss die Kontrolle über den vertragsbrüchigen Staat.[1930] Somit würden auch unionsrechtliche Ausschlussklauseln ihre dynamische Wirkung lediglich in der nicht realisierten Drohung, also im Vorfeld ihrer Anwendung entfalten. Verfehlt die Drohung ihre Wirkung, kann der Ausschluss nur noch symbolisch wirken.[1931] Der tatsächliche Ausschluss würde an dem infolge der ergebnislosen Suspension oder Sanktionierung aufrechterhaltenen Zustand nichts ändern. Die Grundsätze, auf denen die Union beruht, wären so oder so nicht gewahrt.[1932]

Ob die Einführung einer Ausschlussklausel in das Unionsrecht gerechtfertigt wäre, hängt maßgeblich von dem von einer vertraglichen Ausschlussklausel ausgehenden Gefahrenpotential ab. Infolge des Bestehens einer Ausschlussklausel erleidet die Union keinen Identitätsverlust. Auch von einem integrationsrechtlichen Paradigmenwechsel ist nicht auszugehen. Es gelten die entsprechenden Ausführungen bezüglich der Gefahren infolge des Bestehens des Art. 50 EUV. Einer Mitgliedschaftsbeendigung durch Inanspruchnahme der Ausschlussklausel wären die gleichen allgemeinen Gefahren immanent wie der Mitgliedschaftsbeendigung infolge einer Austrittsklausel. Ob von der Verwirklichung einer Ausschlussklausel zudem eine eigenständige Gefahr, insbesondere durch eine Erhöhung der Anzahl der Mitgliedschaftsbeendigungen oder ein leichtfertiger Umgang mit ihr ausgeht, hängt allein von der vertraglichen Gestaltung dieser Klausel ab. Die Existenz einer Ausschlussklausel könnte ebenso wie die Existenz einer Austrittsklausel eine nicht unerhebliche Missbrauchsgefahr, diesmal durch die Organisation selbst oder die Mehrheit der Mitglieder gegen eine Minderheit, begründen. Aber auch dies wäre maßgeblich von der vertraglichen Ausgestaltung des Ausschlussrechts abhängig.

Obwohl die konkrete Notwendigkeit im Hinblick auf die Erfüllung der Institutionalisierungs-, Prozeduralisierungs- und Beschränkungsfunktion, die konkrete Dynamik sowie das konkrete Gefahrenpotential einer vertraglichen Ausschlussklausel letztlich von ihrer konkreten Ausgestaltung abhängt, ist die Aufnahme nicht zu befürworten.

Unabhängig von ihrer Normierung im konkreten Fall verfügt eine Ausschlussklausel im intergrationsrechtlichen Kontext über ein eingeschränktes Funktionspotential im Vergleich zu einer Austrittsklausel. Selbst wenn die Existenz einer vertraglichen Ausschlussklausel eine bessere Einhaltung des Unionsrechts bewirken könnte, wird sie anders als Art. 50 EUV keine Legitimationssteigerung, keinen

1929 Vgl. *Klein/Schmahl*, in: Völkerrecht 2013, S. 270 Rn. 81; Ruffert/Walter, Institutionalisiertes Völkerrecht, S. 99.
1930 Vgl. Klabbers, International institutional law, S. 109.
1931 Ruffert/Walter, Institutionalisiertes Völkerrecht, S. 282.
1932 Götting, Die Beendigung der Mitgliedschaft, S. 158; in Bezug auf die UN vgl. Oppermann, BerGesVR (17) 1975, S. 53 (S. 88).

Integrationsschub und keine erhöhte Beitritts- und Ratifikationswilligkeit oder eine sonstige integrationsspezifische Dynamik bewirken können. Jedoch würde eine Ausschlussklausel über das gleiche oder ggf. sogar über ein höheres Gefahrenpotential verfügen. Ein Rückgriff auf völkerrechtliche Ausschlusstatbestände in Extremsituationen erscheint daher ausreichend.

F. Schluss

Die Austritts- und Ausschlussrechte beschreibenden Klauseln in Gründungsverträgen internationaler Organisationen sind ambivalente Tatbestände. Ihre Aufnahme in die primärrechtlichen Verträge ist nicht nur vor dem Hintergrund gerechtfertigt, dass dadurch Rechtssicherheit und Rechtsklarheit geschaffen werden. Selbst ihre Verwirklichung kann für die Organisation in Extremsituationen existenzerhaltend sein. Vertragliche Beendigungstatbestände begründen in der Regel auch keine eigenständigen Gefahren in Bezug auf ihre Realisierung. Sie erhöhen nicht die Wahrscheinlichkeit ihrer Verwirklichung und kommt es zum Austritt oder Ausschluss eines Mitglieds, gewährleisten sie eine bessere Prozeduralisierung im Vergleich zum ansonsten anzuwendenden Völkerrecht. Darüber hinaus sind sogar Konstellationen denkbar, in denen ihre Existenz, Instrumentalisierung und Realisierung zur Verwirklichung des Organisationszwecks beitragen kann.

Für eine supranationale Organisation wie die Union wird eine verwirklichte Mitgliedschaftsbeendigung durch Austritt oder Ausschluss schmerzlicher sein als für normale internationale Organisationen. Die Solidarität der Unionsstaaten ist der Grund für die einmalige Erfolgsgeschichte der europäischen Integration. Im Zusammenwirken war es möglich, über ein halbes Jahrhundert Frieden zwischen den Mitgliedstaaten der Union zu sichern, durch den Sturz autoritär-diktatorischer Regime, Demokratie zu etablieren und die mittelosteuropäischen Staaten in die Gemeinschaft zu integrieren. Der Traum von Europa kann nur gemeinsam verwirklicht werden. Vor dem Hintergrund eines pan-europäischen Idealismus ist die Furcht vor Mitgliedschaftsbeendigungen nachvollziehbar und begründet. Insbesondere auch deswegen, weil eine Frage betroffen ist, welche aufgrund der neuen Herausforderungen der Union wie die zunehmende Heterogenität infolge der gewachsenen Mitgliederzahl und die Krise des Euro an Relevanz zu- statt abnimmt.

Eine daraus resultierende kategorische Ablehnung der Institutionalisierung und Prozeduralisierung von Beendigungstatbeständen im integrationsrechtlichen Kontext verschärft indessen dieses Problem und schadet der europäischen Idee mehr als sie ihr nützt. Ein den völkerrechtlichen Beendigungstatbeständen innewohnendes und ihren ambivalenten Charakter begründendes Funktionspotential findet sich auch bei europarechtlichen Beendigungstatbeständen. Während dieses Funktionspotential in Bezug auf die Existenz und Verwirklichung eines Ausschlusstatbestands aufgrund des Charakters der Union als Integrationsgemeinschaft derart eingeschränkt werden muss, dass die Aufnahme einer Ausschlussklausel nicht gerechtfertigt wäre, ergab die Untersuchung des Art. 50 EUV eine gegenteilige Beurteilung. Obgleich dessen Verwirklichung lediglich existenzerhaltend und nicht integrationsfördernd sein kann, ist er dennoch ein notwendiges und dynamisches Element der Unionsmitgliedschaft. Die den Austrittstatbeständen grundsätzlich innewohnende Ambivalenz bedarf im integrationsrechtlichen Kontext keiner Einschränkungen. Darüber hinaus ist beachtlich, dass sich die Ambivalenz im Fall von

Art. 50 EUV zu einer Dichotomie konsolidiert, denn dem Art. 50 EUV werden nicht nur unterschiedliche sondern gegensätzliche Wirkungen prognostiziert. Ein Teil der Auffassungen geht davon aus, Art. 50 EUV bedeute Desintegration im Sinne einer ‚rückschreitenden Differenzierung'[1933] und er begründe ein erhebliches Fragmentierungspotential. Andere wiederum gehen von einer integrationsfördernden Wirkung des Art. 50 EUV aus, weil dieser die Bereitschaft zur Übertragung von Kompetenzen auf die Union erhöhen und Staaten zum Beitritt ermutigen kann. Ob die Instrumentalisierung des Art. 50 EUV eine desintegrierende, eine integrierende oder keine Bedeutung für den Verlauf des Integrationsprozesses hat, wird letztlich erst *ex post* zu beurteilen sein.[1934]

Eine Beurteilung des Art. 50 EUV, welche auf die Gefahren eines verwirklichten Austritts abstellt und übersieht, dass Art. 50 EUV die Folge der wachsenden Heterogenität und der Unbestimmtheit der Finalität und damit lediglich das Spiegelbild des Integrationsstandes ist, ist dennoch funktionalistisch und ergebnisorientiert. Ein dahingehender Pragmatismus der Europapolitik geht zu Lasten der Glaubwürdigkeit der Union und bewirkt die Art von Misstrauen, welche letztlich zur Aufnahme der Austrittsklausel führte. Entscheiden sich die Vertragsparteien in einem zukünftigen Reformprozess dazu, Art. 50 EUV aus dem Vertragstext zu streichen, wäre damit nicht nur eine Veränderung der Rechtslage, sondern ein echter Integrationsschritt verbunden, der eine politische Realität widerspiegelt, in der die Mitgliedstaaten bewusst auf ein Recht zum Austritt verzichten. Bis dahin geht von jeder zukünftigen Krise, welche die Union ohne Verwirklichung des Art. 50 EUV übersteht, eine autonome und stabilisierende Kraft aus, mit deren Hilfe es ermöglicht werden kann, das Idealbild von der Europäischen Union politische Realität werden zu lassen.

1933 Bruha/Nowak, AVR (42) 2004, S. 1 (S. 24); ein „gegenläufiger Entwicklungspfad" sei formal geöffnet worden, Emmanouilidis/Giering, integration (26) 2003, S. 454 (S. 465).

1934 So auch *Mann*, in: Vertrag von Lissabon. Analyse und Bewertung, S. 282.

Literaturverzeichnis

Alford, William P., The Prospective Withdrawal of the United States from the International Labor Organisation: Rationales and Implications, Harv ILJ (17) 1976, S. 623–638.

Amerasinghe, Chittharanjan Felix, Principles of the institutional law of international organizations, Cambridge studies in international and comparative law, 2. Aufl., Cambridge, New York 2005 (zit.: Amerasinghe, Institutional Law).

Annacker, Claudia, Part Two of the International Law Commission's Draft Articles on State Responsibility, GYIL (37) 1994, S. 206–253.

Arangio-Ruiz, Gaetano, The 'Federal Analogy' and UN Charter Interpretation: A Crucial Issue, EJIL (8) 1997, S. 1–28.

Arnauld, Andreas von, Unions(ergänzungs)völkerrecht. Zur unions- und verfassungsrechtlichen Einbindung völkerrechtlicher Instrumente differenzierter Integration, in Breuer, Marten/Epiney, Astrid/Haratsch, Andreas/Schmahl, Stefanie/Weiß, Norman (Hrsg.), Der Staat im Recht. Festschrift für Eckart Klein zum 70. Geburtstag, Schriften zum Öffentlichen Recht, Berlin 2013, S. 509–526 (zit.: von Arnauld, in: FS Klein).

Athanassiou, Phoebus, Withdrawal and expulsion from the EU and EMU. Some reflections, European Central Bank 2009, S. 1–44.

Aust, Anthony, Modern treaty law and practice, Cambridge, New York 2000 (zit.: Aust, Modern treaty law and practice).

Auswärtiges Amt, Denkschrift zum Vertrag von Lissabon vom 13. Dezember 2007. AS-RK 2007 (11. Dezember 2007), http://www.auswaertiges-amt.de/cae/servlet/contentblob/358382/publicationFile/3093/Denkschrift-lissabon.pdf (letzter Zugriff: 2.1.2015).

Baquero Cruz, Julio, The Luxembourg Compromise from a Legal Perspective. Constitutional Convention, Legal History or Political Myth?, in Palayret, Jean/Wallace, Helen/Winand, Pascaline (Hrsg.), Visions, votes, and vetoes. Reassessing the Luxembourg crisis forty years on, Brüssel, Oxford 2006, S. 251–277 (zit.: Baquero Cruz, in: Visions, votes and vetoes).

Bast, Jürgen, The Constitutional Treaty as a Reflexive Constitution, GLJ (7) 2006, S. 1433–1452.

Bauer, Hartmut/Kretschmer, Kai-Holger, Das Völkerrecht als Referenzgebiet für eine Allgemeine Vertragsrechtslehre, in Breuer, Marten/Epiney, Astrid/Haratsch, Andreas/Schmahl, Stefanie/Weiß, Norman (Hrsg.), Der Staat im Recht.

Festschrift für Eckart Klein zum 70. Geburtstag, Schriften zum Öffentlichen Recht, Berlin 2013, S. 727–745 (zit.: Bauer/Kretschmer, in: FS Klein).

Behrens, Peter, Ist ein Ausschluss aus der Eurozone ausgeschlossen?, EuZW 2010, S. 121.

Beisse, Heinrich, Verfassungshürden vor der Europäischen Währungsunion. Der Verzicht auf die Währungshoheit erfordert Änderungen der Verfassung, BBC News 1992, S. 645–651.

Bernhardt, Rudolf (Hrsg.), Encyclopedia of Public International Law, 2. Aufl., Amsterdam 1999 (zit.: *Bearbeiter,* in: EPIL Vol. 2).

Beyerlin, Ulrich, Pactum de contrahendo und pactum de negotiando im Völkerrecht, ZaöRV (36) 1976, S. 407–443.

Bieber, Roland, Materielle Voraussetzungen zum Beitritt und Austritt, in Tsatsos, Dimitris/Benz, Arthur (Hrsg.), Die Unionsgrundordnung. Handbuch zur Europäischen Verfassung, Berlin 2010, S. 551-557 (zit.: Bieber, in: Die Unionsgrundordnung).

Bieber, Roland/Ress, Georg (Hrsg.), Die Dynamik des Europäischen Gemeinschaftsrechts/The Dynamics of EC-law. Die Auslegung des Europäischen Gemeinschaftsrechts im Lichte nachfolgender Praxis der Mitgliedstaaten und der EG-Organe, Baden-Baden 1987 (zit.: *Bearbeiter,* in: Die Dynamik des Europäischen Gemeinschaftsrechts).

Bieber, Roland/Epiney, Astrid/Haag, Marcel, Die Europäische Union. Europarecht und Politik, NomosLehrbuch, 10. Aufl., Baden-Baden 2013 (zit.: Bieber/Epiney/Haag, Die Europäische Union 2013).

Bleckmann, Albert, Die Rechtsnatur des Europäischen Gemeinschaftsrechts, DÖV 1978, S. 391–398.

Bogdandy, Armin von, Der Euro zwingt zur politischen Union- und vielleicht einer neuen Gemeinschaft, EuZW 2001, S. 449.

Bogdandy, Armin von/Nettesheim, Martin, Die Verschmelzung der Europäischen Gemeinschaften in der Europäischen Union, NJW 1995, S. 2324–2328.

Brackhane, Birgit, Differenzierte Integration im Recht der Europäischen Union, Baden-Baden 2008 (zit.: Brackhane, Differenzierte Integration im Recht der EU).

Brandstetter, Gerfried, Chronologisches Lexikon der europäischen Integration. 1945–1995, Baden-Baden 1996 (zit.: Brandstetter, Chronologisches Lexikon der europäischen Integration).

Brok, Elmar/Hrbek, Rudolf/Schäfer, Wolf/Vaubel, Roland, 50 Jahre Römische Verträge – eine Bewertung, Wirtschaftsdienst (87) 2007, S. 72–88.

Bruha, Thomas/Nowak, Carsten, Recht auf Austritt aus der Europäischen Union? Anmerkungen zu Artikel I-59 des Entwurfs eines Vertrages über eine Verfassung für Europa, AVR (42) 2004, S. 1–25.

Butler, David/Kitzinger, Uwe W., The 1975 referendum, 2. Aufl., Basingstoke 1996 (zit.: Butler/Kitzinger, The 1975 referendum).

Calliess, Christian, Subsidiaritäts- und Solidaritätsprinzip in der Europäischen Union. Vorgaben für die Anwendung von Art. 5 (ex-Art. 3b) EGV nach dem Vertrag von Amsterdam, 2. Aufl., Baden-Baden 1999 (zit.: Calliess, Subsidiaritäts- und Solidaritätsprinzip).

Calliess, Christian, Das europäische Solidaritätsprinzip und die Krise des Euro – Von der Rechtsgemeinschaft zur Solidaritätsgemeinschaft?, FCE 01/11, FORUM CONSTITUTIONIS EUROPAE, Walter Hallstein-Instituts für Europäisches Verfassungsrecht (18. Januar 2011), http://www.whi-berlin.eu/tl_files/FCE/Rede_Calliess.pdf (letzter Zugriff: 2.1.2015).

Calliess, Christian (Hrsg.), Verfassung der Europäischen Union. Kommentar der Grundlagenbestimmungen (Teil I), München 2006 (zit.: *Bearbeiter*, in: Calliess 2006).

Calliess, Christian (Hrsg.), Blanke, Hermann-Josef, EUV, EGV. Das Verfassungsrecht der Europäischen Union mit Europäischer Grundrechtecharta; Kommentar, 3. Aufl., München 2007 (zit.: *Bearbeiter*, in: Calliess 2007).

Calliess, Christian/Dingemann, Kathrin, Die neue Europäische Union nach dem Vertrag von Lissabon. Ein Überblick über die Reformen unter Berücksichtigung ihrer Implikationen für das deutsche Recht, Tübingen 2010 (zit.: Calliess/Dingemann, Die neue Europäische Union).

Calliess, Christian/Ruffert, Matthias (Hrsg.), Blanke, Hermann-Josef, EUV, AEUV. Das Verfassungsrecht der Europäischen Union mit Europäischer Grundrechtecharta; Kommentar, 4. Aufl., München 2011 (zit.: *Bearbeiter*, in: Calliess/Ruffert 2011).

Cameron, David, David Cameron's EU speech. Full text of the prime minister's speech about his plans for a referendum on British membership of the European Union (23. Januar 2013), http://www.guardian.co.uk/politics/2013/jan/23/david-cameron-eu-speech-referendum (letzter Zugriff: 2.1.2015).

Camps, Miriam, European unification in the sixties: from veto to the crisis, New York 1966 (zit.: Camps, European unification in the sixties).

Carreau, Dominique/Stein, Eric, Law and Peaceful Change in a Subsystem: "Withdrawal" of France from the North Atlantic Treaty Organization, AJIL (62) 1968, S. 577–640.

Claber, Simone, Grossbritannien und die europäische Integration unter besonderer Berücksichtigung ordnungspolitischer Aspekte, Frankfurt am Main, New York 2002 (zit.: Claber, Grossbritannien und die europäische Integration).

Classen, Claus Dieter, Europäische Integration und demokratische Legitimation, AöR (119) 1994, S. 238–260.

Clemens, Gabriele/Reinfeldt, Alexander/Wille, Gerhard, Geschichte der europäischen Integration. Ein Lehrbuch, Stuttgart 2008 (zit.: Clemens/Reinfeldt/Wille, Geschichte der europäischen Integration).

Corbett, Richard/Méndez Vigo, Íñigo de, Bericht über den Vertrag über eine Verfassung für Europa. (2004/2129 (INI)), Europäisches Parlament: Ausschuss für konstitutionelle Fragen (09. Dezember 2004), http://www.europarl.europa.eu/sides/getDoc.do?pubRef=-//EP//NONSGML+REPORT+A6-2004-0070+0+DOC+PDF+V0//DE (letzter Zugriff: 2.1.2015).

Corbett, Richard/Méndez Vigo, Íñigo de, Bericht über den Vertrag von Lissabon. (2007/2286 (INI)), Europäisches Parlament: Ausschuss für konstitutionelle Fragen (29. Januar 2008), http://www.europarl.europa.eu/sides/getDoc.do?pubRef=-//EP//NONSGML+REPORT+A6-2008-0013+0+DOC+PDF+V0//DE (letzter Zugriff: 2.1.2015).

Corten, Olivier/Klein, Pierre (Hrsg.), The Vienna Conventions on the Law of Treaties: a commentary, Oxford 2011 (zit.: *Bearbeiter*, in: Corten/Klein).

Creifelds, Carl/Weber, Klaus/Cassardt, Gunnar, Rechtswörterbuch, 20. Aufl., München 2011 (zit.: Creifelds/Weber/Cassardt, Rechtswörterbuch).

Dagtoglou, Prodromos/Schnur, Roman, Recht auf Rücktritt von den römischen Verträgen?, in Forsthoff, Ernst/Schnur, Roman (Hrsg.), Festschrift für Ernst Forsthoff zum 70. Geburtstag, 2. Aufl., München 1974, S. 77–102 (zit.: Dagtoglou/Schnur, in: FS Forsthoff).

Deakin, Simon, Legal Diversity and Regulatory Competition: Which Model for Europe?, ELJ (12) 2006, S. 440–454.

Delbrück, Jost/Wolfrum, Rüdiger/Dahm, Georg, Völkerrecht, 2. Aufl., Berlin; New York 1989-<2002> (zit.: Delbrück/Wolfrum/Dahm, Völkerrecht).

Deutsche Gesellschaft für Auswärtige Politik, Zur Verletzung der Europäischen Menschenrechtskonvention durch Griechenland, EA Dokumente 1970, S. 225.

Deutscher Bundestag Wissenschaftliche Dienste, Der Vertrag von Lissabon und die Ioannina-Klausel. Nr. 29/07 (23. Oktober 2007), http://www.proyectos.cchs.csic.es/euroconstitution/library/working%20papers/Bundestag%202007b.pdf (letzter Zugriff: 2.1.2015).

Di Fabio, Udo, Das Recht offener Staaten. Grundlinien einer Staats- und Rechtstheorie, Tübingen 1998 (zit.: Di Fabio, Recht offener Staaten).

Doehring, Karl, Einseitiger Austritt aus der Europäischen Gemeinschaft, in Dörr, Dieter/Fink, Udo/Hillgruber Christian/Kempen, Bernhard/Murswiek, Dietrich (Hrsg.), Die Macht des Geistes. Festschrift für Hartmut Schiedermair, Heidelberg 2001, S. 695–704 (zit.: Doehring, in: FS Schiedermair).

Doering, Detmar, Friedlicher Austritt – Braucht die Europäische Union ein Sezessionsrecht?, Brüssel 2002 (zit.: Doering, Friedlicher Austritt).

Dörr, Oliver, Der praktische Fall – Völker- und Europarecht, JuS 1994, S. 500–506.

Dörr, Oliver, Der europäisierte Rechtsschutzauftrag deutscher Gerichte. Artikel 19 Absatz 4 GG unter dem Einfluss des europäischen Unionsrechts, Tübingen 2003 (zit.: Dörr, Der europäisierte Rechtsschutzauftrag).

Dörr, Oliver/Schmalenbach, Kirsten (Hrsg.), Vienna convention on the law of treaties. A commentary, Berlin 2012 (zit.: *Bearbeiter,* in: Dörr/Schmalenbach).

Dreier, Horst (Hrsg.), Bauer, Hartmut, Grundgesetz. Kommentar, 2. Aufl., Tübingen 2006 (zit.: *Bearbeiter,* in: Dreier/Bauer).

Ehlermann, Claus-Dieter, Mitgliedschaft in der Europäischen Gemeinschaft. Rechtsprobleme der Erweiterung, der Mitgliedschaft und der Verkleinerung, EuR 1984, S. 113–125.

Emmanouilidis, Janis A./Giering, Claus, In Vielfalt geeint. Elemente der Differenzierung im Verfassungsentwurf, integration (26) 2003, S. 454–467.

Endler, Jan, Europäische Zentralbank und Preisstabilität. Eine juristische und ökonomische Untersuchung der institutionellen Vorkehrungen des Vertrages von Maastricht zur Gewährleistung der Preisstabilität, Stuttgart , München 1998 (zit.: Endler, Europäische Zentralbank und Preisstabilität).

Epiney, Astrid, Zur Gewährleistung von „Homogenität" in Verträgen der EU mit Drittstaaten unter besonderer Berücksichtigung der Bilateralen Abkommen Schweiz – EU, in Breuer, Marten/Epiney, Astrid/Haratsch, Andreas/Schmahl, Stefanie/Weiß, Norman (Hrsg.), Der Staat im Recht. Festschrift für Eckart Klein zum 70. Geburtstag, Schriften zum Öffentlichen Recht, Berlin 2013, S. 541–552 (zit.: Epiney, in: FS Klein).

Europa Institut Freiburg e. V., Freiburger Entwurf für einen Europäischen Verfassungsvertrag, http://www.leforum.de/de/FreiburgerEntwurf.pdf (letzter Zugriff: 2.1.2015).

Europäische Kommission, Feasibility Study Contribution to a Preliminary Draft Constitution of the European Union Working Document v. 4.12.2002, http://

ec.europa.eu/archives/futurum/documents/offtext/const051202_en.pdf (letzter Zugriff: 2.1.2015).

Europäische Zentralbank, Stellungnahme auf Ersuchen des Rates der Europäischen Union zum Entwurf eines Vertrags über eine Verfassung für Europa. CONV/2003/20, ABl. 2003 C 229 v. 25.9.2003, http://eur-lex.europa.eu/LexUriServ/LexUriServ.do?uri=OJ:C:2003:229:0007:0011:DE:PDF (letzter Zugriff: 2.1.2015).

Europäischer Konvent, Präsidium, Titel X: Die Zugehörigkeit zur Union. CONV 648/03 (02. April 2003), http://register.consilium.europa.eu/pdf/de/03/cv00/cv00648.de03.pdf (letzter Zugriff: 2.1.2015).

Europäischer Konvent, Präsidium, Entwurf der Verfassung, Band I – Überarbeiteter Text von Teil I. CONV 724/03 (23. Mai 2003), http://register.consilium.europa.eu/pdf/de/03/cv00/cv00724.de03.pdf (letzter Zugriff: 2.1.2015).

Europäischer Konvent, Präsidium, Entwurf der Verfassung, Band I – Überarbeiteter Text von Teil I, Berichtigte Fassung. CONV 724/1/03 (28. Mai 2003), http://register.consilium.europa.eu/pdf/de/03/cv00/cv00724-re01.de03.pdf (letzter Zu griff: 2.1.2015).

Europäischer Konvent, Präsidium, Überarbeitete Fassung von Teil I. CONV 797/03 (10. Juni 2003), http://register.consilium.europa.eu/pdf/de/03/cv00/cv00797.de03.pdf (letzter Zugriff: 2.1.2015).

Europäischer Konvent, Präsidium, Text von Teil I und Teil II der Verfassung. CONV 797/1/03 (12. Juni 2003), http://register.consilium.europa.eu/pdf/de/03/cv00/cv00797-re01.de03.pdf (letzter Zugriff: 2.1.2015).

Europäischer Konvent, Sekretariat, Zusammenfassung der Änderungsvorschläge für Art. 46 des Vorentwurfs und Art. 59 VVE, http://european-convention.europa.eu/docs/Treaty/pdf/46/global46.pdf (letzter Zugriff: 2.1.2015).

Europäischer Konvent, Sekretariat, Summary of Conclusions – first informal meeting of the Praesidium, 22.2.2002, http://european-convention.europa.eu/docs/praesidium/2002/020222.S.pdf (letzter Zugriff: 2.1.2015).

Europäischer Konvent, Sekretariat, Note mit den Arbeitsmethoden des Europäischen Konvents. CONV 9/02 (14. März 2002), http://register.consilium.europa.eu/doc/srv?l=DE&f=CV%209%202002%20INIT (letzter Zugriff: 2.1.2015).

Europäischer Konvent, Sekretariat, Beitrag des Mitglieds des Konvents Herrn Andrew Duff: „Ein Verfassungsmodell für eine Föderale Europäische Union". CONV 234/02 (03. September 2002), http://register.consilium.europa.eu/pdf/de/02/cv00/cv00234.de02.pdf (letzter Zugriff: 2.1.2015).

Europäischer Konvent, Sekretariat, Vorentwurf des Verfassungsvertrags. CONV 369/02 (28. Oktober 2002), http://register.consilium.europa.eu/pdf/de/02/cv00/cv00369.de02.pdf (letzter Zugriff: 2.1.2015).

Europäischer Konvent, Sekretariat, Beitrag des Mitglieds des Konvents Herrn Elmar Brok: „Verfassung der Europäischen Union". CONV 325/2/02 Rev 2 (07. März 2003), http://register.consilium.europa.eu/pdf/de/02/cv00/cv00325-re02.de02.pdf (letzter Zugriff: 2.1.2015).

Europäischer Konvent, Sekretariat, Titel IX: Die Union und ihre Nachbarn. CONV 649/03 (02. April 2003), http://european-convention.europa.eu/pdf/reg/de/03/cv00/cv00649.de03.pdf (letzter Zugriff: 2.1.2015).

Europäischer Konvent, Sekretariat, Synthesebericht über die Plenartagung am 3. und 4. April 2003 in Brüssel. CONV 677/03 (09. April 2003), http://european-convention.europa.eu/pdf/reg/de/03/cv00/cv00677.de03.pdf (letzter Zugriff: 2.1.2015).

Europäischer Konvent, Sekretariat, Übersicht über die Änderungsvorschläge betreffend die Zugehörigkeit zur EU: Entwürfe für die Artikel von Titel X des Teils I (Art. 43 bis 46). CONV 672/03 (14. April 2003 (16.04)), http://register.consilium.europa.eu/pdf/de/03/cv00/cv00672.de03.pdf (letzter Zugriff: 2.1.2015).

Europäischer Konvent, Sekretariat, „Die Zukunft Europas: Verfassungsvertrag Entwürfe für die Artikel 43–46 (Zugehörigkeit zur Union) sowie für die Allgemeinen und Schlussbestimmungen", Bericht des engeren Ausschusses des britischen Oberhauses über die Europäische Union, vorgelegt von Lord Tomlinson und Lord Maclennan. CONV 708/03 (30. April 2003), http://register.consilium.europa.eu/pdf/de/03/cv00/cv00708.de03.pdf (letzter Zugriff: 2.1.2015).

Europäischer Konvent, Sekretariat, Synthesebericht über die Plenartagung – am 24. und 25. April 2003 in Brüssel. CONV 696/03 (30. April 2003), http://register.consilium.europa.eu/pdf/de/03/cv00/cv00696.de03.pdf (letzter Zugriff: 2.1.2015).

Europäischer Konvent, Sekretariat, Entwurf der Verfassung, Band I – Überarbeiteter Text von Teil I. CONV 724/03 (24. Mai 2003 (26.5.)), http://register.consilium.europa.eu/pdf/de/03/cv00/cv00724.de03.pdf (letzter Zugriff: 2.1.2015).

Europäischer Konvent, Sekretariat, Beitrag des Mitglieds des Konvents Dr. Alfred Sant und des stellvertretenden Mitglieds Dr. George Vella – „Allgemeine Bemerkungen zum Entwurf des Verfassungsvertrags". CONV 763/03 (26. Mai 2003), http://register.consilium.europa.eu/pdf/de/03/cv00/cv00763.de03.pdf (letzter Zugriff: 2.1.2015).

Europäischer Konvent, Sekretariat, Synthesebericht über die Plenartagung – 15. und 16. Mai 2003 in Brüssel. CONV 748/03 (27. Mai 2003 (6.6)), http://european-convention.europa.eu/pdf/reg/de/03/cv00/cv00748.de03.pdf (letzter Zugriff: 2.1.2015).

Europäischer Konvent, Sekretariat, Reaktionen auf den Entwurf der Artikel der überarbeiteten Fassung von Teil I (Band I) – Zusammenfassende Darstellung.

CONV 779/03 (04. Juni 2003), http://register.consilium.europa.eu/pdf/de/03/cv00/cv00779.de03.pdf (letzter Zugriff: 2.1.2015).

Europäischer Konvent, Sekretariat, Synthesebericht über die Plenartagung am 5. Juni 2003 in Brüssel. CONV 798/03 (17. Juni 2003), http://register.consilium.europa.eu/pdf/de/03/cv00/cv00798.de03.pdf (letzter Zugriff: 2.1.2015).

Europäischer Konvent, Sekretariat, Entwurf eines Vertrags über eine Verfassung für Europa. CONV 820/03 (20. Juni 2003), http://register.consilium.europa.eu/pdf/de/03/cv00/cv00820.de03.pdf (letzter Zugriff: 2.1.2015).

Europäischer Konvent, Sekretariat, Entwurf eines Vertrags über eine Verfassung für Europa. CONV 820/2/03 Rev 2 (30. Juni 2003), http://register.consilium.europa.eu/pdf/de/03/cv00/cv00820-re02.de03.pdf (letzter Zugriff: 2.1.2015).

Europäischer Konvent, Sekretariat, Entwurf eines Vertrags über eine Verfassung für Europa. CONV 820/3/03 Rev 3 (04. Juli 2003), http://register.consilium.europa.eu/pdf/de/03/cv00/cv00820-re03.de03.pdf (letzter Zugriff: 2.1.2015).

Europäischer Konvent, Sekretariat, Entwurf eines Vertrags über eine Verfassung für Europa. CONV 850/03 (18. Juli 2003), http://register.consilium.europa.eu/pdf/de/03/cv00/cv00850.de03.pdf (letzter Zugriff: 2.1.2015).

Europäischer Konvent, Sekretariat, Synthesebericht über die Plenartagung am 9.-10. Juli 2003 in Brüssel. CONV 853/03 (23. Juli 2003), http://european-convention.europa.eu/pdf/reg/de/03/cv00/cv00853.de03.pdf (letzter Zugriff: 2.1.2015).

Europäischer Rat, Erklärung von Laeken zur Zukunft der Europäischen Union, http://european-convention.europa.eu/pdf/lknde.pdf (letzter Zugriff: 2.1.2015).

Everling, Ulrich, Sind die Mitgliedstaaten noch Herrn der Verträge? Zum Verhältnis von Europäischem Gemeinschaftsrecht und Völkerrecht, in Bernhardt, Rudolf/Geck, Wilhelm/Jaenicke, Günther/Steinberger, Helmut (Hrsg.), Völkerrecht als Rechtsordnung, Internationale Gerichtsbarkeit, Menschenrechte: Festschrift Hermann Mosler, Berlin, Heidelberg, New York 1983, S. 173–191 (zit.: Everling, in: FS Mosler).

Everling, Ulrich, Zur Stellung der Mitgliedstaaten der Europäischen Union als „Herren der Verträge", in Beyerlin, Ulrich/Bothe, Michael/Hofmann, Rainer/Petersmann, Ernst-Ulrich (Hrsg.), Recht zwischen Umbruch und Bewahrung. Völkerrecht, Europarecht, Staatsrecht: Festschrift für Rudolf Bernhardt, Berlin, New York 1995, S. 1161–1191 (zit.: Everling, in: FS Bernhardt).

Fastenrath, Ulrich, Lücken im Völkerrecht. Zu Rechtscharakter, Quellen, Systemzusammenhang, Methodenlehre und Funktionen des Völkerrechts, Berlin 1991 (zit.: Fastenrath, Lücken im Völkerrecht).

Feinberg, Nathan, Unilateral withdrawal from an international organisation, BYIL (39) 1963, S. 189–219.

Feist, Christian, Kündigung, Rücktritt und Suspendierung von multilateralen Verträgen, Berlin 2001 (zit.: Feist, Kündigung, Rücktritt und Suspendierung).

Fischer, Klemens H., Konvent zur Zukunft Europas. Texte und Kommentar, Baden-Baden, Wien, Zürich 2003 (zit.: Fischer, Konvent zur Zukunft Europas).

Fischer, Klemens H., Der Europäische Verfassungsvertrag. Texte und Kommentar, Baden-Baden, Wien, Bern, Stämpfli 2005 (zit.: Fischer, Der Europäische Verfassungsvertrag).

Fischer, Klemens H., Der Vertrag von Lissabon. Text und Kommentar zum Europäischen Reformvertrag, 2. Aufl., Baden-Baden 2010 (zit.: Fischer, Der Vertrag von Lissabon 2010).

Fischer, Peter/Hafner, Gerhard, Austrian Practice in International Law, ÖZöR (27) 1976, S. 301–371.

Fitzmaurice, Gerald G., The Law and Procedure of the International Court of justice: Treaty Interpretation and certain other Treaty Points, BYIL (28) 1951, S. 1–28.

Folz, Hans-Peter, Austritt und Ausschluss aus der EU, in Ginther, Konrad (Hrsg.), Völker- und Europarecht. 25. Österreichischer Völkerrechtstag, Schloss Seggauberg bei Leibnitz, 25. bis 27. Mai 2000, Wien 2001, S. 145–165 (zit.: Folz, in: Völker- und Europarecht).

Franklin, Mark/Marsh, Michael/Wlezien, Christopher, Attitudes toward Europe and referendum votes: A response to Siune and Svensson, Electoral Studies (13) 1994, S. 117–121.

Frenz, Walter, Handbuch Europarecht. Institutionen und Politiken, Berlin, Heidelberg 2011 (zit.: Frenz, Handbuch Europarecht).

Friel, Raymond J., Providing a Constitutional Framework for Withdrawal from the EU: Art. 59 of the Draft European Constitution, ICLQ (53) 2004, S. 407–428.

Frowein, Jochen Abr., Die rechtliche Bedeutung des Verfassungsprinzips der parlamentarischen Demokratie für den europäischen Integrationsprozess, EuR 1983, S. 301–317.

Frowein, Jochen Abr., Das Maastricht-Urteil und die Grenzen der Verfassungsgerichtsbarkeit, ZaöRV (54) 1994, S. 1–16.

Frowein, Jochen Abr., Die Verfassung der Europäischen Union aus der Sicht der Mitgliedstaaten, EuR (30) 1995, S. 315–333.

Fuchs, Michael, Der Weg zum EU-Verfassungskonvent. Berichte und Dokumentationen, Berlin 2002 (zit.: Fuchs, Der Weg zum EU-Verfassungskonvent).

Fulda, Christian, Demokratie und pacta sunt servanda, Norderstedt 2003 (zit.: Fulda, Demokratie und pacta sunt servanda).

Gauland, Alexander, Noch einmal: Die Beendigung der Mitgliedschaft in der Europäischen Gemeinschaft, NJW 1974, S. 1034–1036.

Geiger, Rudolf, Grundgesetz und Völkerrecht mit Europarecht, 5. Aufl., München 2010 (zit.: Geiger, Grundgesetz und Völkerrecht mit Europarecht).

Geiger, Rudolf (Hrsg.), EUV/EGV: Vertrag über die Europäische Union und Vertrag zur Gründung der Europäischen Gemeinschaft, 4. Aufl., München 2004 (zit.: *Bearbeiter,* in: Geiger 2004).

Geiger, Rudolf/Khan, Daniel-Erasmus/Kotzur, Markus, EUV/AEUV: Vertrag über die Europäische Union und Vertrag über die Arbeitsweise der Europäischen Union, 5. Aufl., München 2010 (zit.: *Bearbeiter,* in: Geiger 2010).

Giegerich, Thomas, Europäische Verfassung und deutsche Verfassung im transnationalen Konstitutionalisierungsprozess. Wechselseitige Rezeption, konstitutionelle Evolution und föderale Verflechtung, Berlin, New York 2003 (zit.: Giegerich, Europäische Verfassung und deutsche Verfassung).

Gilbert, Mark, Surpassing Realism. The Politics of European Integration since 1945, Oxford 2003 (zit.: Gilbert, Surpassing Realism).

Ginther, Konrad, Mitgliedschaft in internationalen Organisationen – Grundfragen, BerGesVR (17) 1975, S. 7–52.

Giscard d'Estaing, Valéry, Rede des Vorsitzenden des Europäischen Konvents vor dem Europäischen Parlament (03. September 2003), http://ec.europa.eu/archives/futurum/documents/speech/sp030903_2_fr.pdf (letzter Zugriff: 2.1.2015).

Gloggnitzer, Sylvia, Der Vertrag von Lissabon. Änderung der EU-Verträge und die Implikationen für die WWU, Geldpolitik und Wirtschaft 2008, S. 74–91.

Gold, Marie-Therese, Voraussetzungen des freiwilligen Austritts aus der Union nach Art. I-60 Verfassungsvertrag, in Niedobitek, Matthias/Ruth, Simone (Hrsg.), Die neue Union. Beiträge zum Verfassungsvertrag, Chemnitzer Europastudien, Berlin 2007, S. 55–73 (zit.: Gold, in: Die neue Union 2007).

Golub, Jonathan, Did the Luxembourg Compromise Have Any Consequences?, in Palayret, Jean/Wallace, Helen/Winand, Pascaline (Hrsg.), Visions, votes, and vetoes. Reassessing the Luxembourg crisis forty years on, Brüssel, Oxford 2006, S. 279–299 (zit.: Golub, in: Visions, votes and vetoes).

Gomaa, Mohammed M., Suspension or termination of treaties on grounds of breach, Den Haag 1996 (zit.: Gomaa, Suspension or termination of treaties).

Götting, Friedemann, Die Beendigung der Mitgliedschaft in der Europäischen Union, Baden-Baden 1999 (zit.: Götting, Die Beendigung der Mitgliedschaft).

Götz, Volkmar, Mehrheitsbeschlüsse des Rates der Europäischen Union, in Due, Ole/Lutter, Marcus/Schwarze, Jürgen (Hrsg.), Festschrift für Ulrich Everling, Baden Baden 1995, S. 339–353 (zit.: Götz, in: FS Everling).

Grabitz, Eberhard, Deutsche Einheit und europäische Integration, NJW 1990, S. 1073–1079.

Grabitz, Eberhard/Hilf, Meinhard/Nettesheim, Martin (Hrsg.), Das Recht der Europäischen Union. [Kommentar], ab Lfg. 41, München 2010-, Stand: Mai 2013 (zit.: *Bearbeiter,* in: Grabitz/Hilf/Nettesheim 2010).

Grabitz, Eberhard/Hilf, Meinhard/Nettesheim, Martin (Hrsg.), Das Recht der Europäischen Union. [Kommentar], Bis Lfg. 40, München 2009 (zit.: *Bearbeiter,* in: Grabitz/Hilf 2009).

Groeben, Hans von der (Hrsg.), Thiesing, Jochen/Ehlermann, Claus-Dieter, Kommentar zum EU-/EG-Vertrag, 5. Aufl., Baden-Baden 1997 (zit.: *Bearbeiter,* in: GTE 1997).

Groeben, Hans von der (Hrsg.), Schwarze, Jürgen, Kommentar zum Vertrag über die Europäische Union und zur Gründung der Europäischen Gemeinschaft Bd. 1, 6. Aufl., Baden-Baden 2003 (zit.: *Bearbeiter,* in: Groeben).

Große Hüttmann, Martin, Der Konvent zur Zukunft der Europäischen Union. Leitbilder, Kontroversen und Konsenslinien der europäischen Verfassungsdebatte, in Beckmann, Klaus/Dieringer, Jürgen/Hufeld, Ulrich (Hrsg.), Eine Verfassung für Europa, 2. Aufl., Tübingen 2005, S. 207–234 (zit.: Große Hüttmann, in: Eine Verfassung für Europa).

Gussone, Peter, Das Solidaritätsprinzip in der Europäischen Union und seine Grenzen, Berlin 2006 (zit.: Gussone, Das Solidaritätsprinzip in der Europäischen Union).

Häde, Ulrich, Ein Stabilitätspakt für Europa? Zur Zulässigkeit völkerrechtlicher Verträge zwischen Mitgliedstaaten der EU, EuZW 1996, S. 138–143.

Häde, Ulrich, Währungsintegration mit abgestufter Geschwindigkeit. Primärrechtliche Grundlage für das Verhältnis der Mitgliedstaaten innerhalb und außerhalb der Europäischen Wirtschafts- und Währungsunion, in Weber, Albrecht (Hrsg.), Währung und Wirtschaft. Das Geld im Recht; Festschrift für Hugo J. Hahn zum 70. Geburtstag, Baden-Baden 1997, S. 141–159 (zit.: Häde, in: FS Hahn).

Hahn, Hugo J., Der Stabilitätspakt für die Europäische Währungsunion. Das Einhalten der Defizitobergrenze als stete Rechtspflicht, JZ (52) 1997, S. 1133–1141.

Hahn, Hugo J./Häde, Ulrich, Währungsrecht, 2. Aufl., München 2009 (zit.: Hahn/Häde, Währungsrecht).

Hailbronner, Kay/Klein, Eckart/Magiera, Siegfried/Müller-Graff, Peter Christian (Hrsg.), Handkommentar zum Vertrag über die europäische Union (EUV/EGV), Köln [u.a.] 1995- (zit.: *Bearbeiter*, in: HdK EUV/EGV).

Hailbronner, Kay, The European Union from the Perspective of the German Constitutional Court, GYIL (37) 1994, S. 93–112.

Hanschel, Dirk, Der Rechtsrahmen für den Beitritt, Austritt und Ausschluss zu bzw. aus der Europäischen Union und Währungsunion – Hochzeit und Scheidung à la Lissabon, NVwZ 2012, S. 995–1001.

Hantje, Armin/Kindt, Anne, Der Vertrag von Lissabon – Europa endlich in guter Verfassung?, NJW 2008, S. 1761–1840.

Haratsch, Andreas, Titel IX: Zugehörigkeit zur Union, in Höreth, Marcus/Janowski, Cordula/Kühnhardt, Ludger (Hrsg.), Die Europäische Verfassung. Analyse und Bewertung ihrer Strukturentscheidungen, Baden-Baden 2005, S. 271–289 (zit.: Haratsch, in: Die Europäische Verfassung).

Haratsch, Andreas/Koenig, Christian/Pechstein, Matthias, Europarecht, 9. Aufl., Tübingen 2014 (zit.: Haratsch/Koenig/Pechstein, Europarecht).

Harhoff, Frederik, Greenlands withdrawal from the EC, CMLRev (20) 1983, S. 13–33.

Hatje, Armin, Loyalität als Rechtsprinzip in der Europäischen Union, Schriftenreihe Europäisches Recht, Politik und Wirtschaft, Baden-Baden 2001 (zit.: Hatje, Loyalität als Rechtsprinzip).

Hatje, Armin, Die Reform des Stabilitäts- und Wachstumspaktes: Sieg der Politik über das Recht?, DÖV 2006, S. 597–604.

Hatje, Armin, Der Vertrag von Lissabon – Europa endlich in guter Verfassung?, NJW 2008, S. 1761–1768.

Hayes-Renshaw, Fiona/Wallace, Helen, Changing the Course of European Integration – or Not?, in Palayret, Jean/Wallace, Helen/Winand, Pascaline (Hrsg.), Visions, votes, and vetoes. Reassessing the Luxembourg crisis forty years on, Brüssel, Oxford 2006, S. 301–320 (zit.: Hayes-Renshaw/Wallace, in: Visions, votes and vetoes).

Heimbach, Margot, Wirtschafts- und Währungsunion: Ausscheiden oder Ausschluss eines Mitgliedstaates. WD 11–3000-182/09, Deutscher Bundestag 2009, S. 1–7.

Heimbach, Margot/Zehnfund, Olaf, Rechtliche Möglichkeiten und Aspekte des Ausschlusses oder Austritts eines Mitglieds der Wirtschafts- und Währungsunion. WD 11 – 3000 – 188/09, Deutscher Bundestag (2009) , S. 1–7.

Herbst, Jochen, Observations on the Right to Withdraw from the European Union: "Who are the Masters of the Treaties"?, GLJ (6) 2005, S. 1755–1760.

Herdegen, Matthias, Europarecht, 14. Aufl., München 2012 (zit.: Herdegen, Europarecht 2012).

Herdegen, Matthias J., Die Währungsunion als dauerhafte Rechtsgemeinschaft – Ausstiegsszenarien aus rechtlicher Perspektive, EWU-Monitor 1998, S. 1–12.

Herdegen, Matthias J., Price Stability and budgetary restraints in the economic and monetary union: the law as guardian of economic wisdom, CMLRev (35) 1998, S. 9–32.

Herdegen, Matthias J., Völkerrecht, 10. Aufl., München 2011 (zit.: Herdegen, Völkerrecht 2011).

Herrmann, Christoph, Griechische Tragödie– der währungsverfassungsrechtliche Rahmen für die Rettung, den Austritt oder den Ausschluss von überschuldeten Staaten aus der Eurozone, EuZW 2010, S. 413–418.

Herrmann, Christoph, Währungshoheit, Währungsverfassung und subjektive Rechte, Tübingen 2010 (zit.: Herrmann, Währungshoheit).

Herz, Bernhard, Ist die EWU ein Modell für eine EU der zwei Geschwindigkeiten?, Wirtschaftsdienst (87) 2007, S. 503–508.

Hieronymi, Tonia, Solidarität als Rechtsprinzip in der Europäischen Union, Frankfurt am Main 2003 (zit.: Hieronymi, Solidarität als Rechtsprinzip).

Hilf, Meinhard, Einheit der Rechtsordnung: EG-Recht und nationales Recht, in Schmidt, Karsten (Hrsg.), Vielfalt des Rechts – Einheit der Rechtsordnung? Hamburger Ringvorlesung, Berlin 1994, S. 219–235 (zit.: Hilf, in: Vielfalt des Rechts).

Hill, John A., The European Economic Community – The Right of Member State Withdrawal, GJICL (12) 1982, S. 335–357.

Hillgrüber, Christian, Das Verhältnis der Europäischen Gemeinschaften und der Europäischen Union zu ihren Mitgliedstaaten. Staats- und völkerrechtlich betrachtet, AVR (34) 1996, S. 347–375.

Hoffmann-Riem, Wolfgang, Handbuch des Persönlichkeitsrechts, NJW 2009, S. 3292.

Hofmann, Bianca, Beendigung menschenrechtlicher Verträge. Rechtliche und faktische Schranken, Berlin 2009 (zit.: Hofmann, Beendigung menschenrechtlicher Verträge).

Hololei, Henrik, Statement by Alternate Member of the Convention Government of Estonia on articles 43–46 and the Final Provisions of the draft Constitutional

Treaty, http://european-convention.europa.eu/docs/speeches/8915.pdf (letzter Zugriff: 2.1.2015).

Horn, Norbert, The Institutional and Legal Framework for the European Monetary Union (EMU), in Horn, Norbert (Hrsg.), German banking law and practice in international perspective, Berlin, New York 1999, S. 15–35 (zit.: Horn, in: German banking law and practice).

Horn, Norbert, Die Verteidigung des Euro – Ein historischer Rückblick auf die Euro-Krise im Mai 2010, in Grunewald, Barbara/Westermann, Harm (Hrsg.), Festschrift für Georg Maier-Reimer zum 70. Geburtstag, München 2010, S. 245–263 (zit.: Horn, in: FS Maier-Reimer).

Horn, Norbert, Die Reform der Europäischen Währungsunion und die Zukunft des Euro, NJW 2011, S. 1398–1404.

Huber, Ernst Rudolf, Deutsche Verfassungsgeschichte seit 1789. Bd. IV Struktur und Krisen des Kaiserreichs, 3. Aufl., Stuttgart 1988 (zit.: Huber, Deutsche Verfassungsgeschichte Bd. IV).

Huber, Ernst Rudolf, Deutsche Verfassungsgeschichte seit 1789. Bd. I Reform und Restauration 1789 bis 1830, 2. Aufl., Stuttgart 1990 (zit.: Huber, Deutsche Verfassungsgeschichte Bd. I).

Huber, Peter M., Der Staatenverbund der Europäischen Union, in Ipsen, Jörn (Hrsg.), Verfassungsrecht im Wandel. Wiedervereinigung Deutschlands, Deutschland in der Europäischen Union, Verfassungsstaat und Föderalismus; Zum 180jährigen Bestehen der Carl Heymanns Verlag KG, Köln 1995, S. 349–371 (zit.: Huber, in: Verfassungsrecht im Wandel).

Huber, Peter M., Das institutionelle Gleichgewicht zwischen Rat und Europäischem Parlament in der künftigen Verfassung für Europa, EuR 2003, S. 574–599.

Hummer, Waldemar, Der Vertrag von Lissabon aus europarechtlicher Perspektive, AIES 2010, S. 1–4.

Hutchinson, Dennis N., Solidarity and Breaches of multilateral Treaties, BYIL (59) 1988, S. 151–215.

Iglesias, Gil Carlos Rodríguez, Zur „Verfassung" der Europäischen Gemeinschaft, EuGRZ (23) 1996, S. 125–131.

ILO, Origins and history, http://www.ilo.org/global/about-the-ilo/history/lang--en/index.htm (letzter Zugriff 2.1.2015).

Ipsen, Hans Peter, Europäisches Gemeinschaftsrecht, Tübingen 1972 (zit.: Ipsen, Europäisches Gemeinschaftsrecht).

Ipsen, Jörn (Hrsg.), Verfassungsrecht im Wandel. Wiedervereinigung Deutschlands, Deutschland in der Europäischen Union, Verfassungsstaat und Föderalismus; Zum 180jährigen Bestehen der Carl Heymanns Verlag KG, Köln 1995 (zit.: *Bearbeiter,* in: Verfassungsrecht im Wandel).

Ipsen, Knut/Menzel, Eberhard/Epping, Volker, Völkerrecht, 5. Aufl., München 2004 (zit.: Ipsen/Menzel/Epping, Völkerrecht 2004).

Irving, Ronald E.M., The United Kingdom Referendum, June 1975, ELRev 1975, S. 3–12.

Jaekel, Natalie Anna, Das Recht des Austritts aus der Europäischen Union – zugleich zur Neuregelung des Austrittsrechts gem. Art. 50 EUV in der Fassung des Vertrages von Lissabon, JURA 2010, S. 87–90.

Jarass, Hans D./Pieroth, Bodo, Grundgesetz für die Bundesrepublik Deutschland. Kommentar, 12. Aufl., München 2012 (zit.: *Bearbeiter,* in: Jarass/Pieroth).

Jenks, Wilfried C., Expulsion from the League of Nations, BYIL (16) 1935, S. 155–157.

Jenks, Wilfried C., Some Legal Aspects of the Financing of International Institutions, Transactions of the Grotius Society (28) 1942, S. 87–132.

Jenks, Wilfried C., Due Process of Law in International Organizations, International Organization (19) 1965, S. 163–176.

Jennings, Robert/Watts, Arthur, Oppenheim's international law, 9. Aufl., Harlow Essex England 1992 (zit.: Jennings/Watts, Oppenheim's international law).

Johansen, Ove/Lehmann Sorensen, Carsten, Grönlands Austritt aus der Europäischen Gemeinschaft, EA Dokumente 1983, S. 399–406.

Kaiser, Joseph H., Das Europarecht in der Krise der Gemeinschaften, EuR 1966, S. 4–24.

Kaiser, Wolfram, What alternative is open to us?, in Kaiser, Wolfram (Hrsg.), European Union enlargement. A comparative history, Routledge advances in European politics, London 2004, S. 7–30 (zit.: Kaiser, in: European Union enlargement).

Karl, Wolfram, Die spätere Praxis im Rahmen eines dynamischen Vertragsbegriffs, in Bieber, Roland/Ress, Georg (Hrsg.), Die Dynamik des Europäischen Gemeinschaftsrechts/The Dynamics of EC-law. Die Auslegung des Europäischen Gemeinschaftsrechts im Lichte nachfolgender Praxis der Mitgliedstaaten und der EG-Organe, Baden-Baden 1987, S. 81–100 (zit.: Karl, in: Die Dynamik des Europäischen Gemeinschaftsrechts).

Kaufmann, Erich, Das Wesen des Völkerrechts und die Clausula Rebus Sic Stantibus. Eine rechtphilosophische Studie zum Rechts-, Staats- und Vertragsbegriff,

Tübingen 1911 (zit.: Kaufmann, Das Wesen des Völkerrechts und die Clausula Rebus Sic Stantibus).

King, Anthony, Britain says yes. The 1975 referendum on the Common Market, Washington 1977 (zit.: King, Britain says yes).

Kirchhof, Paul, Das Maastricht-Urteil des Bundesverfassungsgerichts, in Hommelhoff, Peter/Kirchhof, Paul (Hrsg.), Der Staatenverbund der Europäischen Union. Beiträge und Diskussionen des Symposions am 21./22. Januar 1994 in Heidelberg, Heidelberg 1994, S. 11–24 (zit.: Kirchhof, in: Der Staatenverbund der Europäischen Union).

Kirchhof, Paul, Die Mitwirkung Deutschlands an der Wirtschafts- und Währungsunion, in Kirchhof, Paul/Offerhaus, Klaus/Schöberle, Horst (Hrsg.), Steuerrecht, Verfassungsrecht, Finanzpolitik. Festschrift für Franz Klein, Köln 1994, S. 61–83 (zit.: Kirchhof, in: FS Klein 1994).

Kirgis, Frederic L., JR., International Organizations in their Legal Setting, 2. Aufl., St. Paul, Minn 1993 (zit.: Kirgis, International Organizations in their Legal Setting).

Kirgis, Frederic L., JR., Admission of "Palestine" as a member of a specialized agency and withholding the payment of assessments in response, AJIL (84) 1990, S. 218–230.

Klabbers, Jan, An introduction to international institutional law, 2. Aufl., Cambridge, UK, New York 2009 (zit.: Klabbers, International institutional law).

Kleger, Heinz, Der Konvent als Labor. Texte und Dokumente zum europäischen Verfassungsprozess, Münster, Hamburg, London 2004 (zit.: Kleger, Der Konvent als Labor).

Klein, Eckart, Rechtsprobleme einer deutschen Beteiligung an der Aufstellung von Streitkräften der Vereinten Nationen, ZaöRV (34) 1974, S. 429–451.

Klein, Eckart, Zur Beschränkung von Mitgliedschaftsrechten in den Vereinten Nationen. Eine Untersuchung zum Südafrika-Beschluss der Generalversammlung vom 12. November 1974, VN (23) 1975, S. 51–56.

Klein, Eckart, Die Stellung des Staates in der internationalen Rechtsordnung, ZVglRWiss 1978, S. 79–100.

Klein, Eckart, Statusverträge im Völkerrecht. Rechtsfragen territorialer Sonderregime, Berlin, Heidelberg, New York 1980 (zit.: Klein, Statusverträge im Völkerrecht).

Klein, Eckart, Neuere Entwicklungen des Rechts der Europäischen Gemeinschaften, DÖV 1985, S. 900–909.

Klein, Eckart, Die deutsche Frage in der Europäischen Gemeinschaft, in Blumenwitz, Dieter/Meissner, Boris (Hrsg.), Die Überwindung der europäischen Teilung und die deutsche Frage, Köln 1986, S. 65–82 (zit.: Klein, in: Die Überwindung der europäischen Teilung).

Klein, Eckart, Vertragsauslegung und spätere Praxis internationaler Organisationen, in Bieber, Roland/Ress, Georg (Hrsg.), Die Dynamik des Europäischen Gemeinschaftsrechts/The Dynamics of EC-law. Die Auslegung des Europäischen Gemeinschaftsrechts im Lichte nachfolgender Praxis der Mitgliedstaaten und der EG-Organe, Baden-Baden 1987, S. 101–122 (zit.: Klein, in: Die Dynamik des Europäischen Gemeinschaftsrechts).

Klein, Eckart, Unmittelbare Geltung, Anwendbarkeit und Wirkung von Europäischem Gemeinschaftsrecht, Vorträge, Reden und Berichte aus dem Europa-Institut 1988, S. 3–30.

Klein, Eckart, Der Verfassungsstaat als Glied einer europäischen Gemeinschaft, VVDStRL (50) 1990, S. 56–96.

Klein, Eckart, Reparation for Injuries Suffered in Service of UN (Advisory Opinion), in Bernhardt, Rudolf/Macalister-Smith, Peter (Hrsg.), Encyclopedia of public international law Vol. 4, Amsterdam, New York 1992–2000, S. 174–176 (zit.: Klein, in: EPIL Vol. 4).

Klein, Eckart, South West Africa/Namibia (Advisory Opinions and Judgements), in Bernhardt, Rudolf/Macalister-Smith, Peter (Hrsg.), Encyclopedia of public international law Vol. 4, Amsterdam, New York 1992–2000, S. 260–270 (zit.: Klein, in: EPIL Vol. 4).

Klein, Eckart, Treaties, effects of territorial changes, in Bernhardt, Rudolf/Macalister-Smith, Peter (Hrsg.), Encyclopedia of public international law Vol. 4, Amsterdam, New York 1992–2000, S. 941–945 (zit.: Klein, in: EPIL Vol. 4).

Klein, Eckart, Staatliche Souveränität im Europa der Gegenwart, Welttrends 1995, S. 135–148.

Klein, Eckart, Überlegungen zum Schutz von Minderheiten und Volksgruppen im Rahmen der Europäischen Union, in Beyerlin, Ulrich/Bothe, Michael/Hofmann, Rainer/Petersmann, Ernst-Ulrich (Hrsg.), Recht zwischen Umbruch und Bewahrung. Völkerrecht, Europarecht, Staatsrecht: Festschrift für Rudolf Bernhardt, Berlin, New York 1995, S. 1211–1224 (zit.: Klein, in: FS Bernhardt).

Klein, Eckart, Gegenmaßnahmen, BerGesVR (37) 1997, S. 39–71.

Klein, Eckart, Zur Auslegung von völkerrechtlichen Verträgen der EG mit Drittstaaten, in Epiney, Astrid (Hrsg.), Auslegung und Anwendung von „Integrationsverträgen“. Zur Übernahme des gemeinschaftlichen Besitzstandes durch Drittstaaten, insbesondere die Schweiz. Interprétation et application des

„traités d'intégration", Forum Europarecht, Zürich, Basel, Genf 2006, S. 1–20 (zit.: Klein, in: Auslegung und Anwendung von Integrationsverträgen).

Klein, Eckart/Pechstein, Matthias, Das Vertragsrecht internationaler Organisationen. Der Konventionsentwurf über Verträge zwischen Staaten und internationalen Organisationen oder zwischen internationalen Organisationen im Vergleich zur Wiener Vertragskonvention von 1969, Veröffentlichungen des Instituts für Internationales Recht an der Universität Kiel, Berlin 1985 (zit.: Klein/Pechstein, Das Vertragsrecht internationaler Organisationen).

Klein, Eckart/Schmahl, Stefanie, Die Internationalen und die Supranationalen Organisationen, in Vitzthum, Wolfgang/Proelß, Alexander (Hrsg.), Völkerrecht, 6. Aufl., Berlin 2013, S. 237–349 (zit.: Klein/Schmahl, in: Völkerrecht 2013).

Knopp, Lothar, Eurozone in der Dauerkrise – Deutschlands Weg in den Staatsbankrott?, NVwZ 2011, S. 1480–1485.

Kober, Martin, Der Grundrechtsschutz in der Europäischen Union. Bestandsaufnahme, Konkretisierung und Ansätze zur Weiterentwicklung der europäischen Grundrechtsdogmatik anhand der Charta der Grundrechte der Europäischen Union, München 2009 (zit.: Kober, Der Grundrechtsschutz in der Europäischen Union).

Köbler, Ralf, Die „clausula rebus sic stantibus" als allgemeiner Rechtsgrundsatz, Tübingen 1991 (zit.: Köbler, Die clausula rebus sic stantibus).

Köck, Heribert, Das Recht der Internationalen Organisationen. Das Recht der Weltfriedensorganisation (VB und UNO), der UN-Spezialorganisationen und der wichtigsten regionalen Organisationen, 3. Aufl., Wien 1997 (zit.: Köck, Das Recht der Internationalen Organisationen).

Kohout, Jan, Prepared speech to the Convention (for the plenary session of 7–8 November 2002), http://european-convention.europa.eu/docs/speeches/4616.pdf (letzter Zugriff: 2.1.2015).

Kokott, Juliane, Deutschland im Rahmen der Europäischen Union – zum Vertrag von Maastricht, AöR (119) 1994, S. 207–237.

König, Doris, Das Urteil des Bundesverfassungsgerichts zum Vertrag von Maastricht – ein Stolperstein auf dem Weg in die europäische Integration, ZaöRV (54) 1994, S. 17–51.

Konow, Christian, Der Stabilitäts- und Wachstumspakt. Ein Rechtsrahmen für Stabilität in der Wirtschafts- und Währungsunion, Baden-Baden 2002 (zit.: Konow, Der Stabilitäts- und Wachstumspakt).

Kreutzfeldt, Jens, "Point of return". Großbritannien und die Politische Union Europas, 1969–1975, Stuttgart 2010 (zit.: Kreutzfeldt, Point of return).

Kron, Eugen, Pactum de contrahendo im Völkerrecht, Köln 1971 (zit.: Kron, Pactum de contrahendo im Völkerrecht).

Kumin, Andreas J./Hummer, Waldemar/Obwexer, Walter, Vertragsänderungsverfahren und Austrittsklausel, in Hummer, Waldemar/Obwexer, Walter (Hrsg.), Der Vertrag von Lissabon, Baden-Baden 2009, S. 303-323 (zit.: Kumin/Hummer/Obwexer, in: Der Vertrag von Lissabon 2009).

Lachmayer, Konrad/Bauer, Lukas, Praxiswörterbuch Europarecht, Wien, New York 2008 (zit.: Lachmayer/Bauer, Praxiswörterbuch Europarecht).

Lahr, Rolf, Die Legende vom „Luxemburger Kompromiß", EA 1983, S. 223–258.

Lais, Martina, Das Solidaritätsprinzip im europäischen Verfassungsverbund, Baden-Baden 2007 (zit.: Lais, Das Solidaritätsprinzip im europäischen Verfassungsverbund).

Landmann, Robert von/Marcks, Peter, Gewerbeordnung und ergänzende Vorschriften. Kommentar, 16. Aufl., München 1996 (zit.: *Bearbeiter,* in: Landmann/Rohmer).

Längle, Alfred, Revisionsverfahren und Austritt, in Hummer, Waldemar/Obwexer, Walter (Hrsg.), Der Vertrag über eine Verfassung für Europa, Baden-Baden 2007, S. 235–250 (zit.: Längle, in: Der Vertrag über eine Verfassung für Europa).

Lasok, Dominik, Law and institutions of the European Union, 7. Aufl., London 2001 (zit.: Lasok, Law and institutions).

Łazowski, Adam, How to withdraw from the European Union? Confronting hard reality, Politics and Institutions, CEPS Commentaries (16. Januar 2013), http://www.ceps.eu/book/how-withdraw-european-union-confronting-hard-reality (letzter Zugriff 2.1.2015).

Lecheler, Helmut, Das Subsidiaritätsprinzip. Strukturprinzip einer europäischen Union, Berlin 1993 (zit.: Lecheler, Das Subsidiaritätsprinzip).

Lechner, Susanne, Das Austrittsrecht im Vertrag von Lissabon: Eine ökonomische Analyse, Göttingen 2009 (zit.: Lechner, Das Austrittsrecht im Vertrag von Lissabon).

Lenz, Carl Otto, Der Vertrag von Maastricht nach dem Urteil des Bundesverfassungsgerichts, NJW 1993, S. 3038–3039.

Lenz, Carl Otto/Borchardt, Klaus-Dieter (Hrsg.), EG-Vertrag. Kommentar zu dem Vertrag zur Gründung der Europäischen Gemeinschaften, Köln 1994 (zit.: *Bearbeiter,* in: Lenz/Borchardt 1994).

Lenz, Carl Otto/Borchardt, Klaus-Dieter (Hrsg.), EU-Verträge Kommentar. EUV, AEUV, GRCh, 6. Aufl., Köln 2013 (zit.: *Bearbeiter,* in: Lenz/Borchardt 2013).

Lindemann, Hans-Heinrich, Die Auswirkungen der Menschenrechtsverletzungen in Surinam auf die Vertragsbeziehungen zwischen den Niederlanden und Surinam, ZaöRV (44) 1984, S. 64–91.

Lissitzyn, Oliver J., Treaties and changed circumstances (rebus sic stantibus), AJIL (61) 1967, S. 895–922.

Louis, Jean-Victor, Monetary policy and central banking in the Constitution, in European Central Bank (Hrsg.), Legal aspects of the european system of central banks: liber amicorum Paolo Zamboni Garavelli, Frankfurt am Main 2005, S. 27–42 (zit.: Louis, in: Legal aspects).

MacNair, Arnold Duncan, The law of treaties, Oxford 1961 (zit.: MacNair, The law of treaties).

Magliveras, Konstantinos D., Exclusion from participation in international organisations. The law and practice behind member states' expulsion and suspension of membership, Studies and materials on the settlement of international disputes, Den Haag 1999 (zit.: Magliveras, Exclusion from participation).

Makarczyk, Jerzy, Legal Basis for Suspension and Expulsion of a State from an International Organization, GYIL (25) 1982, S. 476–489.

Mangoldt, Hermann von/Klein, Friedrich/Starck, Christian (Hrsg.), Kommentar zum Grundgesetz, 6. Aufl., München 2010 (zit.: *Bearbeiter,* in: v. Mangoldt/Klein/Starck).

Mann, Dennis-Jonathan, Die Schlussbestimmungen des Vertrags von Lissabon, in Marchetti, Andreas (Hrsg.), Der Vertrag von Lissabon. Analyse und Bewertung, Baden-Baden 2010, S. 271–285 (zit.: Mann, in: Vertrag von Lissabon. Analyse und Bewertung).

Maunz, Theodor/ Dürig, Günter (Begr.), Grundgesetz. Kommentar Bd. VI Art. 86–106a, München, Stand: Mai 2013 (zit.: *Bearbeiter,* in: Maunz/Dürig).

Maurer, Andreas, Chancen und Grenzen eines Europa der verschiedenen Geschwindigkeiten, Wirtschaftsdienst (87) 2007, S. 499–502.

Meerpohl, Thomas, Individualsanktionen des Sicherheitsrates der Vereinten Nationen. Das Sanktionsregime gegen die Taliban und Al-Qaida vor dem Hintergrund des Rechts der VN und der Menschenrechte, Europäisches und internationales Recht, München 2008 (zit.: Meerpohl, Individualsanktionen des Sicherheitsrates).

Meier, Gert, Die Beendigung der Mitgliedschaft in der Europäischen Gemeinschaft, NJW 1974, S. 391–394.

Meng, Werner, Das Recht der internationalen Organisationen. Eine Entwicklungsstufe des Völkerrechts; zugleich eine Untersuchung zur Rechtsnatur des Rechtes der Europäischen Gemeinschaften, Univ., Diss.-Mainz, 1978,

Völkerrecht und Außenpolitik, Baden-Baden 1979 (zit.: Meng, Recht der internationalen Organisationen).

Meyer, Dirk, Finanzmarktkrise: Stabilität der Euro-Zone in Gefahr?, Orientierungen zur Wirtschafts- und Gesellschaftspolitik (119) 2009, S. 49–58.

Meyer, Dirk, Austritt aus dem Euro ist möglich, Eine Kredithilfe an Mitgliedstaaten müsste an einen Exit gekoppelt werden, nzz (112) 2010, S. 28.

Meyer, Jürgen, Der Entwurf eines Vertrages über eine Verfassung für Europa, in Schwarze, Jürgen (Hrsg.), Der Verfassungsentwurf des Europäischen Konvents. Verfassungsrechtliche Grundstrukturen und wirtschaftsverfassungsrechtliches Konzept, Baden-Baden 2004, S. 431–449 (zit.: Meyer, in: Verfassungsentwurf).

Miller, Vaughne, Leaving the EU. Research Paper 13/42, 1 July 2013, House of Commons Library, http://www.parliament.uk/briefing-papers/RP13-42 (letzter Zugriff 2.1.2015).

Minford, Patrick/Mahambare, Vidya/Nowell, Eric, Should Britain leave the EU? An economic analysis of a troubled relationship, Cheltenham, UK, Northampton 2005 (zit.: Minford/Mahambare/Nowell, Should Britain leave the EU).

Muchanov, Aleksej, Die Handelsbeziehungen zwischen der Europäischen Union und Russland im Lichte des Völkerrechts, ZaöRV (66) 2006, S. 737–768.

Müller-Graff, Peter Christian, Systemrationalität in Kontinuität und Änderung des Europäischen Verfassungsvertrags, integration (26) 2003, S. 301–316.

Müller-Graff, Peter Christian, Strukturmerkmale des neuen Verfassungsvertrages für Europa im Entwicklungsgang des Primärrechts, integration 2004, S. 186–201.

Murswiek, Dietrich, Der Vertrag von Lissabon und das Grundgesetz. Rechtsgutachten über die Zulässigkeit und Begründetheit verfassungsgerichtlicher Rechtsbehelfe gegen das Zustimmungsgesetz zum Vertrag von Lissabon und die deutsche Begleitgesetzgebung. Im Auftrag von Dr. Peter Gauweiler MdB, Freiburg 2008 (zit.: Murswiek, Der Vertrag von Lissabon-Rechtsgutachten).

Nettesheim, Martin, Die Unionsbürgerschaft: Mehr als ein Status des Bourgeois? – Kommentar, in Breuer, Marten/Epiney, Astrid/Haratsch, Andreas/Schmahl, Stefanie/Weiß, Norman (Hrsg.), Im Dienste des Menschen: Recht, Staat und Staatengemeinschaft. Forschungskolloquium anlässlich der Verabschiedung von Eckart Klein, Wissenschaftliche Abhandlungen und Reden zur Philosophie, Politik und Geistesgeschichte, Berlin 2009, S. 87–93 (zit.: Nettesheim, in: Im Dienste des Menschen).

Nettesheim, Martin, Kompetenzen, in Bogdandy, Armin von (Hrsg.), Europäisches Verfassungsrecht. Theoretische und dogmatische Grundzüge, Springer-Lehrbuch,

2. Aufl., Dordrecht [u.a.] 2009, S. 389–440 (zit.: Nettesheim, in: Europäisches Verfassungsrecht).

Neuhold, Hanspeter, Österreichisches Handbuch des Völkerrechts, 3. Aufl., Wien 1997 (zit.: Neuhold, Österreichisches Handbuch des Völkerrechts).

Nicolaysen, Gert, Europarecht I. Die Europäische Integrationsverfassung, 2. Aufl., Baden-Baden 2002 (zit.: Nicolaysen, Europarecht I).

Nowak, Carsten, Europarecht nach Lissabon, Baden-Baden 2011 (zit.: Nowak, Europarecht nach Lissabon).

Nowak, Manfred, U.N. Covenant on Civil and Political Rights. CCPR commentary, Kehl, Arlington 1993 (zit.: *Bearbeiter,* in: Nowak).

Ohse, Gerhard, Der Austritt aus den Vereinten Nationen, VN (20) 1972, S. 16–21.

O'Neill, Con/Hannay, David, Britain's entry into the European Community. Report on the negotiations of 1970–1972, London, Portland, OR 2000 (zit.: O'Neill/Hannay, Britain's entry into the European Community).

Oppermann, Thomas, Grundfragen der Mitgliedschaft in internationalen Organisationen. BerGesVR (17) 1975, S. 53–99.

Oppermann, Thomas, Eine Verfassung für die Europäische Union Der Entwurf des Europäischen Konvents 2. Teil, DVBl. 2003, S. 1234–1246.

Oppermann, Thomas, Konzeption und Struktur des Verfassungsentwurfs des Europäischen Konvents. unter Berücksichtigung der Regierungskonferenz 2003, in Schwarze, Jürgen (Hrsg.), Der Verfassungsentwurf des Europäischen Konvents. Verfassungsrechtliche Grundstrukturen und wirtschaftsverfassungsrechtliches Konzept, Baden-Baden 2004, S. 23–61 (zit.: Oppermann, in: Verfassungsentwurf).

Oppermann, Thomas, Die Berliner Erklärung vom 25. März 2007. Instrument zur „Erneuerung der politischen Gestalt Europas", in Ipsen, Jörn (Hrsg.), Europa im Wandel. Festschrift für Hans-Werner Rengeling zum 70. Geburtstag am 25. Februar 2008, Köln, München 2008, S. 609–618 (zit.: Oppermann, in: FS Rengeling).

Oppermann, Thomas, „Konventsmethode" als Instrument europäischer Verfassungsgebung, in Herdegen, Matthias (Hrsg.), Staatsrecht und Politik. Festschrift für Roman Herzog zum 75. Geburtstag, München 2009, S. 313–324 (zit.: Oppermann, in: FS Herzog).

Oppermann, Thomas/Classen, Claus Dieter, Die EG vor der Europäischen Union, NJW 1993, S. 5–12.

Oppermann, Thomas/Classen, Claus Dieter/Nettesheim, Martin, Europarecht. Ein Studienbuch, 4. Aufl., München 2009 (zit.: Oppermann/Classen/Nettesheim, Europarecht 2009).

Oppermann, Thomas/Classen, Claus Dieter/Nettesheim, Martin, Europarecht, 5. Aufl., München 2011 (zit.: Oppermann/Classen/Nettesheim, Europarecht 2011).

Pache, Eckhard/Rösch, Franziska, Der Vertrag von Lissabon, NVwZ 2008, S. 473–480.

Palayret, Jean, De Gaulle Challenges the Community. France, the Empty Chair Crisis and the Luxembourg Compromise, in Palayret, Jean/Wallace, Helen/Winand, Pascaline (Hrsg.), Visions, votes, and vetoes. Reassessing the Luxembourg crisis forty years on, Brüssel, Oxford 2006, S. 45–77 (zit.: Palayret, in: Visions, votes and vetoes).

Palm, Ulrich, Der Bruch des Stabilitäts- und Wachstumspakts, EuZW 2004, S. 71–75.

Parry, Clive/Grant, John P./Barker, J. Craig, Parry and Grant encyclopaedic dictionary of international law, 3. Aufl., Oxford, UK 2009 (zit.: Parry/Grant/Barker, Encyclopaedic dictionary).

Pescatore, Pierre, The Luxembourg Compromise (28-9 January 1966), in Palayret, Jean/Wallace, Helen/Winand, Pascaline (Hrsg.), Visions, votes, and vetoes. Reassessing the Luxembourg crisis forty years on, Brüssel, Oxford 2006, S. 243–249 (zit.: Pescatore, in: Visions, votes and vetoes).

Peters, Anne, Elemente einer Theorie der Verfassung Europas, Berlin 2001 (zit.: Peters, Elemente einer Theorie der Verfassung).

Petersen, Nikolaj, "Game, Set and Match". Denmark and the European Union from Maastricht to Edinburgh, Aarhus 1993 (zit.: Petersen, Game, Set and Match).

Petersen, Nikolaj, The Danish Referendum on the Treaty of Amsterdam, ZEI Working Papers 1998, S. 3–37.

Petersen, Nikolaj, Dänemark, in Weidenfeld, Werner/Wessels, Wolfgang (Hrsg.), Jahrbuch der Europäischen Integration 2000/2001, Berlin, Bonn 2001, S. 325–330 (zit.: Petersen, in: Jahrbuch der Europäischen Integration 2001).

Petzold, Herbert, Der gegenwärtige Wirkungsbereich der Europäischen Menschenrechtskonvention und ihrer Zusatzprotokolle, der Konvention zur Beseitigung aller Formen von Rassendiskriminierung sowie der Menschenrechtspakte der Vereinten Nationen, ZaöRV (30) 1970, S. 400–426.

Piodi, Franco, Das Europäische Parlament und die Arbeiten des Europäischen Konvents. Studie über die Arbeiten des Europäischen Konvents in Verbindung mit Archivdokumenten (2007), http://www.europarl.europa.eu/pdf/cardoc/pe_and_job_ce_de.pdf (letzter Zugriff: 2.1.2015).

Poensgen, Gisbert, Das Paradox von Ioannina. Betrachtungen zu einem Ratsbeschluß, in Due, Ole/Lutter, Marcus/Schwarze, Jürgen (Hrsg.), Festschrift für Ulrich Everling, Baden Baden 1995, S. 1133–1140 (zit.: Poensgen, in: FS Everling).

Pott, Hermann, Clausula rebus sic stantibus. Ein Versuch ihres Wesens, ihrer Voraussetzungen und ihrer Rechtsfolgen (Art. 62 WVK), Europäische Hochschulschriften, Reihe II, Rechtswissenschaft, Frankfurt am Main, New York 1992 (zit.: Pott, Clausula rebus sic stantibus).

Proctor, Charles, The Future of the Euro-What happens if a Member Stae leaves?, EBLR (17) 2006, S. 911–937.

Puttler, Adelheid, Sind die Mitgliedstaaten noch „Herren der EU? – Stellung und Einfluss der Mitgliedstaaten nach dem Entwurf des Verfassungsvertrages der Regierungskonferenz, EuR 2004, S. 669–690.

Rajani, Sona, Die Geltung und Anwendung des Gemeinschaftsrechts im Vereinigten Königreich von Grossbritannien und Nordirland. Der Grundsatz der Parlamentssouveränität im Wandel, Frankfurt am Main, New York 2000 (zit.: Rajani, Geltung und Anwendung des Gemeinschaftsrechts).

Ress, Georg, Die Europäische Union und die neue juristische Qualität der Beziehungen zu den Europäischen Gemeinschaften, JuS 1992, S. 985–991.

Reuter, Paul, Introduction to the law of treaties, 2. Aufl., London 1995 (zit.: Reuter, Introduction to the law).

Ruffert, Matthias, Die organisierte Pluralität der EU, in Breuer, Marten/Epiney, Astrid/Haratsch, Andreas/Schmahl, Stefanie/Weiß, Norman (Hrsg.), Der Staat im Recht. Festschrift für Eckart Klein zum 70. Geburtstag, Schriften zum Öffentlichen Recht, Berlin 2013, S. 643–654 (zit.: Ruffert, in: FS Klein).

Ruffert, Matthias/Walter, Christian, Institutionalisiertes Völkerrecht. Das Recht der Internationalen Organisationen und seine wichtigsten Anwendungsfelder; ein Studienbuch, München 2009 (zit.: Ruffert/Walter, Institutionalisiertes Völkerrecht).

Ruggeri, Rodolphe/Servais, Dominique, The constitution: Its Impact on Economic and Monetary Union and Economic Governance, in European Central Bank (Hrsg.), Legal aspects of the european system of central banks: liber amicorum Paolo Zamboni Garavelli, Frankfurt am Main 2005, S. 43–72 (zit.: Ruggeri/Servais, in: Legal aspects).

Rupel, Dimitrij, Contribution of the foreign minister at the convention session v. 24./25.4.2003, http://european-convention.europa.eu/docs/speeches/9546.pdf (letzter Zugriff: 2.1.2015).

Sachs, Michael (Hrsg.), Grundgesetz. Kommentar, 6. Aufl., München 2011 (zit.: *Bearbeiter,* in: Sachs).

Sands, Philippe/Klein, Pierre/Bowett, Derek W., Bowett's law of international institutions, 6. Aufl., London 2009 (zit.: Sands/Klein/Bowett, Bowett's law).

Šarcevic, Edin, EU-Erweiterung nach Art. 49 EUV: Ermessensentscheidungen und Beitrittsrecht, EuR 2002, S. 461–482.

Schäfer, Wolf, Withdrawal legitimised? On the proposal by the constitutional Convention for the right of secession from the EU, Intereconomics (38) 2003, S. 182–185.

Schäfer, Wolf, Austritt aus der EU? Das Sezessionsrecht aus konstitutionenökonomischer Sicht, in Bruha, Thomas/Schäfer, Wolf/Graf Wass Czege, Andreas von (Hrsg.), Die Europäische Union nach der Erweiterung. Deutsche und ungarische Standpunkte, Baden-Baden 2004, S. 69–74 (zit.: Schäfer, in: Die Europäische Union nach der Erweiterung).

Schäfer, Wolf, Differenzierte Integration, Wirtschaftsdienst (87) 2007, S. 495–498.

Schermers, Henry G./Blokker, Niels, International institutional law. Unity within diversity, 4. Aufl., Boston 2003 (zit.: Schermers/Blokker, Unity within diversity).

Schmahl, Stefanie, Die Reaktionen auf den Einzug der Freiheitlichen Partei Österreichs in das österreichische Regierungskabinett. Eine europa- und völkerrechtliche Analyse, EuR 2000, S. 819–836.

Schorkopf, Frank, Verletzt Österreich die Homogenität in der Europäischen Union? Zur Zulässigkeit der „bilateralen" Sanktionen gegen Österreich, DVBl. 2000, S. 1036–1044.

Schröder, Meinhard, Verantwortlichkeit, Völkerstrafrecht, Streitbeilegung und Sanktionen, in Vitzthum, Wolfgang/Bothe, Michael (Hrsg.), Völkerrecht, 6. Aufl., Berlin 2013, S. 521–572 (zit.: Schröder, in: Völkerrecht 2013).

Schroeder, Werner, Grundkurs Europarecht, 3. Aufl., München 2013 (zit.: Schroeder, Grundkurs Europarecht 2013).

Schwarze, Jürgen, Das allgemeine Völkerrecht in den innergemeinschaftlichen Rechtsbeziehungen, EuR 1983, S. 1–39.

Schwarze, Jürgen, Europapolitik unter deutschem Verfassungsrichtervorbehalt. Anmerkungen zum Maastricht-Urteil des BVerfG vom 12.10.1993, NJ (48) 1994, S. 1–48.

Schwarze, Jürgen, Ein pragmatischer Verfassungsentwurf – Analyse und Bewertung des vom Europäischen Verfassungskonvent vorgelegten Entwurfs eines Vertrags über eine Verfassung für Europa, EuR 2003, S. 535–573.

Schwarze, Jürgen, Der Verfassungsentwurf des Europäischen Konvents – Struktur, Kernelemente und Verwirklichungschancen, in Schwarze, Jürgen (Hrsg.), Der

Verfassungsentwurf des Europäischen Konvents. Verfassungsrechtliche Grundstrukturen und wirtschaftsverfassungsrechtliches Konzept, Baden-Baden 2004, S. 489–562 (zit.: Schwarze, in: Verfassungsentwurf).

Schwarze, Jürgen (Hrsg.), EU-Kommentar, 3. Aufl., Baden-Baden 2012 (zit.: *Bearbeiter,* in: Schwarze 2012).

Schwarze, Jürgen (Hrsg.), EU-Kommentar, 2. Aufl., Baden-Baden 2009 (zit.: *Bearbeiter,* in: Schwarze 2009).

Schwarze, Jürgen (Hrsg.), EU-Kommentar, Baden-Baden 2000 (zit.: *Bearbeiter,* in: Schwarze 2000).

Schwarzenberger, Georg, Clausula Rebus Sic Stantibus, in Bernhardt, Rudolf (Hrsg.), Encyclopedia of public international law, 2. Aufl., Amsterdam 1999, S. 611–627 (zit.: Schwarzenberger, in: EPIL Vol. 2).

Schweisfurth, Theodor, Der internationale Vertrag in der modernen sowjetischen Völkerrechtstheorie, Abhandlungen des Bundesinstituts für ostwissenschaftliche und internationale Studien, Köln 1968 (zit.: Schweisfurth, Der internationale Vertrag).

Schweisfurth, Theodor, Völkerrecht, Tübingen 2006 (zit.: Schweisfurth, Völkerrecht 2006).

Seidel, Martin, Ausscheiden aus der Währungsunion? – Rechtliche Fragen, EuZW 2007, S. 617.

Seidel, Martin, Der Euro – Schutzschild oder Falle? Kann die EWU-Mitgliedschaft eines Landes bei Überschuldung und permanenten Leistungsbilanzdefiziten aufgegeben werden?, ZEI Working Papers 2010, S. 1–27.

Seidl-Hohenveldern, Ignaz, Lexikon des Rechts, 3. Aufl., Neuwied, Kriftel 2001 (zit.: Seidl-Hohenveldern, Lexikon des Rechts).

Seidl-Hohenveldern, Ignaz/Loibl, Gerhard, Das Recht der internationalen Organisationen einschließlich der supranationalen Gemeinschaften, 7. Aufl., Köln 2000 (zit.: Seidl-Hohenveldern/Loibl, Das Recht der internationalen Organisationen einschließlich der supranationalen Gemeinschaften).

Sekretariat der Regierungskonferenz, Redaktionelle und juristische Anmerkungen zu dem Entwurf eines Vertrags über eine Verfassung für Europa – Basisdokument v. 6.10.2003. CIG 4/03 (06. Oktober 2003 (16.10)), http://www.whi-berlin.eu/documents/cg00004.de03.pdf (letzter Zugriff: 2.1.2015).

Shultz, George, U.S. role in the ILO – International Labor Organization, US Department of State Bulletin 1985.

Siegler, Heinrich von (Hrsg.), Dokumentation der Europäischen Integration mit besonderer Berücksichtigung des Verhältnisses EWG – EFTA Bd. 1. Von der Zürcher Rede Winston Churchills 1946 bis zur Bewerbung Großbritanniens um Mitgliedschaft bei der EWG 1961, Bonn, Wien, Zürich 1961 (zit.: *Bearbeiter,* in: Dokumentation der Europäischen Integration).

Simma, Bruno, Article 60 of the Vienna Convention on the Law of Treaties, ÖZöR (20) 1970, S. 5–83.

Simma, Bruno, Termination and Suspension of Treaties. Two Recent Austrian Cases, GYIL (21) 1978, S. 74–96.

Singh, Nagendra, Termination of Membership in International Organizations, London 1958 (zit.: Singh, Termination of Membership).

Siune, Karen/Svensson, Palle, The Danes and the Maastricht Treaty: The Danish EC Referendum of June 1992, Electoral Studies (12) 1993, S. 99–111.

Siune, Karen/Svensson, Palle/Tonsgaard, Ole, The European Union: The Danes said 'no' in 1992 but 'yes' in 1993: How and why?, Electoral Studies (13) 1994, S. 107–116.

Smits, René, The European Constitution and EMU: An Appraisal, CMLRev (42) 2005, S. 425–468.

Sohn, Louis B., Expulsion of Forced Withdrawal from an International Organization, HarvLRev (77) 1964, S. 1381–1425.

Sonder, Nicolaus, Solidarität in der Währungsunion: Griechenland, Irland und kein Ende?, ZRP 2011, S. 33–36.

Stark, Jürgen, Die Zukunft des Stabilitätspaktes. Referat im Rahmen der Vortragsreihe „Rechtsfragen der europäischen Integration", Zentrum für Europ. Wirtschaftsrecht (19. Januar 2004).

Steiger, Heinhard, Staatlichkeit und Überstaatlichkeit. Eine Untersuchung zur rechtlichen und politischen Stellung der Europäischen Gemeinschaften, Schriften zum Öffentlichen Recht, Berlin 1966 (zit.: Steiger, Staatlichkeit und Überstaatlichkeit).

Stein, Torsten, Die rechtlichen Reaktionsmöglichkeiten der Europäischen Union bei schwerwiegender und anhaltender Verletzung der demokratischen und rechtsstaatlichen Grundsätze in einem Mitgliedstaat, in Götz, Volkmar/Selmer, Peter/Wolfrum, Rüdiger (Hrsg.), Liber amicorum Günther Jaenicke – Zum 85. Geburtstag, Berlin, Heidelberg, New York 1998, S. 871–898 (zit.: Stein, in: FS Jaenicke).

Stein, Torsten, Die Durchsetzung der Verfassungsgrundlagen der EU in der Europäischen Verfassung – von Art. 7 EUV zum Recht auf Ausschluss?, in Calliess, Christian/Isak, Hubert (Hrsg.), Der Konventsentwurf für eine EU-Verfassung im Kontext der Erweiterungen. Vorträge des Dritten Österreichischen Europarechtstages am 12./13. September 2003 in Graz veranstaltet vom Institut für Europarecht der Karl-Franzens-Universität Graz, Baden-Baden 2003, S. 111-121 (zit.: Stein, in: Der Konventsentwurf für eine EU-Verfassung).

Streinz, Rudolf, Die Luxemburger Vereinbarung, München 1984 (zit.: Streinz, Die Luxemburger Vereinbarung).

Streinz, Rudolf, Vom Marktbürger zum Unionsbürger, in Breuer, Marten/Epiney, Astrid/Haratsch, Andreas/Schmahl, Stefanie/Weiß, Norman (Hrsg.), Im Dienste des Menschen: Recht, Staat und Staatengemeinschaft. Forschungskolloquium anlässlich der Verabschiedung von Eckart Klein, Wissenschaftliche Abhandlungen und Reden zur Philosophie, Politik und Geistesgeschichte, Berlin 2009, S. 63–85 (zit.: Streinz, in: Im Dienste des Menschen).

Streinz, Rudolf, Europarecht, 9. Aufl., Heidelberg, Neckar 2012 (zit.: Streinz, Europarecht-2012).

Streinz, Rudolf (Hrsg.), EUV/EGV. Vertrag über die Europäische Union und Vertrag zur Gründung der Europäischen Gemeinschaft, München 2003 (zit.: *Bearbeiter,* in: Streinz 2003).

Streinz, Rudolf (Hrsg.), EUV, AEUV. Vertrag über die Europäische Union und Vertrag über die Arbeitsweise der Europäischen Union, 2. Aufl., München 2012 (zit.: *Bearbeiter,* in: Streinz 2012).

Streinz, Rudolf/Ohler, Christoph/Herrmann, Christoph, Totgesagte leben länger – oder doch nicht? Der Stabilitäts- und Wachstumspakt nach dem Beschluss des Rates vom 25.11. 2003 über das Ruhen der Defizitverfahren gegen Frankreich und Deutschland, NJW 2004, S. 1553–1559.

Streinz, Rudolf/Ohler, Christoph/Herrmann, Christoph, Der Vertrag von Lissabon zur Reform der EU – Einführung und Synopse, 3. Aufl., München 2010 (zit.: Streinz/Ohler/Herrmann, Der Vertrag von Lissabon-2010).

Svensson, Palle, The Danish Yes to Maastricht and Edinburgh. The EC Referendum of May 1993, Scandinavian Political Studies (17) 1994, S. 69–82.

Terhechte, Jörg Philipp, Der Vertrag von Lissabon: Grundlegende Verfassungsurkunde der europäischen Rechtsgemeinschaft oder technischer Änderungsvertrag?, EuR 2008, S. 143–187.

Terhechte, Jörg Philipp, Europäischer Bundesstaat, supranationale Gemeinschaft oder Vertragsunion souveräner Staaten? – Zum Verhältnis von Staat und Union nach dem Lissabon-Urteil des BVerfG, EuR-Beiheft 1 2010, S. 135–148.

Thieme, Werner, Das Grundgesetz und die öffentliche Gewalt internationaler Staatengemeinschaften, VVDStRL (18) 1960, S. 50–77.

Thune, Christian, Dänemark, in Weidenfeld, Werner/Wessels, Wolfgang (Hrsg.), Jahrbuch der Europäischen Integration 1992/93, Bonn 1993, S. 308–313 (zit.: Thune, in: Jahrbuch der Europäischen Integration 1992/93).

Thune, Christian, Dänemark, in Weidenfeld, Werner/Wessels, Wolfgang (Hrsg.), Jahrbuch der Europäischen Integration 1993/94, Bonn 1994, S. 313–318 (zit.: Thune, in: Jahrbuch der Europäischen Integration 1993/94).

Tilch, Horst, Deutsches Rechts-Lexikon, 2. Aufl., München 1992 (zit.: Tilch, Deutsches Rechts-Lexikon).

Tomuschat, Christian, Die Europäische Union unter der Aufsicht des Bundesverfassungsgerichts, EuGRZ (20) 1993, S. 489–499.

Tomuschat, Christian, The Euro – A fortness threatened from within, in Ligustro, Aldo/Sacerdoti, Giorgio (Hrsg.), Problemi e tendenze del diritto internazionale dell'economia: liber amicorum in onore di Paolo Picone, Napoli 2011, S. 275-297 (zit.: Tomuschat, in: Problemi e tendenze del diritto).

Twardy, Christian, Dänemark: Unsicherheit trotz Referendumstradition, in König, Thomas (Hrsg.), Plebiszit und Ratifikation. Eine vergleichende Untersuchung von Referenden zur Europäischen Verfassung, Speyer 2006, S. 25–37 (zit.: Twardy, in: Plebiszit und Ratifikation).

Ungerer, Werner, Der „Austritt" Grönlands aus der Europäischen Gemeinschaft, EA Dokumente 1984, S. 345–352.

van der Hout, Robin, Die völkerrechtliche Stellung der Internationalen Organisationen unter besonderer Berücksichtigung der Europäischen Union. Rechtspersönlichkeit, Handlungsfähigkeit und Autonomie, Schriften des Europa-Instituts der Universität des Saarlandes – Rechtswissenschaft, Baden-Baden 2006 (zit.: van der Hout, Die völkerrechtliche Stellung der Internationalen Organisationen).

Vasey, Martin, Decision-making in the Agriculture Council and the "Luxembourg Compromise", CMLRev (25) 1988, S. 725–732.

Vedder, Christoph, Außenbeziehung und Außenvertretung, in Hummer, Waldemar/ Obwexer, Walter (Hrsg.), Der Vertrag von Lissabon, Baden-Baden 2009, S. 267–300 (zit.: Vedder, in: Der Vertrag von Lissabon 2009).

Vedder, Christoph (Hrsg.), Europäisches Unionsrecht. EUV, AEUV, Grundrechte-Charta: Handkommentar mit den vollständigen Texten der Protokolle und Erklärungen und des EAGV, Baden-Baden 2012 (zit.: *Bearbeiter,* in: Vedder 2012).

Vedder, Christoph/Heintschel von Heinegg, Wolff (Hrsg.), Europäischer Verfassungsvertrag. [Handkommentar], Baden-Baden 2007 (zit.: *Bearbeiter,* in: Vedder 2007).

Verdross, Alfred/Simma, Bruno, Universelles Völkerrecht: Theorie u. Praxis, 3. Aufl., Berlin 1984 (zit.: Verdross/Simma, Universelles Völkerrecht).

Villiger, Mark (Hrsg.), Commentary on the 1969 Vienna Convention on the Law of Treaties, Leiden, Boston 2009 (zit.: *Bearbeiter,* in: Villiger).

Vitzthum, Wolfgang, Begriff, Geschichte und Rechtsquellen des Völkerrechts, in Vitzthum, Wolfgang/Proelß, Alexander (Hrsg.), Völkerrecht, 6. Aufl., Berlin 2013, S. 1–59 (zit.: Vitzthum, in: Völkerrecht 2013).

Volle, Angelika, Grossbritannien und der europäische Einigungsprozess, Bonn 1989 (zit.: Volle, Grossbritannien und der europäische Einigungsprozess).

Walthemathe, Arved, Austritt aus der EU. Sind die Mitgliedstaaten noch souverän?, Frankfurt am Main 2000 (zit.: Walthemathe, Austritt aus der EU).

Weber, Albrecht, Die Wirtschafts- und Währungsunion nach dem Maastricht-Urteil des BVerfG, JZ (49) 1994, S. 53–60.

Weber, Albrecht, Zur föderalen Struktur der Europäischen Union im Entwurf des Europäischen Verfassungsvertrages, EuR 2004, S. 841–856.

Weber, Albrecht, Vom Verfassungsvertrag zum Vertrag von Lissabon, EuZW 2008, S. 7–14.

Weber, Albrecht, Die Reform der Wirtschafts- und Währungsunion in der Finanzkrise, EuZW 2011, S. 935–940.

Wegener, Bernhard, Europa-, völker- und verfassungsrechtliche Optionen der Bundesrepublik Deutschland, Die Kündigung des Vertrages zur Gründung der Europäischen Atomgemeinschaft (EURATOM), Bundestagsfraktion Bündnis 90/Die Grünen 3/2007 (27. Februar 2007), http://www.gruene-bundestag.de/fileadmin/media/_archivextern/ ein_euratomausstieg_ist_moeglich_und_noe/euratom_gutachten_im_auftrag_der_bundest.pdf (letzter Zugriff: 2.1.2015).

Weiler, Joseph, Alternatives to Withdrawal from an International Organization: The Case of the European Economic Community, ILR 1985, S. 282–298.

Weiler, Joseph, The Transformation of Europe, YaleLJournal (100) 1991, S. 2403–2483.

Weiss, Friedl, Greenland´s withdrawal from the European Communities, ELRev (10) 1985, S. 173–185.

Weiß, Norman, Zum Grundrechts- und Minderheitenschutz in der Europäischen Union, in Mohr, Manfred (Hrsg.), Friedenssichernde Aspekte des Minderheitenschutzes in der Ära des Völkerbundes und der Vereinten Nationen in Europa, Schriftenreihe der Juristischen Fakultät der Europa-Universität Viadrina

Frankfurt (Oder), Berlin [u.a.] 1996, S. 205–207 (zit.: Weiß, in: Friedenssichernde Aspekte des Minderheitenschutzes).

Weiß, Norman, Kompetenzlehre internationaler Organisationen, Beiträge zum ausländischen öffentlichen Recht und Völkerrecht, Berlin 2009 (zit.: Weiß, Kompetenzlehre internationaler Organisationen).

Widdows, Kelvin, The unilateral denunciation of treaties containing no denunciation clause, BYIL (53) 1982, S. 83–114.

Winkler, Hans, Democracy and Human Rights in Europe. A Survey of the Admission Practice of the Council of Europe, AJPIL (47) 1995, S. 147–172.

Witte, Bruno de, European Constitutional Treaty: Towards an Exit Strategy for Recalcitrant Member States, Maastricht JEur. & Comp. L. (10) 2003, S. 3–8.

Wolff, Heinrich Amadeus, Die europäisierte deutsche Verfassung, in Breuer, Marten/Epiney, Astrid/Haratsch, Andreas/Schmahl, Stefanie/Weiß, Norman (Hrsg.), Der Staat im Recht. Festschrift für Eckart Klein zum 70. Geburtstag, Schriften zum Öffentlichen Recht, Berlin 2013, S. 385–396 (zit.: Wolff, in: FS Klein).

Zeh, Juli, Recht auf Austritt, ZEuS 2004, S. 173–195.

Zeh, Juli/Calliess, Christian/Isak, Hubert, Recht auf Beitritt? Ansprüche der Kandidatenstaaten gegen die Europäische Union, in Calliess, Christian/Isak, Hubert (Hrsg.), Der Konventsentwurf für eine EU-Verfassung im Kontext der Erweiterungen. Vorträge des Dritten Österreichischen Europarechtstages am 12./13. September 2003 in Graz veranstaltet vom Institut für Europarecht der Karl-Franzens-Universität Graz, Baden-Baden 2003, S. 81-89 (zit.: Zeh/Calliess/Isak, in: Der Konventsentwurf für eine EU-Verfassung).

Zehnfund, Olaf/Sinn, Lena, Möglichkeiten des Ausscheidens eines Teilnehmerstaates aus der 3. Stufe der Wirtschafts- und Währungsunion. WD 11-3000-63/10, Deutscher Bundestag 2009, S. 1–17.

Zeidler, Frank, Der Austritt und Ausschluß von Mitgliedern aus den Sonderorganisationen der Vereinten Nationen, Europäische Hochschulschriften Reihe 2, Rechtswissenschaft, Frankfurt am Main 1990 (zit.: Zeidler, Austritt und Ausschluß).

Zilioli, Chiara, National Emergency Powers and Exclusive Community Competences – A Crack in the Dam, in European Central Bank (Hrsg.), Legal aspects of the european system of central banks: liber amicorum Paolo Zamboni Garavelli, Frankfurt am Main 2005, S. 115–134 (zit.: Zilioli, in: Legal aspects).

Zimmermann, Andreas, Staatennachfolge in völkerrechtliche Verträge. Zugleich ein Beitrag zu den Möglichkeiten und Grenzen völkerrechtlicher Kodifikation. State succession with regard to treaties: a stocktaking, Berlin, New York 2000 (zit.: Zimmermann, Staatennachfolge in völkerrechtliche Verträge).

Zimmermann, Andreas, Durchsetzung des Völkerrechts zwischen Fragmentierung, Multilateralisierung und Individualisierung, in Fischer-Lescano, Andreas/Gasser, Hans-Peter/Marauhn, Thilo/Ronzitti, Natalino (Hrsg.), Frieden in Freiheit = Peace in liberty. Festschrift für Michael Bothe zum 70. Geburtstag, Baden-Baden, Zürich 2008, S. 1077–1088 (zit.: Zimmermann, in: FS Bothe).

Zimmermann, Andreas, Die neuen Wirtschaftspartnerschaftsabkommen der EU – WTO-Konformität versus Entwicklungsorientierung, EuZW 2009, S. 1–32.

Zimmermann, Andreas, Continuity of States, in Wolfrum, Rüdiger (Hrsg.), Max Planck Encyclopedia of Public International Law, Oxford 2012 (zit.: Zimmermann, Continuity of States, in: MPEPIL 2012).

Zimmermann, Andreas, State sucession in other matters than treaties, in Wolfrum, Rüdiger (Hrsg.), Max Planck Encyclopedia of Public International Law, Oxford 2012 (zit.: Zimmermann, State sucession in other matters, in: MPEPIL 2012).

Zimmermann, Andreas, Yugoslavia, Cases and Proceedings before the ICJ, in Wolfrum, Rüdiger (Hrsg.), Max Planck Encyclopedia of Public International Law, Oxford 2012 (zit.: Zimmermann, Yugoslavia, Cases and Proceedings, in: MPEPIL 2012).

Zuleeg, Manfred, Der Bestand der Europäischen Gemeinschaften, in Nickel, Dietmar/Bieber, Roland (Hrsg.), Das Europa der zweiten Generation. Gedächtnisschrift für Christoph Sasse Bd. 1, Baden-Baden, Kehl am Rhein, Straßburg 1981, S. 55–72 (zit.: Zuleeg, in: GS Sasse).

Zuleeg, Manfred, The European constitution under constitutional constraints: the German scenario, ELRev (22) 1997, S. 19–34.

Zuleeg, Manfred, Die föderativen Grundsätze der Europäischen Union, NJW 2000, S. 2846–2851.

www.ingramcontent.com/pod-product-compliance
Ingram Content Group UK Ltd.
Pitfield, Milton Keynes, MK11 3LW, UK
UKHW021124041026
8980IPUK00026B/352